Esoterik

Herausgegeben von Gerhard Riemann

Was Sie in Händen halten, ist kein gewöhnliches Buch. Es ist ein spiritueller Schatz. Die darin enthaltene Botschaft der Hoffnung zu lesen ist für alle Wahrheitssuchenden der Beginn eines großen Abenteuers.

Die vorliegende Ausgabe ist eine wortgetreue Übersetzung der Originalausgabe der *Autobiography of a Yogi* aus dem Jahre 1946. Obgleich spätere Auflagen mit Änderungen, die nach dem Tod des Autors im Jahre 1952 eingeflossen sind, über eine Million Mal verkauft wurden und in über 19 verschiedene Sprachen übersetzt wurden, sind die wenigen tausend Exemplare der Originalausgabe längst in den Regalen von Sammlern verschwunden.

Mit dieser Neuausgabe ist die 1946 erschienene Autobiographie von Yogananda mit der ganzen ihr innewohnenden Kraft und Ausstrahlung – so wie der große Yoga-Meister sie geschrieben hat – wieder erhältlich.

Die in der vorliegenden »Autobiographie« gebrauchte Schreibweise Para*mh*ansa ist im Gegensatz zu Para*mah*ansa korrekt. Yogananda schrieb sich und unterschrieb immer mit Para*mh*ansa, was u. a. seine Einbürgerungsurkunde in die USA aus dem Jahre 1949 belegt. Die Einfügung des zusätzlichen *a* in seinen Namen wurde post mortem von der SRF (Self-Realization-Fellowship) durchgeführt, so daß die Schreibweise Paramahansa heute zwar verbreitet, aber im Sinne des Autors nicht korrekt ist. Da sich die vorliegende Ausgabe in allen Punkten um Authentizität bemüht, wird die Schreibweise verwandt, die der Autor selbst benutzt hat und die auch in der Erstausgabe 1946 von »Autobiography of a Yogi« zu lesen ist: *Paramhansa Yogananda*.

Paramhansa Yogananda

Paramhansa Yogananda

Autobiographie

*Übersetzung der Originalausgabe von
»Autobiography of a Yogi«
aus dem Jahre 1946*

*Aus dem Amerikanischen von
Marie-Therese Hartogs und
Ursula Rahn-Huber*

»Wenn ihr nicht Zeichen und Wunder seht,
glaubt ihr nicht.«   *Johannes* 4, 48

Von Paramhansa Yogananda sind außerdem erschienen:

Das Wissen der Meister (Band 86071)
*Paramahansa Yogananda interpretiert die Rubaijat
des Omar Chajjam* (Band 86111)

Dieses Buch wurde auf chlor- und säurefreiem Papier gedruckt.

Inhalt

Verzeichnis der Illustrationen

Dem Gedächtnis an
LUTHER BURBANK,
einen amerikanischen Heiligen,
gewidmet

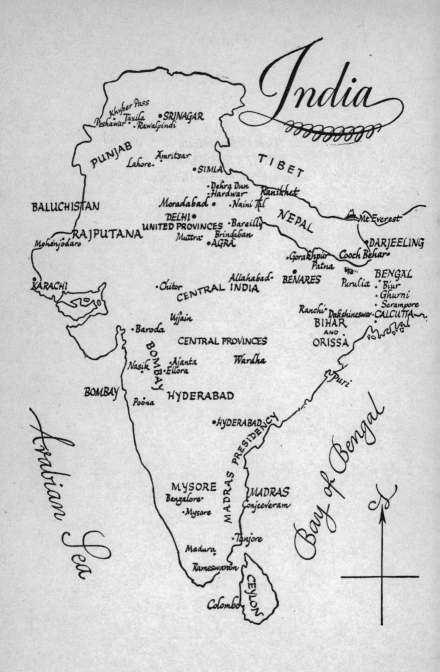

Dank

Ich bin Miss L. V. Pratt für die aufopfernde Mithilfe bei der Veröffentlichung dieses Buches zu tiefem Dank verpflichtet. Mein Dank gilt ferner Mr. C. Richard Wright für die Erlaubnis, einige Auszüge aus seinem indischen Reisetagebuch veröffentlichen zu dürfen, sowie Dr. W. Y. Evans-Wentz für seine Ratschläge und Unterstützung.

Encinitas, Kalifornien   *Paramhansa Yogananda*
28. Oktober 1945

Einleitung

Was Sie in Händen halten, ist kein gewöhnliches Buch. Es ist ein spiritueller Schatz. Die darin enthaltene Botschaft der Hoffnung zu lesen ist für alle Wahrheitssuchenden der Beginn eines großen Abenteuers.

Paramhansa Yogananda war der erste indische Yoga-Meister, der berufen war, in der westlichen Welt zu leben und zu lehren. Als er in den zwanziger Jahren auf seinen »spirituellen Kampagnen« kreuz und quer durch die Vereinigten Staaten reiste, füllten seine begeisterten Zuhörer Amerikas größte Auditorien.

Seine anfängliche Resonanz war wahrhaft beeindruckend. Doch sein bleibender Einfluß ist noch weitaus größer. Allein mit seinem Buch *Autobiographie eines Yogi,* das erstmals 1946 erschien, trug er zur Auslösung der spirituellen Revolution im Westen bei und ist nach wie vor ein Quell der Inspiration.

Nur selten greift ein Weiser vom Range eines Paramhansa Yogananda zur Feder, um von seinen eigenen Lebenserfahrungen zu berichten. Offenbarungen der Kindheit, seine Besuche bei indischen Heiligen und Meistern, die jahrelange Ausbildung im Ashram seines Gurus und über lange Jahre hinweg geheimgehaltene Lehren zur Selbstverwirklichung werden dem westlichen Leser zugänglich gemacht. Anhänger vieler Glaubensrichtungen betrachten die *Autobiographie eines Yogi* als Meisterwerk der spirituellen Literatur. Doch trotz allen Tiefgangs ist dies ein Buch voll von subtilem Humor, spannenden Geschichten und gutem Menschenverstand.

Die vorliegende Ausgabe ist eine wortgetreue Übersetzung der Originalausgabe der *Autobiography of a Yogi* aus dem Jahre 1946. Obgleich spätere Auflagen mit Änderungen, die nach dem Tod des Autors im Jahre 1952 eingeflossen sind, über eine Million Mal verkauft wurden, sind die wenigen tausend Exemplare der Originalausgabe längst in den Regalen von Sammlern verschwunden.

Mit dieser Neuausgabe ist das 1946 erschienene Werk mit der ganzen ihm innewohnenden Kraft und Ausstrahlung – so wie der große Yoga-Meister es geschrieben hat – wieder erhältlich.

Vorwort
von W. Y. Evans-Wentz

Der besondere Wert der Autobiographie Yoganandas liegt darin, daß sie eines der wenigen englischsprachigen Bücher über die Weisen Indiens ist, das nicht von einem Journalisten oder Ausländer, sondern vielmehr von einem in Indien geborenen und aufgewachsenen Autor geschrieben wurde, kurz gesagt: Es ist das Buch eines Yogis über die Yogis, ein Augenzeugenbericht über das Leben und die außergewöhnliche Kraft und Ausstrahlung der hinduistischen Heiligen unserer Zeit – ein Werk also von aktuellem und dennoch zeitlosem Wert. Jeder, der dieses Buch liest, möge dem Autor, dem ich sowohl in Indien als auch in Amerika begegnen durfte, die gebührende Anerkennung und Dankbarkeit entgegenbringen. Seine ungewöhnliche Lebensgeschichte ist sicherlich einer der aufschlußreichsten Berichte, die jemals im Westen über die Mentalität der Hindus und den spirituellen Reichtum Indiens geschrieben wurden.

Ich hatte das große Glück, auch Sri Yukteswar Giri zu begegnen – einem jener Weisen, deren Leben in diesem Buch beschrieben wird. Eine Abbildung dieses ehrwürdigen Heiligen ist auf der Umschlagseite meines Buches *Yoga und Geheimlehren Tibets* zu sehen. Ich traf Sri Yukteswar in Puri, einer an der Bucht von Bengalen gelegenen Stadt in der Provinz Orissa. An einem Ort der Stille unweit des Meeres leitete er damals einen Ashram, in dem er sich hauptsächlich der Ausbildung mehrerer junger Schüler widmete. Im Gespräch mit mir wurde sein großes Interesse an den Menschen der Vereinigten Staaten und anderer Länder des Westens deutlich. Er fragte insbesondere auch nach Einzelheiten über die Tätigkeit seines in Kalifornien lebenden größten Schülers, Paramhansa Yogananda, den er innig liebte und den er im Jahre 1920 als seinen Botschafter nach Amerika entsandt hatte.

Sri Yukteswar war von liebenswürdiger Erscheinung und hatte eine angenehme Stimme; man fühlte sich in seiner Gegenwart sofort wohl. Er war der spontanen Verehrung, die ihm seine Anhänger entgegenbrachten, zweifellos würdig. Jeder, der ihn kannte – ob er nun zu seiner eigenen Glaubensgemeinschaft gehörte oder nicht –, empfand größte Hochachtung vor ihm. Ich erinnere mich noch ganz genau an meine erste Begegnung mit ihm, als er vor dem Tor seiner Einsiedelei stand, um mich zu begrüßen. Seine hochgewachsene, aufrechte und asketische Gestalt war in das safranfarbene Gewand der allem Weltlichen Entsagenden gehüllt. Er trug langes, leicht gewelltes Haar und einen Bart. Sein Körper war muskulös, doch schlank und wohlproportioniert, und er hatte einen energischen Gang. Als irdische Wohnstätte hatte er die heilige Stadt Puri gewählt, zu der auch heute noch täglich Scharen frommer Hindus aus allen Teilen des Landes pilgern, um den berühmten Jagannath-Tempel aufzusuchen – den Tempel des »Herrn der Welt«. Und hier in Puri war es auch, wo Sri Yukteswar im Jahre 1936 seine Augen schloß und sich von diesem unserem vorübergehenden Seinszustand abwandte, um in andere Sphären einzugehen, wissend, daß seine Inkarnation zu ihrer höchsten Vollendung gelangt war.

Es ist mir eine große Freude, Zeugnis vom edlen Charakter und der Heiligkeit Sri Yukteswars ablegen zu dürfen. Er lebte zurückgezogen, fernab von den Menschen und widmete sich in aller Stille voll und ganz jenem idealen Leben, das sein Schüler Paramhansa Yogananda hier für kommende Zeiten aufgezeichnet hat.

Kapitel 1

Meine Eltern und meine Kindheit

Die Suche nach der letzten Wahrheit und das damit zusammenhängende Verhältnis zwischen Guru* und Schüler waren von jeher charakteristisch für die indische Kultur. Mein eigener Weg führte mich zu einem Weisen, wie Christus einer war, dessen herausragendes Leben ein Vorbild für alle Zeiten ist. Er war einer jener großen Meister, die Indiens einzig wahren Reichtum darstellen und wie jede Generation sie hervorgebracht hat, um das Land vor dem Schicksal Ägyptens und Babylons zu bewahren.

Zu meinen frühesten Erinnerungen gehören zeitlich unzusammenhängende Bilder aus einer vorherigen Inkarnation. Ich konnte mich deutlich an ein früheres Leben erinnern, das ich als Yogi** im ewigen Schnee des Himalaja verbracht hatte. Aus diesen Rückblicken in die Vergangenheit habe ich zugleich manche Einblicke in die Zukunft gewinnen können, so als seien die Zeiten dimensionslos verknüpft.

Noch heute erinnere ich mich sehr genau an die demütigende Hilflosigkeit meiner Kindheit, als ich mir schmerzlich der Tatsache bewußt wurde, weder laufen noch mich richtig verständlich machen zu können. Aufgrund dieser körperlichen Ohnmacht keimte schon früh der unwiderstehliche Drang zum Beten in mir, und meine stürmischen Gefühle verschafften sich innerlich in vielen Sprachen Ausdruck. Aus diesem inneren Sprachenwirrwarr kristallisierten sich allmählich die bengalischen Laute meiner Heimat heraus, und ich gewöhnte mich an sie. Welch trügerische Vorstellung doch die Erwachsenen von der Gedankenwelt eines Kleinkindes haben, das ihrer Ansicht nach nur mit Spielzeug und seinen eigenen Zehen beschäftigt ist!

Der innere Aufruhr und die körperliche Hilflosigkeit äußerten sich bei mir oft in anhaltenden Weinkrämpfen. Ich entsinne mich noch der Ratlosigkeit meiner Eltern und Geschwister ob meiner Verzweiflung. Doch ich

---

  * Spiritueller Meister; aus der Sanskritwurzel *gur* = erheben, erhöhen.
 ** Einer, der Yoga praktiziert; Yoga bedeutet Vereinigung und ist die altindische Wissenschaft der Meditation über Gott.

trage auch viele glückliche Erinnerungen in mir: die mütterlichen Lieb-
kosungen, die ersten Versuche, zu sprechen und auf eigenen Füßen zu
stehen. Obgleich man diese kleinen Errungenschaften der frühen Kindheit gewöhnlich schnell vergißt, bilden sie doch das natürliche Fundament unseres Selbstvertrauens.

Mit solchen weit in die Vergangenheit zurückreichenden Erinnerungen
stehe ich nicht alleine da. Viele Yogis behalten bekanntlich ihr Bewußtsein beim dramatischen Übergang vom Leben zum Tod und zurück zum
Leben. Wäre der Mensch nur ein Körper, würde seine Identität in der Tat
mit dessen Verlust enden. Wenn es aber wahr ist, was uns die Propheten
von alters her verkünden, so ist der Mensch im wesentlichen immateriel-
ler Natur. Der immerwährende Kern des menschlichen Ichseins ist nur
vorübergehend an die Sinneswahrnehmung gebunden.

Mögen klare Erinnerungen an die früheste Kindheit zuweilen auch sonderbar anmuten, so sind sie dennoch nicht selten. Auf meinen zahlreichen
Auslandsreisen haben mir viele Menschen auf glaubhafte Weise von
ähnlichen frühen Erinnerungen berichtet.

Ich wurde im letzten Jahrzehnt des 19. Jahrhunderts in Gorakhpur im
Nordosten Indiens geboren. Hier verbrachte ich auch die ersten acht
Jahre meines Lebens. Wir waren acht Kinder, vier Jungen und vier
Mädchen. Ich, Mukunda Lal Ghosh*, war der zweite Sohn und das vierte
Kind.

Mein Vater und meine Mutter waren Bengalen und gehörten der *Kshatriya*-Kaste** an. Beide führten ein gottgefälliges Leben; ihre gegenseiti-
ge Liebe zeichnete sich durch Ruhe und Würde aus und verlor sich nie
in Trivialitäten. Diese vollkommene Harmonie der Eltern bildete den
ruhenden Pol im ungestümen Leben von uns acht Kindern.

Unser Vater, Bhagabati Charan Ghosh, war gütig, ernst und bisweilen
streng. Wir Kinder liebten ihn sehr, bewahrten ihm gegenüber jedoch
eine gewisse ehrerbietige Zurückhaltung. Als hervorragender Logiker
und Mathematiker ließ er sich hauptsächlich von seinem Verstand leiten.
Unsere Mutter aber war die Herzensgüte in Person; sie erzog uns nur mit
Liebe. Nach ihrem Tode brachte Vater mehr von seiner inneren Zärtlich-

---

  * Als ich 1914 dem altehrwürdigen Swami-Mönchsorden beitrat, wurde mein
    Name in Yogananda geändert. Im Jahre 1935 verlieh mir mein Guru den
    religiösen Titel eines Paramhansa (siehe Kapitel 24 und 42).
 ** Nach der Überlieferung die zweitoberste Kaste, die der Krieger und Herrscher.

keit zum Ausdruck, und mir fiel auf, wie sein Blick dem unserer Mutter immer ähnlicher wurde.

In Mutters Gegenwart sammelten wir Kinder unsere ersten bittersüßen Erfahrungen mit den heiligen Schriften. Immer wieder zog sie geeignete Geschichten aus dem *Mahabharata* und *Ramayana** heran, um uns zur Ordnung und Disziplin zu rufen; Strafe und Belehrung gingen dabei Hand in Hand.

Als Zeichen der Achtung vor unserem Vater kleidete Mutter uns jeden Nachmittag sorgfältig an, damit wir ihn bei seiner Rückkehr aus dem Büro gebührend begrüßen konnten. Vater war bei der Bengal-Nagpur-Eisenbahn, einem der größten Unternehmen Indiens, beschäftigt und hatte eine Position etwa im Rang eines stellvertretenden Direktors inne. Seine Tätigkeit war mit häufigen Reisen verbunden, und wir zogen während meiner Kindheit mehrmals in andere Städte um.

Mutter hatte stets ein offenes Herz für die Bedürftigen. Auch Vater war von Natur aus gütig, doch seine Achtung vor Gesetz und Ordnung erstreckte sich auch auf die Haushaltskasse. Einmal gab Mutter in 14 Tagen mehr Geld für die Armen aus, als unser Vater im ganzen Monat verdiente! »Alles, worum ich dich bitte«, sagte Vater, »ist, daß du deine Mildtätigkeit in vernünftigen Grenzen hältst.« Selbst ein sanfter Vorwurf von ihrem Mann verursachte meiner Mutter großen Kummer. Ohne uns Kindern etwas über diese Meinungsverschiedenheit zu erzählen, bestellte sie sich eine Pferdedroschke und sagte:

»Auf Wiedersehen, ich gehe zu meiner Mutter zurück!« Welch altbekanntes Ultimatum!

Wir erschraken und fingen an zu jammern. Zum Glück traf gerade in diesem Augenblick unser Onkel mütterlicherseits ein. Er flüsterte Vater einen weisen und uralten Rat ins Ohr. Daraufhin sprach Vater einige versöhnliche Worte, und Mutter entließ erleichterten Herzens die Droschke. So endete die einzige Auseinandersetzung, die meine Eltern meines Wissens je gehabt hatten. Aber ich entsinne mich noch eines anderen Gesprächs, das meine Eltern in einem ähnlichen Zusammenhang führten.

»Gib mir bitte zehn Rupien für eine arme, unglückliche Frau, die draußen

---

*   Diese aus dem Altertum stammenden Epen sind eine wahre Fundgrube für alle, die sich für indische Geschichte, Mythologie und Philosophie interessieren.

vor der Türe steht!« Mutter setzte dabei ihr unwiderstehliches Lächeln
auf.

»Warum gleich zehn Rupien? Eine ist genug!« Und wie um sich zu
rechtfertigen, fügte Vater hinzu: »Als mein Vater und meine Großeltern
plötzlich starben, habe ich zum ersten Male erfahren, was Armut ist. Vor
meinem kilometerlangen Schulweg hatte ich zum Frühstück nichts als
eine kleine Banane zu essen. Später, während meiner Studienzeit, war ich
in solcher Not, daß ich ein Bittgesuch an einen wohlhabenden Richter
stellte und ihn um eine Unterstützung von einer Rupie pro Monat bat. Er
lehnte das mit der Begründung ab, daß selbst eine Rupie viel Geld sei.«

Mutter reagierte schlagfertig auf seine Worte: »Wie verbittert du dich
noch immer an die Verweigerung dieser Rupie erinnerst! Möchtest du,
daß diese Frau sich später ebenso schmerzlich an die Verweigerung der
zehn Rupien erinnert, die sie jetzt so dringend braucht?«

»Du hast gewonnen!« Mit der bekannten Geste des resignierenden Ehemannes öffnete er seine Brieftasche und meinte: »Hier hast du einen
Zehnrupienschein; gib ihn ihr mit meinen besten Wünschen.«

Vater neigte dazu, alles Neue zunächst einmal abzulehnen. Seine Einstellung der fremden Frau gegenüber, die so spontan Mutters Mitleid erweckt hatte, war ein typisches Zeichen seiner Vorsicht. Wer nicht sofort
seine Zustimmung gibt – wie es im Westen beispielsweise die Franzosen
halten –, ehrt damit nur den Grundsatz: »Erst denken, dann handeln!«
Meines Erachtens besaß Vater stets ein gesundes, ausgewogenes Urteils-
vermögen. Wenn ich meine zahlreichen Wünsche mit ein paar guten
Argumenten untermauern konnte, gab er fast immer nach – ganz gleich,
ob es sich dabei um eine Ferienreise oder ein neues Motorrad handelte.
Achtete er bei uns Kindern schon auf strenge Disziplin, so war er sich
selbst gegenüber geradezu spartanisch. Er ging beispielsweise nie ins
Theater, sondern verbrachte seine Freizeit mit verschiedenen spirituellen Übungen sowie dem Studium der *Bhagavad-Gita**. Er lehnte jeden
Luxus ab und trug ein Paar Schuhe so lange, bis sie ihm von den Füßen
fielen. Wir Söhne kauften uns Autos, als diese zum üblichen Verkehrs-
mittel wurden, doch Vater begnügte sich weiterhin damit, täglich mit dem
Omnibus zum Büro zu fahren. Das Anhäufen von Geld als Machtmittel
war seinem Wesen fremd. Nachdem er in seiner Freizeit die Calcutta

---

*   Diese erhabene Sanskrit-Dichtung ist Teil des *Mahabharata* und gilt als die
     Bibel der Hindus.

Mein Vater
Bhagabati Charan Ghosh,
ein Schüler Lahiri Mahasayas

Stadtbank neu organisiert hatte, lehnte er es beispielsweise ab, als Gegenleistung dafür entsprechende Aktien zu übernehmen. Er hatte der Allgemeinheit lediglich einen Dienst erweisen wollen.

Mehrere Jahre nach Vaters Pensionierung kam ein Revisor aus England nach Indien, um die Bücher der Bengal-Nagpur-Eisenbahngesellschaft zu prüfen. Dabei stellte dieser verblüfft fest, daß Vater sich nie die ihm zustehenden Sondervergütungen hatte auszahlen lassen.

»Er hat dreimal soviel gearbeitet wie jeder andere«, berichtete der Buchprüfer der Gesellschaft. »Wir schulden ihm noch 125.000 Rupien (etwa 41.250 Dollar).« Daraufhin stellte man meinem Vater einen Scheck über diese Summe aus. Vater aber schenkte der ganzen Angelegenheit so wenig Beachtung, daß er vergaß, sie seiner Familie gegenüber zu erwähnen. Erst viel später entdeckte mein jüngster Bruder Bishnu diese große Summe auf einem Kontoauszug und sprach ihn darauf an:

»Warum soviel Aufhebens von materiellem Gewinn machen?« erwiderte Vater. »Wer nach innerem Gleichmut strebt, läßt sich weder vom Gewinn berauschen noch vom Verlust niederdrücken, denn er weiß, daß er ohne einen Pfennig auf die Welt gekommen ist und sie auch ebenso arm wieder verlassen muß.«

Schon während ihrer ersten Ehejahre wurden meine Eltern Schüler des großen Meisters Lahiri Mahasaya von Benares; diese Verbindung verstärkte zusätzlich die ohnehin asketische Veranlagung meines Vaters. Mutter machte meiner ältesten Schwester Roma gegenüber einmal folgendes Geständnis: »Dein Vater und ich schlafen nur einmal im Jahr miteinander, um Kinder zu haben.«

Mein Vater begegnete Lahiri Mahasaya zum ersten Mal durch Vermittlung von Abinash Babu*, der in der Niederlassung Gorakhpur der Bengal-Nagpur-Eisenbahngesellschaft arbeitete. Damals erzählte mir Abinash Babu viele fesselnde Geschichten aus dem Leben indischer Heiliger, und jedesmal fügte er einige Lobpreisungen über seinen eigenen Guru und dessen geistige Größe hinzu.

»Hast du jemals erfahren, unter welch außergewöhnlichen Umständen dein Vater Schüler Lahiri Mahasayas wurde?« Es war ein schwüler Sommernachmittag, als ich mit Abinash im Garten vor unserem Hause saß und er urplötzlich diese Frage an mich richtete. Ich schüttelte den Kopf und sah ihn erwartungsvoll an.

---

* *Babu* (Herr) wird in der bengalischen Sprache hinter den Namen gesetzt.

»Vor vielen Jahren, noch ehe du geboren wurdest, bat ich deinen Vater, der mein Vorgesetzter war, mir eine Woche Urlaub zu geben, um meinen Guru in Benares besuchen zu können. Dein Vater aber machte sich über mein Vorhaben lustig. ›Willst du etwa ein religiöser Fanatiker werden?‹ fragte er. ›Wenn du es im Leben zu etwas bringen möchtest, konzentriere dich lieber auf deine Arbeit im Büro.‹

Als ich am selben Tag traurig durch den Wald nach Hause ging, begegnete ich deinem Vater, der in einer Sänfte saß. Er begleitete mich ein Stück des Weges zu Fuß. Dabei versuchte er, mich zu trösten und mir zu erklären, warum ein Streben nach weltlichem Erfolg so wichtig sei. Doch seine Worte hatten auf mich keine Wirkung. In meinem Herzen rief es immerfort: Lahiri Mahasaya, ich kann nicht mehr leben, ohne Euch zu sehen!

Der Weg führte uns an den Rand einer Wiese, wo die letzten Sonnenstrahlen des Tages die Spitzen der hohen Grashalme in goldenes Licht tauchten. Wir blieben voller Verwunderung stehen, denn dort auf dem Felde, nur wenige Meter von uns entfernt, erschien plötzlich die Gestalt meines großen Gurus.*

Wir trauten unseren Ohren kaum, als dieser mit klarer Stimme sprach: ›Bhagabati, du bist zu hart gegen deinen Angestellten!‹ Auf ebenso geheimnisvolle Weise, wie er gekommen war, entschwand er wieder. Ich fiel auf die Knie und rief: ›Lahiri Mahasaya! Lahiri Mahasaya!‹

Einige Augenblicke lang stand dein Vater regungslos vor Staunen da. Dann aber sprach er: ›Abinash, ich gebe nicht nur *dir* Urlaub, sondern auch *mir selbst,* damit wir morgen nach Benares fahren können. Ich muß diesen großen Lahiri Mahasaya kennenlernen, der sich willentlich materialisieren kann, um sich für dich zu verwenden. Ich will auch meine Frau mitnehmen und den Meister bitten, uns in seinen geistigen Weg einzuweihen. Willst du uns zu ihm führen?‹

›Selbstverständlich!‹ sagte ich, zutiefst erfreut über die wunderbare Erhörung meines Gebetes und die unerwartet günstige Wendung der Ereignisse.

Gleich am nächsten Abend fuhren wir – deine Eltern und ich – mit dem Zug nach Benares. Am darauffolgenden Morgen nahmen wir dort ein Pferdefuhrwerk und mußten dann noch zu Fuß durch ein paar enge

---

*	Die außergewöhnlichen Kräfte, über die viele große Meister verfügen, werden im Kapitel 30 »Das Gesetz der Wunder« erläutert.

Gassen gehen, bis wir schließlich das abgelegene Haus meines Gurus erreichten. Wir traten in sein kleines Zimmer ein und verneigten uns vor dem Meister, der in seinem üblichen Lotussitz saß. Er betrachtete uns mit prüfendem Blick und richtete seine Augen dann auf deinen Vater. ›Bhagabati, du bist zu hart gegen deinen Angestellten!‹ Es waren dieselben Worte, die er zwei Tage zuvor auf der Wiese in Gorakhpur gesprochen hatte. Dann fügte er hinzu: ›Ich freue mich, daß du Abinash die Erlaubnis gegeben hast, mich zu besuchen, und daß du ihn mit deiner Frau begleitet hast.‹

Zur Freude deiner Eltern weihte er sie beide in den spirituellen Weg des *Kriya*-Yoga* ein. Seit jenem denkwürdigen Tage verband mich eine innige Freundschaft mit deinem Vater, der nun mein Mitbruder geworden war. Lahiri Mahasaya nahm besonderen Anteil an deiner Geburt. Zweifellos wird dein Leben mit dem seinigen verbunden sein, denn der Segen des Meisters wird dich immer und überallhin begleiten.«

Lahiri Mahasaya verließ diese Welt, kurz nachdem ich geboren wurde. Im reichverzierten Rahmen schmückte sein Bild den Familienaltar all unserer Wohnungen, die wir im Laufe der Zeit aufgrund Vaters beruflicher Versetzungen bezogen haben. Wie oft setzten Mutter und ich uns morgens und abends an den improvisierten Altar, um davor zu meditieren und unsere in duftende Sandelholzlösung getauchten Blumen darzubieten. Mit Weihrauch und Myrrhe und vor allem mit unserer vereinten Hingabe beteten wir die Gottheit an, die sich uns in solch vollendeter Weise durch Lahiri Mahasaya offenbart hatte.

Sein Bild übte einen überaus starken Einfluß auf mich aus. Während ich heranwuchs, beschäftigte ich mich immer mehr mit Gedanken an den Meister. Oft, wenn ich meditierte, sah ich sein Bild aus dem kleinen Rahmen heraustreten. Mir schien dann, als sähe ich ihn leibhaftig vor mir sitzen. Sobald ich aber versuchte, die Füße dieses Lichtkörpers zu berühren, verwandelte er sich wieder in das Bild. Mit den Jahren wurde die kleine, hinter Glas gerahmte Fotografie Lahiri Mahasayas zu einer lebendigen und erleuchtenden Gegenwart für mich. Oft betete ich in Augenblicken des Zweifels und der Unsicherheit zu ihm und fühlte dann jedesmal, wie er mich tröstete und führte. Zuerst war ich betrübt, daß er nicht

---

* Eine Yoga-Technik, durch die der Mensch den Aufruhr und Tumult der Sinne stillen und sich immer mehr mit dem kosmischen Bewußtsein verbinden kann (siehe Kapitel 26).

mehr in seinem Körper lebte. Doch als ich seine heimliche Allgegenwärtigkeit zu spüren begann, trauerte ich nicht länger. Schülern, die allzu großen Wert darauf legten, ihn persönlich zu sehen, hatte er oft geschrieben: »Warum wollt ihr euch meinen Körper ansehen, wo ich doch ständig im Bereich eures *Kutastha,* eures spirituellen Auges, bin?«

Als ich etwa acht Jahre alt war, durfte ich eine wunderbare Heilung durch das Bild Lahiri Mahasayas erleben, was meine Liebe zu ihm noch vertiefte. Wir wohnten damals auf unserem Familienanwesen im bengalischen Ichapur, und ich erkrankte plötzlich an der asiatischen Cholera. Die Ärzte wußten sich keinen Rat mehr und hatten mich bereits aufgegeben. Meine Mutter saß an meinem Bett und bemühte sich verzweifelt, meinen Blick auf das Bild von Lahiri Mahasaya zu lenken, das über mir an der Wand hing.

»Verneige dich im Geiste vor ihm!« sagte sie, denn sie wußte, daß ich zu schwach war, um auch nur meine Hände zum Gruß zu erheben. »Wenn du ihm wirklich deine Hingabe zeigst und innerlich vor ihm niederkniest, wirst du am Leben bleiben.«

Ich blickte unverwandt auf das Bild und bemerkte plötzlich, wie mein Körper und der ganze Raum in ein blendendes Licht gehüllt wurden. Augenblicklich verschwanden meine Übelkeit und die anderen Symptome der Krankheit. Ich war gesund! Und sogleich fühlte ich mich kräftig genug, um mich nach vorn zu neigen und in Dankbarkeit Mutters Füße zu berühren, denn es war ihr unerschütterlicher Glaube an den Guru, der mir geholfen hatte.

Mehrmals preßte Mutter ihre Stirn gegen das kleine Bild und rief: »O allgegenwärtiger Meister, ich danke Euch, daß Ihr meinen Sohn durch Euer Licht geheilt habt!« Da verstand ich, daß auch sie das blendende Licht wahrgenommen hatte, das mich augenblicklich von dieser zumeist tödlich verlaufenden Krankheit geheilt hatte.

Diese Fotografie, die Vater als persönliches Geschenk von Lahiri Mahasaya erhalten hatte, gehört heute zu meinem kostbarsten Besitz; sie hat eine heilige Ausstrahlung. Das Bild verdankt seine Entstehung einer wundersamen Fügung, wie sie mir einst Kali Kumar Roy, ein Mitbruder meines Vaters, geschildert hat.

Allem Anschein nach hatte der Meister eine Abneigung dagegen, fotografiert zu werden. Ungeachtet seines Protestes machte ein Fotograf einmal eine Gruppenaufnahme von ihm im Kreise seiner Schüler – darunter auch Kali Kumar Roy. Wie bestürzt war der Fotograf jedoch, als er entdeckte, daß die Platte zwar das Bild aller Schüler klar wiedergab, jedoch in der Mitte, wo eigentlich die Gestalt Lahiri Mahasayas hätte erscheinen müssen, eine leere Stelle aufwies. Dieses Phänomen wurde überall lebhaft diskutiert.

Einer der Schüler, Ganga Dhar Babu, war ein erfahrener Fotograf und behauptete recht selbstsicher, daß es ihm bestimmt gelingen werde, die flüchtige Gestalt des Meisters auf der Platte einzufangen. Schon am nächsten Morgen, als der Guru im Lotussitz auf einer Holzbank vor einem Wandschirm saß, erschien Ganga Dhar Babu mit seiner Ausrüstung. Unter Beachtung aller Vorsichtsmaßnahmen machte er in schneller Folge zwölf Bilder. Doch auf den Platten erschienen zwar ausnahmslos die Holzbank und der Wandschirm, nur die Gestalt des Meisters fehlte wiederum.

Enttäuscht und mit Tränen in den Augen suchte Ganga Dhar Babu daraufhin seinen Guru auf. Erst nach vielen Stunden brach Lahiri Mahasaya sein Schweigen mit folgendem bedeutungsvollen Kommentar:

»Ich bin Geist. Kann deine Kamera das allgegenwärtige Unsichtbare wiedergeben?«

»Ich sehe, daß sie es nicht kann, heiliger Meister. Und dennoch sehne ich mich verzweifelt nach einem Bildnis des physischen Tempels, in dem aus meiner begrenzten Sicht heraus jener Geist voll und ganz zu wohnen scheint.«

»Komm morgen früh wieder. Dann stehe ich dir für eine Aufnahme zur Verfügung.«

Erneut machte der Fotograf seine Kamera bereit. Diesmal blieb die Gestalt des Heiligen nicht mehr verborgen, sondern erschien deutlich sichtbar auf der Platte. Der Meister hat meines Wissens nie wieder ein anderes Bild von sich machen lassen.

Die Fotografie ist in diesem Buch abgebildet. Lahiri Mahasayas reine Gesichtszüge sind so universell, daß sie kaum auf seine Herkunft und Rasse schließen lassen. Sein rätselhaftes Lächeln bringt in verhaltener Weise die Seligkeit der Gottverbundenheit zum Ausdruck. Durch seine halbgeöffneten Augen bekundet er ein gewisses Interesse an dieser Welt; doch diese Augen sind auch halb geschlossen. Völlig unberührt von den armseligen Verlockungen dieser Welt, ist er dennoch stets offen für die geistigen Anliegen aller Suchenden gewesen, die zu ihm kamen und um seinen Segen baten.

Kurz nach meiner Heilung durch die Kräfte des Guru-Bildnisses hatte ich eine spirituelle Vision von nachhaltiger Wirkung. Als ich eines Morgens auf meinem Bett saß, verfiel ich in eine tiefe Träumerei.

»Was befindet sich hinter dem Dunkel der geschlossenen Augen?« Dieser Gedanke tauchte plötzlich in mir auf und ließ mich nicht mehr los. Und sogleich flammte vor meinem inneren Auge ein gewaltiges Licht auf. Bilder von Heiligen, die meditierend in Berghöhlen saßen, erschienen auf dem weißen Lichtschirm, der sich im Inneren meines Kopfes befand.

»Wer seid ihr?« fragte ich mit lauter Stimme.

»Wir sind die Yogis vom Himalaja.« Meine Reaktion auf diese himmlische Antwort läßt sich nur schwer beschreiben; mein Herz bebte vor Freude.

»O, ich möchte zum Himalaja gehen und so werden wie ihr!« Die Vision entschwand, doch silberne Strahlen breiteten sich in immer größer werdenden Kreisen bis in die Unendlichkeit aus.

»Woher kommt dieser wunderbare Glanz?«

»Ich bin Iswara*. Ich bin Licht!« Die Stimme klang wie verhallender Donner.

»Ich will eins mit dir werden.«

Langsam kehrte ich aus der göttlichen Verzückung zurück. Doch sie hinterließ eine brennende Sehnsucht in mir – die Sehnsucht nach Gott.

»Er ist immerwährende, ewig neue Freude!« Die Erinnerung an dieses Erlebnis klang noch lange in mir nach.

Ich habe noch eine andere, im wahrsten Sinne des Wortes bleibende Kindheitserinnerung, denn bis zum heutigen Tage ist eine Narbe davon zurückgeblieben. Eines Morgens saßen meine ältere Schwester Uma und ich unter einem Zedrachbaum in unserem Garten in Gorakhpur. Sie half mir beim Lesen einer bengalischen Fibel, hatte es aber nicht leicht mit mir, weil ich meine Augen kaum von den Papageien abwenden konnte, die an den reifen Früchten pickten. Uma hatte ein Furunkel am Bein und holte sich eine Dose mit Salbe. Auch ich schmierte mir etwas davon auf den Arm.

»Warum tust du dir Medizin auf einen gesunden Arm?«

»Weil ich fühle, Schwesterlein, daß ich morgen auch ein Furunkel haben werde. Ich probiere deine Salbe an der Stelle aus, wo mein Furunkel herauskommen wird.«

---

* Ein Sanskritname für Gott als Herrscher des Kosmos; aus der Sanskritwurzel *is* = herrschen. In den heiligen Schriften der Hindus gibt es 108 verschiedene Namen für Gott, von denen jeder eine etwas andere philosophische Bedeutung hat.

»Du kleiner Schwindler!«

»Sag nicht Schwindler zu mir, sondern warte ab, was morgen passiert!« entgegnete ich voller Entrüstung. Doch meine Schwester schien wenig beeindruckt und neckte mich noch dreimal auf die gleiche Weise. Da antwortete ich mit großer Entschlossenheit:

»Bei der Kraft meines Willens erkläre ich dir, daß ich morgen genau an dieser Stelle meines Armes ein ziemlich großes Furunkel haben werde! Und *dein* Furunkel wird dann doppelt so groß sein wie heute!«

Am nächsten Morgen hatte ich tatsächlich ein dickes Furunkel an der bezeichneten Stelle, und Umas Furunkel war auf das Doppelte angewachsen. Schreiend eilte meine Schwester zu unserer Mutter: »Mukunda ist ein Zauberer geworden!« Mutter ermahnte mich ernsthaft, nie wieder die Kraft des Wortes zu mißbrauchen, um anderen Schaden zuzufügen. Ich habe mir ihren Rat sehr zu Herzen genommen und ihn von da an stets befolgt.

Mein Furunkel mußte chirurgisch entfernt werden, und der Schnitt des Arztes hinterließ eine sichtbare Narbe. So trage ich seit jener Zeit an meinem rechten Arm ein Mal, das mich stets an die Macht des menschlichen Wortes erinnert.

Die einfachen und scheinbar harmlosen Sätze, die ich mit voller Überzeugung an meine Schwester gerichtet hatte, besaßen eine geradezu explosive Kraft und verfehlten ihre – wenn auch schmerzliche – Wirkung nicht. Später gelangte ich zu der Erkenntnis, daß man diese explosive Schwingungskraft des Wortes weise lenken kann, um im Leben Hindernisse aller Art aus dem Weg zu räumen, ohne sich dabei Narben oder Vorwürfe einzuhandeln.*

---

*   Die unendliche Macht des Klanges entspringt dem Schöpferwort *OM*, der kosmischen Schwingungskraft, die auch der Atomkraft zugrunde liegt. Jedes aus tiefer Erkenntnis und mit voller Überzeugung gesprochene Wort birgt das Potential der Verwirklichung in sich. Das laute oder lautlose Wiederholen von inspirierenden Worten hat sich im Couéismus und ähnlichen psychotherapeutischen Systemen als wirkungsvoll erwiesen. Das Geheimnis dieser Methoden besteht in einer Intensivierung der Schwingungen des menschlichen Geistes. Der Dichter Tennyson gibt uns in seinen Memoiren folgende Beschreibung einer Wiederholungsformel, mit deren Hilfe er vom bewußten in den überbewußten Zustand gelangte:

»Schon seit meiner Kindheit habe ich oftmals eine Art Wachtrance – ich wähle dieses Wort in Ermangelung eines besseren Terminus – erfahren, wenn ich alleine war«, schrieb Tennyson. »In diesen Zustand gelangte ich, indem ich in

Als unsere Familie nach Lahore im Punjab umzog, erwarb ich dort ein Bild der göttlichen Mutter Kali**. Es zierte einen einfachen kleinen Schrein auf dem Balkon unseres Hauses. Auf einmal spürte ich in mir die unerschütterliche Überzeugung, daß an diesem geheiligten Ort jedes meiner Gebete erhört werde. Eines Tages stand ich dort mit Uma und beobachtete, wie zwei Jungen ihre Drachen über den Dächern der beiden gegenüberliegenden Häuser steigen ließen, die nur durch eine enge Gasse von unserem eigenen Haus getrennt waren.

»Warum bist du so schweigsam?« fragte Uma und stupste mich neckend.

»Ich denke gerade, wie wunderbar es ist, daß die göttliche Mutter mir alles gibt, worum ich sie bitte.«

»Gibt sie dir vielleicht auch diese beiden Drachen?« lachte meine Schwester spöttisch.

»Warum nicht?« Schweigend begann ich, um die Drachen zu beten.

In Indien werden Wettkämpfe mit Papierdrachen ausgerichtet, deren Schnüre mit kleinen scharfkantigen Glassplittern beklebt sind. Jeder Spieler versucht, die Schnur des gegnerischen Drachens zu durchtrennen. Ein solchermaßen »befreiter« Drachen segelt dann über die Dächer, und es macht großen Spaß, ihn einzufangen. Da Uma und ich auf dem Balkon standen, schien es unmöglich, daß ein frei segelnder Drachen in unsere Hände gelangen könnte, denn seine Schnur würde natürlich nur über die Dächer hinweggleiten.

Die Spieler auf der anderen Seite der Straße begannen ihren Wettkampf. Als die erste Schnur durchtrennt wurde, segelte der Drachen sofort in meine Richtung. Und da der Wind plötzlich nachließ, blieb er einen Augenblick lang in der Luft stehen, und seine Schnur verfing sich in einem Kaktus auf dem Dach des gegenüberliegenden Hauses. Dadurch

Gedanken ständig meinen Namen *wiederholte,* bis sich ganz plötzlich – gewissermaßen aus der Intensität des Individualitätsbewußtseins heraus – die Individualität selbst aufzulösen schien, um in das grenzenlose Sein einzugehen; und dies nicht etwa in einem Zustand der Konfusion, sondern der absoluten Klarheit und Sicherheit, jenseits aller Worte – wo der Tod als eine geradezu lachhafte Unmöglichkeit erscheint und wo der Verlust der Persönlichkeit (so es denn dazu käme) nicht Auslöschung, sondern das einzig wahre Leben bedeutet.«

Und er meinte weiter: »Es handelt sich hier nicht um eine nebulöse Verzükkung, sondern um einen Zustand transzendenter Verwunderung in Verbindung mit völliger Klarheit des Geistes.«

** *Kali* ist ein Symbol Gottes in Gestalt der ewigen Mutter Natur.

bildete sich eine lange Schlaufe, an der ich den Drachen zu fassen bekam. Sogleich überreichte ich Uma meine Trophäe.

»Das war nur ein ungewöhnlicher Zufall und keine Antwort auf dein Gebet! Erst wenn der andere Drachen auch zu dir kommt, will ich dir glauben.« Doch die erstaunten Augen meiner Schwester verrieten mehr als alle Worte.

Mit wachsender Inbrunst betete ich weiter. Als der zweite Spieler zu fest an seinem Drachen zerrte, machte sich dieser frei, segelte auf mich zu und tanzte vor mir im Wind. Mein Freund, der Kaktus, knüpfte die Schnur abermals zu einer handlichen Schlaufe, und ich reichte Uma meine zweite Trophäe. »Wahrhaftig, die göttliche Mutter erhört dich! Das ist mir alles unheimlich!« Und meine Schwester rannte wie ein erschrecktes Reh davon.

Kapitel 2

Der Tod meiner Mutter und das geheimnisvolle Amulett

Der sehnlichste Wunsch meiner Mutter war es, meinen älteren Bruder verheiratet zu sehen. »O, wenn ich erst das Gesicht von Anantas Frau erblicke, dann habe ich den Himmel auf Erden!« Wie oft hörte ich meine Mutter dies sagen – sie brachte damit den bei den Indern starken Wunsch der Inder nach Fortbestand der Familie zum Ausdruck.

Als sich Ananta schließlich verlobte, war ich elf Jahre alt. Mutter war nach Kalkutta gereist, um dort in großer Vorfreude die Hochzeitsvorbereitungen zu überwachen. Vater und ich blieben allein in unserem Haus im nordindischen Bareilly zurück, wohin Vater nach zweijährigem Aufenthalt in Lahore versetzt worden war.

Schon vorher hatte ich anläßlich der Vermählung meiner beiden älteren Schwestern Roma und Uma prunkvolle Hochzeitsfeierlichkeiten erlebt, doch für Ananta, den ältesten Sohn, wurden Vorbereitungen getroffen, die alles Bisherige in den Schatten stellten. Mutter empfing zahlreiche Verwandte, die täglich aus allen Teilen des Landes in Kalkutta eintrafen, und sorgte dafür, daß sie bequem in einem geräumigen, neuerworbenen Haus in der Amherst Street Nr. 50 untergebracht wurden. Alles war bereit – erlesene Speisen für das Bankett, der festlich geschmückte Thron, auf dem mein Bruder zum Hause seiner Braut getragen werden sollte, Lampions in allen Farben, riesige Pappelefanten und -kamele, englische, schottische und indische Musikkapellen, Unterhaltungskünstler und schließlich die Priester, die die überlieferten Riten vollziehen sollten.

Vater und ich waren in Feststimmung und hatten geplant, rechtzeitig zu den Feierlichkeiten nach Kalkutta zu fahren. Doch kurz vor dem großen Tag hatte ich eine unheilvolle Vision.

Es war gegen Mitternacht; ich schlief neben meinem Vater auf der Veranda unseres Bungalows in Bareilly. Plötzlich wurde ich durch ein merkwürdiges Flattern meines Moskitonetzes geweckt. Der zarte Vorhang wurde zur Seite geschoben, und ich erblickte die geliebte Gestalt meiner Mutter.

»Wecke deinen Vater!« flüsterte sie mir mit kaum hörbarer Stimme zu. »Nehmt den nächsten Zug um vier Uhr morgens und kommt sofort nach Kalkutta, wenn ihr mich noch sehen wollt!« Damit entschwand die geisterhafte Erscheinung.

»Vater! Vater! Mutter liegt im Sterben!« Mein entsetzter Ausruf ließ ihn sofort hellwach werden. Schluchzend berichtete ich ihm von meiner verhängnisvollen Vision.

»Das war nichts als eine Halluzination!« sagte Vater mit dem für ihn typischen Mißtrauen allem Neuen gegenüber. »Deine Mutter erfreut sich bester Gesundheit. Sollten wir morgen irgendwelche schlechten Nachrichten erhalten, können wir immer noch fahren.«

»Du wirst es dir nie verzeihen, wenn wir nicht sofort aufbrechen!« rief ich und fügte in meiner Verzweiflung hinzu: »Und auch ich werde dir nie verzeihen!«

Der nächste Morgen brachte uns die traurige Gewißheit: »Mutter lebensgefährlich erkrankt. Hochzeit verschoben. Kommt sofort!«

Bestürzt reisten Vater und ich ab. Auf einem Bahnhof, wo wir umsteigen mußten, erwartete uns bereits einer meiner Onkel; er war uns aus Kalkutta entgegengereist. In diesem Augenblick fuhr ein anderer Zug mit donnernder Geschwindigkeit in den Bahnhof ein; ich war innerlich so aufgewühlt, daß ich plötzlich von dem Verlangen erfaßt wurde, mich auf die Schienen zu stürzen. Ich fühlte, daß ich meine Mutter bereits verloren hatte, und ohne sie erschien mir die Welt auf einmal leer und unerträglich. Mutter war der liebste Mensch, den ich auf Erden besaß. Ihre tröstenden schwarzen Augen waren mein sicherster Zufluchtsort vor all den kleinen Kümmernissen meiner Kindheit gewesen.

Doch ich hielt inne, um eine letzte Frage an meinen Onkel zu richten: »Lebt sie noch?«

Er konnte mir die Verzweiflung am Gesicht ablesen und antwortete: »Natürlich lebt sie!« Doch es fiel mir schwer, ihm zu glauben.

Als wir endlich unser Haus in Kalkutta erreichten, blieb uns nichts, als uns mit dem unfaßbaren Geheimnis des Todes auseinanderzusetzen. Ich verfiel in einen Zustand innerer Erstarrung. Jahre vergingen, bis ich mich mit diesem Verlust abgefunden hatte. Meine heftigen Schmerzensschreie stürmten schließlich die Tore des Himmels und wurden erhört vor der göttlichen Mutter. Ihre Worte waren es, die die noch immer offene Wunde endgültig heilten:

»Ich war es, die Leben um Leben mit der Zärtlichkeit vieler Mütter über dir gewacht hat. Erkenne in meinem Blick die wunderbaren schwarzen Augen, die, die du verloren glaubtest und vergeblich gesucht hast.«

Kurz nach der Feuerbestattung meiner vielgeliebten Mutter kehrten Vater und ich nach Bareilly zurück. Jeden Morgen in der Frühe pilgerte ich von nun an zu dem großen Scheolibaum, der den gepflegten goldgrünen Rasen vor unserem Bungalow überschattete. In manch poetischen Augenblicken schien es mir, als ließen sich die fallenden weißen Scheoliblüten hingebungsvoll auf dem Altar des grünen Rasens nieder. Während sich meine Tränen mit den Tautropfen mischten, sah ich oft ein seltsames, überirdisches Licht aus der Morgendämmerung hervorleuchten. Dann ergriff mich immer eine schmerzliche Sehnsucht nach Gott, und ich fühlte mich unwiderstehlich zum Himalaja hingezogen.

Um diese Zeit kam einer meiner Vettern, der gerade von einer Reise zu den heiligen Bergen zurückgekehrt war, zu Besuch nach Bareilly. Begierig lauschte ich seinen Berichten über die Yogis und Swamis[*], die in der Abgeschiedenheit der Bergwelt lebten.

»Laß uns von zu Hause fortlaufen und zum Himalaja gehen!« schlug ich eines Tages Dwarka Prasad, dem Sohn unseres Hauswirts in Bareilly, vor. Doch mein Ansinnen stieß bei ihm auf wenig Gegenliebe. Er verriet meinen Plan sogar meinem älteren Bruder, der gerade eingetroffen war, um unseren Vater zu besuchen. Anstatt über diesen realitätsfremden Traum eines kleinen Jungen lächelnd hinwegzusehen, zog Ananta mich ständig damit auf:

»Wo hast du denn dein orangefarbiges Gewand? Ohne das bist du kein echter Swami!«

Unerklärlicherweise überlief mich bei seinen Worten jedesmal ein Schauer der Erregung, denn ich sah mich dabei im Geiste als Mönch durch ganz Indien wandern. Vielleicht erweckten seine Worte Erinnerungen an ein früheres Leben. Auf jeden Fall wußte ich, mit welcher Selbstverständlichkeit ich eines Tages das Gewand dieses altehrwürdigen Mönchsordens anlegen würde.

Eines Morgens, als ich mich wieder einmal mit Dwarka unterhielt, überkam mich die Liebe zu Gott wie eine übermächtige Woge. Die Worte, die mir daraufhin zuströmten, fielen bei meinem Gefährten auf wenig frucht-

---

[*] Die eigentliche Bedeutung des Sanskritwortes *Swami* lautet »einer, der eins ist mit seinem Selbst *(Swa)*«. Für Angehörige der indischen Mönchsorden wird es als respektvoller Titel etwa wie »Ehrwürdiger« gebraucht.

baren Boden; ich selbst aber lauschte mit ganzem Herzen meiner inneren Stimme.

Noch am selben Nachmittag brach ich heimlich nach Naini Tal am Fuße des Himalaja auf. Ananta folgte mir jedoch prompt, und so mußte ich schweren Herzens nach Bareilly zurückkehren. Die einzige erlaubte »Wallfahrt« war für mich der morgendliche Gang zum Scheolibaum. Mein Herz verzehrte sich nach meinen verlorenen Müttern – der irdischen und der göttlichen.

Die Lücke, die Mutters Tod in die Familie gerissen hatte, konnte nicht mehr geschlossen werden. Vater heiratete nicht wieder und blieb während der ihm noch verbleibenden vierzig Lebensjahre allein. Er war seinen Kindern Vater und Mutter zugleich und wurde zunehmend einfühlsamer und aufgeschlossener. Ruhig und mit großer Umsicht nahm er sich der verschiedensten Familienprobleme an. Nach der Arbeit im Büro zog er sich wie ein Einsiedler in sein Zimmer zurück, um in selbstgewählter Abgeschiedenheit *Kriya*-Yoga zu üben. Lange nach Mutters Tod versuchte ich, eine englische Haushälterin einzustellen, um meinem Vater das Leben etwas angenehmer zu gestalten. Doch Vater schüttelte den Kopf: »Mit dem Tode deiner Mutter hat ihre Fürsorge für mich ein Ende gefunden.« Sein Blick, aus dem lebenslange Treue und Hingabe sprachen, schweifte in die Ferne. »Ich werde mich von keiner anderen Frau umsorgen lassen.«

Vierzehn Monate nach Mutters Tod erfuhr ich, daß sie mir eine bedeutsame Botschaft hinterlassen hatte. Ananta, der an ihrem Sterbebett gewesen war, hatte ihre Worte niedergeschrieben. Obgleich sie ihn gebeten hatte, mir die Botschaft genau nach einem Jahr zu übermitteln, hatte er etwas mehr Zeit verstreichen lassen. Erst kurz bevor er Bareilly verließ, um in Kalkutta das Mädchen zu heiraten, das Mutter für ihn auserwählt hatte,* rief er mich eines Abends zu sich.

»Mukunda, ich habe bis jetzt gezögert, dir diese seltsame Botschaft zu übermitteln«, sagte er mit leicht resigniertem Unterton, »denn ich fürchtete, daß sie dich in dem Wunsch, von zu Hause fortzulaufen, nur noch bestärken würde. Doch du brennst ohnehin in göttlicher Sehnsucht. Als ich dich kürzlich auf deinem Weg zum Himalaja einholte, wurde mir klar,

---

* Der alte indische Brauch, nach dem die Eltern den Lebenspartner ihrer Kinder auswählen, hat den Wandel der Zeiten überdauert. Der Prozentsatz glücklicher Ehen ist in Indien ausgesprochen hoch.

Meine Mutter
Schülerin von Lahiri Mahasaya

daß ich die Einlösung meines feierlichen Versprechens nun nicht länger aufschieben darf.« Mit diesen Worten überreichte er mir ein kleines Kästchen und teilte mir Mutters Botschaft mit.

»Mein geliebter Sohn Mukunda, diese Worte sollen mein letzter Segen für dich sein«, so hatte Mutter gesprochen. »Es ist an der Zeit, dir von mehreren ungewöhnlichen Ereignissen zu berichten, die sich nach deiner Geburt zugetragen haben. Welcher Weg dir bestimmt ist, wußte ich bereits, während ich dich als Neugeborenes in meinen Armen hielt. Ich trug dich damals zum Hause meines Gurus in Benares, doch vor mir stand eine große Schar anderer Schüler des Meisters, so daß ich Lahiri Mahasaya, der sich in tiefer Meditation befand, kaum sehen konnte.

Während ich dich streichelte, betete ich, daß der große Guru uns bemerken und seinen Segen geben möge. Voller Inbrunst war mein Flehen. Schließlich öffnete er die Augen und bat mich, vorzutreten. Die anderen machten mir Platz, so daß ich mich zu seinen heiligen Füßen verneigen konnte. Lahiri Mahasaya nahm dich auf seinen Schoß, legte die Hand auf deine Stirn und taufte dich im Geiste.

›Dein Sohn, liebe Mutter, wird ein Yogi und geistiger Führer werden und vielen Seelen den Weg ins Reich Gottes bereiten.‹

Mein Herz jubilierte, als ich durch den allwissenden Guru erfuhr, daß mein stilles Gebet erhört worden war. Schon kurz vor deiner Geburt hatte er mir gesagt, daß du seinem Weg folgen würdest.

Später, mein Sohn, erfuhren deine Schwester Roma und ich von deiner Vision des Großen Lichtes. Wir hatten dich nämlich vom Nebenzimmer aus beobachtet, wie du regungslos auf deinem Bette saßest. Dein kleines Gesicht leuchtete, und mit eiserner Entschlossenheit in der Stimme sprachst du davon, zum Himalaja zu gehen und Gott zu suchen.

Auf diese Weise, lieber Sohn, erfuhr ich, daß dein Weg abseits von allen weltlichen Ambitionen liegt. Dann erhielt ich noch eine weitere Bestätigung, und dieses seltsamste aller Erlebnisse ist es, das mich jetzt auf meinem Totenbett drängt, dir diese Botschaft zu hinterlassen.

Es handelt sich um eine Begegnung mit einem Weisen im Punjab. Als wir noch in Lahore lebten, kam eines Morgens der Diener in mein Zimmer und sagte: ›Gnädige Frau, ein fremder *Sadhu** ist hier und verlangt, die Mutter von Mukunda zu sprechen.‹

---

*   *Sadhu:* Ein Einsiedler, der sich der Askese *(Sadhana)* und geistigen Disziplin unterwirft.

Diese einfachen Worte berührten mich tief in meinem Herzen, und ich ging sofort hinaus, um den Besucher zu begrüßen. Als ich mich demütig vor ihm verneigte, fühlte ich, daß dieser *Sadhu* ein echter Abgesandter Gottes war.

›Die großen Meister‹, so sprach er zu mir, ›lassen dir sagen, daß deine Lebenszeit auf Erden bald abgelaufen ist. Deine nächste Krankheit wird deine letzte sein.‹* Daraufhin folgte ein längeres Schweigen, doch das beunruhigte mich nicht weiter. Ich war vielmehr erfüllt von großem innerem Frieden. Schließlich fuhr er fort:

›Ich werde ein besonderes Silberamulett in deine Obhut geben, das ich dir heute aber noch nicht aushändigen will. Um die Wahrheit meiner Worte zu beweisen, wird sich der Talisman morgen, während du meditierst, in deinen Händen materialisieren. Auf deinem Totenbett mußt du deinem ältesten Sohn Ananta den Auftrag geben, das Amulett ein Jahr lang aufzubewahren und es dann deinem zweiten Sohn zu übergeben. Mukunda wird die Bedeutung dieses Talismans, der von den großen Meistern kommt, verstehen. Er soll ihn zu der Zeit empfangen, da er bereit ist, allem Weltlichen zu entsagen und seine Suche nach Gott zu beginnen. Wenn das Amulett nach einigen Jahren seinen Zweck erfüllt hat, wird es wieder entschwinden. Selbst wenn er es im geheimsten aller Verstecke aufbewahrt, wird es wieder an seinen Ursprungsort zurückkehren.‹

Ich bot dem Heiligen Almosen an** und verneigte mich in großer Ehrerbietung vor ihm. Er segnete mich zum Abschied, nahm meine Gabe jedoch nicht an. Am nächsten Abend, als ich mit gefalteten Händen meditierte, materialisierte sich tatsächlich ein silbernes Amulett zwischen meinen Fingern, genau wie der *Sadhu* versprochen hatte. Es fühlte sich kühl und glatt an. Über zwei Jahre lang habe ich es sorgfältig aufbewahrt und dann Ananta anvertraut. Trauere nicht um mich, denn ich werde von meinem großen Guru in die Unendlichkeit heimgeführt. Leb wohl, mein Kind! Die kosmische Mutter wird dich beschützen!«

Als ich das Amulett in Besitz nahm, kam eine plötzliche Erleuchtung über

---

* Als ich durch diese Worte meiner Mutter erfuhr, daß sie geheime Kenntnis von ihrem frühzeitigen Tod gehabt hatte, verstand ich zum ersten Mal, warum sie sich so sehr mit den Hochzeitsvorbereitungen für Ananta beeilt hatte. Als Mutter hatte sie den natürlichen Wunsch gehabt, dem Hochzeitszeremoniell beizuwohnen, was ihr allerdings nicht mehr vergönnt war.

** Ein Brauch, der Achtung vor den *Sadhus* zum Ausdruck bringt.

mich, und viele schlummernde Erinnerungen wurden wach. Der runde, mit Sanskritzeichen bedeckte Talisman mutete seltsam und altertümlich an. Ich wußte, daß er von meinen Lehrern aus vergangenen Leben kam, die unsichtbar meine Schritte lenkten. Auch barg er noch ein anderes Geheimnis, das ich hier jedoch nicht enthüllen kann.

Wie der Talisman schließlich in einer für mich besonders schweren Zeit meines Lebens wieder entschwand und wie sein Verlust das Nahen meines Gurus ankündigte, soll in diesem Kapitel noch nicht geschildert werden.

Doch der kleine Junge, der so gerne zum Himalaja gelangen wollte, dessen Pläne aber ständig durchkreuzt wurden, reiste auf den Flügeln des Amuletts täglich in weite Fernen.

Kapitel 3

Der Heilige mit den zwei Körpern

Vater, wenn ich dir ganz fest verspreche, wieder nach Hause zurückzukommen, erlaubst du mir dann, eine Studienfahrt nach Benares zu machen?« Vater hatte stets Verständnis für meine Reiselust und ließ mich schon in sehr jungen Jahren viele Städte und Wallfahrtsorte besuchen, wobei ich gewöhnlich von einigen meiner Freunde begleitet wurde. Seine Position bei der Eisenbahn kam dem »Nomadentrieb« in unserer Familie sehr entgegen, denn er besorgte uns jedesmal Fahrkarten erster Klasse, die uns ein angenehmes Reisen ermöglichten.

Vater versprach, mein Ansinnen zu überdenken. Am nächsten Tag rief er mich zu sich und überreichte mir eine Rückfahrkarte von Bareilly nach Benares, einige Rupien und zwei Briefe.

»Ich habe mit einem meiner Freunde aus Benares, Kedar Nath Babu, eine geschäftliche Angelegenheit zu erörtern, habe aber leider seine Anschrift verlegt. Doch ich hoffe, daß du ihm diesen Brief durch unseren gemeinsamen Freund Swami Pranabananda überbringen lassen kannst. Der Swami ist mein Mitbruder und in seiner spirituellen Entwicklung weit fortgeschritten. Du wirst also von seiner Bekanntschaft sicherlich profitieren. Der zweite Brief soll dir als Einführungsschreiben dienen.«

Dann fügte er augenzwinkernd hinzu: »Aber denke daran, bitte keine weiteren Fluchtversuche!«

Mit der Begeisterung eines Zwölfjährigen für neue Gegenden und fremde Gesichter – die ich mir übrigens in all den Jahren habe bewahren können – machte ich mich auf den Weg. In Benares angekommen, suchte ich sofort das Haus des Swamis auf. Die Eingangstür stand offen, und so trat ich ein und ging die Treppe hinauf in einen länglichen, großen Raum im ersten Stock.

Dort saß auf einem kleinen Podest ein kräftiger, nur mit einem Lendentuch bekleideter Mann im Lotussitz. Sein Kopf und sein faltenloses Gesicht waren glatt rasiert. Ein verklärtes Lächeln umspielte seine Lippen. Er begrüßte mich sofort wie einen alten Freund und zerstreute so meine Bedenken, ihn gestört zu haben.

»*Baba anand!*« (»Gesegnet seist du, mein lieber Freund!«) sagte er herzlich mit kindlicher Stimme. Ich kniete vor ihm nieder und berührte seine Füße.

»Seid Ihr Swami Pranabananda?«

Er nickte. »Bist du Bhagabatis Sohn?« fragte er, noch ehe ich Zeit gehabt hatte, Vaters Brief aus der Tasche zu ziehen. Verwundert überreichte ich ihm das Einführungsschreiben, das jetzt überflüssig zu sein schien.

»Natürlich will ich Kedar Nath Babu gerne für dich ausfindig machen.« Wieder einmal überraschte mich der Heilige mit seiner Hellsichtigkeit. Er blickte flüchtig auf den Brief und sagte ein paar liebenswürdige Worte über meinen Vater.

»Weißt du auch, daß ich im Genuß von zwei Pensionen stehe? Die eine habe ich deinem Vater zu verdanken, für den ich früher bei der Eisenbahngesellschaft gearbeitet habe, und die andere verdanke ich meinem himmlischen Vater, für den ich meine Pflichten hier auf Erden gewissenhaft erfüllt habe.«

Ich verstand diese Bemerkung nicht recht. »Was für eine Pension erhaltet Ihr denn vom himmlischen Vater, Sir? Wirft Er Euch etwa Geld in den Schoß?«

Er lachte. »Ich meine eine Pension in Form von grenzenlosem Frieden als Belohnung für viele Jahre tiefer Meditation. An Geld habe ich kein Interesse mehr, denn für meine wenigen materiellen Bedürfnisse ist reichlich gesorgt. Später wirst du die Bedeutung dieser zweiten Pension besser verstehen.«

Dann schwieg der Heilige und verharrte in regloser Andacht. Etwas Sphinxhaftes ging von ihm aus. Zunächst glänzten seine Augen, als ob sie etwas Interessantes beobachteten, dann wurden sie ausdruckslos. Sein Schweigen machte mich verlegen, denn bis jetzt hatte er mir noch nicht verraten, wo ich Vaters Freund finden könnte. Etwas beunruhigt schaute ich mich in dem kahlen Raum um, in dem es außer uns beiden nichts weiter gab. Da fiel mein Blick auf die hölzernen Sandalen des Swamis, die vor dem Podest standen.

»Mach dir keine Sorgen, Choto Mahasaya*. Der Mann, den du sprechen

---

*   *Choto Mahasaya* – wörtlich »junger Herr« – so wurde ich von verschiedenen indischen Heiligen angeredet.

willst, wird in einer halben Stunde hier sein.« Der Yogi hatte meine Gedanken gelesen – unter den gegebenen Umständen eigentlich kein Kunststück!

Wiederum verfiel er in unergründliches Schweigen.

Nach meiner Taschenuhr waren dreißig Minuten vergangen, als der Swami plötzlich sagte: »Ich glaube, Kedar Nath Babu ist schon an der Tür.«

Gleich darauf hörte ich jemanden die Treppe heraufkommen. Ich war völlig fassungslos. Meine Gedanken rasten wild durcheinander. »Wie kann es sein, daß Vaters Freund gerade jetzt hier eintrifft, ohne daß man einen Boten nach ihm geschickt hat? Der Swami hat seit meiner Ankunft doch zu niemandem außer mir gesprochen!«

Ich stand auf und lief die Treppe hinunter. Auf halbem Wege begegnete mir ein hagerer, hellhäutiger Mann von mittlerer Statur, der sehr in Eile zu sein schien.

»Seid Ihr Kedar Nath Babu?« wollte ich mit erregter Stimme wissen.

»Ja, und bist du etwa Bhagabatis Sohn, der hier auf mich wartet?« fragte er und lächelte mich freundlich an.

»Wie kommt Ihr hierher, Sir?« Sein unerklärliches Erscheinen rief in mir ein gewisses Unbehagen hervor.

»Heute geschehen lauter geheimnisvolle Dinge. Vor einer knappen Stunde, als ich gerade mein Bad im Ganges genommen hatte, kam Swami Pranabananda auf mich zu. Ich habe keine Ahnung, woher er wissen konnte, daß ich mich dort befand.

›Bhagabatis Sohn wartet in meiner Wohnung auf dich‹, sagte er. ›Kommst du mit?‹

Bereitwillig stimmte ich zu. Doch als wir uns Hand in Hand auf den Weg machten, konnte ich zu meinem Erstaunen kaum Schritt mit dem Swami in seinen Holzsandalen halten; dabei trug ich doch viel festeres Schuhwerk.

Plötzlich blieb Pranabananda stehen und fragte: ›Wie lange brauchst du für den Weg zu mir nach Hause?‹

›Eine gute halbe Stunde.‹

›Ich habe noch etwas anderes zu erledigen und muß dich jetzt zurücklassen‹, sagte er und warf mir einen rätselhaften Blick zu. ›Komm einfach zu mir nach Hause. Ich werde dich dort mit Bhagabatis Sohn erwarten.‹

Ehe ich noch etwas einwenden konnte, ging er eilends an mir vorbei und verschwand in der Menge. Daraufhin bin ich auf schnellstem Wege hierhergekommen.«

Durch diese Erklärung wurde meine Verwunderung nur noch größer. Ich fragte Kedar Nath Babu, wie lange er den Swami denn schon kenne.

»Wir sind uns im vorigen Jahr ein paarmal begegnet, in letzter Zeit jedoch nicht mehr. Darum habe ich mich sehr gefreut, ihn heute beim Baden am *Ghat* wiederzusehen.«

»Ich traue meinen Ohren kaum! Oder habe ich etwa den Verstand verloren? Seid Ihr dem Swami in einer Vision begegnet, oder habt Ihr ihn tatsächlich getroffen, seine Hand berührt und seine Schritte gehört?«

»Ich weiß nicht, worauf du hinauswillst«, rief er ärgerlich. »Ich lüge dich doch nicht an! Versteh doch: Nur durch den Swami konnte ich erfahren, daß du hier auf mich wartest.«

»Aber dieser Mann, Swami Pranabananda, hat sich nicht einen Moment lang von der Stelle gerührt, seit ich vor etwa einer Stunde hier eintraf.« Und dann sprudelte die ganze Geschichte aus mir heraus.

Mit weit geöffneten Augen hörte er mir zu und sagte: »Leben wir wirklich in dieser materiellen Welt, oder ist das alles nur ein Traum? Nie habe ich geglaubt, daß ich einmal ein solches Wunder miterleben würde. Bisher hielt ich den Swami nur für einen gewöhnlichen Menschen, doch jetzt sehe ich, daß er einen zweiten Körper materialisieren und durch ihn wirken kann.«

Gemeinsam betraten wir das Zimmer des Heiligen.

»Schau, da stehen genau dieselben Holzsandalen, die er am *Ghat* getragen hat«, flüsterte Kedar Nath Babu. »Und er war nur mit einem Lendentuch bekleidet, genau wie jetzt.«

Während sich der Besucher vor dem Heiligen verneigte, lächelte dieser mir belustigt zu. »Warum bist du über all dies so verblüfft? Die verborgene Einheit aller Dinge, die zur Welt der Erscheinungen gehören, ist für den echten Yogi kein Geheimnis. Ich kann zum Beispiel jederzeit meine Schüler im entfernten Kalkutta sehen und mich mit ihnen unterhalten. Und sie können auf ähnliche Weise jedes grobstoffliche Hindernis überwinden.«

Wahrscheinlich wollte der Swami ein spirituelles Feuer in meinem jungen Herzen entfachen und hatte sich deshalb herabgelassen, mich etwas von

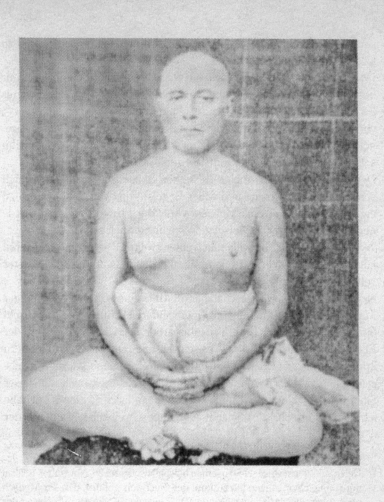

Swami Pranabananda,
»der Heilige mit den zwei Körpern«,
ein bedeutender Schüler von Lahiri Mahasaya

seinen astralen Fähigkeiten des Hellsehens und Hellhörens* wissen zu lassen.

Doch statt begeistert zu sein, war ich vor Schreck wie gelähmt. Da es mir bestimmt war, Gott mit Hilfe eines anderen Gurus zu finden – des Swamis Sri Yukteswar, dem ich zu diesem Zeitpunkt noch nicht begegnet war –, verspürte ich keinerlei Neigung, Pranabananda als meinen Lehrer anzunehmen. Zweifelnd blickte ich zu ihm auf und fragte mich, ob ich nun ihn selbst oder sein Double vor mir sitzen sah.

Der Meister versuchte, meine Bedenken zu zerstreuen, indem er mich vertrauensvoll anschaute und voller Begeisterung von seinem Guru zu erzählen begann. »Lahiri Mahasaya war der größte Yogi, dem ich je begegnet bin. Er war die fleischgewordene Gottheit selbst.«

Wenn schon der Schüler willentlich einen zweiten Körper materialisieren kann, dachte ich bei mir, welche Wunder kann dann erst sein Meister vollbringen?

»Ich will dir sagen, wie unschätzbar die Hilfe eines Gurus ist. Als junger Mann pflegte ich zusammen mit einem anderen Schüler jede Nacht acht Stunden lang zu meditieren. Tagsüber arbeiteten wir in einem Büro der Eisenbahngesellschaft. Mir fiel es schwer, mich auf meine Büroarbeit zu konzentrieren, denn ich sehnte mich danach, meine ganze Zeit ausschließlich Gott zu widmen. Acht Jahre lang fand ich mich mit dieser Situation ab und meditierte die halbe Nacht hindurch. In dieser Zeit habe ich große Fortschritte gemacht und unbeschreibliche Momente der

---

*   Die Naturwissenschaften bestätigen auf ihre eigene Weise die Gültigkeit jener Gesetze, die von den Yogis durch Erforschung und Transzendierung des Geistes entdeckt wurden. So hat man beispielsweise am 26. November 1934 an der Königlichen Universität zu Rom den Nachweis geführt, daß der Mensch über televisionäre Kräfte verfügt: »Dr. Giuseppe Calligaris, Professor der Neurologie und Psychologie, übte an bestimmten Stellen des menschlichen Körpers Druck aus, woraufhin der Proband eine detaillierte Beschreibung von Personen und Gegenständen abgeben konnte, die sich jenseits der Wand befanden. Dr. Calligaris erläuterte den anwesenden Professoren, daß die Versuchsperson in dem Augenblick, da gewisse Hautstellen gereizt werden, übersinnliche Eindrücke empfängt, die sie dazu befähigt, Gegenstände zu sehen, die sie sonst nicht wahrnehmen könnte. Um die Versuchsperson in die Lage zu versetzen, Dinge jenseits der Wand zu erkennen, drückte Prof. Calligaris ungefähr fünfzehn Minuten lang auf eine Stelle an der rechten Seite des Thorax. Dr. Calligaris erklärte ferner, daß die Versuchspersonen bei Reizung anderer Körperstellen Gegenstände in jeder beliebigen Entfernung wahrnehmen können, ganz gleich, ob sie diese vorher gesehen hätten oder nicht.«

Erleuchtung erfahren dürfen. Doch noch immer lag ein dünner Schleier zwischen mir und dem Unendlichen. Selbst bei übermenschlicher Anstrengung blieb mir die letzte, unwiderrufliche Vereinigung versagt. Eines Abends suchte ich Lahiri Mahasaya auf und bat ihn um seine göttliche Fürsprache. Mein Flehen währte die ganze Nacht hindurch.

›Heiliger Guru, meine Seelenqual ist so groß, daß ich das Leben so nicht länger ertragen kann; ich muß den göttlichen Geliebten von Angesicht zu Angesicht schauen!‹

›Was kann ich da tun? Du mußt dich eben noch tiefer in deine Meditation versenken.‹

›Ich flehe Euch an, mein Gott und Meister, der Ihr in materialisierter, körperlicher Gestalt vor mir sitzt. Segnet mich, damit ich Euch in Eurer unendlichen Gestalt erblicke!‹

Da streckte Lahiri Mahasaya mit segnender Geste die Hand aus. ›Geh jetzt und meditiere. Ich habe bei Brahma* Fürsprache für dich eingelegt.‹

Innerlich aufgerichtet, kehrte ich nach Hause zurück. In der Meditation dieser Nacht erreichte ich das Ziel meiner brennenden Sehnsucht. Seither befinde ich mich ständig im Genuß dieser ›spirituellen Pension‹. Von jenem Tage an hat sich der segensreiche Schöpfer nie wieder hinter dem Schleier der Illusion vor mir verborgen gehalten.«

Pranabanandas Antlitz erstrahlte in göttlichem Lichte. Der Friede einer anderen Welt erfüllte mein Herz, und alle Furcht war von mir gewichen. Da erzählte der Heilige mir noch eine weitere Begebenheit.

»Einige Monate später kehrte ich zu Lahiri Mahasaya zurück, um ihm für sein großes Gnadengeschenk zu danken. Bei dieser Gelegenheit sprach ich ein anderes Problem an.

›Göttlicher Guru, ich kann nicht länger im Büro arbeiten. Bitte erlöst mich aus dieser Pflicht! Brahma versetzt mich ständig in einen Zustand der Wonnetrunkenheit.‹

›Stelle doch bei deiner Firma einen Antrag auf Pensionierung.‹

›Was für einen Grund soll ich denn nach so wenigen Dienstjahren angeben?‹

›Sag einfach, was du fühlst.‹

---

*   Gott in Seinem Aspekt als Schöpfer; von der Sanskritwurzel *brih* = sich ausdehnen. Als im Jahre 1857 Emersons Gedicht *Brahma* im *Atlantic Monthly* erschien, waren die meisten Leser schockiert. Emerson aber lachte nur: »Sie müßten nur ›Jehovah‹ anstelle von ›Brahma‹ setzen, dann brauchten sie sich nicht weiter aufzuregen.«

Am darauffolgenden Tage stellte ich meinen Antrag. Der Arzt fragte nach dem Grund meines vorzeitigen Begehrens.

›Bei der Arbeit werde ich immer wieder von einem überwältigenden Gefühl erfaßt, das an der Wirbelsäule entlang aufsteigt.* Es durchdringt meinen ganzen Körper, so daß ich nicht mehr weiterarbeiten kann.‹

Ohne weitere Fragen zu stellen, befürwortete der Arzt meine sofortige Pensionierung, die mir auch bald darauf gewährt wurde. Ich weiß, daß der Arzt und die Eisenbahnbeamten – darunter auch dein Vater – durch den göttlichen Willen Lahiri Mahasayas gelenkt wurden. Sie folgten automatisch dem geistigen Befehl des großen Gurus und gaben mir somit Gelegenheit, in ständiger Vereinigung mit dem göttlichen Geliebten zu leben.«**

Nach dieser ungewöhnlichen Enthüllung zog sich Swami Pranabananda wieder in längeres Schweigen zurück. Als ich zum Abschied ehrfurchtsvoll seine Füße berührte, gab er mir seinen Segen und sprach:

»Du wirst den Weg des Yoga und der Entsagung gehen. Später werde ich dich und deinen Vater wiedersehen.« Beide Voraussagen haben sich im Laufe der Jahre erfüllt.***

Bei einbrechender Dunkelheit machte ich mich mit Kedar Nath Babu auf den Heimweg und übergab ihm Vaters Brief, den er unter einer Straßenlaterne las.

»Dein Vater schlägt mir vor, einen Büroposten bei der Eisenbahngesellschaft in Kalkutta anzunehmen. Wie schön wäre es, sich wenigstens auf eine der Pensionen freuen zu können, die Swami Pranabananda genießt. Aber es geht nicht, ich muß in Benares bleiben. Und einen zweiten Körper habe ich leider noch nicht.«

---

   * In Phasen tiefer Meditation findet die erste Berührung mit dem göttlichen Geist im Bereich der Wirbelsäule statt und erst dann im Gehirn. Der Strom der Glückseligkeit ist überwältigend, doch der Yogi lernt, deren äußere Manifestationen zu beherrschen.
  ** Nach seiner Pensionierung schrieb Pranabananda einen der tiefgründigsten Kommentare zur *Bhagavad-Gita*.
 *** Siehe Kapitel 27.

Kapitel 4

Meine vereitelte Flucht zum Himalaja

Verlaß den Klassenraum unter einem beliebigen Vorwand, nimm eine Droschke und laß sie in der Straße halten – aber so, daß dich von unserem Haus aus niemand sehen kann!«

So lauteten meine letzten Anweisungen an meinen Schulfreund Amar Mitter, der mich zum Himalaja begleiten wollte. Unsere Flucht war für den folgenden Tag geplant. Wir mußten sehr vorsichtig sein, da mein Bruder Ananta mich kaum aus den Augen ließ. Zu Recht vermutete er, daß ich irgendwann wieder weglaufen würde, und er war entschlossen, meine Pläne zu durchkreuzen. Das Amulett übte bereits seine geheime Wirkung auf mich aus und hatte eine Art geistigen Gärungsprozeß bei mir in Gang gesetzt. In den schneebedeckten Bergen des Himalaja hoffte ich mit jenem Meister zusammenzutreffen, dessen Gesicht mir so oft in meinen Visionen begegnet war.

Unsere Familie lebte jetzt in Kalkutta, wohin mein Vater auf Dauer versetzt worden war. Einem patriarchalischen indischen Brauch zufolge wohnten auch Ananta und seine Frau in unserem Haus an der Gurpar Road Nr. 4. Dort meditierte ich täglich in einem kleinen Mansardenzimmer, um meinen Geist für die Suche nach Gott bereitzumachen.

Der denkwürdige Morgen war gekommen und brachte als böses Omen Regen mit sich. Sobald ich die Räder der von Amar gemieteten Droschke auf der Straße hörte, band ich geschwind ein Paar Sandalen, Lahiri Mahasayas Bild, meine *Bhagavad-Gita,* eine Gebetskette und zwei Lendentücher in einer Decke zusammen und warf das Bündel aus meinem im zweiten Stock gelegenen Fenster. Dann lief ich die Treppe hinunter und stürzte an meinem Onkel vorbei, der gerade an der Tür Fische einkaufte.

»Warum so aufgeregt?« fragte er und musterte mich argwöhnisch.

Ich warf ihm ein unverbindliches Lächeln zu, trat auf die Straße hinaus, las mein Bündel auf und schlich mich zu meinem Komplizen Amar. Unser erstes Ziel war das Einkaufsviertel Chadni Chowk. Schon seit Monaten hatten wir unser Taschengeld gespart, um uns englische Kleidung kaufen zu können. Ich wußte, wie schlau mein Bruder war und wie gut er Detektiv spielen konnte, und wir hatten vor, ihn durch europäische Verkleidung von unserer Fährte ablenken zu können.

Auf dem Weg zum Bahnhof holten wir meinen Vetter Jotin Ghosh – genannt Jatinda – ab; seit kurzem hatte auch er sich auf die Suche nach Gott begeben und sehnte sich ebenfalls nach einem Guru im Himalaja. Wir gaben ihm den neuen Anzug, den wir für ihn bereithielten, und er zog ihn sogleich an. Solchermaßen getarnt, fühlten wir uns beinahe unbezwingbar.

»Nun brauchen wir nur noch Leinenschuhe«, sagte ich und führte meine Gefährten zu einem Geschäft, das Schuhe mit Gummisohlen führte. »Lederartikel, die durch das Schlachten von Tieren gewonnen werden, dürfen nicht auf diese heilige Reise mitgenommen werden.« Mit diesen Worten blieb ich auf der Straße stehen, um den Ledereinband von meiner *Bhagavad-Gita* und den Lederriemen von meinem englischen Tropenhelm zu entfernen.

Auf dem Bahnhof kauften wir uns Fahrkarten nach Burdwan, von wo aus wir nach Hardwar am Fuße des Himalaja weiterfahren wollten. Als der Zug mit uns in voller Fahrt war, fing ich an, meinen Gefährten von all dem Wunderbaren zu erzählen, das uns erwarten würde.

»Stellt euch nur vor«, rief ich, »bald werden wir von den Meistern eingeweiht und dürfen die Ekstase des kosmischen Bewußtseins erleben! Dann wird unser Körper von einem so starken Magnetismus erfüllt, daß die wilden Tiere in unserer Gegenwart ganz zahm werden. Tiger werden zu schnurrenden Hauskatzen und lassen sich von uns streicheln!«

Diese Vorstellung fand ich geradezu umwerfend, und auch Amar strahlte vor Begeisterung. Doch Jatinda wandte den Blick ab und schaute durch das Fenster auf die vorbeigleitende Landschaft.

»Wir wollen unser Geld in drei Teile teilen«, schlug Jatinda nach längerem Schweigen vor. »Jeder von uns kauft sich seine Fahrkarte in Burdwan selbst; dann schöpft niemand auf dem Bahnhof Verdacht, daß wir zusammen fortgelaufen sein könnten.«

Arglos stimmte ich zu. Bei Einbruch der Dämmerung lief unser Zug in Burdwan ein. Jatinda ging als erster ins Fahrkartenbüro, während Amar und ich auf dem Bahnsteig sitzen blieben. Eine Viertelstunde lang warteten wir; dann begannen wir, nach ihm Ausschau zu halten. Doch vergeblich! Wir suchten in allen Richtungen und riefen verzweifelt seinen Namen; aber er schien von der geheimnisvollen Dunkelheit des kleinen Bahnhofs verschluckt worden zu sein.

Ich war fassungslos und spürte den Schreck in allen Gliedern. Wie konnte Gott nur so etwas Gemeines zulassen! Das romantische Abenteuer meiner ersten so sorgfältig geplanten Flucht, um Ihn zu finden, schien plötzlich auf grausame Weise zunichte gemacht.

»Amar, wir müssen nach Hause fahren«, sagte ich und weinte wie ein Kind. »Jatindas treuloses Verschwinden ist ein böses Omen. Diese Reise ist zum Scheitern verurteilt.«

»Ist das etwa deine Liebe zu Gott? Kannst du nicht einmal diese kleine Prüfung bestehen, die Gott dir durch einen unzuverlässigen Freund auferlegt?«

Durch Amars Bemerkung, wir hätten lediglich eine göttliche Prüfung zu bestehen, beruhigte ich mich wieder. Wir stärkten uns mit den berühmten Burdwaner Süßwaren *Sitabhog* (Nahrung für die Göttin) und *Motichur* (süße Perlklümpchen) und nahmen ein paar Stunden später den Zug nach Hardwar über Bareilly. Als wir am folgenden Tag in Moghul Serai umsteigen mußten, besprachen wir auf dem Bahnsteig etwas, das mir sehr am Herzen lag:

»Amar, vielleicht werden wir schon bald von einem Eisenbahnbeamten ins Verhör genommen. Die Findigkeit meines Bruders ist nämlich nicht zu unterschätzen! Aber ganz gleich, was dabei herauskommt, die Unwahrheit sage ich nicht.«

»Alles, was ich von dir verlange, Mukunda, ist, daß du dich ruhig verhältst und weder lachst noch grinst, während ich spreche.«

Im gleichen Augenblick kam ein europäischer Bahnhofsbeamter auf mich zu. Er schwenkte ein Telegramm in der erhobenen Hand, dessen Herkunft ich sofort erriet.

»Seid ihr nach einem Streit von zu Hause fortgelaufen?«

»Nein!« Ich war froh, daß die Art seiner Fragestellung mir erlaubte, so zu antworten. Kein Streit hatte mich veranlaßt, auf diese unkonventionelle Art fortzulaufen, sondern die »höchste göttliche Melancholie«, das wußte ich.

Daraufhin wandte sich der Beamte an Amar. Es fiel mir schwer, während des folgenden Wortwechsels die angeratene stoische Ruhe zu bewahren.

»Wo ist der dritte Junge?« fragte der Mann mit seiner ganzen Autorität. »Komm schon, sag die Wahrheit!«

»Ihr tragt doch eine Brille, Sir. Könnt Ihr nicht sehen, daß wir zu zweit sind?« erwiderte Amar mit frechem Lächeln. »Ich bin leider kein Magier und kann daher keinen dritten Jungen herbeizaubern!«

Sichtlich verwirrt durch dieses dreiste Verhalten, suchte der Beamte nach einem neuen Angriffspunkt. »Wie heißt du?«

»Ich heiße Thomas. Meine Mutter ist Engländerin und mein Vater ein zum Christentum übergetretener Inder.«

»Und wie heißt dein Freund?«

»Er hört auf den Namen Thompson.«

Bei diesen Worten konnte ich mein Lachen kaum noch unterdrücken; ich wandte mich schleunigst ab und eilte zum Zug, der abfahrbereit am Bahnsteig wartete. Amar folgte mit dem Beamten, der in seiner Leichtgläubigkeit so zuvorkommend war, daß er uns sogar in ein Abteil für Europäer setzte. Offensichtlich konnte er es nicht ertragen, zwei halbenglische Jungen in einem Abteil für Einheimische reisen zu sehen. Nachdem er sich höflich verabschiedet hatte, warf ich mich in den Sitz zurück und lachte aus vollem Halse. Amars Gesicht strahlte mit unverhohlener Befriedigung, weil er es fertiggebracht hatte, einen altgedienten europäischen Beamten hinters Licht zu führen.

Auf dem Bahnsteig war es mir gelungen, das Telegramm meines Bruders Ananta zu lesen. Es lautete wie folgt: »Drei bengalische Jungen in englischer Kleidung nach Hardwar via Moghul Serai geflohen. Bitte bis zu meiner Ankunft festhalten. Großzügige Belohnung für Ihre Dienste.«

»Amar, ich hatte dir doch ausdrücklich gesagt, daß du den markierten Fahrplan nicht zu Hause liegenlassen sollst«, sagte ich mit vorwurfsvollem Blick. »Mein Bruder muß ihn dort gefunden haben.«

Schuldbewußt gab mein Freund sein Versehen zu. Der Zug hielt kurz in Bareilly, wo mein alter Freund Dwarka Prasad mit einem Telegramm von Ananta auf uns wartete. Dwarka tat sein möglichstes, uns zurückzuhalten; doch ich überzeugte ihn davon, daß wir unsere Flucht nicht aus Unbesonnenheit unternommen hatten. Als ich ihn jedoch aufforderte, mit uns zum Himalaja zu kommen, winkte er genau wie bei früherer Gelegenheit ab.

Als unser Zug in dieser Nacht auf einem Bahnhof stand und ich schon halb eingeschlafen war, wurde Amar wiederum von einem Beamten geweckt und ausgefragt. Aber auch dieser nahm uns die Geschichte von »Thomas und Thompson« ab. Im Morgengrauen fuhren wir triumphierend in Hardwar ein, wo die majestätischen Berge uns einladend aus der Ferne grüßten. Eilig stürzten wir aus dem Bahnhof ins Freie und mischten uns unter die Menschenmenge. Zuallererst legten wir wieder einheimische Kleidung an, da Ananta irgendwie hinter das Geheimnis unserer europäischen Verkleidung gekommen war. Dennoch hatte ich das ungute Gefühl, daß man uns erwischen würde.

Wir hielten es für ratsam, Hardwar sofort zu verlassen, und kauften uns daher Fahrkarten nach dem weiter nördlich gelegenen Rishikesh, dessen Erde von den Fußspuren vieler Meister geheiligt ist. Ich war bereits in den Zug gestiegen; Amar hingegen schlenderte noch auf dem Bahnsteig umher. Plötzlich wurde er von einem Polizisten angerufen. Wenig später wurden wir widerstrebend beide von dem Beamten zur Wachstation geführt, wo er uns unser Geld abnahm und höflich erklärte, daß es seine Pflicht sei, uns bis zur Ankunft meines älteren Bruders festzuhalten.

Als der Beamte erfuhr, daß wir Ausreißer zum Himalaja hatten fliehen wollen, erzählte er uns eine seltsame Geschichte:

»Ihr brennt also darauf, Heiligen zu begegnen. Aber ich sage euch, daß ihr gewiß keinem heiligeren Mann begegnen könnt als dem, den ich erst gestern aufgesucht habe. Vor fünf Tagen sah ich ihn zum ersten Mal. Ich suchte gemeinsam mit einem Kollegen das Ufergebiet des Ganges nach einem Mörder ab, der sich als *Sadhu* verkleidet hatte und darauf aus war, Pilger auszurauben. Unser Befehl lautete, ihn tot oder lebendig zu fangen. Auf einmal entdeckten wir nicht weit von uns entfernt eine Gestalt, die der Beschreibung des Verbrechers entsprach. Der Mann reagierte nicht auf unseren Befehl stehenzubleiben, und so folgten wir ihm, um ihn zu stellen. Ich näherte mich ihm von hinten und holte mit solcher Wucht mit der Axt aus, daß ich ihm den rechten Arm fast gänzlich vom Körper trennte.

Ohne aufzuschreien oder auch nur einen Blick auf die grausige Wunde zu werfen, lief der Fremde zu unserem Erstaunen ohne innezuhalten weiter. Als wir ihn schließlich eingeholt hatten und uns vor ihn stellten, sprach er ruhig: ›Ich bin nicht der gesuchte Mörder.‹

Zutiefst betroffen erkannte ich, daß ich den Körper eines göttlichen Weisen verletzt hatte. Um Vergebung flehend, warf ich mich zu Füßen des Heiligen nieder und bot ihm mein Turbantuch an, um die stark blutende Wunde abzubinden.

›Mein Sohn, das war ein nur allzu verständlicher Irrtum‹, sprach er daraufhin und sah mich freundlich an. ›Geh nur und mach dir keine Vorwürfe. Die göttliche Mutter wird sich meiner annehmen.‹ Mit diesen Worten preßte er den herabbaumelnden Arm gegen den Stumpf, und siehe da – er blieb tatsächlich haften, und die Wunde hörte auf unerklärliche Weise zu bluten auf!

›Suche mich nach drei Tagen unter diesem Baum hier auf; bis dahin werde ich vollends geheilt sein, so daß du dir keine Gewissensbisse mehr zu machen brauchst.‹

Gestern nun ging ich gemeinsam mit meinem Arbeitskollegen zu der angegebenen Stelle, wo uns der *Sadhu* erwartete und uns seinen Arm zeigte. Dieser wies nicht die geringste Narbe, ja nicht einmal die Spur einer Verletzung auf!

›Ich bin jetzt auf dem Wege nach Rishikesh und werde von dort in die Einsamkeit des Himalaja ziehen‹, sagte er. Dann segnete er uns und ging eilends davon. Die Heiligkeit dieses Mannes hat mein Leben vollkommen verwandelt.«

Der Beamte beendete seine Schilderung mit einem frommen Stoßgebet. Augenscheinlich hatte ihn dieses Erlebnis bis in die tiefsten Tiefen seines Herzens berührt. Mit feierlicher Geste überreichte er mir einen Zeitungsausschnitt, in dem über dieses Wunder berichtet wurde. In dem Bericht, der in einem der üblichen Sensationsblätter erschienen war (wie sie leider auch in Indien nicht fehlen!), hatte der Reporter etwas übertrieben erklärt, der *Sadhu* sei so gut wie enthauptet gewesen.

Amar und ich bedauerten, diesem großen Yogi, der seinem Verfolger in ganz ähnlicher Weise wie Christus vergeben hatte, nicht begegnet zu sein. Indien ist zwar seit den letzten zwei Jahrhunderten in materieller Hinsicht arm, doch es besitzt nach wie vor einen immensen spirituellen Reichtum. Es gibt hier geistige »Wolkenkratzer«, die selbst von weltlich ausgerichteten Menschen wie diesem Polizisten gelegentlich am Wegesrand entdeckt werden können.

Wir dankten dem Beamten dafür, daß er uns die unfreiwillige Wartezeit mit seiner wunderbaren Geschichte verkürzt hatte. Wahrscheinlich wollte er uns zu verstehen geben, daß er mehr Glück gehabt hatte als wir; denn ohne jegliche Anstrengung war er einem erleuchteten Heiligen begegnet, während unsere ernsthafte Suche nicht zu Füßen eines Meisters, sondern in einer nüchternen Polizeiwache geendet hatte.

»Nun sind wir dem Himalaja so nahe und ihm doch als Gefangene so fern. Um so mehr drängt es mich, meine Freiheit wiederzugewinnen«, sagte ich zu Amar mit ermutigendem Lächeln. »Bei der erstbesten Gelegenheit versuchen wir, uns davonzustehlen, und gehen einfach zu Fuß nach Rishikesh.«

Doch mein Gefährte hatte den Mut verloren, seit man uns das ganze Geld abgenommen hatte.

»Wenn wir zu Fuß durch dieses gefährliche Dschungelgebiet gehen, landen wir wahrscheinlich nicht in der Stadt der Heiligen, sondern im Bauch eines Tigers!«

Ananta und Amars Bruder trafen nach drei Tagen ein. Amar begrüßte seinen Bruder liebevoll und mit sichtlicher Erleichterung. Ich aber war unversöhnlich und überschüttete Ananta mit bitteren Vorwürfen.

»Ich verstehe, wie dir zumute ist«, sagte mein Bruder besänftigend. »Ich verlange von dir nichts weiter, als daß du mich nach Benares begleitest, wo wir einen Weisen aufsuchen wollen; dann kehren wir nach Kalkutta zurück, um unseren besorgten Vater für ein paar Tage zu besuchen. Danach könnt ihr hier eure Suche nach einem Meister fortsetzen.«

Da mischte sich Amar in die Unterhaltung ein und sagte, daß er nicht die Absicht habe, mit mir nach Hardwar zurückzukehren. Er zog die Geborgenheit der Familie vor. Ich aber wußte, daß ich die Suche nach meinem Guru nicht aufgeben würde.

Mit dem nächsten Zug fuhren wir nach Benares, wo eines meiner Gebete auf unglaubliche Weise plötzlich erhört wurde.

Ananta hatte sich einen klugen Plan zurechtgelegt. Ehe er mich in Hardwar abholte, hatte er seine Reise in Benares unterbrochen und einen Mann, der als Autorität auf dem Gebiet der heiligen Schriften galt, gebeten, mit mir zu reden. Sowohl der Pandit* als auch sein Sohn hatten Ananta versprochen, mir davon abzuraten, den Weg eines Sannyasi** zu gehen.

Ananta führte mich also zum Haus jenes Pandits, wo mich ein aufdringlich wirkender junger Mann auf dem Hof begrüßte. Er verwickelte mich in ein langes philosophisches Gespräch und behauptete, durch hellseherische Fähigkeiten Kenntnis von meiner Zukunft zu haben. Deshalb müsse er mir dringend davon abraten, Mönch zu werden.

»Du wirst dauernd Fehlschläge erleben und Gott niemals finden, wenn du darauf bestehst, dich deinen Alltagspflichten zu entziehen. Ohne weltliche Erfahrungen kannst du deine karmische Schuld aus früherer Zeit nicht sühnen.«

Ich aber antwortete mit den unsterblichen Worten Krishnas: »Selbst

---

* *Pandit* (Sanskrit): Titel eines brahmanischen Gelehrten *(Anm. d. Übers.)*.
** Wörtlich »Entsagender«; aus der Sanskritwurzel »beiseite werfen«.

jemand mit dem schlimmsten Karma* überwindet schnell die Wirkungen seiner früheren Verfehlungen, wenn er unaufhörlich über mich meditiert. Er wird zu einem hochherzigen Menschen und wird bald immerwährenden Frieden erlangen. Arjuna, sei gewiß: Wer glaubt und auf mich vertraut, wird niemals zugrunde gehen!«**

Die eindringliche Warnung des jungen Mannes hatte allerdings mein Vertrauen ein wenig erschüttert. Und so betete ich schweigend und mit tiefer Inbrunst zu Gott:
»Gib mir bitte Klarheit und tue mir hier und jetzt kund, ob ich ein Leben der Entsagung oder ein weltliches Leben führen soll.«
Gleich darauf bemerkte ich einen *Sadhu* von edler Gestalt, der vor dem Hause des Pandit am Gartentor stehengeblieben war. Offensichtlich hatte der Fremde meine lebhafte Unterhaltung mit dem selbsternannten Hellseher mit angehört, denn er rief mich zu sich. Ich fühlte, wie eine gewaltige Kraft von seinen stillen Augen ausging.
»Mein Sohn, höre nicht auf diesen Dummkopf. Der Herr hat mir aufgetragen, dir in Erhörung deines Gebetes zu versichern, daß der einzige Weg für dich in diesem Leben derjenige der Entsagung ist.«
Mit Erstaunen und Dankbarkeit vernahm ich diese für mich so entscheidende Kunde und strahlte vor Freude.
»Laß dich nicht mit diesem Mann ein!« rief der Dummkopf mir vom Hof aus zu. Da erhob der Heilige seine Hand zum Segen und ging langsam seines Weges.
»Der *Sadhu* ist genauso verrückt wie du!« rief der grauhaarige Pandit und blickte mich ebenso finster an wie sein Sohn. »Ich habe gehört, daß auch er von zu Hause fortging, um sich auf den ungewissen Weg der Suche nach Gott zu begeben.«
Da wandte ich mich ab und erklärte Ananta, daß ich mich nicht länger mit unseren Gastgebern zu unterhalten wünsche. Mein Bruder war bereit, sofort aufzubrechen, und so saßen wir schon bald darauf im Zug nach Kalkutta.
»Na, du großer Detektiv, wie hast du eigentlich herausgefunden, daß ich

---

   * Die Auswirkungen ehemaliger Taten, die man in diesem oder einem früheren Leben begangen hat. Aus dem Sanskritwort *kri* = tun.
** *Bhagavad-Gita,* IX, 30-31. Krishna war der größte Prophet Indiens; Arjuna war sein Lieblingsschüler.

(Oben) *Letzte Sonnwendfeier mit Sri Yukteswar im Dezember 1935. Mein Guru sitzt in der Mitte und ich zu seiner Rechten im großen Innenhof der Einsiedelei in Serampore.*

(Links) *Ich stehe hinter meinem älteren Bruder Ananta.*

gemeinsam mit zwei Freunden weggelaufen bin?« fragte ich neugierig
während der Heimreise. Ananta lächelte listig.

»In deiner Schule sagte man mir, daß Amar das Klassenzimmer verlassen
habe und nicht wiedergekommen sei. Am nächsten Morgen ging ich zu
ihm nach Hause und entdeckte dort einen markierten Fahrplan. Amars
Vater wollte gerade mit der Droschke abfahren und sagte mit einem
Seufzer zum Kutscher:

›Mein Sohn fährt heute morgen nicht mit zur Schule. Er ist spurlos
verschwunden!‹

Daraufhin erwiderte der Mann: ›Ich habe von einem anderen Kutscher
gehört, daß Euer Sohn mit zwei anderen Jungen in europäischer Kleidung
zur Howrah Station gefahren und dort in den Zug gestiegen ist. Sie haben
dem Kutscher ihre Lederschuhe geschenkt.‹

So hatte ich also drei Anhaltspunkte: den Fahrplan, das Trio und die
englische Kleidung.«

Ich hörte mir Anantas Bericht mit gemischten Gefühlen an. Unser großzügiges Geschenk an den Kutscher war wohl kein guter Einfall gewesen.

»Selbstverständlich telegrafierte ich sofort an die Bahnhofsvorsteher
aller Stationen, die Amar auf dem Fahrplan unterstrichen hatte. Er hat
auch Bareilly angekreuzt, und darum telegrafierte ich deinem Freund
Dwarka. Aufgrund weiterer Erkundigungen in unserer Nachbarschaft
stellte ich fest, daß unser Vetter Jatinda eine Nacht lang vermißt wurde,
aber am folgenden Morgen in europäischer Kleidung wieder aufgetaucht
war. Ich ging zu ihm und lud ihn zum Essen ein; eine Einladung, die
er – ziemlich entwaffnet durch meine Liebenswürdigkeit – auch annahm.
Ahnungslos folgte er mir. Ich aber führte ihn zu einer Polizeiwache, wo
er von mehreren Beamten umringt wurde, die ich vorher wegen ihrer
besonders grimmigen Erscheinung ausgesucht hatte. Unter ihren drohenden Blicken gestand Jatinda schließlich alles und erklärte sein rätselhaftes Verhalten:

›Ich begann die Fahrt zum Himalaja frohgemut‹, sagte er, ›und dachte mit
großer Begeisterung an unsere bevorstehende Begegnung mit den Meistern. Doch als Mukunda sagte, in den Höhlen des Himalaja würden wir
in Momenten der Ekstase Tiger zähmen und zu Hauskatzen machen,
überlief es mich eiskalt, und ich fühlte, wie mir der Schweiß auf die Stirn
trat. Was aber, dachte ich, wenn die Kraft unserer spirituellen Versenkung nicht groß genug ist, um die blutrünstigen Tiger zu bändigen? Ob
sie dann auch noch zahm wie Hauskatzen zu uns sein werden? Im Geiste

sah ich mich schon im Bauch eines Tigers enden, in den ich aber nicht mit einem Male, sondern Stück für Stück gezerrt worden war.‹«

Mein Ärger über Jatindas Verhalten verflog, und ich lachte hell auf. Diese lustige Anekdote entschädigte mich für alles, was mein Vetter mir angetan hatte. Und ich muß gestehen, daß ich mit einer gewissen Genugtuung feststellte, daß auch Jatinda nicht ohne eine Begegnung mit der Polizei davongekommen war.

»Ananta-da*, du bist der geborene Spürhund!« Dennoch schwang in meiner Belustigung ein wenig Ärger mit. »Ich werde Jatinda sagen, wie erleichtert ich bin, daß er nicht – wie wir zunächst glaubten – aus Treulosigkeit, sondern aus reinem Selbsterhaltungstrieb gehandelt hat.«

Als ich nach Hause zurückkehrte, bat mein Vater mich liebevoll, mein Fernweh wenigstens so lange im Zaume zu halten, bis ich die höhere Schule abgeschlossen hätte. Während meiner Abwesenheit hatte er rührend nach einer Möglichkeit gesucht, mich doch noch zufriedenzustellen, und einen heiligen Pandit, Swami Kebalananda**, gebeten, regelmäßig in unser Haus zu kommen.

»Der Weise soll dein Sanskritlehrer sein«, sagte Vater zuversichtlich. Er hoffte, mein religiöses Verlangen dadurch stillen zu können, daß er mich von einem gelehrten Philosophen unterrichten ließ. Doch es kam ganz anders: Mein neuer Lehrer vermittelte mir nämlich keineswegs trockenes, intellektuelles Wissen, sondern entfachte das glimmende Feuer meiner Gottessehnsucht nur noch mehr. Vater wußte nicht, daß Swami Kebalananda ein geistig weit fortgeschrittener Schüler Lahiri Mahasayas war. Der unvergleichliche Guru hatte kraft seines göttlichen Magnetismus Tausende von Schülern angezogen. Später erfuhr ich, daß Lahiri Mahasaya Kebalananda oft einen *Rishi* oder erleuchteten Weisen genannt hatte.

---

* Ich redete meinen Bruder stets mit »Ananta-da« an. *Da* ist eine Silbe, die Respekt ausdrückt und von den jüngeren Geschwistern in indischen Familien dem Namen ihres ältesten Bruders als Nachsilbe angehängt wird.

** Als ich Kebalananda zum ersten Mal begegnete, gehörte dieser noch nicht dem Swami-Orden an und wurde allgemein »Shastri Mahasaya« genannt. Um jedoch eine Verwechslung mit Lahiri Mahasaya oder mit Meister Mahasaya (Kapitel 9) zu vermeiden, nenne ich meinen Sanskritlehrer hier nur bei seinem Mönchsnamen Swami Kebalananda. Kürzlich ist eine Biographie über ihn in bengalischer Sprache erschienen. Kebalananda wurde 1863 im Bezirk Khulna in Bengalen geboren und verließ seinen Körper im Alter von 68 Jahren in Benares. Sein bürgerlicher Name lautete Ashutosh Chatterji.

Das schöne Antlitz meines Lehrers war von einer dichten Lockenpracht umrahmt. Seine dunklen Augen waren offen und klar wie die eines Kindes. Er war schlank, bewegte sich ruhig und mit Bedacht. Stets zeigte er sich freundlich und liebenswürdig; dennoch war er fest im unendlichen Bewußtsein verankert. Viele unserer gemeinsamen glücklichen Stunden verbrachten wir in tiefer *Kriya*-Meditation.

Kebalananda war eine bekannte Autorität auf dem Gebiet der alten *Shastras* oder heiligen Bücher. Seine Gelehrsamkeit hatte ihm den Titel eines »Shastri Mahasaya« eingebracht, mit dem er gewöhnlich auch angeredet wurde. Meine eigenen Fortschritte im Sanskrit waren jedoch nicht gerade rühmlich. Ich nutzte jede Gelegenheit, um die prosaische Grammatik zu umgehen und statt dessen über Yoga oder Lahiri Mahasaya zu sprechen. Eines Tages erzählte mir mein Lehrer zu meiner großen Freude von einigen seiner persönlichen Erlebnisse mit dem Meister.

»Ich hatte das seltene Glück, zehn Jahre lang in der Nähe Lahiri Mahasayas sein zu dürfen; jeden Abend pilgerte ich zu seinem Haus in Benares. Der Guru hielt sich stets in einem kleinen Besuchszimmer im vorderen Teil des Erdgeschosses auf. Dort saß er im Lotussitz auf einem hölzernen Hocker, während seine Schüler ihn im Halbkreis umringten. Seine Augen sprühten vor göttlicher Freude. Sie waren immer halb geschlossen und schauten durch das innere Teleskop in eine Sphäre ewiger Glückseligkeit. Nur selten sprach er über längere Zeit. Gelegentlich richtete er jedoch seinen Blick auf einen Schüler, der gerade seine Hilfe brauchte, und dann strömten heilende Worte wie eine Flut von Licht aus ihm heraus.

Ein unbeschreiblicher Friede breitete sich in mir aus, sobald ich den Blick des Meisters auf mir ruhen fühlte. Sein Fluidum durchdrang mich wie der Duft des Lotus der Unendlichkeit. Ihm nahe sein zu dürfen, selbst wenn wir tagelang kein Wort wechselten, war eine Erfahrung, die mein ganzes Wesen veränderte. Stand meiner Konzentration irgendein unsichtbares Hindernis im Wege, so meditierte ich zu Füßen des Gurus. Dort erreichte ich mit Leichtigkeit die erhabensten Bewußtseinszustände, die mir in Gegenwart anderer Lehrer versagt blieben. Der Meister war ein lebendiger Tempel Gottes, dessen geheime Türen sich allen Schülern durch deren Hingabe öffneten.

Wenn Lahiri Mahasaya die heiligen Schriften auslegte, tat er dies nicht mit trockener Gelehrsamkeit, sondern tauchte mühelos in die »göttliche

Bibliothek« ein. Aus dem Brunnen seiner Allwissenheit sprudelte sodann ein unerschöpflicher Reichtum an Worten und Gedanken hervor. Er besaß den goldenen Schlüssel, der die geheimen Tore der Veden* öffnete und das seit vielen Jahrhunderten verschüttete philosophische Gedankengut wieder ans Licht brachte. Wurde er gebeten, die verschiedenen Bewußtseinsstufen zu erläutern, die in den alten Texten erwähnt werden, lächelte er bereitwillig:

›Ich werde mich in diese Zustandsformen hineinversetzen und euch dann sagen, was ich erlebe.‹ Hierin unterschied er sich grundlegend von jenen Lehrern, die die Schriften nur auswendig lernen und dann über abstrakte Dinge sprechen, die sie nicht selbst erfahren haben.

Oft stellte der wortkarge Guru einem seiner Schüler folgende Aufgabe: ›Erkläre bitte diese heiligen Verse so, wie du sie verstehst. Ich will deine Gedanken leiten, damit du die richtige Deutung findest.‹ Auf diese Weise wurden viele von Lahiri Mahasayas Deutungen – oft mit ausführlichen Kommentaren seiner Schüler versehen – niedergeschrieben.

Der Meister war gegen jede Art von sklavischem Glauben. ›Worte sind nur leere Schalen‹, pflegte er zu sagen. ›Meditiert und überzeugt euch von der Gegenwart Gottes, indem ihr seine beglückende Nähe erfahrt.‹ Ganz gleich, worin die Probleme seiner Schüler auch bestehen mochten, der Guru riet stets, sie durch Praktiken des *Kriya*-Yoga zu lösen.

›Der Schlüssel des Yoga wird auch dann nicht seine Wirksamkeit einbüßen, wenn ich einmal nicht mehr körperlich unter euch weile, um euch zu führen. Man kann diese Technik nicht in einen Einband hüllen, ins Regal stellen und dann vergessen wie irgendein theoretisches Wissen. Um den Befreiungspfad des *Kriya*-Yoga zu gehen, müßt ihr beharrlich sein; seine Kraft wird nur in der Praxis offenbar.‹«

---

* Über hundert kanonische Bücher der klassischen vier Veden sind noch erhalten. In seinem *Journal* äußert sich Emerson wie folgt über das vedische Gedankengut: »Es ist so erhaben wie die Hitze des Feuers, wie die Nacht oder wie ein windstilles Meer. Es enthält all die religiösen Empfindungen und großen ethischen Grundsätze, die jedem wahrhaft poetischen Geiste innewohnen ... Selbst wenn ich das Buch beiseite lege – ich brauche mich nur dem Wald oder einem Boot auf dem See anzuvertrauen, und sogleich macht die Natur mich zum Brahmanen: Ewiges Drängen, ewiger Ausgleich, unergründliche Kraft, ungebrochenes Schweigen ... das ist ihr Glaubensbekenntnis. Sie sagt mir, Frieden und Reinheit und vollkommene Selbstaufgabe seien die Allheilmittel, die uns von aller Sünde erlösen und uns in die Seligkeit der acht Götter heimführen.

Kebalananda schloß seinen Bericht mit folgendem Bekenntnis: »Ich selbst halte *Kriya*-Yoga für das wirksamste Mittel zur Erlösung, das die Menschheit jemals auf ihrer Suche nach dem Unendlichen entwickelt hat. Durch seine Übung hat sich der in allen Menschen verborgene allmächtige Gott in Heiligen wie Lahiri Mahasaya und verschiedenen seiner Schüler sichtbar verkörpert.«

Einst wirkte Lahiri Mahasaya in Gegenwart Kebalanandas ein Wunder, wie Christus es vollbracht hatte. Als mein frommer Lehrer mir eines Tages diese Geschichte erzählte, schweifte sein Blick weit ab von den Sanskrittexten, die aufgeschlagen vor uns lagen.

»Ein blinder Schüler Lahiri Mahasayas mit Namen Ramu erweckte mein besonderes Mitgefühl. Sollten seine Augen nie das Licht schauen, obgleich er unserem Meister, der im vollen Glanz des Göttlichen erstrahlte, so treulich diente? Eines Morgens nahm ich mir vor, mit Ramu zu sprechen. Dieser jedoch saß stundenlang neben dem Guru und fächelte ihm geduldig mit einem handgemachten Fächer aus Palmenwedeln Kühlung zu. Als der Schüler endlich den Raum verließ, folgte ich ihm.

›Ramu, seit wann bist du blind?‹

›Von Geburt an, Sir. Meine Augen haben nie das Licht der Sonne erblickt.‹

›Unser allmächtiger Guru kann dir gewiß helfen. Bitte ihn nur darum!‹

Am folgenden Tag näherte sich Ramu schüchtern dem Guru. Er schämte sich fast, neben all den geistigen Wohltaten auch noch körperliches Wohlergehen zu erbitten.

›Meister, der Erleuchter des Kosmos ist in Euch. Ich bitte Euch darum, sein Licht in meine Augen zu bringen, damit ich den geringeren Glanz der Sonne wahrnehmen kann.‹

›Ramu, da will mich jemand in eine mißliche Lage bringen. Ich besitze keine Heilkräfte.‹

›Sir, der Unendliche in Euch kann gewiß heilen.‹

›Das ist allerdings etwas anderes, Ramu. Gott kennt keine Grenzen. Er, der die Sterne und jede Zelle unseres Körpers in geheimnisvollem Lebensglanz erstrahlen läßt, kann zweifellos auch deinen Augen das Sehvermögen schenken.‹ Damit berührte der Meister Ramus Stirn zwischen den Augenbrauen.*

---

*   Der Sitz des geistigen Auges. Im Tode richtet sich das Bewußtsein des Menschen meist auf diese heilige Stelle – eine Tatsache, die den himmelwärts gerichteten Blick der Toten erklärt.

›Konzentriere dich auf diese Stelle, und rufe sieben Tage lang immer wieder den Namen des Propheten Rama* an. Dann wird auch für dich die Sonne in all ihrem Glanze erstrahlen.‹

Und wahrhaftig, nach einer Woche erblickte Ramu zum ersten Male die Natur in ihrer ganzen Schönheit. Der allwissende Guru hatte seinem Schüler mit untrüglicher Intuition den Rat gegeben, den Namen Ramas zu preisen, den er mehr als alle anderen Heiligen verehrte. Ramus Glaube war der hingebungsvoll gepflügte Boden, in dem die vom Guru gesäte Saat der Heilung aufgehen konnte.«

Kebalananda schwieg einige Augenblicke und fügte dann anerkennend hinzu:

»Bei allen Wundern, die Lahiri Mahasaya vollbrachte, ließ er nie zu, daß sich das Prinzip des Ego* den Anschein einer eigenen, ursächlichen Kraft verschaffte. Dadurch aber, daß er sich der heilenden Urkraft vorbehaltlos hingab, konnte diese ungehindert durch ihn fließen.

Auch die unzähligen menschlichen Körper, die Lahiri Mahasaya auf wundersame Weise heilte, wurden letztendlich bei der Totenverbrennung ein Raub der Flammen. Doch die im stillen durch ihn bewirkte geistige Erweckung und die durch ihn ins Christusbewußtsein erhobenen Schüler sind seine eigentlichen unvergänglichen Wunder.«

Ich wurde niemals zum Sanskrit-Gelehrten; Kebalananda lehrte mich eine göttlichere Sprache.

---

* Heiliger, dessen Leben den Inhalt des Sanskrit-Epos *Ramayana* bildet.
** *Ahankara,* Egoismus (wörtlich »ich mache«), ist der Ursprung des Dualismus und der Illusion oder *Maya*, die dazu führt, daß das Subjekt (Ego) als Objekt erscheint und die Geschöpfe sich für den Schöpfer halten.

Kapitel 5

Der Heilige mit den Duftwundern

Alles hat seine Stunde. Für jedes Geschehen unter dem Himmel gibt es eine bestimmte Zeit.«*

Leider wußte ich noch nicht um diese salomonische Weisheit, die mich hätte trösten können. Wann immer ich das Haus verließ, ständig hielt ich Ausschau nach dem Antlitz des mir bestimmten Gurus. Doch erst nach Beendigung der höheren Schule sollten sich unsere Wege kreuzen.

Zwischen meiner und Amars Flucht in Richtung Himalaja und jenem großen Tag, da Sri Yukteswar in mein Leben trat, vergingen ganze zwei Jahre. Während dieser Zeit begegnete ich mehreren Weisen – dem »Heiligen der Düfte«, dem »Tiger-Swami«, Nagendra Nath Bhaduri, Meister Mahasaya und dem berühmten bengalischen Wissenschaftler Jagadis Chandra Bose.

Meiner Begegnung mit dem »Heiligen der Düfte« gingen zwei Begebenheiten voraus – eine erbauliche und eine eher komische.

»Gott ist einfach. Alles andere ist kompliziert. Suche keine absoluten Werte in der relativen Welt der Natur.« Diese Worte von unbestrittenem philosophischem Wert drangen an mein Ohr, als ich schweigend vor einem Tempelbildnis der Kali** stand. Ich wandte mich um und erblickte einen hochgewachsenen Mann, dessen Gewand (oder besser das Fehlen desselben) ihn als einen wandernden *Sadhu* kennzeichnete.

»Ihr habt in der Tat erraten, was in meinem Kopf vorgeht«, sagte ich lächelnd. »Das unerklärliche Nebeneinander von herrlichen und schrecklichen Erscheinungen in der Natur, wie es durch Kali versinnbildlicht wird, hat schon klügere Köpfe als den meinen verwirrt.«

---

* Der Prediger Salomo *(Kohelet)* 3,1 (in der Fassung der Einheitsübersetzung).
** Kali repräsentiert das ewige Naturgesetz. In der Überlieferung wird sie als eine vierarmige Frau dargestellt, die auf der Gestalt von Gott Shiva oder dem Unendlichen steht, denn die Natur bzw. die Welt der Erscheinungen hat ihren Ursprung im Numinosen. Kalis vier Arme symbolisieren ihre vier Haupteigenschaften – zwei wohltätige und zwei zerstörerische – und bringen so die Dualität der Materie oder Schöpfung zum Ausdruck.

»Und nur wenige werden ihr Geheimnis je entschleiern. Gut oder Böse –
so lautet das herausfordernde Rätsel, das das Leben gleich einer Sphinx
jedem denkenden Wesen aufgibt. Da sich die meisten Menschen jedoch
um keine Lösung bemühen, müssen sie – wie dereinst in Theben – ihre
Unkenntnis mit dem Leben bezahlen. Ab und zu tritt eine einzelne,
herausragende Gestalt auf den Plan, die sich nicht geschlagen gibt und
hinter der Illusion oder *Maya** die eine, unteilbare Wahrheit erkennt.«

»Ihr sprecht sehr überzeugend, Sir.«

»Ich habe mich lange in aufrichtiger Versenkung geübt – ein äußerst
schmerzvoller Weg zur Weisheit. Sich einer schonungslosen Selbstprü-
fung zu unterziehen und seine eigenen Gedanken ohne Unterlaß zu
beobachten, das ist eine zutiefst erschütternde Erfahrung. Sie zerstört
selbst das stärkste Ego. Doch ehrliche Selbstanalyse bringt mit mathe-
matischer Sicherheit echte Seher hervor. Der andere Weg aber, sich
selbst Ausdruck zu verleihen und nach persönlicher Anerkennung zu
streben, verführt die Menschen zum Egoismus, so daß sie sich das Recht
herausnehmen, Gott und das Universum auf ihre eigene Weise zu deuten.«

»Die Wahrheit zieht sich zweifellos demütig zurück, wenn sie solch
selbstherrlicher Arroganz begegnet.« Ich begann Spaß an der Unterhaltung zu finden.

»Niemand wird je die ewigen Wahrheiten verstehen, bevor er sich nicht
von jeglichen Anmaßungen befreit hat. Der von jahrhundertealtem Mo-
rast überlagerte menschliche Geist wimmelt nur so von abstoßenden
Trugbildern. In dem Augenblick, da sich der Mensch zum erstenmal
gegen seine inneren Feinde erhebt, erscheinen ihm alle Kämpfe auf den
Schlachtfeldern bedeutungslos! Denn hierbei handelt es sich nicht um
sterbliche Feinde, die man mit geballter Macht bezwingen könnte, son-

---

*   Kosmische Täuschung, wörtlich: »die Messende«. *Maya* ist die der Schöpfung
innewohnende magische Kraft, die im Unmeßbaren und Unteilbaren schein-
bare Begrenzungen und Teilungen hervorruft. Folgendes Gedicht hat Emerson unter dem Titel »Maya« geschrieben:
> Der Täuschung Werk ist undurchdringlich,
> die Netze, die sie webt, sind zahllos,
> unerschöpflich ihre heitren Bilder,
> die Schleier über Schleier häufen.
> Ihrem Zauber verfällt ein jeder,
> der danach dürstet, getäuscht zu werden.

dern um die allgegenwärtigen, ruhelosen Verfechter primitiver Lust, die uns Menschen selbst im Schlaf verfolgen und uns mit ihren heimtückischen, vergifteten Waffen zu schlagen suchen. Wie töricht sind die, die ihre Ideale begraben und sich dem allgemeinen Schicksal ausliefern! Kann man sie anders als schwach, dumm und unwürdig bezeichnen?«

»Ehrwürdiger Herr, habt Ihr gar kein Mitleid mit der irregeleiteten Menge?«

Der Weise schwieg einen Augenblick lang und sagte dann ausweichend: »Es ist nicht immer leicht, sowohl den unsichtbaren Gott – die Quelle aller Tugenden – als auch den sichtbaren Menschen – augenscheinlich aller Tugenden ledig – zu lieben. Doch der menschliche Scharfsinn ist diesem Konflikt gewachsen, weil er bei der Erforschung seines Inneren schon bald bei allen Menschen dieselbe Denkweise und ähnliche selbstsüchtige Beweggründe entdeckt. In dieser Hinsicht wenigstens wird die Brüderlichkeit unter den Menschen offenbar. Diese Erkenntnis, mit allen anderen auf gleicher Stufe zu stehen, macht den Menschen demütig. Und aus dieser Demut heraus entwickelt sich allmählich ein Mitgefühl mit all jenen, die noch blind sind für die unerforschten Heilkräfte der Seele.«

»Die Heiligen aller Zeiten fühlten wie Ihr angesichts der Sorgen und Leiden auf dieser Welt, Sir.«

»Nur der oberflächliche Mensch übersieht das Leid der anderen, indem er sich von seinem eigenen Schmerz überwältigen läßt.« Die strengen Gesichtszüge des *Sadhus* waren merklich weicher geworden. »Wer schonungslose Selbstkritik übt, der wird sein Mitgefühl auf die ganze Welt ausdehnen und dadurch sein Ego mit all seinen Forderungen vergessen lernen. Auf solchem Boden blüht und gedeiht die wahre Liebe zu Gott! Am Ende wendet sich das Geschöpf wieder seinem Schöpfer zu, wenn auch nur, um vielleicht angstvoll zu fragen: ›Warum Herr, warum?‹ Die unliebsame Geißel des Schmerzes treibt den Menschen letztendlich in die Unendlichkeit Gottes, dessen Schönheit allein ihn anziehen sollte.«

Ich befand mich mit dem Weisen im Kalighat-Tempel von Kalkutta, den ich wegen seiner berühmten Schönheit aufgesucht hatte. Doch mit einer abfälligen Geste tat meine Zufallsbekanntschaft den würdevollen Prunk ab.

»Mauersteine und Mörtel singen uns kein Lied; unser Herz öffnet sich nur den menschlichen Klängen des Seins.«

Wir schlenderten der Sonne entgegen, dem Eingangsportal zu, wo unaufhörlich Scharen von Gläubigen ein und aus strömten.

»Du bist noch jung«, meinte der Weise und schaute mich nachdenklich an. »Auch Indien ist jung. Die ehrwürdigen *Rishis** haben uns unmißverständliche Richtlinien für einen geistigen Lebenswandel hinterlassen. Diese alten Überlieferungen enthalten alles, was unser Zeitalter und unser Land brauchen. Noch heute wird Indien von diesen Regeln der Disziplin geprägt, die keineswegs veraltet sind, sondern die Auswüchse des Materialismus im Zaume zu halten vermögen. Jahrtausendelang – viel länger nämlich, als unsere eifrigen Gelehrten sich die Mühe gemacht haben zurückzurechnen – hat die skeptischste aller Instanzen, die Zeit, die Gültigkeit der Veden bestätigt. Betrachte sie als dein Erbe!«

Als ich mich ehrfürchtig von dem beredten *Sadhu* verabschiedete, prophezeite mir dieser: »Du wirst noch heute, nachdem du den Tempel verlassen hast, etwas Außergewöhnliches erleben.«

Ich verließ das Tempelgelände und wanderte ziellos umher. Als ich um eine Straßenecke bog, stieß ich auf einen alten Bekannten; er war einer jener Menschen, die ihre Gesprächspartner gern in langatmige und schier endlose Unterhaltungen verwickeln.

»Ich will dich nicht lange aufhalten«, versicherte er mir, »berichte mir nur, was in den sechs Jahren seit unserer letzten Begegnung alles passiert ist.«

»Welch ein Widerspruch! Ich muß gleich weiter.«

Doch er hielt mich an der Hand fest und stellte mir eine bohrende Frage nach der anderen. Er kam mir vor wie ein hungriger Wolf, denn je mehr ich ihm erzählte, desto gieriger wurde er auf weitere Neuigkeiten. In meinem Inneren rief ich die Göttin Kali an, mich unter irgendeinem passenden Vorwand entkommen zu lassen.

Auf einmal verließ mich mein Gesprächspartner ganz unvermittelt. Ich atmete erleichtert auf und beschleunigte meinen Gang, denn ich wollte ihm nicht noch einmal über den Weg laufen. Als ich erneut Schritte hinter mir hörte, fing ich an zu rennen. Ich wagte nicht, mich umzusehen. Doch mit einem Satz war er wieder neben mir und klopfte mir vergnügt auf die Schulter.

»Ich habe ganz vergessen, dir von Gandha Baba (dem ›Heiligen der Düfte‹) zu erzählen, der dort drüben in dem Haus wohnt.« Dabei wies er auf ein nur wenige Meter entferntes Gebäude. »Du mußt ihn unbedingt

---

* Die *Rishis* (wörtlich »Seher«) sind die Verfasser der aus vorgeschichtlicher Zeit stammenden Veden.

kennenlernen, denn er ist ein interessanter Mann. Es dürfte ein außergewöhnliches Erlebnis für dich sein. Auf Wiedersehen!« Mit diesen Worten
verließ er mich endgültig.

Sogleich erinnerte ich mich an den ähnlichen Wortlaut der Prophezeiung,
die mir der *Sadhu* im Kalighat-Tempel gemacht hatte. Voller Neugier trat
ich in das Haus ein und wurde in ein geräumiges Empfangszimmer
geführt. Eine Menge Leute saß dort nach orientalischer Sitte auf einem
dicken, orangefarbigen Teppich. Ehrfurchtsvoll flüsterte man mir ins
Ohr:

»Sieh mal, da sitzt Gandha Baba auf seinem Leopardenfell. Er kann einer
geruchlosen Blume den natürlichen Duft jeder beliebigen Pflanze verleihen, verwelkte Blüten wieder zum Leben erwecken und von der Haut
eines Menschen die herrlichsten Wohlgerüche ausströmen lassen.«

Ich sah den Heiligen direkt an; und sogleich erwiderte dieser mit seinen
großen, glänzenden Augen meinen Blick. Er war stämmig und dunkel-
häutig und trug einen Bart.

»Mein Sohn, ich freue mich, dich zu sehen. Sage mir, was du möchtest.
Vielleicht hättest du gerne ein Parfüm?«

»Wozu denn?« Ich fand seine Frage ziemlich kindisch.

»Um die wunderbare Erfahrung zu machen, sich an Düften zu erfreuen.«

»Ihr wollt also Gott einspannen, um Düfte zu erzeugen?«

»Warum nicht? Gott schafft die Düfte sowieso.«

»Ja, aber Er läßt dazu immer auch die passenden Blütenkelche entstehen.
Könnt Ihr denn auch Blumen materialisieren?«

»Ich materialisiere Düfte, mein kleiner Freund.«

»Dann wird man in den Parfümfabriken bald keine Arbeit mehr haben.«

»Ich werde ihnen ihr Geschäft nicht nehmen. Mein Ziel besteht allein
darin, die Allmacht Gottes zu demonstrieren.«

»Ist es nötig, Gott unter Beweis zu stellen, Sir? Vollbringt Er nicht überall
und in allen Dingen Seine Wunder?«

»Ja, aber auch wir sollten etwas aus Seiner schöpferischen Vielfalt manifestieren.«

»Wie lange habt Ihr dazu gebraucht, diese Kunst zu erlernen und zu
beherrschen?«

»Zwölf Jahre.«

»Um mit astralen Mitteln Düfte hervorzubringen? Es scheint, verehrter
Heiliger, daß Ihr zwölf Jahre Eures Lebens mit Düften vergeudet habt,
die man für wenige Rupien in jedem Blumengeschäft kaufen kann.«

»Der Duft vergeht mit der Blume.«

»Und jeder Duft vergeht mit dem Tode. Warum soll ich mir etwas wünschen, was nur die Sinne des Körpers erfreut?«

»Du erheiterst meinen Geist, kleiner Philosoph. Strecke jetzt einmal deine rechte Hand aus.« Dabei machte der Heilige eine segnende Geste. Ich saß einige Meter von Gandha Baba entfernt, und niemand war so dicht neben mir, daß er mich hätte anfassen können. Ich streckte also meine Hand aus, die der Yogi nicht berührte. »Welches Parfüm wünschst du dir?«

»Den Duft der Rose.«

»So sei es denn!«

Zu meiner großen Überraschung stieg sofort ein betörender Rosenduft aus der Mitte meiner Handfläche auf. Ich lächelte und nahm einen großen weißen, nicht duftenden Blütenstil aus einer Vase, die in der Nähe stand.

»Könnt Ihr diese geruchlose Blume in Jasminduft hüllen?«

»So sei es!«

Sofort stieg Jasminduft aus den Blütenblättern auf. Ich bedankte mich bei dem Heiligen und nahm neben einem seiner Schüler Platz. Von ihm erfuhr ich, daß Gandha Baba, dessen eigentlicher Name Viṣhudhananda war, von einem tibetanischen Meister in die Geheimnisse dieser yogischen Kunst eingeweiht worden war. Jener tibetanische Yogi, so versicherte man mir, soll über tausend Jahre alt geworden sein.

»Sein Schüler Gandha Baba vollbringt die Duftwunder allerdings nicht immer mit solch einfachen Worten, wie du es eben erlebt hast«, fuhr der Schüler mit sichtbarem Stolz auf seinen Meister fort.

»Je nach Mentalität des einzelnen wendet er sehr unterschiedliche Methoden an. Gandha Baba ist einfach wunderbar! In den gebildeten Kreisen Kalkuttas findet er großen Zuspruch.«

Doch für mich stand fest, daß ich mich nicht zu seiner Anhängerschaft gesellen würde. Ein allzu »wunderbarer« Guru war nicht das, was ich suchte. Und so verabschiedete ich mich höflich dankend von Gandha Baba. Auf dem Nachhauseweg dachte ich über die drei unterschiedlichen Begegnungen nach, die mir dieser Tag gebracht hatte.

Als ich nach Hause kam, öffnete mir meine Schwester Uma die Tür. »Du bist ja auf einmal richtig modebewußt und duftest sogar nach Parfum!«

Ohne weitere Worte zu verlieren, forderte ich sie mit einer Geste auf, an meiner Handfläche zu riechen.

»Was für ein herrlicher Rosenduft – und so ungewöhnlich stark!«

Ich fand das Ganze sehr ungewöhnlich und hielt ihr schweigend die mit
astralem Duft versehene Blüte unter die Nase.

»O, ich liebe Jasmin!« rief sie und nahm die Blume in die Hand. Als sie
aber erkannte, daß es sich hier um eine Blumenart handelte, die gemeinhin als duftlos bekannt war, dennoch aber nach Jasmin roch, wunderte
sie sich sehr. Angesichts ihrer Reaktion verlor sich mein Argwohn,
Gandha Baba habe mich in einen autosuggestiven Zustand versetzt, so
daß nur ich den Duft hätte wahrnehmen können.

Später erfuhr ich von einem meiner Freunde, Alakananda, daß der »Heilige der Düfte« noch eine andere Fähigkeit besaß, die zu besitzen ich den
Millionen Hungernden in Asien und jetzt (1945) auch in Europa wünschen würde.

»Anläßlich eines Galaempfangs befand ich mich zusammen mit etwa
hundert anderen Gästen in Gandha Babas Haus in Burdwan«, berichtete
mir Alakananda. »Da der Yogi angeblich Gegenstände aus der Luft
materialisieren konnte, fragte ich lachend, ob er uns auch außerhalb der
Saison Mandarinen beschaffen könne. Da blähten sich die *Luchis**, die
auf den Tellern aus Bananenblättern lagen, auf, und in jeder der Teighül-
len befand sich eine geschälte Mandarine. Etwas zögernd biß ich in eine
der Früchte hinein, doch sie schmeckte wirklich köstlich.«

Jahre später verstand ich durch eigene innere Erfahrung, wie Gandha
Baba diese Materialisierungen zustande brachte. Doch leider ist diese
Technik für die Millionen hungernder Menschen dieser Welt nicht zu-
gänglich.

Die verschiedenen Reize, die der Mensch über seine Sinne – Tasten,
Sehen, Schmecken, Hören und Riechen – aufnimmt, werden durch unterschiedliche Schwingungen von Elektronen und Protonen hervorgerufen. Diese Schwingungen wiederum werden durch sogenannte Biotronen
gesteuert – das sind subtile Lebenskräfte oder Energien jenseits der
atomaren Struktur, die als intelligente Träger für das jeweilige »Ideengut«
der fünf Sinne fungieren.

Gandha Baba konnte die Schwingungsstruktur der Biotronen verändern,
indem er sich durch bestimmte Yoga-Übungen mit der kosmischen Kraft
verband. Auf diese Weise gelang es ihm, seinen Wünschen objektive,
materielle Gestalt zu verleihen. Seine Düfte oder Parfüms, Früchte und

*   Flaches, rundes indisches Brot.

anderen Wunder waren echte Materialisierungen irdischer Schwingungen und keineswegs durch Hypnose hervorgerufene innere Wahrnehmungen.*

Wundertaten, wie sie der »Heilige der Düfte« vollbringen konnte, sind zwar aufsehenerregend, doch vom spirituellen Gesichtspunkt her wertlos. Sie dienen vor allem der Unterhaltung und lenken nur von der ernsthaften Suche nach Gott ab.

Bei Patienten, die keine Betäubungsmittel vertragen, setzen manche Ärzte bei kleineren Eingriffen die Hypnose als eine Art psychisches Chloroform ein. Wer sich allerdings allzuoft hypnotischen Zuständen aussetzt, kann dabei Schaden nehmen; es stellen sich negative psychische Wirkungen ein, und im Laufe der Zeit werden sogar die Gehirnzellen zerstört. Bei der Hypnose dringt man in die Bewußtseinssphäre eines anderen Menschen ein. Ihre vorübergehenden Wirkungen haben nichts mit jenen Wundern gemein, wie sie von Menschen mit göttlicher Verwirklichung vollbracht werden. Wahre, in Gott erwachte Heilige können

---

*   Für den Laien ist das ganze Ausmaß der wissenschaftlichen Fortschritte im 20. Jahrhundert kaum faßbar. Die Transmutation von Metallen und andere alchemistische Träume finden tagtäglich ihre Erfüllung in den wissenschaftlichen Laboratorien dieser Welt. 1928 vollbrachte der bedeutende französische Chemiker George Claude in Fontainebleau vor den Augen einer großen Schar von Wissenschaftlern »Wunder« durch sein chemisches Wissen um die Sauerstofftransformation. Sein »Zauberstab« war ganz einfach Sauerstoff, der in einer auf dem Tisch liegenden Röhre sprudelte. Der Wissenschaftler »verwandelte eine Handvoll Sand in Edelsteine und Eisen zu einer schokoladenähnlichen Masse. Blumen entzog er zuerst ihre Farbe, um ihnen dann die Härte von Glas zu verleihen«, heißt es über ihn.

    »George Claude erklärte, wie man aus dem Meer durch Sauerstofftransformation viele Millionen Pferdestärken gewinnen könne, wie kochendes Wasser beim Kontakt mit der Haut nicht unbedingt Verbrennungen hervorrufen muß, wie aus einem kleinen Sandhaufen durch einen einzigen Hauch aus dem Sauerstoffgebläse Saphire, Rubine und Topase werden können; und er prophezeite, daß der Mensch irgendwann ohne Taucherausrüstung auf dem Boden des Meeres wandeln könne. Schließlich führte er dem erstaunten Publikum vor, wie er ihre Gesichter schwarz erscheinen lassen konnte, indem er das Rot aus den Sonnenstrahlen herausfilterte.«

    Dem bekannten französischen Wissenschaftler gelang es ferner, die Luft durch eine bestimmte Form der Expansion zu verflüssigen und dabei die verschiedenen Gase aus der Luft zu separieren. Er entdeckte auch mehrere Möglichkeiten zur mechanischen Nutzbarmachung der Temperaturdifferenzen im Seewasser.

tatsächlich Veränderungen in dieser Traumwelt der Erscheinungen bewirken, indem sie ihren Willen in Harmonie mit dem des kosmischen Traumschöpfers stellen.

Das Zurschaustellen übernatürlicher Kräfte wird von vielen Meistern verurteilt. Der persische Mystiker Abu Said lachte einst über gewisse Fakire, die stolz darauf waren, auf dem Wasser wandeln, in der Luft schweben und jede beliebige Entfernung überbrücken zu können.

»Auch ein Frosch ist im Wasser zu Hause«, bemerkte Abu Said spöttisch. »Auch die Krähe und der Aasgeier fliegen mühelos durch die Luft. Und der Teufel ist gleichzeitig in Ost und West gegenwärtig. Wahres Menschsein verwirklicht nur derjenige, der aufrichtig im Kreise seiner Mitmenschen lebt, ruhig seinen Geschäften nachgeht und Gott dabei keinen Augenblick vergißt!« Ein andermal gab der große persische Lehrer seine Meinung über ein gottgefälliges Leben wie folgt zum Ausdruck: »Lege beiseite, was du im Kopf hast (egoistische Wünsche und Bestrebungen); verteile großzügig, was du in Händen hältst; und schrecke nie vor den Schlägen des Schicksals zurück!«

Weder der unparteiische Weise im Kalighat-Tempel noch der in Tibet geschulte Yogi hatten meine Sehnsucht nach einem Guru stillen können. Mein Herz brauchte keine Nachhilfe, um erkennen zu können, und es spendete seinen Beifall um so deutlicher, wenn es aus seinem Schweigen heraus den Antrieb dazu spürte. Als ich schließlich meinem Meister begegnete, lehrte er mich allein durch sein erhabenes Beispiel, was wahres Menschsein bedeutet.

Kapitel 6

Der Tiger-Swami

Ich habe herausgefunden, wo der Tiger-Swami wohnt. Wollen wir ihn morgen besuchen?«

Diese willkommene Einladung kam von meinem Schulfreund Chandi. Natürlich wollte ich unbedingt den Heiligen kennenlernen, der vor seiner Ordination zum Mönch mit bloßen Händen Tiger gefangen und gebändigt hatte. Meine jugendliche Begeisterung über solch außergewöhnliche Heldentaten war groß.

Trotz der winterlichen Kälte machten wir beide, Chandi und ich, uns am nächsten Morgen frohen Mutes auf den Weg. Nach längerem vergeblichen Hinundhersuchen in Bhowanipur, einem Vorort von Kalkutta, hatten wir endlich das richtige Haus gefunden. An der Tür hingen zwei Eisenringe, die ich heftig aneinanderschlug. Unbeeindruckt von diesem Lärm näherte sich uns der Diener mit gemächlichem Schritt. Mit seinem ironischen Lächeln gab er uns zu verstehen, daß Besucher – selbst wenn sie noch soviel Krach machten – die Ruhe im Hause eines Heiligen nicht stören könnten.

Wir fühlten die stumme Zurechtweisung und waren dankbar, dennoch in das Empfangszimmer eingelassen zu werden. Während der scheinbar endlosen Wartezeit dort überkam uns ein Gefühl des Unbehagens. In Indien ist Geduld eines der ungeschriebenen Gesetze für jeden Wahrheitsuchenden. Oft läßt ein Meister seinen Besucher absichtlich lange warten, um festzustellen, wie sehr er sich die Begegnung mit ihm wünscht – eine psychologische Taktik, wie sie im Westen häufig von Ärzten und Zahnärzten angewandt wird!

Endlich führte der Diener Chandi und mich in ein Schlafgemach, wo der berühmte Sohong* Swami auf seinem Bett saß. Der Anblick seines gewaltigen Körpers berührte uns auf sonderbare Weise. Wir standen sprachlos und mit weit aufgerissenen Augen da. Nie zuvor hatten wir solch einen Brustkorb und derart massive Oberarmmuskeln gesehen.

---

* *Sohong* lautete der Mönchsname des Heiligen. Im Volksmund aber war er unter dem Name »Tiger-Swami« bekannt.

Das Gesicht des Swamis, das auf einem mächtigen Nacken ruhte, wirkte wild und doch friedlich und war von einer wallenden Lockenpracht und einem Bart umrahmt. In seinen leuchtenden dunklen Augen lag etwas von einer Taube, aber auch etwas von einem Tiger. Bekleidet war er mit nichts außer einem Tigerfell, das seine muskulösen Lenden umgab.

Nachdem wir unsere Sprache wiedergefunden hatten, begrüßten wir ihn und gaben unserer Bewunderung für seine außergewöhnlichen Heldentaten im Kampf mit gefährlichen Raubkatzen Ausdruck.

»Sagt uns, wie ist es möglich, bengalische Königstiger, die gefährlichsten Raubtiere des Dschungels, mit bloßen Händen zu bezwingen?«

»Mit Tigern zu kämpfen ist nicht schwer für mich. Ich könnte es jetzt in diesem Augenblick tun, wenn es nötig wäre.« Dabei lachte er wie ein Kind. »Ihr seht Tiger als Tiger an. Für mich aber sind sie wie zahme Hauskatzen.«

»Swamiji, mag sein, daß es uns gelingen würde, unser Unterbewußtsein glauben zu machen, daß ein Tiger nicht gefährlicher als ein Kätzchen ist; ob der Tiger es aber ebenfalls glauben würde?«

»Natürlich braucht man auch Kraft. Man kann nicht von einem kleinen Kind erwarten, einen Tiger zu bezwingen, nur weil es sich vorstellt, er sei eine Hauskatze. Mir persönlich genügen meine starken Hände als Waffe.«

Dann bat er uns, mit ihm in den Hof hinunterzugehen. Dort angekommen schlug er mit der Hand gegen eine Mauerkante. Ein Ziegel fiel krachend zu Boden, und durch das entstandene Loch konnte man deutlich den Himmel hindurchscheinen sehen. Ich wich erschrocken zurück. Wer mit einem einzigen Schlag einen festgemauerten Ziegel aus einer massiven Steinwand schlagen kann, dachte ich, war zweifellos auch in der Lage, einem Tiger die Zähne zu zertrümmern.

»Es gibt eine ganze Reihe von Menschen, die ebenso stark sind wie ich, doch fehlt es ihnen an kaltblütigem Selbstvertrauen. Wer nur körperliche Kraft, aber keine geistige Entschlossenheit besitzt, fällt womöglich beim bloßen Anblick eines im Dschungel frei umherstreichenden Raubtiers in Ohnmacht. Zwischen dem wilden Tiger in seinem natürlichen Lebensraum und dem opiumberauschten Zirkustier besteht ein gewaltiger Unterschied!

So mancher Mann ist ungeachtet seiner Herkuleskräfte beim Angriff eines bengalischen Königstigers völlig hilflos vor Schreck. Der Tiger hat diesen Mann also in dessen eigener Vorstellung in einen Zustand der

Mutlosigkeit – in die Rolle des wehrlosen Kätzchens – versetzt. Für einen starken Mann mit unbeugsamer Willenskraft ist es jedoch möglich, den Spieß umzudrehen und den Tiger dazu zu bringen, sich wehrlos wie ein Kätzchen zu fühlen. Und wie oft habe ich genau das getan!«

Wie dieser Hüne von einem Mann so vor mir stand, fiel es mir nicht schwer zu glauben, daß er wirklich fähig war, einen Tiger in ein zahmes Kätzchen zu verwandeln. Es machte ihm offensichtlich Spaß, uns zu belehren, und Chandi und ich hörten seinen Ausführungen aufmerksam zu.

»Es ist der Geist, der die Muskeln beherrscht. Die Kraft eines Hammerschlages wird durch die aufgewandte Energie bestimmt; und die Kraft des menschlichen Körpers hängt von der Angriffslust und dem Mut des Betreffenden ab. Der Körper wird im wahrsten Sinne des Wortes vom Geist gebildet und erhalten. Unter dem Druck der in früheren Leben entwickelten instinktiven Veranlagungen breitet sich in unserem Bewußtsein allmählich die Vorstellung bestimmter Stärken oder Schwächen aus. Diese manifestieren sich in bestimmten Gewohnheiten, die ihrerseits einen wünschenswerten bzw. weniger wünschenswerten Körper entstehen lassen. Jede nach außen hin zutage tretende Schwäche hat ihren Ursprung im menschlichen Geist. In einem verhängnisvollen Kreislauf widersetzt sich der von seinen Gewohnheiten gesteuerte Körper dem Geist. Läßt sich der Meister aber von seinem Diener kommandieren, so wird dieser despotisch. Auf ähnliche Weise verhält es sich, wenn sich der Geist dem Diktat des Körpers unterwirft und sich so versklaven läßt.«

Auf unsere Bitte hin erzählte uns der Swami aus seinem Leben:

»Schon von frühester Jugend an träumte ich davon, Tiger zu bezwingen. Ich hatte einen stählernen Willen, doch mein Körper war schwach.«

Das erstaunte mich zutiefst. Es schien mir kaum faßbar, daß dieser dem Atlas der griechischen Sage vergleichbare Mann, »auf dessen Schultern die Säulen ruhten«, jemals Schwäche gekannt haben sollte.

»Indem ich meine Gedanken mit unentwegter Beharrlichkeit auf meine Gesundheit und körperliche Kraft konzentrierte, konnte ich diese Schwäche schließlich überwinden. Ich habe allen Grund, die Überlegenheit des Geistes zu preisen, denn nach meiner Erfahrung ist er der wahre Bändiger der bengalischen Königstiger.«

»Glaubt Ihr, verehrter Swami, daß auch ich einmal einen Tiger bezwingen könnte?« Dies war das erste und einzige Mal, daß ich von diesem höchst abwegigen Ehrgeiz erfaßt wurde.

»Ja«, meinte er lachend. »Aber es gibt viele Arten von Tigern. Einige davon durchstreifen den Dschungel der menschlichen Begierden. Tiere bewußtlos zu schlagen bringt uns geistig nicht weiter. Bemühe dich lieber, die Raubtiere in deinem Inneren zu bezwingen!«

»Wollt Ihr uns sagen, Sir, was Euch schließlich dazu geführt hat, anstelle von wilden Tigern ungezügelte Leidenschaften zu bändigen?«

Da verfiel der Tiger-Swami in längeres Schweigen. Sein Blick schweifte in weite Ferne auf der Suche nach Bildern aus längst vergangenen Zeiten. Ich spürte, wie er innerlich mit sich rang, ob er meiner Bitte nachgeben sollte. Schließlich aber willigte er mit einem Lächeln ein.

»Als ich auf dem Gipfel meines Ruhmes stand, ließ ich mich zu Hochmut verleiten und nahm mir vor, die Tiger künftig nicht nur zu bezwingen, sondern auch verschiedene Kunststücke mit ihnen vorzuführen. Ich hatte meinen Ehrgeiz darein gesetzt, die wilden Bestien so weit zu bringen, daß sie sich wie zahme Haustiere verhalten würden. So begann ich, öffentliche Vorführungen zu geben, und hatte große Erfolge damit.

Eines Tages jedoch trat mein Vater mit besorgter Miene in mein Zimmer. ›Mein Sohn‹, sagte er, ›ich muß dich warnen, denn ich möchte dich vor künftigem Leid bewahren und verhindern, daß du in die unbarmherzigen Mühlen von Ursache und Wirkung gerätst.‹

›Bist du zum Fatalisten geworden, Vater? Soll ich etwa aus Aberglauben auf das verzichten, worin ich so erfolgreich bin?‹

›Ich bin kein Fatalist, mein Sohn. Aber ich glaube an das unfehlbare Gesetz der Vergeltung, wie es die heiligen Schriften lehren. Die Tiere des Dschungels hegen Groll gegen dich, und das kann dich eines Tages teuer zu stehen kommen.‹

›Vater, du erstaunst mich. Du weißt doch, wie Tiger sind – schön, aber erbarmungslos! Kaum ist ihnen die eine unglückliche Kreatur zum Opfer gefallen, und sie haben sich den Magen vollgeschlagen, da packt sie schon wieder die Jagdlust, und sie lauern auf die nächste Beute – vielleicht auf eine graziöse Gazelle, die sich im Dschungel am Grase labt. Die blutrünstige Bestie erlegt das Tier, stößt ihr ihre Zähne in den weichen Hals und trinkt doch nur ein paar Tropfen des stumm weinenden Blutes, bevor sie sich ihr nächstes Opfer sucht.

Tiger sind die verachtenswertesten Kreaturen des Dschungels! Wer weiß – vielleicht hämmern ihnen meine Schläge wenigstens etwas Respekt in ihren dicken Schädel. Ich bin wie der Direktor einer Schule des Dschungels, der den Bestien Manieren beibringen will. Betrachte mich als Tigerbändiger, Vater, und nicht als Tigermörder. Wie könnte ich durch diese guten Taten Unheil auf mich ziehen? Verlange bitte nicht von mir, mein Leben zu ändern!‹«

Chandi und ich hörten aufmerksam zu, denn wir verstanden diese mißliche Lage nur allzugut. In Indien widersetzen sich die Kinder dem Willen ihrer Eltern äußerst ungern.

»Mit stoischem Schweigen hörte sich Vater meine Erklärungen an. Dann machte er mir mit ernster Stimme folgende Eröffnung:

›Mein Sohn, du zwingst mich dazu, dir von einer unheilvollen Prophezeiung Kenntnis zu geben, die ich aus dem Munde eines Heiligen vernommen habe. Dieser trat gestern auf mich zu, als ich auf der Veranda saß und wie jeden Tag meditierte.

‹Lieber Freund, ich habe eine Botschaft für deinen kampfeslustigen Sohn. Er soll seinem barbarischen Treiben ein Ende setzen, sonst wird er bei seiner nächsten Begegnung mit einem Tiger schwere Wunden davontragen und sechs Monate lang zwischen Leben und Tod schweben. Danach wird er ein neues Leben beginnen und Mönch werden.‹

Doch was mein Vater da sagte, beeindruckte mich nicht im geringsten. Ich vermutete, er sei in seiner Leichtgläubigkeit irgendeinem verblendeten Fanatiker zum Opfer gefallen.«

Wie zum Verweis auf irgendeine große Torheit machte der Tiger-Swami bei diesem Geständnis eine ungeduldige Geste. Dann versank er in ein längeres nachdenkliches Schweigen, und ich hatte den Eindruck, als habe er unsere Gegenwart völlig vergessen. Plötzlich aber nahm er den Faden seiner Erzählung wieder auf und fuhr in gedämpftem Tonfall fort:

»Nicht lange nach dieser väterlichen Warnung besuchte ich die Hauptstadt von Cooch-Behar. Die malerische Landschaft kannte ich noch nicht, und ich hatte die Absicht, mir dort ein paar geruhsame Tage zu gönnen. Wie überall, so folgte mir auch hier eine neugierige Menschenmenge auf der Straße. Ab und zu fing ich einige der geflüsterten Bemerkungen auf:

›Das ist der Mann, der wilde Tiger zähmt!‹

›Seht nur – sind das Beine oder Baumstämme?‹

›Und seht euch sein Gesicht an! Er ist bestimmt eine Inkarnation des Tigerkönigs höchstpersönlich!‹

Ihr wißt ja, wie die Straßenkinder alle Neuigkeiten in die Welt hinausposaunen. Doch mit welcher Geschwindigkeit tragen die Frauen erst sensationelle Nachrichten von Haus zu Haus! Innerhalb weniger Stunden war die ganze Stadt ob meiner Anwesenheit in hellem Aufruhr.

Ich hatte mich bereits zur Abendruhe zurückgezogen, als ich plötzlich die Hufe galoppierender Pferde hörte, die vor meiner Herberge stehenblieben. Gleich darauf betraten mehrere hochgewachsene Polizisten mit Turbanen mein Zimmer.

Ich war erschrocken. ›Den Hütern des Gesetzes ist alles zuzutrauen‹, dachte ich. ›Vielleicht wollen sie mich wegen irgendeiner Sache belangen, von der ich keine Ahnung habe.‹ Doch die drei Beamten verneigten sich mit ausgesuchter Höflichkeit vor mir.

›Verehrter Herr, man hat uns hergeschickt, um Euch im Namen des Fürsten von Cooch-Behar willkommen zu heißen. Er würde sich freuen, Euch morgen früh in seinem Palast begrüßen zu dürfen.‹

Ich dachte einen Augenblick lang über die Einladung nach. Aus irgendeinem rätselhaften Grund widerstrebte mir diese Unterbrechung meiner bis dahin so friedvollen Reise zutiefst. Doch das ehrerbietige Verhalten der Polizisten rührte mich, und so willigte ich ein.

Wie überrascht war ich aber, als mich am nächsten Tag fürstliche Diener vor meiner Tür erwarteten, die mich unterwürfigst zu einer prächtigen, vierspännigen Karosse geleiteten. Einer von ihnen hielt einen kunstvoll verzierten Schirm über meinen Kopf, um mich vor den sengenden Strahlen der Sonne zu schützen. Ich genoß die angenehme Fahrt durch die Stadt und die waldige Umgebung. Am Tor des Palastes kam mir der Fürst persönlich entgegen, um mich zu begrüßen. Er bot mir seinen eigenen, mit Goldbrokat bezogenen Sessel als Sitzplatz an und nahm selbst auf einem einfacheren Stuhl Platz.

›All diese Zuvorkommenheit wird mir sicher nicht umsonst zuteil‹, dachte ich mit wachsender Skepsis. Nach einigen belanglosen Bemerkungen kam der Fürst schließlich zur Sache.

›In meiner Stadt kursiert das Gerücht, daß Ihr mit bloßen Händen wilde Tiger bezwingen könnt. Stimmt das?‹

›Ja, es stimmt.‹

›Ich kann es fast nicht glauben. Ihr seid ein Bengale aus Kalkutta und habt Euch wie alle Städter von weißem Reis ernährt. Seid ehrlich: Habt Ihr nicht gegen kraftlose, opiumberauschte Tiger gekämpft?‹ Mit seinem provinziellen Akzent sprach er laut und in sarkastischem Tonfall.

Ich würdigte seine beleidigende Frage keiner Antwort.

›Ich fordere Euch hiermit zum Kampf mit meinem erst kürzlich eingefangenen Tiger Raja-Begum* heraus. Wenn Ihr ihn bezwingen, ihn mit einer Kette binden und den Käfig dann noch bei vollem Bewußtsein verlassen könnt, sollt Ihr diesen bengalischen Königstiger als Geschenk erhalten und außerdem mehrere tausend Rupien und viele andere Gaben empfangen. Wenn Ihr Euch aber weigert zu kämpfen, werde ich Euch im ganzen Lande als Betrüger brandmarken lassen.‹

Seine unverschämten Worte trafen mich wie eine Gewehrsalve, und wütend brachte ich meine Zustimmung hervor. Der Fürst, der sich vor Erregung halb von seinem Sitz erhoben hatte, ließ sich mit sadistischem Lächeln in die Kissen sinken. Er erinnerte mich an die römischen Kaiser, die sich daran ergötzt hatten, Christen in Raubtierarenen zu schicken.

›Der Wettkampf soll heute in einer Woche stattfinden‹, sagte er. ›Leider kann ich Euch nicht gestatten, den Tiger vorher zu sehen.‹

Womöglich hegte der Fürst den Verdacht, daß ich das Tier hypnotisieren oder ihm heimlich Opium geben könnte. Als ich den Palast wieder verließ, mußte ich feststellen, daß der fürstliche Sonnenschirm und die prunkvolle Karosse jetzt fehlten.

Während der folgenden Woche bereitete ich meinen Körper und Geist systematisch auf die bevorstehende Prüfung vor. Mein Diener trug mir die fantastischsten Geschichten zu, die man sich erzählte. Die unheilvolle Prophezeiung, die der Heilige meinem Vater gemacht hatte, war irgendwie bekannt geworden und nahm von Tag zu Tag immer erschreckendere Formen an. Viele der einfachen Dorfbewohner glaubten, ein von den Göttern verstoßener böser Geist sei auf die Erde zurückgekehrt und treibe nachts in dämonenhafter Gestalt sein Unwesen, während er tagsüber das gestreifte Kleid des Tigers trage. Dieser Tigerdämon sei dazu auserwählt worden, mich zu demütigen.

Einem anderen fantasievollen Gerücht zufolge sollten die zum Tigerhimmel aufgestiegenen Tiergebete erhört worden und Raja-Begum das Werkzeug sein, durch das ich, der frevelhafte Zweibeiner, der das ganze Tigergeschlecht beleidigt hatte, bestraft würde. Ein Mann ohne Fell und Tatzen, der es wagte, einen mit Krallen bewaffneten mächtigen Tiger herauszufordern! Der gemeinsame Groll aller gedemütigten Tiger – so die Dorfleute – habe sich zu einer derart starken Triebkraft zusammen-

---

* »König-Königin«, ein Name, der andeuten sollte, daß das Tier die Wildheit eines Tigers und einer Tigerin in sich vereinte.

geballt, daß nun verborgene Gesetze wirksam würden, um den Fall des stolzen Tigerbändigers herbeizuführen.

Mein Diener wußte ferner zu berichten, daß sich der Fürst als Organisator des Zweikampfes zwischen Mensch und Tier ganz in seinem Element fühlte. Er hatte persönlich den Bau eines regenfesten Zeltpavillons überwacht, der für mehrere tausend Zuschauer Platz bot. In der Mitte stand der riesige Tigerkäfig, umgeben von einer äußeren Sicherheitszone. Der gefangene Raja-Begum brüllte ununterbrochen auf derart furchterregende Weise, daß einem das Blut in den Adern gefror. Er wurde nur wenig gefüttert, auf daß er mörderischen Appetit bekäme. Vielleicht hatte mich der Fürst als Belohnungshappen für ihn vorgesehen.

Eine riesige Menschenmenge strömte aus der Stadt und den umliegenden Vororten herbei, um Eintrittskarten zu kaufen, denn der einzigartige Wettkampf war überall durch Ausrufer bekanntgemacht worden. Als der große Tag gekommen war, mußten Hunderte wieder umkehren, weil es nicht genügend Plätze gab. Viele Schaulustige verschafften sich über die seitlichen Schlitze der Zeltbahnen Zugang oder drängten sich auf engstem Raume unter den Galerien.«

Die Geschichte des Tiger-Swamis war so spannend, daß Chandi und ich wie gebannt zuhörten.

»Unter dem markerschütternden Gebrüll von Raja-Begum und dem Tumult der aufgeregten Menge betrat ich ruhigen Schrittes die Arena. Ich trug nichts als einen Lendenschurz – mein übriger Körper war unbekleidet. Ich schob den Riegel an der Tür, die den Sicherheitsbereich abtrennte, beiseite und verschloß die Tür in aller Ruhe, nachdem ich eingetreten war. Der Tiger roch Blut. Mit donnerndem Getöse sprang er gegen das Eisengitter seines Käfigs und brüllte mir ein grimmiges Willkommen entgegen. Das Publikum verstummte in mitleidsvoller Furcht; im Vergleich zu dieser rasenden Bestie erschien ich wie ein sanftes Lamm.

Im Nu war ich im Käfig. Doch noch während ich die Tür zuschlug, stürzte Raja-Begum bereits auf mich zu, und meine rechte Hand wurde grauenvoll zerfetzt. Menschliches Blut, der größte Genuß, den ein Tiger kennt, floß in Strömen. Die Prophezeiung des Heiligen schien sich zu erfüllen. Dies war die erste ernstliche Verletzung, die ich je davongetragen hatte, doch ich hatte mich nach dem ersten Schock gleich wieder gefaßt. Mit einer raschen Geste verbarg ich meine blutenden Finger unter dem Lendentuch und holte mit der linken Hand zu einem knochenzerschmetternden Schlag aus. Die Bestie wurde zurückgeschleudert, überschlug sich am anderen Ende des Käfigs und sprang dann mit einem gewaltigen Satz nach vorn. Nun prasselten meine berühmt-berüchtigten Fausthiebe auf sein Haupt hernieder.

Doch die Kostprobe menschlichen Blutes hatte auf Raja-Begum eine ebenso berauschende Wirkung wie der erste Schluck Wein auf einen Alkoholiker nach langer Abstinenz. Unter markerschütterndem Gebrüll sprang mich das Tier mit immer größerer Wut an.

Da ich nur mit einer Hand kämpfen konnte, gelang es mir kaum, die Hiebe seiner Pranken und Krallen abzuwehren. Dennoch saßen meine Schläge! Beide waren wir blutüberströmt und rangen um Leben und Tod. Im Käfig war die Hölle losgebrochen – es war das reinste Blutbad. Unheimliche Laute des Schmerzes und der Mordgier drangen aus der Kehle der Bestie.

›Erschießt ihn. Erschießt den Tiger!‹ ertönten Schreie aus dem Publikum. Doch in unserem Zweikampf zwischen Mensch und Tier bewegten wir uns so schnell, daß die Kugel eines Wächters fehlging. Da nahm ich all meine Willenskraft zusammen, stieß einen wilden Schrei aus und holte zu einem letzten, vernichtenden Schlag aus. Der Tiger brach zusammen und blieb regungslos liegen.«

»Wie ein Kätzchen!« rief ich aus.

Der Swami lachte über meine Bemerkung und fuhr dann mit seiner spannenden Erzählung fort.

»Raja-Begum war endlich besiegt! Um ihn in seinem königlichen Stolz noch weiter zu demütigen, öffnete ich mit meinen zerfleischten Händen kaltblütig seinen Rachen und schob meinen Kopf einen dramatischen Augenblick lang in die gähnende Todesfalle. Dann nahm ich eine Kette vom Boden auf, band den Tiger mit dem Hals an die Gitterstäbe und schritt triumphierend dem Ausgang zu.

Doch Raja-Begum, diese Verkörperung alles Bösen, war von einer Zähigkeit, die seiner vermeintlichen dämonischen Herkunft alle Ehre machte. Mit einem unbeschreiblichen Ruck riß er sich los und sprang mich von hinten an. Ich spürte seine Zähne in meiner Schulter und stürzte zu Boden. Aber schon einen Augenblick später hatte ich wieder die Oberhand gewonnen. Ich drückte die heimtückische Bestie gegen den Boden und schlug sie mit meinen erbarmungslosen Hieben halb besinnungslos. Dieses Mal kettete ich ihn fester an. Dann ging ich langsam aus dem Käfig hinaus.

Da ging ein erneuter Aufschrei durch die Menge – diesmal aber ein freudiger. Der Beifallsruf erscholl wie aus einer einzigen gigantischen Kehle. Wenn ich auch schlimm zugerichtet war, so hatte ich doch die drei Bedingungen des Kampfes erfüllt: Ich hatte den Tiger bewußtlos geschlagen, ihn mit einer Kette gebunden und den Käfig ohne fremde Hilfe verlassen. Außerdem hatte ich der angriffslustigen Bestie derart übel mitgespielt, daß sie die einmalige Gelegenheit zuzuschnappen, als mein Kopf in ihrem Rachen steckte, ungenutzt verstreichen ließ.

Nachdem meine Wunden versorgt worden waren, wurde ich geehrt und mit Girlanden bekränzt. Hunderte von Goldstücken rollten zu meinen Füßen, und in der ganzen Stadt wurde mehrere Tage lang gefeiert. Mein Sieg über einen der größten und wildesten Tiger, die man je gesehen hatte, wurde lang und breit diskutiert. Raja-Begum wurde mir, wie versprochen, zum Geschenk gemacht, doch ich empfand keinerlei Triumphgefühl. Es schien mir, als sei mit dem Verlassen des Käfigs auch die Tür zu meinen weltlichen Ambitionen hinter mir zugeschlagen.

Es folgte eine schwere Zeit für mich, denn sechs Monate lang schwebte ich infolge einer Blutvergiftung in Lebensgefahr. Sobald ich wieder kräftig genug war, um Cooch-Behar zu verlassen, kehrte ich in meine Heimatstadt zurück.

›Ich weiß nun, daß der Heilige, von dem die weise Warnung kam, mein Lehrer ist‹, gestand ich meinem Vater demütig ein. ›Ach, wenn ich ihn nur finden könnte!‹ Mein Wunsch muß aufrichtig gewesen sein, denn eines Tages traf der Heilige unerwartet bei uns ein.

›Genug der Tigerkämpfe‹, sagte er zu mir und fuhr mit ruhiger Stimme fort: ›Folge mir jetzt, damit ich dich lehren kann, die Bestie der Unwissenheit zu bekämpfen, die im Dschungel des menschlichen Geistes ihr Unwesen treibt. Du bist Publikum gewöhnt – nun gut, dann unterhalte von nun an die himmlischen Heerscharen mit deinen Yoga-Künsten!‹

Und so wurde ich von meinem heiligen Guru in den geistigen Weg eingeweiht. Er öffnete die Tore meiner Seele, die durch langjährigen mangelnden Gebrauch rostig und starr geworden waren. Bald darauf machten wir uns Hand in Hand auf den Weg zum Himalaja, wo ich meine Ausbildung erhalten sollte.«

Dankbar verneigten Chandi und ich uns zu Füßen des Swamis, der uns soviel aus seinem bewegten Leben erzählt hatte. Ich fühlte mich reichlich entschädigt für die lange Wartezeit in dem kalten Empfangszimmer.

Kapitel 7

Der schwebende Heilige

Gestern abend sah ich bei einer Zusammenkunft einen Yogi in der Luft schweben, mehrere Fuß hoch über dem Boden«, erzählte mir mein Freund Upendra Mohun Chowdhury voller Bewunderung.

Ich war begeistert. »Laß mich einmal raten, wer er ist«, sagte ich, »war es etwa Bhaduri Mahasaya von der Upper Circular Road?«

Upendra nickte und schien ein wenig enttäuscht, weil er mir nichts Neues hatte berichten können. Meine Freunde wußten nämlich, daß ich nie genug über Heilige erfahren konnte, und freuten sich immer, wenn sie mir neue Hinweise geben konnten.

»Der Yogi wohnt ganz in unserer Nähe«, fuhr ich fort, »und so besuche ich ihn des öfteren.« Upendra schien lebhaft interessiert, wie ich in seinem Gesicht lesen konnte, und so erzählte ich mehr.

»Ich habe Bhaduri Mahasaya erstaunliche Dinge vollbringen sehen. Er beherrscht beispielsweise ganz meisterhaft die verschiedenen *Pranayamas** des achtfachen Yoga, wie sie einst von *Patanjali*** niedergeschrieben wurden. Einmal wurde ich Zeuge, wie Bhaduri Mahasaya das *Bhastrika-Pranayama* mit solch erstaunlicher Kraft ausführte, daß sich im Zimmer ein regelrechter Wirbelwind erhob! Dann hielt er den brausenden Strom seines Atems an und verharrte völlig regungslos in einem Zustand hohen Überbewußtseins***. Diese Atmosphäre des Friedens nach dem Sturm war so beeindruckend, daß ich sie niemals mehr vergessen werde.«

* Methoden zur Beherrschung der Lebenskraft durch die Regulierung des Atems.
** Der bedeutendste Yoga-Gelehrte des indischen Altertums.
*** Französische Gelehrte waren die ersten in der westlichen Welt, die sich mit den Möglichkeiten des Überbewußtseins wissenschaftlich auseinandersetzten. Im Jahre 1928 hielt Professor Jules-Bois, Mitglied der Ecole de Psychologie an der Sorbonne, in Amerika Lehrvorträge und berichtete seinem Auditorium, daß französische Psychologen die Existenz eines überbewußten Zustandes nachgewiesen hatten, »der das genaue Gegenteil von Freuds Unterbewußtsein darstellt und den Menschen zu wahrem Menschsein führt, ihn also nicht nur zu einem höherentwickelten Tier macht«. Der französische Gelehrte

»Ich habe gehört, daß der Heilige seine Wohnung nie verläßt«, sagte Upendra etwas ungläubig.

»Ja, das stimmt. Er hat während der letzten zwanzig Jahre nur in seinen vier Wänden gelebt. Nur anläßlich unserer heiligen Feste lockert er diese selbstauferlegte Regel ein wenig und tritt vor sein Haus auf den Bürgersteig hinaus. Dort wird er sogleich von einer Schar Bettler umringt, denn der heilige Bhaduri ist allseits wegen seines weichen Herzens bekannt.«

»Wie kann er aber frei in der Luft schweben und das Gesetz der Schwerkraft überwinden?«

»Nach bestimmten *Pranayamas* verliert der Körper eines Yogis seine grobstoffliche Beschaffenheit. Dies versetzt ihn in die Lage, zu schweben oder wie ein Frosch umherzuhüpfen. Selbst Heiligen, die kein Yoga praktizieren, gelang bekanntlich im Zustand völliger Hingabe an Gott die Levitation.*«

»Ich möchte gern mehr über diesen Weisen erfahren. Gehst du regelmäßig zu seinen allabendlichen Treffen?« fragte Upendra neugierig.

»Ja, ich gehe oftmals hin. Und ich genieße den Humor des Weisen. Manchmal muß ich allerdings so lachen, daß ich dadurch die feierliche Atmosphäre im Saal störe. Der Heilige nimmt mir das zwar nicht übel, doch seine Schüler werfen mir bitterböse Blicke zu.«

Am selben Nachmittag kam ich auf meinem Heimweg von der Schule an Bhaduri Mahasayas Haus vorbei und entschloß mich spontan, ihn zu besuchen. Der Yogi empfing normalerweise niemanden außer seinen Anhängern. Im Erdgeschoß seines Hauses wohnte einer seiner Schüler, der darauf achtete, daß sein Meister nicht gestört wurde. Dieser Schüler war ein gestrenger Wächter und fragte mich in aller Form, ob ich denn überhaupt einen Termin habe. Sein Guru erschien gerade im rechten

---

erklärte ferner, daß die Erweckung des höheren Bewußtseins »nicht mit Couéismus oder Hypnotismus verwechselt werden darf. Die Existenz des Überbewußtseins ist seit langer Zeit von den Philosophen anerkannt worden; es ist nämlich in Wirklichkeit mit der von Emerson beschriebenen Überseele identisch. In der Naturwissenschaft fand es hingegen erst kürzlich Anerkennung.« Der französische Wissenschaftler betonte, daß Inspiration, Genius und die moralischen Werte aus dem Überbewußtsein kommen. »Der Glaube daran hat nichts mit Mystizismus zu tun, wenngleich er dieselben Werte in den Vordergrund stellt, wie es die Mystiker taten.«

*   Die heilige Theresa von Avila und andere christliche Heilige konnte man des öfteren im Zustand der Levitation, das heißt des freien Schwebens, beobachten.

Moment, um zu verhindern, daß ich kurzerhand vor die Tür gesetzt wurde.

»Laß Mukunda herein, wann immer er kommt«, sprach der Weise freundlich. »Ich habe mich nicht zu einem Leben in Abgeschiedenheit entschlossen, um mich selbst, sondern vielmehr um meine Mitmenschen zu schonen. Weltlich orientierte Menschen lieben nämlich die Offenheit meiner Worte nicht, weil ich ihnen damit ihre Illusionen raube. Heilige sind nicht nur rar, sondern auch unbequem. Selbst in den Schriften erscheinen sie oft als störend und lästig!«

Ich folgte Bhaduri Mahasaya zu einem spartanisch eingerichteten Raum im obersten Stockwerk, den er nur selten verließ. Ein Meister befaßt sich gewöhnlich nicht mit dem Treiben der bunten, lärmenden Welt, dessen Sinn erst aus der Perspektive der Jahrhunderte erkennbar wird. Zu den Zeitgenossen eines Weisen zählen nicht nur die Menschen, die in der engen Gegenwart leben.

»Maharishi*, Ihr seid der erste Yogi, den ich kenne, der immer im Hause weilt.«

»Gott pflanzt Seine Heiligen manchmal auf unerwarteten Boden, damit wir nur ja nicht denken, Er ließe sich in irgendein Regelschema pressen.«

Nun ließ sich der lebensprühende Weise im Lotussitz nieder. Obgleich er schon siebzig Jahre alt war, sah man ihm weder sein Alter noch seine sitzende Lebensweise an. Mit seiner ungebeugten und aufrechten Haltung entsprach er in jeder Hinsicht der Idealvorstellung eines Meisters. Sein bärtiges Antlitz und die edle Kopfform waren die eines *Rishis,* so wie es in den altüberlieferten Texten beschrieben wird. Allzeit saß er völlig gerade da, und sein ruhiger Blick war auf die Allgegenwärtigkeit Gottes gerichtet.

Wir versanken beide in tiefe Meditation. Nach einer Stunde rief mich seine sanfte Stimme zurück.

»Du gehst oft in die Stille; doch hast du schon einmal *Anubhava*** erfahren?« Er wollte mich damit ermahnen, Gott mehr zu lieben als die Meditation. »Verwechsle niemals die Technik mit dem Ziel«, fügte er hinzu.

Dann bot er mir einige Mangos an und bemerkte mit dem ihm eigenen geistreichen Humor, den ich an diesem sonst so ernsten Mann besonders

---

  * »Großer Weiser«.
 ** Tatsächliche Wahrnehmung Gottes.

schätzte: »Die meisten Menschen fühlen sich mehr zum *Jala*-Yoga (Vereinigung mit der Nahrung) als zum *Dhyana*-Yoga (Vereinigung mit Gott) hingezogen.«

Dieses yogische Wortspiel ließ mich hellauf lachen.

»Wie du lachen kannst«, meinte er mit liebevollem Blick. Sein Antlitz war stets ernst, doch von einem leicht ekstatischen Lächeln verklärt. In seinen ausdrucksvollen Lotusaugen lag versteckte göttliche Heiterkeit.

»Diese Briefe kommen aus dem fernen Amerika«, sagte der Weise und deutete auf mehrere dicke Umschläge auf dem Tisch. »Ich stehe dort mit verschiedenen Gesellschaften und Vereinigungen in Verbindung, die sich für Yoga interessieren und Indien jetzt ganz neu entdecken. Sie haben mehr Glück dabei als dereinst Kolumbus. Ich bin sehr froh, ihnen dabei helfen zu können, denn die Lehre des Yoga soll jedem, der dafür offen ist, zuteil werden, so wie das reine Tageslicht allen Menschen geschenkt wird.

Was die *Rishis* als wesentlich für die Erlösung der Menschheit erkannten, sollte auch der westlichen Welt in unverwässerter Form übermittelt werden. Im Grunde sind Morgen- und Abendland seelenverwandt, auch wenn beide nach außen hin verschiedene Entwicklungswege gingen. Ohne Disziplin, wie sie im Yoga geübt wird, kann es weder im Osten noch im Westen zur Weiterentwicklung und Blüte kommen.«

Die stillen Augen des Heiligen ruhten immerfort auf mir. Damals erkannte ich den tieferen Sinn seiner Worte noch nicht; sie bezogen sich auf meine künftige Berufung. Erst jetzt, da ich dies alles niederschreibe, verstehe ich seine vielen beiläufigen Bemerkungen in ihrem ganzen Gehalt, denn er wußte bereits zum damaligen Zeitpunkt, daß ich dazu auserkoren war, später einmal die Lehre Indiens nach Amerika zu bringen.

»Maharishi, warum schreibt Ihr nicht ein Werk über Yoga, das allen Menschen zugute kommt?«

»Meine Aufgabe besteht darin, Schüler auszubilden. Diese und deren Schüler werden lebende Werke von mir sein, die gegen die natürlichen Zerfallserscheinungen der Zeit und alle unnatürlichen Auslegungen durch Kritiker gefeit sind.« Bhaduris geistreiche Wortwahl brachte mich erneut zum Lachen.

Bis zum Abend blieb ich mit dem Yogi allein; dann trafen seine Schüler ein, und Bhaduri Mahasaya hielt einen seiner brillanten Vorträge. Mit seiner Wortgewandtheit befreite er seine Zuhörer von allem intellektuel-

Bhaduri Mahasaya,
»der schwebende Heilige«

len Ballast und lenkte ihre Gedanken hin zu Gott. Seine eindrucksvollen Gleichnisse trug er in einwandfreiem Bengali vor.

An jenem Abend behandelte Bhaduri verschiedene philosophische Themen und Aspekte im Zusammenhang mit Mirabai, einer mittelalterlichen Rajputen-Prinzessin; diese hatte ihr fürstliches Leben aufgegeben, um in der Gesellschaft von *Sadhus* leben zu können. Ein bekannter *Sannyasi* hatte sich geweigert, Mirabai zu empfangen, weil sie eine Frau war. Als man ihm jedoch ihre Antwort überbrachte, erkannte er demütig seinen Fehler.

»Sage dem Meister«, hatte sie ausrichten lassen, »ich hätte nicht gewußt, daß es außer Gott noch ein anderes männliches Wesen im Universum gäbe. Sind wir nicht alle weiblich vor Ihm?« (Es handelt sich hier um eine Schriftenauslegung, nach der Gott die einzige positive, schöpferische Urkraft und Seine Schöpfung nichts weiter als passive *Maya* ist.)

Mirabai hat viele religiöse Liedertexte verfaßt, die sich noch heute in Indien großer Beliebtheit erfreuen. Eines will ich hier übersetzen:

> Könnte man Gott durch tägliches Baden erkennen,
> wie bald schon wär' ich ein Walfisch in der Tiefe!
> Könnte man Ihn durch Essen von Wurzeln und
>   Früchten ergründen,
> wie gern nähm' ich die Gestalt einer Ziege an.
> Könnte das Zählen der Gebetsperlen Ihn mir enthüllen,
> würd' ich für meine Gebete eine riesige Kette wählen.
> Könnte ein Kniefall vor steinernen Bildnissen
>   Ihn entschleiern,
> würd' ich in Ehrfurcht selbst vor unbehauenem
>   Fels niederknien.
> Könnte man den Herrn mit der Muttermilch trinken,
> würden viele Kinder und Kälber Ihn kennen.
> Könnte man Gott durch Verzicht auf Frauen erobern,
> wollten da nicht Tausende zu Eunuchen werden?
> Mirabai aber weiß, daß du den Herrn nur dann finden wirst,
> wenn du Ihm eines schenkst: deine ganze Liebe.

Mehrere Schüler legten Rupien in die Hausschuhe, die neben Bhaduri auf dem Boden standen, während er im Yogasitz verharrte. Mit diesem in Indien üblichen Brauch legt der Schüler seinem Guru symbolisch seine materiellen Güter zu Füßen. In Wirklichkeit ist es Gott selbst, der die Seinen in Gestalt dankbarer Freunde versorgt.

»Meister, Ihr seid unübertrefflich!« bemerkte einer der Schüler beim Hinausgehen und sah den patriarchalischen Weisen bewundernd an. »Ihr habt Reichtum und Bequemlichkeit aufgegeben, um Gott zu suchen und uns Seine Weisheit zu lehren!« Es war allgemein bekannt, daß Bhaduri Mahasaya in seiner Jugend auf eine beträchtliche Erbschaft verzichtet hatte, um sich ganz auf den Pfad des Yoga zu konzentrieren.

»Der Fall liegt genau umgekehrt«, sagte der Heilige in leicht vorwurfsvollem Ton. »Ich habe ein paar lächerliche Rupien und billige Vergnügungen gegen ein kosmisches Reich immerwährender Glückseligkeit eingetauscht. Wie könnte ich da auf etwas verzichtet haben? Ich bin froh, meinen Reichtum mit anderen teilen zu können. Ist das etwa ein Opfer? Wer wirklich verzichtet, sind die kurzsichtigen, weltlich orientierten Menschen, die sich wegen armseliger irdischer Freuden und Besitztümer den Weg zu unvergleichlichen göttlichen Reichtümern versperren!«

Diese ungewöhnliche Auslegung dessen, was Verzichten bedeutet, mit der er den heiligen Bettler zum Krösus machte und alle stolzen Millionäre zu unbewußten Märtyrern, ließ mich wieder lachen.

»Die göttliche Ordnung sorgt weit besser für unsere Zukunft als jede Versicherungsgesellschaft.« Mit diesen Schlußworten brachte der Meister seinen Glauben noch einmal deutlich zum Ausdruck. »Die Welt ist voll von ängstlichen Menschen, die ihre Stirn sorgenvoll runzeln und sich an äußere Sicherheiten klammern. Er aber, der uns vom ersten Atemzug an mit Luft und Milch versorgt hat, wird auch Mittel und Wege finden, um Seine Kinder am Leben zu erhalten.«

Ich machte es mir zur Gewohnheit, den Heiligen täglich nach Schulschluß zu besuchen. Wortlos und geduldig half er mir, *Anubhava* zu erlangen. Eines Tages zog er jedoch aus unserer Nachbarschaft fort in die Ram Mohan Roy Road. Seine getreuen und ergebenen Schüler hatten ihm dort eine neue Einsiedelei errichtet, die den Namen »Nagendra Math«* trug.

Selbst wenn ich meiner Erzählung damit um mehrere Jahre vorauseile, so will ich doch an dieser Stelle die letzten Worte wiedergeben, die Bhaduri Mahasaya zu mir sprach. Kurz vor meiner Abreise nach Amerika

---

* Der vollständige Name des Heiligen lautete Nagendranath Bhaduri. *Math* bedeutet Eremitage oder Ashram.

besuchte ich ihn und kniete demütig vor ihm nieder, um seinen Abschiedssegen zu empfangen.

»Geh nach Amerika, mein Sohn, und sei dir in allem, was du tust und sagst, der Würde des alten Indiens bewußt. Der Sieg steht dir auf der Stirn geschrieben, und die großherzigen Menschen im fernen Lande werden dich mit offenen Armen empfangen.«

Kapitel 8

Indiens großer Wissenschaftler J. C. Bose

Jagadis Chandra Bose machte seine Erfindungen im Bereich der drahtlosen Telegraphie vor Marconi!«
Diese provokative Äußerung kam von einer Gruppe von Professoren, die
auf dem Bürgersteig vor mir in eine wissenschaftliche Diskussion vertieft
waren. Sie hatte mich neugierig gemacht, und ich trat hinzu. Ich muß
gestehen, daß mein Interesse vielleicht auch von einem gewissen Nationalstolz beflügelt wurde; ich kann nämlich nicht abstreiten, daß ich immer
dann besonders aufmerksam hinhöre, wenn es darum geht, Indien nicht
nur in der Metaphysik, sondern auch in der Physik eine führende Rolle
zuzuschreiben.
»Wie meinen Sie das, Sir?«
Da erklärte mir der Sprecher bereitwillig: »Bose erfand als erster einen
drahtlosen Übermittler sowie ein Instrument zur Aufzeichnung der Bre-
chung elektromagnetischer Wellen. Doch der indische Wissenschaftler
wertete seine Erfindungen nicht kommerziell aus; schon bald verlegte er
sein Interesse weg vom anorganischen hin zum organischen Reich. Seine
revolutionären Entdeckungen im Bereich der Pflanzenphysiologie übertreffen sogar noch seine Errungenschaften auf dem Gebiet der Physik.«
Nachdem ich dem Professor höflich gedankt hatte, fügte dieser noch
hinzu: »Dieser große Wissenschaftler ist ein Kollege von mir am Präsidenten-College.«
Gleich am nächsten Tag suchte ich den Gelehrten in seiner Wohnung in
der Gurpar Street unweit unseres eigenen Hauses auf. Schon seit langem
hatte ich diesen ernsten, zurückhaltenden Botaniker aus ehrfurchtsvoller
Distanz bewundert, der mich jetzt mit großer Zuvorkommenheit begrüßte. Er war ein gutaussehender, kräftiger Mann in den Fünfzigern mit
dichtem Haar, breiter Stirn und dem abschweifenden Blick eines Träumers. Seine präzisen Formulierungen zeugten von jahrelanger wissenschaftlicher Praxis.
»Ich bin erst vor kurzem von einer Reise in den Westen zurückgekehrt,
wo ich mit verschiedenen wissenschaftlichen Gesellschaften Verbindung
aufgenommen habe«, erzählte er. »Sie alle zeigten großes Interesse an

den von mir erfundenen, hochempfindlichen Instrumenten, mit denen sich die unteilbare Einheit alles Lebendigen* nachweisen läßt. Der Bose-Crescograph** ermöglicht eine zehnmillionenfache Vergrößerung – kaum zu glauben, nicht wahr? Das Mikroskop hingegen läßt nur eine tausendfache Vergrößerung zu und hat doch der Biologie einen entscheidenden Fortschritt gebracht. Welch ungeahnte Möglichkeiten wird uns da erst der Crescograph eröffnen!«

»Es ist nicht zuletzt Euer Verdienst, Sir, daß sich Ost und West im Bereich der objektiven Wissenschaften näherkommen konnten.«

»Ich habe in Cambridge studiert und bewundere die westliche Methode, die Gültigkeit aller Theorien durch exakte Experimente nachzuweisen. Dieses empirische Verfahren, gepaart mit der Fähigkeit zur Introspektion – meinem östlichen Erbe –, hat mir Zugang zu Bereichen der Natur verschafft, die uns lange Zeit verborgen blieben. Die mit dem Crescographen ermittelten Meßwerte sollten selbst den größten Skeptiker davon überzeugen, daß Pflanzen ein sensibles Nervensystem besitzen und ein differenziertes Spektrum emotionaler Regungen empfinden können. Ebenso wie Tiere reagieren auch Pflanzen auf äußere Reize mit Liebe, Haß, Freude, Angst, Vergnügen, Schmerz, Erregbarkeit, Benommenheit sowie unzähligen anderen Gefühlen.«

»Der einzigartige Pulsschlag des Lebens, der die ganze Schöpfung durchdringt, schien bis zu Ihrer Erfindung nichts als Traum und Fantasie, Sir. Ich kannte einen Heiligen, der nie eine Blume pflückte. ›Soll ich den Rosenstrauch seiner stolzen Schönheit berauben? Soll ich durch meine rohe Gewalt seine Würde verletzen?‹ Seine mitfühlenden Worte werden durch Eure Entdeckungen mehr als bestätigt!«

»Der Dichter steht in innigem Verhältnis zur Wahrheit, während sich der Wissenschaftler ihr mühevoll nähern muß. Besuche mich doch einmal in meinem Labor. Dort kannst du dich mit eigenen Augen von der Unzweideutigkeit der Aussagen des Crescographen überzeugen.«

Dankbar nahm ich die Einladung an und verabschiedete mich. Später

* »Jede Wissenschaft muß transzendental sein, um bestehen zu können. Die Botanik ist im Begriff, Zugang zu den richtigen Theorien zu finden, und bald werden die Lehren der Avatare Brahmas die Lehrbücher der Naturwissenschaften ersetzen.« – *Emerson.*

** Von dem lateinischen Wort *crescere* = wachsen, zunehmen. Bose wurde in Würdigung seiner Erfindung des Crescographen und anderer Entdeckungen im Jahre 1917 in den Adelsstand erhoben.

erfuhr ich, daß der Botaniker das Präsidenten-College verlassen hatte, um in Kalkutta ein Forschungszentrum aufzubauen.

Als das Bose-Institut schließlich eröffnet wurde, nahm ich an den Einweihungsfeierlichkeiten teil. Hunderte von Interessierten waren gekommen. Ich war begeistert von der künstlerischen und geistigen Symbolik, mit der dieses neue Zentrum der Wissenschaften gestaltet worden war. Das jahrhundertealte Eingangstor, so fiel mir auf, war ein Relikt aus einem weit entfernten Schrein. Die hinter einem Lotusteich* aufgestellte steinerne Statue einer Fackelträgerin brachte die Achtung der Inder vor der Frau – der unsterblichen Trägerin des Lichtes – zum Ausdruck. Im Garten befand sich ein kleiner Tempel, der dem Numinosen jenseits der Welt der Erscheinungen geweiht war. Das Fehlen jeglicher Altarbilder war ein Hinweis auf die Körperlosigkeit des Göttlichen.

Die Ansprache, die Bose an diesem denkwürdigen Tag hielt, hätte ebensogut von einem sehenden *Rishi* der Vorzeit stammen können.

»Ich weihe dieses Institut heute nicht nur als ein Laboratorium, sondern auch als einen Tempel ein.« Sein feierlicher Ernst verfehlte nicht seine Wirkung auf die Zuhörer in dem dicht besetzten Saal. »Im Verlauf meiner Forschungen geriet ich unversehens in das Grenzgebiet zwischen Physik und Physiologie. Zu meiner Verwunderung stellte ich fest, daß sich die Grenzlinien zwischen dem Lebenden und dem Nichtlebenden auflösten und Berührungspunkte zutage traten. Die anorganische Materie zeigte sich alles andere als gefühllos; sie erbebte vielmehr unter der Einwirkung der verschiedenartigen Kräfte.

Eine universelle Reaktionsweise schien Metalle, Pflanzen und Tiere unter ein gemeinsames Gesetz zu stellen. Sie alle zeigten im wesentlichen dieselben Erscheinungen von Ermüdung und Schwäche, dieselbe Fähigkeit, sich zu erholen oder aufzublühen, sowie dieselbe endgültige Reaktionslosigkeit, wie wir sie mit dem Tod assoziieren. Voll der Ehrfurcht ob dieser erstaunlichen Übereinstimmung stellte ich meine Ergebnisse den Gremien der Royal Society vor – Ergebnisse, die experimentell nachgewiesen waren.

Doch die anwesenden Physiologen meinten, ich solle mich in meiner

---

* Die Lotusblume gilt in Indien von alters her als Symbol der Göttlichkeit. Ihre sich öffnenden Blütenblätter deuten die Entfaltung der Seele an, und ihre aus dem Schlamm emporwachsende reine Schönheit birgt eine verheißungsvolle geistige Botschaft.

Forschungsarbeit auf das Gebiet der Physik beschränken, wo mir der Erfolg sicher sei, und nicht in ihr Territorium eindringen. Ich war unwissentlich in das Dickicht eines mir unbekannten Kastensystems geraten und hatte gegen dessen ungeschriebene Regeln verstoßen.

Als weiterer Faktor spielte ein unbewußtes theologisches Vorurteil mit, das Unwissenheit mit Glauben verwechselt. Es wird oft vergessen, daß Er, der uns in dieses sich ständig vor unseren Augen entfaltende Geheimnis der Schöpfung hineinstellt, zugleich auch den Wunsch in uns weckt, zu fragen und zu verstehen. Nach Jahren der Auseinandersetzung mit mangelndem Verständnis weiß ich, daß das Leben eines Adepten der Wissenschaft endlosen Kampf bedeutet. Er muß sein Leben freudig opfern und Gewinn und Verlust sowie Erfolg und Mißerfolg mit der gleichen Gelassenheit hinnehmen.

Mit der Zeit jedoch fanden meine Theorien und Forschungsergebnisse bei den führenden wissenschaftlichen Gesellschaften der ganzen Welt Akzeptanz, und damit wurde zugleich Indiens wichtiger Beitrag auf dem Gebiet der Wissenschaft anerkannt.* Kann sich der Geist Indiens jemals mit Nichtigkeiten oder Begrenztheiten zufriedengeben? Dieses Land hat sich aufgrund seiner fortdauernden, lebendigen Tradition und mit der ihm eigenen ungeheuren Erneuerungskraft in zahllosen Entwicklungsphasen behauptet und ständig angepaßt. Immer wieder haben sich Inder erhoben und auf den in greifbarer Nähe lockenden Gewinn verzichtet, den die Gunst der Stunde ihnen bot, um nach der Verwirklichung höch-

---

* »Zur Zeit ist es purer Zufall, wenn ein amerikanischer Student mit Indien in Berührung kommt. Acht Universitäten (Harvard, Yale, Columbia, Princeton, Johns Hopkins, Pennsylvania, Chicago und Kalifornien) unterhalten zwar Lehrstühle für Indologie oder Sanskrit, doch in den Fächern Geschichte, Philosophie, Kunst, politische Wissenschaften, Soziologie oder anderen Bereichen der intellektuellen Erfahrung, in denen Indien, wie wir gesehen haben, große Beiträge geleistet hat, hält man es keiner Erwähnung würdig ... Wir glauben, daß kein Studiengang – besonders im Bereich der Geisteswissenschaften – an den größeren Universitäten als vollwertig gelten kann, solange dort kein umfassend ausgebildeter Spezialist für die indischen Aspekte des betreffenden Gebietes beschäftigt ist. Wir sind ferner der Ansicht, daß jede Universität, die ihre Studenten auf ein intelligentes Wirken in der Welt, in der sie leben sollen, vorbereiten will, in ihrer Dozentenschaft einen kompetenten Experten für indische Kultur haben muß.« (Auszüge aus einem Artikel von Prof. W. Norman Brown an der Universität von Pennsylvania; erschienen im Mai 1939 im *Bulletin* des American Council of Learned Societies).

Jagadis Chandra Bose,
der große indische Physiker und Botaniker,
Erfinder des Crescographen

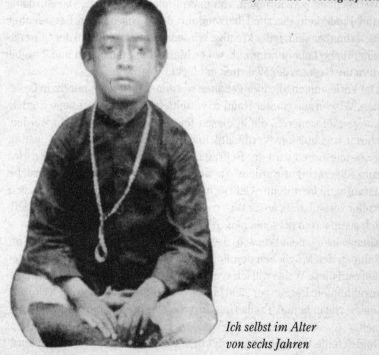

Ich selbst im Alter
von sechs Jahren

ster Ideale zu streben – und zwar nicht durch passive Entsagung, sondern durch aktives Bemühen. Der Schwächling, der den Konflikt meidet und nichts erreicht, hat nie etwas besessen, dem er entsagen könnte. Nur wer gekämpft und gesiegt hat, kann die Welt mit den Früchten seines erfolgreichen Tuns bereichern.

Die Versuche über die Reaktionsfähigkeit der Materie, die wir bisher im Bose-Laboratorium gemacht haben, und unsere überraschenden Entdeckungen im Bereich des pflanzlichen Lebens haben uns Zugang zu immensen Forschungsgebieten der Physik, Physiologie, Medizin, Landwirtschaft und sogar der Psychologie eröffnet. Probleme, die bis dahin als unlösbar galten, sind nun in den Bereich der experimentellen Forschung gerückt.

Große Erfolge lassen sich jedoch nur mit rigoroser Genauigkeit erzielen. Die von mir entwickelten hochempfindlichen Instrumente und Apparaturen, die Sie heute in den Schaukästen der Eingangshalle sehen können, sind die Früchte dieser Arbeit. Sie zeugen von langjährigen Bemühungen, den trügerischen Schein zu durchbrechen und in die unsichtbare Wirklichkeit vorzudringen, von unermüdlichem Einsatz, von Ausdauer und Findigkeit, die zur Überwindung der menschlichen Begrenztheit unabdingbar sind. Jeder kreative Wissenschaftler weiß, daß der Geist das eigentliche Laboratorium ist, wo er hinter allen Illusionen und Trugbildern die Gesetze der Wahrheit entdeckt.

Die Vorlesungen, die hier gehalten werden, sollen nicht nur darin bestehen, Wissen aus zweiter Hand zu vermitteln, sondern über neue Entdeckungen informieren, die in diesen Räumen erstmals gemacht werden. Durch regelmäßige Veröffentlichungen über die an unserem Institut geleistete Arbeit wird der Beitrag Indiens in alle Welt getragen. Er wird zum Allgemeingut werden. Wir werden zu keiner Zeit Patentansprüche darauf anmelden, denn es läßt sich nicht mit dem Geist unserer nationalen Kultur vereinbaren, unser Wissen zu entweihen, indem wir es ausschließlich zu unserem persönlichen Gewinn nutzen.

Ebenso ist es mein Wunsch, daß die Einrichtungen dieses Institutes im Rahmen des Möglichen den Forschern aller Länder zur Verfügung stehen. Auf diese Weise will ich versuchen, an die Tradition meines Landes anzuknüpfen: Bereits vor 2500 Jahren hieß Indien an seinen alten Universitäten Nalanda und Taxila Gelehrte aus allen Teilen der Welt willkommen.

Obgleich die Wissenschaft weder dem Osten noch dem Westen gehört, sondern in ihrer Universalität als internationales Gut zu gelten hat, so ist Indien doch in besonderem Maße zur Leistung seines Beitrages aufgerufen.* Die glühende indische Fantasie, die aus einer Anzahl sich scheinbar widersprechender Tatsachen eine neue Ordnung herzustellen vermag, wird durch systematische Konzentration im Zaum gehalten. Diese Disziplin schafft die notwendige Kraft, um den Geist darauf zu richten, mit unendlicher Geduld nach der Wahrheit zu suchen.«

Zu Tränen gerührt lauschte ich den Schlußworten des Wissenschaftlers.

---

* Die atomare Struktur der Materie war den alten Hindus wohlbekannt. Eines der sechs Systeme der indischen Philosophie ist das *Vaisesika* (von der Sanskritwurzel *visesas* = atomare Individualität). Als einer der hervorragendsten Interpreten des *Vaisesika* galt der vor etwa 2800 Jahren geborene Aulukya, auch Kanada (»der Atomesser«) genannt.

In der Zeitschrift *East-West* vom April 1934 wurde folgende Übersicht über das im *Vaisesika* enthaltene wissenschaftliche Gedankengut gegeben: »Obgleich die moderne ›Atomtheorie‹ im allgemeinen als jüngste wissenschaftliche Errungenschaft gilt, wurde sie schon in alter Zeit von Kanada, dem ›Atomesser‹, brillant erläutert. Das Sanskritwort *anus* läßt sich treffend mit ›Atom‹ im ursprünglichen griechischen Sinne des Wortes – also ›ungeschnitten‹ oder ›unteilbar‹ – übersetzen. Andere aus vorchristlicher Zeit stammende wissenschaftliche Abhandlungen des *Vaisesika* behandeln Themen wie 1. die Bewegung von Nadeln unter dem Einfluß von Magneten, 2. das Zirkulieren von Wasser in Pflanzen, 3. *Akasha* oder Äther als inaktive, strukturlose Basis für die Übertragung subtiler Kräfte, 4. das Sonnenfeuer als Ursprung aller anderen Formen von Wärme, 5. die Wärme als Ursache molekularer Veränderungen, 6. das Gesetz der Schwerkraft, nach dem Erdatome aufgrund ihrer besonderen Beschaffenheit Anziehungskraft haben oder nach unten gezogen werden, 7. die kinetische Natur jeglicher Energie (die Auslösung von Vorgängen wurzelt immer in einer Anwendung von Energie oder einer Umverteilung von Bewegung), 8. die universale Auflösung durch den Zerfall von Atomen, 9. die Ausbreitung von Wärme- und Lichtstrahlen, bei der unendlich kleine Teilchen mit unvorstellbarer Geschwindigkeit nach allen Richtungen schießen (die moderne Theorie der kosmischen Strahlung) und 10. die Relativität von Zeit und Raum.

Dem *Vaisesika* zufolge ist die Welt aus Atomen entstanden, die ihrem Wesen, das heißt ihrer fundamentalen Beschaffenheit nach, ewig sind und sich in einem Zustand unablässiger Schwingung befinden … Die kürzliche Entdeckung, der zufolge jedes Atom ein Sonnensystem im Miniaturformat darstellt, wäre für die alten *Vaisesika*-Philosophen nichts Neues gewesen, die die Zeit ebenfalls auf den letztmöglichen mathematischen Begriff reduzierten, indem sie die kürzeste Zeiteinheit *(Kala)* als die Spanne definierten, in der ein Atom seinen eigenen Raum durchmißt.«

Ist nicht Geduld wahrhaftig ein Synonym für Indien, das sowohl der Zeit als auch den Historikern ein Schnippchen schlägt?

Kurz nach der Einweihung stattete ich dem Forschungsinstitut einen erneuten Besuch ab; und getreu seinem Versprechen geleitete mich der große Botaniker in die Abgeschiedenheit seines Laboratoriums.

»Ich werde nun den Crescographen an diesem Farn befestigen. Die Vergrößerung ist immens. Würde man das Kriechen einer Schnecke gleichermaßen beschleunigt darstellen, so würde sich das Tier mit der Geschwindigkeit eines Eilzuges vorwärtsbewegen.«

Gespannt richtete ich meinen Blick auf die Leinwand, auf der der vergrößerte Schatten des Farns zu sehen war. Die sich im Mikrobereich manifestierenden Lebensvorgänge waren auf einmal deutlich sichtbar. Vor meinen erstaunten Augen begann die Pflanze, ganz langsam zu wachsen. Da berührte der Wissenschaftler die Spitze des Farns mit einem kleinen Metallstab und unterbrach so jäh das sich vor meinen Augen entfaltende Spiel. Als er den Stab wieder zurückzog, nahm die Pflanze ihren gewohnten Rhythmus sogleich wieder auf.

»Du siehst, wie der geringste äußere Eingriff sich nachteilig auf das empfindliche Gewebe auswirkt«, bemerkte Bose. »Paß auf! Ich werde die Pflanze jetzt chloroformieren und ihr dann ein Gegenmittel verabreichen.«

Unter dem Einfluß des Chloroforms hörte jedes Wachstum auf, während das Gegenmittel belebend wirkte. Diese Veränderungen auf der Leinwand fesselten mich mehr als der spannendste Kinofilm. Mein Gastgeber (der nun in die Rolle des Bösewichts schlüpfte) durchbohrte Teile des Farns mit einem spitzen Instrument; die Schmerzempfindung kam in krampfartigem Flattern zum Ausdruck. Als der Wissenschaftler mit einer Rasierklinge den Stamm der Pflanze teilweise durchtrennte, zuckte der Schatten heftig und wurde schließlich beim endgültigen Eintritt des Todes völlig still.

»Durch vorheriges Chloroformieren ist es mir gelungen, einen riesigen Baum umzupflanzen. Gewöhnlich haben diese Könige des Waldes bei einem Ortswechsel nur wenig Überlebenschancen.« Ein glückliches Lächeln huschte über Jagadis' Gesicht, als er mir von dieser »Lebensrettungsaktion« berichtete. »Die mit meinen hochempfindlichen Geräten erzielten Aufzeichnungen haben den Nachweis erbracht, daß Bäume ein Kreislaufsystem haben; die Bewegungen ihres Saftes entsprechen dem Blutdruck im Körper eines Tieres. Das Steigen des Saftes wird nicht durch die üblicherweise zur Erklärung herangezogenen mechanischen Ursachen – wie zum Beispiel die Kapillarkraft – bewirkt. Der Crescograph zeigt vielmehr, daß dieses Phänomen auf die Tätigkeit lebender Zellen zurückzuführen ist. Eine den Baum in Längsrichtung durchziehende zylindrische Röhre löst eine peristaltische Wellenbewegung aus und übernimmt damit die Funktion eines richtigen Herzens! Je mehr wir unsere Wahrnehmungsfähigkeit steigern, desto deutlicher erkennen wir, daß allen Lebensformen in der mannigfaltigen Natur ein einheitlicher Plan zugrunde liegt.«

Dann deutete der große Wissenschaftler auf ein anderes seiner Instrumente. »Wir werden jetzt verschiedene Experimente mit einem Stück Weißblech ausführen. Die Lebenskraft in Metallen reagiert auf verschiedene Reize positiv oder negativ. Die jeweiligen Reaktionen werden mit einem Schreiber aufgezeichnet.«

Gespannt beobachtete ich die Bewegungen des Graphen, der die für die atomare Struktur charakteristischen Wellenverläufe aufzeichnete. Als der Professor nun Chloroform auf das Blech träufelte, setzten die wellenförmigen Ausschläge sofort aus; erst als das Metall seinen Normalzustand wiedererlangt hatte, setzten diese wieder ein. Anschließend benetzte der Wissenschaftler das Blech mit einer giftigen Chemikalie, und im gleichen Moment, in dem im Blech das Leben zitternd verlosch, schrieb die Nadel auf dem Diagramm den »Totenschein« aus.

»Mit Hilfe der Bose-Instrumente ist bewiesen worden, daß Metalle, wie beispielsweise der Stahl, den man zur Herstellung von Scheren und Maschinen verwendet, Ermüdungserscheinungen unterliegt, sich jedoch durch regelmäßige Ruhepausen wieder regeneriert. Der Lebensstrom von Metallen wird durch das Anlegen von elektrischem Strom oder durch hohen Druck ernstlich gefährdet oder sogar völlig zum Erliegen gebracht.«

Ich betrachtete die zahlreichen Erfindungen, die mich hier umgaben – beredte Zeugen eines unermüdlichen Forschergeistes. »Es ist schade, Sir, daß die Entwicklung des landwirtschaftlichen Massenanbaus nicht durch vermehrten Einsatz Eurer großartigen Erfindungen beschleunigt wird. Würden Ihre Geräte nicht eine einfache und schnelle Möglichkeit bieten, im Laborversuch zu prüfen, welche Auswirkungen die verschiedenen Düngemittel auf das Pflanzenwachstum haben?«

»Du hast ganz recht. Künftige Generationen werden die Bose-Instrumente sicherlich zu den verschiedensten Zwecken nutzen. Nur wird die Arbeit

eines Wissenschaftlers nicht zu dessen Lebzeiten gewürdigt; doch die
Freude, schöpferisch dienen zu können, ist mir Lohn genug.«

Ich verabschiedete mich von diesem unermüdlichen Gelehrten mit Worten aufrichtigen Dankes und dachte bei mir: »Ob sich die Fruchtbarkeit
dieses genialen Geistes wohl jemals erschöpfen wird?«

Auch mit den Jahren ging nichts von seiner schöpferischen Kraft verloren. Mit dem sogenannten »Resonanzkardiographen« erfand Bose ein
neues kompliziertes Instrument; er führte damit ausgedehnte Versuchs-
reihen an unzähligen in Indien heimischen Pflanzenarten durch und
entdeckte dabei eine unerwartete Fülle nützlicher Heilmittel. Der Kardiograph ist ein hochpräzises Instrument, mit dem sich Zeiteinheiten von
einer Hundertstelsekunde graphisch aufzeichnen lassen. Resonanzauf-
zeichnungen messen die kleinsten Ausschläge des pulsierenden Lebens
in pflanzlichen, tierischen und menschlichen Strukturen. Der große Botaniker sagte voraus, daß sein Kardiograph es dereinst ermöglichen
werde, Vivisektion an Pflanzen anstatt an Tieren durchzuführen.

»Zeichnet man die Wirkung eines Medikaments, das gleichzeitig einer
Pflanze und einem Tier verabreicht wird, parallel zueinander auf, so
gelangt man zu erstaunlich übereinstimmenden Ergebnissen«, erklärte
er. »Alle Vorgänge im Menschen sind bereits andeutungsweise in der
Pflanze vorhanden. Deshalb werden Versuche mit Pflanzen dazu beitragen, das Leid der Menschheit zu mindern.«

Jahre später wurden Boses bahnbrechende Entdeckungen von anderen
Wissenschaftlern bestätigt. So erschien im Jahre 1938 in der *New York
Times* folgender Bericht über Arbeiten an der Columbia-Universität:

»Im Laufe der letzten Jahre ist man zu der Erkenntnis gelangt, daß bei
der über die Nervenbahnen erfolgenden Übermittlung von Botschaften
zwischen dem Gehirn und anderen Körperteilen winzige elektrische
Impulse entstehen. Diese Impulse wurden mit Hilfe von hochempfindlichen Galvanometern gemessen und mit modernen Verstärkungsgeräten
millionenfach amplifiziert. Diese Impulse pflanzen sich mit extremer
Geschwindigkeit fort, und so konnte bisher noch keine zuverlässige
Methode gefunden werden, um ihren Weg in den Nervenfasern lebender
Tiere und Menschen zu verfolgen.

Dr. K. S. Cole und Dr. H. J. Curtis berichteten von ihrer Entdeckung, der
zufolge die langgestreckten einzelnen Zellen einer Süßwasserpflanze
namens Nitella, die oft in Goldfischaquarien zu finden ist, so gut wie
identisch sind mit denjenigen einzelner Nervenfasern. Außerdem stellten

sie fest, daß Nitella-Fasern bei Erregung elektrische Wellen erzeugen, die – mit Ausnahme ihrer Geschwindigkeit – in jeder Hinsicht den Wellen gleichen, wie sie von tierischen und menschlichen Nervenfasern emittiert werden. Die elektrischen Nervenimpulse sind in Pflanzen wesentlich langsamer als in Tieren. Diese Entdeckung machten sich die Forscher der Columbia-Universität zunutze, um eine Art ›Zeitlupenaufnahme‹ von dem Verlauf elektrischer Nervenimpulse zu erhalten.
Die Nitella-Pflanze könnte daher zu einer Art ›Stein von Rosette‹ werden, der es ermöglicht, die sorgfältig bewahrten Geheimnisse im Grenzbereich zwischen Geist und Materie zu entziffern.«
Der bengalische Sänger und Dichter Rabindranath Tagore war dem indischen Wissenschaftler und Idealisten J. C. Bose in treuer Freundschaft verbunden. Er widmete ihm die folgenden Verse:*

> Rufe, o Eremit, mit den authentischen Worten
> der alten *Sama*-Hymne: »Erhebe dich! Erwache!«
> rufe dem Mann, der mit *Shastra*-Wissen sich rühmt,
>   diesem närrischen Prahler,
> der sich in sinnlosem pedantischem Wortstreit ergeht,
> rufe ihm zu, herauszutreten
> vor das Antlitz der freien Natur, der unermeßlichen Erde.
> Laß diesen Ruf vor deinen Gelehrten erschallen,
> und laß sie gemeinsam sich um dein Feueropfer scharen.
> Dann wird Indien, unser uraltes Land,
> heimfinden zu sich selbst
> und zurückkehren zu redlicher Arbeit,
> zu Pflicht und Demut, zu der Versenkung
> in ernsthafter Meditation. Auf daß es wieder sitze,
> ganz still und rein, begierdelos und frei des Strebens
> und auf seinem erhabenen Thron als Lehrmeister
>   aller Länder.

---

* Übersetzung aus dem Bengali des Rabindranath Tagore von Manmohan Gosh, erschienen in *Viswa Bharati*.

Kapitel 9

Der glückselige Heilige in seiner kosmischen Verzückung

Bitte nimm Platz, junger Herr. Ich spreche gerade mit meiner göttlichen Mutter.«

Voller Ehrerbietung hatte ich leise das Zimmer des Meisters betreten. Ich war schier geblendet von Mahasayas engelhafter Erscheinung. Mit seinem weißen, seidigen Bart und den ausdrucksvollen glänzenden Augen schien er die Verkörperung der Reinheit selbst zu sein. Sein erhobenes Kinn und die gefalteten Hände verrieten mir, daß mein plötzlicher Besuch ihn mitten in seiner Andacht gestört hatte.

Seine schlichten Begrüßungsworte lösten eine unerwartete Reaktion in mir aus, wie ich sie noch nie zuvor erlebt hatte. Nie hatte ich gedacht, daß ich je einen größeren Schmerz würde empfinden können als beim bitteren Verlust meiner Mutter. Jetzt aber erschien mir die Trennung von meiner göttlichen Mutter als eine noch unerträglichere geistige Qual. Schluchzend brach ich zusammen.

»Junger Herr, beruhige dich«, meinte der Heilige mitfühlend. Wie ein Verlorener in den Stürmen des Meeres umklammerte ich seine Füße, die mir das einzige Rettungsfloß zu sein schienen. »Heiliger Meister, bitte legt Fürsprache für mich ein! Fragt die göttliche Mutter, ob auch ich Gnade vor ihren Augen finde.«

Eine solche Bitte wird nicht leichtfertig erfüllt, und so hüllte sich der Meister in Schweigen.

Es stand außer Zweifel, daß Meister Mahasaya mit der Mutter des Universums in vertraulicher Beziehung stand. Von daher war es zutiefst demütigend für mich zu erkennen, daß meine Augen blind waren, während der Heilige mit seinem unfehlbaren Blick sie in ebendiesem Augenblick wahrnehmen konnte.

Ich hörte nicht auf seine sanften Ermahnungen, klammerte mich an seinen Füßen fest und flehte ihn immer und immer wieder um seine vermittelnde Gnade an.

»Ich will der geliebten Mutter dein Begehren vortragen«, sagte der Meister schließlich mit zögerndem, aber mitfühlendem Lächeln.

Welche Macht mußte von diesen wenigen Worten ausgehen, daß sie mich auf der Stelle aus meinem qualvollen Exil befreien konnten!

»Denkt an Euer Versprechen, Sir, denn schon bald komme ich wieder, um die Botschaft der göttlichen Mutter zu hören!« All meine Verzweiflung war vergessen, und freudige Erregung schwang nun in meiner Stimme mit.

Während ich die lange Treppe hinunterging, wurde ich plötzlich von Erinnerungen überwältigt. In genau diesem Haus an der Amherst Street Nr. 50, wo Meister Mahasaya jetzt wohnte, hatte einst unsere Familie gelebt. Hier war meine Mutter gestorben; hier hatte mir der Kummer über ihren Verlust schier das Herz aus dem Leibe gerissen; und hier hatte ich heute die Seelenqualen der Trennung von der göttlichen Mutter erfahren. Geheiligte Wände! Stumme Zeugen meines furchtbaren Schmerzes, aber auch der Erlösung und Heilung!

Schnellen Schrittes eilte ich zu unserem Haus in der Gurpar Road zurück, wo ich mich in mein kleines Mansardenzimmer zurückzog und bis 10 Uhr abends meditierte. Plötzlich wurde die Dunkelheit der lauen indischen Nacht durch eine wundersame Vision erhellt.

Von überirdischem Glanz umhüllt, stand plötzlich die göttliche Mutter vor mir. Ihr zärtlich lächelndes Antlitz war die Schönheit selbst.

»Immer habe ich dich geliebt. Und immer werde ich dich lieben!«

Noch während die himmlischen Laute in der Luft verhallten, entschwand die Vision.

Kaum war die Sonne am folgenden Morgen aufgegangen, begab ich mich wieder zu Meister Mahasaya. Ich stieg die Treppen jenes Hauses empor, das so viele bewegende Erinnerungen für mich barg, und erreichte schließlich das im dritten Stockwerk gelegene Zimmer. Der Türknauf war mit einem Tuch umwickelt, sicherlich ein Hinweis darauf, daß der Heilige nicht gestört werden wollte. Unschlüssig blieb ich auf dem Treppenabsatz stehen, doch da öffnete der Meister mir eigenhändig die Tür. Ich kniete vor seinen heiligen Füßen nieder. Dann setzte ich zum Spiel eine ernste Miene auf, um meine überschwengliche Freude dahinter zu verbergen.

»Sir, ich gestehe ja, daß ich ein wenig früh gekommen bin, um Eure Botschaft zu empfangen. Aber hat die göttliche Mutter irgend etwas über mich gesagt?«

»Du kleiner Schelm!« Das war alles, was er erwiderte. Anscheinend hatte ihn meine aufgesetzte ernsthafte Miene nicht täuschen können.

»Warum so geheimnisvoll, so ausweichend? Sprechen Heilige denn niemals offen?« fragte ich, vielleicht ein wenig provoziert von seinen Worten.

»Mußt du mich wirklich prüfen?« Seine Augen waren ruhig und verständnisvoll. »Wie könnte ich der Versicherung, die du gestern abend um zehn Uhr von der heiligen Mutter selbst erhalten hast, heute früh noch ein einziges Wort hinzufügen?«

Meister Mahasaya verstand es, meine ungestüme Seele zu zügeln. Wiederum warf ich mich ihm zu Füßen; doch diesmal vergoß ich Tränen des Glücks und nicht mehr des unerträglichen Leids.

»Meinst du etwa, deine Hingabe hätte das Herz der barmherzigen Mutter nicht gerührt? Sie, die du sowohl in menschlicher als auch in göttlicher Form angebetet hast, konnte deinen verzweifelten Schrei gar nicht unbeantwortet lassen!«

Wer war dieser einfache Heilige, dessen kleinste Bitte der allumfassende Geist sogleich bereitwillig erfüllte? Er lebte so bescheiden und demütig wie kein anderer. In diesem Haus an der Amherst Street leitete Meister Mahasaya* eine kleine Privatschule für Knaben. Kein tadelndes Wort kam je über seine Lippen; die Disziplin hielt er weder durch Vorschriften noch mit der Rute aufrecht. In diesen schlichten Klassenräumen wurde eine Weisheit gelehrt, die man nicht in Schulbüchern findet – die Weisheit der Liebe. Seine Lehre war gewissermaßen ansteckend; auf Schulmeisterei konnte er verzichten. Da er völlig in der Liebe zur göttlichen Mutter aufging, verlangte er genausowenig wie ein Kind nach äußerer Respektsbezeugung.

»Ich bin nicht dein Guru«, sagte er zu mir, »ihm wirst du erst später begegnen. Er wird dich lehren, deine Erfahrungen mit dem Göttlichen in Form von Liebe und Hingabe in seine Worte von unergründlicher Weisheit zu kleiden.«

Ich ging jetzt jeden Tag am späten Nachmittag in die Amherst Street. Mich dürstete nach Meister Mahasayas göttlichem Kelch, aus dessen Fülle sich täglich neue Tropfen der Weisheit in mein Wesen ergossen. Nie zuvor hatte ich mein Haupt mit solch uneingeschränkter Ehrfurcht vor jemandem geneigt; ja, ich empfand es sogar als ein unvergleichliches

---

*   Mit diesem Titel der Ehrerbietung wurde der Meister gewöhnlich angeredet.
      Sein eigentlicher Name war Mahendra Nath Gupta. Seine literarischen Werke
      zeichnete er nur mit einem M.

*Die beiden Brüder von Therese Neumann
bei unserer Begegnung im bayerischen Konnersreuth*

*Meister Mahasaya
in der immer-
während en
Glückseligkeit
seiner kosmischen
Verzückung*

Privileg, denselben Boden betreten zu dürfen, der von Meister Mahasayas Füßen geheiligt worden war.

»Sir, darf ich Euch diese *Champak*-Girlande umhängen? Ich habe sie
eigens für Euch geflochten«, fragte ich eines Abends und hielt ihm einen
Blumenkranz entgegen. Doch er wandte sich bescheiden ab und bedeutete mir mehrmals, daß er diese Ehrung nicht annehmen wolle. Als er
aber bemerkte, wie sehr mich das enttäuschte, nahm er sie schließlich
doch lächelnd an.

»Da wir beide die göttliche Mutter verehren, darfst du die Girlande um
diesen meinen physischen Tempel hängen – so als sei es eine Gabe an
sie, die darin wohnt.« In den Weiten seines Herzens war kein Raum für
selbstsüchtige Gedanken.

»Laß uns morgen nach Dakshineswar zum Kali-Tempel fahren, der für
immer durch meinen Guru geheiligt wurde.« Meister Mahasaya war
Schüler des christusgleichen Meisters Sri Ramakrishna Paramhansa.

Am folgenden Morgen legten wir die vier Meilen nach Dakshineswar mit
einem Boot auf dem Ganges zurück. Wir betraten den von neun Kuppeln
gekrönten Tempel der Kali, wo die Gestalten von Shiva und der göttlichen
Mutter auf einem Lotus aus poliertem Silber inmitten von tausend sorgfältig gehämmerten Blütenblättern ruhen. Meister Mahasaya war selig
vor Glück. Er war ganz und gar in seiner hingebungsvollen Liebe zur
göttlichen Mutter versunken. Während er ihren Namen sang, wollte mir
mein Herz vor Freude und Glückseligkeit schier in tausend Stücke
zerspringen.

Später wanderten wir durch die heiligen Tempelgärten und hielten uns
eine Weile in einem Tamariskenhain auf. Das von den Bäumen abgeson-
derte Manna war wie ein Sinnbild der himmlischen Nahrung, die Meister
Mahasaya austeilte. Während er fortfuhr, den Namen Gottes anzurufen,
saß ich ganz still und regungslos im Gras zwischen den rosa gefiederten
Tamariskenblüten. Zeitweilig entschwand ich aus meinem Körper, um in
überirdischen Sphären zu wandeln.

Dies war die erste von vielen Pilgerfahrten nach Dakshineswar, die ich
in Begleitung des heiligen Lehrers unternahm. Durch ihn lernte ich die
Lieblichkeit Gottes in Gestalt der Mutter – der göttlichen Gnade – kennen. Meister Mahasaya hatte sich die Unbeschwertheit eines Kindes
bewahrt und fühlte sich wenig vom väterlichen Aspekt Gottes – der
göttlichen Gerechtigkeit – angezogen, denn ein streng abwägendes und
mathematisches Urteilen war seinem sanften Wesen eher fremd.

»Er ist die Verkörperung eines himmlischen Engels auf Erden!« dachte ich liebevoll, als ich ihn eines Tages beim Beten beobachtete. Er blickte auf diese Welt ohne jeglichen Vorwurf oder Tadel – seine Augen hatten zu lange die paradiesische Reinheit geschaut. Sein Körper und Geist, seine Worte und Werke waren in harmonischem Einklang mit der Schlichtheit seiner Seele.

»Das hat mein Meister gesagt«, so lauteten seine abschließenden Worte fast immer, wenn er einen weisen Rat erteilte. Dadurch wollte er den Anschein vermeiden, daß der Rat von ihm persönlich stamme. Er identifizierte sich so sehr mit Sri Ramakrishna, daß er sogar seine Gedanken nicht mehr als die eigenen ansah.

Eines Abends ging ich mit dem Heiligen Hand in Hand in der Nähe seiner Schule spazieren. Ich war wenig erfreut, als wir einem meiner Bekannten begegneten, der sehr von sich eingenommen war und uns in ein endloses Gespräch verwickelte.

»Ich merke, daß dir dieser Mann nicht besonders zusagt«, flüsterte mir der Heilige zu; der andere war so in seinen Monolog vertieft, daß er nichts von dieser Bemerkung mitbekam. »Ich habe mit der göttlichen Mutter gesprochen, und sie hat volles Verständnis für unsere mißliche Lage. Sobald wir das rote Haus dort erreichen, wird sie den Mann an eine dringende Angelegenheit erinnern; das hat sie mir soeben versprochen.«

Meine Blicke hingen wie gebannt an dem Ort der Rettung. Und wahrhaftig, als wir das rote Tor des Hauses erreichten, wandte sich der Mann ohne jede weitere Erklärung urplötzlich ab und ging davon. Er hatte weder seinen Satz beendet noch sich von uns verabschiedet. Es kehrte wieder Friede ein.

Ein andermal führte mich mein Weg am Howrah-Bahnhof vorbei. Ich war allein unterwegs und blieb einige Augenblicke lang vor einem Tempel stehen. Mißbilligend beobachtete ich eine Gruppe von Männern, die heftig ihre Trommeln und Zymbeln schlugen und aus vollen Kehlen sangen.

»Wie mechanisch und gefühllos sie den Namen Gottes herunterleiern«, dachte ich bei mir. Da näherte sich zu meinem großen Erstaunen Meister Mahasaya mit raschem Schritt. »Was macht Ihr denn hier, Sir?«

Der Heilige überhörte meine Frage und ging statt dessen auf meine Gedanken ein. »Meinst du nicht auch, junger Herr, daß der Name Gottes immer und überall den gleichen Wohlklang hat, egal ob er nun aus dem

Mund eines Unwissenden oder eines Weisen kommt?« Dabei legte er
zärtlich den Arm um meine Schultern, und wir entschwebten verzaubert
in die Gegenwart des barmherzigen Gottes.

»Möchtest du gern ein Bioskop sehen?« fragte mich Meister Mahasaya
eines Nachmittags. Ich wußte nichts Rechtes mit dieser Frage anzufangen, denn mit »Bioskop« bezeichnete man damals in Indien ein Kino oder
einen Kinofilm. Ich willigte ein, weil ich mich über jede Gelegenheit
freute, meine Zeit mit dem Meister verbringen zu können. Wir machten
uns auf den Weg und erreichten schon bald die Gartenanlagen vor der
Universität von Kalkutta. Mein Begleiter wies auf eine Bank, die am Ufer
des Goldighi-Teiches stand.

»Wir wollen uns hier ein paar Minuten hinsetzen.« Mein Meister hatte
mir geraten, an jeder Wasserfläche, die sich mir bot, zu meditieren. »Denn
die Beschaulichkeit des Wassers«, so meinte er, »erinnert uns an die
unendliche Stille Gottes. Wie sich alle Dinge im Wasser widerspiegeln,
so spiegelt sich das ganze Universum im Meer des kosmischen Bewußtseins wider. Das hat mein *Gurudeva** oft gesagt.«

Bald darauf betraten wir einen Hörsaal der Universität, wo gerade ein
Vortrag gehalten wurde. Ich fand ihn entsetzlich langweilig, und selbst
die Lichtbilder, die zur Untermalung dienten, konnten mein Interesse
nicht wecken.

»Das also ist das Bioskop, das mir der Meister zeigen wollte«, dachte ich
leicht ungeduldig, ließ mir aber meine Langeweile nicht anmerken, um
den Heiligen nicht zu verletzen. Doch er hatte meine Gedanken bereits
durchschaut und flüsterte mir zu:

»Ich merke, junger Herr, daß dir dieses Bioskop nicht gefällt. Ich habe
schon mit der göttlichen Mutter darüber gesprochen, und sie hat volles
Verständnis für uns beide. Darum will sie gleich das Licht für kurze Zeit
ausgehen lassen, damit wir uns unbemerkt entfernen können.«

Kaum hatte er zu flüstern aufgehört, wurde es im Raum plötzlich dunkel;
der Professor mit seiner durchdringenden Stimme unterbrach einen
Augenblick lang erstaunt seinen Redefluß und bemerkte dann: »Die
elektrische Leitung in diesem Saal scheint defekt zu sein.« Unterdessen
hatten Meister Mahasaya und ich den Ausgang bereits erreicht. Vom Flur

---

*   *Gurudeva* = göttlicher Lehrer; das gebräuchliche Sanskritwort für den eigenen
    geistigen Lehrer. Im Englischen habe ich den Begriff einfach mit *Master* – zu
    deutsch »Meister« – wiedergegeben.

aus zurückblickend sah ich, daß der Ort unseres Martyriums wieder hell erleuchtet war.

»Dieses Bioskop war enttäuschend, junger Herr; aber ich kann dir noch ein anderes zeigen, das dir sicher besser gefallen wird.« Wir standen auf dem Bürgersteig vor dem Universitätsgebäude, als der Heilige diese Worte zu mir sprach und mir dabei oberhalb des Herzens leicht auf die Brust schlug.

Augenblicklich wurde alles still um uns herum. So wie ein Tonfilm plötzlich zum Stummfilm wird, wenn der Lautsprecher versagt, so schaltete die Hand Gottes auf wundersame Weise allen irdischen Lärm mit einem Male aus. Die Fußgänger, die Busse und Autos, die Ochsenkarren und Pferdedroschken mit ihren eisenbeschlagenen Rädern – sie alle glitten lautlos an mir vorüber. Ich sah ebenso mühelos, was sich hinter und neben mir abspielte, wie das, was vor mir geschah – so als ob ich ein allgegenwärtiges Auge besäße. Das ganze geschäftige Treiben in diesem kleinen Teil von Kalkutta zog völlig lautlos an mir vorüber. Ähnlich wie man unter einer dünnen Schicht Asche das Feuer noch glühen sieht, war alles, was mich hier in panoramischer Sicht umgab, von einem matten Glanz durchdrungen.

Mein eigener Körper schien nichts als einer der vielen Schatten zu sein – mit dem Unterschied, daß er regungslos war, während die anderen Schatten stumm von einem Ort zum anderen huschten. Mehrere meiner Freunde kamen auf mich zu und gingen vorüber; obgleich sie mich direkt anblickten, erkannten sie mich nicht.

Diese einzigartige Pantomime versetzte mich in einen unbeschreiblichen Zustand der Ekstase. In tiefen Zügen trank ich aus einer Quelle der Glückseligkeit. Da klopfte Meister Mahasaya abermals sanft auf meine Brust, und der ganze Lärm der Welt brach erneut über mich herein. Ich taumelte, als habe man mich auf grausame Weise aus einem himmlischen Traum gerissen. Das berauschende Elixier der Transzendenz wurde mir entzogen.

»Junger Herr, das zweite Bioskop* war anscheinend mehr nach deinem Geschmack«, bemerkte der Heilige schmunzelnd. Ich wollte aus Dankbarkeit vor ihm niederknien, doch er fuhr fort: »Du darfst das jetzt nicht

---

* Das Oxford English Dictionary gibt u.a. folgende Bedeutung des Begriffes »Bioskop« an: »Eine Ansicht des Lebens; das, was eine solche vermittelt.« Das von Meister Mahasaya gewählte Wort war also besonders zutreffend.

mehr tun, denn du weißt, daß Gott auch in deinem physischen Tempel wohnt! Ich lasse es nicht zu, daß die göttliche Mutter durch deine Hände meine Füße berührt.«

Hätte man uns beobachtet, wie wir uns langsam über den belebten Bürgersteig auf den Heimweg machten, hätte man glauben können, wir seien betrunken. Selbst die Abendschatten schienen unsere göttliche Berauschtheit zu teilen. Erst als das Dunkel der Nacht vom Morgengrauen abgelöst wurde, wich auch mein ekstatischer Zustand, aber für immer bewahre ich in meinem Gedächtnis das Andenken an den engelgleichen Sohn der göttlichen Mutter – Meister Mahasaya!

Während ich mit unzulänglichen Worten hier versuche, seine grenzenlose Güte aufzuzeigen und zu beschreiben, frage ich mich, ob Meister Mahasaya und andere Seher und Heilige, die meinen Weg kreuzten, wohl gewußt haben, daß ich Jahre später in einem westlichen Land über ihr Leben und ihre große Liebe zu Gott berichten würde. Ihr vorausschauendes Wissen würde mich und auch, wie ich hoffe, den geneigten Leser nicht verwundern, der mich bis hierher begleitet hat.

Kapitel 10

Erste Begegnung mit meinem Meister
Sri Yukteswar

D er Glaube an Gott kann jedes Wunder vollbringen, nur eines nicht: daß man ein Examen besteht, ohne gelernt zu haben.« Ärgerlich klappte ich das Buch zu, das ich in einem Augenblick der Muße zur Hand genommen hatte.

»Die Ausnahme, die der Autor macht, zeigt seinen mangelnden Glauben«, dachte ich. »Armer Schlucker! Er scheint große Hochachtung vor all jenen zu haben, die bis tief in die Nacht hinein über ihren Büchern hocken.«

Mein Versprechen an meinen Vater lautete, die höhere Schule abzuschließen; doch daß ich fleißig gewesen wäre, kann ich nicht behaupten. In den letzten Monaten war ich seltener im Klassenzimmer als in Kalkuttas entlegenen Bade-*Ghats* anzutreffen gewesen. Die nahegelegenen Krematorien, die besonders bei Nacht unheimlich wirken, haben für den Yogi eine besondere Anziehungskraft. Wer das unsterbliche Wesen finden will, darf sich nicht von ein paar hohlen Totenschädeln abschrecken lassen. An diesen düsteren Ruhestätten von Knochen und Gebeinen wird die Unzulänglichkeit alles Menschlichen offenbar, und so sahen meine durchwachten Nächte ganz anders aus als die eines fleißigen Schülers. Die Woche des Examens an der Hindu High School kam immer näher. Die bevorstehenden Prüfungen entfachten in mir ein ähnliches Gefühl des Grauens, wie es von den gespenstischen Grabstätten ausging. Dennoch war ich innerlich ruhig. Durch meine mutige Begegnung mit den Dämonen hatte ich ein Wissen ausgegraben, das man in keinem Schulzimmer lernen kann. Dennoch fehlte mir die Fähigkeit Swami Pranabanandas, gleichzeitig an zwei Orten zu erscheinen. Aus meinem schulischen Dilemma konnte mir zweifellos nur der Unendliche, der Allwissende heraushelfen. So dachte ich zumindest, wenn dies auch vielen als unlogisch erscheinen mag. Eine solche gegen alle Vernunft gerichtete Auffassung wird in einem Gläubigen dadurch genährt, daß Gott ihm bereits unzählige Male in Zeiten der Not geholfen hat.

»Hallo, Mukunda! Du hast dich in letzter Zeit kaum sehen lassen!« so rief mir eines Nachmittags ein Klassenkamerad zu, dem ich in der Gurpar Street begegnete.

»Hallo, Nantu. Mein Fehlen im Unterricht hat mich in der Schule tatsächlich in eine ziemlich heikle Situation gebracht«, beichtete ich ihm, ermuntert durch seinen freundlichen Blick.

Nantu, der ein hervorragender Schüler war, lachte herzlich, denn meine mißliche Lage hatte wirklich etwas Komisches an sich.

»Du bist überhaupt nicht vorbereitet auf die Prüfungen«, sagte er. »Ich glaube, ich muß dir wohl helfen.«

Seine einfachen Worte klangen mir wie eine göttliche Verheißung, und bald suchte ich meinen Freund voller Hoffnung in seiner Wohnung auf. Er erklärte mir bereitwillig die Lösungen für verschiedene Aufgaben, die die Prüfer seiner Ansicht nach mit ziemlicher Sicherheit stellen würden.

»Diese Fragen sind die Fallen, in die so viele gutgläubige Schüler bei der Prüfung hineinstolpern werden. Präge dir die Antworten, die ich dir hier gegeben habe, gut ein, dann wirst du ohne Probleme davonkommen.«

Die Nacht war weit vorangeschritten, als ich mich auf den Heimweg machte. Ich strotzte von ungewohnter Gelehrsamkeit und betete inständig darum, daß mir mein Wissensschatz während der folgenden kritischen Tage erhalten bleiben möge. Nantu hatte mit mir den Stoff verschiedener Fächer durchgearbeitet, doch in der Eile meinen Sanskritkurs vergessen. Eindringlich machte ich Gott auf dieses Versehen aufmerksam.

Am nächsten Morgen unternahm ich einen kleinen Spaziergang, um mein neuerworbenes Wissen zu verdauen. Auf einer Abkürzung über ein mit Unkraut überwuchertes Grundstück fiel mein Blick auf ein paar bedruckte Blätter Papier. Ich hob sie auf und stellte triumphierend fest, daß ich Sanskritverse in Händen hielt! Ich suchte sofort einen Pandit auf, der mir bei meiner unzulänglichen Interpretation helfen sollte. Sogleich las er mir mit klangvoller Stimme die Verse in dieser alten, melodischen Sprache vor.*

---

* *Sanskrita* = geschliffen, vollkommen. Das Sanskrit ist die älteste der indogermanischen Sprachen. Sein Alphabet wird *Devanagari* (wörtlich: »göttliche Wohnstätte«) genannt. »Wer meine Grammatik kennt, der kennt Gott.« Mit diesen Worten zollte Panini, ein großer Philologe des indischen Altertums, der mathematischen und psychologischen Vollkommenheit des Sanskrit seine Anerkennung. Wer die Sprache bis zu ihrem Ursprung verfolgt, muß in der Tat allwissend werden.

»Diese ausgefallenen Verse können dir unmöglich bei deiner Sanskritprüfung helfen«, meinte der Gelehrte skeptisch, als er mir die Blätter zurückgab.

Und doch verdanke ich es nur der Kenntnis dieses Gedichtes, daß ich am nächsten Tag meine Sanskritprüfung bestand. Durch Nantus Hilfe schaffte ich auch in allen anderen Fächern die erforderlichen Mindestpunktzahlen. Mein Vater freute sich, daß ich Wort gehalten und die höhere Schule abgeschlossen hatte. Ich aber dankte meinem himmlischen Vater, denn nur Er hatte mir Nantu zugeführt und mich auf das abseits gelegene verwahrloste Grundstück geleitet. Auf spielerische Weise hatte Er zweifach eingegriffen, um mir zur rechten Zeit zu helfen.

Kurze Zeit später fiel mir erneut das Buch in die Hände, dessen Autor die Allmacht Gottes im Prüfungssaal angezweifelt hatte. Belustigt dachte ich: »Es würde den armen Mann nur noch mehr verwirren, wenn man ihm erzählte, daß man über die Versenkung in Gott inmitten von Leichen auf kürzestem Wege zum Schulabschluß kommt.«

Im Bewußtsein meiner neuerlangten Würde plante ich nun ganz offen, mein Elternhaus zu verlassen. Ich hatte mich dazu entschlossen, gemeinsam mit meinem Freund Jitendra Mazumdar* in die in Benares gelegene *Mahamandal*-Einsiedelei zu gehen, um dort meine spirituelle Ausbildung zu empfangen.

Eines Morgens aber überkam mich große Traurigkeit bei dem Gedanken an die bevorstehende Trennung von meiner Familie. Seit Mutters Tod hatte ich mich besonders liebevoll meiner beiden jüngeren Brüder Sananda und Bishnu angenommen. Ich zog mich an meinen Zufluchtsort zurück – jene kleine Mansarde, die schon so viele Phasen meines stürmischen *Sadhana*** miterlebt hatte. Zwei Stunden lang weinte ich bitterlich; doch dann fühlte ich mich so wunderbar erleichtert, als sei ich durch einen alchemischen Läuterungsprozeß gegangen. Jedes Gefühl der Bindung oder Anhänglichkeit*** war verschwunden, und ich

---

   * Es handelt sich hier wohlgemerkt nicht um Jatinda (Jotin Ghosh), den wir wegen seiner plötzlichen Angst vor Tigern in Erinnerung haben.
  ** Pfad oder hinführender Weg zu Gott.
 *** Die heiligen Schriften der Hindus lehren, daß Bindung an die Familie in die Irre führt, wenn sie den Suchenden davon abhält, den Geber aller Gaben zu suchen, dem wir auch die uns liebenden Verwandten und nicht zuletzt das Leben selbst verdanken. Jesus lehrte ähnliches, als er sagte: »Wer ist meine Mutter, und wer sind meine Brüder?« (*Matthäus* 12,48).

war felsenfest entschlossen, nur noch Gott als den einzig wahren Freund zu suchen.

»Ich will dich noch ein letztes Mal bitten, mich und deine traurigen Geschwister nicht zu verlassen«, sagte Vater mit betrübter Miene, als ich vor ihm stand, um mich endgültig von ihm zu verabschieden.

»Verehrter Vater, wie kann ich meine Liebe zu dir in Worte fassen? Aber größer noch ist meine Liebe zum himmlischen Vater, dem ich das Geschenk eines solch vollkommenen irdischen Vaters verdanke. Laß mich gehen, auf daß ich eines Tages mit höherem göttlichen Verständnis zu dir zurückkehren möge.«

Nachdem Vater mir widerstrebend seine Einwilligung gegeben hatte, machte ich mich auf den Weg zu Jitendra, der bereits nach Benares in die Einsiedelei vorausgereist war. Dort angekommen wurde ich herzlich begrüßt von dem jungen Ordensvorsteher, Swami Dyananda, einem großen, schlanken, äußerst zuvorkommend wirkenden Mann, dessen Antlitz eine buddhaähnliche Gelassenheit widerspiegelte. Ich fühlte mich sofort zu ihm hingezogen.

Mit Freuden stellte ich fest, daß mein neues Zuhause ebenfalls ein Mansardenzimmer hatte, wo ich von Tagesanbruch bis in den Vormittag hinein meditieren konnte. Die Bewohner des Ashrams, die nur wenig mit Meditationsübungen vertraut waren, hielten es für richtig, daß ich meine ganze Zeit organisatorischen Aufgaben widmete. So wurde ich dazu eingeteilt, jeden Nachmittag im Büro zu arbeiten, und ich erledigte meine Aufgabe zu ihrer Zufriedenheit.

»Beeile dich nicht allzusehr, Gott zu finden«, rief mir ein Mitbruder spöttisch nach, als er mich eines Morgens in aller Frühe in die Mansarde hinaufsteigen sah. Ich suchte daraufhin Dyananda in seinem kleinen Studierzimmer auf, von dessen Fenster aus man einen Blick über den Ganges hatte.

»Swamiji*, ich weiß nicht recht, was hier von mir verlangt wird. Ich sehne mich danach, Gott unmittelbar zu schauen. Ohne Ihn finde ich keine Befriedigung – weder in der Zugehörigkeit zu einem Orden noch im Glauben, noch in guten Werken.«

Der Geistliche in seinem orangefarbenen Gewand tätschelte mich liebe-

---

*   *Ji* ist eine gebräuchliche Nachsilbe, die insbesondere bei direkter Anrede an Namen oder Titel angehängt wird, um Respekt auszudrücken; so sagt man beispielsweise »Swamiji«, »Guruji«, »Sri Yukteswarji«, »Paramhansaji«.

voll. Dann rügte er wie zum Schein einige Schüler, die ebenfalls zugegen waren, und sagte:»Laßt Mukunda in Ruhe. Er wird sich schon an unsere Lebensweise gewöhnen.«

Ich war höflich genug, meine Zweifel zu verbergen. Ohne durch den empfangenen Tadel sonderlich geknickt zu sein, verließen die anderen Schüler den Raum. Nun wandte sich Dyananda wieder mir zu:

»Mukunda, ich habe bemerkt, daß dein Vater dir regelmäßig Geld schickt. Sende es ihm bitte zurück, denn du brauchst es hier nicht. Und eine weitere Disziplin mußt du dir auferlegen. Sie betrifft das Essen: Selbst wenn du Hunger hast, erwähne es nicht!«

Ich weiß nicht, ob man mir den Hunger schon von den Augen ablesen konnte. Daß ich hungrig war, wußte ich nur zu gut. In der Einsiedelei wurde die erste Mahlzeit erst um zwölf Uhr mittags eingenommen; ich aber war es von zu Hause gewohnt, um neun Uhr morgens ausgiebig zu frühstücken.

Das dreistündige Warten kam mir von Tag zu Tag endloser vor. Vorbei die Zeit von Kalkutta, wo ich den Koch rügen konnte, wenn er einmal das Essen zehn Minuten zu spät auf den Tisch brachte. Ich versuchte, meinen Appetit zu zügeln; eines Tages unternahm ich sogar ein 24stündiges Fasten. Mit um so größerer Ungeduld erwartete ich das darauffolgende Mittagsmahl.

Doch Jitendra überbrachte mir eine niederschmetternde Botschaft: »Dyanandajis Zug hat Verspätung; wir warten mit dem Essen bis zu seiner Ankunft.«

Als Willkommensgruß für den Swami, der nach zweiwöchiger Abwesenheit zurückkehrte, hatte man allerhand Leckerbissen vorbereitet, und ein köstlicher Duft durchzog die Räume. So blieb mir nichts anderes übrig, als mich am Stolz über mein gestriges Fasten zu laben.

»Lieber Gott, laß den Zug schneller fahren!« Das Gebot, das mir Dyananda auferlegt hatte, bezog sich gewiß nicht auf die Zwiesprache mit meinem himmlischen Versorger. Doch die göttliche Aufmerksamkeit schien auf andere Dinge gerichtet zu sein. Die Uhr schien stillzustehen! Erst bei Einbruch der Dunkelheit trat der Swami zur Tür herein. Ich begrüßte ihn mit aufrichtiger Freude.

»Dyanandaji wird zuerst baden und meditieren; erst dann werden wir auftragen.« Wieder war es Jitendra, der mir diese Hiobsbotschaft überbrachte.

Ich war nahe dem Zusammenbrechen. In meinem Alter war mein Magen noch nicht an solche Entbehrungen gewöhnt, und er protestierte aufs heftigste. Bilder von Verhungernden stiegen vor mir auf.

»Schon bald fordert der Hunger in Benares sein nächstes Opfer in dieser Einsiedelei«, dachte ich. Um neun Uhr abends endlich kam die Rettung. Ambrosischer Ruf! In meine Erinnerung ist jenes Mahl als einer der erfreulichsten Momente meines Lebens eingegraben.

Obgleich ich vollauf beschäftigt war, bemerkte ich doch, daß Dyananda mit seinen Gedanken nicht wirklich beim Essen war. Er schien über meine materiellen Freuden längst erhaben zu sein.

»Swamiji, wart Ihr nicht hungrig?« fragte ich den Geistlichen, als ich nach dem überreichlichen Mahl allein mit ihm in seinem Arbeitszimmer war. »Doch, doch«, sagte er. »Ich habe in den letzten vier Tagen weder gegessen noch getrunken. Ich nehme nie etwas zu mir, wenn ich im Zug sitze, der mit den fremdartigen Schwingungen weltlicher Menschen erfüllt ist. Hierin befolge ich strikt die *schastrischen*** Mönchsregeln meines Ordens.

Im Augenblick beschäftigen mich gewisse organisatorische Probleme; darum konnte ich mich heute nicht so recht auf das Abendessen konzentrieren. Wozu die Eile? Morgen werde ich darauf achten, eine ordentliche Mahlzeit zu bekommen.« Dabei lachte er fröhlich.

Ich schämte mich, konnte aber die Qualen des vergangenen Tages nicht so leicht vergessen, und so wagte ich eine weitere Frage: »Swamiji, eines verstehe ich nicht recht. Angenommen, ich befolge Eure Anweisung, ich bitte niemals um Nahrung und niemand gibt mir etwas; dann würde ich doch vor Hunger sterben!«

»Dann stirb!« antwortete der Swami mit erbarmungsloser Härte. »Stirb, wenn du sterben mußt, Mukunda. Aber behaupte nie, daß du von Nah-

---

* Von *Shastras,* wörtlich »heilige Bücher«; diese bestehen aus vier Teilen: *Shruti, Smriti, Purana* und *Tantra.* In diesen umfangreichen Werken werden alle Aspekte des religiösen und gesellschaftlichen Lebens sowie die Gebiete der Rechtswissenschaft, Medizin, Architektur, Kunst usw. behandelt. Die *Shrutis* sind die »direkt empfangenen« oder »offenbarten« Werke – die *Veden.* Die *Smritis* oder im Gedächtnis bewahrten Lehren wurden bereits in ferner Vergangenheit niedergeschrieben und stellen die ältesten Epen der Welt dar: das *Mahabharata* und das *Ramayana.* Die *Puranas* sind im wörtlichen Sinne »altertümliche« Allegorien, und *Tantras* bedeutet wörtlich »Riten« oder »Rituale«. Diese Abhandlungen enthalten tiefe Wahrheiten unter dem Schleier einer vielschichtigen Symbolik.

rung und nicht von der Kraft Gottes lebst! Er, der jede Form von Nahrung erschaffen und uns den Appetit gegeben hat, wird Seine Kinder auch zu erhalten wissen! Bilde dir nicht ein, daß du dich von Reis ernährst oder von Geld und Menschen abhängig bist! Könnten sie dir etwa helfen, wenn Gott dir den Lebenshauch entzieht? Sie sind nichts weiter als Seine indirekten Werkzeuge. Ist es etwa einer deiner Fähigkeiten zuzuschreiben, daß die Nahrung in deinem Magen verdaut wird? Gebrauche das Schwert der Unterscheidungskraft, Mukunda! Sprenge die Ketten des Wirkens, und erkenne den Ursprung aller Dinge!«

Diese eindringlichen Worte gingen mir durch Mark und Bein. Verflogen war die uralte Illusion, durch die die Seele sich den Forderungen des Körpers unterwirft. In jenem Augenblick kostete ich die allumfassende Selbstgenügsamkeit des Geistes. In wie vielen fremden Städten, die ich später auf meinen nimmer endenden Reisen besuchte, sah ich die Wahrheit dieser in der Einsiedelei von Benares empfangenen Lehre Mal um Mal bestätigt!

Der einzig wertvolle Besitz, den ich aus Kalkutta mitgebracht hatte, war das silberne Amulett des *Sadhus,* das meine Mutter mir hinterlassen hatte. Jahrelang hatte ich es gehütet und hielt es im Ashram sorgfältig in meinem Zimmer versteckt. Eines Morgens wollte ich mich wieder am Anblick des Talismans erfreuen und öffnete das verschlossene Kästchen. Der versiegelte Umschlag war unversehrt, doch – o Schreck! – das Amulett war weg!

Bestürzt riß ich den Umschlag auf, um mich endgültig zu vergewissern. Doch getreu der Prophezeiung des *Sadhus* hatte sich das Amulett wieder im Äther aufgelöst, aus dem es gekommen war.

Mein Verhältnis zu den Schülern Dyanandas verschlechterte sich von Tag zu Tag. Die Bewohner des Ashrams fühlten sich durch meine bewußte Absonderung befremdet und verletzt. Mein striktes Festhalten an der Meditation als dem alleinigen Ideal, um dessenthalben ich meiner Familie und allen weltlichen Ambitionen entsagt hatte, brachte mir von allen Seiten Ablehnung und Kritik ein.

In meiner tiefen seelischen Qual suchte ich eines Morgens das Mansardenzimmer mit dem Entschluß auf, so lange zu beten, bis mir eine Antwort zuteil werden würde.

»Barmherzige Mutter des Universums, unterweise mich durch Dich selbst, durch Visionen oder durch einen von Dir gesandten Guru!« Stunde um Stunde betete ich schluchzend, ohne daß etwas geschah. Plötzlich

aber hatte ich das Gefühl, als würde ich körperlich in einen grenzenlosen
Raum emporgehoben.

»Dein Meister wird heute kommen!« erklang eine göttliche Frauenstim-
me von überall und nirgends her.

In diesem Augenblick wurde mein übernatürliches Erlebnis durch einen
Ruf unterbrochen, der eindeutig irdischen Ursprungs war. Ein junger
Priester mit dem Spitznamen Habu rief mich aus der Küche im unteren
Stock.

»Mukunda! Schluß mit dem Meditieren! Es gibt Arbeit für dich!« An
jedem anderen Tag hätte ich womöglich unwirsch reagiert. Heute aber
wischte ich mir die Tränen aus dem verweinten Gesicht und folgte
demütig dem Ruf. Habu führte mich zu einem entfernt gelegenen Markt
im bengalischen Stadtteil von Benares. Die unbarmherzige Sonne Indiens hatte noch nicht ihren höchsten Stand erreicht, als wir im dortigen
Bazar unsere Einkäufe machten. Wir schoben uns durch ein buntes
Durcheinander von Hausfrauen, Fremdenführern, Priestern, einfach gekleideten Witwen, würdigen Brahmanen und den allgegenwärtigen heiligen Kühen. Unterwegs fiel mein Blick in eine unscheinbare, schmale
Gasse.

An deren anderem Ende stand ein Mann, der wie Christus aussah. Er war
in das ockerfarbene Gewand eines Swamis gehüllt und kam mir sogleich
altvertraut vor. Ich konnte meine Augen nicht von ihm wenden. Doch
dann kamen Zweifel in mir auf.

»Du verwechselst diesen wandernden Mönch sicher mit irgend jemandem, den du kennst«, dachte ich. »Geh weiter, du Träumer!«

Nach zehn Minuten aber fühlte ich plötzlich eine bleierne Schwere in den
Füßen, so daß ich kaum noch vorwärtskam. Mühsam drehte ich mich
um, und siehe da – meine Füße fühlten sich sofort wieder normal an.
Sobald ich aber wieder in die entgegengesetzte Richtung gehen wollte,
spürte ich erneut die unerklärliche Schwere in meinen Füßen.

»Der Heilige zieht mich magnetisch zu sich hin«, dachte ich und drückte
Habu kurz entschlossen meine Pakete in den Arm. Er hatte meine
merkwürdigen Gehübungen verwundert beobachtet und brach jetzt in
lautes Lachen aus.

»Was ist denn mit dir los? Bist du verrückt geworden?«

Meine innere Erregung war so groß, daß ich nicht antworten konnte; und
so lief ich wortlos davon.

Wie von Flügeln getragen, eilte ich zu der schmalen Gasse zurück. Ein

kurzer Blick – da war sie wieder, die unbewegliche Gestalt, die unverwandt in meine Richtung schaute. Noch ein paar schnelle Schritte, und
ich lag zu ihren Füßen.

»Gurudeva!« Dies war dasselbe göttliche Antlitz, das ich in meinen
zahllosen Visionen erblickt hatte – dieselben stillen Augen, dasselbe lö-
wengleiche Haupt mit dem spitzen Bart und dem wallenden Haar, das ich
so oft im Dunkel meiner nächtlichen Träume gesehen hatte und das mir
etwas zu verheißen schien, was ich nie ganz verstanden hatte.

»Du hast zu mir gefunden, mein Sohn!« Ein über das andere Mal wiederholte mein Guru diese Worte auf bengalisch, und seine Stimme verriet
tiefe Freude. »Wie viele Jahre habe ich auf dich gewartet!«

Wir schwiegen in stiller Eintracht; zu sprechen wäre völlig überflüssig
gewesen. Wir kommunizierten in einem Lied wortloser Beredsamkeit,
das vom Herzen des Meisters zum Herzen des Schülers floß. Mit unum-
stößlicher Gewißheit spürte ich, daß mein Guru Gott geschaut hatte und
mich zu Ihm führen würde. Der Schleier, der mein Leben überschattet
hatte, löste sich auf und ließ vage Erinnerungen an vergangene Inkarnationen zutage treten. Welch Spiel der Zeit! Vergangenheit, Gegenwart
und Zukunft sind ihre zyklischen Szenen. Dies war nicht das erste Mal,
daß ich zu diesen heiligen Füßen lag!

Der Guru nahm mich bei der Hand und führte mich zu einem Haus im
Rana-Mahal-Viertel der Stadt, wo er vorübergehend wohnte. Sein Schritt
war energisch, und sein athletischer Körper strahlte ungeachtet seiner
55 Jahre die Energie und Tatkraft eines jungen Mannes aus. Seine
schönen dunklen Augen waren ausdrucksvoll und von unergründlicher
Weisheit. Das leicht gelockte Haar milderte die eindringliche Ausstrahlung seines Antlitzes, in dem sich Kraft und Güte auf vollkommene Weise
einten.

Als wir die Treppe zu dem steinernen Balkon des am Ganges gelegenen
Hauses emporstiegen, sagte er liebevoll:

»Ich werde dir all meine Einsiedeleien und meinen ganzen Besitz schenken.«

»Ich bin auf der Suche nach Weisheit und Gotteserfahrung, Sir. Das sind
die wahren Schätze, die ich bei Euch zu finden hoffe.«

Die Schleier der indischen Abenddämmerung hatten uns bereits in Zwie-
licht getaucht, als mein Meister wieder sprach. In seinen Augen lag
unaussprechliche Zärtlichkeit.

»Ich schenke dir meine bedingungslose Liebe.«

Welch unvergeßliche Worte! Ein Vierteljahrhundert sollte vergehen, bis er seine Liebe zu mir noch einmal mit Worten zum Ausdruck brachte. Seinen Lippen war Leidenschaft fremd; sein unermeßliches Herz verströmte sich im Schweigen.

»Wirst du mir dieselbe bedingungslose Liebe schenken?« Aus seinen Augen sprach kindliches Vertrauen.

»Ich werde Euch ewig lieben, Gurudeva!«

»Gewöhnliche Liebe ist selbstsüchtig und haftet an Begierden und Genuß. Göttliche Liebe aber ist bedingungslos, grenzenlos und unvergänglich. Die verwandelnde Kraft reiner Liebe löst die Ruhe- und Rastlosigkeit des menschlichen Herzens für immer auf.« Und demütig fügte er hinzu: »Solltest du mich jemals aus dem Zustand der Gottverwirklichung herausfallen sehen, so versprich mir, meinen Kopf in deinen Schoß zu nehmen und mir zu helfen, zu dem kosmischen Geliebten zurückzufinden, den wir beide verehren.«

Als es dunkel geworden war, erhob er sich und führte mich ins Haus. Wir aßen Mangos und kandierte Mandeln, und während wir uns unterhielten, wurde immer wieder deutlich, wie genau er mich kannte. Ich war von Ehrfurcht erfüllt ob dieser unübertrefflichen Kombination aus erhabener Weisheit und natürlicher Demut.

»Trauere nicht deinem Amulett nach. Es hat seinen Zweck erfüllt.« Mein Guru hatte offensichtlich wie in einem göttlichen Spiegel die Reflexion meines ganzen Lebens gesehen.

»Meister, die lebendige Realität Eurer Gegenwart ist eine Freude jenseits aller Symbole.«

»Es ist an der Zeit, gewisse Veränderungen vorzunehmen, denn in der Einsiedelei bist du nicht am richtigen Platz.«

Ich hatte ihm nichts von meinem Leben erzählt, denn das alles erschien mir jetzt überflüssig. Durch sein natürliches, schlichtes Verhalten gab mir der Meister zu verstehen, daß er keine Ausrufe des Erstaunens über seine Hellsichtigkeit wünschte.

»Du solltest nach Kalkutta zurückkehren. Warum willst du deine Familie von deiner Liebe zur Menschheit ausschließen?«

Sein Vorschlag entsetzte mich. Meine Familie hatte meine Rückkehr vorausgesagt, obgleich ihre vielen brieflichen Bitten von meiner Seite her unbeantwortet geblieben waren. »Laß den jungen Vogel ruhig zum metaphysischen Himmel emporfliegen«, hatte Ananta gesagt. »Seine Flügel werden ihm in der drückenden Atmosphäre schon müde werden. Und so wird er schließlich zu Hause einfliegen, seine Flügel falten und sich demütig im Nest der Familie zur Rast niederlassen.« Dieses entmutigende Bild hatte ich noch frisch in Erinnerung, und ich war fest entschlossen, niemals in Kalkutta »einzufliegen«.

»Meister, ich werde nicht nach Hause zurückkehren. Doch ich werde Euch überallhin folgen. Bitte sagt mir, wo Ihr wohnt und wie Ihr heißt.«

»Ich bin Swami Sri Yukteswar Giri. Ich wohne meist in meiner Einsiedelei in der Rai Ghat Lane von Serampore. Hierher bin ich nur für ein paar Tage gekommen, um meine Mutter zu besuchen.«

Ich staunte ob des verworrenen Spieles, das Gott mit Seinen Kindern treibt. Serampore liegt nur etwa zwanzig Kilometer von Kalkutta entfernt, und dennoch hatte ich meinen Guru dort niemals zu Gesicht bekommen. Wir mußten erst in die alte Stadt Kasi (Benares) fahren, die so viele heilige Erinnerungen an Lahiri Mahasaya birgt, um uns zu begegnen. Auch die Füße von Buddha, Shankaracharya und vielen anderen christusgleichen Yogis hatten den Boden der Stadt geheiligt.

»In vier Wochen wirst du zu mir kommen.« Zum ersten Male klang Sri Yukteswars Stimme streng. »Ich habe dir von meiner ewigen Liebe gesprochen und meine Freude darüber zum Ausdruck gebracht, daß ich dich gefunden habe – vielleicht mißachtest du deshalb meine Wünsche. Bei unserer nächsten Begegnung wirst du mein Interesse erst von neuem wecken müssen, denn ich werde dich nicht ohne weiteres als Schüler annehmen. Ich verlange absoluten Gehorsam und Unterwerfung unter die strengen Regeln des Übungsweges.«

Ich aber schwieg eigensinnig. Mein Guru durchschaute sofort, wo meine Schwierigkeiten lagen.

»Hast du Angst, daß deine Familie dich auslachen wird?«

»Ich gehe nicht zurück!«

»Du wirst in dreißig Tagen zurückkehren.«

»Niemals!« Damit verneigte ich mich ehrerbietig zu seinen Füßen, ohne die zwischen uns entstandene Spannung zu mildern, und ging davon. Als ich durch das nächtliche Dunkel zur Einsiedelei zurückwanderte, fragte ich mich, warum diese wundersame Begegnung so disharmonisch hatte enden müssen. Oh, diese *Maya* mit ihren zwei Waagschalen, die jede Freude mit einem Kummer aufwiegt! Mein junges Herz war noch nicht bereit, sich in die formenden Hände meines Gurus zu geben.

Am nächsten Morgen spürte ich im Verhalten meiner Mitbewohner in der Einsiedelei noch mehr Feindseligkeit. Meine Tage wurden mir mit ständigen Grobheiten vergällt. Drei Wochen später verließ Dyananda den Ashram, um an einer Konferenz in Bombay teilzunehmen. Da brach über meinem unglückseligen Haupt die Hölle herein.

»Mukunda ist ein Schmarotzer, der die Gastfreundschaft der Einsiedelei mißbraucht, ohne echte Gegenleistungen zu erbringen.« Als ich zufällig diese Bemerkung aufschnappte, bedauerte ich zum ersten Male, die Anweisung, Vaters Geld zurückzuschicken, befolgt zu haben. Schweren Herzens suchte ich meinen einzigen Freund Jitendra auf.

»Ich gehe fort von hier. Bitte richte Dyanandaji meine respektvolle Reue aus, wenn er zurückkehrt.«

»Auch ich werde fortgehen! Meine Versuche zu meditieren sind hier auf ebensowenig Gegenliebe gestoßen wie die deinigen.« Jitendras Stimme klang entschlossen.

»Ich bin einem christusgleichen Heiligen begegnet. Er lebt in Serampore. Laß uns zu ihm gehen!«

Und so schickte sich der Vogel nun doch an, ganz in der Nähe von Kalkutta einzufliegen!

Kapitel 11

Zwei junge Burschen
ohne Geld in Brindaban

Es geschähe dir recht, Mukunda, wenn Vater dich enterben würde! Wie leichtfertig du dein Leben wegwirfst!«

Mit dieser Strafpredigt empfing mich mein älterer Bruder, als ich mit Jitendra vom Bahnhof kommend bei ihm eintraf; er ließ uns nicht einmal Zeit, uns vom Staub und Schmutz der Reise zu befreien. Ananta wohnte nicht mehr in Kalkutta, sondern war in die alte Stadt Agra versetzt worden, wo er einen Posten als Revisor bei der Bengal-Nagpur-Eisenbahngesellschaft bekleidete.

»Du weißt sehr wohl, Ananta, daß ich mein Erbe nur beim himmlischen Vater suche.«

»Zuerst das Geld – und dann Gott! Wer weiß denn, was das Leben noch alles bringt; es kann lange währen.«

»Gott zuerst – das Geld ist Sein Sklave! Wer weiß denn, wie lange das Leben noch währt; es kann auch ganz kurz sein.«

Meine geistreiche Antwort war dem Gebot des Augenblicks entsprungen und mir nicht von irgendwelchen Vorahnungen eingegeben worden. Doch für Ananta sollte die Zeit schon bald ablaufen; nur wenige Jahre später* ging er in jenes Land ein, wo man keine Banknoten mehr braucht.

»Eine Weisheit, die du wahrscheinlich aus der Einsiedelei bezogen hast. Wie ich aber sehe, hast du Benares verlassen.« Anantas Augen strahlten vor Genugtuung; er hoffte noch immer, das »ausgeflogene Vögelchen« in den Schoß der Familie zurückholen zu können.

»Mein Aufenthalt in Benares war nicht umsonst. Dort habe ich alles gefunden, wonach mein Herz sich sehnte. Und du kannst sicher sein, daß ich mich dabei weder an deinen Pandit noch an seinen Sohn gewandt habe!«

In Erinnerung an jenes Erlebnis lachten wir beide hellauf; denn Ananta

---

* Siehe Kapitel 25.

mußte zugeben, daß er damals in Benares einen recht kurzsichtigen »Hellseher« ausgesucht hatte.

»Und was sind deine weiteren Pläne, mein wanderlustiger Bruder?«

»Jitendra hat mich überredet, mit ihm nach Agra zu fahren, um das herrliche Taj Mahal* zu besichtigen«, erklärte ich. »Danach fahren wir zu meinem neuen Guru, dem ich vor kurzem begegnet bin und der eine Einsiedelei in Serampore hat.«

Ananta nahm uns gastfreundlich auf und sorgte für unser Wohl. Ich bemerkte jedoch, wie seine Augen an diesem Abend des öfteren nachdenklich auf mir ruhten.

»Ich kenne diesen Blick«, dachte ich. »Er führt irgend etwas im Schilde.« Am nächsten Morgen während des Frühstücks sollte sich diese Vermutung bestätigen.

»Du fühlst dich also recht unabhängig von Vaters Geld«, bemerkte Ananta beiläufig und griff damit das heikle Thema unseres gestrigen Gesprächs wieder auf.

»Meiner Abhängigkeit von Gott bin ich mir sehr wohl bewußt.«

»Du hast leicht reden, denn bisher hast du stets wohlbehütet gelebt. Was aber wäre, wenn du dich plötzlich gezwungen sähest, ganz auf jene unsichtbare Hand zu vertrauen, um Nahrung und Unterkunft zu finden? Du würdest schon bald mit der Bettelschale durch die Straßen ziehen!«

»Niemals! Wie könnte ich mich auf Passanten mehr verlassen als auf Gott. Er hat es nicht nötig, Seine Kinder betteln gehen zu lassen, sondern kann ihnen Hilfe aus tausend anderen Quellen gewähren.«

»Nichts als schöne Worte! Was würdest du von meinem Vorschlag halten, deine vielgepriesene Philosophie einmal auf dem Boden der Tatsachen zu erproben?«

»Einverstanden. Oder meinst du etwa, daß Gott nur in unserer Einbildung existiert?«

»Wir werden sehen. Noch heute wirst du Gelegenheit haben, mich zu überzeugen oder mir meine Auffassung zu bestätigen.« Er schwieg eine ganze Weile und fuhr dann ernst und bedächtig fort:

»Ich schlage vor, daß du zusammen mit deinem Mitbruder Jitendra heute morgen noch ins nahegelegene Brindaban fährst. Ihr dürft keine einzige Rupie mitnehmen; ihr dürft weder um Nahrung noch um Geld betteln; ihr dürft eure Lage niemandem kundtun; ihr dürft aber auch nicht auf

---

*   Das weltberühmte Mausoleum.

eure Mahlzeiten verzichten, und ihr müßt es schaffen, von Brindaban wieder hierher zurückzukommen. Wenn ihr vor Mitternacht zu meinem Haus zurückgekehrt und alle Bedingungen dieser Prüfung erfüllt habt, werde ich staunen, wie noch nie ein Mann in ganz Agra gestaunt hat.«

»Ich nehme die Herausforderung an!« erwiderte ich, ohne auch nur eine Sekunde lang zu zögern. Mit tiefer Dankbarkeit erinnerte ich mich sogleich an die vielen Male, wo ich Gottes Hilfe unmittelbar hatte erfahren dürfen: meine Heilung von der Cholera durch Anrufung des Bildes von Lahiri Mahasaya; die beiden Drachen, die mir und Uma auf dem Balkon in Lahore auf so wundersame Weise zugeflogen waren; das Amulett, das mich in einem Augenblick tiefster Verzweiflung in Bareilly erreichte; die schicksalsweisende Botschaft des unbekannten *Sadhus* auf dem Hof des Pandits in Benares; die Vision der göttlichen Mutter und ihre erhabenen Worte der Liebe; die Art, wie sie mich durch Meister Mahasaya aus meinen kleinen Nöten errettet hatte; die Fügung, die mir in letzter Minute zum High-School-Abschluß verhalf; und die letzte und höchste Gnade – die Begegnung mit meinem lebendigen Meister, der aus dem Nebel meiner jahrelangen Träume hervorgetreten war. Wie könnte ich jemals glauben, daß meine »Philosophie« an der rauhen Realität der Welt scheitern sollte?

»Deine Bereitwilligkeit gereicht dir zur Ehre«, sagte Ananta. »Ich werde euch beide sofort zum Zug begleiten.« Damit wandte er sich an Jitendra, der unser Gespräch staunend mit angehört hatte. »Und du mußt als Zeuge – und wahrscheinlich auch als Opfer – mitfahren!«

Eine halbe Stunde später waren Jitendra und ich im Besitz einer einfachen Fahrkarte nach Brindaban, dem Ziel unserer überraschenden Reise. In einem abgelegenen Winkel des Bahnhofs durchsuchte uns Ananta von Kopf bis Fuß und stellte befriedigt fest, daß wir keine heimlichen Schätze dabeihatten. Unsere einfachen *Dhotis*** verhüllten nur das, was sie verhüllen sollten.

Angesichts der Tatsache, daß nun sogar das Geld zur Glaubensangelegenheit werden sollte, erhob mein Freund Einspruch: »Ananta, gib mir zur Sicherheit wenigstens ein oder zwei Rupien mit; dann kann ich dir zur Not telegrafieren, falls irgend etwas schiefgeht.«

»Jitendra!« rief ich im Ton tiefster Entrüstung aus. »Ich mache diese

---

*   Ein *Dhoti* ist ein Tuch, das um die Hüften geschlungen wird und die Beine bedeckt.

Prüfung nicht mit, wenn du auch nur einen einzigen Notgroschen mitnimmst!«

»Das Klingen der Münzen hat etwas Beruhigendes an sich«, meinte
Jitendra, doch ich brachte ihn sofort mit einem strengen Blick zum
Schweigen.

»Ich bin nicht herzlos, Mukunda«, bemerkte Ananta, und ein Quentchen
Demut schwang in seiner Stimme mit. Vielleicht plagte ihn das Gewissen,
weil er zwei junge Burschen ohne einen Pfennig Geld in der Tasche in
eine fremde Stadt schickte – vielleicht schämte er sich auch ob seiner
übertriebenen Skepsis in religiösen Dingen. »Wenn du durch Glück oder
Gnade diese Prüfung in Brindaban erfolgreich bestehen solltest, werde
ich dich bitten, mich als deinen Schüler anzunehmen und mich in den
geistigen Weg einzuweihen.«

Dieses Versprechen kam für mich völlig unerwartet und war sicherlich
nur der außergewöhnlichen Situation zuzuschreiben. In Indien beugt sich
der ältere Bruder nur selten vor seinen jüngeren Geschwistern; im allgemeinen erweisen ihm diese vielmehr denselben Respekt und Gehorsam
wie dem Vater. Ich hatte jedoch keine Zeit mehr, etwas zu erwidern, denn
der Zug setzte sich schon in Bewegung.

Jitendra verharrte in düsterem Schweigen, während wir Meile um Meile
zurücklegten. Schließlich rührte er sich, beugte sich vor und kniff mich
an einer empfindlichen Stelle.

»Ich sehe noch kein Zeichen dafür, daß Gott für unsere nächste Mahlzeit
sorgen wird.«

»Sei still, ungläubiger Thomas. Der Herr wird schon alles für uns bereiten.«

»Kannst du ihn nicht auch bitten, sich ein wenig zu beeilen? Ich bin schon
jetzt am Verhungern, wenn ich nur daran denke, was uns bevorsteht.
Übrigens bin ich von Benares hierher gekommen, um das Taj Mahal zu
besichtigen, und nicht, um selbst in einer Grabstätte zu landen.«

»Laß den Kopf nicht hängen, Jitendra. Haben wir so nicht zum ersten Mal
Gelegenheit, die heiligen Wunder von Brindaban* zu sehen? Oh, wie ich
mich freue, den Boden zu betreten, den einst Sri Krishnas Füße geheiligt
haben!«

---

*   Brindaban im Muttra-Distrikt der Vereinigten Provinzen gilt als das Jerusalem
     der Hindus. Hier vollbrachte Sri Krishna seine Wunder zum Segen der ganzen
     Menschheit.

(Von links nach rechts) *Jitendra Mazumdar, der gemeinsam mit mir ohne Geld nach Brindaban reiste; Lalit-da, mein Cousin; Swami Kebalananda (»Shastri Mahasaya«), mein verehrter Sanskritlehrer; ich, während meiner High-School-Zeit.*

(Links) *Ananda Moyi Ma, die bengalische »freudetrunkene Mutter«.*
(Rechts) *Eine der von Babaji bewohnten Höhlen im Drongiri-Gebirge bei Ranikhet im Himalaya. Ein Enkel von Lahiri Mahasaya, Ananda Moha Lahiri (zweiter von rechts, weiß gekleidet), und drei weitere Anhänger besuchen den heiligen Ort.*

Auf der vorletzten Station unserer Reise öffnete sich die Tür zu unserem Abteil, und zwei Herren nahmen Platz.

»Habt ihr Freunde in Brindaban?« fragte der Fremde, der mir gegenüber saß und ein ungewöhnliches Interesse für uns zu haben schien.

»Das geht Sie nichts an«, entgegnete ich nicht gerade höflich und wandte meinen Blick zur Seite.

»Ihr seid sicher von zu Hause durchgebrannt, weil euch der Dieb aller Herzen* verzaubert hat. Ich bin selbst sehr religiös, und ich werde persönlich dafür sorgen, daß ihr zu essen bekommt und an einem schattigen Platz Rast machen und dieser unerträglichen Hitze entfliehen könnt.«

»Das ist sehr freundlich von Ihnen, Sir, aber wir kommen schon alleine zurecht. Sie irren sich, wenn Sie glauben, daß wir von zu Hause fortgelaufen sind.«

Damit war die Unterhaltung beendet, und kurz darauf lief der Zug in Brindaban ein. Doch sobald Jitendra und ich ausgestiegen waren, hakten sich unsere zufälligen Reisegefährten bei uns unter und winkten eine Pferdedroschke herbei.

Vor einer stattlichen Einsiedelei inmitten eines gepflegten und von immergrünen Bäumen umrahmten Gartens hielten wir an. Unsere Wohltäter waren hier anscheinend gut bekannt, denn wir wurden von einem jungen Mann sogleich freudig und ohne weitere Fragen in das Empfangszimmer geführt. Bald darauf trat eine vornehme ältere Dame ein.

»Gauri Ma, die adligen Herrschaften konnten nicht kommen«, sagte einer unserer Begleiter zur Hausherrin. »Im letzten Augenblick kam etwas dazwischen, und sie lassen sich entschuldigen. Aber wir bringen Euch zwei andere Gäste mit, die wir im Zug kennengelernt haben. Ich fühlte mich sogleich zu ihnen hingezogen, denn sie scheinen Sri Krishna zu verehren.«

Damit zogen sich unsere Bekannten zurück und sagten: »Lebt wohl, junge Freunde. Wir werden uns wiedersehen, so Gott will.«

»Seid mir willkommen«, begrüßte Gauri Ma sodann ihre zwei unerwarteten Gäste mit mütterlichem Blick. »Ihr hättet keinen besseren Tag für euren Besuch wählen können, denn ich habe heute zwei fürstliche Mä-

---

*   *Hari,* Dieb aller Herzen, ist ein häufig benutzter liebevoller Kosename für Krishna.

zene in der Einsiedelei erwartet. Wie jammerschade, wenn meine Koch-
künste keine Anerkennung gefunden hätten!«

Ihre verheißungsvollen Worte hatten eine ergreifende Wirkung auf Jiten-
dra; er brach in Tränen aus. Das Schicksal, das er in Brindaban zu erleiden
befürchtet hatte, bescherte uns unverhofft ein wahrhaft königliches
Mahl. Diese plötzliche Wendung der Dinge war einfach zuviel für ihn.
Unsere Gastgeberin schaute ihn verwundert an, sagte jedoch nichts.
Vielleicht hatte sie schon bei anderen Jugendlichen ähnlich rätselhafte
Anwandlungen erlebt.

Das Essen war angerichtet; Gauri Ma führte uns in einen Speisesaal, der
von verlockenden Gewürzdüften erfüllt war. Dann begab sie sich in die
angrenzende Küche.

Auf diesen Augenblick hatte ich gewartet. Ich ging schnell zu Jitendra
hinüber und kniff ihn an genau der gleichen empfindlichen Stelle, an der
er mich zuvor gekniffen hatte. »Ungläubiger Thomas! Siehst du, der Herr
hat alles für uns bereitet – und das in Windeseile!«

Da erschien unsere Gastgeberin wieder, diesmal mit einem *Punkha*.
Während wir uns auf den kostbaren Kissen am Boden niederließen,
fächelte sie uns nach orientalischer Sitte Kühlung zu. Die Schüler des
Ashrams liefen hin und her und tischten nicht weniger als dreißig Gänge
auf. Dies kann man nicht mehr als »Mahlzeit«, sondern nur noch als
»erlesenes Festmahl« bezeichnen! Zeit unseres Lebens auf diesem Planeten hatten Jitendra und ich noch nie solche Köstlichkeiten probiert.

»Dies sind wahrhaftig Speisen, wie man sie Fürsten aufzutischen pflegt,
verehrte Mutter. Ich kann mir nicht vorstellen, was Euren königlichen
Mäzenen wichtiger sein konnte als ein solches Bankett. Dieser Tag wird
uns immer in Erinnerung bleiben!«

Da uns die von Ananta auferlegten Bedingungen zum Schweigen über
unsere Aufgabe verurteilten, konnten wir der liebenswürdigen Dame
leider nicht erklären, daß unsere Dankbarkeit eine doppelte Bedeutung
in sich barg. Doch unser Dank war ehrlich und überzeugend. Zum
Abschied gab sie uns ihren Segen und lud uns ein, den Ashram doch
wieder einmal zu besuchen – welch verlockendes Angebot!

Draußen war die Hitze unerträglich. Mein Freund und ich suchten unter
einem majestätischen Kadambabaum am Tor des Ashrams Zuflucht. Dort
fingen wir erneut zu diskutieren an, weil Jitendra abermals von Zweifeln
geplagt wurde.

»Du hast mir da etwas Schönes eingebrockt! Unsere Mittagsmahlzeit haben wir nur einem glücklichen Zufall zu verdanken. Wie können wir ohne einen Heller in der Tasche die Stadt besichtigen? Und wie willst du mich jemals wieder zu Anantas Haus zurückbringen?«

»Jetzt, wo dein Magen voll ist, vergißt du Gott sehr schnell«, sagte ich vorwurfsvoll, aber ohne Bitterkeit. Wie leicht vergißt der Mensch die Beweise Seiner göttlichen Gunst! Jeder von uns hat bestimmt schon erlebt, wie das eine oder andere seiner Gebete erhört wurde.

»Eines werde ich jedenfalls nie vergessen – nämlich, wie dumm ich war, mich mit einem Verrückten wie dir auf dieses Abenteuer eingelassen zu haben.«

»Beruhige dich, Jitendra! Derselbe Gott, der uns soeben gespeist hat, wird uns auch Brindaban zeigen und uns wieder nach Agra zurückführen.«

In diesem Augenblick kam raschen Schrittes ein schlanker, junger Mann von sympathischem Äußeren auf uns zu. Als er unseren Baum erreicht hatte, blieb er stehen und verneigte sich vor mir.

»Lieber Freund, Ihr und Euer Gefährte seid hier wahrscheinlich fremd. Erlaubt mir bitte, Euer Gastgeber und Führer zu sein.«

Was bei einem Inder kaum möglich ist, geschah nun: Jitendras Gesicht wurde plötzlich leichenblaß. Ich aber lehnte das Angebot höflich ab.

»Ihr werdet mich doch nicht abweisen wollen?« meinte der Fremde mit solchem Entsetzen, daß es beinahe komisch wirkte.

»Und warum nicht?«

»Ihr seid mein Guru«, sagte er und blickte mich flehentlich an. »Während meiner Andacht heute um die Mittagszeit erschien mir der selige Krishna in einer Vision und zeigte mir zwei verirrte Gestalten, die unter diesem Baum saßen. Das eine Gesicht war Eures – das meines Meisters, das ich schon oft in meinen Meditationen geschaut habe. Es wäre mir also eine große Freude, wenn Ihr meine bescheidenen Dienste annehmen würdet.«

»Auch ich freue mich, daß Ihr mich gefunden habt. Weder Gott noch die Menschen haben uns verlassen.« Obgleich ich nach außen hin aufrecht sitzen blieb und dem eifrigen jungen Mann zulächelte, warf ich mich in meinem Inneren Gott zu Füßen.

»Liebe Freunde, erweist mir die Ehre, Euch in meinem Haus zu begrüßen.«

»Das ist sehr gütig von Euch; aber es läßt sich leider nicht einrichten. Wir sind bereits Gäste meines Bruders in Agra.«

»Dann gebt mir wenigstens Gelegenheit, Euch Brindaban zu zeigen, damit ich eine Erinnerung an diesen Tag habe.«

Ich stimmte freudig zu. Der junge Mann – er hieß Pratap Chatterji – rief eine Pferdedroschke herbei. Gemeinsam besichtigten wir den Madana-mohana-Tempel und andere Krishna-Schreine. Es war bereits Abend, als wir unsere Andacht in den verschiedenen Tempeln beendet hatten.

»Entschuldigt mich bitte einen Augenblick, ich will etwas *Sandesh** besorgen.« Pratap ging in einen Laden in der Nähe des Bahnhofs, während Jitendra und ich die breite Hauptstraße entlangschlenderten, die jetzt während der kühleren Tageszeit ziemlich belebt war. Unser Freund blieb einige Zeit fort und kehrte dann mit allerlei Süßspeisen zurück.

»Bitte gebt mir die Möglichkeit zu dieser guten Tat«, bat Pratap mit flehendem Blick und hielt mir ein Bündel Rupienscheine sowie zwei Fahrkarten nach Agra entgegen, die er soeben gekauft hatte.

Dankend nahm ich die Gabe an und gedachte dabei ehrfurchtsvoll der von Ananta verspotteten »unsichtbaren Hand«, die uns in ihrer Großzügigkeit mit weit mehr als dem Notwendigsten bedacht hatte.

Danach suchten wir einen abgeschiedenen Ort in der Nähe des Bahnhofs auf.

»Pratap, ich will dich in die *Kriya*-Technik von Lahiri Mahasaya einweihen, dem größten Yogi der Neuzeit. Seine Technik wird dir den Guru ersetzen.«

In einer halben Stunde war die Initiation abgeschlossen. »*Kriya* ist dein *Chintamani***«, erklärte ich dem neuen Schüler. »Wie du siehst, ist diese Technik einfach und birgt dennoch die Möglichkeit, unsere geistige Entfaltung ungemein zu beschleunigen. Die heiligen Schriften der Hindus lehren, daß das sich ständig wiederverkörpernde Ego Millionen Jahre benötigt, um sich von der *Maya* zu befreien. Diese von der Natur gesetzte Zeitspanne wird durch *Kriya*-Yoga beträchtlich verkürzt. Genauso, wie man den Pflanzen zu schnellerem Wachstum verhelfen kann, was uns Jagadis Chandra Bose bewiesen hat, so kann auch die seelische Entwicklung eines Menschen durch yogische Versenkung beschleunigt werden. Übe diese Technik beharrlich, und so wirst du dem Guru aller Gurus immer näher kommen.«

---

* Eine indische Süßspeise.
** Ein mythologischer Edelstein, dem die Macht zugesprochen wird, Wünsche zu erfüllen.

»Ich bin unendlich glücklich und froh, endlich den langgesuchten Zugang zum Yoga gefunden zu haben«, sagte Pratap bewegt. »Die Wirksamkeit dieser Technik wird mir helfen, die Fesseln der Sinne zu sprengen, auf daß ich in höhere Sphären einzugehen vermag. Ich wußte, daß mir das Erscheinen von Sri Krishna heute morgen nur Gutes verheißen konnte.« Eine Weile blieben wir noch in schweigendem Einvernehmen sitzen und gingen dann langsam zum Bahnhof. Große Freude erfüllte mein Herz, als ich den Zug bestieg; für Jitendra hingegen war dies eher ein Tag der Tränen. Während ich mich liebevoll von Pratap verabschiedete, suchten meine beiden Gefährten mühsam, ihr Schluchzen zu unterdrücken. Auf der Rückfahrt vergoß Jitendra weitere Tränen, diesmal allerdings nicht aus Selbstmitleid, sondern aus Reue.

»Wie kleingläubig ich war! Mein Herz war wie versteinert! In Zukunft werde ich nie wieder daran zweifeln, daß Gott seine Hand schützend über mich hält!« Kurz vor Mitternacht betraten wir beiden »Aschenputtel«, die wir ohne einen Pfennig »ausgesetzt« worden waren, Anantas Schlafzimmer. Genau wie er selbst es vorausgesagt hatte, war er völlig fassungslos. Ohne ein Wort zu sagen, ließ ich mein Bündel Rupienscheine auf den Tisch flattern.

»Jitendra, sag die Wahrheit«, rief Ananta in scherzhaftem Ton. »Hat mein Bruder etwa jemanden überfallen?«

Als wir dann die ganze Geschichte erzählten, wurde das Gesicht meines Bruders immer ernster, ja am Ende sogar feierlich.

»Das Prinzip von Angebot und Nachfrage wirkt in höhere Sphären hinein, als ich mir je hätte träumen lassen.« Ananta sprach mit einer spirituellen Begeisterung, wie ich sie nie zuvor an ihm wahrgenommen hatte. »Zum ersten Male verstehe ich, warum weltliches Hab und Gut dir so gleichgültig ist.«

Trotz der späten Stunde bestand mein Bruder darauf, *Diksha** in *Kriya*-Yoga zu empfangen; und so mußte »Guru« Mukunda an einem einzigen Tag die Verantwortung für zwei unerwartete Schüler auf sich nehmen.

Anders als am Tag zuvor wurde das Frühstück am folgenden Morgen in großer Harmonie eingenommen. Frohen Mutes sagte ich zu Jitendra: »Du sollst nicht um die Besichtigung des Taj Mahal betrogen werden. Wir schauen es uns an, bevor wir nach Serampore weiterfahren.«

Nachdem wir uns von Ananta verabschiedet hatten, befanden wir uns bald

---

*   Spirituelle Einweihung; aus der Sanskritwurzel *diksh* = sich weihen.

schon vor dem Herrlichsten, was Agra zu bieten hat, dem Taj Mahal. Mit seinem weißen, in der Sonne schimmernden Marmor und seinen symmetrischen Formen wirkt es so märchenhaft wie ein Traumgebilde. Dunkle Zypressen, satte grüne Rasenflächen und stille Teiche bilden den Rahmen dieses Wunderwerkes der Architektur. Das Innere des Grabmals mit seinen filigranen, mit Halbedelsteinen besetzten Schnitzereien ist von erlesener Schönheit. Zierliche Girlanden und Spiralen treten in verschlungenen Ornamenten aus dem braunen und violetten Marmor hervor. Aus der Kuppel fällt das Licht auf die Ehrenmäler des Kaisers Shah Jahan und der Königin seines Reiches und seines Herzens, Mumtaz Mahal.

Doch genug der Besichtigungen! Ich hatte Sehnsucht nach meinem Guru, und bald darauf saßen Jitendra und ich wieder im Zug, der uns gen Süden nach Bengalen brachte.

»Mukunda, ich habe es mir anders überlegt, denn ich habe meine Familie seit Monaten nicht gesehen. Vielleicht führt mich mein Weg später einmal zu deinem Meister nach Serampore.«

Und so verließ mich mein wankelmütiger Freund in Kalkutta. Ich aber erreichte bald mit dem Nahverkehrszug das zwanzig Kilometer weiter nördlich gelegene Serampore.

Wie erstaunt war ich, als mir plötzlich klar wurde, daß seit der Begegnung mit meinem Guru in Benares bereits 28 Tage vergangen waren! »In vier Wochen wirst du zu mir zurückkehren«, hatte er gesagt, und hier stand ich nun mit klopfendem Herzen im Hof seines Hauses in der stillen Rai Ghat Lane. Zum ersten Male betrat ich die Einsiedelei, in der ich einen Großteil der folgenden zehn Jahre mit Indiens *Jnanavatar* – der »Inkarnation der Weisheit« – verbringen sollte.

Kapitel 12

Jahre im Ashram meines Meisters

Du bist also gekommen«, begrüßte mich Sri Yukteswar, der auf einem Tigerfell in seinem Balkonzimmer saß. Seine Stimme war kühl, seine Miene unbewegt.

»Ja, lieber Meister, ich bin gekommen, um Euch zu folgen.« Mit diesen Worten kniete ich nieder und berührte seine Füße.

»Wie ist das möglich, wenn du meine Wünsche außer acht läßt?«

»Nie mehr, Guruji! Euer Wille ist mir Gesetz!«

»Das hört sich besser an. Jetzt kann ich die Verantwortung für dein Leben übernehmen.«

»Gern übergebe ich Euch diese Last, Meister.«

»Meine erste Forderung an dich ist also, daß du zu deiner Familie zurückkehrst. Ich möchte, daß du in Kalkutta das College besuchst und deine Ausbildung fortsetzt.«

»Wenn Ihr es wünscht, Meister«, erwiderte ich und verbarg mein Entsetzen. Sollten die verhaßten Bücher mich bis in alle Ewigkeit verfolgen? Zuerst Vater – und nun Sri Yukteswar!

»Später wirst du in den Westen reisen, und die Menschen dort werden erst empfänglicher für die alten Weisheitslehren Indiens sein, wenn der fremde hinduistische Lehrer einen akademischen Grad besitzt.«

»Ihr wißt es am besten, Guruji.« Meine trübe Stimmung war verflogen. Der Gedanke an den Westen erschien mir beunruhigend und wenig greifbar, doch in diesem Augenblick zählte nichts mehr, als den Meister durch meinen Gehorsam zu beglücken.

»Kalkutta ist nicht weit von hier; komm her, sooft es deine Zeit erlaubt.«

»Wenn möglich, jeden Tag, Meister. Dankbar will ich mich in allen Dingen meines Lebens Eurer Führung anvertrauen – jedoch unter einer Bedingung.«

»Und die wäre?«

»Daß Ihr versprecht, mir Gott zu offenbaren!«

Wir rangen beinahe eine Stunde lang miteinander. Das Wort eines Meisters ist unwiderruflich und wird daher nicht leichten Herzens gegeben. Ein derartiges Versprechen öffnet das Tor zu unermeßlichen metaphysischen Bereichen, und ein Guru muß dem Schöpfer in der Tat sehr nahe stehen, um Ihn dazu bewegen zu können, sich zu offenbaren! Ich fühlte, daß Sri Yukteswar eins mit Gott war, und war entschlossen, die einzigartige Gelegenheit zu nutzen, die sich mir als seinem Schüler bot.

»Du verlangst viel«, sagte der Meister und fügte dann in mitfühlender Endgültigkeit hinzu:

»Dein Wunsch soll auch mein Wunsch sein!«

Ich spürte, wie eine lebenslange Last von meinem Herzen genommen wurde. Mein vages Suchen mal an diesem, mal an jenem Ort war nun vorbei; ich hatte immerwährende Zuflucht bei einem wahren Guru gefunden.

»Komm, ich werde dir das Ashram zeigen«, sagte der Meister und erhob sich von seinem Tigerfell. Als ich mich im Raum umsah, bemerkte ich an der Wand ein mit Jasminzweigen bekränztes Bild.

»Lahiri Mahasaya!« rief ich überrascht.

»Ja, mein göttlicher Guru!« Große Ehrfurcht schwang in Sri Yukteswars Stimme mit. »Als Mensch und als Guru war er größer als jeder andere Lehrer, dem ich auf meiner Suche begegnet bin.«

Schweigend verneigte ich mich vor dem vertrauten Bild und dankte aus tiefster Seele dem unvergleichlichen Meister, dessen Segen mich von Kindheit an begleitet und der meine Schritte bis zu dieser Stunde gelenkt hatte.

Dann führte mich der Guru durch das Haus und das umliegende Grundstück. Das alte Gebäude war geräumig und solide gebaut und verfügte über einen Hof mit massiven Säulen. Die Umfassungsmauern waren mit Moos überwuchert, und auf dem flachen, grauen Dach gurrten Tauben, die ungeniert den Raum mit den übrigen Bewohnern des Ashrams teilten. Besonders schön war der Garten hinter dem Haus mit seinen Jackfruchtbäumen, Mango- und Bananenstauden. Die Räume im oberen Stock des zweigeschossigen Wohnhauses führten auf einen Balustradengang, der den Hof an drei Seiten säumte. Ein geräumiger Saal im Erdgeschoß mit einer hohen, von Kolonnaden gestützten Decke diente nach Aussage des Meisters hauptsächlich als Festhalle während der jährlichen *Durgapuja*-Feierlichkei-

ten*. Eine schmale Treppe führte zu Sri Yukteswars Privatzimmer, dessen kleiner Balkon auf die Straße hinausging. Der Ashram war einfach
möbliert; alles war schlicht, sauber und praktisch. Auch mehrere Stühle,
Bänke und Tische im westlichen Stil waren vorhanden.

Der Meister lud mich ein, die Nacht im Ashram zu verbringen, und zwei
Schüler der Einsiedelei servierten uns ein vegetarisches Currygericht.

»Guruji, bitte erzählt mir etwas aus Eurem Leben.« Ich hatte mich auf
einer Strohmatte neben seinem Tigerfell niedergelassen. Die Sterne
funkelten und schienen zum Greifen nahe über dem Balkon zu stehen.

»Mein bürgerlicher Name war Priya Nath Karar. Ich bin hier in Serampore geboren**, wo mein Vater ein wohlhabender Geschäftsmann war.
Er hinterließ mir dieses Haus meiner Vorfahren, aus dem jetzt mein
Ashram geworden ist. Ich verfüge nur über eine geringe formale Schul-
bildung, denn ich fand den Unterricht langweilig und oberflächlich. Als
junger Mann gründete ich eine eigene Familie und habe eine Tochter,
die jetzt verheiratet ist. Die Blüte meiner Jahre verbrachte ich unter der
segensreichen Führung Lahiri Mahasayas. Als meine Frau starb, trat ich
in den Swami-Orden ein und erhielt den neuen Namen Sri Yukteswar
Giri.*** Das ist mein schlichter Lebenslauf.«

Der Meister lächelte über meinen gespannten Gesichtsausdruck. Wie
immer, wenn es um biographische Schilderungen ging, hatten sich seine
Worte auf die äußeren Tatsachen beschränkt, ohne den inneren Menschen zu enthüllen.

»Guruji, ich würde gern einige Geschichten aus Eurer Kindheit hören.«

»Ich will dir einige erzählen – eine jede von ihnen enthält ihre besondere
Moral«, sagte Sri Yukteswar und zwinkerte mir warnend zu. »Meine
Mutter versuchte einmal, mir Angst einzujagen, und erzählte mir eine

---

 * »Anbetung der Durga« – bedeutendstes Fest des bengalischen Jahres. Es
   dauert neun Tage und wird Ende September begangen. Unmittelbar danach
   folgt das zehntägige *Dashahara*-Fest (*Dashahara* = »der die zehn Sünden
   beseitigt« – drei des Körpers, drei des Geistes und vier des Wortes). Beide
   Pujas sind der Durga heilig. Durga, wörtlich »die Unnahbare«, ist eine Ausdrucksform der göttlichen Mutter Shakti; sie ist die Personifizierung der
   schöpferischen weiblichen Kraft.
 ** Sri Yukteswar wurde am 10. Mai 1855 geboren.
*** *Yukteswar* bedeutet »mit Gott vereint«. *Giri* ist die Bezeichnung für einen der
    zehn alten Zweige des Swami-Ordens. *Sri* bedeutet »heilig« und ist kein Name,
    sondern ein respektvoller Titel.

schauerliche Geschichte von einem Geist, der bei uns im Haus in einer dunklen Kammer hausen sollte. Ich lief sofort zu der Kammer und war enttäuscht, dort keinen Geist zu finden. Nie wieder hat mir meine Mutter eine Gruselgeschichte erzählt. Moral: Sieh deiner Furcht ins Angesicht, dann kann sie dir nichts mehr anhaben!

Eine andere Kindheitserinnerung betrifft meine Liebe zu dem häßlichen Hund unseres Nachbarn. Wochenlang hielt ich das ganze Haus in Atem, denn ich wollte unbedingt diesen Hund haben. Alle Angebote, mir ein Tier von attraktiverem Aussehen zu schenken, fielen bei mir auf taube Ohren. Moral: Verhaftetsein macht blind; es verleiht dem Objekt deiner Begierde einen eingebildeten Heiligenschein, der es anziehend erscheinen läßt.

Eine dritte Geschichte handelt von der Formbarkeit des kindlichen Geistes. Immer wieder hörte ich, wie meine Mutter sagte: »Wer sich bei einem anderen in Dienst stellt, ist ein Sklave.« Diese Worte prägten sich meinem Geist so unauslöschlich ein, daß ich selbst nach meiner Heirat alle Angebote für eine feste Anstellung ausschlug. Ich bestritt meinen Lebensunterhalt, indem ich meinen Erbteil in Grund und Boden investierte. Moral: Die empfänglichen Ohren der Kinder sollten zu ihrer Unterweisung immer nur gute und positive Dinge zu hören bekommen; denn gerade die frühesten Kindheitseindrücke bleiben lange im Gedächtnis haften.«

Nach diesen Worten versank der Meister in tiefes Schweigen. Gegen Mitternacht führte er mich dann zu einem schmalen Bett. Die erste Nacht unter dem Dach meines Gurus verging in tiefem, süßem Schlaf.

Am folgenden Morgen weihte mich Sri Yukteswar in den *Kriya*-Yoga ein. Ich war bereits über zwei andere Schüler Lahiri Mahasayas – meinen Vater und meinen Lehrer Swami Kebalananda – mit dieser Technik vertraut gemacht worden, doch ich fühlte, wie von der Gegenwart meines Meisters eine transformierende Kraft ausging. Durch seine Berührung ergoß sich gleißendes Licht über mich – ein Licht von der Herrlichkeit und Intensität unzähliger Sonnen. Bis tief in mein Innerstes wurde ich von einer unbeschreiblichen Glückseligkeit durchflutet. Dieser Zustand dauerte den ganzen Tag über an, und so konnte ich mich erst am späten Nachmittag dazu entschließen, die Einsiedelei zu verlassen.

»Du wirst in dreißig Tagen zurückkehren!« Als ich mein Elternhaus betrat, wurde mir klar, daß die Prophezeiung meines Meisters in Erfüllung gegangen war. Anders als ich gefürchtet hatte, machte niemand in der Familie spitze Bemerkungen über die Heimkehr des »ausgeflogenen Vögelchens«.

Ich stieg die Treppe zu meinem kleinen Mansardenzimmer hinauf und begrüßte es wie einen lieben Freund. »Du bist Zeuge meiner Meditationen und all der Tränen und Verzweiflungsstürme meines *Sadhana* gewesen. Nun endlich habe ich heimgefunden in den sicheren Hafen meines göttlichen Lehrers.«

»Mein Sohn, ich freue mich für uns beide«, sagte mein Vater, als wir in der abendlichen Stille beieinandersaßen. »Du hast deinen Guru auf ebenso wundersame Weise gefunden wie ich damals den meinen. Lahiri Mahasaya hält seine heilige Hand schützend über unser Leben. Dein Weg hat dich zu einem Meister geführt, der nicht in der unerreichbaren Ferne des Himalaja, sondern ganz in der Nähe lebt. Meine Gebete sind erhört worden: Deine Suche nach Gott hat dich mir nicht für immer entrissen.«

Vater war hocherfreut, daß ich meine akademische Ausbildung fortsetzen wollte, und traf sogleich alle nötigen Vorbereitungen. Schon am nächsten Tag schrieb ich mich am Scottish Church College in Kalkutta ein.

Es folgten glückliche Monate. Zu Recht werden meine Leser vermuten, daß ich mich in den Vorlesungssälen nur selten sehen ließ. Das Ashram in Serampore übte eine allzu unwiderstehliche Anziehungskraft auf mich aus. Der Meister nahm meine ständige Anwesenheit kommentarlos hin und kam zu meiner Freude nur sehr selten auf die Vorlesungen zu sprechen. Obgleich es offensichtlich war, daß ich nicht zum Gelehrten geboren war, gelang es mir dennoch, von Zeit zu Zeit die erforderlichen Mindestleistungen zu erbringen, um weiterstudieren zu können.

Das Leben im Ashram verlief in gleichmäßigen Bahnen; nur selten änderte sich etwas im Tagesverlauf. Mein Guru erwachte vor Anbruch der Morgendämmerung. Liegend – oder manchmal auch auf dem Bette sitzend – versank er in den Zustand des *Samadhi**. Es war denkbar einfach herauszufinden, wann der Meister erwachte: Zunächst hörte abrupt sein gewaltiges Schnarchen** auf; darauf folgten ein oder zwei

---

* Wörtlich »zusammenführen«. *Samadhi* ist ein überbewußter Zustand der Ekstase, in dem der Yogi die Einheit von Seele und göttlichem Geist bewußt erfährt.

** Nach Ansicht der Physiologen ist Schnarchen ein Zeichen vollkommener Entspannung (das gilt natürlich nur für den Schnarchenden selbst).

Mein Meister Sri Yukteswar,
Schüler von Lahiri Mahasaya

Seufzer und vielleicht eine Bewegung seines Körpers – und dann kam der lautlose Zustand der Atemlosigkeit, wie er mit tiefer Yoga-Versunkenheit einhergeht.

Noch vor dem Frühstück unternahm der Meister einen ausgedehnten Spaziergang am Ufer des Ganges. Oh, diese morgendlichen Wanderungen mit meinem Guru – wie real und lebendig sie in meiner Erinnerung sind! Immer wieder steigt in mir das Bild jener Zeit auf, da wir Seite an Seite am Fluß entlanggingen, der unter den wärmenden Strahlen der Morgensonne glitzerte. Und dann höre ich wieder die Stimme meines Meisters, wie sie klangvoll tiefe Weisheit vermittelt.

Danach folgten ein Bad und anschließend das Mittagsmahl, das nach den täglichen Anweisungen des Meisters von einigen Schülern mit großer Sorgfalt zubereitet wurde. Mein Guru war Vegetarier, hatte aber, ehe er Mönch wurde, auch Eier und Fisch gegessen. Er empfahl seinen Schülern eine möglichst einfache, der jeweiligen Konstitution des einzelnen entsprechende Kost.

Der Meister aß nur wenig. Oft bestand seine Mahlzeit aus Reis, der mit Gelbwurz oder etwas Spinat- oder Rübensaft gefärbt und mit ein wenig Büffel-*Ghi* oder zerlassener Butter übergossen wurde. An anderen Tagen aß er Linsen-*Dhal* oder *Channa*-Curry* mit Gemüse. Zum Nachtisch gab es Reispudding mit Mangos oder Orangen oder Saft von den Früchten des Jackfruchtbaumes.

Am Nachmittag durchbrach ein stetiger Strom von Besuchern die Stille der Einsiedelei. Mein Guru behandelte seine Gäste mit gleichbleibender Güte und Zuvorkommenheit. Wer sich selbst als Seele erkennt und sich nicht länger mit seinem Körper oder Ego identifiziert, dem erscheinen all seine Mitmenschen erstaunlich ähnlich.

Die Unvoreingenommenheit des Heiligen wurzelt in seiner Weisheit. Als Meister ist man dem Einfluß der zwiespältigen *Maya* entronnen; man läßt sich nicht mehr blenden von ihrem polaren Wechselspiel, das uns mal Verstand, mal Idiotie vorgaukelt. Mächtigen oder Wohlhabenden ließ Sri Yukteswar keine besondere Aufmerksamkeit zuteil werden; noch achtete er jemanden gering ob dessen Armut oder Unwissenheit. Er hörte voll Respekt einem Kind zu, wenn dessen Worte von

---

*   *Dhal* ist eine dicke Suppe aus Schälerbsen oder anderen Hülsenfrüchten. *Channa* ist weißer Käse aus frischer Dickmilch, der in Würfel geschnitten und mit Curry und Kartoffeln gekocht wird.

Weisheit zeugten, und strafte manchen eingebildeten Pandit öffentlich mit Nichtbeachtung.

Um acht Uhr wurde das Abendessen aufgetragen, an dem gelegentlich auch der eine oder andere Gast teilnahm, der sich noch nicht auf den Heimweg gemacht hatte. Mein Guru zog sich nie zurück, um allein zu essen; niemand verließ seinen Ashram hungrig oder unzufrieden. Auch unerwartete Besucher brachten Sri Yukteswar nie aus dem Konzept. Unter seiner Anleitung gelang es den Schülern, selbst aus den einfachsten Nahrungsresten ein Festessen auf den Tisch zu bringen. Dennoch war er nicht verschwenderisch; er verstand es, mit seinen bescheidenen Mitteln geschickt hauszuhalten.

»Lebt nie über eure Verhältnisse«, sagte er oft. »Luxus bringt euch nichts als Verdruß.« Ob es sich um die Bewirtung seiner Gäste, um Bauprojekte und Reparaturen oder um andere praktische Dinge handelte, der Meister offenbarte in allem, was er tat, seinen originellen, schöpferischen Geist.

In den stillen Abendstunden kamen wir oft in den Genuß seiner unvergessenen Vorträge. Aus jeder seiner Äußerungen sprach tiefe Weisheit. Seine Ausdrucksweise zeugte von überlegener Selbstsicherheit – sie war einzigartig! Er sprach, wie ich nie einen anderen habe sprechen hören. Ehe er seine Gedanken in Worte kleidete, wog er sie stets in den fein abgestimmten Waagschalen seiner Unterscheidungskraft ab. Die alles durchdringende Essenz der Wahrheit ging von ihm aus wie ein fast körperlich wahrnehmbarer Dufthauch seiner Seele. Ich war mir stets bewußt, daß ich mich in der Gegenwart einer lebendigen Verkörperung Gottes befand. Ohne mein Dazutun neigte sich mein Haupt vor ihm ob der Größe seiner Göttlichkeit.

Wenn späte Gäste bemerkten, daß Sri Yukteswar in der Betrachtung des Unendlichen versunken war, kehrte er sogleich zurück und verwickelte sie in eine Unterhaltung. Posen einzunehmen oder seine innere Versunkenheit zur Schau zu stellen war ihm zuwider. Da er immer eins mit Gott war, konnte er jederzeit ohne weitere Vorbereitung mit Ihm in Kommunion treten. Ein erleuchteter Meister hat das Sprungbrett der Meditation bereits hinter sich gelassen. »Die Blüte fällt ab, wenn die Frucht erscheint.« Oft aber fahren die Heiligen mit ihren spirituellen Praktiken fort, um ihren Schülern ein Beispiel zu geben.

Gegen Mitternacht fiel mein Guru oft mit kindlicher Natürlichkeit in leichten Schlummer. Sein Lager mußte nicht besonders hergerichtet werden. Oft legte er sich ohne Kissen auf der schmalen Couch nieder, die hinter seinem Lieblingssitzplatz, dem Tigerfell, stand.

Nicht selten wurde bis tief in die Nacht hinein über philosophische Themen diskutiert; jeder der Schüler konnte Fragen vorbringen, wenn er nur mit echtem Interesse bei der Sache war. Ich fühlte in solchen Nächten keine Müdigkeit, kein Verlangen nach Schlaf; die lebendigen Worte meines Meisters waren mir genug. »Seht, der Morgen graut. Laßt uns am Ganges spazierengehen!« Mit diesen Worten endete so manche Nacht geistiger Erbauung.

Meine ersten Monate im Ashram Sri Yukteswars fanden ihren Höhepunkt in einer höchst nützlichen Lektion: »Wie man Moskitos überlistet«. Bei mir zu Hause wurden nachts immer Moskitonetze aufgespannt. Wie ich jedoch beunruhigt feststellen mußte, wurde in der Einsiedelei von Serampore auf diese Vorsichtsmaßnahme verzichtet. Dabei gab es massenweise Insekten, so daß ich von Kopf bis Fuß zerstochen wurde. Mein Guru hatte Mitleid mit mir: »Kauf dir ein Netz, und bring mir auch eines mit«, sagte er und fügte lachend hinzu: »Wenn du nur eines für dich kaufst, dann werden sich die Moskitos alle auf mich stürzen!«

Dankbaren Herzens kam ich dieser Aufforderung nach. Von da an gab mir der Guru jedesmal, wenn ich über Nacht in Serampore blieb, den Auftrag, die Netze aufzuspannen.

Eines Abends aber waren die Moskitos besonders stechwütig. Dennoch versäumte es der Meister, seine gewohnte Anweisung zu geben. Beunruhigt lauschte ich dem unheilverkündenden Summen der Insekten. Als ich mich schließlich ins Bett legte, sandte ich ein flehentliches Stoßgebet in die Richtung der Moskitos. Eine halbe Stunde später hüstelte ich, um die Aufmerksamkeit meines Gurus zu wecken. Die Moskitostiche und vor allem das unaufhörliche Summen, das den blutrünstigen Ritus der Insekten begleitete, machten mich fast wahnsinnig.

Doch der Meister reagierte nicht, sondern blieb unbeweglich liegen. Vorsichtig näherte ich mich ihm. Er hatte aufgehört zu atmen. Es war das erstemal, daß ich ihn aus nächster Nähe im Zustand der Yoga-Trance sah, und mir wurde unheimlich.

»Sein Herz hat ausgesetzt!« Ich hielt ihm einen Spiegel unter die Nase. Kein Atemhauch war darauf zu erkennen. Um jeden Zweifel auszuschließen, hielt ich ihm minutenlang mit den Fingern Mund und Nase zu. Sein Körper war kalt und reglos. Bestürzt wandte ich mich zur Tür, um Hilfe herbeizuholen.

»Du bist mir ja ein schöner Forscher! Meine arme Nase!« rief da der Meister und schüttelte sich vor Lachen. »Warum gehst du nicht zu Bett? Soll sich etwa deinetwegen die ganze Welt ändern? Ändere dich selbst, und streiche die Moskitos aus deinem Bewußtsein!«

Gesenkten Hauptes kehrte ich in mein Bett zurück; kein Insekt wagte sich in meine Nähe. Da verstand ich, daß mich der Guru die Netze nur um meinetwillen hatte besorgen lassen; er selbst hatte keine Angst vor Moskitos. Als Yogi konnte er sie kraft seines Willens am Stechen hindern oder sich nach innen wenden und so unverletzbar machen.

»Er hat mir ein Beispiel geben wollen«, dachte ich. »Das ist der Yoga-Zustand, den ich erreichen muß.« Ein Yogi muß zu jeder Zeit in das Überbewußtsein eingehen und dort ungeachtet der vielfältigen Ablenkungen, die es auf Erden immer geben wird, verharren können. Ob es nun das Summen von Insekten oder grelles Tageslicht ist – die Wahrnehmungen der Sinne müssen ausgeschaltet werden. Dann tun sich Klänge und Bilder aus Welten auf, die das für uns verlorene Paradies an Herrlichkeit übertreffen.*

Noch eine weitere Lektion durfte ich in der Anfangszeit meines Lebens im Ashram von den lehrreichen Moskitos lernen. Es war in der stillen Zeit der Abenddämmerung, und mein Guru legte in seiner unnachahmlichen Weise die heiligen Schriften aus. Mit einem Gefühl des inneren Friedens und der Ausgeglichenheit saß ich zu seinen Füßen. Da brach ein frecher Moskito in unser Idyll ein und verlangte Beachtung. Als er seinen giftigen Stachel in meinen Schenkel bohrte, hob ich meine Hand zum Schlag. Doch dann hielt ich inne und verschob die Hinrichtung, weil mir gerade in diesem Augenblick ein Vers des Patanjali über *Ahimsa* (»Nicht-Verletzen«) einfiel.

»Warum führst du dein Werk nicht zu Ende?«

»Meister! Seid Ihr etwa dafür, ein Leben zu nehmen?«

»Nein. Aber in Gedanken hast du den tödlichen Schlag bereits getan.«

»Das verstehe ich nicht!«

»Patanjali meinte, daß man den *Wunsch* zu töten überwinden muß.« Sri

---

* Die allgegenwärtigen Kräfte eines Yogis, der ohne Gebrauch seiner Sinnesorgane sehen, schmecken, riechen, fühlen und hören kann, werden im *Taittiriya Aranyaka* wie folgt beschrieben: »Der Blinde durchbohrte die Perle; der Fingerlose zog einen Faden durch das Loch; der Halslose trug sie; und der Zungenlose pries sie.«

Yukteswar las in meiner Seele wie in einem aufgeschlagenen Buch.
»Leider ist diese Welt nicht so eingerichtet, daß man *Ahimsa* wortwörtlich
befolgen kann. Oft sieht sich der Mensch gezwungen, Tiere zu töten, die
Schaden anrichten. Doch er ist nicht unbedingt gezwungen, Zorn oder
Haß zu empfinden. Alle Lebewesen haben dasselbe Recht, die Luft der
Maya zu atmen. Der Heilige, der die Geheimnisse der Schöpfung entschleiert hat, lebt in Harmonie mit den zahllosen verwirrenden Ausdrucksformen der Natur. Jeder Mensch kann zu dieser Einsicht gelangen, wenn er seine Zerstörungslust überwindet.«
»Guruji, sollte man lieber selbst zum Opfer werden, als ein wildes Tier zu
töten?«
»Nein, auch der menschliche Körper ist kostbar. Aufgrund der einzigartigen Struktur seines Gehirns und Rückenmarks steht er auf der höchsten Stufe der Evolution. Solchermaßen ausgestattet, kann der fortgeschrittene Yogi die Göttlichkeit in ihren erhabensten Formen erfassen und zum Ausdruck bringen. Dies ist den weniger weit entwickel-
tenL ebewesen nicht möglich. Der Mensch lädt zwar in der Tat eine
gewisse Schuld auf sich, wenn er gezwungen ist, ein Tier oder andere
Lebewesen zu töten. Doch die *Veden* lehren uns, daß das leichtfertige
Vernichten eines menschlichen Lebens eine schwere karmische Verfeh-
lung ist.«
Ich atmete erleichtert auf, denn es geschieht nicht allzuoft, daß man durch
die heiligen Schriften in seinen natürlichen Instinkten bestärkt wird.
Nie habe ich erlebt, wie mein Meister einem Leoparden oder Tiger Auge
in Auge gegenüberstand. Doch einmal kreuzte eine giftige Kobra seinen
Weg, die er allein mit der Kraft seiner Liebe besiegte. Kobras sind in
Indien sehr gefürchtet, denn sie fordern Jahr für Jahr über fünftausend
Todesopfer. Die gefährliche Begegnung trug sich in Puri zu, wo Sri
Yukteswar eine zweite Einsiedelei in einer wunderschönen Lage unweit
der Bucht von Bengalen hatte. Prafulla, ein junger Schüler, den der
Meister noch während seiner letzten Lebensjahre annahm, war Zeuge
dieser Begebenheit.
»Wir saßen draußen im Freien, nicht weit vom Ashram entfernt«, erzählte
Prafulla. »Da tauchte plötzlich ganz in unserer Nähe eine etwa 1,20 Meter
lange Kobra auf – welch schrecklicher Anblick! Mit zornig gespreizter
Nackenhaube stürzte sie sich auf uns. Der Meister empfing sie mit
unbekümmerter Heiterkeit, als ob es sich um ein kleines Kind handelte.
Ich war starr vor Schreck, als er begann, rhythmisch in die Hände zu

klatschen*, um die unheimliche Besucherin zu unterhalten! Regungslos blieb ich sitzen und sandte inständige Stoßgebete zum Himmel. Die Schlange war ganz dicht an den Meister herangekommen, doch sie rührte sich jetzt nicht mehr – sein zärtliches Gebaren schien sie anzuziehen. Sie spreizte ihre Haube nicht länger und glitt zwischen seinen Füßen hindurch, um schließlich im Gebüsch zu verschwinden.

Warum mein Guru in die Hände klatschte und warum die Kobra ihn dennoch nicht angriff, war mir damals unbegreiflich«, fügte Prafulla anschließend hinzu. »Doch später wurde mir klar, daß mein göttlicher Meister die Furcht überwunden hat, daß ihn irgendein Lebewesen je verletzen könnte.«

Eines Nachmittags ganz am Anfang meiner Zeit im Ashram betrachtete mich Sri Yukteswar mit durchdringendem Blick.

»Du bist zu dünn, Mukunda!«

Seine Worte trafen mich an einer empfindlichen Stelle, denn meine tiefliegenden Augen und meine magere Gestalt gefielen mir selbst nicht – dies war auch daran zu erkennen, daß ich in meinem Zimmer in Kalkutta eine ganze Serie von Stärkungsmitteln aufbewahrte. Doch was ich auch tat, nichts half. Seit frühester Kindheit litt ich an chronischer Verdauungsschwäche. Bisweilen war ich völlig verzweifelt und fragte mich, ob das Leben in einem solch ungesunden Körper überhaupt lebenswert sei.

»Die Wirkung von Medikamenten hat ihre Grenzen; doch Gottes schöpferische Lebenskraft ist unbegrenzt. Glaube daran, und du wirst gesund und kräftig werden.«

Ich war augenblicklich davon überzeugt, daß der Meister mir genau das geraten hatte, was für mich am besten war. Kein anderer Heiler – und ich hatte es mit vielen probiert! – hat es je geschafft, einen solch tiefen Glauben in mir zu wecken.

Von da an wurde ich von Tag zu Tag kräftiger. Bereits zwei Wochen nach dem geheimen Segen meines Meisters hatte ich ein Gewicht erreicht, von dem ich vorher nur hatte träumen können. Auch meine Magenbeschwerden verschwanden ein für allemal. Später durfte ich bei verschiedenen Gelegenheiten erleben, wie mein Guru mit seiner göttlichen Kraft kranke Menschen von ihren schweren Leiden heilte – von Zuckerkrankheit, Epilepsie, Tuberkulose und Lähmungen. Doch niemand hätte ihm

---

* Die Kobra greift sofort jeden sich bewegenden Gegenstand an, der sich in ihrer Reichweite befindet. Daher ist vollkommene Regungslosigkeit meist die einzige Chance, einem Angriff zu entgehen.

dankbarer sein können als ich, nachdem er mich so urplötzlich von meinem ausgezehrten, kränklichen Erscheinungsbild befreit hatte.

»Vor vielen Jahren wollte auch ich einmal unbedingt zunehmen«, berichtete mir der Meister. »Ich war gerade von einer schweren Krankheit genesen und besuchte Lahiri Mahasaya in Benares. ›Meister‹, sagte ich, ›ich bin schwer krank gewesen und habe stark abgenommen.‹

›Ich sehe, Yukteswar*, daß du dich selbst krank gemacht hast und jetzt glaubst, zu dünn zu sein.‹

Diese Antwort war ganz anders, als ich sie erwartet hatte. Mein Guru fügte jedoch ermunternd hinzu:

›Mal sehen … Ich bin sicher, daß du dich morgen besser fühlen wirst.‹

Ich wertete seine Worte als eine insgeheime Geste der Heilung für meinen empfänglichen Geist und war nicht überrascht, als ich mich am nächsten Morgen sehr viel kräftiger fühlte. Ich suchte meinen Meister auf und berichtete ihm freudestrahlend: ›Es geht mir heute schon viel besser, Sir!‹

›Tatsächlich! Heute sorgst du dafür, daß du stärker wirst.‹

›Nein, Meister‹, entgegnete ich. ›Ihr seid es, der mir geholfen hat. Dies ist das erste Mal seit Wochen, daß ich Kraft in mir spüre.‹

›Allerdings; du bist schließlich schwer krank gewesen. Dein Körper ist immer noch geschwächt. Wer weiß, wie es dir morgen geht?‹

Bei dem bloßen Gedanken daran, daß es mir morgen womöglich wieder schlechtergehen würde, schauderte ich. Am nächsten Morgen konnte ich mich nur mit Mühe zu Lahiri Mahasayas Haus hinschleppen.

›Meister, heute geht es mir wieder sehr schlecht.‹

Der Guru sah mich spöttisch an. ›So! Du läßt dich also wieder leiden?‹

Da war meine Geduld zu Ende. ›Gurudeva‹, sagte ich, ›es kommt mir so vor, als hättet Ihr Euch die ganze Zeit lang über mich lustig gemacht. Ich weiß nicht, warum Ihr meinen Worten keinen Glauben schenkt.‹

›Es sind wirklich nur deine Gedanken, die dich mal krank und mal gesund gemacht haben‹, sagte mein Guru und sah mich liebevoll an. ›Du hast gesehen, wie sich dein Gesundheitszustand genau deinen Erwar-

---

*   Lahiri Mahasaya sagte in Wirklichkeit »Priya« (der Vorname des Meisters) und nicht »Yukteswar« (sein Mönchsname, den mein Guru zu Lebzeiten Lahiri Mahasayas noch nicht angenommen hatte). An dieser wie auch an anderen Stellen des Buches steht jedoch »Yukteswar«, um den Leser nicht durch die verschiedenen Namen zu verwirren.

Hauptgebäude auf dem Mount-Washington-Gelände in Los Angeles; hier befindet sich die 1925 gegründete amerikanische Zentrale der Self-Realization Fellowship.

Die Self-Realization Church of All Religions im kalifornischen Hollywood.

tungen entsprechend entwickelt hat. Gedanken sind Kräfte – genau wie die Elektrizität oder die Schwerkraft. Der menschliche Geist ist ein Funke des allmächtigen Bewußtseins Gottes. Ich habe dir gezeigt, daß das, woran dein machtvoller Geist mit aller Inbrunst glaubt, sofort eintrifft.‹

Ich wußte, daß Lahiri Mahasaya niemals leichtfertig sprach, und so fragte ich ihn ehrfürchtig: ›Meister, wenn ich nun glaube, ich sei gesund und habe mein früheres Gewicht wiedererlangt, wird es dann wahr werden?‹

›Es ist bereits in diesem Augenblick wahr geworden‹, sagte mein Guru und sah mir fest in die Augen.

Und du wirst es kaum glauben: Noch im selben Augenblick fühlte ich, wie ich nicht nur stärker wurde, sondern auch an Gewicht zunahm. Lahiri Mahasaya versank daraufhin in tiefes Schweigen. Nachdem ich einige Stunden zu seinen Füßen verweilt hatte, kehrte ich zum Haus meiner Mutter zurück, wo ich immer wohnte, wenn ich in Benares war.

›Was ist denn mit dir geschehen, mein Sohn? Hast du etwa die Wassersucht und bist deswegen so dick geworden?‹ rief sie, als sie mich sah. Sie traute ihren Augen kaum, denn ich war körperlich wieder genauso kräftig wie vor meiner Krankheit.

Ich wog mich und stellte fest, daß ich an einem Tag an die fünfzig Pfund zugenommen hatte; und dieses Gewicht habe ich seither gehalten. Meine Freunde und Bekannten, die gesehen hatten, wie dünn ich geworden war, waren fassungslos vor Staunen. Einige waren so von diesem Wunder beeindruckt, daß sie ein neues Leben begannen und Schüler von Lahiri Mahasaya wurden.

Mein zu Gott erwachter Guru hatte erkannt, daß diese Welt nichts als ein offenbarter Traum des Schöpfers ist. Er war sich seiner Einheit mit dem göttlichen Träumer völlig bewußt und konnte so in der kosmischen Vision nach Belieben Materialisierungen, Dematerialisierungen oder Veränderungen vornehmen.*

Die Schöpfung wird von Gesetzen regiert«, sagte Sri Yukteswar zum

---

*   »Alles, worum ihr betet und bittet – glaubt nur, daß ihr es schon erhalten habt, dann wird es euch zuteil« (*Markus* 11,24). Meister, die Gott geschaut haben, sind durchaus in der Lage, ihre göttlichen Erkenntnisse an fortgeschrittene Schüler – in diesem Falle Sri Yukteswar – zu übertragen.

Abschluß. »Die Kräfte, die sich im sichtbaren, von Wissenschaftlern erforschbaren Universum manifestieren, werden Naturgesetze genannt. Doch es gibt noch andere, subtilere Gesetze, welche jene Bewußtseinsebenen steuern, die man nur über die innere Disziplin des Yoga erfahren kann. Auch die verborgenen spirituellen Ebenen basieren auf natürlichen, gesetzmäßigen Funktionsprinzipien. Nicht der Physiker, sondern der erleuchtete Meister kennt das wahre Wesen der Materie. Dieses Wissen erlaubte es Christus, das Ohr des Dieners zu heilen, das einer seiner Jünger abgeschlagen hatte.«*

Sri Yukteswar war ein unvergleichlicher Interpret der heiligen Schriften. Viele meiner glücklichsten Stunden verbrachte ich damit, seinen Vorträgen zu lauschen. Doch er verschwendete seine Worte nie an Menschen, die unaufmerksam oder desinteressiert waren. Eine einzige unruhige Bewegung oder die geringste Geistesabwesenheit genügten, um ihn mitten im Satz abbrechen zu lassen.

»Du bist nicht bei der Sache«, bemerkte mein Meister eines Nachmittags mitten in einem seiner Vorträge. Wie gewöhnlich hatte er auch diesmal den Grad meiner Aufmerksamkeit mit vernichtender Schonungslosigkeit erfaßt.

»Guruji!« entgegnete ich entrüstet. »Ich habe mich nicht gerührt und nicht einmal die Augenlider bewegt; ich kann jedes Eurer Worte wiederholen.«

»Dennoch warst du nicht ganz bei der Sache. Dein Einwand zwingt mich zu erwähnen, daß du in Gedanken soeben drei Gebäude errichtet hast: eines auf einer bewaldeten Ebene, ein anderes oben auf einem Hügel und ein drittes am Meer.«

Diese unbestimmten Gedanken waren mir tatsächlich – wenn auch mehr unterbewußt – durch den Kopf gegangen. Ich sah ihn reumütig an.

»Was mache ich nur mit einem Meister, der selbst die flüchtigsten meiner Gedanken durchschaut?«

»Du gabst mir das Recht dazu. Die erhabenen Wahrheiten, die ich erkläre, kannst du nur dann erfassen, wenn du absolut konzentriert bist. Ich dringe nur dann in die geheimen Gedanken eines anderen ein, wenn es notwendig ist. Jeder Mensch hat von Natur aus das Recht, unbeobach-

---

* »Und einer von ihnen schlug auf den Diener des Hohepriesters ein und hieb ihm sein rechtes Ohr ab. Jesus aber sagte: Hör auf damit! Und er berührte das Ohr und heilte den Mann« (*Lukas* 22, 50–51).

tet in der Sphäre seiner Gedanken umherzuschweifen. Selbst Gott tritt dort nicht ungebeten ein; wie würde ich es da wagen.«

»Ihr seid mir immer willkommen, Meister.«

»Deine architektonischen Träume werden sich später verwirklichen. Jetzt aber ist es Zeit zum Lernen!«

In seiner schlichten Art hatte mir mein Guru damit ganz beiläufig drei wichtige Ereignisse meines Lebens prophezeit. Schon seit frühester Kindheit waren vor meinem inneren Auge immer wieder die vagen Bilder von drei Gebäuden aufgetaucht, jedes von ihnen in einer anderen Landschaft. Diese Visionen verwirklichten sich später in der von Sri Yukteswar angegebenen Reihenfolge. Zuerst gründete ich eine Yoga-Schule für Jungen in der Ebene von Ranchi, dann meine amerikanische Zentrale auf einem Hügel in Los Angeles und schließlich einen Ashram im Süden Kaliforniens am Ufer des Pazifik.

Der Meister kündigte seine Voraussagen niemals mit anmaßenden Worten an wie: »Ich prophezeie dir dies oder jenes«, sondern machte eher Andeutungen wie: »Meinst du nicht, daß es so oder so kommen könnte?« Doch in seinen schlichten Worten lag prophetische Kraft. Nie mußte er etwas widerrufen, denn seine meist rätselhaft wirkenden Worte erwiesen sich niemals als falsch.

Sri Yukteswar war von Natur aus zurückhaltend und nüchtern. Er war alles andere als ein vager, unrealistischer Visionär. Er stand mit beiden Füßen fest auf der Erde, sein Haupt aber weilte in himmlischen Gefilden. Praktische Menschen bewunderte er. »Heiligkeit bedeutet nicht Dummheit! Göttliche Wahrnehmungen machen den Menschen nicht unbeholfen!« pflegte er zu sagen. »Wer aktiv seine Begabungen zum Ausdruck bringt, wird zu höchster Intelligenz gelangen.«

Im Leben meines Meisters erkannte ich deutlich die Kluft zwischen spirituellem Realismus und dem obskuren Mystizismus, der zu unrecht mit ersterem in einem Zuge genannt wird. Mein Guru sprach nur ungern über die Sphären jenseits des physisch Faßbaren. Seine »wunderbare Aura« beschränkte sich auf seine vollkommene Einfachheit. In Unterhaltungen vermied er großartige Anspielungen; er ließ lieber Taten sprechen. Andere redeten über Wunder, konnten aber keines vollbringen. Sri Yukteswar kam nur selten auf die feinstofflichen Gesetzmäßigkeiten zu sprechen, wendete sie aber insgeheim immer wieder an.

»Ein Erleuchteter vollbringt erst dann Wunder, wenn er tief in seinem Inneren die Erlaubnis dazu empfängt«, erklärte er. »Es ist nicht Gottes

Absicht, mit den Geheimnissen Seiner Schöpfung hausieren zu gehen.* Außerdem hat jeder Mensch ein unumstößliches Recht auf seinen freien Willen. Ein Heiliger wird niemandem diese Unabhängigkeit zu nehmen suchen.« Wegen seiner tiefen Erkenntnis des Unendlichen hüllte sich Sri Yukteswar oft in Schweigen. Er hatte keine Zeit für endlose »Offenbarungen«, wie sie von Lehrern verkündet werden, die keine Selbstverwirklichung besitzen. »In einem oberflächlichen Menschen verursachen kleine Gedankenfische riesige Wellen; in einem ozeanischen Geist rufen die Wale der Inspiration kaum ein Kräuseln hervor.« So drückt es ein Spruch aus der indischen Weisheitslehre mit scharfsichtigem Humor aus.

Da mein Guru sich stets äußerst unauffällig verhielt, erkannten nur wenige seiner Zeitgenossen in ihm den Übermenschen, der er war. Das alte indische Sprichwort »Ein Narr ist der, der seine Weisheit nicht verbergen kann« trifft gewiß nicht auf Sri Yukteswar zu. Er wurde zwar wie jeder andere auch als Sterblicher geboren, doch er war eins geworden mit dem Herrscher von Raum und Zeit. Ich erkannte in seinem Leben eine gottgleiche Einheit; bei der Überschreitung der Grenze zwischen Mensch und Gott hatte sich ihm kein unüberwindbares Hindernis in den Weg gestellt. Die einzige Barriere, die es dafür gibt – so erkannte ich mit der Zeit – liegt in der spirituellen Trägheit des Menschen.

Jedesmal, wenn ich die heiligen Füße Sri Yukteswars berührte, überlief mich ein Schauer. Der Lehre der Yogis zufolge wird ein Schüler durch ehrfurchtsvolle Berührung seines Meisters spirituell »magnetisiert«. Dabei wird ein feiner Strom erzeugt, der die im Gehirn gespeicherten Spuren unerwünschter Gewohnheiten beseitigt und tiefverwurzelte weltliche Neigungen abschwächt. So hebt sich womöglich – wenn auch nur für einen Augenblick – der geheime Schleier der *Maya* und gewährt einen Einblick in die eigentliche Realität – die Glückseligkeit. Wenn ich nach indischem Brauch vor meinem Guru niederkniete, wurde mein Körper ganz von einer befreienden Glut durchdrungen.

»Selbst wenn Lahiri Mahasaya schwieg«, so berichtete mein Meister, »oder wenn er sich über andere als rein religiöse Themen unterhielt, vermittelte er mir doch unvergleichliches Wissen.«

Ebenso ging es mir bei Sri Yukteswar. Wenn ich in gedrückter oder

---

* »Gebt das Heilige nicht den Hunden, und werft eure Perlen nicht den Schweinen vor, denn sie könnten sie mit ihren Füßen zertreten und sich umwenden und euch zerreißen« (*Matthäus* 7,6).

gleichgültiger Geisteshaltung in den Ashram kam, vollzog sich in mir bald darauf unmerklich eine Wandlung. Ich brauchte meinen Guru nur anzusehen, und schon spürte ich eine wohltuende Ruhe in mir. Jeder Tag, den ich mit ihm verbringen durfte, brachte mir neuen Reichtum an Freude, Frieden und Weisheit. Niemals sah ich, daß er einer Täuschung anheimfiel oder sich zu Gier, Emotionalität, Ärger oder anderen menschlichen Schwächen hinreißen ließ.

»Die Dunkelheit der *Maya* kommt unmerklich näher. Laßt uns Zuflucht nehmen in unserem Inneren, wo wir wirklich zu Hause sind.« Mit diesen Worten erinnerte der Meister seine Schüler jeden Abend bei Einbruch der Dämmerung daran, ihre Übungen im *Kriya*-Yoga nicht zu vergessen. Neue Schüler brachten gelegentlich ihre Zweifel daran zum Ausdruck, ob sie überhaupt würdig seien, Yoga zu üben.

»Vergeßt die Vergangenheit«, sagte Sri Yukteswar dann. »Die vergangenen Leben aller Menschen sind von viel Schande befleckt. Unser Verhalten bleibt so lange unberechenbar, wie wir noch nicht fest im Göttlichen verankert sind. Alles wird sich in Zukunft zum Besseren wenden, wenn ihr jetzt die nötigen spirituellen Anstrengungen unternehmt.«

Im Ashram gab es stets mehrere sehr junge *Chelas**, deren geistige und seelische Erziehung dem Meister sein Leben lang ein besonderes Anliegen war. Selbst kurz vor seinem Hinübergehen nahm er noch zwei Sechsund einen Sechzehnjährigen als Schüler bei sich auf. Seinen Schützlingen ließ er eine sorgfältige spirituelle Unterweisung zuteil werden. Die Ashrambewohner liebten und verehrten ihn; er brauchte nur in die Hände zu klatschen, und schon waren sie an seiner Seite. Zeigte er sich schweigsam und zurückgezogen, wagte niemand zu sprechen; doch wenn er fröhlich lachte, betrachteten ihn die Kinder als einen der Ihren.

Nur selten bat Sri Yukteswar jemanden um einen persönlichen Gefallen; auch nahm er die Dienste eines *Chelas* nur dann an, wenn dieser sie ihm aufrichtigen Herzens anbot. Ohne ein Wort zu verlieren, wusch der Meister seine Kleider eigenhändig, wenn die Schüler vergaßen, ihm diesen Liebesdienst zu erweisen. Sri Yukteswar trug das traditionelle ockerfarbene Gewand eines Swamis und ungeschnürte Schuhe aus Tiger- oder Hirschfell, wie sie bei den Yogis Brauch sind.

Er sprach fließend Englisch, Französisch, Bengali und Hindi; auch seine Sanskritkenntnisse waren gut. Geduldig brachte er seinen Schülern eini-

---

*   Schüler, aus der Sanskrit-Verbwurzel für »dienen«.

ge seiner höchst praktischen Tricks und Kniffe bei, um ihnen das Studium des Englischen und des Sanskrit zu erleichtern.

Der Meister gab auf seinen Körper acht, ohne jedoch allzu sehr an ihm zu haften. Das Göttliche, so meinte er, manifestiert sich in körperlicher und geistiger Gesundheit. Alles Extreme lehnte er kategorisch ab. Ein Schüler wollte einmal besonders lange fasten. Da sagte mein Guru lachend: »Wirf dem Hund ruhig einen Knochen vor!«

Sri Yukteswar erfreute sich ausgezeichneter Gesundheit; ich kann mich nicht entsinnen, ihn jemals krank gesehen zu haben.* Er erlaubte seinen Schülern, zum Arzt zu gehen, wenn dies ratsam erschien. »Die Ärzte tun nur ihre Pflicht, wenn sie die göttlichen Gesetze auf den Körper anwenden, um zu heilen.« Dennoch pries er die Überlegenheit der geistigen Therapie und sagte immer wieder: »Nichts läutert besser als Weisheit.« »Der Körper ist ein trügerischer Freund. Gebt ihm, was er braucht – nicht mehr und nicht weniger. Schmerz und Lust sind etwas Vorübergehendes; nehmt die Dualität ruhig hin und versucht gleichzeitig, euch ihrem Einfluß zu entziehen. Die Vorstellungskraft ist das Tor, durch das sowohl Krankheit als auch Gesundheit Zugang finden. Glaubt nicht an die Wirklichkeit eurer Krankheit, selbst wenn ihr krank seid – ein Gast, den man nicht beachtet, sucht bald das Weite!«

Unter den Schülern meines Meisters gab es auch viele Ärzte. »Wer die Gesetze des Körpers studiert hat, dem fällt es nicht schwer, die Wissenschaft der Seele zu ergründen«, sagte er zu ihnen. »Gleich hinter der Struktur der Körpers verbirgt sich ein subtiler geistiger Mechanismus.«**

* Er erkrankte einmal in Kaschmir, als ich nicht bei ihm war (siehe Kapitel 21).
** Charles Robert Richet, ein mutiger Mediziner und Nobelpreisträger für Physiologie, schrieb einmal: »Die Metaphysik ist noch keine öffentlich anerkannte Wissenschaft, wird es aber dereinst sein … In Edinburgh konnte ich vor hundert Physiologen bestätigen, daß … Fragmente der Realität unsere Intelligenz manchmal auch auf anderen Wegen erreichen … Daß etwas selten vorkommt, berechtigt noch lange nicht zu der Annahme, daß es nicht existiert. Soll man etwas nur deshalb nicht verstehen können, weil es schwer zu erlernen ist? … Diejenigen, die die Metaphysik als okkulte Wissenschaft verteufeln, werden sich eines Tages genauso schämen wie jene, die die Chemie verwarfen, weil die Suche nach dem Stein der Weisen vergeblich war … Was die Grundprinzipien anbelangt, so kennen wir nur jene von Lavoisier, Claude Bernard und Pasteur, die immer und überall auf *Erfahrung* aufbauen. So lasset uns denn die neue Wissenschaft begrüßen, die dem menschlichen Denken eine neue Orientierung geben wird.«

Sri Yukteswar riet seinen Schülern, in sich die Tugenden des Westens und des Ostens zu einen. Er selbst war – was die Äußerlichkeiten seines Verhaltens anbelangt – ausgesprochen westlich, im Inneren dagegen spirituell und östlich orientiert. Er pries den Westen ob seiner Fortschrittlichkeit, seines Einfallsreichtums und seiner Sauberkeit; den Osten schätzte er wegen seiner religiösen Ideale, die ihm seinen uralten Nimbus verleihen.

Disziplin war mir von Hause aus nichts Ungewohntes. Mein Vater war streng, Ananta oftmals hart. Sri Yukteswars Erziehung kann man jedoch kaum anders als drakonisch bezeichnen. Mein Guru, der in allen Dingen nach Vollkommenheit strebte, war mit seinen Schülern überkritisch, ganz gleich, ob es sich nun um wichtige Angelegenheiten oder um feine Nuancen des Verhaltens handelte.

»Gute Manieren ohne Aufrichtigkeit sind wie eine schöne, aber tote Frau«, sagte er gelegentlich. »Aufrichtigkeit ohne Manieren ist wie das Messer eines Chirurgen – effektiv, aber unangenehm. Doch Ehrlichkeit, gepaart mit Höflichkeit, ist nützlich und bewundernswert.«

Der Meister schien mit meinen spirituellen Fortschritten zufrieden zu sein, denn er kam nur selten darauf zu sprechen. In anderen Dingen aber war ich an Tadel gewöhnt. Meine hauptsächlichen Vergehen waren Geistesabwesenheit, zeitweiliges Verfallen in Melancholie, das Nichtbeachten gewisser Verhaltensregeln und gelegentlicher Mangel an Systematik.

»Nimm dir ein Beispiel an deinem Vater Bhagabati – alles, was er tut, ist gut organisiert und in jeder Hinsicht ausgewogen«, mahnte mich mein Guru. Die beiden Schüler Lahiri Mahasayas hatten sich bald nach meinem ersten Besuch im Ashram von Serampore kennen- und schätzengelernt. Beide waren in einer Spiritualität verwurzelt, die vom Wechsel der Zeiten unberührt bleibt.

Von früheren Lehrern waren mir einige irrige Ansichten vermittelt worden. Ein *Chela,* so hatte man mir damals gesagt, brauche sich nicht allzusehr mit seinen irdischen Pflichten zu belasten. Wenn ich eine der mir übertragenen Aufgaben gar nicht oder nicht sorgfältig genug ausführte, würde ich nie bestraft. Die menschliche Natur ist nur allzugern bereit, derartige Regeln anzunehmen. Doch unter dem unbarmherzigen Regime meines Meisters legte ich schon bald den angenehmen Trugschluß der Verantwortungslosigkeit ab.

»Diejenigen, die zu gut für diese Welt sind, befinden sich schon lange in einer anderen«, meinte Sri Yukteswar. »Solange du die freie Luft der Erde atmest, mußt du ihr auch dankbar dienen. Einzig der, der den Zustand der Atemlosigkeit* erreicht hat, ist von den Zwängen des Kosmos befreit. Und ich werde dir ganz bestimmt sagen, wenn du diese höchste Stufe der Vollkommenheit erreicht hast.«

Mein Guru ließ sich durch nichts bestechen, nicht einmal durch Liebe. Er übte keine besondere Nachsicht mit denen, die – wie ich – freiwillig und von ganzem Herzen Schüler bei ihm sein wollten.

Ob mein Meister und ich von Schülern und Fremden umgeben oder allein waren, stets vertrat er seinen Standpunkt klar und tadelte streng. Nicht das geringste Abgleiten in die Oberflächlichkeit, nicht die kleinste Inkonsequenz entging seiner Kritik. Diese zermürbende Behandlung war schwer zu ertragen, doch ich war fest entschlossen, mir von Sri Yukteswar alle Eigenwilligkeiten austreiben zu lassen. Während er diese gigantische Verwandlungsarbeit leistete, bekam ich viele Male die ganze Härte seiner disziplinarischen Maßnahmen zu spüren.

»Wenn dir meine Worte nicht passen, steht es dir jederzeit frei zu gehen«, versicherte er mir. »Ich habe kein anderes Ziel im Auge, als dich zu bessern. Bleibe nur so lange, wie du fühlst, daß dein Aufenthalt von Vorteil für dich ist.«

Ich bin ihm dankbar für jeden demütigenden Hieb, den er meiner Eitelkeit versetzte – metaphorisch gesprochen für jeden faulen Zahn, den er mir mit treffsicherer Faust aus dem Munde schlug. Der harte Kern des Egoismus läßt sich nur mit Gewalt entfernen. Ist er beseitigt, sind der Göttlichkeit endlich Tür und Tor geöffnet. Zu den versteinerten Herzen des Selbstsüchtigen sucht sie vergeblich Zugang.

Sri Yukteswars Weisheit und Intuition waren unfehlbar. Oft ignorierte er das, was wir sagten, und antwortete statt dessen auf unsere unausgesprochenen Gedanken. »Was man zu hören glaubt und was der Sprechende tatsächlich zum Ausdruck bringen wollte, ist oft meilenweit voneinander entfernt«, so pflegte er zu sagen. »Versucht, die Gedanken hinter dem Gewirr menschlicher Worte zu erspüren.«

Göttliche Einsicht ist jedoch oft schmerzlich für weltliche Ohren. Bei oberflächlichen Schülern war mein Meister nicht sehr beliebt. Die einsichtsvollen aber, von denen es immer nur wenige gibt, verehrten ihn zutiefst. Sri Yukteswar hätte sicherlich der populärste Guru Indiens sein

---

* *Samadhi:* vollkommene Einheit der Einzelseele mit dem unendlichen Geist.

können, wäre er nicht in seinen Äußerungen so offen und schonungslos gewesen.

»Ich bin hart zu denen, die sich in meine Obhut begeben«, gestand er mir einmal. »Das ist meine Art. Das muß man hinnehmen oder gehen! Ich mache keine Kompromisse. Du selbst wirst später einmal viel gütiger zu deinen Schülern sein, denn das ist deine Art. Ich versuche, meine Schützlinge im Feuer der Strenge zu läutern, und das verursacht Wunden, die der gewöhnliche Mensch nicht ertragen kann. Doch auch die sanftere Methode der Liebe birgt die Kraft der Transformation. Strenge und Milde – beide sind gleich wirkungsvoll, wenn sie mit Weisheit angewandt werden. Du wirst in fremde Länder reisen, wo rauhe Angriffe auf das Ego nicht auf Gegenliebe stoßen. Dort muß ein Lehrer schon über außergewöhnliche Anpassungsfähigkeit, Geduld und Nachsicht verfügen, um die Botschaft Indiens verbreiten zu können.« Ich kann gar nicht sagen, wie oft ich später an diese Worte meines Meisters habe denken müssen!

Obgleich meinem Guru wegen seiner unverblümten Offenheit zu Lebzeiten eine große Anhängerschaft verwehrt blieb, lebt sein Geist dennoch in den vielen Schülern des *Kriya*-Yoga und seiner anderen Lehren auf der ganzen Welt fort. Sri Yukteswar hat heute einen größeren Einfluß auf die Seelen der Menschen, als ihn sich Alexander der Große je auf irdische Besitztümer erträumte.

Eines Tages kam mein Vater in den Ashram, um Sri Yukteswar seine Aufwartung zu machen, wahrscheinlich in der Hoffnung, ein paar Worte des Lobes über mich zu hören. Er war entsetzt, als dieser ihm statt dessen eine lange Aufzählung meiner Unzulänglichkeiten machte. Es lag in der Art meines Meisters, kleine, belanglose Schwächen seiner Schüler wie schwerwiegende Vergehen darzustellen. Mein Vater eilte auf der Stelle zu mir. »Aus den Worten deines Gurus habe ich geschlossen, daß du völlig verwahrlost bist!« rief er und wußte nicht, ob er lachen oder weinen sollte.

Der einzige Grund, warum Sri Yukteswar damals mit mir hätte unzufrieden sein können, war die Tatsache, daß ich gegen seinen Rat versucht hatte, einen Menschen zum geistigen Weg zu bekehren.

Nachdem ich mit meinem Vater gesprochen hatte, suchte ich voller Entrüstung meinen Guru auf. Er empfing mich mit niedergeschlagenen Augen, so als sei er sich seiner Schuld bewußt. Es war das einzige Mal, daß sich der göttliche Löwe mir gegenüber demütig zeigte, und ich genoß diesen einzigartigen Augenblick von ganzem Herzen.

»Guruji, warum habt Ihr mich bei meinem Vater so schlechtgemacht? War das gerecht?«

»Ich werde es nicht wieder tun«, sagte der Meister einlenkend.

Sofort war mir der Wind aus den Segeln genommen. Wie bereitwillig dieser große Mann seinen Fehler zugab! Obgleich der Meister meinem Vater nie wieder seinen inneren Frieden raubte, fuhr er dennoch unbeirrt damit fort, mich zu »sezieren«, wo und wann immer er es für richtig hielt. Neue Schüler stimmten oft in Sri Yukteswars ausgiebige Kritik an anderen ein. Sie glaubten wohl, ebenso weise wie der Guru zu sein, und hielten sich für Musterexemplare an treffsicherer Unterscheidungskraft. Wer aber angreift, muß sich auch verteidigen können. Oft genügte es schon, wenn der Meister vor den anderen ein paar seiner Pfeilspitzen in ihre Richtung schoß, um sie in die Flucht zu schlagen.

»Charakterschwächen, die nicht einmal milde Kritik vertragen, sind wie wunde Stellen des Körpers, die bei der leisesten Berührung zusammenzucken«, so meinte er lachend, wenn wieder einmal ein solcher Schüler das Weite gesucht hatte.

Manche Schüler möchten einen Guru, der ihren eigenen Vorstellungen gerecht wird. Menschen wie sie haben sich oft darüber beklagt, daß sie Sri Yukteswar nicht verstehen konnten. »Ebensowenig verstehst du Gott!« entgegnete ich einmal einem jener Schüler. »Wenn du einen Heiligen verstehen könntest, wärest du selber einer!« Wir, die wir umgeben sind von Millionen und Abermillionen von Geheimnissen und jede Sekunde die unerklärbare Luft einatmen – wie können wir uns anmaßen, das unergründliche Wesen eines Meisters sofort verstehen zu wollen?

Neue Schüler kamen, doch die meisten von ihnen verließen uns schon bald wieder. Wer einen leichten Weg voll von Schmeicheleien und falschem Lob suchte, war in seinem Ashram fehl am Platze. Der Meister bot seinen Schützlingen Zuflucht und Führung bis in alle Ewigkeit; doch viele waren allzu gierig und verlangten obendrein noch Balsam für ihr Ego. Und so zogen sie es vor, die unzähligen Demütigungen des Lebens hinzunehmen, anstatt selbst Demut zu lernen.

Die glühenden, allesdurchdringenden Strahlen der Weisheit Sri Yukteswars waren ein zu machtvolles Heilmittel für ihre kranke Seele. Und so machten sie sich auf die Suche nach einem Lehrer von geringerer Ausstrahlung, um im Schatten seiner schmeichelnden Worte zu verharren und nicht aus dem Schlaf der Unwissenheit herausgerissen zu werden.

Während meiner ersten Monate im Ashram hatte ich regelrecht Angst

vor den scharfen Zurechtweisungen des Meisters. Bald aber merkte ich,
daß er seine schneidenden Worte nur an solche Schüler richtete, die seine
schonungslose Offenheit wünschten. Wenn ein Schüler empfindlich reagierte und Protest anmeldete, schwieg Sri Yukteswar augenblicklich,
ohne verletzt zu sein. Seine Worte waren niemals zornig, sondern stets
objektiv und weise.

Bei Besuchern, die nur gelegentlich zum Ashram kamen und nicht auf
diese Art von Kritik vorbereitet waren, behielt der Meister seine Einsich-
ten jedoch für sich. Selbst wenn deren Schwächen offensichtlich waren,
verlor er nur selten eine Bemerkung darüber. Aber den Schülern gegenüber, die sich seiner Führung anvertraut hatten, fühlte Sri Yukteswar
große Verantwortung. Ein Guru, der das rohe Erz der vom Ego verblendeten Menschheit umformen will, braucht in der Tat Mut. Diese Unerschrockenheit bezieht der Heilige aus seinem Mitgefühl mit einer
Menschheit, die blind durch diese Welt irrt.

Nachdem ich meinen inneren Widerstand aufgegeben hatte, wurde ich
allmählich immer weniger getadelt. Auf fast unmerkliche Weise änderte
sich das Verhalten des Meisters mir gegenüber, und er zeigte sich
beinahe milde. Mit der Zeit riß ich alle Mauern der Rationalisierungen
und unterbewußten Vorbehalte ein, hinter denen sich die menschliche
Persönlichkeit gewöhnlich verschanzt.* Dafür gelangte ich zu müheloser
Übereinstimmung mit meinem Guru. Ich empfand ihn als vertrauensvoll
und nachsichtig und voll der schweigenden Liebe. Sein zurückhaltendes
Wesen verbot es ihm jedoch, seine Zuneigung verbal zu beteuern.

Ich selbst bin eher ein hingebungsvoller Mensch. Daher verwirrte es

---

* Die über das Unterbewußtsein gesteuerten Rationalisierungen sind nicht zu
vergleichen mit der unfehlbaren Stimme der Wahrheit, die aus dem Überbewußtsein zu uns spricht. Unter der Federführung französischer Wissenschaftler von der Sorbonne hat man im Westen begonnen, die Möglichkeit göttlicher
Wahrnehmungen durch den Menschen zu erforschen.
»In den vergangenen zwanzig Jahren verwenden die unter dem Einfluß Freuds
stehenden Anhänger der Psychologie all ihre Zeit auf die Erforschung
des Unterbewußten«, so führte Rabbi Israel H. Levinthal 1929 aus. »In der
Tat verrät uns aber unser Unterbewußtes viel über die Geheimnisse, die
manche – aber längst nicht alle – menschlichen Handlungen erklären. Es
kann uns zwar über das Abnormale, nicht jedoch über Verhaltensweisen
oberhalb der Normalität Aufschluß geben. Die von den französischen Universitäten initiierten jüngsten Arbeiten auf dem Gebiet der Psychologie haben eine neue Ebene im Menschen erschlossen, die als Überbewußtsein

mich zunächst, daß mein von *Inana* durchdrungener Guru scheinbar der *Bhakti** völlig entbehrte und seine Spiritualität ausschließlich in kühle, mathematische Begriffe kleidete. Nachdem ich jedoch erst einmal besser mit seinem Wesen vertraut war, spürte ich, daß sich meine Hingabe an Gott dadurch keineswegs verringerte, sondern eher noch vertiefte. Ein erleuchteter Meister ist durchaus in der Lage, jeden seiner Schüler individuell nach dessen natürlichen Neigungen zu leiten.

Obgleich ich mein Verhältnis zu Sri Yukteswar nicht immer in Worte kleiden konnte, entbehrte es keineswegs der Eloquenz. Oft spürte ich seine schweigende Gegenwart in Gedanken, so daß es keiner Worte bedurfte. Und wenn ich still neben ihm saß, fühlte ich, wie sein unermeßlicher innerer Frieden auf mich überströmte.

Während meiner ersten Sommersemesterferien durfte ich Sri Yukteswars unparteiischen Sinn für Gerechtigkeit auf eindrucksvolle Weise erleben. Schon lange hatte ich mich auf die ungestörten Monate in Serampore bei meinem Guru gefreut.

»Du sollst die Leitung des Ashrams übernehmen«, verkündete mein Meister und freute sich über die Begeisterung, die ich bei meiner Ankunft zeigte. »Deine Aufgabe besteht darin, die Gäste zu empfangen und die Arbeit der anderen Schüler zu beaufsichtigen.«

Vierzehn Tage später wurde Kumar, ein Junge aus einem bengalischen Dorf, als Schüler in den Ashram aufgenommen. Er war auffallend intelligent und gewann rasch die Zuneigung Sri Yukteswars. Aus irgendeinem unerklärlichen Grunde zeigte sich der Meister seinem neuen Schüler gegenüber ausgesprochen nachsichtig.

---

bezeichnet wird. Im Gegensatz zum Unterbewußtsein, das die verborgenen Strömungen unseres Wesens repräsentiert, zeigt das Überbewußtsein jene Höhen auf, die unser Wesen erreichen kann. Der Mensch hat eine dreifache – nicht eine zweifache – Persönlichkeit: Unser bewußtes und unterbewußtes Sein wird vom Überbewußtsein gekrönt. Vor vielen Jahren wies der englische Psychologe F. W. H. Myers darauf hin, daß sich ›tief verborgen in unserem Sein sowohl ein Schutthaufen als auch eine Schatzkammer befinde‹. Im Gegensatz zur Psychologie, die ihr ganzes Interesse auf das Unterbewußtsein des Menschen konzentriert, beschäftigt sich die neue Psychologie des Überbewußtseins mit der Schatzkammer – jener Ebene also, die allein die großen, selbstlosen und heroischen Taten des Menschen zu erklären vermag.«

* *Inana* (Weisheit) und *Bhakti* (Hingabe) sind zwei der Hauptwege zur Verwirklichung Gottes.

Nachdem der Neue einen Monat lang bei uns gewesen war, sprach der Meister:»Mukunda, laß Kumar von nun an deine Pflichten übernehmen, und übernimm du selbst das Putzen und Kochen.«

Kumar stieg seine neue Position schnell zu Kopf, und er entwickelte sich zu einem regelrechten Haustyrannen. In schweigender Auflehnung kamen die anderen Schüler weiterhin zu mir, um Fragen des Alltags mit mir zu besprechen.

Etwa drei Wochen später hörte ich aus einem Nebenzimmer zufällig, wie sich Kumar bei unserem Guru beschwerte:»Mukunda ist unmöglich! Ihr habt mir die Aufsicht übertragen, und dennoch gehen alle zu ihm und tun, was er sagt!«

»Eben deshalb habe ich ihn in die Küche und dich ins Empfangszimmer gesetzt«, erwiderte Sri Yukteswar mit einer Schärfe, die Kumar völlig neu war. »Nur so wirst du zu der Erkenntnis gelangen, daß ein echter Führer nicht herrschen, sondern dienen will. Du wolltest Mukundas Aufgaben übernehmen, konntest dich ihrer aber nicht würdig erweisen. Gehe jetzt wieder an deine alte Arbeit als Küchenjunge.«

Nach diesem demütigenden Zwischenfall zeigte der Meister Kumar gegenüber wieder dieselbe ungewöhnliche Nachsicht. Wer kann das Geheimnis der Anziehung ergründen? Kumar war für unseren Guru ein Quell des Wohlgefallens, der für uns andere nicht zu sprudeln schien. Obgleich der neue Junge ganz offensichtlich in die Rolle von Sri Yukteswars Lieblingsschüler schlüpfte, verspürte ich keinerlei Groll. Denn es sind ja gerade die persönlichen Eigenheiten, von denen selbst die Meister nicht ganz frei sind, die das Spiel des Lebens so abwechslungsreich machen. Nebensächlichkeiten dieser Art haben mich nur selten berühren können; ich suchte bei Sri Yukteswar größere Schätze als äußere Anerkennung.

Eines Tages war Kumar ohne jeden Grund gehässig zu mir; ich war zutiefst verletzt.

»Du platzt bald vor lauter Aufgeblasenheit«, sagte ich und fügte warnend hinzu:»Wenn sich dein Verhalten nicht ändert, wird man dich eines Tages aus dem Ashram weisen.« Ich war intuitiv von der Wahrheit meiner Worte überzeugt.

Kumar jedoch lachte sarkastisch und wiederholte meine Bemerkung dem Guru gegenüber, der gerade ins Zimmer trat. Schelte schien mir sicher, und so zog ich mich still in eine Ecke zurück. Doch der Meister sagte in ungewöhnlich kühlem Tonfall:»Vielleicht hat Mukunda recht.«

Ein Jahr später fuhr Kumar zu einem Besuch nach Hause, um seine Familie wiederzusehen. Er kümmerte sich nicht um die stumme Mißbilligung Sri Yukteswars, der sich niemals autoritär in die Angelegenheiten seiner Schüler einmischte. Als Kumar nach einigen Monaten in den Ashram zurückkehrte, hatte er sich auf erschreckende Weise verändert: Das war nicht mehr der stattliche Kumar mit dem klaren, heiteren Antlitz. Vor uns stand ein gewöhnlicher Bauernjunge, der sich in jüngster Zeit eine Menge schlechter Manieren zugelegt hatte.

Da ließ der Meister mich zu sich rufen, und schweren Herzens besprach er mit mir, daß Kumar jetzt wohl nicht mehr für das klösterliche Leben in der Einsiedelei geeignet sei.

»Mukunda, bitte teile du Kumar mit, daß er den Ashram morgen verlassen soll; ich kann es nicht.« Tränen standen in Sri Yukteswars Augen, doch er faßte sich sogleich wieder. »Der Junge wäre nie so tief gefallen, wenn er auf mich gehört hätte, anstatt fortzugehen und sich in schlechte Gesellschaft zu begeben. Er hat meine schützende Hand zurückgewiesen; so soll die unbarmherzige Welt wieder die Rolle seines Gurus übernehmen.«

Kumars Abreise brachte mir keinerlei Genugtuung. Traurig fragte ich mich, wie jemand, dem es gelungen war, die Liebe eines Meisters zu gewinnen, je weltlichen Versuchungen hatte erliegen können. Das Verlangen nach Wein und Sex ist dem Menschen angeboren; um daran Gefallen zu finden, bedarf es keines höheren Wahrnehmungsvermögens. Die Verlockungen der Sinne gleichen dem immergrünen Oleander: Seine bunten Blüten verströmen einen süßen Duft, und doch ist jeder Teil der Pflanze giftig. Das Reich der Heilung liegt im Inneren des Menschen; dort findet er das wahre Glück, das er in seiner Blindheit an tausend anderen Orten vergeblich sucht.*

»Ein scharfer Verstand ist ein zweischneidiges Schwert«, sagte der Meister einmal in Anspielung auf Kumars brillanten Intellekt: »Man kann ihn konstruktiv oder destruktiv einsetzen, um das Furunkel der Unwissenheit

---

*   »Im Wachzustand unternimmt der Mensch alle erdenklichen Anstrengungen, um Sinnesfreuden zu erlangen; doch wenn seine Sinnesorgane ermüden, vergißt er selbst die Freude, die ihm im Augenblick zuteil wird, und sinkt in tiefen Schlaf, wo er Ruhe in der Seele, in seiner eigenen Natur findet«, schrieb der große Vedantist Shankara. »Glückseligkeit jenseits der Sinne ist daher spielend leicht zu erreichen und allen Sinnesfreuden weit überlegen, denn sie enden stets im Ekel.«

zu entfernen oder sich selbst zu enthaupten. Erst wenn der Mensch die Unausweichlichkeit der geistigen Gesetze anerkannt hat, weiß er seine Intelligenz in die richtigen Bahnen zu leiten.«

Mein Guru pflegte ungezwungenen Kontakt sowohl zu männlichen als auch zu weiblichen Schülern und behandelte sie alle wie seine Kinder. Er machte keinen Unterschied zwischen den Geschlechtern, weil er um die Ebenbürtigkeit ihrer Seelen wußte.

»Im Schlaf«, so sagte er, »wißt ihr nicht, ob ihr Mann oder Frau seid. Ebenso wie ein Mann nicht zur Frau wird, wenn er auf der Bühne eine Frauenrolle spielt, so ist die Seele, die sich mal als Mann, mal als Frau verkörpert, geschlechtslos. Die Seele ist das reine, unwandelbare Ebenbild Gottes.«

Sri Yukteswar mied Frauen nicht, noch brandmarkte er sie als Quellen der Verführung. Männer, so sagte er, stellten auch eine Versuchung für Frauen dar. Auf meine Frage, warum ein großer Heiliger des Altertums die Frauen einmal als das »Tor zur Hölle« bezeichnet hatte, erwiderte er ironisch:

»Wahrscheinlich hat irgendein Mädchen in seiner Jugend seinen Seelenfrieden stark beeinträchtigt, sonst hätte er nicht das weibliche Geschlecht, sondern seine eigene Unbeherrschtheit dafür verantwortlich gemacht.«

Wenn ein Besucher es wagte, in der Einsiedelei zweideutige Geschichten zu erzählen, reagierte der Meister mit eisigem Schweigen. »Setzt euch nicht Qualen aus, indem ihr den Verlockungen eines schönes Gesichtes erliegt«, so riet er seinen Schülern. »Wie können die Sklaven der Sinne das Glück dieser Welt erfahren? Sie sehen nicht die zarten Blüten, während sie im Schlamm der primitiven Lüste waten. Wer sich seinen elementaren Trieben hingibt, verliert jedes feinere Unterscheidungsvermögen.«

Schüler, die ernsthaft bemüht waren, der Dualität der *Maya* zu entrinnen, fanden bei Sri Yukteswar stets einen geduldigen und verständnisvollen Ratgeber.

»Genauso wie Essen dazu dienen soll, den Hunger – nicht aber die Gier – zu stillen, so ist der Geschlechtstrieb da, um in Übereinstimmung mit den Naturgesetzen den Erhalt der Spezies zu sichern, und nicht, um unersättliche Begierden zu befriedigen«, so meinte er. »Befreit euch jetzt von allen falschen Wünschen; sonst werden sie euch auch dann noch verfolgen, wenn sich der Astralkörper von seiner körperlichen Hülle gelöst hat. Selbst wenn das Fleisch schwach ist, muß der Geist stark bleiben. Wann immer ihr in Versuchung kommt, müßt ihr diese durch objektive Analyse und eiserne Willenskraft besiegen. Jede natürliche Leidenschaft läßt sich bezwingen!

Bewahrt euch eure Kraft. Seid wie das tiefe Meer, in das die Flüsse der Sinne münden. Kleine Begierden durchlöchern das Reservoir eures inneren Friedens; so tritt wertvolles heilendes Wasser aus und versickert im Wüstensand des Materialismus. Der starke Impuls, der falsche Wünsche in uns entfacht, ist der größte Feind für das Glück des Menschen. Durchschreitet diese Welt mit löwengleicher Selbstbeherrschung – laßt nicht zu, daß ihr zum Spielball eurer Schwächen werdet.«

Wer sich Gott hingibt, wird schließlich vom Zwang seiner Instinkte befreit. Statt nach menschlicher Zuneigung strebt er ausschließlich nach der Liebe Gottes, die allgegenwärtig und darum einzigartig ist.

Sri Yukteswars Mutter lebte im Rana-Mahal-Viertel von Benares in jenem Haus, wo ich meinen Guru bei unserer ersten Begegnung besucht hatte. Sie war eine freundliche und gütige, dennoch aber auch recht energische Frau. Eines Tages beobachtete ich vom Balkon des Hauses aus, wie sie mit ihrem Sohn sprach. In seiner ruhigen, vernünftigen Art versuchte der Meister, sie von etwas zu überzeugen. Doch anscheinend hatte er keinen Erfolg, denn sie schüttelte heftig den Kopf:

»Nein, nein, mein Sohn, geh nun deiner Wege! Deine weisen Worte sind nichts für meine Ohren. Ich bin nicht deine Schülerin.«

Daraufhin zog sich Sri Yukteswar ohne jeden weiteren Kommentar zurück wie ein gescholtenes Kind. Ich war gerührt von der großen Achtung, die er seiner Mutter selbst dann noch entgegenbrachte, wenn sie sich unvernünftig zeigte. Sie sah in ihm nur ihren kleinen Jungen und keinen Weisen. Dieser an sich unbedeutende Zwischenfall hatte seinen eigenen Reiz, denn er offenbarte mir eine neue Facette im außergewöhnlichen Wesen meines Gurus, der äußerlich unbeugsam, innerlich aber demütig war.

Die Ordensregeln verbieten es dem Swami, seine weltlichen Verbindungen aufrechtzuerhalten, nachdem er diese formal durchtrennt hat. Aus diesem Grunde darf er auch nicht die rituellen Familienfeierlichkeiten leiten, deren Durchführung zu den Pflichten eines Familienoberhauptes gehört. Shankara, der Gründer des Swami-Ordens, hielt sich jedoch nicht an diese Vorschrift. Als seine geliebte Mutter starb, verbrannte er ihre sterbliche Hülle in einem himmlischen Feuer, das er seiner erhobenen Hand entspringen ließ.

Auch Sri Yukteswar ignorierte dieses Verbot, wenngleich in weniger aufsehenerregender Weise. Als seine Mutter starb, arrangierte er am heiligen Ganges in Benares die Einäschungsfeierlichkeiten und speiste viele Brahmanen, wie es die uralten Bräuche von einem Familienoberhaupt verlangen.

Die *schastrischen* Verbote sollten dem Swami helfen, eingrenzende Identifikationen zu überwinden. Shankara und Sri Yukteswar jedoch, die mit ihrem ganzen Sein im Geist jenseits der Individualität aufgegangen waren, benötigten keine unterstützenden Regeln mehr. Zuweilen ignoriert ein Meister eine Regel auch ganz absichtlich, um den Vorrang des zugrundeliegenden Prinzips über die äußere Form zu demonstrieren. So riß zum Beispiel Jesus am Sabbat Ähren aus und sprach zu den Kritikern, die wie immer überall zugegen sind: »Der Sabbat ist für den Menschen da und nicht der Mensch für den Sabbat.«*

Mit Ausnahme der heiligen Schriften las Sri Yukteswar nur wenig. Dennoch wußte er stets bestens über die neuesten Entdeckungen der Wissenschaft und andere moderne Errungenschaften Bescheid. Er war ein ausgezeichneter Gesprächspartner und diskutierte gern mit seinen Gästen über die verschiedensten Themen. Seine Schlagfertigkeit und sein ansteckendes Lachen waren eine Bereicherung für jede Unterhaltung. Mein Meister war oft ernst, nie aber finster. »Um Gott zu suchen, braucht man sein Gesicht nicht zu entstellen«, pflegte er zu sagen. »Gott zu finden bedeutet das Ende aller Sorgen.«

Unter den Philosophen, Professoren, Rechtsanwälten und Wissenschaftlern, die zum ersten Mal in den Ashram kamen, erwarteten immer wieder einige, einen strenggläubigen Religionsfanatiker anzutreffen. Oft verriet ein herablassendes Schmunzeln oder ein jovialer Blick, daß sie von der Begegnung nicht mehr als ein paar fromme Sprüche erwarteten. Doch an der Tatsache, daß sie sich am Ende nur schweren Herzens verabschieden mochten, war deutlich abzulesen, daß Sri Yukteswar sich im Gespräch als hervorragender Kenner auch ihres speziellen Faches erwiesen hatte.

Der Meister war in der Regel freundlich und liebenswürdig zu seinen Gästen und hieß sie mit aufrichtiger Herzlichkeit willkommen. Unverbes-

* *Markus* 2, 27.

serlichen Egoisten erteilte er jedoch manchmal einen heilsamen Schock, indem er ihnen entweder mit kühler Gleichgültigkeit oder absoluter Opposition begegnete: Eis oder Eisen!

Einmal kam es zu einer lebhaften Diskussion zwischen ihm und einem bekannten Chemiker, der die Existenz Gottes nicht anerkennen wollte, weil die Wissenschaft keinen echten Nachweis darüber führen könne.

»Es ist Euch also unbegreiflicherweise nicht gelungen, die Allmächtigkeit Gottes in Euren Reagenzgläsern zu analysieren«, meinte der Meister mit unbewegtem Blick. »Ich schlage Euch ein völlig neues Experiment vor; beobachtet einmal 24 Stunden lang ununterbrochen Eure Gedanken. Dann werdet Ihr Euch nicht länger über die Nichtexistenz Gottes den Kopf zerbrechen.«

Eine ähnliche Abfuhr wurde einem berühmten Pandit während seines Besuches im Ashram zuteil. Er rezitierte mit schallender Stimme Textstellen aus dem *Mahabharata*, den *Upanishaden** und den *Bhasyas*** von Shankara.

»Ich warte darauf, etwas von *Euch* zu hören«, bemerkte Sri Yukteswar mit fragendem Blick, als ob die ganze Zeit Schweigen geherrscht hätte. Der Pandit war verwirrt.

»Zitate habe ich nämlich schon mehr als genug gehört«, fügte der Meister hinzu. Bei seinen Worten konnte ich ein Lachen kaum unterdrücken. Glücklicherweise saß ich in respektvollem Abstand zu dem Besucher in einer Ecke des Zimmers. »Doch was könnt Ihr selbst dazu sagen, aus der Besonderheit Eures eigenen Lebens heraus? Welche heiligen Texte habt Ihr wirklich erfaßt und Euch zu eigen gemacht? Auf welche Weise haben diese zeitlosen Wahrheiten Euch in Eurem Wesen verwandelt? Oder genügt es Euch, wie ein Plattenspieler die Worte anderer zu wiederholen?«

---

* Die *Upanishaden* oder der *Vedanta* (wörtlich »Ende der Veden«) erscheinen an verschiedenen Stellen der Veden als grundlegende Zusammenfassungen der vedischen Texte. Sie stellen die Basislehre des Hinduismus dar. Schopenhauer lobte sie mit folgenden Worten: »Wie stark weht der Atem der Upanishaden durch den heiligen Geist der Veden! Wie ist jeder, der mit diesem unvergleichlichen Buch vertraut wurde, von seinem Geist bis in sein Innerstes aufgerührt! Aus jedem Wort spricht ein tiefer, einzigartiger, herrlicher Gedanke, und über allem liegt ein hoher, heiliger ernster Sinn … Der Zugang zu den Veden mit Hilfe der Upanishaden ist für mich der größte Vorteil, den unser Jahrhundert allen vergangenen voraus hat.«

** Kommentare; Shankara legte die *Upanishaden* auf meisterhafte Weise aus.

»Ich gebe es auf!« antwortete der Gelehrte, und er wirkte fast komisch in seiner Verzweiflung. »Ich habe nichts innerlich verwirklicht.«

Vielleicht verstand er zum ersten Mal in seinem Leben, daß es nicht genügt, Textstellen bis auf das letzte *Komma* genau zu kennen, um aus seinem spirituellen *Koma* zu erwachen.

»Diese blutleeren Pedanten vergraben sich vielzuviel in ihre Bücher«, bemerkte mein Guru, nachdem der solchermaßen gerügte Pandit gegangen war. »Sie betrachten die Philosophie als schönen intellektuellen Zeitvertreib. Ihre erhabenen Gedanken stehen in keinem Verhältnis zur Ungeschliffenheit ihres Verhaltens und ihrer inneren Disziplinlosigkeit.« Auch bei anderen Gelegenheiten betonte der Meister die Nutzlosigkeit reiner Bücherweisheit.

»Verwechselt einen umfangreichen Wortschatz nicht mit Verständnis und Einsicht«, bemerkte er einmal. »Die heiligen Schriften sind uns insofern dienlich, als sie in uns den Wunsch nach innerer Verwirklichung stärken; dies gilt jedoch nur dann, wenn wir sie langsam Vers für Vers in uns aufnehmen. Andauerndes Bücherstudium dagegen führt zu Eitelkeit und falschem Stolz über unverdaute Kenntnisse.«

Sri Yukteswar erzählte einmal von seinen eigenen Erfahrungen mit dem Studium heiliger Schriften. Er war damals Gast in einer Waldeinsiedelei im östlichen Bengalen und nahm am Unterricht des berühmten Lehrers Dabru Ballav teil, dessen einfache und zugleich schwierige Methode im alten Indien weit verbreitet war.

Dabru Ballav hatte seine Schüler in der Einsamkeit des Waldes um sich versammelt. Die heilige *Bhagavad-Gita* lag aufgeschlagen vor ihnen. Eine halbe Stunde lang betrachteten sie unverwandt einen Abschnitt und schlossen dann die Augen. Nach einer weiteren halben Stunde gab der Meister eine kurze Erläuterung. Dann meditierten sie wieder eine Stunde lang. Schließlich fragte der Guru:

»Habt ihr verstanden?«

»Ja, Sir!« wagte einer der Schüler zu behaupten.

»Nein, nicht ganz. Sucht den spirituellen Impuls, der diesen Worten die Kraft gab, Indien im Verlaufe der Jahrhunderte immer wieder zu erneuern.« Eine weitere Stunde verging in tiefem Schweigen. Dann entließ der Meister seine Schüler und wandte sich an Sri Yukteswar:

»Kennt Ihr die *Bhagavad-Gita*?«

»Nein, Sir, nicht wirklich; obgleich ich sie mit den Augen und mit meinem Geiste viele Male durchblättert habe.«

»Tausende haben mir anders geantwortet«, sagte der große Weise und schenkte meinem Meister ein wohlwollendes Lächeln. »Wer nur damit beschäftigt ist, mit seinen Kenntnissen der heiligen Schriften zu brillieren, wird wohl kaum die Zeit der Stille finden, um in seinem Inneren nach den unschätzbar wertvollen Perlen zu tauchen.«

Im Unterricht mit seinen eigenen Schülern arbeitete Sri Yukteswar mit derselben Methode intensiver Konzentration. »Man nimmt die Weisheit nicht mit den Augen auf, sondern mit jedem einzelnen Atom«, sagte er. »Erst wenn ihr eine Wahrheit nicht nur mit dem Verstand, sondern mit eurem ganzen Wesen erfaßt habt, könnt ihr sie in aller Demut selbst vertreten.« Das gelegentlich von seinen Schülern vorgebrachte Argument, daß Bücherweisheit eine Vorstufe zur spirituellen Verwirklichung sei, wies er entschieden zurück.

»Die *Rishis* drückten in einem einzigen Satz solch tiefgründige Gedanken aus, daß Gelehrte aller Generationen sich darüber den Kopf zerbrochen haben«, bemerkte er. »Endlose Diskussionen um Worte sind etwas für den trägen Geist. Gibt es denn einen befreienderen Gedanken als ›Gott ist‹ – oder einfach nur ›Gott‹?«

Doch es fällt dem Menschen schwer, zur Einfachheit zurückzukehren. Es geht ihm nicht um Gott, sondern um intellektuelle Wichtigtuerei. Es schmeichelt seinem Ego, daß sein Verstand soviel Gelehrsamkeit fassen kann.

Menschen, die sich viel auf ihr Ansehen in der Welt einbildeten, lernten in der Gegenwart meines Meisters oft etwas weit Wertvolleres, nämlich Bescheidenheit. Einmal sprach ein ortsansässiger Richter in unserer am Meer gelegenen Einsiedelei in Puri vor. Er war als arrogant bekannt, und es lag durchaus in seiner Macht, unseren Ashram schließen zu lassen. Ich wies meinen Guru auf diese Tatsache hin, doch dieser zeigte sich unbeeindruckt. Er nahm seinen Platz ein und erhob sich nicht, um den Besucher zu begrüßen. Leicht beunruhigt ließ ich mich in der Nähe der Tür am Boden nieder. Sri Yukteswar bat mich nicht, einen Stuhl zu holen, und so mußte der Richter mit einer Holzkiste vorliebnehmen. Seiner offenkundigen Erwartung, daß man ihn aufgrund seines hohen Ranges besonders zuvorkommend behandeln würde, wurde in keiner Weise Rechnung getragen.

In dem nun folgenden Gespräch über metaphysische Themen unterliefen dem Gast immer wieder Fehler bei der Auslegung der heiligen Schriften. Je mehr er sich in Widersprüche verstrickte, desto zorniger wurde er.

»Wißt Ihr, daß ich mein Staatsexamen als Bester bestanden habe?« Seine Vernunft hatte ihn zwar verlassen – seine laute Stimme jedoch nicht.

»Werter Herr, Ihr vergeßt, daß Ihr hier nicht in Eurem Gerichtssaal seid«, erwiderte mein Meister gelassen. »Aus Euren kindischen Bemerkungen würde man schließen, daß Eure akademische Laufbahn eher durchschnittlich verlaufen sei. Ein Universitätsdiplom hat außerdem nicht das geringste mit vedischer Verwirklichung zu tun. Anders als Buchhalter werden Heilige nicht semesterweise in Massen hervorgebracht.«

Der Besucher schwieg einen Augenblick verblüfft und lachte dann hellauf: »Dies ist meine erste Begegnung mit einem himmlischen Richter!« Später reichte er einen formellen Antrag mit all den juristischen Formulierungen ein, die ihm zur zweiten Natur geworden zu sein schienen; in diesem Antrag bat er darum, als »Probekandidat« in Sri Yukteswars Schülergemeinschaft aufgenommen zu werden.

Der Meister kümmerte sich persönlich um alle Angelegenheiten im Zusammenhang mit der Verwaltung seines Besitzes. Mehrmals versuchten skrupellose Menschen, das Land, das ihm als Familienerbe zustand, für sich zu beanspruchen. Doch mit Beharrlichkeit – notfalls gar auf dem Rechtswege – behielt Sri Yukteswar stets die Oberhand über all seine Widersacher. Er setzte sich diesen unangenehmen Erfahrungen nur aus, um niemals zu einem bettelnden Guru zu werden oder seinen Schülern zur Last zu fallen.

Die finanzielle Unabhängigkeit war einer der Gründe dafür, daß er so erschreckend offen und undiplomatisch war. Im Gegensatz zu den Lehrern, die ihren Mäzenen schmeicheln müssen, zeigte sich mein Guru unberührt von den mehr oder weniger ostentativ zur Schau getragenen Reichtümern anderer Menschen. Niemals hörte ich ihn für einen bestimmten Zweck um Geld bitten oder auch nur eine Andeutung in dieser Richtung machen. Die Ausbildung im Ashram war für alle Schüler unentgeltlich.

Eines Tages erschien ein unfreundlicher Gerichtsbeamter im Ashram von Serampore, um Sri Yukteswar eine Vorladung zu überbringen. Mein Mitbruder Kanai und ich waren bei dem Gespräch zugegen. Das Verhalten des Beamten Sri Yukteswar gegenüber war ausgesprochen beleidigend.

»Es wird Euch guttun, die Finsternis Eurer Einsiedelei zu verlassen und die saubere Luft des Gerichtssaales zu atmen«, meinte er mit verächtlichem Grinsen.

Da konnte ich mich nicht länger zurückhalten. »Noch eine solche unver-schämte Bemerkung, und ich werfe Euch zu Boden!« rief ich und näherte mich ihm drohend.

Auch Kanai war empört und schrie: »Wie könnt Ihr es wagen, Ihr Schuft, diesen heiligen Ashram mit Euren Schmähungen zu entweihen?!«

Doch der Meister stellte sich schützend vor den unfreundlichen Beamten und sprach: »Regt euch nicht unnötig auf. Dieser Mann tut nur seine Pflicht.«

Sichtlich verwirrt über diesen uneinheitlichen Empfang, entschuldigte sich der Beamte höflich und eilte davon.

Es war erstaunlich, wie mein Meister ungeachtet seines unbeugsamen Willens innerlich so ruhig sein konnte. Auf ihn trifft die vedische Defini-tion eines heiligen Menschen zu: »Sanfter als die Blume, wo Güte am Platz ist; stärker als der Donner, wenn es um Grundsätze geht.«

Doch es gibt immer Menschen, die – um mit den Worten Brownings zu reden – »kein Licht ertragen können, weil sie selbst in der Finsternis verweilen«. Ab und zu sah sich ein Außenstehender veranlaßt, sich bei Sri Yukteswar über irgendeinen Vorfall zu beschweren. Dann hörte er höflich zu und überlegte ernsthaft, ob auch nur das geringste Körnchen Wahrheit an der Sache sei. Bei derartigen Szenen fiel mir stets eine unvergleichliche Bemerkung des Meisters ein: »Manche Menschen ver-suchen dadurch groß zu erscheinen, daß sie anderen den Kopf abschla-gen!«

Die unerschütterliche Gelassenheit eines Heiligen ist eindrucksvoller als alle Predigten. »Besser ein Langmütiger als ein Kriegsheld; besser, wer sich selbst beherrscht, als wer Städte erobert.«*

Ich habe oft gedacht, daß mein Meister mit seiner majestätischen Aus-strahlung ohne weiteres ein Herrscher oder ein berühmter Feldherr hätte werden können, wenn sein Streben Ruhm oder weltlichen Errungen-schaften gegolten hätte. Statt dessen zog er es vor, die innere Festung von Zorn und Egoismus zu stürmen, durch deren Fall der Mensch zur wahren Größe gelangt.

* *Sprichwörter* 16, 32.

Kapitel 13

Der Heilige ohne Schlaf

Bitte laßt mich zum Himalaja gehen! Ich hoffe, daß es mir dort in der ungestörten Einsamkeit gelingen wird, mich auf immer mit Gott zu verbinden.«

Diese undankbaren Worte habe ich tatsächlich einmal an meinen Meister gerichtet! Wie manch anderer Suchender war ich einer jener unvorhersehbaren Täuschungen erlegen und spürte angesichts meiner Pflichten im Ashram und der Anforderungen des gleichzeitigen Studiums eine wachsende Ungeduld in mir aufkeimen. Ein mildernder Umstand für mein Ansinnen mag es vielleicht sein, daß ich damals erst sechs Monate bei Sri Yukteswar weilte und die ganze Größe seiner Persönlichkeit noch nicht erkannt hatte.

»Viele Bergbewohner leben im Himalaja, ohne Gott je geschaut zu haben«, erwiderte mein Guru gelassen und ruhig. »Weisheit sollte man bei einem erleuchteten Meister suchen und nicht in einem leblosen Gebirge.«

Ich überhörte den deutlichen Hinweis des Meisters, daß er, und nicht irgendein Berg, mein Lehrer sei, und wiederholte meine Bitte. Doch Sri Yukteswar ließ sich zu keiner weiteren Antwort herab. Ich legte sein Schweigen als Zustimmung aus – eine recht bequeme, wenn auch fragwürdige Deutung.

Noch am selben Abend traf ich zu Hause alle Vorbereitungen für meine Reise. Ich schnürte mehrere Sachen in eine Decke und mußte dabei an ein ähnliches Bündel denken, das ich vor einigen Jahren heimlich aus meinem Mansardenfenster geworfen hatte.

Unwillkürlich drängte sich mir die Frage auf, ob diese »Flucht zum Himalaja« wohl unter einem ähnlich ungünstigen Stern stehen würde. Damals hatte ich mich euphorisch auf den Weg gemacht; heute abend jedoch plagten mich ernstliche Gewissensbisse bei dem Gedanken, meinen Guru zu verlassen.

Am folgenden Morgen suchte ich Behari Pandit, meinen Sanskrit-Professor am Scottish Church College, auf.

»Sir, Ihr habt mir einmal von einem großen Schüler Lahiri Mahasayas erzählt, mit dem Ihr befreundet seid. Könnt Ihr mir bitte seine Adresse geben?«

»Du meinst sicher Ram Gopal Muzumdar, den ich den ›Heiligen ohne Schlaf‹ nenne, weil er ständig in einem hellwachen, ekstatischen Bewußtseinszustand lebt. Er wohnt in Ranbajpur in der Nähe von Tarakeswar.«

Ich dankte dem Pandit und nahm sofort den nächsten Zug nach Tarakeswar. Ich hoffte, meine Zweifel damit zerstreuen zu können, daß der »Heilige ohne Schlaf« meine Pläne, in der Einsamkeit des Himalaja zu meditieren, letztendlich gutheißen würde. Beharis Freund hatte den Erzählungen zufolge seine Erleuchtung nach jahrelanger Übung von *Kriya*-Yoga in einsamen Höhlen erreicht.

In Tarakeswar suchte ich einen berühmten Tempel auf, den die Hindus mit derselben Ehrfurcht betreten wie die Katholiken die heiligen Stätten von Lourdes in Frankreich. Unzählige Wunderheilungen haben dort stattgefunden, darunter auch an einem meiner Verwandten.

»Ich saß damals eine ganze Woche lang in jenem Tempel«, hatte meine älteste Tante mir erzählt, »um für deinen Onkel Sarada zu beten, der an einer chronischen Krankheit litt. Die ganze Zeit über fastete ich streng. Am siebenten Tag materialisierte sich plötzlich ein Kraut in meiner Hand; ich braute daraus einen Tee, den ich deinem Onkel zu trinken gab. Er war augenblicklich und auf Dauer geheilt.«

Ich betrat den heiligen Tempel zu Tarakeswar, dessen Altar nur aus einem runden Stein besteht. Seine Oberfläche bildet einen Kreis, ohne Anfang und ohne Ende, und versinnbildlicht damit das Unendliche. Kosmische Abstraktionen wie diese sind bei uns in Indien selbst ungebildeten Bauern geläufig; der Abendländer macht uns sogar gelegentlich den Vorwurf, nur von Abstraktionen zu leben.

Meine Stimmung war in diesem Augenblick eher nüchtern, und so verspürte ich auch keinerlei Neigung, mich vor dem Steinsymbol zu verneigen. Gott, so dachte ich bei mir, kann man nur in der eigenen Seele finden.

Ich verließ den Tempel, ohne niedergekniet zu sein, und begab mich raschen Schrittes zu dem abgelegenen Dorf Ranbajpur. Da ich den Weg nicht genau kannte, bat ich einen Vorübergehenden um Auskunft; daraufhin versank dieser in langes Nachdenken.

Schließlich antwortete er orakelhaft: »Wenn Ihr an eine Kreuzung kommt, müßt Ihr nach rechts abbiegen und dann immer geradeaus gehen.«

Ich tat, wie er mich geheißen hatte, und wanderte am Ufer eines Kanals entlang. Bald schon brach die Dunkelheit herein, und am Rande des vor mir liegenden Dschungeldorfes flimmerten Tausende von Glühwürmchen. Ganz in der Nähe heulten Schakale. Das Mondlicht war zu schwach, um mir den Weg zu weisen, und so kam ich nur sehr mühsam voran.

Etwa zwei Stunden später hörte ich plötzlich zu meiner Freude das Läuten einer Kuhglocke, und auf meine wiederholten Rufe trat schließlich ein Bauer aus dem Dunkel hervor.

»Ich suche Ram Gopal Babu.«

»In unserem Dorf wohnt niemand, der so heißt«, sagte der Mann mürrisch. »Ihr seid sicher ein Spitzel und sucht etwas ganz anderes.«

Ich bemühte mich, politisch bedingtes Mißtrauen zu zerstreuen, indem ich ihm meine Lage so bewegend wie möglich schilderte. Daraufhin führte er mich in sein Haus, wo ich gastfreundlich aufgenommen wurde.

»Nach Ranbajpur ist es noch ziemlich weit«, bemerkte er. »Bei der Kreuzung hättet Ihr nach links und nicht nach rechts abbiegen müssen.« Vor dem Mann, der mir zuerst den Weg gewiesen hatte, so dachte ich bei mir, sollte man Reisende warnen. Nach einem köstlichen Mahl aus braunem Reis, Linsen-*Dhal*, Kartoffeln mit Curry und rohen Bananen fand ich für die Nacht Unterkunft in einer kleinen Hütte am Rande des Hofes. In einiger Entfernung sangen die Dorfleute zum dröhnenden Klang von *Mridangas** und Zymbeln. An Schlaf war in jener Nacht nicht zu denken; und so betete ich inständig darum, zu dem gut verborgenen Yogi Ram Gopal geführt zu werden. Als die ersten Strahlen des dämmernden Morgenlichtes durch die Ritzen der dunklen Hütte drangen, machte ich mich auf nach Ranbajpur. Der Weg führte über holprige Reisfelder, und nur mühsam kam ich über die Stoppeln der abgesichelten, stacheligen Pflanzen und die trockenen Lehmhaufen vorwärts. Wenn ich ab und zu einem Bauern begegnete, so wurde mir jedesmal versichert, daß mein Ziel »nur noch eine *Kroscha*« (drei Kilometer) weit entfernt sei. Sechs Stunden waren vergangen, und die Sonne stand bereits im Zenit; mir aber war zumute, als ob ich bis in alle Ewigkeit eine *Kroscha* weit von Ranbajpur entfernt wäre.

Am Nachmittag durchstapfte ich immer noch endlose Reisfelder, die

---

*   Handpauken, die nur für religiöse Musik verwendet werden.

keinerlei Schutz gegen die sengende Hitze boten; mir war, als ob ich jeden Augenblick zusammenbrechen müßte. Da sah ich einen Mann gemächlichen Schrittes auf mich zukommen. Ich wagte kaum, meine übliche Frage zu stellen – aus Furcht, wieder das gleiche »nur noch eine *Kroscha*« zu hören.

Der Fremde blieb bei mir stehen. Er war klein und schmächtig und eher unscheinbar bis auf seine ungewöhnlich durchdringenden, schwarzen Augen.

»Ich hatte gerade vor, Ranbajpur zu verlassen«, sprach er, »aber da du in guter Absicht herkommst, habe ich auf dich gewartet.« Und mit erhobenem Zeigefinger fügte er hinzu: »Du kommst dir wohl sehr gescheit vor, mich einfach so unangemeldet zu überfallen? Dieser Professor Behari hatte kein Recht, dir meine Adresse zu geben.«

Da es vollkommen überflüssig schien, mich diesem Meister vorzustellen, schwieg ich, ein wenig verletzt über diese Art des Empfanges. Da fragte er mich ziemlich schroff:

»Wo glaubst du eigentlich, daß Gott sich befindet?«

»Naja – Er ist in mir und überall.« Meine Verwirrung stand mir zweifellos ins Gesicht geschrieben.

»Allgegenwärtig, was?« entgegnete der Heilige und kicherte in sich hinein. »Warum hast du es dann unterlassen, junger Herr, dich gestern vor dem Unendlichen in der symbolischen Form des Steinaltars im Tarakeswar-Tempel* zu verneigen? Zur Strafe für deinen Stolz bist du von einem Passanten, dem es nicht auf feine Unterscheidungen wie links und rechts ankam, auf den falschen Weg geführt worden. Auch heute ist es dir nicht gerade wohl ergangen.«

Wie recht er hat, dachte ich und staunte über das allsehende Auge, das sich in diesem unscheinbaren Körper verbarg. Eine heilende Kraft ging von dem Yogi aus, so daß ich mich trotz der glühenden Hitze sogleich erfrischt fühlte.

»Die meisten Suchenden neigen dazu, ihren Weg zu Gott als den einzig richtigen anzusehen«, bemerkte er. »Der Weg des Yoga, durch den wir Gott in unserem eigenen Inneren finden können, ist zweifellos der höchste, wie Lahiri Mahasaya uns versichert hat. Doch haben wir Gott erst in uns selbst gefunden, so können wir Ihn auch in der Außenwelt wahrneh-

---

* Das erinnert an Dostojewskis Bemerkung: »Ein Mensch, der sich vor nichts verneigt, kann niemals die Last seiner selbst tragen.«

men. Heilige Tempel wie derjenige in Tarakeswar werden mit Recht als Zentren spiritueller Kraft verehrt.«

Auf einmal änderte sich die Haltung des Heiligen. Er hörte auf zu tadeln und schaute mich warmherzig und mitfühlend an; er klopfte mir freundschaftlich auf die Schulter und meinte:

»Junger Yogi, wie ich sehe, läufst du also deinem Meister einfach davon! Dabei hat er alles, was du brauchst; du mußt zu ihm zurückkehren. Die Berge können nicht dein Guru sein!« Ram Gopal wiederholte damit denselben Gedanken, den Sri Yukteswar zwei Tage zuvor ausgesprochen hatte!

»Kein kosmisches Gesetz schreibt einem Meister vor, wo er leben soll«, fuhr mein Begleiter fort und warf mir dabei einen schelmischen Blick zu. »Der Himalaja in Indien oder Tibet besitzt kein Monopol auf Heilige. Was man nicht durch fortgesetztes Bemühen im eigenen Inneren findet, kann man auch nicht entdecken, indem man seinen Körper hierhin oder dorthin schleppt. Ist der Suchende erst *gewillt*, bis ans Ende der Welt zu gehen, um geistige Erleuchtung zu erfahren, dann taucht sein Guru ganz in der Nähe auf.«

In meinem Inneren wußte ich, daß er recht hatte, und dachte an mein Gebet in der Einsiedelei zu Benares sowie meine darauffolgende Begegnung mit Sri Yukteswar in der belebten Straße.

»Hast du ein kleines Zimmer, wo du die Tür hinter dir zuschließen und allein sein kannst?«

»Ja«, antwortete ich und dachte, mit welch verblüffender Schnelligkeit dieser Heilige vom Allgemeinen zum Konkreten überging.

»Das ist deine Höhle«, fuhr der Yogi fort und schenkte mir einen Blick der Erleuchtung, der auf immer in meinem Gedächtnis haftenblieb. »Das ist dein heiliger Berg. Und das ist der Ort, wo du das Reich Gottes finden wirst.«

Durch seine schlichten Worte fühlte ich mich augenblicklich von meiner jahrelangen Besessenheit, den Himalaja zu erreichen, befreit. Hier in diesem Reisfeld, unter der sengenden Sonne Indiens, erwachte ich aus dem Traum von den Bergen und dem ewigen Schnee.

»Junger Herr, dein göttlicher Hunger ist lobenswert. Ich fühle mich sehr zu dir hingezogen«, sagte Ram Gopal. Er nahm mich bei der Hand und führte mich zu einem alten Weiler inmitten einer Dschungellichtung. Die aus Lehmziegeln erbauten Häuser waren mit Palmenzweigen gedeckt und hatten Eingänge mit den für diese Gegend typischen Verzierungen.

Der Heilige ließ mich auf der Terrasse vor seiner kleinen Hütte Platz nehmen, wo ich im kühlen Schatten der Bambussträucher saß. Er reichte mir gesüßten Limonensaft und ein Stück Kandiszucker; dann ging er in den Innenhof und ließ sich dort im Lotussitz nieder. Nach etwa vier Stunden tiefer Meditation öffnete ich meine Augen wieder und gewahrte im Mondlicht die noch immer regungslos dasitzende Gestalt des Yogis. Gerade versuchte ich, meinen Magen krampfhaft davon zu überzeugen, daß der Mensch nicht vom Brot allein lebt, als sich Ram Gopal plötzlich von seinem Sitz erhob und zu mir herüberkam.

»Ich sehe, daß du ziemlich hungrig bist«, sprach er. »Das Essen wird gleich fertig sein.«

Dann zündete er ein Feuer im Lehmofen des Innenhofs an, und bald schon aßen wir Reis mit *Dhal*, der auf großen Bananenblättern serviert wurde. Mein Gastgeber hatte jede Hilfe beim Kochen höflich abgelehnt.

»Der Gast ist Gott«, so lautet ein Sprichwort, das in Indien seit Urzeiten wie ein ungeschriebenes Gesetz befolgt wird. Bei meinen späteren Reisen im Ausland konnte ich erfreut feststellen, daß man dort in vielen ländlichen Gegenden dem Gast eine ähnliche Ehre erweist. Bei Stadtbewohnern hingegen, die tagtäglich mit Unmengen fremder Gesichter zu tun haben, ist die Gastfreundschaft schon merklich abgeflaut.

Wie unsagbar fern schienen mir die lärmenden Stätten der Menschen, als ich neben dem Yogi in der Einsamkeit des kleinen Dschungeldorfes saß. Das Innere der Hütte war von einem geheimnisvollen matten Glanz erfüllt. Ram Gopal breitete einige zerrissene Wolldecken am Boden aus, auf denen ich schlafen sollte, und setzte sich dann selbst auf eine Strohmatte. Im Banne seiner geistigen Anziehungskraft wagte ich, eine Bitte an ihn zu stellen:

»Sir, könnt Ihr mir nicht *Samadhi* gewähren?«

»Mein Lieber, wie gern würde ich dir diese göttliche Vereinigung vermitteln, doch das ist nicht meine Aufgabe«, entgegnete der Heilige, während er mich aus halbgeschlossenen Augen anblickte. »Dein Meister wird dir diese Erfahrung in Kürze zuteil werden lassen. Dein Körper ist zum jetzigen Zeitpunkt noch nicht darauf eingestellt. Ähnlich wie eine kleine Glühbirne unter hoher elektrischer Spannung durchbrennt, so sind auch deine Nerven nicht ausreichend vorbereitet auf den kosmischen Strom. Wenn ich dir die göttliche Ekstase jetzt gewährte, würde sich dein Körper verzehren, so als ob jede einzelne seiner Zellen in Flammen stünde.«

»Du bittest mich um Erleuchtung«, fuhr der Yogi nachdenklich fort,

»während ich selbst mich frage und meine Zweifel habe, ob ich, der ich so unbedeutend und im Meditieren so wenig erfahren bin, überhaupt ein gottgefälliges Leben führe und dereinst vor Seinem Richterstuhl bestehen werde.«

»Sir, habt Ihr Gott denn nicht seit langer Zeit und von ganzem Herzen gesucht?«

»Was ich getan habe, ist nicht sehr viel. Wahrscheinlich hat Behari dir etwas aus meinem Leben erzählt. Zwanzig Jahre habe ich in einer abgeschiedenen Grotte gelebt und dort jeden Tag achtzehn Stunden lang meditiert. Dann zog ich mich in eine noch einsamere Höhle zurück, wo ich 25 Jahre blieb und täglich zwanzig Stunden in Vereinigung mit dem Absoluten verbrachte. Ich brauchte keinen Schlaf mehr, denn ich war immerzu bei Gott. Mein Körper fand in der vollkommenen Stille des Überbewußtseins größere Ruhe als im unvollkommenen Frieden des normalen unterbewußten Zustands.

Die Muskeln entspannen sich zwar während des Schlafes, doch Herz, Lunge und Kreislauf arbeiten ständig weiter und ruhen nie. Im Zustand des Überbewußtseins hingegen stellen die inneren Organe vorübergehend ihre Tätigkeit ein und werden unmittelbar von der kosmischen Energie gespeist. Dadurch habe ich schon seit Jahren keinen Schlaf mehr gebraucht. Und die Zeit wird kommen, da auch du ohne Schlaf auskommen wirst.«

»Du meine Güte, so lange habt Ihr schon meditiert und seid Euch der Gunst des Herrn noch immer nicht sicher!« rief ich erstaunt aus. »Was sollen wir armen Sterblichen dann sagen?«

»Verstehst du denn nicht, mein lieber Junge, daß Gott die Ewigkeit selbst ist? Es wäre einfach grotesk anzunehmen, man könne Ihn durch 45 Jahre Meditation bis ins letzte Detail ergründen. Babaji versichert uns jedoch, daß wir durch ein wenig Meditation bereits die große Furcht vor dem Tode und dem Zustand nach dem Tode verlieren können. Mache nicht einen kleinen Berg zu deinem spirituellen Ziel, sondern richte dein ganzes Streben auf den Stern höchster göttlicher Vollkommenheit. Wenn du dich ernsthaft bemühst, wirst du dein Ziel auch erreichen.«

In meiner Begeisterung über diese Aussichten bat ich ihn sogleich um weitere erleuchtende Worte. Da erzählte er mir die wunderbare Geschichte von seiner ersten Begegnung mit Babaji*, dem Guru Lahiri

---

*   Siehe Kapitel 33.

Mahasayas. Gegen Mitternacht versank Ram Gopal in Schweigen, und ich legte mich auf mein Lager aus Decken nieder. Als ich jedoch die Augen schloß, sah ich flammende Blitze vor mir aufleuchten, und die riesige Weite in meinem Inneren verwandelte sich in eine Sphäre aus geschmolzenem Licht. Ich öffnete die Augen und nahm um mich herum dieselbe gleißende Helligkeit wahr. Das Zimmer wurde zu einem Teil jenes unendlichen Gewölbes, das ich in meiner Vision schaute.

»Warum schläfst du nicht?« fragte der Yogi.

»Sir, wie kann ich schlafen, wenn ich von leuchtenden Blitzen umgeben bin, unabhängig davon, ob ich die Augen öffne oder schließe?«

»Du bist gesegnet, daß du dies erleben darfst; denn die spirituellen Strahlen sind nicht leicht wahrzunehmen«, sagte der Heilige und fügte noch einige liebevolle Worte hinzu.

Als der Morgen angebrochen war, gab mir Ram Gopal etwas Kandiszucker und meinte, daß ich nun gehen müsse. Der Abschied von ihm fiel mir so schwer, daß mir Tränen über die Wangen liefen.

»Ich will dich nicht mit leeren Händen davonziehen lassen«, sagte der Yogi gütig. »Ich will etwas für dich tun.«

Dabei lächelte er und sah mich unverwandt an. Wie angewurzelt stand ich da, als ich auf einmal Wellen des Friedens spürte, die durch die Tore meiner Augen hereinströmten. Im selben Augenblick wurde ich von meinen Rückenschmerzen geheilt, die mich seit Jahren wiederholt gequält hatten. Ich fühlte mich wie neugeboren, wie in ein Meer von Licht und Freude getaucht, und mein Kummer war vergessen. Nachdem ich Ram Gopals Füße berührt hatte, bahnte ich mir meinen Rückweg durch die wildwuchernde tropische Vegetation des Dschungels.

Als ich Tarakeswar erreicht hatte, begab ich mich noch einmal zu dem berühmten Tempel und warf mich vor dem Altar nieder. Da dehnte sich der runde Stein vor meinem inneren Auge aus und wurde zur kosmischen Sphäre: Kreis um Kreis, Ring um Ring, alle in göttlichen Glanz gehüllt.

Glücklich und zufrieden bestieg ich eine Stunde später den Zug nach Kalkutta. So endete meine Reise nicht in den hohen Bergen, sondern in Serampore bei meinem Meister, der »mein Himalaja« war.

Kapitel 14

Die Erfahrung des kosmischen Bewußtseins

Ich bin wieder da, Guruji.« Die Scham, die in meinem Gesicht geschrieben stand, verriet mehr als meine Worte.

»Komm mit mir in die Küche; wir wollen sehen, ob wir etwas zu essen finden«, sagte Sri Yukteswar auf eine so natürliche Weise, als seien Stunden und nicht Tage seit unserer letzten Begegnung vergangen.

»Meister, Ihr wart sicher enttäuscht, als ich so plötzlich meine Pflichten hier im Stich ließ; ich dachte, Ihr wärt wütend auf mich.«

»Keineswegs! Zorn entspringt nur unerfüllten Wünschen. Da ich aber nie etwas von anderen erwarte, kann auch niemand meinen Wünschen zuwiderhandeln. Ich würde dich nicht für meine eigenen Zwecke ausnutzen, denn ich bin nur dann glücklich, wenn ich auch dich wahrhaft glücklich sehe.«

»Ich habe so viele vage Reden über die göttliche Liebe gehört, Sir. Ihr aber habt mir heute zum ersten Mal ein konkretes Beispiel gegeben, denn Euer Wesen ist das eines Engels! Draußen in der Welt vergibt selbst ein Vater seinem Sohn nicht so leicht, wenn dieser das elterliche Geschäft ohne vorherige Ankündigung verläßt. Ihr aber zeigt nicht den leisesten Unwillen, obgleich ich Euch sicher in große Verlegenheit gebracht haben muß, weil ich meine Aufgaben unerledigt liegenließ.«

Mit Tränen in den Augen sahen wir uns schweigend an. Eine Welle der Glückseligkeit durchflutete mich, und ich fühlte, wie Gott selbst – in Gestalt meines Gurus – aus der kleinen Glut meines Herzens das allumfassende Feuer kosmischer Liebe entfachte.

Einige Tage darauf begab ich mich in das leere Zimmer meines Meisters, um dort zu meditieren. Doch mein lobenswerter Vorsatz fand wenig Anklang bei meinen widerspenstigen Gedanken. Sie flatterten mal hierhin, mal dorthin, wie eine Schar aufgescheuchter Vögel, die vor einem Jäger flieht.

»Mukunda!« ertönte da Sri Yukteswars Stimme von einem der zum Innenhof gelegenen Balkone.

Ich reagierte ebenso rebellisch wie meine Gedanken. »Der Meister hält mich immer zum Meditieren an«, murmelte ich vor mich hin, »dann soll er mich auch nicht stören, wenn er weiß, wozu ich in diesen Raum gekommen bin.«

Kurz darauf rief er mich wieder, aber ich schwieg hartnäckig. Beim dritten Mal klang seine Stimme streng.

»Meister, ich meditiere!« rief ich protestierend.

»Ich weiß, wie du meditierst«, rief mein Guru zurück. »Deine Gedanken wirbeln durcheinander wie Blätter im Sturm! Komm jetzt zu mir.«

Ich fühlte mich entlarvt und zurechtgewiesen. Niedergeschlagen ging ich zu ihm hin.

»Armer Junge, die Berge haben dir nicht geben können, wonach du dich sehnst«, sagte der Meister tröstend und voller Zärtlichkeit. Sein Blick war still und unergründlich. Und dann fuhr er fort: »Dein Herzenswunsch soll dir nun erfüllt werden.« Sri Yukteswar sprach selten in Rätseln; ich wußte nicht, wie ich seine Worte verstehen sollte. Da streckte er seine Hand aus und berührte meine Brust oberhalb des Herzens.

Mein Körper war wie angewurzelt. Der Atem wurde mir wie von einem gewaltigen Magneten aus der Lunge gesogen. Seele und Geist legten augenblicklich ihre physischen Fesseln ab und strömten wie eine gleißende Lichtflut aus jeder Pore. Körperlich fühlte ich mich wie abgestorben, und doch zeigte mir die Intensität meiner Wahrnehmungen, daß ich nie zuvor wirklich lebendig gewesen war. Mein Ichbewußtsein beschränkte sich nicht mehr auf den Körper, sondern umfaßte alle mich umgebenden Atome. Menschen auf fernen Straßen schienen sich plötzlich ganz sanft auf meiner eigenen, ins Unermeßliche erweiterten Peripherie zu bewegen. Die Wurzeln von Pflanzen und Bäumen schimmerten durch den transparent gewordenen Boden hindurch, und ich konnte erkennen, wie in ihrem Inneren der Saft strömte.

Alles, was mich umgab, lag unverhüllt vor mir. Ich konnte nicht nur nach vorn, sondern nach allen Seiten sehen und damit gleichzeitig alles wahrnehmen. Durch meinen Hinterkopf sah ich, wie ein paar Menschen am anderen Ende der Rai Ghat Road entlanggingen, und ich bemerkte auch eine weiße Kuh, die gemächlich näherkam. Als sie am geöffneten Tor des Ashrams vorbeikam, beobachtete ich sie mit meinen beiden physischen Augen. Als sie sich wieder hinter der Ziegelmauer befand, konnte ich sie immer noch genau erkennen.

Alles, was sich innerhalb meines panoramischen Blickfeldes befand, zitterte und vibrierte wie die flimmernden Bilder eines Filmes. Mein eigener Körper und der meines Meisters, der Hof mit den umliegenden

Säulengängen, die Möbel und der Fußboden, die Bäume und der Sonnenschein – alles bewegte sich ein paarmal heftig und löste sich schließlich in einem leuchtenden Meer auf, ähnlich wie Zuckerkristalle in einem Glas Wasser zergehen, wenn man es schüttelt. Aus dem alles vereinigenden Licht materialisierten sich immer wieder Formen – Metamorphosen, die mir das der Schöpfung zugrundeliegende Gesetz von Ursache und Wirkung offenbarten.

Ozeanische Freude brach sich an den stillen, endlosen Ufern meiner Seele. Der Geist Gottes, so erkannte ich, ist unerschöpfliche Glückseligkeit; Sein Körper ist aus unzähligen Lichtfasern gewebt. Nach und nach breitete sich die Herrlichkeit, die mich in meinem Inneren erfüllte, über Städte, Kontinente, die Erde, Sonnen- und Sternensysteme, ätherische Astralnebel und schwebende Universen aus. In der Unendlichkeit meines Selbst flimmerte der ganze Kosmos wie die nächtlichen Lichter einer aus der Ferne betrachteten Stadt. Außen an den Rändern lösten sich die klaren Umrisse auf und verschwammen zu einem gleichbleibenden, milden Glanz von unsagbarer Zartheit, ganz anders als das gröbere Licht, aus dem die Bilder der Planeten waren.

Nach allen Richtungen ergossen sich die göttlichen Strahlen aus ihrem unerschöpflichen Quell und formten sich zu Galaxien, die von einer Aura mit unbeschreiblichem Glanz umgeben waren. Immer wieder sah ich, wie sich die schöpferischen Strahlen zu Konstellationen verdichteten, um sich dann in einem transparenten Flammenmeer aufzulösen. Im rhythmischen Wechsel gingen Millionen und Abermillionen Welten in diesem durchsichtigen Glanze auf, wurde Feuer zum Firmament.

Ich fühlte, daß das Zentrum dieses Feuerhimmels als Ort meiner intuitiven Wahrnehmung in meinem eigenen Herzen lag. Strahlender Glanz ergoß sich aus diesem inneren Kern in jeden Teil des Universums. Segensreicher *Amrita* – der Nektar der Unsterblichkeit – pulsierte in mir gleich einer quecksilbrigen Flüssigkeit. Die Stimme des Schöpfers ließ das »*OM*«* ertönen, den Klang, der den Kosmos zum Schwingen bringt. Plötzlich kehrte der Atem in meine Lungen zurück. Mit kaum erträglicher Enttäuschung fühlte ich, daß ich meine Unermeßlichkeit verloren hatte. Ich war wieder Gefangener im elenden Käfig meines Körpers, der sich dem Geist nur so schwer zu öffnen vermag. Gleich dem verlorenen Sohn

---

*   »Im Anfang war das Wort, und das Wort war bei Gott, und das Wort war Gott« (*Johannes* 1, 1).

war ich aus meiner makrokosmischen Heimat fortgelaufen und hatte mich in einem beengenden Mikrokosmos eingeschlossen.

Mein Guru stand regungslos vor mir. Aus Dankbarkeit für diese Erfahrung des kosmischen Bewußtseins, die ich seit langem so leidenschaftlich herbeigesehnt hatte, wollte ich mich ihm zu Füßen werfen. Er aber hielt mich fest und sagte ganz ruhig: »Gib dich nicht zu sehr dem Rausch der Ekstase hin. Für dich gibt es noch viel Arbeit in dieser Welt. Komm, wir wollen den Balkon fegen und dann zum Ganges hinuntergehen.«

Ich holte einen Besen; mein Meister, so verstand ich, wollte mich das Geheimnis eines ausgeglichenen Lebens lehren. Die Seele muß sich über kosmogonische Abgründe erheben können, während der Körper seinen täglichen Pflichten nachgeht. Als wir später spazierengingen, befand ich mich noch immer in einem Zustand unbeschreiblicher Verzückung. Ich sah unsere beiden Körper als Astralbilder, und der Weg, der uns am Ufer entlangführte, bestand aus reinem Licht.

»Alle Formen und Kräfte im Universum werden allein vom Geist Gottes belebt und aufrechterhalten; und dennoch ist Er transzendent und weit entfernt in jener glückseligen, unerschaffenen Leere jenseits der Welt der Schwingungen und Erscheinungen«*, erklärte der Meister. »Heilige, die noch während ihrer fleischlichen Existenz zur Gottesverwirklichung gelangen, haben eine ähnliche Doppelexistenz. Sie erfüllen gewissenhaft

---

* »Auch richtet der Vater niemand, sondern er hat das Gericht ganz dem Sohn übertragen« (*Johannes* 5, 22). »Niemand hat Gott je gesehen: Der Einzige, der Gott ist und am Herzen des Vaters ruht, er hat Kunde gebracht« (*Johannes* 1, 18). »Amen, Amen, ich sage euch: Wer an mich glaubt, wird die Werke, die ich vollbringe, auch vollbringen, und er wird noch größere vollbringen, denn ich gehe zum Vater« (*Johannes* 14, 12). »Der Beistand aber, der Heilige Geist, den der Vater in meinem Namen senden wird, der wird euch alles lehren und euch an alles erinnern, was ich euch gesagt habe« (*Johannes* 14, 26).

Diese Bibelworte beziehen sich auf die Dreifaltigkeit Gottes: Vater, Sohn und Heiliger Geist (*Sat, Tat, OM* in den heiligen Schriften der Hindus). Gottvater ist das Absolute, Unmanifestierte, das *jenseits* der schwingenden Schöpfung existiert. Gott, der Sohn, ist das Christusbewußtsein (Brahma oder *Kutastha Chaitanya*), das *innerhalb* der schwingenden Schöpfung existiert; dieses Christusbewußtsein ist die »eingeborene« oder einzige Widerspiegelung des unerschaffenen Unendlichen. Deren äußere Manifestation oder »Zeuge« ist *OM* oder der Heilige Geist, jene unsichtbare göttliche schöpferische Kraft, die der gesamten Schöpfung durch Schwingungen Struktur verleiht. *OM*, der segensreiche Tröster, kann in der Meditation gehört werden und enthüllt dem Gottsucher die letzte Wahrheit.

ihre Aufgaben in der Welt und bleiben dennoch die ganze Zeit über in
innerer Glückseligkeit versunken. Der Herr hat die Menschen aus der
grenzenlosen Freude Seines Seins erschaffen. Und obgleich sie in der
schmerzlichen Enge ihres Körpers leben, erwartet Er doch, daß die
Seelen, die Er nach Seinem Ebenbild erschaffen hat, sich dereinst über
alle Sinneswahrnehmungen erheben und wieder mit Ihm vereinigen.«

Ich zog viele unvergeßliche Lehren aus meiner kosmischen Vision. Wenn
ich bei der täglichen Meditation meine Gedanken zum Schweigen brachte, konnte ich mich von der trügerischen Vorstellung befreien, daß mein
Körper nichts sei als ein Bündel Fleisch und Knochen, das sich auf dem
festen Boden der Materie bewegt. Der Atem und der ruhelose Geist – so
erkannte ich – waren wie Sturmwinde, die das Meer des Lichtes aufpeit-
schen zu Wellen stofflicher Erscheinungen – zu Erde, Himmel, Menschen, Tieren, Vögeln und Bäumen. Nur wenn man diese Stürme stillt,
kann man das Unendliche als das Eine Licht wahrnehmen.

Wann immer ich es schaffte, den natürlichen Tumult von Atem und
Gedanken zur Ruhe zu bringen, sah ich die vielgestaltigen Wellen der
Schöpfung in ein leuchtendes Meer zerfließen – ähnlich wie sich die
Wogen des Ozeans glätten und zur Einheit finden, sobald der Sturm
verebbt.

Ein Meister verleiht seinem Schüler das göttliche Erlebnis des kosmischen Bewußtseins erst dann, wenn dieser seinen Geist durch Meditation
so weit gefestigt hat, daß er die Unermeßlichkeit der inneren Schau
ertragen kann. Intellektuelle Bereitschaft und geistige Aufgeschlossenheit allein genügen nicht, um diese Erfahrung zu erlangen. Nur eine
entsprechende Ausdehnung des Bewußtseins, wie man sie durch die
Übung von Yoga und hingebungsvollem *Bhakti* erreicht, kann den Geist
darauf vorbereiten, den befreienden Schock der Allgegenwart Gottes zu
ertragen. Wer aufrichtig nach Gott sucht, dem wird diese Erfahrung
unweigerlich zuteil werden, denn seine drängende Sehnsucht übt auf
Gott eine unwiderstehliche Anziehungskraft aus. Die magnetische Glut
in seinem Herzen zieht Gott als kosmische Vision in den Bereich seines
Bewußtseins.

Jahre später schrieb ich folgendes Gedicht mit dem Titel »*Samadhi*«, in
dem ich versucht habe, die Herrlichkeit dieses kosmischen Zustands in
Worte zu fassen.

Entschwunden die Schleier von Licht und Schatten,
vergangen die Nebel all meines Leids,
verblichen das Morgenrot flüchtiger Freuden,
zerronnen das blasse Trugbild der Sinne.
Liebe und Haß, Gesundheit und Krankheit, Leben und Tod,
sie alle schwinden gleich flüchtigen Schatten von der Leinwand
   der Dualität.
Gelächter, Sarkasmus und Melancholie
fließen ins Meer der Glückseligkeit.
Der Zauberstab tiefer Intuition
hat den Sturm der *Maya* gestillt.
Das Universum, jener vergessene Traum,
wartet in meinem Unterbewußtsein,
um einzufließen in meine neuerwachte göttliche Erinnerung.
Ich lebe ohne den kosmischen Schatten,
doch er kann ohne mich nicht sein;
wie das Meer ohne Wellen lebt,
doch die Welle ohne Meer nicht wogt.
Träume, Wachsein, tiefer *Turiya*-Schlaf,
Vergangenheit, Gegenwart, Zukunft,
das alles existiert nicht mehr für mich.
Doch allgegenwärtig, überall schwebend bin ich.
Planeten und Sonnen, Sternennebel und Erde,
Vulkanausbrüche und Sintfluten des Jüngsten Gerichts,
flammender Ofen der Schöpfung,
Gletscher schweigender Strahlungen,
brennende Fluten von Elektronen,
die Gedanken aller Menschen,
vergangen, gegenwärtig und zukünftig,
jeder Grashalm, ich selbst, die ganze Menschheit,
jedes Stäubchen im Universum,
Zorn und Habgier, Gutes und Böses, Lust und Erlösung,
sie alle verschling' und verwandle ich
im unermeßlichen Meer meines Blutes,
meines all-einen Seins!
Die Glut der Freude – Mal um Mal entfacht durch Meditation –
blendete meine weinenden Augen,
loderte in unsterblichen Flammen der Seligkeit auf,

verzehrte meine Tränen, mein Fleisch, mein alles!
Du bist ich, und ich bin Du!
Wissen, Wissender und Gewußtes sind eins!
Ruhig gewordenes, ungebrochenes Entzücken,
auf immer lebend, stets von neuem Frieden erfüllt!
Freude jenseits aller Vorstellungskraft –
Glückseligkeit des *Samadhi*!
Kein unbewußter Zustand
und keine Narkose des Geistes
ohne willentliche Wiederkehr –
Samadhi erweitert mein Bewußtsein
über die Grenzen der sterblichen Hülle hinaus
bis zu den fernsten Gesprächen der Ewigkeit,
wo ich – als das kosmische Meer –
das winzige Ego schaue, das in mir schwimmt.
Kein Spatz, kein Sandkorn entgeht meinem Blick,
der Raum treibt wie ein Eisberg in meinem geistigen Meer.
Ich – ein riesiges Behältnis aus allen Dingen.
Tiefere, längere, sehnsüchtige, vom Guru geschenkte
    Meditation
bringt mich ins himmlische *Samadhi*,
wo ich das Raunen der Atome höre.
Die dunkle Erde, die Berge und Täler,
siehe, sie schmelzen dahin!
Fließende Seen werden zu dampfenden Sternennebeln,
das *OM* bläst durch dichten Nebeldunst
und weht neugierig seinen Schleier beiseite,
enthüllt das leuchtende Meer der Elektronen,
bis beim Klang der kosmischen Trommel
das gröbere Licht in die ewigen Strahlen
allumfassender Seligkeit taucht.
Aus der Freude bin ich gekommen,
aus Freude lebe ich,
in heiliger Freude vergehe ich.
Meer des Geistes, aus dem ich alle Wellen der Schöpfung trinke.
Die vier Schleier von fest und flüssig, Dampf und Licht –
sie lösen sich auf.
Ich selbst bin in allen Dingen

und verschmelze mit meinem großen Selbst.
Die launischen, flackernden Schatten menschlicher Erinnerung
sind für immer entschwunden,
ungetrübt ist mein geistiger Himmel
unter mir, vor mir, hoch über mir.
Ich und die Ewigkeit – ein vereinigter Strahl!
Ich, ein winziges Bläschen des Lachens,
werde zum Meer aller Freude selbst!

Sri Yukteswar lehrte mich, diese glückselige Erfahrung beliebig oft herbeizurufen und sie auch anderen, deren intuitive Kanäle ausreichend geöffnet sind, zu vermitteln. Monatelang trat ich immer wieder in den Zustand ekstatischer Verbundenheit ein, und mir wurde klar, warum die *Upanishaden* Gott als *Rasa* – »das Köstliche« – bezeichnen. Eines Tages kam ich jedoch mit einem Problem zu meinem Meister.

»Ich möchte wissen, Sir … – Wann glaubt Ihr, daß ich Gott finden werde?«

»Du hast Ihn bereits gefunden.«

»O nein, Meister, ich glaube nicht!«

Mein Guru lächelte. »Ich bin mir sicher, daß du dir unter Gott keinen ehrwürdigen Mann vorstellst, der in einem entlegenen Winkel des Kosmos thront. Wie ich sehe, meinst du jedoch, wer Gott gefunden habe, müsse auch Wunder vollbringen können. Doch selbst wenn du den ganzen Kosmos besitzt, kann sich Gott dir immer noch entziehen! Spiritueller Fortschritt läßt sich nicht an nach außen hin sichtbaren übernatürlichen Kräften messen, sondern allein an der Tiefe und Glückseligkeit der Meditation.

Gott ist ewig neue Freude. Er kann sich niemals erschöpfen. Durch fortgesetzte Meditation wirst du im Laufe der Jahre Zugang zu Seiner unerschöpflichen Kreativität erlangen, Wer, wie du, Gott gefunden hat, wird Ihn nicht einmal im Traume gegen irgendein anderes Glück eintauschen wollen; Er ist so verführerisch, daß nichts und niemand auch nur im Entferntesten an ihn heranreichen könnte.

Wie schnell werden wir der irdischen Freuden überdrüssig! Der Mensch ist unersättlich in seiner Begierde nach materiellen Gütern; nie ist er ganz zufrieden, und hat er ein Ziel erreicht, so greift er schon nach einem neuen, anderen. Jenes ›andere‹, das er sucht, ist Gott, der allein immerwährende Freude schenken kann.

Es sind die irdischen Wünsche, die uns aus unserem inneren Garten Eden vertreiben; sie gaukeln uns trügerische Freuden vor, die wir mit Seelenglück verwechseln. Das verlorene Paradies kann jedoch durch Versenkung in Gott bald wiedergewonnen werden. Gott ist unvorhersehbar und ewig neu, und so können wir Seiner nie überdrüssig werden. Oder könnten wir jemals einer Glückseligkeit müde werden, die sich uns bis in alle Ewigkeit stets auf neue Art und Weise offenbart?«

»Jetzt verstehe ich, Meister, warum die Heiligen sagen, Gott sei unergründlich. Selbst das ewige Leben würde nicht ausreichen, um Ihn zu erfassen.«

»Das stimmt. Und dennoch fühlen wir Seine Nähe und Liebe. Wenn unser Geist durch *Kriya*-Yoga von allen sinnenhaften Hindernissen befreit wurde, erhalten wir in der Meditation einen doppelten Beweis der Gegenwart Gottes: Zum einen erfahren wir durch Seine Existenz ewig neue Freude, die jede Faser unseres Seins durchdringt; zum anderen wird uns in der Meditation Seine unmittelbare Führung zuteil, indem Er uns für jedes Problem die richtige Lösung an die Hand gibt.«

»Damit wäre meine Frage beantwortet, Guruji«, sagte ich mit dankbarem Lächeln. »Ich weiß jetzt, daß ich Gott gefunden habe; denn wann immer ich bei meiner täglichen Arbeit die Freude der Meditation aus meinem Unterbewußtsein aufsteigen fühle, werde ich bei allem, was ich tue – selbst bei unbedeutenden Dingen – ganz sanft auf den rechten Weg geführt.«

»Der Mensch wird so lange leiden müssen, bis er gelernt hat, sich auf den göttlichen Willen einzustellen, dessen ›rechter Weg‹ oftmals für den vom Ego dominierten Verstand rätselhaft erscheint. Gott trägt die Last des Kosmos; Er allein kann unfehlbaren Rat erteilen.«

Kapitel 15

Der Blumenkohldiebstahl

Meister, hier habe ich ein Geschenk für Euch! Diese sechs riesigen Blumenkohlköpfe habe ich mit meinen eigenen Händen gepflanzt, sie gehegt und liebevoll gepflegt, so wie eine Mutter ihr Kind zu umsorgen bedacht ist.« Voll des Stolzes überreichte ich meinem Guru den Korb mit dem Gemüse.

»Vielen Dank«, sagte Sri Yukteswar, und ich spürte, wie sehr er sich darüber freute.

»Heb sie bitte in deinem Zimmer auf; morgen werde ich sie für ein besonderes Mahl brauchen.«

Ich war gerade in Puri* angekommen, um meine Sommerferien in der Strandeinsiedelei meines Gurus zu verbringen. Das vom Meister und seinen Schülern erbaute kleine, zweistöckige Haus lag direkt an der Bucht von Bengalen.

Früh am nächsten Morgen wachte ich auf – von der salzigen Seeluft erfrischt und vom Zauber meiner neuen Umgebung erfüllt. Bald schon hörte ich die melodische Stimme meines Gurus nach mir rufen. Ich warf einen Blick auf meine geliebten Blumenkohlköpfe und verstaute sie dann sorgfältig unter meinem Bett.

»Laß uns zum Strand hinuntergehen«, sagte der Meister und schritt voran. Wir anderen folgten ihm in einem ungeordneten Haufen. Der Guru betrachtete uns etwas mißbilligend und meinte dann: »Wenn unsere Brüder im westlichen Abendland eine Wanderung unternehmen, setzen sie gewöhnlich ihren ganzen Stolz darein, in Reih und Glied zu marschieren. Bildet jetzt einmal Zweierreihen und versucht, im Gleichschritt mit eurem Nachbarn zu bleiben.« Sri Yukteswar beobachtete uns, während wir taten, wie er uns geheißen hatte; dann begann er zu singen: »Eins, zwei, drei im Gänseschritt, alle gehen fröhlich mit.« Ich konnte nicht

---

* Puri liegt ungefähr 500 km südlich von Kalkutta und ist ein berühmter Wallfahrtsort, wo jährlich zwei große Feste zu Ehren Krishnas veranstaltet werden – *Snanayatra* und *Rathayatra*.

umhin, den Meister zu bewundern, wie er so mühelos mit dem forschen Gang seiner Schüler Schritt hielt.

»Halt!« rief der Guru plötzlich und schaute mich dabei an. »Hast du daran gedacht, die Hintertür der Einsiedelei abzuschließen?«

»Ich glaube ja, Meister.«

Sri Yukteswar schwieg einige Minuten lang, und man konnte sehen, wie er insgeheim lächeln mußte. »Nein«, sagte er schließlich, »du hast es vergessen. Göttliche Hingabe ist keine Entschuldigung für Nachlässigkeit in der Welt. Du hast deine Pflicht, den Ashram zu schützen und zu sichern, vernachlässigt und mußt daher bestraft werden.«

Ich dachte, daß er nur einen Scherz machen wollte, als er fortfuhr: »Von deinen sechs Blumenkohlköpfen werden bald nur noch fünf übrig sein.«

Daraufhin hieß der Meister uns alle umkehren und bis dicht vor die Einsiedelei zurückmarschieren.

»Ruht euch hier ein Weilchen aus«, sagte er. »Und du, Mukunda, schaue einmal über das Grundstück zu deiner Linken und behalte die Straße dahinter im Auge. Dort wird gleich ein Mann auftauchen, der als Instrument deiner Bestrafung dienen soll.«

Ich versuchte, meinen Ärger über diese rätselhaften Äußerungen zu verbergen. Bald darauf erschien tatsächlich ein Bauer auf der Straße, der sich auf eigenartige Weise bewegte und sinnlos mit den Armen herumschlenkerte. Ich platzte geradezu vor Neugier, während ich sein lächerliches Gebaren verfolgte. Als der Mann so weit entfernt war, daß er bald aus unserem Blickfeld verschwinden würde, bemerkte Sri Yukteswar: »Jetzt wird er gleich umkehren.«

Und prompt änderte der Bauer seine Richtung und näherte sich der Rückseite des Ashrams. Auf einem schmalen Sandweg gelangte er zur Hintertür des Gebäudes und ging hinein. Ich hatte sie tatsächlich offen gelassen, so wie der Guru es gesagt hatte. Kurz darauf trat der Mann wieder ins Freie und hielt einen meiner kostbaren Blumenkohlköpfe in der Hand. Diesmal schritt er würdevoll und mit sichtlichem Stolz auf seinen Besitz von dannen.

Die sich vor meinen Augen abspielende Komödie, in der mir wohl die Rolle des verdutzten Opfers zugedacht war, hatte mich jedoch nicht so weit aus der Fassung gebracht, daß ich darüber vergaß, voller Entrüstung die Verfolgung aufzunehmen. Ich war schon auf halbem Weg, als mich der Meister zurückrief. Er schüttelte sich vor Lachen.

»Dieser arme Irre hat solche Lust auf Blumenkohl«, prustete er mit

Die Einsiedelei meines Meisters am Strand von Puri

offensichtlicher Heiterkeit, »und da dachte ich mir, daß es eine gute Idee wäre, ihm eines deiner so schlecht gehüteten Exemplare zu überlassen.« Ich lief in mein Zimmer und sah, daß der Dieb es augenscheinlich nur auf das Gemüse abgesehen hatte, denn meine goldenen Ringe, meine Taschenuhr und mein Geld, die offen auf der Bettdecke lagen, hatte er nicht angerührt. Statt dessen war er unter das Bett gekrochen, wo sich, vor neugierigen Blicken verborgen, der Korb mit dem Blumenkohl befand, und hatte sich dort seinen Herzenswunsch erfüllt.

Am selben Abend bat ich Sri Yukteswar, mir den Vorfall zu erklären, der mir noch einige Rätsel aufgab.

Mein Guru schüttelte den Kopf mit Bedacht und meinte: »Eines Tages wirst du es verstehen. Die Wissenschaft wird bald einige der verborgenen Gesetzmäßigkeiten entdecken, die hinter rätselhaften Phänomenen wie diesen stehen.«

Als einige Jahre später das Wunder des Radios die ganze Welt in Erstaunen versetzte, erinnerte ich mich der Vorhersage meines Meisters. Die uralten Vorstellungen von Zeit und Raum waren plötzlich zunichte gemacht; London und Kalkutta konnten jetzt auch die entlegenste Hütte erreichen! Wenigstens in einer Hinsicht war der Mensch auf eine selbst für den Dümmsten erkennbare Weise allgegenwärtig geworden.

Das Geheimnis des Blumenkohldiebstahls läßt sich am besten am Beispiel eines Radios erklären. Sri Yukteswar war ein perfektes »menschliches Radio«. Gedanken sind nichts anderes als äußerst feine Schwingungen, die sich durch den Äther bewegen. Ebenso wie sich ein Radio durch richtige Einstellung aus Tausenden von Sendern das gewünschte musikalische Programm heraussuchen kann, so war auch mein Guru in der Lage, unter den zahlreichen Gedanken, die die Menschen in die Welt aussenden, den Gedanken jenes Narren aufzufangen, der so großes Verlangen nach Blumenkohl hatte.*

---

* Das im Jahre 1939 erfundene Mikroradiometer enthüllte eine neue Welt bisher unbekannter Strahlen. »Nicht nur der Mensch selbst, sondern auch die scheinbar leblose Materie sendet unaufhörlich Strahlen aus, die dieses Instrument ›sieht‹«, berichtete die Associated Press. »Diejenigen, die an Telepathie, das zweite Gesicht und Hellsehen glauben, erhalten durch diese Nachricht den ersten wissenschaftlichen Beweis von der Existenz unsichtbarer Strahlen, die in der Tat von einem Menschen zum anderen wandern. Das Gerät funktioniert nach einem ähnlichen Prinzip wie ein Radiofrequenzspektroskop. Es bewirkt bei der kalten, nichtleuchtenden Materie dasselbe wie das Spektroskop, das

Kraft seines ungeheuren Willens war mein Meister gleichzeitig auch eine »menschliche Sendestation« und konnte so den Bauern zum Umkehren bewegen, ihn in einen bestimmten Raum lenken und dort einen einzigen Blumenkohl wegnehmen lassen.

Intuition* ist der Wegweiser der Seele. Nur wenn der menschliche Geist vollkommen ruhig ist, erwacht sie ganz von selbst. Fast jeder hat schon einmal die Erfahrung gemacht, daß er zuweilen eine unerklärliche, richtige »Vorahnung« hatte oder daß er seine Gedanken erfolgreich auf einen anderen Menschen übertragen konnte.

Sobald der menschliche Geist die »Störungen« seiner inneren Ruhelosigkeit beseitigt hat, kann er über die Antenne seiner Intuition alle Funktionen eines komplizierten Radiosystems übernehmen, das heißt, er kann Gedanken aussenden oder empfangen und unerwünschte Gedanken abschalten. Ähnlich wie die Empfangsleistung eines Rundfunkgerätes von dessen maximaler Empfindlichkeit abhängt, wird der Wirkungsgrad des »menschlichen Radios« von unserer Willenskraft bestimmt.

uns die atomare Beschaffenheit der Himmelskörper vor Augen führt … die Existenz von Strahlen, die von allen Menschen und allen Lebewesen ausgehen, wurde von den Wissenschaftlern seit vielen Jahren vermutet. Heute aber haben wir den ersten experimentellen Beweis ihrer Existenz. Diese Entdeckung zeigt, daß jedes Atom und jedes Molekül eine pausenlos arbeitende Funkstation ist … Die Substanz, aus der ein Mensch bestand, sendet sogar nach Eintritt des Todes ihre feinen Strahlen weiter aus. Die Wellenlänge dieser Strahlen reicht von solchen, die kürzer als alle in der Radioübertragung üblichen Frequenzen sind, bis zu extrem langen Frequenzen. Der Wirrwarr dieser Millionen und Abermillionen von durcheinanderlaufenden Wellen ist unvorstellbar. Ein einziges großes Molekül kann gleichzeitig eine Million Wellen unterschiedlicher Länge aussenden. Die längeren dieser Wellen bewegen sich mit der Leichtigkeit und Geschwindigkeit von Radiowellen fort … Es gibt einen erstaunlichen Unterschied zwischen den neu entdeckten Radiostrahlen und den uns bekannten Strahlen (beispielsweise Licht) – die Radiowellen werden nämlich über einen sehr langen Zeitraum, der Tausende von Jahren betragen kann, von der ruhenden Materie ausgesandt.«

* Von »Intuition« spricht man nur ungern, denn seit Hitler mit seinen zerstörerischen Ambitionen hat dieses Wort einen bitteren Beigeschmack. Die ursprüngliche lateinische Bedeutung von *Intuition* ist »innerer Schutz«. Das Sanskritwort *Agama* bedeutet intuitives Wissen, das unmittelbar auf direkter Wahrnehmung der Seele beruht; so wurden verschiedene alte Texte der *Rishis* auch *Agamas* genannt.

Alle Gedanken schwingen auf immer und ewig im Kosmos. Bei tiefer Sammlung der Sinne kann ein Meister die Gedanken aller Menschen – der lebenden wie auch der toten – auffangen. Gedanken sind universal und nicht individuell verwurzelt; Wahrheit kann nicht erschaffen, sondern nur wahrgenommen werden. Irregeleitete Gedanken der Menschen sind stets das Ergebnis mangelnder Unterscheidungskraft. Ziel der Yogalehre ist es, den Geist zur Ruhe zu bringen, damit er die göttliche Vision ohne Verzerrungen im Universum spiegeln kann.

Rundfunk und Fernsehen haben das Bild und die Stimmen von Menschen aus weiter Ferne unmittelbar in Millionen von Häusern getragen. Dies ist die erste zaghafte Andeutung der wissenschaftlichen Erkenntnis, daß der Mensch ein alles durchdringendes Geistwesen ist. Der Mensch ist nicht allein raumgebundener Körper, sondern auch allumfassende Seele, der das Ego auf barbarische Weise – wenn auch vergeblich – ständig Fesseln anzulegen sucht.

»Es werden immer wieder höchst seltsame, wunderbare und unwahrscheinliche Dinge geschehen, über die wir uns – wenn sie erst einmal anerkannt sind – nicht mehr wundern werden als über all das, was uns die Wissenschaft im letzten Jahrhundert gelehrt hat«, so hat der Physiologe und Nobelpreisträger Charles Robert Richet einmal erklärt. »Es wird gemeinhin angenommen, daß die Phänomene, die wir jetzt ohne weiteres als gegeben hinnehmen, uns deshalb nicht in Erstaunen versetzen, weil wir sie verstehen. Doch das ist nicht der Fall. Wenn wir uns nicht mehr über sie wundern, so nicht etwa deshalb, weil sie uns erklärlich geworden sind, sondern weil wir uns an sie gewöhnt haben. Denn wenn wir uns über das, was wir nicht verstehen, wundern würden, so müßten wir uns über alles wundern: das Herabfallen eines in die Luft geworfenen Steins, die zu einer Eiche werdende Eichel, das sich bei Erwärmung ausdehnende Quecksilber, das vom Magneten angezogene Eisenteil, das sich durch Reibung entzündende Phosphor … Die Wissenschaft von heute steht auf wackeligen Füßen; in den kommenden hunderttausend Jahren wird sie von Revolutionen und Evolutionen überrollt werden, die selbst unsere kühnsten Träume übersteigen. Die Wahrheiten aber – jene überraschenden, erstaunlichen, unvorhergesehenen Wahrheiten –, die unsere Nachkommen einmal entdecken werden, umgeben uns bereits heute; sie starren uns sozusagen ins Gesicht, und dennoch sehen wir sie nicht. Aber es reicht nicht zu sagen, daß wir sie nicht sehen: Wir *wollen* sie auch nicht sehen, denn sobald eine unerwartete und ungewöhnliche Tatsache auftaucht, versuchen wir, sie in den Rahmen unseres bisherigen, bereits akzeptierten Wissens einzuordnen, und sind entrüstet, wenn irgend jemand wagt, tiefer zu forschen.«

Ein paar Tage nachdem man mir auf so unwahrscheinliche Art einen Blumenkohl gestohlen hatte, kam es zu einem weiteren lustigen Vorfall. Eine Kerosinlampe war plötzlich unauffindbar. Da ich gerade erst ein Beispiel für den allwissenden Durch- und Weitblick meines Gurus hatte miterleben dürfen, dachte ich, er würde uns auch jetzt zeigen, was für ein Kinderspiel es sei, die Lampe wiederzufinden.

Der Meister durchschaute meine Erwartungen. Mit gespieltem Ernst befragte er alle Ashrambewohner. Ein junger Schüler gestand schließlich, daß er die Lampe benutzt hatte, um zum Brunnen im hinteren Teil des Gartens zu gehen.

Daraufhin meinte Sri Yukteswar, wir sollten doch die Lampe in der Nähe des Brunnens suchen.

Ich lief sofort dorthin – aber von der Lampe war keine Spur zu sehen! Enttäuscht kehrte ich zu meinem Guru zurück; doch dieser lachte nur und sagte:

»Zu schade, daß ich dich nicht zu der verschwundenen Lampe habe führen können; aber ich bin nun einmal kein Wahrsager.« Und mit einem Augenzwinkern fügte er hinzu: »Ich bin noch nicht einmal ein guter Sherlock Holmes.«

Ich verstand nun, daß der Meister seine übernatürlichen Fähigkeiten niemals zur Schau stellen würde, wenn man ihn herausforderte oder wenn es sich um triviale Dinge handelte.

Die Zeit verging, und ich verbrachte herrliche Ferien. Sri Yukteswar hatte eine religiöse Prozession geplant und mich gebeten, die Schüler durch die Stadt und am Strand von Puri entlang zu führen. Als der Festtag gekommen war, herrschte bereits am frühen Morgen unerträglich große Hitze.

»Guruji, wie kann ich denn die Schüler barfuß über den glühenden Sand bringen?« fragte ich verzweifelt.

»Ich will dir ein Geheimnis verraten«, erwiderte der Meister. »Der Herr wird einen Schirm aus Wolken über euch ausbreiten, so daß ihr unbeschadet dahinschreiten könnt.«

Mit viel Freude machte ich mich nun an die Aufstellung der Prozession, die sich vom Ashram aus in Marsch setzen sollte. Allen voran wurde ein

Sat-Sanga*-Banner getragen, für das Sri Yukteswar selbst das eine Au-
ge** – symbolisch für den Weitblick der Intuition – als Emblem gewählt
hatte.

Kaum hatten wir die Einsiedelei verlassen, als am Himmel wie durch ein
Wunder Wolken aufzogen. Ein Raunen ging durch die Menge, als ein
leichter Regenschauer niederkam, der die Straßen der Stadt und den
glühendheißen Sand abkühlte.

Während der zweistündigen Prozession prasselten die erquickenden
Tropfen unaufhörlich auf uns herab. In dem Augenblick aber, als unsere
Gruppe wieder zum Ashram zurückkehrte, waren Regen und Wolken
spurlos verschwunden.

»Siehst du, wie Gott mit uns fühlt«, sagte der Meister, nachdem ich ihm
meine Dankbarkeit bekundet hatte. »Er erhört alle und sorgt für alle. So
wie Er heute auf meine Bitte hin den Regen geschickt hat, so erfüllt Er
jeden aufrichtigen Wunsch Seiner Gläubigen. Die meisten Menschen
wissen gar nicht, wie viele ihrer Gebete Gott erhört. Er bevorzugt nicht
einige wenige, sondern erhört jeden, der sich vertrauensvoll an Ihn
wendet. Die Menschenkinder sollten niemals an der Liebe und Güte ihres
allgegenwärtigen Vaters*** zweifeln.«

Sri Yukteswar richtete vier große Feste im Jahr aus: die Tagundnachtglei-
chen und die Sommer- und Wintersonnenwenden, zu denen jedesmal
viele seiner Schüler von nah und fern angereist kamen. Beim ersten
Wintersonnwendfest, das ich in Serampore miterlebte, wurde mir ein
immerwährender Segen zuteil.

---

 * *Sat* bedeutet wörtlich »Sein«, aber auch »Essenz« und »Wirklichkeit«. *Sanga*
    heißt »Vereinigung«. Sri Yukteswar nannte seine religiöse Organisation *Sat-
    Sanga*, »Vereinigung mit der Wahrheit.«

** »Wenn dein Auge eins ist, dann wird dein ganzer Leib von Licht erfüllt sein.«
    (*Matthäus* 6, 22). In tiefer Meditation wird das eine oder spirituelle Auge in
    der Mitte der Stirn sichtbar. Dieses allgegenwärtige Auge wird in den heiligen
    Schriften oftmals erwähnt und unter anderem auch als drittes Auge, Stern des
    Ostens, inneres Auge, vom Himmel herabsteigende Taube, Auge Shivas,
    Auge der Intuition usw. bezeichnet. (Das von Yogananda gewählte Bibelzitat
    wurde hier nach dem englischen Text und nicht nach der Einheitsbibel
    übersetzt, da für den deutschen Leser nur so der Gedankengang des Autors
    nachvollziehbar bleibt. *Anm. d. Übers.*)

*** »Sollte der nicht hören, der das Ohr gepflanzt hat? Sollte der nicht sehen, der
    das Auge gemacht hat? … er, der die Menschen Erkenntnis lehrt« (*Psalm* 94,
    9–10).

Die Festlichkeiten begannen am Morgen mit einer Prozession barfüßiger Gläubiger durch die Straßen der Stadt. Aus hundert Kehlen erklangen religiöse Lieder, einige Schüler spielten Flöte und *Khol-Kartal* (Trommeln und Zymbeln).

Um ihrer Begeisterung Ausdruck zu verleihen, streuten die Bewohner der Stadt Blumen auf den Weg. Sie waren glücklich, daß wir mit unserem Lobgesang auf den Herrn Freude in ihren prosaischen Alltag brachten. Der lange Umzug endete im Hof der Einsiedelei, wo wir unseren Guru umringten, während die Schüler auf den oberen Balkonen Ringelblumen auf uns streuten.

Ein Teil der Gäste begab sich nach oben, wo ihnen ein Pudding aus *Channa* und Orangen gereicht wurde. Ich gesellte mich zu einer Gruppe von Schülern, die zum Kochen eingeteilt waren. Bei solchen großen Zusammenkünften kochte man gewöhnlich in riesigen Kesseln im Freien. Die improvisierten, holzgefeuerten Backsteinöfen rauchten so stark, daß uns die Augen tränten; doch wir waren vergnügt und lachten viel bei unserer Arbeit. In Indien werden religiöse Feste nie als Mühe empfunden. Jeder Gläubige trägt einen Teil zum Gelingen bei, sei es durch Geld, durch Sachspenden wie Reis und Gemüse oder durch persönliche Arbeitsleistung.

Kurz darauf kam der Meister zu uns und überwachte selbst die letzten Vorbereitungen. Er arbeitete unermüdlich und nahm es mit den tatkräftigsten seiner jungen Schüler auf.

Im ersten Stock war ein *Sankirtan* (Gruppengesang) im Gange, von Handpauken und einem indischen Harmonium begleitet. Sri Yukteswar hörte aufmerksam zu; er hatte ein vortreffliches musikalisches Gehör.

»Sie sind in der falschen Tonart«, bemerkte er auf einmal und verließ die Küche, um sich zu den Musikern zu begeben. Wiederum erklang die Melodie, diesmal aber korrekt.

In Indien betrachtet man die Musik, die Malerei und das Schauspiel als göttliche Künste. Brahma, Vishnu und Shiva – die ewige Dreieinigkeit – waren die ersten Musiker. Den heiligen Schriften zufolge hat der göttliche Tänzer Shiva die unendlichen rhythmischen Formen in seinem kosmischen Tanz von der Erschaffung, Erhaltung und Zerstörung des Universums erdacht. Brahma und Vishnu hingegen bestimmten den Takt, wobei Brahma die Zymbeln und Vishnu die heilige *Mridanga* (Trommel) schlug.

Krishna, eine Inkarnation Vishnus, wird in der hinduistischen Kunst

immer mit einer Flöte in der Hand dargestellt; mit seinen hinreißenden
Melodien ruft er die in der *Maya*-Täuschung umherirrenden Seelen zu
ihrer wahren Heimat zurück. Saraswati, die Göttin der Weisheit, wird in
symbolischen Darstellungen mit einer *Vina*, der Mutter aller Saiten-
instrumente, gezeigt. Im *Sama-Veda* findet man die ältesten wissenschaftlichen Aufzeichnungen über die Musik.

Die *Ragas* oder feststehenden melodischen Tonleitern bilden das Fundament der hinduistischen Musik. Die sechs Grund-*Ragas* verzweigen sich
in 126 abgeleitete *Raginis* (Ehefrauen) und *Putras* (Söhne). Jeder Raga
hat mindestens fünf Töne: einen Grundton (*Vadi* oder König), einen
Sekundärton (*Samavadi* oder Minister), mehrere Hilfstöne (*Anuvadi*
oder Höflinge) und einen Dissonanzton (*Vivadi* oder Feind).

Jeder der sechs Grund-*Ragas* findet seine natürliche Entsprechung in
einer bestimmten Tages- oder Jahreszeit und einer regierenden Gottheit,
die ihm eine bestimmte Kraft oder Eigenschaft verleiht: 1. *Hindole-Raga*
ist nur während der Morgendämmerung im Frühling zu hören, um
allumfassende Liebe zu erwecken. 2. *Dipaka-Raga* spielt man an Sommer-
abenden, um Mitgefühl zu erregen. 3. *Megha-Raga* ist eine Melodie für
die Mitte des Tages in der Regenzeit und soll Mut verleihen. 4. *Bhaira-
va-Raga* spielt man morgens im August, September und Oktober, um zur
Ruhe zu finden. 5. *Sri-Raga* bleibt der Abenddämmerung im Herbst
vorbehalten und soll reine Liebe erzeugen. 6. *Malkounsa-Raga* hört man
zur Mitternacht im Winter, um Tapferkeit zu erlangen.

Die alten *Rishis* haben diese Gesetze der Lautverwandtschaft zwischen
Mensch und Natur entdeckt. Da die Natur nichts anderes ist als eine
Objektivierung von *OM* – dem Urton oder der kosmischen Schwingung
des Wortes, die der ganzen Schöpfung zugrunde liegt, kann der Mensch
durch bestimmte Mantras oder Gesänge* Herrschaft über alle Naturerscheinungen erlangen. Historische Schriften aus dem sechzehnten Jahrhundert enthalten Berichte über die erstaunlichen Fähigkeiten des am
Hofe Akbars des Großen lebenden Musikers Mijan Tan Sen. Als er

---

*   Im Volksgut aller Völker findet man Zaubersprüche, die dem Menschen Macht
    über die Naturgewalten verleihen. So sind die Indianer für ihre Klangrituale
    zur Beeinflussung von Wind und Regen bekannt. Tan Sen, der große hindui-
    stische Musiker, konnte kraft seines Gesanges Feuer löschen.
    Der kalifornische Naturforscher Charles Kellogg gab im Jahre 1926 vor einer
    Gruppe von New Yorker Feuerwehrmännern eine Vorführung über die Wir-
    kung von Tonschwingungen auf das Feuer. »Er strich mit einem Bogen,

einmal vom Kaiser gebeten wurde, einen nächtlichen *Raga* zu singen, obgleich die Sonne noch hoch am Himmel stand, stimmte er ein *Mantra* an, und sogleich wurde die ganze Umgebung des Palastes in Dunkelheit gehüllt.

In der indischen Musik wird die Oktave in 22 *Srutis* oder Vierteltöne unterteilt. Diese Mikrotonintervalle ermöglichen feinste Nuancierungen im musikalischen Ausdruck, die durch die abendländische chromatische Tonleiter von zwölf Halbtönen nicht erreicht werden. In der hinduistischen Mythologie wird jeder der sieben Grundtöne der Oktave mit einer Farbe und dem Schrei eines Vogels oder anderen Tieres assoziiert: *Do* mit Grün und dem Pfau; *Re* mit Rot und der Feldlerche; *Mi* mit Gold und der Ziege; *Fa* mit Weißgelb und dem Reiher; *Sol* mit Schwarz und der Nachtigall; *La* mit Gelb und dem Pferd; *Si* mit der Summe aller Farben und dem Elefanten.

Die abendländische Musik verwendet nur drei Tonarten – die Durtonleiter, die harmonische Molltonleiter und die melodische Molltonleiter. In der indischen Musik gibt es jedoch 72 *Thatas* oder Tonleitern. Dem Musiker steht so eine ungemein kreative Bandbreite zur beliebigen Improvisation rund um die feststehende, überlieferte Melodie zur Verfügung; er konzentriert sich auf die besondere Stimmung des zugrundeliegenden Themas und variiert es dann so, wie es ihm seine Kreativität eingibt. Der hinduistische Musiker spielt nicht nach Noten. Er kleidet das Gerüst des *Raga* jedesmal neu ein, wobei er sich oft auf eine einzige Tonfolge beschränkt und durch deren ständige Wiederholung all ihre feinen Mikrotöne und rhythmischen Variationen zur Geltung bringt. Unter den Komponisten des Abendlandes war es insbesondere Bach, der die faszinierende Wirkung einer sich ständig wiederholenden Tonfolge mit leichten Abwandlungen in hundert verschiedenen komplexen Formen kannte und schätzte.

In der alten Sanskrit-Literatur werden 120 *Talas* oder Zeitmaße beschrieben. Der Überlieferung nach hat der Begründer der hinduistischen

ähnlich einem vergrößerten Violinbogen, rasch über eine Stimmgabel aus Aluminium und erzeugte so einen hohen, kreischenden Ton wie bei einer starken Radiostörung. Augenblicklich schrumpfte die in einer hohlen Glasröhre flackernde, etwa fünfzig Zentimeter hohe gelbe Gasflamme auf ungefähr fünfzehn Zentimeter zusammen und verwandelte sich in ein sprühendes blaues Licht. Als er daraufhin erneut mit dem Bogen den kreischenden Ton erzeugte, brachte er die Flamme ganz zum Erlöschen.«

Musik Bharata allein im Lied der Lerche 32 verschiedene Arten von *Talas* entdeckt. *Tala* oder Rhythmus leitet sich aus den Bewegungen des Menschen ab – aus dem Zweitakt des Gehens und dem Dreitakt der Atmung während des Schlafs, wenn das Einatmen zweimal so lang ist wie das Ausatmen. In Indien gilt die menschliche Stimme seit je als das vollkommenste aller Klanginstrumente. Daher beschränkt sich die hinduistische Musik im allgemeinen auf die drei Oktaven unseres Stimmbereiches. Aus demselben Grunde wird der Melodie (Beziehung zwischen den aufeinanderfolgenden Tönen) und nicht der Harmonie (Beziehung zwischen den gleichzeitig erklingenden Tönen) der größere Wert zugemessen.

Höchstes Ziel der alten *Rishi*-Musiker war es, den Sänger mit jenen kosmischen Klängen zu vereinen, die durch das Erwecken der feinstofflichen Energiezentren in der Wirbelsäule des Menschen vernommen werden können. Die indische Musik ist eine subjektive, spirituelle und individualistische Kunst, die nicht nach symphonischer Klangschönheit, sondern nach persönlicher Harmonie mit der Überseele strebt. Das Sanskritwort für Musiker ist *Bhagavathar*, »einer, der die Lobgesänge Gottes singt«. Die *Sankirtans* oder musikalischen Zusammenkünfte sind eine praktische und wirksame Form des Yoga beziehungsweise der spirituellen Disziplin, denn sie erfordern tiefe Konzentration und ein Aufgehen im Leitgedanken und Leitmotiv. Da der Mensch selbst Ausdruck des Schöpferwortes ist, üben alle Laute eine unmittelbare und übermächtige Wirkung auf ihn aus; so kann er sich seines göttlichen Ursprungs bewußt werden.

Der *Sankirtan*, der an diesem festlichen Tag aus Sri Yukteswars Aufenthaltsraum im ersten Stock ertönte, war sehr zur Freude von uns Köchen bis in den Hof zu hören. Meine Mitbrüder und ich stimmten fröhlich in den Refrain ein, und wir klatschten mit den Händen im Takt.

Bei Sonnenuntergang hatten wir die mehreren hundert Gäste mit *Khichuri* (Reis und Linsen), Curry-Gemüse und Reispudding versorgt. Dann legten wir Baumwolldecken im Hof aus, und bald darauf saß die ganze Schar unter dem Sternenzelt und lauschte gespannt den Worten der Weisheit, die von Sri Yukteswars Lippen strömten. Bei all seinen öffentlichen Auftritten wies der Meister stets auf die große Bedeutung des *Kriya*-Yoga hin. Er rief die Menschen zu einem Leben auf, in dem Selbstachtung, Stille, Entschlossenheit, einfache Kost und regelmäßige Übungen eine zentrale Rolle spielen.

Anschließend sang eine Gruppe junger Schüler heilige Hymnen, dann wurde die Zusammenkunft mit einem *Sankirtan* beendet. Von zehn Uhr abends bis Mitternacht waren wir Schüler damit beschäftigt, Kochtöpfe abzuwaschen und den Hof zu säubern. Der Guru rief mich danach zu sich und bemerkte: »Ich habe mich gefreut, daß dir die Arbeit heute so gut von der Hand gegangen ist und auch die Vorbereitungen in der vergangenen Woche so fabelhaft geklappt haben. Du kannst heute nacht bei mir bleiben und in meinem Bett schlafen.«

Das war eine Auszeichnung, die selbst meine kühnsten Träume übertraf. Wir saßen noch eine Weile in tiefer göttlicher Stille. Ungefähr zehn Minuten, nachdem wir uns niedergelegt hatten, stand der Meister jedoch wieder auf und begann sich anzukleiden.

»Was gibt es, Meister?« fragte ich. Das freudige Gefühl, neben meinem Guru schlafen zu dürfen, hatte plötzlich etwas Unwirkliches an sich.

»Ich glaube, daß einige Schüler den Anschluß an ihren Zug verpaßt haben und gleich wieder hier sein werden. Wir wollen ihnen etwas zu essen machen.«

»Guruji, wer sollte denn um ein Uhr morgens noch kommen?«

»Bleib du nur ruhig liegen, denn du hast heute viel gearbeitet. Ich aber werde ihnen etwas zurechtmachen.«

Sri Yukteswars resoluter Ton ließ mich sofort aufspringen und ihm in die kleine Küche folgen, die neben dem Balkon im ersten Stock lag. Bald schon brodelten Reis und *Dhal* auf dem Feuer. Der Guru lächelte mich wohlwollend an. »Heute nacht hast du Müdigkeit und Furcht vor harter Arbeit überwunden. In Zukunft sollst du nie wieder unter ihnen leiden müssen.«

Noch während er diese Worte sprach, die sich auf mein ganzes späteres Leben segensreich auswirken sollten, wurden Schritte im Hof laut. Ich lief hinunter und gewährte einer Gruppe von Schülern Einlaß.

»Lieber Bruder, es tut uns sehr leid, den Meister zu dieser späten Stunde zu stören«, entschuldigte sich einer der Besucher. »Wir haben uns im Fahrplan geirrt und wollten nun nicht abfahren, ohne unseren Guru noch einmal gesehen zu haben.«

»Er hat euch schon erwartet und bereitet gerade etwas zu essen für euch vor.«

Da ertönte auch schon Sri Yukteswars Willkommensgruß aus der Küche; ich führte die erstaunten Besucher zu ihm. Augenzwinkernd flüsterte er mir zu: »Alles in allem bist du jetzt sicher doch froh, daß die Gäste tatsächlich ihren Zug versäumt haben, nicht wahr?«

Als ich Sri Yukteswar eine halbe Stunde später in sein Schlafzimmer folgte, wurde mir bewußt, welche Ehre es war, neben dem göttlichen Guru schlafen zu dürfen.

Kapitel 16

Wie man die Sterne überlistet

M ukunda, warum besorgst du dir nicht einen astrologischen Armreif?«

»Soll ich das, Meister? Ich glaube nicht an Astrologie.«

»Das hat mit *Glauben* nichts zu tun. Vom wissenschaftlichen Standpunkt her betrachtet geht es einzig und allein darum, ob eine Sache *wahr* ist. Das Gesetz der Schwerkraft wirkte vor Newtons Entdeckung ebenso gut wie danach. Der Kosmos würde sich in einem ziemlichen Chaos befinden, wenn seine Gesetze erst dann zur Wirkung gelangen könnten, wenn der Mensch sie durch seinen Glauben sanktioniert hat.

Scharlatane haben dafür gesorgt, daß die Sternenkunde heutzutage in Mißkredit geraten ist. Die Astrologie ist sowohl in ihrem mathematischen* als auch in ihrem philosophischen Gehalt derart umfangreich, daß man sie nur dann verstehen kann, wenn man über weitreichende

---

* Anhand von astronomischen Angaben in der alten hinduistischen Weisheitsliteratur konnten die Lebensdaten der Verfasser genau ermittelt werden. Die *Rishis* verfügten über erstaunliche wissenschaftliche Kenntnisse. Im *Kaushitaki Brahmana* finden wir präzise astronomische Abhandlungen, die darauf hindeuten, daß die Hindus bereits 3100 v. Chr. umfassende Kenntnisse auf dem Gebiet der Astronomie gesammelt hatten und diese in der Praxis verwerteten, beispielsweise um die jeweils günstigsten Zeitpunkte für astrologische Zeremonien festzulegen. In einem Artikel der Zeitschrift *East-West* vom Februar 1934 wird das *Jyotish* – die Gesamtheit der astronomischen Abhandlungen in den Veden – zusammenfassend wie folgt beschrieben: »Es enthält das Wissen, das Indien an die Spitze sämtlicher Völker des Altertums stellte und es zum Mekka der Wahrheitssuchenden machte. Eines der sehr alten Werke des *Jyotish*, das *Brahmagupta*, ist eine astronomische Abhandlung, die sich mit Themen wie der heliozentrischen Bewegung der Planeten, der Schiefe der Ekliptik, der Kugelgestalt der Erde, der Lichtreflexion durch den Mond, der täglichen Drehung der Erde um ihre eigene Achse, der Existenz von Fixsternen in der Milchstraße, dem Gesetz der Schwerkraft und anderen wissenschaftlichen Tatsachen befaßt, die in der westlichen Welt erst zur Zeit von Kopernikus und Newton bekannt wurden.« – Die sogenannten »arabischen Ziffern«, ohne die die moderne Mathematik undenkbar wäre, kamen im neunten Jahrhundert über Arabien aus Indien – wo bereits seit grauer Vorzeit mit diesem Zahlensystem gearbeitet wurde – nach Europa.

Vorkenntnisse verfügt. Wenn Unwissende den Himmel nicht zu deuten wissen und statt einer Schrift nur ein unleserliches Gekritzel erkennen, darf uns das angesichts der Unvollkommenheit der Welt nicht wundern. Wir sollten die Weisheit nicht verwerfen, weil die ›Weisen‹ nichts mehr taugen.

Alle Bereiche der Schöpfung sind miteinander verbunden und beeinflussen sich gegenseitig. Der ausgewogene Rhythmus des Universums beruht auf Wechselseitigkeit«, fuhr mein Guru fort. »Der Mensch in seinem sterblichen Aspekt muß zwei Arten von Kräften bekämpfen: zum einen den Tumult in seinem Inneren, der durch die Mischung von Erde, Wasser, Feuer, Luft und ätherischen Elementen verursacht wird, und zum anderen die von außen auf ihn einwirkenden zerstörerischen Kräfte der Natur. Solange der Mensch sterblich ist, wird er von Myriaden Veränderungen beeinflußt, die am Himmel und auf Erden vor sich gehen.

Die Astrologie beschäftigt sich mit der Reaktion des Menschen auf die planetarischen Einflüsse. Die Sterne sind weder bewußt wohlwollend noch bewußt feindselig; sie senden lediglich positive und negative Strahlungen aus. Aus sich selbst heraus können sie der Menschheit weder nutzen noch schaden. Sie können nur der gesetzmäßige Kanal für die äußerliche Herstellung des Gleichgewichts von Ursache und Wirkung sein, für jenen Prozeß also, den jeder Mensch für sich in der Vergangenheit in Gang gesetzt hat.

Ein Kind wird an dem Tag und zu der Stunde geboren, da die himmlischen Strahlen mathematisch gesehen seinem individuellen Karma entsprechen. Sein Horoskop ist ein herausforderndes Porträt seiner unabänderlichen Vergangenheit und der sich wahrscheinlich daraus ergebenden zukünftigen Entwicklung. Nur wer über außerordentliche Intuition und Weisheit verfügt – und das können nur wenige für sich in Anspruch nehmen –, kann die Geburtskonstellation richtig deuten.

Die Botschaft, die im Augenblick der Geburt in leuchtender Schrift am Himmel geschrieben steht, soll nicht etwa das Schicksal – die Folgen der ehemaligen guten oder bösen Taten – unterstreichen, sondern den Menschen dazu anspornen, sich aus seiner irdischen Knechtschaft zu befreien. Was er getan hat, kann er ungeschehen machen. Kein anderer als er selbst hat die Ursachen für das geschaffen, was sich in seinem jetzigen Leben als Auswirkung zeigt. Er kann alle Beschränkungen überwinden, denn er selbst hat sie durch sein Handeln hervorgerufen; ihm sind darüber hinaus spirituelle Möglichkeiten gegeben, die keinerlei planetarischen Einflüssen unterliegen.

Abergläubische Furcht vor der Astrologie macht den Menschen zu einem Roboter, der sklavisch auf mechanische Führung angewiesen ist. Der Weise aber besiegt sein Sternbild – das heißt seine Vergangenheit –, indem er sich nicht länger zur Schöpfung, sondern zum Schöpfer bekennt. Je mehr er sich seiner Einheit mit dem Geist Gottes bewußt ist, um so weniger Macht hat die Materie über ihn. Die Seele ist ewig frei; sie kennt weder Tod noch Geburt und beugt sich nicht der Herrschaft der Sterne. Der Mensch *ist* eine Seele und *hat* einen Körper. Sobald er seine wahre Identität erkannt hat, legt er all seine zwanghaften Verhaltensmuster ab. Solange er aber noch in seinem gewöhnlichen Zustand des spirituellen Vergessens umherirrt, wird er auch die ihm von seiner Umwelt auferlegten subtilen Fesseln des Gesetzes spüren …

Gott ist Harmonie. Wer sich auf Ihn einstellt, kann niemals fehlgehen. Seine Handlungen werden ganz von selbst zeitgerecht und in natürlichem Einklang mit den astrologischen Gesetzen sein. Durch inbrünstiges Gebet und tiefe Meditation kommt er in Berührung mit seinem göttlichen Bewußtsein; so erlangt er einen inneren Schutz, der stärker ist als alle anderen Kräfte.«

»Warum wollt Ihr dann aber, daß ich einen astrologischen Armreif trage, lieber Meister?« fragte ich nach einer Zeit längeren Schweigens, in der ich versuchte, Sri Yukteswars vortreffliche Erläuterungen, die viele für mich neue Gedanken enthielten, zu verarbeiten.

»Erst wenn der Reisende sein Ziel erreicht hat, kann er getrost seine Landkarten beiseite legen. Während der Reise sollte er jede Abkürzung nutzen, die sich ihm bietet. Die alten *Rishis* kannten viele Wege, um die Zeitspanne zu verkürzen, die der Mensch im Exil der Täuschung verbringen muß. Das karmische Gesetz bedient sich bestimmter Mechanismen, die mit den Fäden der Weisheit geschickt reguliert werden können.

Alles menschliche Leid entsteht durch die Überschreitung irgendeines universalen Gesetzes. In den heiligen Schriften steht geschrieben, daß der Mensch im Einklang mit den Naturgesetzen leben muß, ohne dabei die göttliche Allmacht aus den Augen zu verlieren. Er sollte sagen: ›Herr, ich vertraue auf Dich, und ich weiß, daß Du mir helfen kannst; aber auch ich will mein Bestes tun, um alles Unrecht, das ich begangen habe, wiedergutzumachen.‹ Es gibt verschiedene Mittel, um die nachteilige Wirkung unserer früheren Fehler zu mildern oder sogar aufzuheben: das

Gebet, die Willenskraft, die Yoga-Meditation, eine Beratung durch Heilige sowie das Tragen astrologischer Armreife.

Ähnlich wie man ein Haus mit einem Blitzableiter versehen kann, kann man auch den Tempel des Körpers durch bestimmte Maßnahmen schützen. Vor vielen Jahrhunderten entdeckten unsere Yogis, daß von reinen Metallen ein Astrallicht ausgeht, das die negativen Anziehungskräfte der Planeten wirksam neutralisiert. Das Universum ist erfüllt von einem permanenten Strom subtiler elektrischer und magnetischer Strahlungen. Der Mensch weiß nicht, wann der Körper förderlichen Einflüssen ausgesetzt ist, und auch zerstörerische Einflüsse erkennt er nicht. Was kann er dagegen unternehmen?

Unsere *Rishis* machten sich viele Gedanken zu diesem Thema. Sie entdeckten die positive Wirkung bestimmter Metallverbindungen, aber auch gewisser Pflanzenmischungen und vor allem reiner Edelsteine ab einer Größe von zwei Karat. Den Einsatzmöglichkeiten der Astrologie zur Neutralisierung ungünstiger Einflüsse wurde außerhalb Indiens kaum Beachtung geschenkt. Eine wenig bekannte Tatsache ist, daß die geeigneten Edelsteine, Metalle und Pflanzenpräparate wertlos sind, wenn sie nicht schwer genug sind und wenn sie nicht direkt auf der bloßen Haut getragen werden.«

»Natürlich werde ich Euren Rat befolgen und mir einen Armreif besorgen, Sir. Der Gedanke, die Sterne zu überlisten, fasziniert mich.«

»Für allgemeine Zwecke empfiehlt sich ein Armreif aus Gold, Silber oder Kupfer. Doch aus einem bestimmten Grunde möchte ich, daß du dir einen aus Silber und Blei beschaffst«, erklärte Sri Yukteswar und erklärte mir ganz genau, worauf ich zu achten hatte.

»Guruji, um was für einen ›bestimmten Grund‹ handelt es sich?«

»Die Sterne werden sich bald auf unangenehme Weise für dich interessieren, Mukunda. Doch habe keine Angst, du bist geschützt. In etwa einem Monat wirst du ziemliche Probleme mit der Leber bekommen. Doch die Krankheit, deren Heilung normalerweise etwa sechs Monate in Anspruch nimmt, wird durch den astrologischen Armreif in nur 24 Tagen überstanden sein.«

Gleich am nächsten Tag suchte ich einen Juwelier auf, und so trug ich schon bald meinen Armreif. Ich erfreute mich bester Gesundheit und vergaß die Voraussage meines Meisters. Dieser hatte Serampore verlassen und sich nach Benares begeben. Dreißig Tage nach unserem Gespräch fühlte ich plötzlich einen heftigen Schmerz in der Lebergegend;

in den darauffolgenden Wochen stand ich schier unerträgliche Qualen aus. Ich wollte meinen Guru nicht belästigen und die Prüfung tapfer alleine bestehen.

Nach 23 qualvollen Tagen war ich jedoch so zermürbt, daß ich meinen Vorsatz aufgab und den Zug nach Benares nahm. Sri Yukteswar begrüßte mich mit außergewöhnlicher Herzlichkeit, gab mir aber keine Gelegenheit, ihm unter vier Augen von meinem Leiden zu berichten. An diesem Tag suchten den Meister viele seiner Anhänger auf, nur um seinen *Darshan** zu erhalten. Krank und unbeachtet saß ich in einer Ecke. Erst nach dem Abendessen verabschiedeten sich die letzten Gäste. Da rief mich mein Guru zu sich auf den achteckigen Balkon des Hauses.

»Du bist sicher wegen deiner Leberbeschwerden hierhergekommen«, sagte er, ohne mich anzusehen. Er ging auf und ab, so daß der Mond bisweilen von seiner Gestalt verdeckt wurde. »Du leidest also seit 24 Tagen unter diesen Schmerzen, nicht wahr?«

»Ja, Sir.«

»Mach bitte die Magenübung, die ich dir gezeigt habe.«

»Meister, wenn Ihr wüßtet, welche Schmerzen ich habe, würdet Ihr mich nicht bitten, Übungen zu machen!« Dennoch unternahm ich den schwachen Versuch, seinen Anweisungen zu folgen.

»Du sagst, daß du Schmerzen hast; ich sage, du hast keine. Wie läßt sich dieser Widerspruch erklären?« fragte der Guru und sah mich forschend an.

Im ersten Augenblick war ich verwirrt, doch dann überkam mich ein unbändiges Gefühl der Erleichterung. Der permanente quälende Schmerz, der mir seit Wochen den Schlaf geraubt hatte, war nicht mehr zu spüren. Bei Sri Yukteswars Worten hatten sich all meine Beschwerden plötzlich in Luft aufgelöst.

Ich wollte ihm voller Dankbarkeit zu Füßen fallen, doch er hinderte mich daran.

»Sei nicht kindisch! Steh auf und schau dir das herrliche Mondlicht auf dem Ganges an!« Während wir schweigend nebeneinander standen, bemerkte ich ein glückliches Leuchten in den Augen des Meisters; da wußte ich, daß er mir mit seinem Verhalten zeigen wollte, daß nicht er, sondern Gott mich geheilt hatte.

Noch heute trage ich den schweren Armreif aus Silber und Blei als

---

* Segen, den man beim bloßen Anblick eines Heiligen empfängt.

Erinnerung an jenen längst vergangenen, unvergeßlichen Tag, an dem mir erneut bewußt wurde, mit welch wahrhaft übermenschlicher Persönlichkeit ich da mein Leben teilen durfte. Später brachte ich bei verschiedenen Gelegenheiten Freunde zu Sri Yukteswar, damit er sie heilen sollte, und stets empfahl er das Tragen von Edelsteinen oder eines Armreifs mit dem Verweis auf deren astrologischen Nutzen.

Ich hatte während meiner Kindheit gewisse Vorurteile gegen die Astrologie entwickelt, zum einen weil ich beobachtet hatte, wie viele Menschen blindlings an sie glaubten, und zum anderen, weil unser Hausastrologe mir vorausgesagt hatte: »Du wirst dreimal heiraten und zweimal Witwer werden.« Ich grübelte viel über diese Prophezeiung und kam mir beinahe so vor wie ein Lamm, das auf dem Altar dreier Ehen geopfert werden sollte.

»Du wirst dich wohl in dein Schicksal ergeben müssen«, meinte mein Bruder Ananta. »In deinem Horoskop steht auch, daß du als Kind von zu Hause fortlaufen und zum Himalaja reisen würdest, daß man dich aber zurückholen würde. Daher wird sich die Voraussage über deine Ehen genauso erfüllen.«

Eines Nachts jedoch erlangte ich die intuitive Gewißheit, daß die Prophezeiung völlig falsch war. Und so verbrannte ich die Horoskoprolle, schüttete die Asche in eine Papiertüte und schrieb darauf: »Die Saat vergangenen Karmas kann nicht mehr aufgehen, wenn sie im Feuer göttlicher Weisheit verbrannt wird.« Dann legte ich die Tüte an einen auffälligen Platz, so daß Ananta nicht entgehen konnte, was ich da geschrieben hatte.

»Die Wahrheit kannst du nicht so leicht vernichten wie diese Papierrolle«, bemerkte er mit höhnischem Lächeln.

Tatsächlich hat meine Familie, noch bevor ich erwachsen war, dreimal versucht, mich zu verloben. Ich aber hatte mich stets geweigert, auf ihre Pläne* einzugehen, weil ich wußte, daß meine Liebe zu Gott stärker war als alle astrologischen Weissagungen.

»Je weiter ein Mensch auf dem Weg der Selbstverwirklichung fortgeschritten ist, desto mehr beeinflußt er das gesamte Universum mit seinen feinstofflichen geistigen Schwingungen, und desto weniger wird er selbst vom Fluß der Ereignisse berührt.« Dieser Ausspruch meines Meisters kommt mir immer wieder in den Sinn. Gelegentlich bat ich einen Astro-

---

*   Eines der Mädchen, das meine Familie als mögliche Braut für mich ausgewählt
     hatte, heiratete später meinen Vetter Prabhas Chandra Ghose.

logen, die für mich ungünstigsten Konstellationen festzustellen, um dann mein Vorhaben dennoch wie geplant durchzuführen. Zwar stellten sich mir während solcher Zeiten bei der Verwirklichung meines Ziels erhebliche Schwierigkeiten in den Weg, doch hat sich immer wieder meine Überzeugung bestätigt, daß unser Vertrauen auf den Schutz Gottes und der rechte Gebrauch unserer gottgegebenen Willenskraft weit mächtiger sind als die Einflüsse der Himmelskörper.

Ich erkannte, daß man durch den Stand der Sterne bei der Geburt keineswegs zu einer Marionette seiner eigenen Vergangenheit wird. Die Botschaft der Sterne sollte vielmehr den Ehrgeiz des Menschen wecken; der Himmel selbst will ihn dazu drängen, sich von allen irdischen Begrenzungen zu befreien. Jeder Mensch wurde von Gott als Seele erschaffen, die jede für sich ihre eigene Individualität besitzt und damit in der Struktur des Kosmos eine wichtige Rolle spielt – ganz gleich, ob als tragender Pfeiler oder als Parasit. Wenn er will, kann er noch in diesem Augenblick endgültige Befreiung erlangen, denn diese hängt nicht von äußeren, sondern von inneren Siegen ab.

Sri Yukteswar entdeckte die mathematische Anwendbarkeit eines Äquinoktialzyklus von 24.000 Jahren auf unser gegenwärtiges Zeitalter[*]. Dieser Zyklus umfaßt einen aufsteigenden und einen absteigenden Bogen von jeweils 12.000 Jahren. Jeder dieser Bögen zerfällt in vier *Yugas* oder Zeitalter, die man *Kali, Dwapara, Treta* und *Satya* nennt, was der griechischen Vorstellung vom Eisernen, Bronzenen, Silbernen und Goldenen Zeitalter entspricht.

Anhand verschiedener Berechnungen stellte mein Guru fest, daß das letzte *Kali-Yuga* oder Eiserne Zeitalter des aufsteigenden Bogens um 500 n. Chr. begann. Das 1.200 Jahre währende Eiserne Zeitalter war eine Epoche des Materialismus; es endete mit dem Jahre 1700 n. Chr. Im Anschluß daran begann das 2.400 Jahre dauernde *Dwapara-Yuga* – eine Phase, in der es zu weitreichenden Entwicklungen auf den Gebieten der Elektrizität und der Atomenergie kam und kommen wird und die uns bisher schon die Telegrafie, das Radio, Flugzeuge und andere Systeme zur Überwindung des Raumes beschert hat.

Das 3.600 Jahre währende *Treta-Yuga* wird 4100 n. Chr. beginnen; hier

---

[*] Die in Los Angeles erscheinende Zeitschrift *East-West* brachte von September 1932 bis September 1933 eine Serie von dreizehn Artikeln zur historischen Nachprüfbarkeit von Sri Yukteswars *Yuga*-Theorie.

werden telepathische Fähigkeiten zum Allgemeingut der Menschheit avancieren und Systeme zur Überwindung der Zeit geschaffen werden. Während der 4.800 Jahre des *Satya-Yuga* – des letzten Zeitalters im aufsteigenden Bogen – wird der menschliche Geist seine höchste Entwicklungsstufe erreichen und in harmonischer Übereinstimmung mit dem göttlichen Plan arbeiten.

Dann beginnt mit dem absteigenden Goldenen Zeitalter von 4.800 Jahren* ein 12.000 Jahre während absteigender Bogen, in dem die Menschheit allmählich wieder in Unwissenheit versinkt. Diese Zyklen bilden den ewigen Kreislauf der *Maya*, der Gegensätzlichkeit und Relativität der Welt der Erscheinungen.** Doch ein Mensch nach dem anderen

---

    * Im Jahr 12.500 n. Chr.

  ** Die heiligen Schriften der Hindus sehen das gegenwärtige Weltzeitalter im *Kali-Yuga* eines kosmischen Zyklus; dieser dauert viel länger als der einfache 24.000jährige Zyklus, mit dem Sri Yukteswar sich befaßte. Dieser kosmische Zyklus dauert den heiligen Schriften zufolge 4.300.560.000 Jahre und entspricht einem Tag der Schöpfung bzw. der unserem Planetensystem in seiner gegenwärtigen Form zugewiesenen Lebensspanne. Diese von den *Rishis* angegebene gewaltige Zahl errechnet sich durch Inbeziehungsetzung der Länge eines Sonnenjahres und eines Vielfachen von Pi (3,1416 – dem Verhältnis des Kreisumfangs zum Kreisdurchmesser). Den alten Sehern zufolge beträgt die Zeitspanne des gesamten Universums 314.159.000.000.000 Sonnenjahre, was »einem Zeitalter Brahmas« entspricht.

Aufgrund der Ergebnisse von Untersuchungen an Bleieinschlüssen, die sich infolge von Radioaktivität in Felsgestein gebildet haben, schätzen Wissenschaftler das Alter der Erde auf etwa zwei Milliarden Jahre. In den heiligen Schriften der Hindus wird erklärt, daß ein Planet wie der unsere aus zweierlei Gründen aufgelöst wird: entweder werden seine Bewohner absolut gut oder absolut böse. In beiden Fällen erzeugt die globale Geisteshaltung eine Kraft, welche die zu dem betreffenden Planeten zusammengefügten Atome freigibt. Immer wieder liest man unheilvolle Prophezeiungen über einen bevorstehenden »Weltuntergang«, zuletzt von Referent Chas. G. Long aus Pasadena, der den 21. September 1945 öffentlich zum »Tag des Jüngsten Gerichts« deklarierte. Von Journalisten der *United Press* nach meiner Meinung hierzu befragt, erläuterte ich, daß die Weltenzyklen einem geordneten, dem göttlichen Plan entsprechenden Verlauf folgen. Eine Auflösung der Erde ist nicht abzusehen. Unserem Planeten stehen noch zwei Milliarden Jahre des steten Auf und Ab im Rhythmus der Äquinoktialzyklen bevor. Die westliche Welt sollte die von den *Rishis* vorgelegten Zahlen zu den einzelnen Weltzeitaltern aufmerksam betrachten; die Zeitschrift *Time* (Ausgabe vom 17. Dezember 1945, S. 6) bezeichnet sie als »beruhigende Statistiken.«

wird dem Kerker der dualistischen Schöpfung entrinnen und zum Bewußtsein seiner unauflöslichen Einheit mit dem Schöpfer gelangen.

Mein Meister verhalf mir nicht nur zu einem tieferen Verständnis der
Astrologie, sondern auch der heiligen Schriften aller Welt. Indem er die
heiligen Texte auf der unbefleckten Tafel seines Geistes ausbreitete und
mit dem Seziermesser seines intuitiven Verstands analysierte, gelang es
ihm, die von den Gelehrten begangenen Irrtümer und Textverfälschun-
gen von jenen Wahrheiten zu trennen, die uns die Propheten einst
verkündet haben.

»Seinen Blick auf die Nasenspitze richten« – diese ungenaue Auslegung
eines Verses der *Bhagavad-Gita**, die sowohl von östlichen Pandits als
auch von westlichen Übersetzern weitgehend übernommen worden ist,
war für den Meister stets Anlaß zu humorvoller Kritik. »Der Weg eines
Yogis ist schon sonderbar genug«, bemerkte er. »Warum soll man ihm
da obendrein noch raten zu schielen? Die wirkliche Bedeutung des
Begriffes *Nasikagram* ist »Wurzel der Nase« und nicht »Ende der Nase«.
Die Nasenwurzel aber liegt zwischen den Augenbrauen, am Sitz des
spirituellen Auges.«**

Einer der *Sankhya****-Aphorismen – »*Iswar Ashidha*«, »ein Herr der
Schöpfung ist nicht ableitbar« oder »Gott ist nicht bewiesen« – hat Anlaß
dazu gegeben, daß viele Gelehrte die gesamte Philosophie für atheistisch
halten.

»Dieser Vers ist keineswegs nihilistisch«, erklärte Sri Yukteswar. »Er
weist lediglich darauf hin, daß der Unerleuchtete, der ausschließlich auf
seine Sinneseindrücke angewiesen ist, die Existenz Gottes nicht beweisen kann und Ihn daher als nichtexistent betrachten muß. Die echten
Adepten des *Sankhya* jedoch, die auf dem Wege der Meditation zu
unerschütterlicher Einsicht gelangt sind, wissen sehr wohl, daß Gott
existiert und wahrnehmbar ist.«

---

   * Kapitel VI, 13.

 ** »Dein Auge gibt dem Körper Licht. Wenn dein Auge gesund ist, dann wird
     auch dein ganzer Körper hell sein. Wenn es aber krank ist, dann wird dein
     Körper finster sein. Achte also darauf, daß in dir nicht Finsternis statt Licht
     ist« (*Lukas* 11, 34–35).

*** Eines der sechs Systeme der hinduistischen Philosophie. *Sankhya* lehrt, daß
     man seine endgültige Befreiung durch die Kenntnis von 25 Prinzipien erlan-
     gen kann, beginnend mit *Prakriti* oder der Natur und endend mit *Purusha*
     oder der Seele.

Auch wenn mein Meister die christliche Bibel auslegte, tat er dies mit unübertrefflicher Klarheit. Er war Hindu, gehörte also keiner christlichen Gemeinschaft an; und doch war er es, der mich in die unsterbliche Essenz der Bibel einführte und mir die Wahrheit des wohl herrlichsten und unmißverständlichsten aller Aussprüche Christi vor Augen führte, der da lautet: »Himmel und Erde werden vergehen, aber meine Worte werden nicht vergehen.«*

Die großen Meister Indiens haben ihr Leben nach denselben göttlichen Idealen gelebt wie Jesus und sind deshalb seiner eigenen Verkündung zufolge seine wahren Verwandten: »Denn wer den Willen meines himmlischen Vaters erfüllt, der ist für mich Bruder und Schwester und Mutter.«** »Wenn ihr in meinem Wort bleibt«, so sprach Christus, »seid ihr wirklich meine Jünger. Dann werdet ihr die Wahrheit erkennen, und die Wahrheit wird euch befreien«.*** Die christusgleichen Yogis Indiens – allesamt frei und Herren ihrer selbst – gehören zur unsterblichen Bruderschaft derer, die das befreiende Wissen von dem einen Vater erlangt haben.

»Die Geschichte von Adam und Eva ist mir unverständlich!« bemerkte ich eines Tages etwas unwirsch, nachdem ich mich vergeblich bemüht hatte, diese Allegorie zu verstehen. »Warum bestrafte Gott nicht nur das schuldige Paar, sondern auch die unschuldigen noch ungeborenen Generationen, die nach ihnen folgten?«

Die Heftigkeit meiner Worte amüsierte den Meister mehr als meine Unwissenheit. »Die *Genesis* ist zutiefst symbolisch und läßt sich nicht durch wörtliche Auslegung erfassen«, erklärte er. »Der ›Baum des Lebens‹«, von dem darin die Rede ist, stellt den menschlichen Körper dar. Unsere Wirbelsäule ist wie ein umgekehrter Baum: Die Haare sind seine Wurzeln und die zuführenden und herausführenden Nerven seine Äste. Der Baum des Nervensystems trägt viele genießbare Früchte oder Formen der Wahrnehmung unseres Gesichts-, Gehör-, Geruchs-, Geschmacks- und Tastsinnes. Diese darf der Mensch zu Recht genießen;

---

  * *Matthäus* 24, 35.
 ** *Matthäus* 12, 50.
*** *Johannes* 8, 31–32. Johannes bezeugte: »Allen aber, die ihn aufnahmen, gab er Macht, Kinder Gottes zu werden, allen, die an seinen Namen glauben« (das heißt, die im allgegenwärtigen Christusbewußtsein verankert sind, *Johannes* 1, 12).

doch die sexuelle Erfahrung, der »Apfel« in der Mitte des Gartens unseres Körpers, wurde ihm untersagt.*

Die ›Schlange‹ entspricht der zusammengerollten Energie am Ende des Rückgrats, die die Sexualnerven stimuliert. ›Adam‹ ist die Vernunft und ›Eva‹ das Gefühl. Wenn das Gefühl (Eva-Bewußtsein) des Menschen von sexuellem Verlangen überwältigt wird, kapituliert auch die Vernunft (Adam).**

Gott erschuf die menschliche Spezies, indem Er kraft seines Willens den Körper des Mannes und der Frau materialisierte; Er verlieh den neuen Geschöpfen die Fähigkeit, auf ähnliche »unbefleckte« oder göttliche Weise Kinder hervorzubringen.*** Nachdem sich Seine Manifestation in der Individualseele bis dahin auf instinktgebundene Tiere beschränkt hatte, die nicht das ganze Potential der Vernunft in sich tragen, erschuf Gott nun die ersten menschlichen Körper, symbolisch Adam und Eva genannt. Diesen hauchte Er die Seele oder göttliche Essenz zweier Tiere ein**** und gab ihnen damit die Möglichkeit der positiven Höherentwicklung. In Adam, dem Manne, herrschte die Vernunft vor; in Eva, der Frau, überwog das Gefühl. Damit wurde das Prinzip der Dualität oder Polarität zum Ausdruck gebracht, das der Welt der Erscheinungen zugrunde liegt. Vernunft und Gefühl bleiben so lange im Himmel der gemeinsamen Freude, wie sich der menschliche Geist nicht von der Schlangenkraft tierischer Gelüste verlocken läßt.

Der menschliche Körper ist folglich nicht nur das Ergebnis eines evolutionären Entwicklungsschrittes der Tierwelt, sondern wurde durch einen besonderen Schöpfungsakt Gottes erschaffen. Die tierischen Formen

---

* »Von den Früchten der Bäume im Garten dürfen wir essen; nur von den Früchten des Baumes, der in der Mitte des Gartens steht, hat Gott gesagt: Davon dürft ihr nicht essen, daran dürft ihr nicht rühren, sonst werdet ihr sterben« (*Genesis* 3, 2–3).

** »Die Frau, die du mir beigesellt hast, sie hat mir von dem Baum gegeben, und so habe ich gegessen. ... Die Frau antwortete: Die Schlange hat mich verführt, und so habe ich gegessen« (*Genesis* 3, 12–13).

*** »Gott schuf also den Menschen als sein Abbild; als Abbild Gottes schuf er ihn. Als Mann und Frau schuf er sie. Gott segnete sie und sprach zu ihnen: Seid fruchtbar und vermehrt euch, bevölkert die Erde, unterwerft sie euch« (*Genesis* 1, 27–28).

**** »Da formte Gott, der Herr, den Menschen aus Erde vom Ackerboden und blies in seine Nase den Lebensatem. So wurde der Mensch zu einem lebendigen Wesen« (*Genesis* 2, 7).

waren zu primitiv, um der Göttlichkeit in ihrer ganzen Fülle Ausdruck verleihen zu können; nur der Mensch wurde mit einer immensen Geisteskraft – dem tausendblättrigen Lotus des Gehirns – sowie hochaktiven Energiezentren in der Wirbelsäule ausgestattet.

Gott oder das göttliche Bewußtsein in dem ersten erschaffenen Paar riet Adam und Eva, die ganze Palette der menschlichen Empfindungsmöglichkeiten auszukosten, ihre Aufmerksamkeit jedoch nicht auf den Tastsinn zu richten.* Dieser war mit einem Verbot belegt, um der Entfaltung der Sexualorgane vorzubeugen, durch die die Menschheit sich in die niedere animalische Fortpflanzungsmethode verstricken würde. Doch Adam und Eva mißachteten die Warnung, die in ihrem Unterbewußtsein schlummernden tierischen Instinkte nicht zu wecken. Indem sich Adam und Eva dem niederen Akt der Fortpflanzung hingaben, stürzten sie aus dem Zustand himmlischen Glücks, der dem ursprünglichen vollkommenen Menschen von Natur aus zu eigen war.

Das Wissen um ›Gut und Böse‹ bezieht sich auf unsere zwangsläufig duale Sicht des Kosmos. Als der Mensch durch den Mißbrauch seines Gefühls und seiner Vernunft, seines Eva- und Adam-Bewußtseins, unter den Einfluß der *Maya* geriet, büßte er sein Recht ein, den himmlischen Garten göttlicher Selbstgenügsamkeit zu betreten.** Es ist die persönliche Aufgabe eines jeden Menschen, seine ›Eltern‹, das heißt seine zwiespältige Natur, zu einer anderen harmonischen Einheit, nämlich dem Garten Eden, zurückzuführen.«

Nachdem Sri Yukteswar seine Darlegungen beendet hatte, sah ich die *Genesis* in völlig neuem Licht.

»Verehrter Meister«, sagte ich, »zum ersten Male fühle ich mich Adam und Eva so verbunden wie ein Kind seinen Eltern gegenüber!«

---

  * »Die Schlange (der Geschlechtstrieb) war schlauer als alle Tiere des Feldes (als alle anderen körperlichen Sinne)« (*Genesis* 3, 1).

** »Dann legte Gott, der Herr, in Eden, im Osten, einen Garten an und setzte dorthin den Menschen, den er geformt hatte« (*Genesis* 2, 8). »Gott, der Herr, schickte ihn aus dem Garten von Eden weg, damit er den Ackerboden bestellte, von dem er genommen war« (*Genesis* 3, 23). Das Bewußtsein des göttlichen Menschen, wie er zuerst von Gott erschaffen wurde, war auf das allmächtige eine Auge in der Stirn (gen Osten) gerichtet. Die in diesem Punkt konzentrierte allschöpferische Kraft seines Willens ging dem Menschen verloren, als er sich daran machte, den »Ackerboden« seiner physischen Natur »zu bestellen«.

Kapitel 17

Sasi und die drei Saphire

Da ihr beide, du und mein Sohn, eine so hohe Meinung von Sri Yukteswar habt, will ich ihn mir einmal selbst ansehen«, sagte Dr. Narayan Chunder Roy eines Tages zu mir. Doch aus seinem Ton konnte ich entnehmen, daß er uns nicht wirklich ernst nahm und unsere Begeisterung nur für eine verrückte Laune zweier Halbwüchsiger hielt. Doch wie es sich für einen Neubekehrten geziemt, ließ ich mir meinen Unwillen nicht anmerken.

Dr. Roy war Tierarzt und überzeugter Agnostiker. Sein Sohn Santosh hatte mich flehentlich gebeten, doch auf seinen Vater einzuwirken. Leider hatte ich mit meiner Hilfe bisher noch nicht viel Großartiges bewirken können.

Am folgenden Tag begleitete mich Dr. Roy also nach Serampore in die Einsiedelei. Nachdem der Meister ihm eine kurze »Unterredung« gewährt hatte, bei der sich die beiden eigentlich nur anschwiegen, reiste der Besucher sogleich wieder ab.

»Warum bringst du mir einen Toten in den Ashram?« fragte Sri Yukteswar, sobald sich die Tür hinter dem Ungläubigen aus Kalkutta geschlossen hatte.

»Sir, der Doktor ist ganz und gar lebendig!«

»Er wird aber in Kürze sterben.«

Ich war zutiefst erschrocken und sagte daraufhin zu meinem Meister: »Das wird aber ein furchtbarer Schlag für seinen Sohn sein. Santosh hofft immer noch, daß er die materialistische Einstellung seines Vaters mit der Zeit ändern kann. Bitte helft diesem Mann!«

»Gut – dir zuliebe will ich es tun«, sagte mein Guru mit unbewegter Miene. »Der stolze Pferdedoktor ist hochgradig zuckerkrank, obwohl er nichts davon weiß. In fünfzehn Tagen wird er einen schweren Anfall bekommen, und die Ärzte werden ihn aufgeben. Heute in genau sechs Wochen wird seine Zeit gekommen sein, die Erde zu verlassen. Doch aufgrund deiner Fürbitte wird er an diesem Tag genesen – allerdings nur unter einer Bedingung: Du mußt ihn dazu bewegen, einen astrologischen Armreif zu tragen.« Und lachend fügte der Meister hinzu: »Er wird sich wahrscheinlich genauso heftig dagegen sträuben wie seine Pferde gegen eine Operation.«

Eine Weile schwieg ich und überlegte, wie Santosh und ich den skeptischen Doktor wohl am besten zum Tragen des Reifs überreden könnten; dann machte Sri Yukteswar weitere Enthüllungen.

»Sobald er wieder gesund ist, empfehle ihm, kein Fleisch mehr zu essen. Er wird den Rat jedoch nicht befolgen und in sechs Monaten – genau dann, wenn er sich am besten fühlt, plötzlich tot umfallen. Und diese sechsmonatige Verlängerung seines Leben wird ihm auch nur auf deine Fürbitte hin gewährt.«

Am folgenden Tag riet ich Santosh, beim Juwelier einen Armreif zu bestellen. Nach einer Woche war er fertig, doch Dr. Roy weigerte sich, ihn zu tragen.

»Mir geht es gesundheitlich ausgezeichnet. Ihr werdet mich nie von diesem astrologischen Aberglauben überzeugen können!« sagte er und warf mir dabei einen feindseligen Blick zu.

Ich dachte an die Worte des Meisters, der diesen Mann mit einem störrischen Pferd verglichen hatte, und mußte innerlich lachen. Weitere sieben Tage vergingen, als der Doktor plötzlich krank wurde und sich dann schließlich doch bereit erklärte, den Armreif zu tragen. Zwei Wochen später teilte mir der behandelnde Arzt mit, daß der Zustand des Patienten Anlaß zu wenig Hoffnung gäbe. Er schilderte mir ausführlich den qualvollen Verlauf und die verheerenden Folgen des Diabetes.

Ich aber schüttelte den Kopf. »Mein Guru hat gesagt, daß Dr. Roy nach einem Monat von seiner Krankheit genesen wird.«

Der Arzt starrte mich ungläubig an. Vierzehn Tage später jedoch suchte er mich erneut auf und meinte kleinlaut: »Dr. Roy ist vollkommen wiederhergestellt. So etwas ist mir in meiner ganzen Praxis noch nicht vorgekommen. Ich habe noch nie eine solch unerklärliche Genesung eines Sterbenden erlebt. Euer Guru muß wahrhaftig ein Prophet mit großen Heilkräften sein.«

Ich führte ein weiteres Gespräch mit Dr. Roy und erinnerte ihn erneut an Sri Yukteswars Empfehlung hinsichtlich der fleischlosen Kost. Dann sah ich ihn erst sechs Monate später wieder, als er eines Abends – ich saß auf der Veranda meines Elternhauses in der Gurpar Road – vorbeikam und einen Augenblick stehenblieb, um sich mit mir zu unterhalten. »Sag deinem Lehrer, daß ich meine Kraft durch häufigen Fleischgenuß inzwischen voll und ganz wiedergewonnen habe. Von seinen unwissenschaftlichen Ideen über Ernährungsfragen habe ich mich nicht beeinflussen lassen.« Dr. Roy sah wirklich aus wie das blühende Leben.

Am folgenden Tag jedoch kam Santosh vom benachbarten Häuserblock zu mir herübergestürzt. »Mein Vater ist heute morgen tot umgefallen!« Dies war eine der seltsamsten Begebenheiten, die ich in der Zeit mit meinem Meister erlebt habe. Er hatte den unbeugsamen Tierarzt trotz seiner Ungläubigkeit geheilt und ihm das Leben auf Erden um sechs Monate verlängert, nur weil ich ihn so flehentlich darum gebeten hatte. Sri Yukteswars Güte war grenzenlos, wenn es darum ging, die inständige Bitte eines Gläubigen zu erfüllen.

Es war mir immer eine besondere Ehre, meine College-Freunde zu Sri Yukteswar führen zu dürfen. Viele von ihnen legten zumindest im Ashram die bei der modernen akademischen Jugend weitverbreitete Skepsis ab. Einer meiner Freunde namens Sasi verbrachte viele glückliche Wochenenden in Serampore. Der Meister empfand eine besondere Zuneigung zu dem jungen Mann und war untröstlich darüber, daß er ein so disziplinloses und ausschweifendes Leben führte.

»Sasi, wenn du deine Lebensführung nicht änderst, wirst du in einem Jahr schwer krank werden«, sagte Sri Yukteswar eines Tages zu meinem Freund halb wohlwollend und halb vorwurfsvoll. »Mukunda ist mein Zeuge. Sage später nicht, ich hätte dich nicht gewarnt.«

Sasi lachte. »Meister, ich überlasse es lieber Euch, den Kosmos um Barmherzigkeit für mich anzurufen, denn ich bin eben ein hoffnungsloser Fall! Mein Geist ist willig, aber mein Wille ist schwach. Ihr seid meine einzige Rettung auf Erden; ich glaube an nichts anderes als an Euch!«

»Du müßtest wenigstens einen zweikarätigen blauen Saphir tragen; der würde dir helfen.«

»Den kann ich mir nicht leisten! Aber was auch kommen mag, lieber Guruji, ich glaube fest daran, daß Ihr mich beschützen werdet, wenn Probleme auftauchen.«

»In einem Jahr wirst du mir drei Saphire bringen«, erwiderte Sri Yukteswar rätselhaft. »Doch dann werden sie dir nichts mehr nützen.«

Unterhaltungen dieser Art gab es viele, und jedesmal meinte Sasi mit geradezu komischer Verzweiflung: »Ich kann mich nicht ändern! Und mein Vertrauen in Euch, Meister, ist von größerem Wert für mich als alle Edelsteine.«

Ein Jahr darauf besuchte ich meinen Guru in Kalkutta im Hause seines Schülers Naren Babu. Es war gegen zehn Uhr morgens, und ich saß mit

Sri Yukteswar im Wohnraum des oberen Stockwerks. Da hörte ich, wie sich die Eingangstür öffnete. Der Meister richtete sich auf.

»Da kommt Sasi«, sagte er ernst. »Das Jahr ist um, und seine beiden Lungenflügel sind zerstört. Er hat meinen Rat nicht befolgt; sage ihm, daß ich ihn nicht sehen will.«

Tief erschrocken über Sri Yukteswars strengen Ton rannte ich die Treppe hinunter. Sasi kam mir auf halbem Weg entgegen.

»O Mukunda, hoffentlich ist der Meister da! Ich hatte so ein Gefühl, als ob ich ihn hier antreffen würde.«

»Ja, er ist hier; aber er möchte nicht gestört werden.«

Sasi brach in Tränen aus und stürmte an mir vorbei. Er warf sich Sri Yukteswar zu Füßen und legte drei wunderschöne Saphire vor ihn hin.

»Allwissender Guru, die Ärzte sagen, ich sei an einer schnell fortschreitenden Lungentuberkulose erkrankt, und geben mir nur noch drei Monate zu leben! Demütig flehe ich Euch an, mir zu helfen; ich weiß, daß Ihr mich heilen könnt.«

»Ist es jetzt nicht ein wenig zu spät, dir Gedanken über dein Leben zu machen? Nimm deine Juwelen und geh fort! Die Zeit, wo sie dir nützlich sein konnten, ist vorüber.« Dann verharrte der Meister in rätselhaftem, unnachgiebigem Schweigen; nur das Schluchzen des um Barmherzigkeit flehenden jungen Mannes unterbrach von Zeit zu Zeit die Stille.

Meine Intuition sagte mir, daß Sri Yukteswar Sasis Glauben an die göttliche Heilkraft lediglich auf die Probe stellen wollte. Und so war ich auch nicht weiter überrascht, als der Meister nach einer Stunde angespannter Stille schließlich mitfühlend auf meinen Freund hinabblickte, der noch immer zu seinen Füßen lag.

»Steh auf, Sasi! Was für eine Aufregung verursachst du hier im Haus eines Fremden. Bring dem Juwelier die Saphire zurück; du kannst dir das Geld sparen. Besorge dir statt dessen einen astrologischen Armreif und trage ihn. Fürchte dich nicht; in einigen Wochen wirst du gesund sein.«

Sasis tränenüberströmtes Gesicht erhellte sich wie eine verregnete Landschaft beim plötzlichen Durchbruch der Sonne. »Geliebter Guru, soll ich die von den Ärzten verordnete Medizin nehmen?«

Nachsichtig antwortete Sri Yukteswar: »Ganz wie du willst. Nimm sie, oder nimm sie nicht. Das ist völlig ohne Belang. Eher werden Sonne und Mond ihren Platz am Himmel tauschen, als daß du an Tuberkulose stirbst.« Dann brach er das Gespräch abrupt ab: »Geh jetzt, ehe ich mich anders besinne!«

Da verneigte sich mein Freund hastig und eilte davon. Während der folgenden Wochen besuchte ich ihn verschiedentlich und sah mit Erschrecken, wie sich sein Zustand von Mal zu Mal verschlechterte.

»Sasi wird die Nacht nicht überleben«, sagte mir sein Arzt eines Tages. Diese Worte und der jämmerliche Anblick meines Freundes, der fast zum Skelett abgemagert war, veranlaßten mich, schleunigst nach Serampore zu fahren. Der Guru hörte sich meinen tränenreichen Bericht teilnahmslos an.

»Warum kommst du eigens hierher und belästigst mich in dieser Angelegenheit? Du hast doch gehört, daß ich Sasi die Zusicherung für seine Genesung gegeben habe.«

Ich verneigte mich ehrerbietig vor ihm und ging zur Tür. Sri Yukteswar sagte kein Wort des Abschieds, sondern versank in tiefes Schweigen. Seine halbgeöffneten Augen bewegten sich nicht; sie waren auf eine andere Welt gerichtet.

Ich fuhr auf direktem Wege nach Kalkutta zum Haus meines Freundes zurück. Wie erstaunt war ich dann, ihn im Bett sitzen und Milch trinken zu sehen.

»O Mukunda, ein Wunder ist geschehen! Vor vier Stunden fühlte ich die Gegenwart des Meisters in meinem Zimmer, und die furchtbaren Symptome verschwanden sofort. Ich weiß, daß ich nur durch seine Gnade geheilt worden bin.«

Einige Wochen später war Sasi kräftiger und gesünder denn je zuvor.*
Doch nach außen hin zeigte er sich wenig dankbar für seine Heilung, denn er besuchte Sri Yukteswar nur noch selten. Eines Tages erklärte er mir jedoch, daß er seinen früheren Lebenswandel so sehr bereue, daß er sich nun schäme, dem Meister unter die Augen zu treten.

Daraus konnte ich nur schließen, daß Sasis Krankheit sich zwar positiv auf seinen Willen, aber negativ auf seine Manieren ausgewirkt hatte.

Meine ersten Studienjahre am Scottish Church College näherten sich dem Ende. Ich hatte die Vorlesungen nur unregelmäßig besucht und gerade genug gelernt, um Streit in meiner Familie zu vermeiden. Meine beiden Privatlehrer kamen zwar regelmäßig ins Haus, doch ich war auch regelmäßig abwesend: Dies ist die einzige Regelmäßigkeit, an die ich mich während meiner Studienzeit erinnern kann.

---

* 1936 hörte ich von einem Freund, daß Sasi sich noch immer bester Gesundheit erfreute.

Nach erfolgreichem Abschluß der ersten beiden Jahre am College erhält ein Student in Indien das Vordiplom. Danach muß er noch einmal zwei Jahre studieren bis zur eigentlichen Diplomhauptprüfung.

Das bevorstehende Vorexamen hing über mir wie eine drohende Gewitterwolke am Himmel. Also flüchtete ich mich zu meinem Guru, der sich gerade für einige Wochen in Puri aufhielt. Ich schilderte ihm lang und breit, wie hoffnungslos unvorbereitet ich sei, in der heimlichen Erwartung, er würde mir einen Grund dafür liefern, nicht zur Prüfung erscheinen zu müssen.

Doch Sri Yukteswar tröstete mich lächelnd: »Du hast dich mit ganzer Seele auf deine spirituellen Pflichten konzentriert und dabei wohl dein Universitätsstudium vernachlässigen müssen. Wenn du dich aber in der kommenden Woche fleißig mit deinen Büchern beschäftigst, wirst du die Prüfung ganz sicher bestehen.«

Ich kehrte nach Kalkutta zurück und versuchte, die berechtigten Zweifel, die hin und wieder in mir aufstiegen, energisch zurückzudrängen. Wenn ich jedoch auf die Berge von Büchern auf meinem Tisch schaute, kam ich mir wie ein Verlorener in der Wildnis vor. Nach einer langen Meditation hatte ich schließlich eine großartige Idee, die mir viel Arbeit ersparen sollte. Ich öffnete jedes Buch aufs Geratewohl und beschäftigte mich nur mit den Seiten, die aufgeschlagen vor mir lagen. Nachdem ich eine Woche lang täglich achtzehn Stunden nach diesem Verfahren gearbeitet hatte, hielt ich mich für berechtigt, alle künftigen Generationen in der Kunst des Paukens zu beraten.

Während der folgenden Prüfungstage bestätigte sich meine rein willkürlich anmutende Lernmethode in den Examenssälen: Ich bestand alle Prüfungen, wenn auch nur um Haaresbreite. In den Glückwünschen meiner Freunde und Verwandten schwang ein gehöriges Maß an Verwunderung mit.

Was für eine freudige Überraschung war es für mich, als Sri Yukteswar nach seiner Rückkehr aus Puri zu mir sagte: »Deine Studienjahre in Kalkutta sind nun vorüber. Ich werde mich dafür einsetzen, daß du die letzten beiden Jahre deines Studiums in Serampore verbringen kannst.«

»Aber Meister«, entgegnete ich verblüfft, »hier gibt es doch keine Abschlußstufe, die zum Diplom führt!« Das College in Serampore war die einzige Hochschule am Ort und bot nur das zweijährige Studium bis zum Vordiplom an.

Der Meister lächelte verschmitzt. »Ich selbst bin zu alt, um herumzugehen und Spenden für den Aufbau eines weiterführenden College zu sammeln. Das muß ich wohl von jemand anderem erledigen lassen.«

Zwei Monate später gab Professor Howells, der Rektor des College von Serampore, öffentlich bekannt, daß es ihm inzwischen gelungen sei, ausreichende finanzielle Mittel zu beschaffen, um von nun an auch den vierjährigen Studiengang bis zum Abschlußdiplom anbieten zu können. Damit wurde das Serampore College zu einem vollwertigen Zweig der Universität von Kalkutta. Ich war einer der ersten Studenten, die sich zum Studium in der Abschlußstufe immatrikulierten.

»Guruji, Ihr seid so gut zu mir! Schon immer habe ich mir gewünscht, von Kalkutta wegzugehen und in Serampore in Eurer Nähe sein zu dürfen. Professor Howells hat keine Ahnung, wieviel er Eurer stillen Hilfe zu verdanken hat.«

Sri Yukteswar sah mich mit gespieltem Ernst an und meinte: »Jetzt, wo du nicht mehr so viele Stunden im Zug verbringen mußt, wirst du viel freie Zeit für dein Studium haben. Vielleicht brauchst du dir nun dein Wissen nicht mehr in letzter Minute einzutrichtern, sondern kannst endlich in Ruhe lernen.« Doch seinen Worten fehlte irgendwie die rechte Überzeugung.

Kapitel 18

Der moslemische Magier

V or vielen Jahren führte mir ein mohammedanischer Magier genau in diesem Zimmer, in dem du jetzt wohnst, vier Wunder vor«, sagte Sri Yukteswar zu meiner großen Überraschung, als er mich zum ersten Mal in meinem neuen Quartier besuchte. Ich hatte mir gleich nach meinem Eintritt ins Serampore College ein Zimmer im nahegelegenen Studentenwohnheim *Panthi* gemietet, das in einem altmodischen Backsteingebäude am Ganges untergebracht war.

»Was für ein Zufall, Meister! Können diese frischgestrichenen Wände wirklich von alten Erinnerungen zeugen?« Ich sah mich mit neuem Interesse in dem schlicht möblierten Zimmer um.

»Das ist eine lange Geschichte«, erwiderte mein Guru und lächelte gedankenverloren. »Es war ein Fakir* namens Afzal Khan; seine außergewöhnlichen Kräfte verdankte er einer zufälligen Begegnung mit einem hinduistischen Yogi.

Afzal war noch ein Kind und lebte in einem kleinen Dorf in Ostbengalen, als ihn eines Tages ein staubbedeckter *Sannyasi* ansprach und bat: ›Mein Sohn, ich bin durstig; hol mir etwas Wasser!‹

›Meister, ich bin Mohammedaner. Wie könnt Ihr als Hindu einen Trank aus meiner Hand entgegennehmen?‹

›Deine Aufrichtigkeit gefällt mir, mein Kind. Ich halte mich nicht an die diskriminierenden Regeln gottloser Sektierer. Geh und bring mir schnell etwas Wasser!‹

Afzal gehorchte, und der Yogi belohnte ihn mit einem liebevollen Blick.

›Du bringst gutes Karma aus früheren Leben mit‹, sagte er ernst. ›Ich werde dich eine bestimmte Yoga-Methode lehren, die dir Herrschaft über eine der unsichtbaren Sphären verleiht. Die außergewöhnlichen Kräfte, die dir dadurch zuteil werden, sollten jedoch nur zu guten Zwecken eingesetzt werden; nutze sie nie für egoistische Ziele. Leider hast du, wie ich sehe, aus deinen vergangenen Leben auch einige destruktive Veran-

---

* Muslimischer Yogi; vom Arabischen *faqir* = arm; ursprünglich als Begriff für Derwische, die ein Armutsgelübde abgelegt haben, verwendet.

lagungen mitgebracht. Hüte dich davor, sie durch weitere böse Taten zu nähren. Du kannst die Verstrickungen deines Karmas nur dadurch auflösen, indem du in deinem jetzigen Leben deine Yoga-Künste mit höchsten humanitären Zielen verbindest.‹

Dann weihte der Meister den erstaunten Jungen in eine komplizierte Yoga-Technik ein und verschwand, wie er gekommen war.

Zwanzig Jahre übte sich Afzal in dieser Yoga-Technik, und seine wundersamen Taten erregten weit und breit großes Interesse. Er schien ständig von einem körperlosen Geist begleitet zu sein, den er ›Hazrat‹ nannte. Diese unsichtbare Wesenheit konnte dem Fakir jeden Wunsch erfüllen. Afzal aber schlug die Warnung seines Meisters in den Wind und begann, seine Kräfte zu mißbrauchen. Jeder Gegenstand, den er in die Hand nahm und dann wieder an seinen Platz zurücklegte, war kurz darauf verschwunden. Wegen dieser beunruhigenden Tatsache war der Mohammedaner als Gast nicht gern gesehen.

Von Zeit zu Zeit suchte er die großen Juweliergeschäfte Kalkuttas auf und gab vor, bestimmte Schmuckstücke kaufen zu wollen. Doch alles, was er anfaßte, verschwand, kurz nachdem er den Laden verlassen hatte.

Afzal war oft von mehreren hundert Schülern umringt, die alle hofften, seine Geheimnisse lernen zu können. Manchmal lud der Fakir sie ein, mit ihm auf Reisen zu gehen. Auf dem Bahnhof ließ er sich dann ein ganzes Bündel Fahrkarten aushändigen, die er dem Beamten kurz darauf mit der Bemerkung zurückgab: ›Ich habe es mir anders überlegt, ich brauche sie doch nicht.‹ Sobald Afzal aber mit seiner gesamten Gefolgschaft den Zug bestieg, hatte er dennoch die nötigen Fahrkarten in der Tasche.*

Diese ›Heldentaten‹ riefen überall helle Empörung hervor. Die Juweliere und Fahrkartenverkäufer Bengalens standen kurz vor einem Nervenzusammenbruch! Und die zur Festnahme herbeigerufene Polizei war machtlos, denn der Fakir beseitigte schlicht und einfach alle Beweisstücke mit den Worten: ›Hazrat, nimm dies weg!‹«

Sri Yukteswar erhob sich und trat auf den Balkon meines Zimmers, der zum Ganges hinausführte. Ich folgte ihm, weil ich darauf brannte, mehr über den mohammedanischen Meisterdieb zu erfahren.

»Dieses *Panthi*-Haus gehörte früher einem meiner Freunde. Er hatte

---

* Mein Vater erzählte mir später, daß auch die Bengal-Nagpur-Eisenbahngesellschaft, bei der er arbeitete, von Afzal Khan geschädigt worden war.

Afzal persönlich kennengelernt und ihn in sein Haus gebeten. Gleichzeitig waren etwa zwanzig Nachbarn, darunter auch ich geladen. Ich war
damals noch jung und somit recht neugierig auf den berühmten Fakir«,
gab der Meister lachend zu.

»Vorsichtshalber ließ ich alle Wertsachen zu Hause! Afzal sah mich
forschend an und meinte dann:

›Du hast kräftige Hände. Geh hinunter in den Garten, suche dir dort einen
glatten Stein und schreibe mit Kreide deinen Namen darauf. Dann wirf
den Stein in möglichst hohem Bogen in den Ganges!‹

Ich folgte seinen Anweisungen. Nachdem der Stein weitab vom Ufer in
den Wellen versunken war, wandte sich der Mohammedaner mir erneut
zu:

›Hol einen Krug und fülle ihn gleich vor dem Haus mit Wasser aus dem
Ganges!‹

Als ich mit dem vollen Gefäß zurückgekehrt war, rief der Fakir: ›Hazrat,
leg den Stein in den Krug!‹

Und sogleich war der Stein zu sehen. Ich nahm ihn aus dem Gefäß
heraus – meine Unterschrift war noch genauso deutlich, wie ich sie
geschrieben hatte.

Babu*, ein Freund von mir, der ebenfalls zugegen war, trug eine antike,
schwere goldene Uhr mit Kette. Der Fakir sah sie bewundernd an – ein
schlechtes Zeichen! Bald darauf war sie verschwunden.

›Afzal, gib mir bitte mein kostbares Erbstück zurück‹, bat Babu, den
Tränen nahe.

Der Mohammedaner schwieg eine Weile beharrlich und sagte dann: › Du
hast fünfhundert Rupien in einem eisernen Safe. Bring sie mir, dann will
ich dir sagen, wo du deine Uhr finden kannst.‹

Völlig verstört lief Babu nach Hause und kam kurz darauf zurück, um
Afzal die geforderte Summe auszuhändigen.

›Geh zu der kleinen Brücke, vor deinem Haus‹, sprach der Fakir zu Babu.
›Rufe dort nach Hazrat, damit er dir Uhr und Kette aushändige.‹

Babu eilte davon. Als er zurückkehrte, strahlte er erleichtert, hatte aber
die Uhr nicht bei sich.

›Als ich Hazrat gesagt hatte, was zu tun sei‹, berichtete er, ›fiel meine Uhr
aus der Luft herab in meine rechte Hand. Ihr könnt euch darauf verlassen,

---

* Ich kann mich nicht mehr erinnern, wie Sri Yukteswars Freund hieß, und
   nenne ihn daher einfach »Babu« (Herr).

daß ich das Erbstück erst sorgfältig in meinen Safe einschloß, bevor ich wieder herkam.‹

Babus Freunde, die Zeugen dieser tragikomischen Szene gewesen waren und miterlebt hatten, wie er seine Taschenuhr erst nach Zahlung eines Lösegeldes zurückerhalten hatte, warfen Afzal einen feindseligen Blick zu. Dieser aber sprach in versöhnlichem Tonfall:

›Sagt mir, was ihr trinken möchtet. Hazrat wird es sofort herbeischaffen.‹ Einige bestellten sich Milch, andere Obstsaft. Ich war nicht sonderlich überrascht, als der entnervte Babu nach Whisky verlangte. Dann erteilte der Mohammedaner einen Befehl, und sein beflissener Diener Hazrat sandte eine Reihe verschlossener Gefäße aus der Luft herab, die mit dumpfem Gepolter auf dem Boden landeten. Jeder der Anwesenden fand darunter sein gewünschtes Getränk.

Das vierte Zauberkunststück jenes Tages kam unserem Gastgeber zweifellos sehr gelegen: Afzal erbot sich nämlich, für uns alle ein Mittagessen herbeizuzaubern.

›Wir wollen die teuersten Gerichte bestellen‹, schlug Babu mit finsterer Miene vor. ›Ich erwarte ein auserlesenes Mahl für meine fünfhundert Rupien. Und alles soll auf goldenen Tellern serviert werden!‹

Sobald jeder seine Wünsche geäußert hatte, wandte sich der Fakir an Hazrat, seinen Diener mit den unerschöpflichen Möglichkeiten. Da ertönte sogleich lautes Geklapper, und goldene Teller mit ungewöhnlich schmackhaften Curries, warmen *Luchis* und vielen Früchten, die es eigentlich zu dieser Jahreszeit gar nicht gab, landeten aus dem Nichts zu unseren Füßen. Die Speisen waren wirklich köstlich! Das Festmahl dauerte etwa eine Stunde. Als wir uns schließlich erhoben und den Raum verließen, setzte plötzlich lautes Getöse ein, so als würden Teller übereinandergestapelt. Erschrocken drehten wir uns um, und siehe da: Die funkelnden Teller und alle Überbleibsel der Mahlzeit waren spurlos verschwunden.«

»Guruji«, unterbrach ich meinen Meister, »wenn Afzal mühelos solche Dinge wie goldene Teller herbeizaubern konnte, warum trachtete er dann nach dem Eigentum anderer?«

»Der Fakir war spirituell nicht sehr entfaltet«, erklärte Sri Yukteswar. »Er beherrschte lediglich eine bestimmte Yoga-Technik, die ihm Zugang zu einer astralen Sphäre verschaffte, in der sich jeder Wunsch augenblicklich realisierte. Über die Vermittlung einer astralen Wesenheit, nämlich Hazrats, konnte der Mohammedaner kraft seines starken Willens die

Atome, die er zur Materialisierung jedes beliebigen Gegenstandes benö-
tigte, aus der Energie des Äthers herbeiholen. Doch solche astral erzeugten Gegenstände sind von ihrer Struktur her flüchtig; man kann sie nicht
lange behalten. So sehnte sich Afzal weiter nach irdischen Gütern, die
zwar schwieriger zu erwerben, doch von längerer Dauer sind.«

Ich lachte: »Doch auch sie verschwinden manchmal auf unerklärliche
Weise.«

»Afzal hatte keine Gotteserkenntnis«, fuhr der Meister fort. »Dauerhafte
und segensreiche Wunder können nur von wahren Heiligen vollbracht
werden, die sich in vollkommener Harmonie mit dem allmächtigen
Schöpfer befinden. Afzal war nur ein gewöhnlicher Mensch, der die
außergewöhnliche Fähigkeit besaß, in Sphären vorzudringen, zu denen
Sterbliche vor ihrem Tod normalerweise keinen Zutritt haben.«

»Jetzt verstehe ich, Guruji. Das Jenseits scheint ja einige faszinierende
Dinge zu bieten.«

Der Meister nickte zustimmend. »Ich sah Afzal nach diesem Tage nie
wieder. Einige Jahre später jedoch brachte mir Babu einen Zeitungsarti-
kel, in dem sich der Mohammedaner öffentlich zu seinen Schandtaten
bekannte. Aus diesem Artikel erfuhr ich auch, daß Afzal, wie ich dir
soeben geschildert habe, als Kind von einem hinduistischen Guru eingeweiht worden war.«

Afzals Bekennerbrief schloß – soweit Sri Yukteswar sich entsinnen konnte – mit folgenden Worten: »Ich, Afzal Khan, schreibe diese Zeilen als
einen Akt der Buße und als Warnung an all jene, die nach dem Besitz
übernatürlicher Kräfte streben. Jahrelang habe ich die außergewöhnlichen Fähigkeiten mißbraucht, die mir durch die Gnade Gottes und die
meines Meisters zuteil wurden. Vom Rausch des Egoismus erfaßt, glaubte ich, mich über alle Grundregeln der Moral hinwegsetzen zu können.
Doch dann kam auch für mich die Stunde der Wahrheit.

Es ist noch nicht lange her, da begegnete ich auf einer Landstraße kurz
vor Kalkutta einem alten Mann, der sich nur mühsam hinkend fortbewegte. Er trug einen glänzenden Gegenstand in der Hand, der wie Gold
aussah. Voller Habgier sprach ich ihn an:

›Ich bin Afzal Khan, der große Fakir. Was trägst du da in deiner Hand?‹

›Dieser Goldklumpen ist mein einziger irdischer Besitz, was soll ein Fakir
schon damit anfangen. Herr, ich flehe Euch an, heilt mich von meinem
Hinken.‹

Ich aber berührte nur den Goldklumpen und ging weiter, ohne zu antworten. Der alte Mann humpelte mir nach. Schon kurz darauf schrie er entsetzt: ›Mein Gold ist fort!‹

Als ich ihm jedoch weiterhin keinerlei Beachtung schenkte, sprach er plötzlich mit einer gewaltigen Stimme, die rein gar nicht zu seinem sonst so gebrechlichen Körper paßte:

›Erkennst du mich nicht?‹

Sprachlos vor Schreck blieb ich stehen, denn ich erkannte zu spät, daß dieser unscheinbare alte Krüppel niemand anders war als jener große Heilige, der mich vor langer, langer Zeit in die Kunst des Yoga eingeweiht hatte. Er richtete sich auf und nahm augenblicklich wieder seine kraftvolle, jugendliche Gestalt an.

›So!‹ sagte mein Guru mit zornigem Blick, ›ich habe mit eigenen Augen gesehen, daß du deine Kräfte nicht dazu gebrauchst, um das Leid der Menschen zu lindern, sondern um sie wie ein gewöhnlicher Dieb zu berauben. Ich entziehe dir deine magischen Fähigkeiten. Fortan ist Hazrat nicht mehr dein Diener. Nicht länger sollst du in Bengalen dein Unwesen treiben!‹

Entsetzt rief ich nach Hazrat, doch zum erstenmal erschien er nicht vor meinem inneren Auge. Da war mir, als würde sich ein dunkler Schleier in mir heben, und auf einmal lag der ganze Frevel meines Lebens klar vor mir.

›Mein Guru, ich danke Euch, daß Ihr gekommen seid, um mich von meiner langjährigen Täuschung zu befreien‹, schluchzte ich und warf mich ihm zu Füßen. ›Ich verspreche, allen weltlichen Ambitionen zu entsagen. Ich werde mich in die Berge zurückziehen, um dort in der Einsamkeit über Gott zu meditieren. Auf diese Weise hoffe ich, meine bösen Taten sühnen zu können.‹

Mein Meister schaute mich schweigend und voll des Mitgefühls an. ›Ich merke, daß du jetzt aufrichtig bist‹, sagte er schließlich. ›Weil du als Kind so gehorsam warst und jetzt ehrliche Reue empfindest, will ich dir eine Gnade gewähren: Wenn dir auch alle übrigen magischen Kräfte genommen sind, kannst du dich doch weiterhin an Hazrat wenden, sobald du Nahrung oder Kleidung brauchst. Widme dich in der Einsamkeit der Berge von ganzem Herzen der Suche nach Gott.‹

Mit diesen Worten entschwand mein Guru und überließ mich meinen Tränen und Gedanken. Lebe wohl, Welt! Ich will mich auf den Weg machen und beim kosmischen Geliebten nach Vergebung suchen.«

Kapitel 19

Mein Meister weilt in Kalkutta und erscheint in Serampore

Oft werde ich von atheistischen Gedanken und Zweifeln geplagt. Und dennoch verfolgt mich zuweilen nur die eine quälende Frage: ob nicht doch der Seele ungeahnte Möglichkeiten offenstehen und der Mensch nicht seine eigentliche Bestimmung verfehlt, wenn er es versäumt, diese zu erforschen?«

Diese Worte kamen von Dijen Babu, mit dem ich ein Zimmer im *Panthi*-Studentenwohnheim teilte, als ich ihn einlud mitzukommen, um meinen Guru zu besuchen.

»Sri Yukteswar wird dich in den *Kriya*-Yoga einweihen«, erwiderte ich. »Dadurch wird sich eine göttliche Gewißheit in deinem Inneren ausbreiten, die allen Zweifel beseitigt.«

Noch am selben Abend begleitete mich Dijen zur Einsiedelei. In Gegenwart des Meisters fand er einen solch tiefen Frieden, daß er fortan zu den ständigen Besuchern des Ashrams zählte. Unsere alltäglichen Verrichtungen reichen nicht aus, uns in unserem Innersten zu befriedigen – wir müssen auch unseren Durst nach Weisheit stillen. Durch Sri Yukteswars Worte fühlte Dijen sich angespornt, nunmehr auf die Suche nach dem wahren Selbst zu gehen, das tief in unserem Innern wohnt. Dieses hat nichts mit dem niederen Ego der vergänglichen Inkarnation gemein, das zu eng und begrenzt ist, um den Geist zu empfangen.

Da Dijen und ich die gleichen Vorlesungen am Serampore College besuchten, hatten wir es uns zur Gewohnheit gemacht, den Heimweg zum Ashram immer gemeinsam anzutreten. Oft stand Sri Yukteswar auf dem Balkon im ersten Stock, wenn wir uns dem Ashram näherten, und hieß uns mit einem freundlichen Lächeln willkommen.

Eines Nachmittags jedoch empfing uns Kanai, ein junger Schüler der Einsiedelei, mit einer enttäuschenden Botschaft an der Tür.

»Der Meister ist nicht hier; er mußte auf eine dringende Nachricht hin sofort nach Kalkutta abreisen.«

Am nächsten Tag erhielt ich eine Postkarte, auf der mir mein Guru folgendes mitteilte: »Ich verlasse Kalkutta Mittwoch morgen. Du kannst mich mit Dijen früh morgens um neun Uhr in Serampore vom Zug abholen.«

Doch am Mittwochmorgen gegen halb neun schoß mir eine eindringliche telepathische Botschaft von Sri Yukteswar durch den Sinn: »Ich bin aufgehalten worden. Kommt nicht zum Neunuhrzug!«

Ich teilte Dijen, der sich gerade zum Gehen fertigmachte, die soeben erhaltene Weisung mit.

»Du mit deiner Intuition!« rief mein Freund spöttisch. »Ich verlasse mich lieber auf das geschriebene Wort des Meisters.«

Ich zuckte die Achseln und setzte mich dann mit gelassener Entschlossenheit nieder. Wütend ging Dijen zur Tür hinaus und schlug diese geräuschvoll hinter sich zu.

Da es ziemlich dunkel im Zimmer war, setzte ich mich ans Fenster, von dem auch ich die Straße überblicken konnte. Plötzlich verwandelte sich das spärliche Sonnenlicht in eine gleißende Helligkeit, in deren Strahlen sich das vergitterte Fenster vollkommen aufzulösen schien. Gegen diesen leuchtenden Hintergrund erhob sich klar und deutlich die materialisierte Gestalt von Sri Yukteswar.

Verwirrt und zu Tode erschrocken sprang ich von meinem Stuhl auf und kniete vor dem Guru nieder, um mit der üblichen ehrerbietigen Geste seine Füße zu berühren. Er trug die mir wohlbekannten orangefarbenen Leinenschuhe mit den aus Sisal geflochtenen Sohlen. Bei meiner Geste streifte ich seine ockerfarbene Swami-Robe, und ich fühlte ganz deutlich den Stoff seines Gewandes, die rauhe Oberfläche der Schuhe und die sich darin abzeichnenden Zehen.

Zu überrascht, um auch nur ein einziges Wort hervorbringen zu können, stand ich auf und schaute ihn fragend an.

»Ich freue mich, daß du meine telepathische Botschaft erhalten hast«, sagte der Meister ruhig und mit völlig normaler Stimme. »Ich habe jetzt meine Geschäfte in Kalkutta erledigt und treffe mit dem Zehnuhrzug ein.«

Während ich ihn noch sprachlos anstarrte, fuhr er fort: »Dies ist keine Erscheinung, sondern mein leibhaftiger Körper. Ich erhielt den göttlichen Auftrag, dir diese Erfahrung zu vermitteln, die nur sehr wenigen Menschen auf Erden vergönnt ist. Geh jetzt zum Bahnhof! Dort werdet ihr beide, Dijen und du, mich auf euch zukommen sehen. Ich werde genauso gekleidet sein wie jetzt, und vor mir wird ein Mitreisender – ein kleiner Junge mit einem silbernen Krug – gehen.«

Dann legte mir der Guru die Hände auf den Kopf und sprach leise einige

Segensworte. Als er mit den Worten *Taba asi** schloß, hörte ich ein seltsames Grollen**, und sein Körper löste sich allmählich in dem blendenden Licht auf. Zuerst entschwanden seine Füße und Beine, dann sein Rumpf und sein Kopf – geradeso wie wenn eine Papierrolle aufgewickelt wird. Noch bis zuletzt konnte ich seine Finger spüren, die leicht auf meinem Haar ruhten. Dann verlosch der Glanz, und vor meinen Augen befand sich nur noch das vergitterte Fenster und ein Streifen spärlichen Sonnenlichts.

Ich stand wie benommen da und fragte mich, ob ich nicht einer Halluzination zum Opfer gefallen war. Kurz darauf betrat Dijen niedergeschlagen das Zimmer. »Der Meister ist weder mit dem Zug um neun noch mit dem um halb zehn gekommen«, sagte er ziemlich kleinlaut.

»Dann komm jetzt mit mir, ich weiß nämlich, daß er um zehn Uhr eintreffen wird«, sagte ich, nahm Dijen bei der Hand und zog ihn ungeachtet seiner Proteste mit. Etwa zehn Minuten später waren wir am Bahnhof, wo der Zug gerade schnaufend einrollte. »Der ganze Zug ist von der lichten Aura des Meisters erfüllt! Er ist da!« rief ich freudig aus.

»Du träumst wohl!« entgegnete Dijen mit spöttischer Miene.

»Wir wollen hier stehenbleiben und warten«, sagte ich und erklärte meinem Freund in allen Einzelheiten, wie der Guru sich uns nähern würde. Als ich mit meiner Beschreibung fertig war, tauchte Sri Yukteswar aus der Menge auf. Er trug dieselbe Kleidung, die ich kurz zuvor an ihm gesehen hatte, und ging langsam hinter einem kleinen Jungen her, der einen silbernen Krug trug.

Einen Augenblick lang überlief mich angesichts dieses unwahrscheinlichen Erlebnisses ein kalter Schauer. Die materialistische Welt des 20. Jahrhunderts schien um mich herum zu versinken, und ich fühlte mich in jene Zeiten zurückversetzt, als Jesus seinem Jünger Petrus auf dem Meer erschien.

Sri Yukteswar – ein neuzeitlicher Yogi, wie Christus damals einer war – kam auf uns zu und sprach lächelnd zu meinem Freund:

»Ich hatte auch dir eine Botschaft gesandt; aber du hast sie nicht verstanden.«

---

 * Das bengalische »Auf Wiedersehen«, in seiner wörtlichen Bedeutung ein hoffnungsvolles Paradoxon: »Dann komme ich.«
** Das charakteristische Geräusch, das bei der Entmaterialisierung körperlicher Atome entsteht.

Dijen schwieg, warf mir aber einen mißtrauischen Blick zu. Nachdem wir unseren Guru bis zur Einsiedelei begleitet hatten, machten wir uns auf den Weg zum College. Plötzlich blieb Dijen mitten auf der Straße stehen und rief empört:

»So! Der Meister hat also auch mir eine Botschaft gesandt, und du hast sie mir verschwiegen. Ich verlange eine Erklärung!«

»Ist es etwa meine Schuld, wenn der Spiegel deines Geistes so ruhelos schwingt, daß du darin die Botschaft unseres Gurus nicht mehr erkennen kannst?« entgegnete ich.

Da wich aller Ärger aus Dijens Gesicht, und er sagte reumütig: »Du hast ja recht! Aber sag mir bitte noch eines: Wie konntest du von dem Kind mit dem Krug wissen?«

Bis ich meinem Freund die wundersame Geschichte von der Erscheinung des Meisters erzählte hatte, waren wir auch schon beim Serampore College angelangt.

»Nach allem, was ich soeben über die Fähigkeiten unseres Gurus erfahren habe«, sagte Dijen, »glaube ich, daß alle Hochschulen dieser Welt eigentlich nur Kindergärten sind.«

Kapitel 20

Unsere Reise nach Kaschmir fällt aus

Vater, ich möchte während der Sommerferien gern meinen Meister und vier Freunde dazu einladen, mit mir in das Vorgebirge des Himalaja zu fahren. Könntest du mir bitte sechs Fahrkarten nach Kaschmir besorgen und mir genug Geld für den Aufenthalt geben?«

Wie ich erwartet hatte, lachte mein Vater hell auf. »Dies ist das dritte Mal, daß du mit denselben Hirngespinsten zu mir kommst. Hast du mich nicht schon letzten und vorletzten Sommer um genau das gleiche gebeten? Und jedesmal hat sich Sri Yukteswar im letzten Augenblick geweigert zu fahren.«

»Das stimmt schon, Vater. Ich weiß nicht, warum der Guru mir keine konkrete Zusage für die Reise nach Kaschmir geben will.* Aber wenn ich ihm sage, daß ich bereits die Fahrkarten von dir besorgt habe, wird er sich dieses Mal vielleicht doch bereit erklären, mitzureisen.«

Vater schien zwar nicht überzeugt, händigte mir aber am nächsten Tag mit einigen humorvoll-spöttischen Bemerkungen sechs Fahrkarten und ein Bündel Zehnrupienscheine aus.

»Ich glaube allerdings kaum, daß deine theoretische Reise dieser praktischen Mittel bedarf«, bemerkte er. »Aber du sollst sie dennoch haben.«

Noch am selben Nachmittag zeigte ich Sri Yukteswar meine »Beute«. Er lächelte zwar über meine Begeisterung, reagierte aber immer noch ausweichend. »Ich würde schon gern fahren; wir werden sehen.« Er erhob keinen Einspruch, als ich Kanai – einen jungen Schüler, der in der Einsiedelei lebte – bat, uns zu begleiten. Außer ihm lud ich noch drei andere Freunde ein: Rajendra Nath Mitra, Jotin Auddy und einen weiteren Jungen. Als Abfahrtstag wurde der folgende Montag festgelegt.

Ich verbrachte das Wochenende in Kalkutta, denn in meinem Elternhaus wurde die Hochzeit eines meiner Vettern gefeiert. Am Montag morgen

---

*   Obwohl sich der Meister selbst hierzu nicht geäußert hat, liegt die Vermutung nahe, daß er einen besonderen Grund hatte, in den beiden vorangegangenen Sommerferien nicht nach Kaschmir zu reisen. Er mag geahnt haben, daß die Zeit für seine dortige Krankheit noch nicht gekommen war (siehe Kapitel 21).

traf ich dann in aller Frühe mit meinem Gepäck in Serampore ein. Rajendra erwartete mich an der Tür zur Einsiedelei.

»Der Meister ist spazierengegangen. Er will nicht mitkommen.«

Ich war tief enttäuscht, blieb aber hartnäckig. »Ich werde meinem Vater nicht zum dritten Mal Gelegenheit geben, mich wegen meiner Phantasiereise nach Kaschmir zu verspotten. Wir anderen wollen wenigstens fahren.«

Rajendra stimmte zu, und ich machte mich auf die Suche nach einem Diener. Ich wußte, daß Kanai nicht ohne den Meister fahren würde. Wir brauchten also jemanden, der sich um das Gepäck kümmern würde. Da fiel mir Bihari ein, der früher einmal Diener in meinem Elternhaus gewesen war und nun bei einem Lehrer in Serampore arbeitete. Als ich die Straße entlangeilte, begegnete ich vor der christlichen Kirche unweit des Gerichtsgebäudes von Serampore meinem Guru.

»Wo willst du hin?« fragte Sri Yukteswar mit unbewegter Miene.

»Meister, ich habe gehört, daß Ihr und Kanai nicht wie geplant mitfahren wollt. Darum will ich jetzt zu Bihari. Ihr erinnert Euch sicher, daß er schon letztes Jahr unbedingt nach Kaschmir wollte und uns sogar anbot, ohne Bezahlung zu arbeiten, wenn wir ihn nur mitnähmen.«

»Ich erinnere mich. Aber ich glaube kaum, daß Bihari diesmal mitfahren will.«

»Er wartet nur auf eine solche Gelegenheit«, erwiderte ich ärgerlich.

Daraufhin setzte mein Guru wortlos seinen Spaziergang fort. Schon bald erreichte ich das Haus des Lehrers. Bihari stand im Hof und begrüßte mich aufs herzlichste. Doch sein Verhalten änderte sich schlagartig, als ich auf Kaschmir zu sprechen kam. Er murmelte ein paar Worte der Entschuldigung, ließ mich dann stehen und verschwand im Haus seines Herrn. Ich wartete eine halbe Stunde und versicherte mir immer wieder, daß Bihari sich für die Reise fertigmache und daher so lange brauche. Schließlich aber klopfte ich doch an die Haustür.

»Bihari ist vor ungefähr einer halben Stunde über die Hintertreppe davongelaufen«, erklärte mir der Mann, der mir geöffnet hatte, mit verstecktem Grinsen.

Ich machte mich betrübt auf den Rückweg und fragte mich, ob ich Bihari zu sehr gedrängt hatte oder ob etwa der unsichtbare Einfluß des Meisters am Werke war. Als ich an der christlichen Kirche vorbeikam, sah ich meinen Guru wieder langsam auf mich zukommen. Ohne meinen Bericht abzuwarten, rief er mir entgegen:

»Bihari will also nicht fahren. Was gedenkst du nun zu tun?«

Ich kam mir vor wie ein trotziges Kind, das es sich in den Kopf gesetzt hat, sich gegen die Autorität seines Vaters durchzusetzen. »Ich werde jetzt meinen Onkel fragen, ob er mir seinen Diener Lal Dhari mit auf die Reise gibt, Sir.«

»Frage deinen Onkel nur, wenn du möchtest«, sagte Sri Yukteswar und schmunzelte belustigt. »Ich glaube jedoch kaum, daß du besondere Freude bei diesem Besuch haben wirst.«

Mit einem unguten Gefühl, aber immer noch rebellisch, verließ ich meinen Guru und begab mich in das Gerichtsgebäude von Serampore, wo mein Onkel väterlicherseits, Sarada Ghosh, als Staatsanwalt arbeitete. Er hieß mich herzlich willkommen.

»Ich fahre heute mit einigen Freunden nach Kaschmir«, erzählte ich ihm. »Schon seit Jahren habe ich mich auf diese Reise zum Himalaja gefreut.«

»Wie schön für dich, Mukunda. Kann ich irgend etwas zur Annehmlichkeit deiner Reise beitragen?«

Seine Worte ermutigten mich, und so fragte ich: »Lieber Onkel, kannst du mir während dieser Zeit vielleicht deinen Diener Lal Dhari überlassen?«

Meine einfache Bitte schlug wie eine Bombe ein. Mein Onkel sprang so heftig auf, daß sein Stuhl umkippte; die Papiere auf seinem Schreibtisch flatterten in alle Richtungen, und seine lange Wasserpfeife mit dem Kokosholzstiel fiel krachend zu Boden.

»Du egoistischer Bengel!« schrie er bebend vor Wut. »Was bildest du dir ein! Wer soll sich denn um mich kümmern, wenn du meinen Diener auf eine deiner Vergnügungsreisen mitnimmst?«

Ich verbarg mein Erstaunen über diesen plötzlichen Stimmungsumschwung meines ansonsten so liebenswürdigen Onkels und tröstete mich damit, daß dies nichts als ein weiteres rätselhaftes Ereignis unter all den Unbegreiflichkeiten dieses Tages sei. Gesenkten Hauptes verließ ich eilends das Gerichtsgebäude.

Als ich zur Einsiedelei zurückkehrte, warteten meine Freunde schon voller Spannung auf mich. Allmählich wuchs in mir die Überzeugung, daß das Verhalten meines Meisters einen zwingenden, wenn auch verborgenen Grund haben mußte, und ich bekam Gewissensbisse, weil ich versucht hatte, mich seinem Willen zu widersetzen.

»Mukunda, möchtest du nicht noch ein Weilchen bei mir bleiben?« fragte Sri Yukteswar. »Rajendra und die anderen können vorausfahren und in

Kalkutta auf dich warten. Ihr habt noch reichlich Zeit, um heute abend den letzten Zug von Kalkutta nach Kaschmir zu erreichen.«

»Ohne Euch möchte ich überhaupt nicht fahren, Sir«, sagte ich niedergeschlagen.

Meine Freunde schenkten meiner Bemerkung jedoch nicht die geringste Beachtung. Sie bestellten eine Droschke und fuhren mit allem Gepäck ab. Kanai und ich saßen still zu Füßen unseres Gurus. Nach einer halben Stunde gemeinsamen Schweigens erhob sich der Meister und ging auf die Veranda im ersten Stock, wo wir unsere Mahlzeiten einzunehmen pflegten.

»Kanai, bring bitte Mukundas Essen. Sein Zug fährt bald ab.« Als ich mich von meinem Sitz erhob, wurde mir plötzlich schwindelig vor Übelkeit, und ich fühlte ein schreckliches Brennen im Magen.

Die Schmerzen überfielen mich mit solcher Heftigkeit, als habe man mich plötzlich in eine qualvolle Hölle gestürzt. Ich taumelte auf meinen Guru zu und brach vor ihm mit allen Anzeichen der gefürchteten asiatischen Cholera zusammen. Sri Yukteswar und Kanai trugen mich ins Wohnzimmer.

Unter großen Qualen rief ich: »Meister, ich lege mein Leben in Eure Hände!« denn ich fühlte in der Tat, wie es schnell aus meinem Körper wich.

Sri Yukteswar nahm meinen Kopf auf seinen Schoß und strich mir zärtlich über die Stirn.

»Du siehst nun, was geschehen wäre, wenn du jetzt mit deinen Freunden auf dem Bahnsteig stündest«, sagte er. »Ich mußte dich auf diese sonderbare Art und Weise schützen, weil du an meinem Urteil zweifeltest und die Reise unbedingt zu diesem Zeitpunkt unternehmen wolltest.«

Da war mir endlich alles klar. Ein großer Meister stellt seine Kraft nur ungern nach außen hin zur Schau, und ein unbeteiligter Beobachter hätte die Ereignisse dieses Tages als ganz normal empfunden. Das Eingreifen meines Gurus war auf zu subtile Weise geschehen, als daß man es hätte bemerken können. Sein Wille hatte so unauffällig durch Bihari, meinen Onkel, Rajendra und andere gewirkt, daß wahrscheinlich allen außer mir die einzelnen Situationen des Tages ganz natürlich und folgerichtig erschienen waren.

Sri Yukteswar legte stets größten Wert auf die Einhaltung der gesellschaftlichen Gepflogenheiten, und so wies er Kanai an, einen Arzt zu rufen und meinen Onkel zu benachrichtigen.

»Meister«, wandte ich ein, »nur Ihr könnt mich heilen. Ich bin zu krank, als daß mir ein Arzt noch helfen könnte.«

»Kind, du stehst unter dem Schutz der göttlichen Gnade. Mach dir keine Gedanken wegen des Arztes, denn er wird dich nicht mehr in diesem Zustand vorfinden. Du bist bereits geheilt.«

Bei diesen Worten meines Gurus fühlte ich mich von meinen unerträglichen Schmerzen befreit; noch ganz geschwächt richtete ich mich auf. Bald darauf erschien der Arzt; er untersuchte mich gründlich.

»Ihr scheint das Schlimmste überstanden zu haben«, meine er. »Ich werde dennoch einige Proben zur Laboruntersuchung mitnehmen.«

Am folgenden Morgen kam der Arzt in großer Eile zu mir. Ich hatte mich bereits aufgesetzt und war in bester Stimmung. »Ist das möglich? Hier sitzt du lächelnd und plaudernd, als ob du nicht knapp einem Rendezvous mit dem Tode entgangen wärst!« Er tätschelte mir liebevoll die Hand. »Ich habe kaum zu hoffen gewagt, dich noch am Leben zu finden, nachdem ich anhand der Proben erkannt hatte, daß du an der asiatischen Cholera erkrankt warst. Du kannst dich glücklich schätzen, junger Mann, einen Guru zu haben, der über göttliche Heilkräfte verfügt; denn davon bin ich überzeugt!«

Ich gab ihm von ganzem Herzen recht. Als der Arzt gerade aufbrechen wollte, erschienen Rajendra und Auddy an der Tür. Der Groll, der sich auf ihren Gesichtern abzeichnete, schlug sofort in Mitleid um, als sie den Arzt erblickten und mich ziemlich mitgenommen dasitzen sahen.

»Wir waren wütend auf dich, weil du nicht wie vereinbart mit dem nächsten Zug nachgekommen bist. Bist du krank gewesen?«

»Allerdings.« Ich mußte unwillkürlich lachen, als meine Freunde das Gepäck in dieselbe Ecke stellten, in der es gestern gestanden hatte, und mir fiel der Spruch ein: »Es lief ein Schiff nach Spanien aus; gleich als es ankam, fuhr's wieder nach Haus!«

Da trat der Meister ins Zimmer. Ich genoß mein Rolle als Genesender und ergriff liebevoll seine Hand.

»Guruji«, sagte ich, »seit meinem zwölften Lebensjahr habe ich viele Male vergeblich versucht, den Himalaja zu erreichen. Jetzt bin ich endlich davon überzeugt, daß mich die Göttin Parvati[*] nicht ohne Euren Segen empfangen wird!«

---

[*] Wörtlich: »vom Berge«. Parvati, die in der hinduistischen Mythologie als Tochter des Himavat, der heiligen Berge, erscheint, ist einer der Namen für *Shakti,* Shivas »Gefährtin«.

Kapitel 21

Wir fahren doch nach Kaschmir

Jetzt bist du kräftig genug, um zu reisen, und ich werde mit euch nach Kaschmir fahren«, erklärte mir Sri Yukteswar zwei Tage nach meiner wundersamen Genesung von der asiatischen Cholera.

Noch am selben Abend bestieg unsere sechsköpfige Gruppe den Zug nach Norden. Wir ließen uns Zeit für einen Zwischenaufenthalt in Simla, einer Stadt im Vorgebirge des Himalaja, die wie eine Königin auf den Höhen der Berge thront. Wir bummelten durch die steilen Straßen und bewunderten die herrliche Aussicht, die sich uns nach allen Seiten hin bot.

»Englische Erdbeeren!« rief eine alte Frau auf einem der malerischen Marktplätze.

Der Meister interessierte sich für die sonderbaren kleinen roten Früchte und kaufte einen ganzen Korb voll, den er mir und Kanai, die wir in seiner Nähe waren, reichte. Ich kostete eine der Beeren, spuckte sie aber sogleich wieder aus.

»Meister, wie sauer diese Früchte sind! Ich könnte mir nie etwas aus Erdbeeren machen!«

Mein Guru lachte. »Oh, und ob du sie eines Tages mögen wirst! – in Amerika nämlich, wo sie dir einmal als Nachtisch mit Zucker und Sahne verfeinert serviert werden. Deine Gastgeberin wird die Beeren mit einer Gabel zerdrücken, und sobald du sie gekostet hast, wirst du ausrufen: ›Was für köstliche Erdbeeren!‹ Und dann wirst du dich an den heutigen Tag in Simla erinnern.«

Ich hatte Sri Yukteswars Prophezeiung bald vergessen; doch viele Jahre später fiel sie mir wieder ein, und zwar kurz nach meiner Ankunft in Amerika. Ich war bei Frau Alice T. Hasey (Schwester Yogmata) in West Somerville im US-Bundesstaat Massachusetts zum Abendessen geladen. Als zum Nachtisch Erdbeeren aufgetischt wurden, nahm meine Gastgeberin ihre Gabel, zerdrückte die Beeren und gab etwas Sahne und Zucker hinzu. »Diese Frucht ist ein bißchen herb; ich glaube, so zubereitet wird sie Ihnen besser munden«, bemerkte sie.

Ich probierte einen Löffel voll und rief aus: »Was für köstliche Erdbee-

ren!« Im selben Augenblick fiel mir wieder ein, was mir mein Guru in
Simla vorausgesagt hatte. Ich war verblüfft ob der Erkenntnis, daß Sri
Yukteswars göttlich eingestimmter Geist schon lange im voraus den Lauf
der karmischen Ereignisse überblickt hatte, die damals noch im Äther
der Zukunft schwebten.

Bald darauf verließen wir Simla und fuhren weiter mit der Eisenbahn nach
Rawalpindi. Dort mieteten wir uns einen großen zweispännigen Landauer, der uns in sieben Tagen nach Srinagar, der Hauptstadt von Kaschmir,
brachte. Am zweiten Tage unserer Reise gen Norden tauchte das gewaltige Massiv des Himalaja vor unseren Augen auf. Während die eisenbeschlagenen Räder unseres Wagens über die heiße, steinige Landstraße
ratterten, genossen wir das ständig wechselnde Panorama dieser erhabenen Bergwelt.

»Guruji«, sagte Auddy zum Meister, »ich bin ja so glücklich, diese herrliche Landschaft in Eurer heiligen Gegenwart genießen zu dürfen.«

Die anerkennenden Worte Auddys vernahm ich mit großer Genugtuung,
denn schließlich war ich es gewesen, der die anderen zu dieser Reise
eingeladen hatte. Sri Yukteswar fing meine Gedanken auf und flüsterte
mir zu:

»Fühle dich nicht zu sehr von seinen Worten geschmeichelt; Auddy ist
nämlich weniger entzückt von der Landschaft als vom Gedanken, sich
bald einen Augenblick fortschleichen zu können, um eine Zigarette zu
rauchen.«

Ich war schockiert und entgegnete ungläubig: »Guruji, stört die Harmonie unseres Beisammenseins bitte nicht mit solch unerquicklichen Vorstellungen. Ich kann mir kaum denken, daß Auddy das Bedürfnis hat zu
rauchen!«[*] Ängstlich blickte ich zu meinem Guru auf, denn für gewöhnlich war an dessen Worten nicht zu rütteln.

»Gut, ich werde nichts zu Auddy sagen«, schmunzelte der Meister. »Doch
du wirst gleich sehen, wie geschickt er es einfädelt, sobald der Landauer
das nächste Mal anhält.«

Als wir zu einer kleinen Karawanserei gelangten, wo die Pferde zur
Tränke geführt wurden, fragte Auddy: »Sir, ist es Euch recht, wenn ich
eine Weile neben dem Kutscher Platz nehme? Ich möchte gern ein wenig
frische Luft schnappen.«

---

[*]   In Indien gilt es als respektlos, in Gegenwart von Eltern oder Vorgesetzten zu
       rauchen.

Sri Yukteswar willigte ein und flüsterte mir zu: »Ihm liegt weniger an der frischen Luft als am frischen Rauch!«

Der Landauer nahm seine geräuschvolle Fahrt über die staubigen Straßen wieder auf. Da meinte der Meister augenzwinkernd: »Steck mal deinen Kopf zum Fenster hinaus und schau, was Auddy an der frischen Luft treibt!«

Ich kam seiner Aufforderung nach und sah zu meinem Entsetzen, wie Auddy große Ringe von Zigarettenrauch in die Luft pustete. Kleinlaut blickte ich Sri Yukteswar an. »Ihr habt wie immer recht, Meister! Auddy genießt nicht nur die schöne Aussicht, sondern auch seine Zigarette.« Sehr wahrscheinlich hatte Auddy die Zigarette vom Kutscher bekommen, denn ich wußte, daß er selbst keine aus Kalkutta mitgebracht hatte.

Weiter ging es auf verschlungenen Wegen, vorbei an malerischen Flüssen und Tälern, an steilen Abhängen und zahllosen Bergketten. Die Nächte verbrachten wir in ländlichen Herbergen, wo wir uns das Essen selbst kochten. Sri Yukteswar kümmerte sich besonders um meine Kost und bestand darauf, daß ich zu jeder Mahlzeit Limonensaft trank. Ich war immer noch geschwächt, doch von Tag zu Tag ging es mir besser – trotz unseres klapprigen Wagens, der nicht gerade für komfortables Reisen ausgelegt war.

Voll der Vorfreude näherten wir uns Zentralkaschmir mit seiner paradiesischen Landschaft der Lotusseen, der schwimmenden Gärten und blühenden Wiesen, der Hausboote mit ihren bunten Baldachinen und des Jhelum-Flusses mit seinen zahlreichen Brücken – und das alles vor der Kulisse der majestätischen Bergwelt des Himalaja. Über eine Allee mit hohen, stattlichen Bäumen gelangten wir nach Srinagar, wo wir uns in einer zweigeschossigen Herberge mit herrlichem Blick auf das erhabene Bergmassiv einquartierten. Dort gab es kein fließendes Wasser, und so mußten wir unseren Bedarf aus einem nahegelegenen Brunnen decken. Wir hatten geradezu ideales Sommerwetter mit warmen Tagen und kühlen Nächten.

Wir unternahmen eine Pilgerfahrt zum antiken Tempel des Swami Shankara in Srinagar. Wie ich zu der hoch oben auf einem Berg kühn in den Himmel ragenden Einsiedelei hinaufblickte, verfiel ich in einen Zustand ekstatischer Trance. Die Vision eines prachtvollen Anwesens auf einem Berg in einem fernen Land tauchte vor meinem geistigen Auge auf. Der Shankara-Tempel hoch über Srinagar verwandelte sich in jenes Gebäude, in dem ich Jahre später den Hauptsitz der »Self-Realization Fellowship«

in Amerika einrichten sollte. Als ich zum ersten Mal in Los Angeles war und das große Haus auf dem Mount Washington erblickte, erkannte ich es sofort aus meinen früheren Visionen in Kaschmir und anderswo wieder.

Nach einigen Tagen Aufenthalt in Srinagar ging es weiter nach Gulmarg (»blumengesäumter Bergpfad«) in 2500 m Höhe. Dort ritt ich zum ersten Mal auf einem richtig großen Pferd. Rajendra bestieg ein feuriges kleines Roß, dem es nicht schnell genug vorangehen konnte. Wir wagten uns sogar auf den steilen Khilanmarg hinauf; unser Weg führte uns über gefährliche, nebelverhangene Pfade durch einen dichten Wald, in dem es viele Baumschwämme gab. Doch Rajendras kleines drahtiges Reittier gönnte meinem Pferd keine Verschnaufpause, nicht einmal in den gefährlichsten Kurven. Unermüdlich stürmte es vorwärts, als gäbe es kein Halten mehr.

Unser Ritt war zwar ziemlich anstrengend, doch die atemberaubende Aussicht entschädigte uns vollauf. Zum ersten Mal in meinem Leben sah ich zu allen Seiten nichts als schneebedeckte Berge, so weit das Auge reichte; wie Silhouetten gigantischer Eisbären lagen sie dicht an dicht gereiht. Ich weidete mich am Anblick der Gletscher, die in den sonnigen, blauen Himmel hineinragten.

Voller Übermut ließen wir uns in unseren warmen Mänteln die glitzernden weißen Hänge hinabrollen. Auf unserem Weg ins Tal leuchtete uns aus der Ferne ein gelber Blumenteppich entgegen, der der rauhen Bergwelt um uns herum viel von ihrer Unnahbarkeit nahm.

Das nächste Ziel unserer Reise waren die berühmten königlichen Lustgärten des Kaisers Jehangir in Shalimar und Nishat Bagh. Der altertümliche Palast von Nishat Bagh wurde direkt über einem natürlichen Wasserfall erbaut. Durch ein kunstvolles Leitungssystem wurden die vom Gebirge herabstürzenden Fluten gezähmt und über glitzernde Terrassen geleitet, um dann inmitten farbenprächtiger Blumenbeete als Springbrunnen emporzuschießen. Das Wasser wird auch durch mehrere Räume des Palastes geführt und ergießt sich schließlich wie ein feenhaftes Gebilde in den darunterliegenden See. In den weitläufigen Gärten blühen Rosen, Jasmin, Lilien, Löwenmäulchen, Stiefmütterchen, Lavendel und Mohn in kräftigen Farben. Eine grüne Einfriedung bilden die symmetrischen Reihen der *Chinars**, Zypressen und Kirschbäume, und dahinter

---

*   Die Platanen des Orients.

erheben sich die mit ewigem Eis und Schnee bedeckten Hochgebirgsketten des Himalaja.

Die berühmten Kaschmirtrauben gelten in Kalkutta als besondere Delikatesse. Rajendra war enttäuscht, keine großen Weingärten in Kaschmir vorzufinden; er hatte sich nämlich darauf gefreut, sich einmal so richtig an Trauben satt zu essen. Ab und zu zog ich ihn deswegen auf und bemerkte mit leicht spöttischem Unterton:

»Oh, ich habe mich so vollgegessen mit Trauben, daß ich kaum noch gehen kann; die imaginären Trauben gären bereits in mir.« Später hörten wir, daß diese süßen Trauben hauptsächlich in Kabul, westlich von Kaschmir, wachsen. Und so trösteten wir uns mit Eis, das aus *Rabri* – stark kondensierter Milch – und ganzen Pistazien hergestellt wird.

Wir unternahmen auch mehrere Fahrten mit den *Shikaras* oder Hausbooten, wo wir im Schatten rotbestickter Baldachine über den weitverzweigten Dal-See glitten, der mit seinem Netzwerk von Kanälen einem Spinnengewebe aus Wasser gleicht. Die zahlreichen schwimmenden Gärten – eine simple Improvisation aus Baumstämmen und Erde – sind ein überraschender Anblick, denn wer würde schon erwarten, inmitten eines riesigen Gewässers Gemüse und Melonen wachsen zu sehen. Hin und wieder begegneten wir auch einem jener wenig »bodenständigen« Bauern, der sein viereckiges »Grundstück« zu einer anderen Stelle des verästelten Sees steuerte.

In diesem sagenumwobenen Tal finden wir alle Schönheiten der Welt auf engstem Raum vereint. Die »Lady of Kashmir« ist von Bergen gekrönt, mit Seen geschmückt und mit Blumen beschuht. Nachdem ich in späteren Jahren viele Länder der Welt bereist hatte, begann ich allmählich zu verstehen, warum Kaschmir so oft als der schönste Fleck der Erde bezeichnet wird. Es besitzt etwas vom Zauber der Schweizer Alpen, des schottischen Loch Lomond und der herrlichen englischen Seen. Ein amerikanischer Reisender findet in Kaschmir vieles, was ihn an die zerklüftete Bergwelt Alaskas und den Pikes Peak bei Denver erinnert.

Bei einem Wettbewerb der schönsten Landschaften würde ich für den ersten Preis entweder das herrliche Panorama von Xochimilco in Mexiko vorschlagen, wo Himmel, Berge und Pappeln sich in Myriaden von Wasserstraßen widerspiegeln, in denen sich spielende Fische tummeln; oder aber die glitzernden Seen von Kaschmir, die wie ein Harem voll Mädchen von den strengen Hütern der Himalajaberge bewacht werden.

Diese beiden Gegenden haben sich in meiner Erinnerung als die schönsten Plätze der ganzen Welt eingeprägt.

Doch mit der gleichen Ehrfurcht stand ich auch vor den Naturwundern
des Yellowstone-Nationalparks und des Grand Canyons im US-Bundesstaat Colorado sowie Alaskas. Der Yellowstone-Park ist einer der wenigen
Orte, wo man eine Vielzahl von Geysiren mit der Regelmäßigkeit einer
Uhr in die Höhe schießen sieht. Hier hat uns die Natur ein Relikt aus
früheren Zeiten zurückgelassen: heiße Schwefelquellen, opalgrüne und
saphirblaue Teiche sowie frei umherstreifende Bären und andere Wild-
tiere. Als ich auf den Straßen Wyomings zum »Devil's Paint Pot«* – einem
Kessel aus brodelndem heißem Schlamm – fuhr und mir die sprudelnden
Quellen, speienden Geysire und dampfenden Fontänen ansah, hätte ich
Yellowstone am liebsten einen Sonderpreis für Einzigartigkeit zugesprochen.

Die uralten, majestätischen Mammutbäume im kalifornischen Yosemite-
Park sind stumme Zeugen göttlicher Kunst: Kathedralen, wie die Natur
sie schuf, mit ihren gewaltigen Stämmen, die wie Säulen in den Himmel
ragen, und mächtigen kuppelgleichen Kronen! Mag es auch im Orient
herrliche Wasserfälle geben – an wilder Schönheit kann sich keiner mit
dem Niagarafall im Staate New York unweit der kanadischen Grenze
messen. Die Mammuthöhlen in Kentucky und die Carlsbad-Höhlen in
New Mexiko mit ihren glitzernden Tropfsteinformationen sind wie Wunder aus dem Märchenland. Lange Stalaktiten, die von den Decken der
Höhlen herabhängen und sich in den unterirdischen Wassern spiegeln,
vermitteln uns einen Einblick in andere Welten, wie sie sich nur die
Phantasie auszumalen vermag.

Die Menschen in Kaschmir sind für ihre Schönheit weithin bekannt; sie
sind hellhäutig wie die Europäer und diesen auch von den Gesichtszügen
und der Statur her sehr ähnlich. Einige haben sogar blaue Augen und
blondes Haar, und wenn sie nach westlicher Mode gekleidet wären,
könnte man sie von Amerikanern kaum unterscheiden. Das kalte Klima
des Himalaja schützt vor den sengenden Strahlen der Sonne, so daß die
Menschen hier ihre helle Hautfarbe bewahren. Je weiter man nach Süden
in die tropischen Gebiete Indiens kommt, um so dunkler wird die Hautfarbe der Menschen.

Nach einigen glücklichen Wochen in Kaschmir mußte ich wegen des

---

*   Zu deutsch: »Farbtopf des Teufels« *(Anm. d. Übers.).*

Herbstsemesterbeginns nach Bengalen zurück. Sri Yukteswar blieb mit Kanai und Auddy in Srinagar zurück. Kurz vor meiner Abreise deutete mir der Meister an, daß er hier in Kaschmir krank werden würde.

»Meister, Ihr seht aus wie das blühende Leben!« wandte ich ein.

»Es ist sogar möglich, daß ich diese Erde verlasse.«

»Guruji«, rief ich flehend aus und warf mich ihm zu Füßen, »bitte versprecht mir, daß Ihr Euren Körper jetzt noch nicht verlassen werdet. Ich bin ganz und gar unvorbereitet, meinen Weg ohne Euch alleine weiterzugehen!«

Sri Yukteswar schwieg, lächelte aber so mitfühlend, daß ich mich sogleich wieder beruhigte. Schweren Herzens nahm ich Abschied.

»Meister lebensgefährlich erkrankt«, so lautete das Telegramm, das mir Auddy kurz nach meiner Ankunft in Serampore schickte.

»Guruji«, telegrafierte ich in meiner Verzweiflung zurück, »ich habe Euch um das Versprechen gebeten, mich nicht zu verlassen. Wenn Ihr Euren Körper aufgebt, werde auch ich sterben.«

»Es sei, wie du wünschst«, war die Antwort des Meisters aus Kaschmir. Nach einigen Tagen traf ein Brief von Auddy ein, in dem er mir mitteilte, daß der Meister wieder genesen sei. Als er in der übernächsten Woche nach Serampore heimkehrte, mußte ich besorgt feststellen, daß er die Hälfte seines normalen Körpergewichts verloren hatte.

Sri Yukteswar hatte in den Flammen seines heftigen Fiebers viele Sünden seiner Schüler verbrannt. In ihrer Entfaltung weit fortgeschrittene Yogis können mit Hilfe bestimmter metaphysischer Methoden Krankheiten und Leid physisch auf sich selbst übertragen. Ebenso wie ein starker Mann einem schwächeren beim Tragen einer schweren Last helfen kann, so kann auch ein Yogi mit übermenschlichen spirituellen Fähigkeiten die körperlichen und seelischen Leiden seiner Schüler mildern, indem er einen Teil ihres Karmas aus vergangenen Handlungen auf sich nimmt. Und so wie ein reicher Mann etwas von seinem Geld opfert, um die Schulden seines »verlorenen Sohnes« zu bezahlen und ihn dadurch vor den schrecklichen Folgen seiner Torheit zu bewahren, so gibt auch ein Meister gerne etwas von seinem körperlichen Gut ab, um das Leiden seiner Schüler zu mindern.*

Durch eine geheime Methode verbindet der Yogi seinen Geist und

---

* Auch vielen christlichen Heiligen, darunter Therese Neumann (siehe Kapitel 39), war die metaphysische Übertragung von Krankheiten bekannt.

Astralkörper mit dem eines leidenden Menschen; dabei wird die Krankheit entweder ganz oder teilweise auf den Körper des Heiligen übertragen. Ein Meister, der Gott gefunden hat, sorgt sich nicht mehr um seinen physischen Leib. Selbst wenn er ihn krank werden läßt, um anderen Menschen zu helfen, kann sein unantastbarer Geist niemals davon berührt werden. Er schätzt sich glücklich, anderen diese Hilfe geben zu können.

Hat der Gläubige seine endgültige Verwirklichung in Gott erlangt, so betrachtet er den Zweck seines menschlichen Körpers als erfüllt; dann kann er nach Belieben darüber verfügen. Seine Aufgabe in dieser Welt besteht darin, die Leiden der Menschheit zu lindern; und das kann er auf verschiedene Art und Weise tun: auf geistigem Wege, durch weise Ratschläge, Willenskraft oder die physische Übertragung von Krankheiten. Wenngleich ein Meister jederzeit ins Überbewußtsein eingehen und seine Krankheit hinter sich lassen kann, zieht er es manchmal vor, seinen Schülern ein Beispiel zu geben, indem er körperliche Schmerzen tapfer erträgt. Nimmt ein Yogi die Krankheiten anderer auf sich, so kann er damit stellvertretend für sie dem karmischen Gesetz von Ursache und Wirkung Genüge tun. Dieses Gesetz arbeitet mit der mathematischen Genauigkeit eines Uhrwerks; nur gottbegnadete Weise können mit wissenschaftlichen Methoden in sein Räderwerk eingreifen.

Die Gesetze Gottes verlangen von einem Meister jedoch nicht, jedesmal selbst zu erkranken, wenn er einen Menschen heilen will. Im allgemeinen heilt der Meister oder Heilige durch sein Wissen und die Kenntnis verschiedener augenblicklich wirksamer Methoden, ohne daß er selbst dabei in Mitleidenschaft gezogen wird. In seltenen Fällen jedoch, wenn ein Meister die Entfaltung seines Schülers ganz besonders vorantreiben will, trägt er einen großen Teil von dessen negativem Karma am eigenen Leibe ab.

Jesus bezeichnete sich selbst als Opfer für die Sünden der Welt. Mit seiner göttlichen Kraft* hätte er ohne weiteres den Tod durch Kreuzigung abwenden können, doch er unterwarf sich freiwillig dem erhabenen kosmischen Gesetz von Ursache und Wirkung. Er nahm die Folgen aus

---

* Kurz bevor Christus zur Kreuzigung geführt wurde, sprach er: »Oder glaubst du nicht, mein Vater würde mir sogleich mehr als zwölf Legionen Engel schicken, wenn ich ihn darum bitte? Wie würde dann aber die Schrift erfüllt, nach der es so geschehen muß?« (*Matthäus* 26, 53–54).

dem Karma anderer Menschen – insbesondere seiner Jünger – auf sich. Dadurch wurden diese geläutert und rein, so daß sie später imstande waren, das auf sie herabströmende allgegenwärtige Bewußtsein zu empfangen.

Nur ein Meister, der Gott verwirklicht hat, kann seine Lebenskraft auf andere übertragen oder die Krankheit anderer auf seinen eigenen Körper lenken. Gewöhnlichen Menschen ist diese Yoga-Heilmethode nicht zugänglich. Es wäre auch nicht gut für sie, denn ein kranker Körper ist ein Hindernis für die tiefe Versenkung in Gott. Die heiligen Schriften der Hindus lehren, daß die erste Pflicht des Menschen darin besteht, seinen Körper gesund zu halten, weil sein Geist sonst nicht imstande ist, sich zu sammeln und in hingebungsvoller Andacht zu verweilen.

Ein ausgesprochen starker Geist kann allerdings körperliche Probleme jeglicher Art transzendieren und Gottverwirklichung erlangen. Viele Heilige haben ihre Krankheiten einfach nicht beachtet und so den Weg zu Gott gefunden. Der heilige Franz von Assisi war selbst von schweren körperlichen Gebrechen geplagt, heilte aber dennoch andere Menschen oder erweckte sie gar vom Tode.

Ich habe einen indischen Heiligen gekannt, dessen Körper plötzlich über und über mit furchtbaren Geschwüren bedeckt war. Außerdem war er so stark zuckerkrank, daß es ihm schwerfiel, länger als eine Viertelstunde still dazusitzen. Aber er ließ sich von seinem geistigen Weg nicht abbringen. »Herr«, betete er, »willst Du nicht in meinen geschundenen Körper einziehen?« Dank seines unerschütterlichen Willens gelang es ihm allmählich, täglich achtzehn Stunden lang in der Lotusstellung zu sitzen und in ekstatische Trance zu versinken.

»Und nach drei Jahren«, erzählte er mir, »fühlte ich, wie das unendliche Licht meinen gepeinigten Leib zu durchströmen begann. In der Glückseligkeit dieses Glanzes vergaß ich ihn vollkommen, und erst später bemerkte ich, daß er durch die Gnade Gottes heil geworden war.«

In der Geschichte von König Babur (1483–1530), des Begründers der Moguldynastie in Indien, wird von einer Heilung berichtet. Als Humayun, der Sohn des Königs, schwer erkrankte, betete der Vater in tiefer Verzweiflung darum, daß die Krankheit auf ihn übergehen möge, damit sein Sohn am Leben bleibe. Nachdem die Ärzte ihn schon aufgegeben hatten, wurde Humayun plötzlich gesund; doch zu gleicher Zeit erkrankte Babur und starb an demselben Leiden, das zuvor seinen Sohn befallen hatte. Humayun wurde der Nachfolger Baburs als Herrscher von Hindustan.

Viele Menschen meinen, ein großer Meister müsse stark und gesund wie ein Herkules sein – eine Annahme, die völlig unbegründet ist. Wenn ein Guru einen kränklichen Körper hat, so bedeutet das noch lange nicht, daß es ihm an göttlicher Kraft fehlt; so wie umgekehrt jeder, der sein Leben lang kerngesund ist, nicht zwangsläufig innere Erleuchtung erfahren muß. Mit anderen Worten, der Zustand des physischen Körpers sagt nicht unbedingt etwas über die Fähigkeiten eines Meisters aus. Seine herausragenden Attribute finden wir in der Spiritualität, seinem ureigenen Wirkungskreis.

Im Westen vertreten viele die irrige Ansicht, daß jeder, der wortgewandt über metaphysische Themen reden oder schreiben kann, auch ein Meister auf diesem Gebiet sein müsse. Die *Rishis* haben jedoch klar herausgestellt, daß in Wirklichkeit nur derjenige ein Meister ist, der jederzeit willentlich in den atemlosen Zustand eingehen und ununterbrochen im *Nirbikalpa Samadhi** verweilen kann. Dies allein ist Beweis dafür, daß er *Maya,* das heißt die dualistische kosmische Täuschung, »gemeistert« hat. Nur dann kann er aus der Tiefe seiner Verwirklichung heraus sagen: »*Ekam sat*« – »es gibt das Eine.«

»In den Veden steht, wie gefährlich es für den Unwissenden ist, sich mit einer oberflächlichen Unterscheidung zwischen der individuellen Seele und dem höheren Selbst zu begnügen«, schrieb der große Monist Shankara. »Wo Dualität aufgrund von Unwissen auftritt, werden alle Dinge als verschieden vom Selbst gesehen. Wenn man aber in allen Dingen das Selbst erkennt, gibt es nicht einmal mehr ein einziges Atom, das außerhalb des Selbst existieren könnte …

Haben wir erst einmal das Wissen von der absoluten Wirklichkeit erlangt, können sich unsere vergangenen Handlungen, die in der Unwirklichkeit des Körpers wurzeln, nicht mehr auswirken, ebenso wie man auch nach dem Erwachen nicht mehr träumen kann.«

Nur große Gurus besitzen die Fähigkeit, das Karma ihrer Schüler auf sich zu nehmen. Sri Yukteswar wäre in Srinagar nicht erkrankt, wenn er nicht innerlich vom göttlichen Geist die Einwilligung erhalten hätte, seinen Schülern auf diese ungewöhnliche Art und Weise zu helfen. Nur wenige Heilige könnten einen göttlichen Befehl mit soviel Feingefühl ausführen wie mein gottverbundener Meister.

---

* *Nirbikalpa* bedeutet zeitlos, unwandelbar; dies ist der höchste *Samadhi*-Zustand.

Als ich mich mitfühlend über seine abgemagerte Gestalt äußerte, sagte er nur fröhlich:

»Die Sache hat auch ihr Gutes. Jetzt passe ich wenigstens wieder in die zu eng gewordenen *Ganjis* (Unterhemden) hinein, die ich seit Jahren nicht mehr tragen konnte.«

Als ich das herzliche Lachen meines Gurus hörte, fielen mir die Worte des heiligen Franz von Sales ein: »Ein Heiliger, der traurig ist, ist ein trauriger Heiliger!«

Kapitel 22

Das beseelte steinerne Tempelbildnis

Als treuergebene Ehefrau will ich mich nicht über meinen Mann beklagen. Aber ich wünsche mir so sehr, daß er seine materialistische Einstellung aufgibt. Er macht sich ständig über die Heiligenbilder in meinem Meditationsraum lustig. Lieber Bruder, ich bin fest davon überzeugt, daß du ihm helfen kannst. Wirst du es tun?«

So bat mich eines Tages meine älteste Schwester Roma mit flehendem Blick. Ich war gerade zu einem kurzen Besuch in ihrem Haus in der Girish Vidyaratna Lane eingetroffen. Die Bitte rührte mich, denn Roma hatte während meiner Kindheit großen geistigen Einfluß auf mich ausgeübt und liebevoll versucht, die schmerzliche Lücke zu schließen, die Mutters Tod in der Familie hinterlassen hatte.

»Ich bin gerne bereit, alles, was ich kann, zu tun, liebe Schwester«, sagte ich und lächelte sie an, um den Kummer zu verscheuchen, der ihr sonst so gelassenes, heiteres Antlitz wie ein Schatten überzog.

Dann verharrten wir eine Weile in schweigendem Gebet und baten um göttliche Fügung. Ein Jahr zuvor hatte meine Schwester mich gebeten, sie in die Übung des *Kriya*-Yoga einzuweihen, und sie hatte seither beachtliche Fortschritte erzielt.

Plötzlich kam mir eine Eingebung. »Ich werde morgen zum Tempel von Dakshineswar fahren«, sagte ich. »Komm bitte mit mir, und überrede auch deinen Mann, uns zu begleiten. Mein Gefühl sagt mir, daß die göttliche Mutter in der andächtigen Stille des Tempels sein Herz berühren wird. Verrate ihm aber nicht, welche Absicht wir mit unserem Besuch verfolgen.«

Voller Hoffnung willigte meine Schwester ein. Wie ich zu meiner Freude bemerkte, waren Roma und ihr Mann am nächsten Morgen schon in aller Frühe zur Abfahrt bereit. Während unsere Droschke über die Upper Circular Road Richtung Dakshineswar holperte, zog mein Schwager, Satish Chandra Bose, mit sichtlichem Vergnügen über die spirituellen Gurus der Vergangenheit, Gegenwart und Zukunft her. Ich sah, wie Roma leise weinte.

»Nur Mut, Schwester«, flüsterte ich ihr zu. »Dein Mann soll nicht auch noch glauben, daß wir seine Sticheleien ernst nehmen.«

»Wie kannst du nur diese Scharlatane bewundern, Mukunda?« bemerkte Satish. »Schon der Anblick eines *Sadhus* ist abstoßend. Entweder ist er dünn wie ein Skelett oder dick wie ein Elefant.«

Ich schüttelte mich vor Lachen. Daß ich humorvoll reagierte, ärgerte Satish, und er hüllte sich in finsteres Schweigen. Als unsere Kutsche in das Tempelgelände von Dakshineswar einfuhr, bemerkte er sarkastisch: »Dieser Ausflug ist wahrscheinlich geplant worden, um mich zu bekehren.«

Als ich mich ohne zu antworten abwandte, packte er mich am Arm. »Junger Herr Mönch«, sagte er, »vergiß bitte nicht, uns bei der Tempelverwaltung zum Mittagessen anzumelden.«

»Ich will jetzt meditieren. Mach dir keine Gedanken wegen des Mittagessens«, entgegnete ich brüsk. »Die göttliche Mutter wird schon dafür sorgen.«

»Ich traue der göttlichen Mutter nicht zu, daß sie auch nur das geringste für mich tun kann. Du bist verantwortlich, daß ich etwas zu essen bekomme«, sagte Satish in drohendem Tonfall.

Ich ging allein zu der Säulenhalle, die dem riesigen Tempel der Kali, der Mutter der Natur, gegenüberliegt. Dort suchte ich mir einen schattigen Platz neben einer der Säulen und ließ mich im Lotussitz nieder. Obgleich es erst sieben Uhr morgens war, würde es schon bald drückend heiß werden.

Als ich in einen andächtigen Zustand der Hingabe versank, trat die Welt rings um mich in den Hintergrund. Meine ganze Aufmerksamkeit war auf die Göttin Kali gerichtet, deren Bildnis der große Meister Ramakrishna Paramhansa hier in Dakshineswar zum besonderen Gegenstand seiner Anbetung gemacht hatte. Als Antwort auf sein inbrünstiges Bitten war das steinerne Bildnis in ebendiesem Tempel oft zum Leben erwacht und hatte mit ihm gesprochen.

»Stille Mutter mit dem steinernen Herzen«, so betete ich. »Die Bitten Deines geliebten Sohnes Ramakrishna haben Dich zum Leben erweckt; warum erhörst Du nicht auch mein Flehen – auch ich bin Dein Sohn und sehne mich nach Dir.«

Mein inneres Verlangen wuchs ins Grenzenlose, und zugleich breitete sich ein tiefer göttlicher Friede in mir aus. Fünf Stunden harrte ich so aus, doch die Göttin, die ich mir innerlich vergegenwärtigt hatte, antwortete

*Die Self-Realization Church of All Religions
im kalifornischen San Diego*

(Links) *Meine beiden Schwestern Roma (links)
und Nalini und ich.*
(Rechts) *Meine Schwester Uma als junges Mädchen.*

nicht. Ich fühlte eine gewisse Entmutigung. Manchmal prüft uns Gott, indem er uns warten läßt, bis er unsere Gebete erhört. Wenn der Gläubige aber nicht aufgibt, erscheint Gott ihm schließlich in der Gestalt, die seinem Herzen am nächsten steht. Ein frommer Christ erblickt Jesus, ein Hindu schaut Krishna oder die Göttin Kali oder – falls seine Anbetung einer unpersönlichen Form gilt – ein sich ausbreitendes Licht.

Widerstrebend öffnete ich die Augen und sah, daß ein Priester gerade dabei war, die Tempeltore zu schließen, wie es während der Mittagszeit üblich ist. Ich erhob mich von meinem abgeschiedenen Platz in der offenen, überdachten Halle und trat auf den Hof hinaus. Der Steinfußboden glühte in der Mittagssonne, so daß meine bloßen Füße schmerzhaft zu brennen begannen.

»Göttliche Mutter«, klagte ich schweigend, »Du bist mir nicht erschienen, und nun verbirgst Du Dich hinter verschlossenen Tempeltüren. Dabei wollte ich mich heute mit einer besonderen Fürbitte für meinen Schwager an Dich wenden.«

In diesem Augenblick wurde meine stille Bitte erhört. Zuerst spürte ich eine angenehme, kühle Brise, die mir den Rücken hinunter bis unter die Fußsohle strich, so daß all mein körperliches Unbehagen verschwand. Dann sah ich voll Verwunderung, wie der Tempel vor meinen Augen größer und größer wurde. Seine weiten Tore öffneten sich langsam und gaben den Blick auf das steinerne Bildnis der Göttin Kali frei. Allmählich kam Leben in die Statue; sie lächelte mir zum Gruße zu, und ich wurde von einer unbeschreiblichen Freude erfüllt. Wie durch einen geheimnisvollen Sog wurde aller Atem aus meiner Lunge gezogen; in meinem Körper wurde es ganz still, doch ich fühlte keine Trägheit.

Es folgte eine ekstatische Erweiterung des Bewußtseins. Ich konnte mehrere Meilen weit nach links über den Ganges sehen und jenseits des Tempelgeländes die ganze Umgebung von Dakshineswar überblicken. Die Mauern sämtlicher Gebäude wurden transparent, so daß ich das Kommen und Gehen der Menschen aus weiter Ferne beobachten konnte. Obgleich ich nicht atmete und mein Körper sich in einem eigenartigen Zustand der Stille befand, konnte ich meine Hände und Füße frei bewegen. Um zu sehen, was geschehen würde, schloß und öffnete ich mehrmals hintereinander die Augen; doch sowohl mit offenen als auch mit geschlossenen Augen sah ich deutlich das ganze Panorama von Dakshineswar vor mir liegen.

Die geistige Sicht dringt gleich Röntgenstrahlen durch alle Materie hindurch; denn das göttliche Auge ist überall Mittelpunkt und nirgendwo Peripherie. Während ich dort auf dem sonnigen Hof stand, erkannte ich von neuem, daß der Mensch in dem Augenblick das Erbe seines ewigen Reiches antritt, da er sich aus seiner Rolle als verlorener Sohn löst und sich nicht mehr an eine physische Welt klammert, die nichts ist als ein Traum, so substanzlos wie eine Seifenblase. Wenn der Mensch schon aus der Begrenztheit seiner Persönlichkeit flüchten muß, gibt es dann eine bessere Zuflucht als die majestätische Allgegenwart?

Während meiner heiligen Erfahrung in Dakshineswar erschienen mir nur der Tempel und die Gestalt der Göttin überdimensional vergrößert. Alles andere war normal groß, jedoch von einem zarten Strahlenkranz umgeben, der aus weißem und blauem Licht und anderen Pastelltönen des Regenbogens bestand. Mein Körper schien aus einer ätherischen Substanz zu bestehen – bereit, sich vom Boden zu lösen. Dabei war ich mir meiner materiellen Umgebung deutlich bewußt; ich konnte umherblicken und einige Schritte tun, ohne die glückselige Vision zu unterbrechen.

Da erblickte ich hinter den Tempelmauern meinen Schwager, der unter den dornigen Zweigen eines heiligen *Bel*-Baumes Platz genommen hatte. Ich konnte mühelos seine Gedanken lesen. Obgleich ihn die Heiligkeit des Ortes innerlich aufgerichtet hatte, hegte er immer noch einen gewissen Groll gegen mich. Ich wandte mich sogleich an die liebliche Gestalt der Göttin.

»Göttliche Mutter«, betete ich, »kannst du nicht im Manne meiner Schwester eine geistige Wandlung vollziehen?«

Da endlich begann das schöne Bildnis, das bisher stumm geblieben war, zu sprechen: »Dein Wunsch soll erfüllt werden.«

Voller Freude blickte ich zu Satish hinüber. Als fühlte er instinktiv, daß eine geistige Kraft am Werke war, erhob er sich widerwillig vom Boden. Ich sah ihn an der Rückseite des Tempels entlanglaufen; dann kam er mit geballter Faust auf mich zu.

In diesem Augenblick entschwand die allumfassende Vision. Ich konnte die strahlende Göttin nicht mehr sehen. Der Tempel hatte wieder seine normale Größe und war auch nicht mehr durchsichtig, und ich fühlte wieder die Glut der sengenden Sonne auf meinem Körper. Eilends zog ich mich in den Schatten der Säulenhalle zurück, wohin Satish mir wütend folgte. Ich sah auf meine Uhr. Es war bereits eins; die göttliche Vision hatte eine ganze Stunde gedauert.

»Du Nichtsnutz!« rief mein Schwager. »Da hast du nun sechs Stunden mit gekreuzten Beinen und verdrehten Augen dagesessen. Ich bin immer wieder hergekommen, um zu sehen, was mit dir los ist. Wo bleibt mein Essen? Jetzt ist der Tempel geschlossen. Du hast uns nicht bei der Verwaltung angemeldet, und nun stehen wir ohne Essen da!«

Das erhebende Gefühl, das mich in der Gegenwart der Göttin erfüllt hatte, schwang noch in meinem Herzen, und ich rief: »Die göttliche Mutter wird uns Nahrung geben.«

Satish war außer sich vor Zorn. »Jetzt reicht's mir aber!« schrie er. »Das will ich sehen, wie deine göttliche Mutter uns hier Nahrung geben will, wenn wir uns nicht vorher angemeldet haben!«

Kaum hatte er diese Worte ausgesprochen, als ein Priester quer über den Hof geradewegs auf uns zukam.

»Mein Sohn«, sagte er zu mir, »ich habe das Leuchten in deinem Antlitz gesehen, als du hier Stunde um Stunde meditiertest. Und da ich euch heute morgen habe ankommen sehen, erschien es mir richtig, genug Essen für euch aufzuheben. Es ist zwar gegen die Tempelregeln, jemandem eine Mahlzeit anzubieten, der sich nicht vorher angemeldet hat, aber bei dir möchte ich eine Ausnahme machen.«

Ich dankte ihm und blickte Satish gerade in die Augen. Die Schamröte war ihm ins Gesicht gestiegen, und in stummer Reue senkte er den Blick. Als uns dann ein köstliches Mahl serviert wurde, bei dem sogar Mangos nicht fehlten, die es zu dieser Jahreszeit sonst nicht gab, bemerkte ich, daß mein Schwager keinen rechten Appetit hatte. Er schien verwirrt und war tief in Gedanken versunken. Auf unserer Rückfahrt nach Kalkutta wirkte Satish sehr viel weniger hartherzig als zuvor. Mehrmals sah er mich fast flehentlich an. Doch seit der Priester gewissermaßen als Antwort auf seine Herausforderung erschienen war, um uns zum Essen einzuladen, hatte er kein einziges Wort mehr gesprochen.

Am folgenden Nachmittag besuchte ich meine Schwester. Sie begrüßte mich aufs herzlichste.

»Lieber Bruder«, rief sie aus, »ein Wunder ist geschehen! Gestern abend hat mein Mann vor meinen Augen geweint.

›Geliebte *Devi**‹, sagte er, ›ich kann dir kaum sagen, wie glücklich ich bin, daß ich durch den Bekehrungsplan deines Bruders innerlich verwandelt wurde. Ich will jetzt alles gutmachen, was ich dir angetan habe. Von

---

* Göttin

heute ab wollen wir unser großes Schlafzimmer nur noch zur Andacht benutzen und künftig in deinem kleinen Meditationszimmer schlafen. Es tut mir aufrichtig leid, daß ich deinen Bruder verspottet habe. Weil ich mich ihm gegenüber so schrecklich benommen habe, will ich Buße tun und nicht eher mit ihm sprechen, als bis ich auf dem spirituellen Pfad fortgeschritten bin. Von nun an werde ich die göttliche Mutter von ganzem Herzen suchen; eines Tages werde ich sie sicher finden!«

Viele Jahre später besuchte ich meinen Schwager in Delhi und gewahrte zu meiner großen Freude, daß er eine hohe Stufe der Selbstverwirklichung erreicht hatte. Auch ihm war inzwischen die Vision der göttlichen Mutter zuteil geworden. Während meines Aufenthaltes in seinem Haus bemerkte ich, daß er den größeren Teil der Nacht heimlich in andächtiger Meditation verbrachte, obgleich er ziemlich krank war und tagsüber im Büro arbeiten mußte.

Auf einmal ahnte ich, daß mein Schwager nicht mehr lange leben würde. Roma mußte meine Gedanken erraten haben.

»Lieber Bruder«, sagte sie, »mir geht es gut, und mein Mann ist krank. Dennoch sollst du wissen, daß ich als treue Hindu-Ehefrau noch vor ihm sterben werde.* Es wird nicht mehr lange dauern, bis ich heimgehe.«

Ich erschrak über ihre unheilvollen Worte, fühlte aber, daß sie die schmerzliche Wahrheit enthielten. Ich war schon in Amerika, als meine Schwester etwa eineinhalb Jahre später starb. Mein jüngster Bruder Bishnu teilte mir später die näheren Umstände ihres Todes mit.

»Roma befand sich mit Satish in Kalkutta«, berichtete Bishnu. »Am Morgen jenes Tages legte sie ihr Hochzeitsgewand an.

›Warum diese festliche Tracht?‹ fragte Satish.

›Dies ist der letzte Tag, an dem ich dir auf Erden diene‹, erwiderte Roma. Kurze Zeit darauf erlitt sie einen Herzanfall. Als ihr Sohn forteilen und Hilfe herbeirufen wollte, sagte sie:

›Verlaß mich jetzt nicht, mein Sohn. Es hat keinen Zweck. Ich werde gegangen sein, noch ehe ein Arzt kommen kann.‹ Zehn Minuten später umfaßte Roma ehrerbietig die Füße ihres Mannes und verließ ihren Körper bei vollem Bewußtsein – freudig und ohne zu leiden.«

»Nach dem Tode seiner Frau lebte Satish sehr zurückgezogen«, fuhr

---

*   Eine Hindu-Frau sieht es als Zeichen geistigen Fortschritts an, wenn sie zum Beweis ihrer Treue und Ergebenheit auf dem Höhepunkt ihrer Schaffenskraft vor ihrem Mann stirbt.

Bishnu fort. »Eines Tages betrachteten wir gemeinsam ein Foto von Romas lächelndem Antlitz.

›Warum lächelst du?‹ rief Satish plötzlich, so als sei seine Frau persönlich zugegen. ›Du hältst dich wohl für sehr gescheit, weil es dir gelungen ist, vor mir zu gehen. Aber ich werde dir beweisen, daß du nicht lange ohne mich sein kannst; bald werde ich bei dir sein.‹

Obwohl sich Satish damals vollkommen von seiner Krankheit erholt hatte und sich bester Gesundheit erfreute, starb er kurz nach dieser seltsamen Bemerkung Romas Foto gegenüber ohne irgendeinen ersichtlichen Grund.«

So haben meine geliebte älteste Schwester Roma und ihr Mann Satish, der in Dakshineswar vom gewöhnlichen weltlich orientierten Mann zum stillen Heiligen geworden war, beide ihren Tod mit prophetischem Weitblick vorausgesehen.

Kapitel 23

Ich bestehe mein Staatsexamen

Ich sehe, daß du deine Hausarbeiten in Philosophie immer noch nicht erledigt hast. Wahrscheinlich glaubst du wieder, dich in der Prüfung mühelos auf deine Intuition verlassen zu können. Doch wenn du dich nicht endlich ernsthafter mit deinen Studien beschäftigst, werde ich dafür sorgen, daß du das Examen nicht bestehst!«

Diese strengen Worte kamen von Professor D. C. Ghoshal, dessen Vorlesungen ich am Serampore College belegt hatte. Wenn ich seine letzte Klausur nicht bestehen würde, wäre meine Zulassung zum Staatsexamen endgültig verwirkt. Die Prüfungsaufgaben kamen von der Fakultät der Universität von Kalkutta, an die auch das Serampore College angegliedert ist. In Indien muß jeder Student, der beim Staatsexamen in einem Fach versagt, im nächsten Jahr nochmals in allen Fächern geprüft werden.

Die Dozenten am Serampore College standen mir gewöhnlich wohlwollend gegenüber, wenn sie sich auch gelegentlich zu spöttischen Bemerkungen hinreißen ließen und meinten: »Mukunda ist eben zu sehr von der Religion berauscht.« Nachdem sie erst einmal diesen Eindruck von mir erhalten hatten, ersparten sie es mir taktvollerweise auch, in den Seminaren Fragen beantworten zu müssen; sie hofften wohl, daß ich nach dem schriftlichen Examen sowieso von der Liste der Prüfungskandidaten gestrichen würde. Die Meinung, die meine Kommilitonen von mir hatten, läßt sich wohl am besten an dem Spitznamen erkennen, den sie mir gegeben hatten: »verrückter Mönch«.

Eines Tages hatte ich eine geniale Idee, wie ich Professor Ghoshals Drohung vereiteln konnte, mich in Philosophie durchfallen zu lassen. Kurz bevor die Ergebnisse der letzten schriftlichen Arbeit am Aushang veröffentlicht werden sollten, bat ich einen Kommilitonen, mich zum Arbeitszimmer des Professors zu begleiten.

»Komm bitte mit mir, denn ich brauche einen Zeugen«, sagte ich zu ihm. »Es sollte mich wirklich wundern, wenn es mir nicht gelungen ist, den Dozenten zu überlisten.«

Auf meine Frage, mit welcher Zensur er meine Arbeit bewertet habe, schüttelte Professor Ghoshal nur den Kopf.

»Du bist nicht unter denen, die bestanden haben«, sagte er triumphierend und sah einen großen Stoß von Blättern durch, die auf seinem Pult lagen. »Von dir ist gar kein Blatt dabei; du hast also sowieso nicht bestanden, weil du zur Prüfung nicht erschienen bist.«

»Aber Herr Professor, ich bin doch dagewesen«, entgegnete ich innerlich lachend. »Darf ich den Stoß selbst einmal durchsehen?« Diese Bitte konnte mir der Professor kaum abschlagen. Schnell hatte ich mein Blatt gefunden, auf dem ich sorgfältig jede Identifizierung mit Ausnahme der Kennziffer weggelassen hatte. Mein Name, der wie ein rotes Tuch auf den Dozenten wirkte, stand nicht auf dem Blatt, und so hatte er meine Arbeit ausgezeichnet benotet, obgleich ich nicht mit Zitaten aus den Textbüchern hatte aufwarten können.*

Als der Professor meine List durchschaute, polterte er los: »Das war nichts als reines Glück!« und fügte höhnisch hinzu: »Aber im Staatsexamen wirst du ganz bestimmt durchfallen!«

Zur Vorbereitung auf die Prüfungen in den anderen Fächern nahm ich Nachhilfestunden bei meinem lieben Freund und Vetter Prabhas Chandra Ghose**, dem Sohn meines Onkels Sarada. Mühsam brachte ich alle Zulassungsprüfungen hinter mich und hatte am Ende tatsächlich bestanden – wenn auch nur mit der Mindestpunktzahl.

Nach vierjährigem Collegestudium wurde ich nun endlich zum Staatsexamen an der philosophischen Fakultät zugelassen. Ich hatte allerdings wenig Absicht, von diesem Vorrecht Gebrauch zu machen. Die Abschlußprüfungen am Serampore College waren ein Kinderspiel im Vergleich zu dem weit schwierigeren Staatsexamen, das von der Universität von Kalkutta ausgerichtet wurde. Meine fast täglichen Besuche bei Sri Yukteswar hatten mir wenig Zeit gelassen, die Vorlesungen zu besuchen, und mein Erscheinen in den Hörsälen löste bei meinen Kommilitonen jedesmal Rufe des Erstaunens aus.

Mein Tagesprogramm verlief für gewöhnlich folgendermaßen: Morgens

---

* Ich muß Professor Ghoshal insofern rechtfertigen, als er keine Schuld an unserem gespannten Verhältnis trug; dieses rührte einzig und allein daher, daß ich während der Vorlesungen fast immer geistesabwesend war oder sie überhaupt nicht besuchte. Professor Ghoshal war und ist ein gewandter Redner mit umfassenden Kenntnissen in der Philosophie. In späteren Jahren bestand zwischen uns ein herzliches Einvernehmen.

** Obwohl mein Cousin und ich denselben Familiennamen Gosh führen, benutzte Prabhas gewöhnlich für seinen die englische Schreibweise Ghose.

um 9.30 Uhr schwang ich mich auf mein Fahrrad, um zur Einsiedelei
zu fahren. In der einen Hand hielt ich stets ein paar Blumen aus
dem Garten des Studentenwohnheims als Gabe für meinen Guru. Nachdem der Meister mich herzlich begrüßt hatte, lud er mich normalerweise
zum Mittagessen ein; ich kam seiner Aufforderung jedesmal mit Freuden
nach und verbannte alle Gedanken an das College. Hatte ich dann den
ganzen Tag bei Sri Yukteswar zugebracht, seinen unvergleichlichen
Worten der Weisheit gelauscht und im Ashram allerhand Arbeiten erledigt, brach ich gegen Mitternacht widerstrebend auf, um zum Studentenwohnheim zurückzukehren. Gelegentlich blieb ich auch über Nacht bei
meinem Guru, wenn wir so sehr in unser Gespräch vertieft waren, daß
ich in meiner Seligkeit gar nicht bemerkt hatte, daß schon der Morgen
graute.

Eines Abends gegen elf Uhr, als ich mir gerade meine Schuhe* anzog,
um zum Studentenwohnheim zurückzufahren, fragte der Meister ernst:
»Wann beginnen eigentlich die Prüfungen für das Staatsexamen?«

»In fünf Tagen, Guruji.«

»Ich hoffe, daß du entsprechend vorbereitet bist.«

Starr vor Schreck blieb ich stehen, den einen Schuh noch in der Hand
haltend. »Meister«, protestierte ich, »Ihr wißt, daß ich meine Tage bei
Euch und nicht bei den Professoren zugebracht habe! Es wäre jetzt eine
reine Farce, zu diesem schwierigen Examen anzutreten!«

Sri Yukteswar schaute mich mit durchdringendem Blick an. »Du mußt
aber hingehen«, sagte er in einem Ton, der jede Widerrede von vornher-
ein ausschloß. »Wir dürfen deinem Vater und deinen Verwandten keinen
Anlaß zur Kritik geben, denn sie wissen, wie oft du dich hier im Ashram
aufgehalten hast. Versprich mir nur, zum Examen zu gehen und alle
Fragen dort, so gut du kannst, zu beantworten.«

Mir traten ungewollt die Tränen in die Augen. Ich hielt die Anweisung
meines Meisters für absurd und fand, daß er mit seinem Interesse – ge-
linde gesagt – reichlich spät kam.

»Ich werde hingehen, wenn Ihr es wünscht. Doch ich habe keine Zeit
mehr, mich richtig vorzubereiten«, schluchzte ich. »Anstatt die Fragen
zu beantworten, werde ich eben die Blätter mit Euren Lehren vollschrei-
ben«, fügte ich murmelnd hinzu.

---

*   In Indien zieht ein Schüler immer die Schuhe aus, bevor er eine Einsiedelei
    betritt.

Am folgenden Tag erschien ich zur gewohnten Stunde in der Einsiedelei und überreichte Sri Yukteswar mit trübseliger Miene seinen Blumenstrauß. Er lachte über mein bekümmertes Gesicht und bemerkte: »Mukunda, hat dich der Herr jemals bei einer Prüfung oder sonstwie im Stich gelassen?«

»Nein, Guruji«, erwiderte ich, und eine Flut von Erinnerungen stieg in mir auf und erfüllte mich mit tiefer Dankbarkeit.

»Nicht Trägheit, sondern unstillbares Verlangen nach Gott hat dich davon abgehalten, nach akademischen Ehren zu trachten«, sagte mein Guru liebevoll. Und nach wenigen Augenblicken des Schweigens zitierte er: »Euch aber muß es zuerst um Sein Reich und Seine Gerechtigkeit gehen; dann wird euch alles andere dazugegeben.«*

Zum hundertsten Male fühlte ich auch jetzt in der Gegenwart des Meisters eine schwere Last von mir abfallen. Als wir unser Frühstück beendet hatten, empfahl er mir, zum Studentenwohnheim zurückzukehren.

»Wohnt dein Freund Romesh Chandra Dutt noch in dem Studentenheim?«

»Ja, Meister.«

»Dann setze dich mit ihm in Verbindung; Gott wird ihm eingeben, wie er dir beim Examen helfen kann.«

»Gut, Meister. Aber Romesh ist außerordentlich beschäftigt. Er will sein Examen unbedingt mit Auszeichnung bestehen und arbeitet somit noch härter als die anderen.«

Doch der Meister schob meine Einwände beiseite. »Romesh wird Zeit für dich finden. Geh jetzt.«

Ich fuhr mit dem Fahrrad zum Studentenwohnheim zurück, und der erste, der mir dort im Garten begegnete, war unser eifriger Student Romesh. Zaghaft trug ich ihm meine Bitte vor, und als ob er weiter nichts zu tun hätte, willigte er sofort ein.

»Aber natürlich! Gerne stehe ich dir zur Verfügung.« Fortan opferte er täglich mehrere Stunden, um mir in den verschiedenen Prüfungsfächern Nachhilfeunterricht zu erteilen.

»Ich glaube, daß sich in der englischen Literatur diesmal viele Prüfungsfragen mit der Reiseroute von ›Ritter Harolds Pilgerfahrt‹ befassen werden«, meinte er, »und wir müssen uns sofort einen Atlas besorgen.«

Also eilte ich zum Haus meines Onkels Sarada und lieh mir dort einen

* *Matthäus* 6, 33.

Atlas aus. Romesh markierte auf der Europakarte alle Orte, die Byrons romantischer Reisender besucht hatte.

Einige Kommilitonen hatten sich zu uns gesellt, um dem Nachhilfeunterricht zu folgen. »Romesh hat dich nicht gut beraten«, meinte einmal einer von ihnen am Ende einer solchen Sitzung. »Meistens beziehen sich nur die Hälfte der Fragen auf das Werk und die anderen auf das Leben des Dichters.«

Als ich aber zur Prüfung in englischer Literatur erschien und einen Blick auf die Fragen warf, weinte ich vor Dankbarkeit. Der aufsichtsführende Dozent kam an mein Pult und fragte mitfühlend, was mir fehle.

»Mein Guru hat vorausgesagt, daß Romesh mir helfen würde«, erklärte ich. »Und jetzt stehen tatsächlich genau die Fragen, die Romesh mir genannt hat, auf dem Prüfungsbogen.« Erleichtert fügte ich hinzu: »Gott sei Dank gibt es dieses Jahr nur wenige Fragen über englische Schriftsteller, deren Leben für mich ein Buch mit sieben Siegeln ist.«

Als ich heimkehrte, war das ganze Studentenheim in Aufruhr. Meine Kommilitonen, die mich zuvor ausgelacht hatten, weil ich mich so sehr auf Romesh verlassen hatte, gratulierten mir nun überschwenglich. Während der ganzen Examenswoche verbrachte ich jede freie Minute mit Romesh, der mir immer wieder Fragen vorlegte, wie sie seiner Meinung nach von den Professoren gestellt werden könnten. Und Tag für Tag erhielt ich Prüfungsbogen, die Romeshs Fragen in nahezu unverändertem Wortlaut wiedergaben.

An der Universität hatte es sich wie ein Lauffeuer herumgesprochen, daß etwas höchst Seltsames geschehen sei und der geistesabwesende »verrückte Mönch« wahrscheinlich das Examen erfolgreich abschließen werde. Ich unternahm auch gar keinen Versuch, die Hintergründe meines Erfolges zu verheimlichen; die hiesigen Professoren hatten ja auch keine Möglichkeit, die Fragen, die direkt von der Fakultät in Kalkutta kamen, abzuändern.

Als ich mir eines Morgens noch einmal die Examensfragen in englischer Literatur durch den Kopf gehen ließ, fiel mir auf, daß ich einen schwerwiegenden Fehler begangen hatte. Die Fragen waren nämlich in zwei Gruppen eingeteilt, innerhalb deren man sich jeweils für A oder B bzw. C oder D entscheiden mußte. Anstatt nun eine Frage aus jeder Gruppe zu beantworten, hatte ich beide Fragen der ersten Gruppe beantwortet, die beiden der zweiten Gruppe aber einfach übergangen. Damit war die höchste Punktzahl, die ich erreichen konnte, 33 – drei Punkte weniger als die erforderliche Mindestpunktzahl von 36.

Ich eilte sogleich zum Meister und schüttete ihm mein Herz aus. »Guruji, ich habe einen unverzeihlichen Fehler begangen. Ich verdiene die göttliche Hilfe durch Romesh nicht. Ich bin ihrer einfach nicht würdig!«

»Beruhige dich, Mukunda«, entgegnete Sri Yukteswar heiter und unbekümmert. Dann wies er zum blauen Himmelsgewölbe hinauf und sprach: »Eher vertauschen Sonne und Mond ihren Platz am Himmel, als daß du durchs Staatsexamen fällst.«

Einigermaßen beruhigt verließ ich daraufhin die Einsiedelei, obgleich es rein mathematisch gesehen unmöglich für mich war, die Prüfung noch zu bestehen. Ein- oder zweimal schaute ich besorgt gen Himmel; doch die Herrin des Tages schien unbeirrt ihre gewohnte Bahn zu ziehen.

Im Studentenwohnheim angekommen, bekam ich zufällig mit, wie ein Kommilitone sagte: »Ich habe gerade erfahren, daß die Punktzahl für englische Literatur in diesem Jahr erstmalig herabgesetzt worden ist.«

Ich stürzte hastig in sein Zimmer, so daß er erschrocken hochfuhr. Ich wollte unbedingt mehr wissen.

»Oh, mein langhaariger Mönch«, erwiderte er lachend, »warum dieses plötzliche Interesse an akademischen Dingen? Warum dieser Aufschrei in letzter Minute? Aber es stimmt tatsächlich, die Mindestpunktzahl wurde auf 33 gesenkt.«

Voller Freude eilte ich in mein Zimmer zurück, wo ich sofort auf die Knie fiel und meinem göttlichen Vater für Seine so überaus exakt berechnete Hilfe dankte.

Immer wenn Romesh mich unterrichtete, hatte ich das Gefühl, von einer unsichtbaren göttlichen Kraft geleitet zu werden. Ein bemerkenswerter Vorfall ereignete sich bei der Prüfung in Bengali; ich hatte mit Romesh nur sehr wenig in diesem Fach gelernt. Als ich eines Morgens gerade das Haus verlassen wollte, um meinen gewohnten Gang zur Prüfung anzutreten, rief Romesh mir nach.

»Romesh ruft dich«, meinte einer meiner Kommilitonen ungeduldig. »Geh aber nicht zurück, wir kommen sonst zu spät.«

Entgegen seinem Rat kehrte ich auf der Stelle um.

»Bengalische Studenten haben bei dieser Prüfung meistens keine Schwierigkeiten«, sagte Romesh. »Aber ich habe so ein komisches Gefühl, als ob die Professoren die Prüflinge in diesem Jahr mit Fragen zur altbengalischen Literatur aufs Eis führen wollten.« Dann beschrieb er mir

kurz zwei Episoden aus dem Leben des bekannten bengalischen Philan-
thropen Vidyasagar.

Ich dankte Romesh und fuhr schnell mit dem Rad zur Universität. Der
Prüfungsbogen für Bengali bestand aus zwei Teilen; die erste Aufgabe
lautete: »Führe zwei Beispiele für die Nächstenliebe Vidyasagars an.« Als
ich mein in letzter Minute erworbenes Wissen zu Papier brachte, flüsterte
ich heimliche Dankesworte und beglückwünschte mich, weil ich doch
Romeshs Ruf in letzter Sekunde gefolgt war. Hätte ich nichts von den
Wohltaten Vidyasagars für die Menschheit (und letztendlich auch für
mich selbst) gewußt, wäre ich bei der Prüfung in Bengali durchgefallen.
Und bei Versagen in nur einem Fach hätte ich im nächsten Jahr noch
einmal in allen Fächern zur Prüfung antreten müssen. Welch furchtbarer
Gedanke!

Die zweite Aufgabe des Prüfungsbogens lautete: »Schreibe in bengalischer Sprache einen Bericht über das Leben desjenigen Menschen, der
dich am tiefsten beeindruckt hat.«

Lieber Leser, ich brauche wohl nicht zu sagen, wen ich für dieses Thema
ausgewählt habe. Während ich ein viele Seiten umfassendes Loblied auf
meinen Guru sang, dachte ich lächelnd an meine vor mich hingemurmel-
te »Prophezeiung«: »Ich werde die Blätter mit Euren Lehren vollschrei-
ben.«

Ich hatte es nicht für nötig befunden, Romeshs Hilfe für die Prüfung in
Philosophie in Anspruch zu nehmen, weil ich mich hier auf die von Sri
Yukteswar empfangene langjährige Schulung verließ. Aus diesem Grunde hatte ich mir die Erklärungen in den Textbüchern gar nicht erst
angesehen. In Philosophie schnitt ich dann auch mit einer wesentlich
besseren Note ab. In allen anderen Fächern erreichte ich gerade die
erforderliche Mindestpunktzahl.

Mit besonderer Freude berichte ich an dieser Stelle, daß mein selbstloser
Freund Romesh sein Examen cum laude bestand.

Mein Vater strahlte vor Freude und Stolz, als er ihm mein Diplom
vorlegte. »Ich habe kaum geglaubt, daß du es schaffen würdest, Mukunda«, gestand er mir, »denn du hast soviel Zeit bei deinem Guru zugebracht.« Der Meister hatte in der Tat den stummen Vorwurf meines
Vaters gespürt.

Jahrelang hatte ich daran gezweifelt, jemals die Buchstaben A. B. (Artium
Baccalaureus) hinter meinen Namen setzen zu können. Wenn ich diesen
Titel heute gebrauche, vergesse ich dabei nie, daß es sich um ein göttli-

ches Geschenk handelt, welches mir unerklärlicherweise in den Schoß gefallen ist. Gelegentlich höre ich Akademiker bemerken, daß sie nach dem Examen nur sehr wenig von dem so mühsam angeeigneten Wissen im Gedächtnis behalten haben. Dieses Geständnis tröstet mich etwas über meine offensichtlichen akademischen Bildungslücken hinweg.

An jenem Tag, als ich das Diplom der Universität von Kalkutta erhielt, kniete ich zu Füßen meines Gurus nieder, um ihm für alle Segnungen zu danken, mit denen er mich im Laufe der Jahre überschüttet hatte.

»Steh auf, Mukunda«, sagte er liebevoll. »Dem Herrn ist es nur leichter gefallen, dich im Staatsexamen durchzubringen, als den Lauf von Sonne und Mond zu ändern.«

Kapitel 24

Ich werde Mönch des Swami-Ordens

Meister, mein Vater möchte unbedingt, daß ich einen leitenden Posten bei der Bengal-Nagpur-Eisenbahngesellschaft annehme. Aber ich habe endgültig abgelehnt.« Und erwartungsvoll fügte ich hinzu: »Bitte nehmt mich als Mönch in den Swami-Orden auf!« Dabei sah ich ihn flehentlich an. In den vergangenen Jahren hatte er mir diese Bitte mehrmals abgeschlagen, um zu prüfen, wie ernst es mir mit meinem Entschluß war. Heute aber willigte er lächelnd ein.

»Gut, ich werde dich morgen zum Swami weihen«, sagte er und fuhr dann mit ruhiger Stimme fort: »Ich freue mich, daß du deinem Wunsch, Mönch zu werden, treu geblieben bist. Lahiri Mahasaya sagte oft: ›Wenn du Gott nicht im Sommer deines Lebens als Gast zu dir bittest, wird Er auch im Winter deines Lebens nicht kommen.‹«

»Lieber Meister, ich hätte niemals meinen Vorsatz aufgeben können, so wie Ihr Mitglied des Swami-Ordens zu werden«, erwiderte ich und sah ihn mit unendlicher Liebe an.

»Der Unverheiratete sorgt sich um die Sache des Herrn; er will dem Herrn gefallen. Der Verheiratete sorgt sich um die Dinge der Welt; er will seiner Frau gefallen.«* Ich hatte bei einigen meiner Freunde miterlebt, wie sie sich zuerst einer gewissen geistigen Disziplin unterzogen hatten, dann aber heirateten. Sobald sie in den Strudel weltlicher Verpflichtungen geraten waren, hatten sie allesamt ihren Entschluß zur tiefen Meditation vergessen.

Gott den zweiten Platz in meinem Leben zu geben war für mich undenkbar. Wenn auch Ihm alle Dinge im Kosmos gehören und Er den Menschen von Leben zu Leben schweigend mit Seinen Gaben überschüttet, so gibt es doch etwas, das Ihm nicht gehört und das der Mensch geben oder für sich behalten kann – seine Liebe. Für die unendliche Mühe, die der Schöpfer darauf verwandt hat, Seine Gegenwart in jedem Atom des Kosmos geheimnisvoll zu verschleiern, kann es nur einen Beweggrund geben: Seinen sehnlichen Wunsch, daß der Mensch Ihn ausschließlich

---

* 1. *Korinther* 7, 32–33.

aus freien Stücken suchen möge. Er hat die eiserne Hand Seiner Allmacht wahrlich mit dem Samthandschuh der Demut bedeckt!

Der darauffolgende Tag war einer der denkwürdigsten meines Lebens. Ich erinnere mich noch genau: Es war ein sonniger Donnerstag im Juli 1914, wenige Wochen nach meinem Examen am College. Mein Meister stand auf dem hofseitigen Balkon der Einsiedelei von Serampore und tauchte ein Stück neuer weißer Seide in ockergelbe Färbelösung – die traditionelle Farbe des Swami-Ordens. Nachdem das Tuch getrocknet war, kleidete er mich in das neue Gewand jener, die allem Weltlichen entsagen.

»Später einmal wirst du in den Westen reisen, wo man Seide besonders zu schätzen weiß«, sagte er. »Als Symbol dafür habe ich statt der üblichen Baumwolle diesen Seidenstoff für dich ausgewählt.«

In Indien, wo die Mönche dem Ideal der Armut folgen, ist ein in Seide gehüllter Swami ein ungewöhnlicher Anblick. Viele Yogis tragen jedoch Seidenstoffe, weil diese die feinen körperlichen Energieströme besser schützen als Baumwolle.

»Ich bin kein Freund von Zeremonien«, bemerkte Sri Yukteswar. »Darum soll deine Swami-Weihe in der Form eines *Bidwat* (das heißt auf unzeremonielle Weise) erfolgen.«

Die *Bibidisa* oder zeremonielle Swami-Weihe schließt eine Feuerzeremonie ein, bei der symbolische Totenriten vollzogen werden. Dabei geht man davon aus, daß der physische Körper des Schülers stirbt und von den Flammen der Weisheit verzehrt wird. Dann wird für den neuen Swami ein Lobgesang angestimmt: »Dieser *Atman ist Brahman*«*oder »Du bist Es« oder »Ich bin Er«, so erschallt es dann. Sri Yukteswar jedoch liebte die Einfachheit und verzichtete daher auf alle formellen Riten; er bat mich lediglich, einen neuen Namen zu wählen.

»Ich will dir das Vorrecht gewähren, ihn dir selbst auszuwählen«, sagte er lächelnd.

»Yogananda«, erwiderte ich nach kurzem Bedenken. Der Name bedeutet wörtlich übersetzt »Glückseligkeit *(Ananda)* durch Vereinigung mit Gott *(Yoga)*«.

»So sei es. Hiermit legst du deinen bürgerlichen Namen Mukunda Lal

---

*   Wörtlich: »Diese Seele ist Geist.« Der höchste Geist ist völlig frei von Konditionierungen *(neti, neti* = weder dies noch das)*, wird aber im *Vedanta* oft als *Sat-Chit-Ananda* (Sein-Bewußtsein-Seligkeit) bezeichnet.

Ghosh ab und sollst fortan Yogananda vom Giri-Zweig des Swami-Ordens heißen.«

Während ich vor Sri Yukteswar niederkniete und ihn zum ersten Male meinen neuen Namen sprechen hörte, wurde mein Herz von überströmender Dankbarkeit erfüllt. Wieviel Liebe und Mühe hatte er aufgewandt, damit eines Tages aus dem kleinen Jungen Mukunda der Mönch Yogananda werden konnte! Voller Freude sang ich einige Verse aus der langen Sanskrit-Hymne unseres Meisters Shankara:

> Nicht Geist, nicht Verstand, nicht Ego, nicht Gefühl bin ich,
> bin weder Himmel noch Erde noch ein Metall.
> Ich bin Er, ich bin Er, gesegneter Geist, ich bin Er!
> Weder Tod noch Geburt, noch Kaste kenn' ich,
> und auch Vater und Mutter habe ich nicht.
> Ich bin Er, ich bin Er, gesegneter Geist, ich bin Er!
> Gestaltlos bin ich, jenseits der flüchtigen Fantasie,
> alles, was lebt, durchdringe ich;
> keine Knechtschaft fürchte ich; ich bin frei, ewig frei.
> Ich bin Er, ich bin Er, gesegneter Geist, ich bin Er!

Alle Swamis gehören jenem alten Mönchsorden an, der in seiner heutigen Form von Shankara* geschaffen wurde. Es handelt sich hierbei um einen formalen Orden, der in ununterbrochener Linie von heiligen Männern geleitet wurde, und so kann sich niemand selbst den Titel eines Swamis geben. Wer dem Orden beitreten will, muß die Weihe von einem anderen Swami erhalten. Auf diese Weise können alle Mönche des Swami-Ordens ihre geistige Herkunft auf einen gemeinsamen Guru – den Meister Shankara – zurückverfolgen. Ähnlich wie in vielen christlich-katholischen Mönchsorden legen auch die Swamis ein Gelübde der Armut, der Keuschheit und des Gehorsams gegenüber dem spirituellen Lehrer ab. Zusätzlich zu seinem – normalerweise auf *ananda* endenden – Mönchs-

---

* Shankara wird gelegentlich auch Shankaracharya genannt; *Acharya* bedeutet »religiöser Lehrer«. Wann genau er lebte, ist bei den Gelehrten umstritten. Aus manchen Dokumenten geht hervor, daß der unvergleichliche Monist von 510 bis 478 v.Chr. gelebt habe; westliche Geschichtsforscher datieren Shankara hingegen auf das achte Jahrhundert n.Chr. Wer sich für Shankaras berühmte Ausführungen zu den *Brahmasutras* interessiert, sei auf Paul Deussens *System des Vedanta* (Leipzig: Brockhaus, 3. Aufl. 1920) verwiesen.

namen trägt der Swami einen Titel, der seine formale Zugehörigkeit zu einem der zehn Zweige des Swami-Ordens kennzeichnet. Zu diesen *Dasanamis* – oder zehn Beinamen – gehören unter anderem *Giri* (Berg), zu dem Swami Sri Yukteswar Giri und folglich auch ich gehören, *Sagar* (Meer), *Bharati* (Land), *Aranya* (Wald), *Puri* (Boden), *Tirtha* (Pilgerstätte) und *Saraswati* (Weisheit der Natur).

Der Mönchsname eines Swamis hat folglich zweifache Bedeutung und steht für die Erreichung höchster Glückseligkeit (*Ananda*) durch eine bestimmte göttliche Eigenschaft oder Form – Liebe, Weisheit, Hingabe, Dienen, Yoga – im Einklang mit der Natur, wie sie in der unendlichen Weite von Ozeanen, Bergen und Himmel zum Ausdruck kommt.

In dem Bestreben, der Menschheit zu dienen und allen persönlichen Bindungen und Wünschen zu entsagen, engagieren sich viele Swamis in Indien – und gelegentlich auch in anderen Ländern – auf humanitärem und erzieherischem Gebiet. Ein Swami kennt keine Vorurteile bezüglich Kaste, Glauben, Rang, Farbe, Geschlecht oder Rasse – für ihn sind alle Menschen Brüder. Sein Ziel ist die endgültige Vereinigung mit dem göttlichen Geist. Dadurch, daß er sein Bewußtsein im Wachen wie im Schlafen mit dem Gedanken »ich bin Er« erfüllt, lebt er zufrieden in der Welt, ohne ihr anzugehören. Nur dann trägt er zu Recht den Titel eines Swamis, also eines Menschen, der nach Vereinigung mit dem *Swa* oder Selbst strebt.

Sri Yukteswar war sowohl Swami als auch Yogi. Durch die formale Zugehörigkeit zu dem altehrwürdigen Mönchsorden wird ein Swami nicht automatisch zum Yogi. Dagegen ist jeder, der sich der in der Yoga-Lehre dargelegten Techniken zur Verwirklichung Gottes bedient, ein Yogi. Er kann verheiratet oder ledig, in weltliche Verpflichtungen eingebunden oder rein religiös ausgerichtet sein. Ein Swami wird möglicherweise nur den Pfad kühler Vernunft und harter Entsagung beschreiten, während ein Yogi mit ganz bestimmten Techniken arbeitet, um Körper und Geist Schritt für Schritt zu disziplinieren und dadurch seine Seele zu befreien. Ein Yogi verläßt sich weder auf seine Gefühle noch auf seinen Glauben, sondern wendet konsequent eine Reihe bewährter Übungen an, die auf die *Rishis* der indischen Frühzeit zurückgehen. In jedem Zeitalter hat es in Indien Menschen gegeben, die durch Yoga vollkommene Freiheit erlangten und wahre christusgleiche Yogis wurden.

Wie jede andere geistige Lehre kann auch Yoga von Menschen aller

Von B. K. Mitra aus »Kalyana-Kalpataru«

Gott in Seiner Gestalt als Shiva.

Länder und aller Zeiten angewandt werden. Die in gewissen uninformierten Kreisen aufgestellte Behauptung, Yoga sei »ungeeignet« für die Menschen der westlichen Hemisphäre, entbehrt jeder Grundlage und hat bedauerlicherweise viele aufrichtig Suchende davon abgehalten, seine segensreichen Wirkungen für sich nutzbar zu machen. Yoga ist eine Methode, um den natürlichen Tumult unserer Gedanken zum Schweigen zu bringen, der es uns Menschen ungeachtet unserer Herkunft unmöglich macht, unser wahres göttliches Wesen zu erkennen. Genau wie das heilende Licht der Sonne keine Unterschiede macht, kann es auch im Yoga keine Grenzen zwischen Ost und West geben. Solange der menschliche Geist von ruhelosen Gedanken bewegt wird, so lange ist Yoga – die Lehre von deren Beherrschung – von universaler Notwendigkeit.

Der altehrwürdige *Rishi* Patanjali definiert Yoga als die »Beherrschung unserer ständigen Gedankenflut«.* Seine in meisterhafter Kürze verfaßten Darlegungen, die sogenannten *Yoga-Sutras*, bilden eines der sechs Systeme der hinduistischen Philosophie**. Im Unterschied zu den abendländischen Philosophien bieten alle sechs hinduistischen Systeme nicht nur theoretische, sondern auch praktische Lehren. Neben allen erdenklichen ontologischen Betrachtungen enthalten sie sechs klar definierte Disziplinen mit dem Ziel, den Menschen für immer aus seinem Leid zu befreien und es ihm zu ermöglichen, in die ewige Glückseligkeit einzugehen.

Allen sechs Systemen gemein ist die Feststellung, daß der Mensch ohne Kenntnis der höchsten Wirklichkeit keine echte Freiheit erlangen kann. Die später entstandenen *Upanishaden* heben von allen sechs Systemen besonders die *Yoga-Sutras* hervor, weil diese die wirksamsten Methoden enthalten, die zum unmittelbaren Erleben der Wahrheit führen. Mit Hilfe der praktischen Techniken des Yoga läßt man ein für allemal das Reich

---

* *»Chitta vritti nirodha«, Yoga-Sutra* I, 2. Patanjalis Geburtsdatum ist unbekannt, obgleich viele Gelehrte das zweite Jahrhundert v. Chr. angeben. Die *Rishis* verfaßten Abhandlungen zu unzähligen Themen, die angesichts ihres tiefen Wahrheitsgehaltes auch im Laufe der Jahrhunderte nichts von ihrer Aktualität verloren haben. Sehr zum Leidwesen späterer Historiker hielten es die Heiligen jedoch nicht der Mühe wert, ihre literarischen Werke mit Namen und Datum zu versehen. Sie wußten, daß ihre kurze Lebensspanne nichts ist als ein Aufflackern im großen, unendlichen Leben und daß die Wahrheit in ihrer Zeitlosigkeit niemals den Stempel persönlichen Eigentums tragen kann.

** Die sechs orthodoxen Systeme *(Saddarsana)* sind *Sankhya, Yoga, Vedanta, Mimamsa, Nyaya* und *Vaisesika*.

der unfruchtbaren Spekulationen hinter sich und erkennt die Essenz aller Dinge durch eigene Erfahrung.

Das Yoga-System des Patanjali nennt man auch den »achtfachen Pfad«. Die ersten beiden Stufen, 1. *Yama* und 2. *Niyama*, verlangen die Beachtung von zehn Geboten bzw. Verboten – Nichtschädigen, Wahrhaftigkeit, Nichtstehlen, Enthaltsamkeit, Nichtannahme von Geschenken (denn diese verpflichten), Reinheit von Körper und Geist, Zufriedenheit bzw. Genügsamkeit, Selbstdisziplin, Studium heiliger Schriften und Hingabe an Gott.

Die nächsten Stufen sind 3. *Asana* (richtige Haltung – beim Meditieren soll die Wirbelsäule aufrecht und die Sitzhaltung fest und bequem sein); 4. *Pranayama* (Herrschaft über das *Prana*, die feinen Ströme der Lebenskraft) und 5. *Pratyahara* (Abkehr der Sinne von äußeren Reizen).

Die letzten drei Stufen sind Formen des eigentlichen Yoga: 6. *Dharana* (Konzentration des Geistes auf einen einzigen Gegenstand); 7. *Dhyana* (Meditation) und 8. *Samadhi* (überbewußte Wahrnehmung). Dieser achtfache Pfad* des Yoga führt uns zum höchsten aller Ziele, *Kaivalya* (dem Absoluten), was sich am treffendsten als »Erkenntnis der Wahrheit jenseits aller Vorstellungskraft« definieren läßt.

»Wer ist größer«, könnte man fragen, »ein Swami oder ein Yogi?« Sobald man jedoch mit Gott eins geworden ist, sind alle Unterschiede zwischen den einzelnen Wegen bedeutungslos. Auch die *Bhagavad-Gita* hebt die Universalität der Methoden des Yoga hervor. Ihre Anwendbarkeit beschränkt sich nicht auf bestimmte Menschen oder Charaktere, wie zum Beispiel auf die wenigen, die sich zum Mönch berufen fühlen; um Yoga üben zu können, bedarf es keines Gelübdes. Die Lehre des Yoga entspricht einem universalen Bedürfnis und ist damit von allen anwendbar.

Ein echter Yogi kann durchaus fest im weltlichen Geschehen verankert sein und dort gewissenhaft all seine Pflichten erfüllen; dann ist er wie die Butter, die auf dem Wasser schwimmt, ohne sich damit zu vermischen, und nicht wie die leicht zu verdünnende Rohmilch der undisziplinierten Menschheit. Der Pfad der weltlichen Pflichterfüllung ist in der Tat beson-

---

* Nicht zu verwechseln mit dem »heiligen achtfachen Pfad« im Buddhismus, der Richtlinien für einen vorbildlichen Lebenswandel festlegt: 1. rechte Anschauung, 2. rechte Gesinnung, 3. rechtes Reden, 4. rechtes Handeln, 5. rechter Lebenswandel, 6. rechtes Streben, 7. rechte Achtsamkeit und 8. rechte geistige Sammlung *(Samadhi)*.

ders edel, sofern sich der Yogi von allen egoistischen Beweggründen befreit und die ihm zugeteilte Rolle als williges Instrument Gottes erfüllt. Es gibt eine ganze Reihe großer Seelen in Amerika, Europa und andern nichthinduistischen Ländern, die womöglich gar nicht wissen, was ein *Yogi* oder *Swami* ist, die aber dennoch dieser Bezeichnung voll gerecht werden. Durch ihren selbstlosen Dienst an der Menschheit, durch Beherrschung ihrer Gedanken und Leidenschaften, durch ihre aus ganzem Herzen empfundene Liebe zu Gott oder durch die außerordentliche Kraft ihrer Konzentration sind sie gewissermaßen zum Yogi geworden, denn ihr Streben gilt dem Ziel des Yoga – der Selbstmeisterung. Diese Menschen könnten auf ihrem Pfad noch weiter voranschreiten und sich zu noch höheren Höhen aufschwingen, wenn man sie mit den wissenschaftlichen Praktiken des Yoga vertraut machte, die es jedem ermöglichen, sein Leben und seine geistige Entwicklung bewußt zu steuern.

Yoga ist im Westen von manchen oberflächlich informierten Autoren falsch interpretiert worden; doch diese Kritiker haben selbst nie Yoga geübt. Von den vielen fundierten Abhandlungen, die über Yoga erschienen sind, will ich hier einige Passagen aus einem Artikel des berühmten Schweizer Psychologen C. G. Jung wiedergeben:

»Wenn sich daher eine ›religiöse‹ Methode zugleich als ›wissenschaftlich‹ empfiehlt, so kann sie im Westen ihres Publikums sicher sein. Der Yoga erfüllt diese Erwartung«, schreibt Jung*. »Ganz abgesehen vom Reiz des Neuen und von der Faszination des Halbverstandenen, hat der Yoga aus guten Gründen viele Anhänger … Er gibt die Möglichkeit kontrollierbarer Erfahrung und befriedigt damit das wissenschaftliche Bedürfnis nach ›Tatsachen‹ und verspricht überdies vermöge seiner Weite und Tiefe, seines ehrwürdigen Alters und seiner alle Gebiete des Lebens umfassenden Lehre und Methodik ungeahnte Möglichkeiten.

Jede religiöse oder philosophische Praktik bedeutet eine psychologische Disziplinierung, also eine Methode seelischer Hygiene. Die vielfachen, rein körperlichen Prozeduren des Yoga** bedeuten auch physiologische

---

* C. G. Jung war Teilnehmer des Indischen Kongresses der Wissenschaften im Jahre 1937 und erhielt einen Ehrentitel der Universität von Kalkutta.

** Jung bezieht sich hier auf den Hatha-Yoga, ein Spezialgebiet, das sich mit bestimmten Körperhaltungen und Techniken zur Gesunderhaltung und Erreichung eines langen Lebens befaßt. Wenngleich Hatha-Yoga durchaus nützlich ist und sich damit auf körperlichem Gebiet erstaunliche Ergebnisse erzielen lassen, wird er von Yogis, die nach geistiger Befreiung streben, nur selten angewendet.

Hygiene, die insofern der gewöhnlichen Gymnastik und Atemübung überlegen ist, als sie nicht bloß mechanisch-wissenschaftlich, sondern zugleich auch philosophisch ist; denn sie verbindet die übenden Körperteile mit dem Ganzen des Geistes, was zum Beispiel bei den Übungen des *Pranayama* deutlich wird, wo *Prana* zugleich der Atem und die universale Dynamik des Kosmos ist.

Wenn das Tor des einzelnen zugleich auch kosmisches Geschehen ist, so verbindet sich die Ergriffenheit des Körpers (die Innervation) mit der Ergriffenheit des Geistes (die allgemeine Idee), und daraus entsteht eine lebendige Ganzheit, wie sie keine noch so wissenschaftliche Technik jemals erzeugen kann. Die Yoga-Praxis ist undenkbar – und wäre auch unwirksam – ohne die Yoga-Vorstellungen. Sie arbeitet Körperliches und Geistiges ineinander in einer selten vollkommenen Weise.

Im Osten, wo diese Idee und Praktiken entstanden sind und wo seit vier Jahrtausenden eine ununterbrochene Tradition alle nötigen geistigen Voraussetzungen geschaffen hat, ist der Yoga, wie ich mir leicht denken kann, der adäquate Ausdruck und die lückenlos passende Methodik, um Körper und Geist so zusammenzuschmelzen, daß sie eine schwer zu bezweifelnde Einheit bilden und damit eine psychologische Disposition schaffen, welche bewußtseinstranszendente Ahnungen ermöglicht.«

Auch im Westen wird der Tag kommen, da man die innere Kunst der Selbstbeherrschung für ebenso notwendig erachten wird wie die äußere Unterjochung der Natur. Das Atomzeitalter wird den Menschen ob der wissenschaftlich unbestreitbaren Erkenntnis, daß alle Materie nichts ist als verdichtete Energie, zu einer gewissen Ernüchterung, aber auch Bewußtseinserweiterung führen. Die subtilen Kräfte des menschlichen Geistes können und müssen Energien freisetzen, die größer sind als die in Steinen und Metallen, sonst wird der vor kurzem entfesselte »Atomriese« die Welt in einen Abgrund sinnloser Zerstörung treiben.*

---

* Plato beschreibt im *Kritias*, der Geschichte von Atlantis, den hohen wissenschaftlichen Kenntnisstand der Atlantier. Atlantis, der versunkene Kontinent, soll etwa 9500 v. Chr. infolge einer Naturkatastrophe untergegangen sein; manche Metaphysiker vertreten jedoch die Auffassung, die Atlantier seien infolge des Mißbrauchs ihrer atomaren Macht vernichtet worden.

Kapitel 25

Mein Bruder Ananta und meine Schwester Nalini

A nantas Tage sind gezählt; die Sanduhr seines Karmas ist für dieses Leben abgelaufen.«
Diese schicksalhaften Worte drangen eines Morgens in mein Bewußtsein, als ich in tiefer Meditation versunken war. Kurz nach meinem Eintritt in den Swami-Orden hatte ich meinen Geburtsort Gorakhpur aufgesucht, wo ich bei meinem älteren Bruder Ananta zu Gast war. Eine plötzliche Krankheit hatte ihn ans Bett gefesselt, und ich pflegte ihn liebevoll.

Die schlimme Nachricht, die mir meine innere Stimme übermittelt hatte, erfüllte mich mit tiefer Trauer. Ich konnte es kaum ertragen, noch länger in Gorakhpur zu bleiben und so hilflos dem Sterben meines Bruders zuzusehen. Ungeachtet aller Kritik meiner Verwandten, die für mein Handeln keinerlei Verständnis aufbrachten, verließ ich Indien mit dem erstbesten Schiff; wir fuhren an der birmanischen Küste entlang durch das Chinesische Meer nach Japan. In Kobe ging ich an Land, blieb aber nur wenige Tage dort. Ich war nicht in der richtigen Stimmung, dort Besichtigungen zu unternehmen.

Auf der Rückfahrt nach Indien legte das Schiff in Schanghai an. Dort suchte ich in Begleitung des Schiffsarztes Dr. Misra mehrere Andenkenläden auf, um Geschenke für Sri Yukteswar, meine Angehörigen und Freunde auszusuchen. Für Ananta kaufte ich eine große geschnitzte Figur aus Bambus. Kaum hatte mir der chinesische Verkäufer diese ausgehändigt, da ließ ich sie fallen und rief: »Dies Geschenk war für meinen geliebten verstorbenen Bruder bestimmt!«

Im selben Augenblick nämlich hatte ich die unmißverständliche Botschaft empfangen, daß seine Seele soeben befreit worden und in die Unendlichkeit eingegangen war. Die Figur hatte von dem Fall einen deutlichen, gleichsam symbolischen Sprung davongetragen. Unter Tränen schrieb ich auf ihre Oberfläche: »Für meinen geliebten Ananta, der soeben heimgegangen ist.«

Mein Begleiter beobachtete mein Tun mit sarkastischem Lächeln und bemerkte: »Warum spart Ihr Euch Eure Tränen nicht, bis Ihr Gewißheit habt, daß er tot ist?«

Als unser Schiff in den Hafen von Kalkutta eingelaufen war, ging ich – wiederum in Begleitung von Dr. Misra – von Bord. Mein jüngster Bruder Bishnu war zur Anlegestelle gekommen, um mich zu begrüßen.

»Ich weiß, daß Ananta nicht mehr lebt«, sagte ich zu Bishnu, noch ehe dieser ein einziges Wort hatte hervorbringen können. »Bitte sage mir hier in Gegenwart des Doktors, wann Ananta gestorben ist.«

Und Bishnu gab ebenjenen Tag an, an dem ich in Schanghai die Geschenke gekauft hatte.

»Kaum zu glauben!« rief Dr. Misra. »Erzählt bloß niemandem davon, sonst verlängert man noch das ohnehin schon langwierige Medizinstudium um ein weiteres Jahr Vorlesungen in Telepathie.«

Mein Vater umarmte mich herzlich, als ich nach Hause in die Gurpar Road kam. »Du bist wieder da«, meinte er zärtlich, und zwei große Tränen rollten dabei über seine Wangen. Es war das erste Mal, daß er, der sonst so zurückhaltend war, mir ein derartiges Zeichen seiner Zuneigung gab. Obwohl er sich nach außen hin in der Rolle des strengen Vaters gefiel, schlug tief in ihm das weiche Herz einer Mutter. In allen Familienangelegenheiten wurde diese elterliche Doppelrolle offensichtlich.

Bald nach Anantas Hinscheiden wurde meine jüngere Schwester Nalini schwer krank, konnte aber dank einer göttlichen Heilung vor dem sicheren Tod gerettet werden. Um diese Geschichte zu erzählen, muß ich in ihrem Lebenslauf etwas weiter zurückgreifen.

Als Kinder waren Nalini und ich nicht gerade ein Herz und eine Seele gewesen. Wenn ich damals schon sehr mager war, so war sie noch viel magerer als ich. Aus irgendeinem mir unbewußten Motiv oder Komplex heraus, der für Psychologen sicher nicht allzuschwer zu deuten sein dürfte, zog ich meine Schwester andauernd wegen ihres klapperdürren Aussehens auf. Sie antwortete mit derselben unbarmherzigen Offenheit, wie sie für Kinder so typisch ist. Manchmal griff unsere Mutter ein und beendete unsere kindlichen Streiterein vorübergehend, indem sie mir, als dem Älteren, einen leichten Klaps hinter die Ohren gab.

Die Zeit verging, und Nalini wurde mit Panchanon Bose, einem sympathischen jungen Arzt aus Kalkutta, verlobt. Als zukünftiger Schwiegersohn erhielt dieser von Vater eine stattliche Mitgift – wie ich meiner Schwester zu verstehen gab, sollte dies wohl eine Art von Entschädigung für sein Schicksal sein, sich mit einer Bohnenstange verheiraten zu müssen.

Nach Ablauf der üblichen Verlobungszeit wurde eine prunkvolle Hochzeitsfeier ausgerichtet. Am Hochzeitsabend gesellte ich mich zu den zahlreichen Verwandten, die fröhlich im Wohnzimmer meines Elternhauses versammelt waren. Der Bräutigam lehnte gegen ein riesiges Kissen aus Goldbrokat, und Nalini saß an seiner Seite. Leider konnte selbst der prächtige, purpurfarbene Seidensari ihre knochigen Formen nicht ganz verbergen. Ich setzte mich zu meinem neuen Schwager und lächelte ihm verständnisvoll zu. Er hatte Nalini vor der Hochzeitszeremonie nie gesehen und entdeckte erst jetzt, was ihm das Ehelos zugedacht hatte. Dr. Bose schien meine Anteilnahme zu spüren und flüsterte mir mit einem verstohlenen Blick auf Nalini zu: »Sag mal, was ist denn das eigentlich?« »Nun, Herr Doktor«, erwiderte ich, »das ist ein Skelett für deine Studien!« Mein Schwager und ich bogen uns vor Lachen, und wir hatten große Schwierigkeiten, vor der anwesenden Verwandtschaft die gebotene Haltung zu bewahren.

Mit den Jahren entwickelte sich ein freundschaftliches Vertrauensverhältnis zwischen Dr. Bose und unserer Familie, und er wurde bei allen Krankheitsfällen zu Rate gezogen. Wir beide wurden gute Freunde und hatten oft unseren Spaß miteinander, wobei Nalini gewöhnlich als Zielscheibe unserer Witzeleien herhalten mußte.

»Sie ist eine medizinische Kuriosität«, sagte mir mein Schwager eines Tages. »Ich habe alles an deiner mageren Schwester ausprobiert: Lebertran, Butter, Malz, Honig, Fisch, Fleisch, Eier, Stärkungsmittel – und trotz alledem hat sie nicht ein einziges Gramm zugenommen.« Wir mußten beide herzhaft lachen.

Nicht lange danach suchte ich die Familie Bose zu Hause auf. Ich wollte nur wenige Minuten bleiben und – von Nalini unbemerkt – wieder gehen. Doch als ich bereits an der Haustür war, rief sie mir freundlich, aber bestimmt nach:

»Komm zurück, Bruder! Diesmal sollst du mir nicht entwischen! Ich habe mit dir zu reden.«

Ich stieg die Treppe zu ihrem Zimmer hinauf und fand Nalini zu meiner Überraschung in Tränen aufgelöst.

»Lieber Bruder«, sagte sie, »laß uns doch bitte das alte Kriegsbeil begraben. Ich sehe, wie unbeirrt du den spirituellen Weg gehst, und möchte dir in allem gleich werden.« Dann fügte sie voller Hoffnung hinzu: »Du bist körperlich so kräftig geworden; kannst du mir nicht helfen? Mein Mann hält sich mir fern, obgleich ich ihn so sehr liebe. Dennoch ist dies nicht das Wichtigste; ich möchte vor allem Gott näherkommen, selbst wenn ich mein Leben lang dünn* und unattraktiv bleiben müßte.«

Ihre Bitte ging mir sehr zu Herzen, und von jener Zeit an verband uns eine tiefe Freundschaft. Eines Tages bat mich Nalini, meine Schülerin werden zu dürfen.

»Unterweise mich, wie du es für richtig hältst! Ich werde von jetzt ab mein Vertrauen in Gott setzen und nicht mehr in Stärkungsmittel.« Bei diesen Worten ergriff sie all ihre Medizinflaschen und goß deren Inhalt in die Dachrinne.

Um die Ernsthaftigkeit ihres Glaubens zu prüfen, ersuchte ich sie zunächst, ab sofort in ihrer Ernährung auf Fisch, Fleisch und Eier zu verzichten.

Nachdem Nalini meine Anweisungen mehrere Monate lang streng befolgt und trotz diverser Probleme auf eine rein vegetarische Kost umgestiegen war, besuchte ich sie wieder.

»Meine kleine Schwester, du hast die spirituellen Regeln sehr gewissenhaft befolgt und wirst bald dafür belohnt werden.« Dann fragte ich neckend: »Wie dick möchtest du eigentlich werden? So fett wie unsere Tante, die schon seit Jahren ihre eigenen Füße nicht mehr sehen kann?«

»Nein! Aber ich möchte so kräftig werden wie du!«

Da sprach ich in ernstem Ton: »Bei Gott, so wie ich stets die Wahrheit gesprochen habe, so sage ich auch jetzt die Wahrheit.** Mit Gottes Hilfe wird sich dein Körper von heute an verwandeln und in einem Monat dasselbe Gewicht haben wie meiner.«

Was ich da aus der Tiefe meines Herzens heraus gesprochen hatte, sollte schon bald in Erfüllung gehen. Nach dreißig Tagen hatte Nalini tatsächlich dasselbe Gewicht wie ich. Die rundlichen Formen verliehen ihr eine neue Anmut, und ihr Mann verliebte sich in sie. Ihre Ehe, die unter so ungünstigen Voraussetzungen begonnen hatte, wurde von jetzt an ausgesprochen glücklich.

Bei meiner Rückkehr aus Japan erfuhr ich, daß Nalini während meiner

---

  * Da die meisten Menschen in Indien sehr dünn sind, gilt eine gewisse Körperfülle als begehrenswert.

 ** In den heiligen Schriften der Hindus heißt es, daß Menschen, die immer die Wahrheit sprechen, letztendlich die Fähigkeit zur Verwirklichung ihrer Worte entwickeln. Alles, was sie aus tiefster Überzeugung heraus behaupten, geht in Erfüllung.

Abwesenheit an Typhus erkrankt war. Ich eilte sogleich zu ihr und war entsetzt über ihre ausgemergelte Gestalt. Sie lag bereits im Koma.

»Solange ihr Geist noch klar war«, so erzählte mir mein Schwager, »hat sie des öfteren gesagt: ›Wenn nur mein Bruder Mukunda hier wäre, dann würde es mir nicht so elend gehen!‹« Und verzweifelt fügte er hinzu: »Ich kann ihr nicht mehr helfen, und auch die anderen Ärzte haben die Hoffnung aufgegeben. Sie ist durch den Typhus so sehr geschwächt, daß sie jetzt auch noch die Ruhr bekommen hat.«

Ich begann, inständig zu beten, um alle Kräfte im Himmel und auf Erden in Bewegung zu setzen. Ich engagierte eine angloindische Krankenschwester und wandte mit ihrer Hilfe bei meiner Schwester verschiedene Yoga-Heilmethoden an. So gelang es uns, die Symptome der Ruhr zu besiegen.

Dr. Bose aber schüttelte immer noch traurig den Kopf. »Sie hat einfach zuviel Blut verloren.«

»Sie wird sich erholen«, erwiderte ich unbeirrt. »In sieben Tagen ist das Fieber verschwunden.«

Und tatsächlich: Eine Woche später schlug Nalini zu meiner übergroßen Freude die Augen auf; sie erkannte mich und sah mich liebevoll und dankbar an. Von da an erholte sie sich schnell. Doch obgleich sie ihr früheres Gewicht wiedererlangt hatte, war sie nach ihrer schweren Krankheit an beiden Beinen gelähmt. Indische und englische Fachärzte erklärten, daß sie zeitlebens ein Krüppel bleiben würde.

Ich hatte über so lange Zeit hinweg mit meinen Gebeten um ihr Leben gekämpft und war nun völlig erschöpft. So fuhr ich nach Serampore, um Sri Yukteswars Beistand zu erbitten. Tiefes Mitgefühl lag in seinem Blick, als ich ihm Nalinis Zustand schilderte.

»Ihre Beine werden in einem Monat wieder gesund sein«, sagte er. »Sie soll auf der Haut an einem Band eine zweikarätige Perle tragen; die Perle darf kein Loch haben, sondern nur von einer Klammer gehalten werden.«

Freudig und erleichtert fiel ich ihm zu Füßen.

»Guruji, Ihr seid ein Meister. Mir genügt Euer Wort, daß sie wieder gesund wird; doch wenn Ihr darauf besteht, werde ich sofort die Perle besorgen.«

Mein Guru nickte. »Ja, tu das bitte!« Dann beschrieb er mir in allen Einzelheiten Nalinis körperliche und geistige Eigenschaften, obgleich er sie nie im Leben gesehen hatte.

»Meister«, fragte ich, »ist das etwa eine astrologische Analyse? Ihr kennt
doch weder ihren Geburtstag noch ihre Geburtsstunde.«

Sri Yukteswar lächelte. »Es gibt eine höhere Astrologie, die ohne Kalender und Uhren auskommt. Jeder Mensch ist ein Teil des Schöpfers – des
kosmischen Menschen – und hat sowohl einen himmlischen als auch
einen irdischen Körper. Das menschliche Auge sieht im allgemeinen nur
die physische Gestalt, aber das innere Auge dringt tiefer ein und erkennt
das universale Muster, in dem jeder Mensch die ihm zukommende Rolle
spielt.«

Ich kehrte nach Kalkutta zurück und kaufte für Nalini eine Perle. Nach
einem Monat war ihre Lähmung geheilt, und beide Beine waren wieder
vollkommen gesund.

Meine Schwester bat mich, Sri Yukteswar ihre tiefe Dankbarkeit zu
übermitteln. Er hörte sich ihre Botschaft schweigend an. Als ich mich
jedoch später von ihm verabschiedete, machte er eine bedeutsame Äußerung:

»Viele Ärzte haben deiner Schwester gesagt, daß sie niemals Kinder
haben werde. Du darfst ihr versichern, daß sie innerhalb weniger Jahre
zwei Töchtern das Leben schenken wird.«

Einige Jahre darauf gebar Nalini tatsächlich zu ihrer großen Freude ein
Mädchen, und wenige Zeit später folgte eine zweite Tochter.

»Dein Meister hat Segen über unser Haus und unsere Familie gebracht«,
sprach meine Schwester. »Die Gegenwart eines solchen Mannes ist eine
Heiligung für ganz Indien. Lieber Bruder, sage Sri Yukteswar bitte, daß
ich mich durch dich voll Demut zum Kreis seiner *Kriya*-Yoga-Schüler
zähle.«

Kapitel 26

Die Lehre des Kriya-Yoga

Die Lehre des *Kriya*-Yoga, von der in diesem Buch so oft die Rede ist, ist im heutigen Indien durch Lahiri Mahasaya, den Guru meines Gurus, weithin bekannt geworden. Die Sanskritwurzel des Wortes *Kriya* ist *kri* – zu deutsch »tun«, »handeln« und »reagieren«. Dieselbe Wurzel finden wir im Begriff *Karma*, dem Naturgesetz von Ursache und Wirkung, wieder. *Kriya*-Yoga ist also die Vereinigung *(Yoga)* mit dem Unendlichen durch eine bestimmte Handlung oder ein Ritual *(Kriya)*. Ein Yogi, der diese Technik gewissenhaft anwendet, wird mit der Zeit von seinem Karma, das heißt der universalen Kette von Ursache und Wirkung, befreit.

Aufgrund bestimmter überlieferter Regeln ist es mir untersagt, die Prinzipien des *Kriya*-Yoga in diesem für eine breite Leserschaft bestimmten Buch in allen Einzelheiten zu erläutern. Die Technik selbst wird ausschließlich von den *Kriyabans* oder *Kriya*-Yogis gelehrt. So kann hier nur ein grober Überblick gegeben werden.

Kriya-Yoga ist eine einfache, psychophysische Methode, mit deren Hilfe dem menschlichen Blut Kohlendioxyd entzogen und Sauerstoff zugeführt wird. Diese zusätzlichen Sauerstoffatome werden in einen Lebensstrom verwandelt, der das Gehirn und die Rückenmarkszentren neu belebt.* Ein Yogi kann die Alterung des Gewebes aufhalten oder gar verhindern, indem er die Ansammlung von venösem Blut unterbindet; der fortgeschrittene Yogi verwandelt seine Körperzellen in reine Energie. Elias, Jesus, Kabir und andere Propheten der Vergangenheit waren Meister des *Kriya* oder einer ähnlichen Technik, die es ihnen ermöglichte, ihre Körper beliebig zu materialisieren oder zu dematerialisieren.

Kriya ist eine uralte Lehre. Lahiri Mahasaya empfing sie von seinem Guru

---

* 1940 erläuterte der in Cleveland/USA tätige, renommierte Wissenschaftler Dr. George W. Crile in einem Vortrag vor der Amerikanischen Gesellschaft zur Förderung der Wissenschaften, wie er den Nachweis erbracht hatte, daß das gesamte körperliche Gewebe elektrisch negativ, das Gehirn und Nervensystem jedoch elektrisch positiv seien, weil letztere den lebensspendenden Sauerstoff schneller aufnehmen.

Babaji, der sie wiederentdeckte und neu formulierte, nachdem sie im dunklen Mittelalter verlorengegangen war.

»Der *Kriya*-Yoga, den ich der Welt heute, im neunzehnten Jahrhundert, durch dich übergebe«, so hatte Babaji zu Lahiri Mahasaya gesagt, »läßt jene Lehre wiedererstehen, die Krishna vor mehreren Jahrtausenden an Arjuna vermittelte und die später auch Patanjali sowie Christus, der heilige Johannes, der heilige Paulus und andere Jünger gekannt haben.« *Kriya*-Yoga wird von Krishna, dem größten Propheten Indiens, in einem Vers der *Bhagavad-Gita* erwähnt: »Indem der Yogi den Einatem dem Ausatem und den Ausatem dem Einatem darbringt, hebt er beide Atemströme auf; damit befreit er die Lebenskraft aus seinem Herzen und bringt sie unter seine Kontrolle«.* Und die Auslegung zu diesem Vers lautet: »Der Yogi hält den Verfall seines Körpers durch Zufuhr zusätzlicher Lebenskraft auf und wirkt Veränderungen des Wachstums im Körper mit *Apana* (dem ausscheidenden Strom) entgegen. Er neutralisiert also den Prozeß von Verfall und Wachstum, indem er in seinem Herzen Ruhe einkehren läßt, und wird damit zum Herrscher über sein Leben.«

Außerdem berichtet Krishna**, daß er es war, der in einer früheren Inkarnation die zeitlose Technik des Yoga an Vivasvat, einen erleuchteten Seher des Altertums, übermittelte, der sie seinerseits an Manu, den großen Gesetzgeber***, weitergab. Dieser lehrte sie Ikshwaku, den Begründer der indischen Dynastie der Sonnenkrieger. So wurde der Königsweg des Yoga von einer Generation an die andere weitergegeben und von den *Rishis* bis zum Beginn des materialistischen Zeitalters****

Bhagavad-Gita IV, 29.

**Bhagavad-Gita* IV, 1–2.

***Verfasser der *Manava Dharma Shastras*, eines Kodexes gewohnheitsrechtlicher Vorschriften, die in Indien bis zum heutigen Tage Gültigkeit haben. Der französische Wissenschaftler Louis Jacolliot schreibt, wann Manu gelebt habe, »ist in der Nacht der prähistorischen Zeiten Indiens verlorengegangen, doch kein Gelehrter hat es je gewagt, ihm seinen Rang als ältester Legislator der Welt abzusprechen«. Jacolliot hat nachgewiesen, daß sich das römische Justinianische Recht eng an die Gesetze des Manu anlehnt.

****Den hinduistischen Schriften zufolge begann das materialistische Zeitalter im Jahre 3102 v. Chr. Das war der Beginn des letzten absteigenden *Dwapara*-Zeitalters (siehe Kapitel 16). Die modernen Gelehrten sind der Überzeugung, daß die Menschheit vor zehntausend Jahren in einem barbarischen Steinzeitalter lebte, und lehnen daher global alle Aufzeichnungen und Überlieferungen uralter Kulturen in Indien, China, Japan, Ägypten und anderen Ländern als »Mythos« ab.

bewahrt. Nach dieser Zeit geriet das heilige Wissen durch zunehmende Geheimhaltung von Seiten der Priesterschaft und die Gleichgültigkeit der Menschen nach und nach in Vergessenheit.

Kriya-Yoga findet auch bei Patanjali, dem führenden Vertreter des Yoga, zweimal Erwähnung. So schreibt dieser: »*Kriya*-Yoga umfaßt die Disziplinierung des Körpers, die Beherrschung der Gedanken und die Meditation über das Wort *OM*.«* Patanjali spricht auch davon, daß Gott als kosmischer Klang *OM* in der Meditation zu hören ist.** *OM* ist das Schöpferwort***, die Schwingung des kosmischen Motors. Selbst der Anfänger im Yoga hört in seinem Inneren bald den wunderbaren Laut *OM* und erlangt so die glückselige Gewißheit, wirklich und wahrhaftig mit dem Reich Gottes in Verbindung zu stehen.

Ein andermal schreibt Patanjali über *Kriya*-Yoga – die Technik der Beherrschung der Lebenskraft – wie folgt: »Befreiung kann durch jenes *Pranayama* erlangt werden, das das Einatmen vom Ausatmen trennt.«****

Auch dem Apostel Paulus war *Kriya*-Yoga oder eine sehr ähnliche Technik bekannt, mit deren Hilfe es ihm möglich war, den Zufluß des Lebensstromes zu den Sinnesorganen beliebig ein- und auszuschalten. So konnte er von sich sagen: »Täglich *sehe ich dem Tod ins Auge*, so wahr ihr, Brüder, mein Ruhm seid, den ich in Christus Jesus, unserem Herrn, empfangen habe.«† Indem er Tag für Tag seinem Körper die Lebenskraft entzog, erlebte er die yogische Vereinigung mit dem »Ruhm« (der Glückseligkeit) des Christusbewußtseins. In diesem Zustand überschwenglicher Freude wurde ihm bewußt, daß er nicht mehr empfänglich war für die

---

* *Yoga-Sutras* des Patanjali, II, 1. Wenn Patanjali von *Kriya-Yoga* spricht, bezieht er sich entweder auf dieselbe oder eine sehr ähnliche Technik, wie sie später von Babaji gelehrt wurde. Daß es sich dabei tatsächlich um eine Technik zur Beherrschung der Lebenskraft handelt, geht aus *Yoga-Sutra* II, 49 hervor.

** *Yoga-Sutras* I, 27.

*** »Im Anfang war das Wort, und das Wort war bei Gott, und das Wort war Gott … Alles ist durch das Wort geworden, und ohne das Wort wurde nichts, was geworden ist« (*Johannes* 1, 1–3). Das *OM* der Veden wurde zum heiligen Wort *Amin* bei den Muslimen, *Hum* bei den Tibetanern und *Amen* bei den Christen (auf hebräisch bedeutet es: *sicher, treu*). »So spricht Er, der ›Amen‹ heißt, der treue und zuverlässige Zeuge, der Anfang der Schöpfung Gottes« (*Offenbarung* 3, 14).

**** *Aphorismen* II, 49.

† 1. *Korinther* 15, 31.

Welt der Sinnestäuschungen (*Maya*), denn er hatte ihrem Tod ins Auge gesehen.

In den anfänglichen Stadien der Vereinigung mit Gott (*Sabikalpa Samadhi*) verschmilzt das Bewußtsein des Meditierenden mit dem kosmischen Geist; seinem Körper wird die Lebenskraft entzogen, so daß dieser »tot« – das heißt starr und leblos – erscheint. Dabei ist sich der Yogi der Aufhebung seiner physischen Lebensfunktionen vollkommen bewußt. Gelingt es ihm aber erst einmal, in höhere Bewußtseinsstufen vorzudringen (*Nirbikalpa Samadhi*), bleibt er im normalen Wachzustand und ohne körperliche Erstarrung selbst bei intensiver Einbindung in seine weltlichen Verpflichtungen mit Gott verbunden.*

»*Kriya*-Yoga liefert das Instrument zur Beschleunigung der menschlichen Entwicklung«, erklärte Sri Yukteswar seinen Schülern. »Die Yogis des Altertums entdeckten, daß der Schlüssel zum kosmischen Bewußtsein hauptsächlich in der Beherrschung des Atems liegt. Diese Erkenntnis ist Indiens einzigartiger und zeitloser Beitrag zum Wissensschatz dieser Welt. Die Lebenskraft, die gewöhnlich bei der Aufrechterhaltung der Herztätigkeit verausgabt wird, muß für höhere Aufgaben freigestellt werden; hierzu bedarf es einer Methode, die den Atem zur Ruhe bringt und dessen endlose Anforderungen stillt.«

Der *Kriya*-Yogi ist in der Lage, seine Lebensenergie in einem stetigen Auf und Ab um die sechs Zentren der Wirbelsäule (Medullar-, Nacken-, Rücken-, Lenden-, Kreuzbein- und Steißbeinzentrum) kreisen zu lassen, die den zwölf Tierkreiszeichen entsprechen – also dem Symbol des kosmischen Menschen. Fließt die Energie während der *Kriya*-Meditation eine halbe Minute lang um das empfindsame Rückenmark, so bewirkt dies einen subtilen Fortschritt in der Evolution des Menschen, für den man bei natürlicher geistiger Entfaltung sonst ein ganzes Jahr gebraucht hätte.

Das astrale System des Menschen mit seinen sechs (durch Polarität zwölf) inneren Konstellationen, die um die Sonne des allwissenden geistigen Auges kreisen, steht in Wechselbeziehung zur physischen Sonne und den zwölf Tierkreiszeichen. Alle Menschen unterliegen daher dem

---

* *Kalpa* bedeutet Zeit oder Äon. *Sabikalpa* bedeutet: der Zeit oder dem Wandel unterlegen; es gibt also darin noch eine gewisse Verbindung mit *Prakriti*, der Materie. *Nirbikalpa* heißt: zeitlos, unwandelbar; dies ist der höchste Zustand von *Samadhi*.

Einfluß eines inneren und eines äußeren Universums. Die alten *Rishis* entdeckten, daß der Mensch sowohl durch seine irdische als auch durch seine himmlische Umgebung in einem Zyklus von jeweils zwölf Jahren auf seinem natürlichen Evolutionsweg vorangebracht wird. Den Schriften zufolge benötigt der Mensch eine Million Jahre normaler, krankheitsfreier Entwicklung, um sein menschliches Gehirn so weit zu vervollkommnen, daß es für die Erfahrung des kosmischen Bewußtseins bereit ist.

Mit eintausend *Kriya*-Übungen, die nicht mehr als achteinhalb Stunden in Anspruch nehmen, kann der Yogi an einem einzigen Tag den gleichen Fortschritt erzielen, für den er auf dem natürlichen Entwicklungsweg tausend Jahre gebraucht hätte. Er ist also in der Lage, 365.000 Jahre geistiger Entwicklung in einem einzigen Jahr zu durchlaufen. In drei Jahren kann der *Kriya*-Yogi folglich durch intelligenten Einsatz seiner geistigen Kräfte dasselbe Ergebnis erzielen, wozu die Natur eine Million Jahre benötigt. Dieser Abkürzungsweg des *Kriya* steht freilich nur weit fortgeschrittenen Yogis offen, die unter der Anleitung eines Gurus ihren Körper und ihr Gehirn sorgfältig darauf vorbereitet haben, die durch intensives Üben freigesetzten Kräfte aufnehmen zu können.

Der Anfänger im *Kriya* praktiziert die Yoga-Übungen zweimal täglich nur 14- bis 24mal. Manche Yogis erreichen ihre Befreiung bereits nach sechs Jahren, andere erst nach zwölf, 24 oder 48 Jahren. Stirbt ein Yogi vor der Erlangung der höchsten Verwirklichung, nimmt er das durch gewissenhaftes Üben des *Kriya* erworbene gute Karma mit sich, so daß er in seinem nächsten Leben ganz von selbst wieder dem höchsten Ziel entgegenstreben wird.

Den Körper des Durchschnittsmenschen könnte man mit einer Glühbirne vergleichen – fünfzig Watt hält sie aus, aber nicht die Milliarden Watt, die bei allzu intensivem Praktizieren von *Kriya* entstehen. Durch allmähliche, regelmäßige Steigerung der einfachen, »narrensicheren« Übungen des Kriya wird der menschliche Körper tagtäglich so lange in seiner Astralstruktur verändert, bis er schließlich bereit ist, die unbegrenzte kosmische Energie – die erste physische Ausdrucksform des göttlichen Geistes – zu offenbaren.

Kriya-Yoga hat nichts mit den unwissenschaftlichen Atemübungen gemein, wie sie von einer Anzahl irregeleiteter Fanatiker gelehrt werden. Ihre Versuche, den Atem gewaltsam in der Lunge zurückzuhalten, sind nicht nur widernatürlich, sondern auch ausgesprochen unangenehm. *Kriya* dagegen erzeugt von Anfang an ein Gefühl des Friedens, und man spürt sogleich seine wohltuende regenerative Wirkung in der Wirbelsäule.

Bei dieser traditionsreichen Yoga-Technik wird Atem in Geist verwandelt. Mit zunehmender spiritueller Entwicklung lernt man, den Atem als einen rein geistigen Vorgang – also als eine Art »Traum-Atem« – zu betrachten.

Es könnten hier viele Beispiele für die mathematische Beziehung zwischen der Atemgeschwindigkeit und den unterschiedlichen menschlichen Bewußtseinszuständen angeführt werden. Wer mit seiner ganzen Aufmerksamkeit in eine bestimmte Sache vertieft ist – wer also einer anspruchsvollen geistigen Debatte folgt oder sich an eine heikle oder schwierige körperliche Aufgabe heranwagt, wird ganz automatisch sehr langsam atmen. Anhaltende Aufmerksamkeit ist stets von einer Verlangsamung der Atmung begleitet. Schnelles oder unregelmäßiges Atmen hingegen ist stets ein untrügliches Zeichen schädlicher Gemütsbewegungen wie Furcht, sexuelle Lust oder Zorn. Der ruhelose Affe atmet 32mal in der Minute, der Durchschnittsmensch jedoch nur 18mal. Die Atemgeschwindigkeit des Elefanten, der Schildkröte, der Schlange und anderer für ihre Langlebigkeit bekannter Tiere liegt noch unter der des Menschen. So machen Riesenschildkröten, die bis zu dreihundert Jahre alt werden können, nur vier Atemzüge pro Minute.

Die verjüngende Wirkung des Schlafs beruht darauf, daß der Mensch vorübergehend seinen Körper und seine Atmung vergißt. Der Schlafende wird so zum Yogi und vollzieht jede Nacht, ohne es zu wissen, ein yogisches Ritual, bei dem er sich aus allen Bindungen an seinen Körper löst und seine Lebenskraft mit den heilenden Energien der Haupthirnregion und ihrer sechs Verteilstationen, der Zentren in der Wirbelsäule, zusammenführt. Auf diese Weise taucht der Schlafende, ohne es zu bemerken, in das Reservoir der kosmischen Energie ein, aus dem alles Leben fließt.

Der Yogi hingegen wendet bewußt und freiwillig – und nicht unbewußt wie der Schlafende – ein einfaches und natürliches Verfahren an. Der *Kriya*-Yogi füllt mit Hilfe der ihm zur Verfügung stehenden Technik all seine Körperzellen mit unvergänglichem Licht und hält sie dadurch in einem magnetisierten Zustand. Er macht also auf systematische Weise das Atmen überflüssig, ohne während dieser Übung in einen unbewußten Zustand oder die Bewußtlosigkeit abzugleiten.

Beim *Kriya* wird die ausströmende Lebenskraft nicht für die Zwecke der

Sinne vergeudet oder gar mißbraucht, sondern gebündelt und nach innen gelenkt, wo sie sich mit den subtileren Energien der Wirbelsäule verbindet. Dieser Schub an Lebenskraft wirkt wie ein geistiges Elixier, das Körper und Gehirnzellen des Yogis neu belebt. So erhebt er sich über die natürlichen Gesetzmäßigkeiten, durch die er selbst unter günstigen Umständen – wie richtiger Ernährung, ausreichendem Sonnenlicht und positiven Gedanken – sein Ziel der Selbstverwirklichung erst nach einer Million Jahre erlangen würde. Bei normaler gesunder Lebensweise dauert es zwölf Jahre, um auch nur die geringste wahrnehmbare Verfeinerung in der Gehirnstruktur zu bewirken, und eine Million Sonnenjahre, um das Gehirn so weit zu vervollkommnen, daß es kosmisches Bewußtsein auszudrücken vermag.

Der Atem – jenes Band, das die Seele an den Körper bindet – wird beim Üben von *Kriya* durchtrennt, so daß der Weg bereit ist für ein längeres Leben und die Erweiterung des Bewußtseins bis hin ins Unendliche. Das ständige Tauziehen zwischen Geist und körperverhafteten Sinnen kann durch diese Art von Yoga beendet werden. So ist der Gläubige endlich frei und kann das Erbe des Himmels antreten. Dann weiß er, daß sein wahres Selbst weder an die körperliche Hülle noch an den Atem – das Symbol seiner sklavischen Abhängigkeit von der Luft und seinen natürlichen Trieben – gebunden ist.

Innenschau oder »schweigendes Sitzen« ist ein unsystematischer Ansatz, um den Geist von den Sinnen zu lösen, mit denen er durch die Lebenskraft verknüpft ist. Der kontemplative Geist wird bei dem Versuch, zu Gott zurückzukehren, durch die Lebenskraft ständig wieder zu den Sinnen hingezogen. *Kriya*-Yoga hält den Geist durch *direkte* Einwirkung auf die Lebenskraft unter Kontrolle und ist damit das einfachste, wirkungsvollste und zugleich intelligenteste Instrument, sich dem Unendlichen zu nähern. Im Vergleich zu dem langsamen, unsicheren »Ochsenkarren« der Theologie kann *Kriya*-Yoga mit Recht als »Flugzeug« zu Gott bezeichnet werden.

Die yogische Wissenschaft basiert auf der empirischen Bewertung von Konzentrations- und Meditationsübungen jeder Art. Sie ermöglicht dem Yogi, den Strom der Lebenskraft willentlich zu den fünf »Sinnestelefonen« – Sehen, Hören, Riechen, Schmecken, Tasten – zu lenken bzw. von dort zurückzuziehen. Er kann also seine Sinne »an- und abschalten« und ist damit in der Lage, sich nach Belieben auf die göttlichen Sphären oder auf die irdische Welt einzustellen. Gegen seinen Willen kann er nicht mehr in den Bereich sinnlicher Empfindungen und ruheloser Gedanken zurückgezogen werden. So wird der *Kriya*-Yogi zum Herrn über Körper und Geist und besiegt schließlich auch seinen »letzten Feind«, den Tod.

> Du lebst vom Tod so, wie vom Menschen er,
> Und wenn der Tod stirbt, gibt's kein Sterben mehr.*

Das Leben eines fortgeschrittenen *Kriya*-Yogis wird nicht von den Auswirkungen seiner früheren Handlungen, sondern nur noch von der Seele her regiert. Ihm genügt es nicht, lediglich aus den Folgen seiner guten und bösen Taten zu lernen und sich dadurch allmählich weiterzuentwickeln, denn ein solches Schneckentempo ist nichts für seinen hochfliegenden Geist.

Der Yogi lebt aus der Seele heraus; so legt er die Fesseln seines Egos ab und ist frei, die reine Luft der Allgegenwart Gottes zu atmen. Dagegen ist das normale Leben eine Knechtschaft, in der die Entwicklung mit beschämender Langsamkeit voranschleicht. Wer sich ausschließlich auf den natürlichen Evolutionsprozeß verläßt, kann von der Natur keine großen Sprünge erwarten; selbst wenn er nie gegen irgendein physisches oder geistiges Gesetz verstoßen würde, müßte er sich dennoch eine Million Jahre immer und immer wieder in neue Körper kleiden, bis er schließlich seine endgültige Befreiung erlangt.

Die weitsichtigen Methoden des Yogis tragen dazu bei, daß dieser schließlich jegliche Identifikation mit dem Körper oder dem Geist ablegt und ganz in der Seele aufgeht; sie sind daher all jenen zu empfehlen, die sich gegen eine tausend und abertausend Jahre während Entwicklung wehren – eine Entwicklung, die für all jene noch länger dauert, die nicht einmal mit der Natur, geschweige denn mit ihrer Seele in Einklang stehen, sondern ein naturwidriges Leben führen und gegen die physischen und geistigen Gesetze handeln. Sie brauchen mindestens zwei Millionen Jahre für ihre Befreiung.

Gewöhnliche Menschen erkennen selten oder nie, daß ihr Körper ein Königreich ist, regiert von der Seele, die auf dem »Thron« des Großhirns sitzt und in den Rückenmarkszentren oder Bewußtseinssphären sechs willige »Hilfsregenten« hat. Diese Theokratie herrscht über eine Menge gehorsamer Untertanen: 27 Billionen Zellen (die mit untrüglicher, wenn

---

*   Shakespeare: *Sonett* 146.

auch automatischer Intelligenz ausgestattet sind und alle Wachstums-, Stoffwechsel- und Zerfallserscheinungen im Körper bewirken), und fünfzig Millionen unterschwellige Gedanken, Emotionen und wechselnde Bewußtseinsphasen bei einer durchschnittlichen Lebensdauer von sechzig Jahren. Jede sichtbare Auflehnung des Körpers oder Geistes gegen die Regentin Seele in Form von Krankheit oder Depression ist nicht etwa auf ein Fehlverhalten dieser braven Untertanen zurückzuführen, sondern auf den Menschen selbst, der jetzt oder früher einmal falschen Gebrauch von seiner Individualität, das heißt seinem freien Willen, gemacht hat, der ihm gleichzeitig mit seiner Seele verliehen wurde und ihm nie wieder genommen werden kann.

Solange sich der Mensch mit seinem oberflächlichen Ego identifiziert, glaubt er, daß er es sei, der denkt, will, fühlt, Nahrung verdaut und sich am Leben erhält. Nie würde er zugeben (obschon ihm nur ein wenig Nachdenken diese Einsicht vermitteln könnte!), daß er im täglichen Leben nichts als eine Marionette seiner früheren Handlungen (Karma), der Natur und seiner Umgebung ist. Alle verstandesmäßigen Reaktionen, Gefühle, Stimmungen und Gewohnheiten sind nichts anderes als die Folgen der jetzt oder in früheren Leben von ihm selbst erzeugten Ursachen. Die königliche Seele jedoch ist über solche Einflüsse erhaben. So läßt der *Kriya*-Yogi, der nicht an flüchtiger Wahrheit oder Freiheit interessiert ist, alle Täuschungen hinter sich und dringt ein in die Welt des unumschränkten Seins. Die heiligen Schriften aller Religionen erklären, daß der Mensch kein vergänglicher Körper, sondern eine lebendige Seele sei; *Kriya*-Yoga bietet uns die Möglichkeit, den Beweis für diese Aussage anzutreten.

»Unwissenheit läßt sich nicht durch religiöse Riten aufheben, weil beides nicht im Gegensatz zueinander steht«, schrieb Shankara. »Unwissenheit kann nur durch wahres Wissen beseitigt werden … Wissen gewinnt man nur durch Nachforschen: ›Wer bin ich? Wie ist dieses Universum entstanden? Wer hat es erschaffen? Welches ist seine materielle Ursache?‹ Von dieser Art Nachforschung spreche ich.« Da der Intellekt keine Antwort auf diese Fragen geben kann, entwickelten die *Rishis* Yoga als Weg zur spirituellen Erforschung.

Kriya-Yoga ist das echte »Feuerritual«, von dem in der *Bhagavad-Gita* mehrfach die Rede ist. Das läuternde Feuer des Yoga führt zur ewigen Erleuchtung und hat so wenig gemein mit den nach außen gerichteten, kaum effektiven religiösen Feuerzeremonien mit ihren feierlichen Gesängen, bei denen oftmals nicht nur Weihrauch, sondern auch die Erkenntnis der Wahrheit selbst mit verbrannt wird.

Der fortgeschrittene Yogi, dessen Denken, Wollen und Fühlen nicht mehr von körperlichen Trieben bestimmt wird, verbindet seinen Geist mit den Kräften des Überbewußtseins in der Wirbelsäule. Er lebt in dieser Welt so, wie Gott es vorgesehen hat, das heißt frei von vergangenen Prägungen und sinnlosen zukünftigen Zielsetzungen. Er hat seine höchste Erfüllung gefunden und ruht geborgen im letzten Hafen – in der unerschöpflichen Glückseligkeit des Geistes.

Der Yogi wirft all seine verworfenen menschlichen Begierden in ein monotheistisches Freudenfeuer zu Ehren des einzigen und alleinigen Gottes. Dies ist die wahre Feuerzeremonie des Yoga, in der alle vergangenen und gegenwärtigen Wünsche als Brennstoff dienen und von den Flammen der göttlichen Liebe verzehrt werden. Gott – die letztendliche Flamme – empfängt das Opfer allen menschlichen Wahns und befreit den Menschen von seinen Schlacken. Wenn seine Knochen bar sind vom begehrlichen Fleisch und sein karmisches Gerippe von der verzehrenden Sonne der Weisheit gebleicht worden ist, steht er endlich makellos und rein vor seinen Mitmenschen und dem Schöpfer da.

Krishna hat die unfehlbare Wirksamkeit des praktischen Yoga mit folgenden Worten gepriesen: »Der Yogi ist größer als der Asket, der seinen Körper diszipliniert, größer selbst als der Schüler auf dem Wege der Weisheit (*Jnana*-Yoga) oder dem Wege des Handelns (*Karma*-Yoga). Darum sei du, o mein Schüler Arjuna, ein Yogi.«*

---

*   *Bhagavad-Gita* VI, 46.

Kapitel 27

Gründung einer Yoga-Schule in Ranchi

Warum hast du eigentlich so eine Abneigung gegen jegliche organisatorische Tätigkeit?«

Diese Frage meines Meisters verblüffte mich ein wenig. Es stimmt, daß ich damals jede Form von Organisation insgeheim als eine Art Wespennest ansah.

»Das Organisieren ist zumeist eine undankbare Aufgabe, Meister«, erwiderte ich. »Was man auch tut oder nicht tut – man wird immer kritisiert.«

»Willst du den ganzen göttlichen *Channa* (Dickmilch) für dich allein haben?« fragte mein Guru daraufhin mit ernstem Blick. »Wäre irgendein Mensch – du selbst mit einbegriffen – imstande, Gott durch Yoga zu finden, wenn nicht eine Reihe großherziger Meister bereit gewesen wäre, ihr Wissen an andere weiterzugeben?« Dann fuhr er fort: »Gott ist der Honig, und die Organisation ist der Bienenstock. Beide sind notwendig. Natürlich ist jede äußere *Form* wertlos, wenn sie nicht vom richtigen Geist erfüllt ist. Warum willst du aber nicht produktive Bienenstöcke errichten und sie mit geistigem Nektar füllen?«

Sri Yukteswars Worte gingen mir sehr zu Herzen. Wenn ich auch im Augenblick nichts darauf erwiderte, so fühlte ich dennoch einen festen Entschluß in mir wachsen: daß ich mein Möglichstes tun würde, um die befreienden Wahrheiten, die ich zu Füßen meines Gurus hatte lernen dürfen, an andere Menschen weiterzugeben. »Herr«, betete ich, »laß Deine Liebe für immer auf dem Altar meiner Hingabe erstrahlen, und gib mir die Fähigkeit, die Liebe zu Dir in den Herzen anderer zu erwecken.«

Bei einer früheren Gelegenheit, lange bevor ich in den Mönchsorden eingetreten war, hatte Sri Yukteswar einmal folgende unerwartete Frage an mich gerichtet:

»Wenn du erst älter bist, wirst du vielleicht doch eine Lebensgefährtin vermissen. Meinst du nicht auch, daß ein Familienvater, der für seine Frau und seine Kinder sorgt, eine gottgefällige Aufgabe in der Welt erfüllt?«

»Guruji«, hatte ich damals entrüstet gerufen. »Ihr wißt nur zu gut, daß meine ganze Sehnsucht in diesem Leben dem kosmischen Geliebten gilt!«

Daraufhin hatte der Meister herzlich gelacht, und ich merkte, daß er mich durch seine Worte nur hatte prüfen wollen. Dann aber hatte er mit ernster Miene hinzugefügt: »Vergiß nie, daß derjenige, der sich den üblichen weltlichen Pflichten entzieht, dies nur dadurch rechtfertigen kann, daß er in irgendeiner Weise die Verantwortung für eine viel größere Familie übernimmt.«

Der Gedanke einer ganzheitlichen Erziehung und Ausbildung der Jugend hatte mir schon immer sehr am Herzen gelegen, denn ich wußte nur zu gut, wie unzulänglich das allgemeine Schulwesen war, das einzig und allein auf eine Entwicklung von Körper und Verstand abzielte. Was auf den Lehrplänen jedoch fehlte, waren die moralischen und geistigen Werte, ohne deren Kenntnis und Verinnerlichung es kein wahres Glück geben kann. So entschloß ich mich, eine Knabenschule zu gründen, die ihren Schülern die Möglichkeit bot, sich zu höchster menschlicher Reife zu entfalten. In Dihika, einer kleinen Ortschaft in Bengalen, machte ich mit sieben Kindern meinen ersten Versuch in dieser Richtung.

Schon nach einem Jahr – wir schrieben das Jahr 1918 – konnte ich dank der großzügigen Unterstützung des Maharadschas von Kasimbazar, Sir Manindra Chandra Nundy, mit meiner schnell wachsenden Schar von Schülern nach Ranchi übersiedeln. Diese in Bihar, etwa 300 km südlich von Kalkutta gelegene Stadt liegt klimatisch gesehen in einer der gesündesten Regionen von ganz Indien. Der Kasimbazar-Palast in Ranchi wurde zum Zentrum der neuen Schule, der ich – getreu dem Erziehungsideal der alten *Rishis* – den Namen *Brahmacharya Vidyalaya** gab. Für die Jugend Indiens galten die Wald-Ashrams der *Rishis* in früheren Zeiten als Orte des Lernens sowohl weltlicher als auch geistiger Inhalte.

In Ranchi richtete ich einen Ausbildungsgang für die Grundschule und die höhere Schule ein. Auf dem Lehrplan standen landwirtschaftliche,

---

* *Vidyalaya*, Schule. *Brahmacharya* bezieht sich hier auf einen der vier in den Veden beschriebenen Lebensabschnitte; sie umfassen 1. den ledigen Schüler (*Brahmachari*); 2. den Familienvater, der seine weltlichen Pflichten erfüllt (*Grihastha*); 3. den Einsiedler (*Vanaprastha*); 4. den Waldbewohner oder Wanderer, der frei von allen weltlichen Sorgen ist (*Sannyasi*). Dieses Idealsystem der Lebensführung wird im heutigen Indien zwar nicht mehr überall befolgt, hat aber dennoch viele treue Anhänger. In allen vier Stadien – also praktisch sein ganzes Leben lang – wird der Gläubige vom Guru geführt.

gewerbliche, kaufmännische und akademische Fächer. Daneben wurden die Schüler auch in der yogischen Konzentration der Sinne, in Meditation und »Yogoda« unterrichtet – einer einzigartigen Methode zur Ertüchtigung und Gesunderhaltung des Körpers, deren Grundsätze ich bereits 1916 entdeckt hatte.

Aus meinem Wissen um die Vergleichbarkeit des menschlichen Körpers mit einer elektrischen Batterie folgerte ich, daß er durch unmittelbares Einwirken des Willens mit Energie aufgeladen werden kann. All unsere Handlungen, ob klein oder groß, erfordern den Einsatz unserer Willenskraft. Diese natürliche Triebfeder, den Willen, können wir uns auch zunutze machen, um unserem Körper neue Kräfte zuzuführen – und zwar ohne aufwendige Geräte oder mechanische Übungen. Meine Schüler in Ranchi unterwies ich daher in der einfachen Technik des *Yogoda*, mit deren Hilfe man den unbegrenzten Vorrat an kosmischer Energie anzapfen und seine eigene Lebenskraft, die sich im verlängerten Rückenmark konzentriert, immer wieder bewußt erneuern kann.

Meine Schüler waren von der Methode begeistert und entwickelten erstaunliche Fähigkeiten; so konnten sie beispielsweise ihre Lebenskraft willentlich von einem Körperteil in einen anderen verlagern oder selbst in schwierigsten Körperstellungen* perfekte Haltung bewahren. Sie zeigten eine Kraft und Ausdauer, bei der selbst die stärksten Erwachsenen nicht mithalten konnten. Mein jüngster Bruder Bishnu Charan Ghosh besuchte ebenfalls unsere Schule in Ranchi und machte sich später als Meister der Körperbeherrschung einen Namen in Bengalen. Zusammen mit einem seiner Schüler bereiste er Europa und Amerika. So manchen Universitätsprofessor – darunter auch das Kollegium der Columbia-Universität in New York – setzte er mit seiner enormen Kraft und seinem außergewöhnlichen Können in Erstaunen. Nach einem Jahr war die Zahl der Anmeldungen für unsere Schule in Ranchi bereits auf zweitausend angestiegen. Doch die Schule, die damals noch ein reines Internat war, konnte nicht mehr als hundert Schüler aufnehmen. Daher wurde bald ein Tagesschulbetrieb hinzugefügt.

In der *Vidyalaya*-Schule mußte ich für die Kleinen die Vater- und Mutterrolle zugleich übernehmen und mich außerdem mit vielen organisatori-

---

* Auch mehrere amerikanische Schüler erlangten Meisterschaft in verschiedenen *Asanas* oder Körperstellungen, unter ihnen auch Bernard Cole, der als Dozent am Zentrum der Self-Realization Fellowship in Los Angeles arbeitete.

schen Fragen befassen. Dabei kamen mir oft folgende Worte Christi in den Sinn: »Amen, ich sage euch: Jeder, der um meinetwillen und um des Evangeliums willen Haus oder Brüder, Schwestern, Mutter, Vater, Kinder oder Äcker verlassen hat, wird das Hundertfache dafür empfangen: Jetzt in dieser Zeit wird er Häuser, Brüder, Schwestern, Mütter, Kinder und Äcker erhalten, wenn auch unter Verfolgungen, und in der kommenden Welt das ewige Leben.«* Sri Yukteswar hatte diese Worte wie folgt ausgelegt: »Wer Gott sucht und auf Ehe und Familienleben verzichtet, um eine größere Verantwortung für die menschliche Gesellschaft zu übernehmen – wer also die Probleme eines kleinen Haushalts mit seinen begrenzten Pflichten gegen eine größere Aufgabe einzutauschen bereit ist –, der wird zwar von der Welt oft mißverstanden und verfolgt, doch Gott wird ihm innere Zufriedenheit schenken und seinen Einsatz reichlich belohnen.«

Eines Tages kam mein Vater nach Ranchi, um mir den väterlichen Segen zu geben, den er mir so lange verweigert hatte, nachdem ich die mir zugedachte Stellung bei der Bengal-Nagpur-Eisenbahngesellschaft ausgeschlagen und ihn dadurch gekränkt hatte.

»Mein Sohn«, sagte er, »ich habe mich jetzt mit deinem Lebensweg ausgesöhnt. Und ich freue mich, dich inmitten dieser glücklichen und aufgeweckten Kinderschar zu sehen. Hier paßt du besser hin als zu den leblosen Ziffern von Eisenbahnfahrplänen.« Er wies auf ein Dutzend kleiner Jungen, die sich an meine Fersen geheftet hatten. »Ich hatte nur acht Kinder«, meinte er augenzwinkernd, »aber ich weiß, was das hier für dich bedeutet!«

Da die Schule einen großen Obstgarten und dazu noch etwa zehn Hektar fruchtbares Ackerland besaß, arbeiteten Schüler, Lehrer und auch ich täglich in dieser idealen Umgebung an der frischen Luft, was uns allen viel Freude bereitete. Wir hatten mehrere Haustiere, darunter auch ein junges Reh, das die Kinder abgöttisch liebten. Auch ich hatte das Kitz so gern, daß ich es sogar in meinem Zimmer schlafen ließ. Schon beim ersten Dämmerlicht pflegte das zarte Geschöpf an mein Bett zu springen, um sich einen zärtlichen Gutenmorgengruß abzuholen.

Eines Morgens fütterte ich das Reh früher als gewöhnlich, denn ich mußte wegen einiger geschäftlicher Angelegenheiten in die Stadt. Ich gab den Jungen zwar die Anweisung, das Tier vor meiner Rückkehr nicht

---

* *Markus* 10, 29–30.

Yogoda Math, die wunderschöne Einsiedelei der Self-Realization Fellowship in Dakshineswar am Ganges. Sie wurde 1938 als ein Zentrum der Stille für Yoga-Schüler aus Ost und West gegründet.

Hauptgebäude des Yogoda Sat-Sanga Brahmacharya Vidyalaya *in Ranchi, Bihar. Das Institut wurde 1918 als Yoga-Schule für Knaben mit der wahlweisen Möglichkeit zur Grund- oder Gymnasialausbildung ins Leben gerufen. Angeschlossen sind die Sozialeinrichtungen der Lahiri-Mahasaya-Mission.*

mehr zu füttern, doch einer der Knaben war ungehorsam und gab ihm zuviel Milch. Als ich abends heimkam, empfing man mich mit der traurigen Nachricht: »Das Reh liegt im Sterben; es wurde überfüttert.«

Mit Tränen in den Augen nahm ich das augenscheinlich leblose Tier auf den Schoß und betete flehentlich zu Gott, Er möge es am Leben erhalten. Als es dann nach einigen Stunden tatsächlich die Augen öffnete, sich langsam erhob und ein paar unsichere Schritte tat, brach die ganze Schule in Jubelrufe aus.

Doch in derselben Nacht wurde mir eine ernste Lehre erteilt, die ich nie vergessen werde. Ich wachte bis etwa zwei Uhr morgens bei dem Tier und schlief dann ein. Da erschien mir das Reh im Traum und sprach zu mir:

»Du hältst mich zurück. Bitte laß mich gehen! Laß mich doch fort!«

»Gut«, antwortete ich im Traum.

Gleich darauf wachte ich auf und rief: »Kinder, das Reh stirbt!«

Die Jungen kamen sofort in mein Zimmer gestürzt, und ich lief zu der Ecke hinüber, wo ich dem Tier ein Lager gerichtet hatte. Es machte einen letzten Versuch, sich zu erheben, taumelte auf mich zu und fiel dann tot zu meinen Füßen nieder.

Dem Massenkarma zufolge, welches das Schicksal der Tiere regiert, war das Leben des Rehs zu Ende, und dieses war bereit, in eine höhere Daseinsform einzugehen. Meine tiefe Anhänglichkeit, die – wie ich später einsah – rein selbstsüchtigen Motiven entsprang, sowie meine flehentlichen Gebete hatten dafür gesorgt, es in der Begrenztheit seiner tierischen Form, aus der es sich zu lösen versuchte, festzuhalten. Deshalb wandte sich die Seele des Rehs im Traum an mich, denn ohne meine liebende Einwilligung wollte oder konnte es nicht gehen. Sobald ich es aber freigab, verschied es.

All mein Kummer war verflogen. Ich erkannte erneut, daß Gott von Seinen Kindern erwartet, alle Geschöpfe als einen Teil von Ihm zu lieben und nicht der Täuschung anheimzufallen, mit dem Tode sei alles zu Ende. Der Mensch in seiner Unwissenheit sieht nur die unüberwindliche Mauer des Todes, hinter der seine geliebten Freunde scheinbar auf immer verborgen bleiben. Doch wer sich innerlich an niemanden bindet und alles Erschaffene als eine Ausdrucksform Gottes liebt, versteht auch, daß seine Lieben mit dem Tode eigentlich nur für eine Atempause der Glückseligkeit in Ihn zurückkehren.

Aus der anfangs kleinen und eher bescheidenen Schule in Ranchi entwickelte sich mit der Zeit ein Institut, das mittlerweile in ganz Indien bekannt ist. Einige Fachbereiche der Schule werden von Mäzenen, die am Fortbestehen der altindischen *Rishi*-Erziehungsideale interessiert sind, finanziell unterstützt. Unter dem Namen *Yogoda Sat-Sanga** entstanden Zweigschulen in Midnapur, Lakshmanpur und Puri, die ebenfalls breiten Zuspruch fanden.

Die Zentrale in Ranchi unterhält unter anderem auch eine Sanitätsstation, wo die Armen aus der Umgebung kostenlos mit Medikamenten und ärztlicher Hilfe versorgt werden. Dort werden jährlich 18.000 Patienten behandelt. Unser *Vidyalaya* war in vielen Sportwettkämpfen auf nationaler Ebene siegreich; auch auf wissenschaftlichem Gebiet hat er sich durch Höchstleistungen hervorgetan. Zahlreiche Absolventen unserer Schule wurden auf ihrem späteren akademischen Weg mit Auszeichnungen bedacht.

In den 28 Jahren ihres Bestehens wurde die Schule mit ihren mannigfaltigen Aktivitäten** von hochrangigen Persönlichkeiten aus Ost und West beehrt. Swami Pranabananda, der »Heilige mit den zwei Körpern« aus Benares, kam im ersten Jahr nach der Gründung des *Vidyalaya* für einige Tage nach Ranchi. Der große Meister war sichtlich bewegt beim malerischen Anblick des Unterrichts unter freiem Himmel im Schatten der Bäume; vor allem aber beeindruckte es ihn, als er die Knaben abends mehrere Stunden lang unbeweglich im Yoga-Sitz meditieren sah.

»Mein Herz erfüllt sich mit großer Freude, denn hier in diesem Institut konnten Lahiri Mahasayas Idealvorstellungen von der Erziehung der Jugend verwirklicht werden«, sagte er. »Möge der Segen meines Gurus immerdar auf dem Zentrum ruhen!«

Ein kleiner Junge neben mir wagte, eine Frage an den großen Yogi zu richten:

»Sir, werde ich auch einmal später Mönch werden und mein Leben Gott allein weihen?«

Swami Pranabananda lächelte gütig; seine Augen schauten in die Zukunft, als er antwortete:

---

* *Yogoda: Yoga* = Vereinigung, Harmonie, Gleichgewicht; *da* = das, was vermittelt. *Sat-Sanga: Sat* = Wahrheit; *Sanga* = Vereinigung. Zur Vermeidung des Sanskritnamens hat man der *Yogoda-Sat-Sanga*-Bewegung im Westen die Bezeichnung »Self-Realization Fellowship« gegeben.

** Die Aktivitäten in Ranchi werden im Kapitel 40 ausführlich beschrieben.

»Mein Kind, wenn du erst erwachsen bist, wird eine schöne Braut auf dich warten.« Und tatsächlich heiratete der Junge viele Jahre später, nachdem er die ganze Zeit über in den Swami-Orden hatte eintreten wollen.

Einige Zeit nach Swami Pranabanandas Besuch in Ranchi begleitete ich meinen Vater nach Kalkutta, wo sich der große Yogi vorübergehend aufhielt. In diesem Zusammenhang kam mir die vor vielen Jahren gemachte Prophezeiung Pranabanandas wieder in den Sinn: »Ich werde dich später gemeinsam mit deinem Vater wiedersehen.«

Als wir das Zimmer des Swamis betraten, erhob sich dieser und umarmte meinen Vater ehrerbietig.

»Bhagabati«, bemerkte er dann, »wie steht es um deine eigene Entfaltung? Siehst du nicht, wie dein Sohn dem Unendlichen entgegenstrebt?« Ich errötete, als ich so unvermutet in Gegenwart meines Vaters gelobt wurde. Der Swami aber fuhr fort: »Du erinnerst dich sicher der Worte, die unser gesegneter Guru uns ständig ans Herz gelegt hat: ›*Banat, banat, ban jai!*‹* Übe also unentwegt *Kriya*-Yoga, auf daß du bald die Tore des Himmels erreichen mögest.«

Während meines ersten Besuches in Benares hatte Pranabanandas Körper noch Kraft und Gesundheit ausgestrahlt; jetzt aber waren die Spuren des Alters deutlich sichtbar. Trotz alledem hielt sich der Yogi immer noch bewundernswert aufrecht.

»Swamiji«, fragte ich und schaute ihm geradewegs in die Augen, »bitte sagt mir die Wahrheit: Spürt Ihr nicht das herannahende Alter? Leiden Eure göttlichen Wahrnehmungen in irgendeiner Weise darunter, daß Euer Körper schwächer wird?«

Da erwiderte er mit verklärtem Lächeln: »Der Geliebte ist mir jetzt näher als je zuvor.« Diese aus tiefster Überzeugung gesprochenen Worte übten eine überwältigende Wirkung auf meinen Geist und meine Seele aus. Dann fuhr er fort: »Ich erfreue mich noch immer der beiden Pensionen – der einen von Bhagabati und der anderen von oben.« Dabei wies der Heilige mit der Hand gen Himmel und verfiel in ekstatische Trance; sein Antlitz wurde von einem göttlichen Licht überflutet – er hätte meine Frage kaum trefflicher beantworten können!

---

*   Worte, die Lahiri Mahasaya besonders oft an seine Schüler richtete, um sie zu immer tieferer Meditation anzuhalten. Eine freie Übertragung lautet: »Strebe, strebe, auf zum göttlichen Ziel!«

Ich bemerkte mehrere Pflanzen und Samenpäckchen in Pranabanandas Zimmer und fragte ihn nach ihrem Zweck.

»Ich habe Benares für immer verlassen«, sagte er, »und befinde mich jetzt auf dem Weg zum Himalaja, wo ich einen Ashram für meine Schüler einrichten möchte. Mit diesen Samen wollen wir Spinat und anderes Gemüse anbauen. Meine Schützlinge werden einfach leben und ihre Zeit in glückseliger Gottverbundenheit zubringen, denn mehr brauchen sie nicht.«

Da fragte Vater seinen Mitbruder, wann er denn wieder nach Kalkutta kommen würde.

»Nie mehr«, entgegnete der Heilige. »In diesem Jahr werde ich Lahiri Mahasayas Prophezeiung zufolge mein geliebtes Benares für immer verlassen und zum Himalaja gehen, um dort meine sterbliche Hülle abzuwerfen.«

Bei diesen Worten füllten sich meine Augen mit Tränen; doch der Swami lächelte zufrieden. Er erinnerte mich dabei an ein himmlisches Kind, das geborgen im Schoß der göttlichen Mutter ruht. Wer als großer Yogi im Vollbesitz seiner höchsten spirituellen Kräfte ist, spürt die Bürde der Jahre nicht mehr. Er kann seinen Körper jederzeit willentlich verjüngen; doch manchmal liegt ihm nichts daran, den Vorgang des Alterns aufzuhalten, und er trägt sein gesamtes Karma lieber auf physischer Ebene ab, indem er seinen gegenwärtigen Körper zeitersparend einsetzt, um einer neuen Inkarnation zur Abtragung karmischer Reste aus früheren Verkörperungen zuvorzukommen.

Monate später traf ich einen alten Freund namens Sanandan, der zu Pranabanandas engerem Schülerkreis gehörte.

»Mein hochverehrter Guru ist heimgegangen«, berichtete er mit Tränen in den Augen. »Er hat in der Nähe von Rishikesh eine Einsiedelei errichtet und uns dort mit großer Liebe unterwiesen. Wir hatten uns bereits gut eingelebt und unter seiner Leitung beachtliche spirituelle Fortschritte erzielt, als er uns eines Tages den Vorschlag unterbreitete, ein großes Gastmahl für die Menschen aus Rishikesh auszurichten. Ich fragte, warum er so viele Leute um sich versammeln wolle.

›Weil dies meine letzte festliche Zeremonie sein wird‹, antwortete er. Mir entging jedoch zu diesem Zeitpunkt die tiefere Bedeutung seiner Worte. Pranabanandaji half uns beim Kochen der riesigen Mengen von Essen, die wir für etwa zweitausend Gäste benötigten. Nach dem Festmahl saß er auf einem erhöhten Podest und hielt eine inspirierende Predigt über das unendliche Reich Gottes. Als er zum Ende seiner Ansprache kam, wandte er sich vor den Blicken der vielköpfigen Menge an mich, der ich direkt neben ihm auf dem Podium saß, und sprach mit ungewöhnlicher Kraft:

›Sanandan, sei bereit! Ich werde jetzt die Hülle sprengen!‹*

Einen Augenblick lang war ich still, ja fassungslos, dann aber rief ich laut aus: ›Meister, tut es nicht! Bitte, bitte, tut es nicht!‹ Die Menge verharrte in Schweigen, denn sie wußte nichts mit meinen Worten anzufangen. Pranabanandaji lächelte mir zu, doch sein Blick war bereits in der Ewigkeit verhaftet.

›Seid nicht selbstsüchtig‹, bemerkte er sodann, ›und weint nicht um mich. Ich habe euch allen lange und gerne gedient. Vielmehr freut euch nun und wünscht mir eine gesegnete Reise. Ich gehe zu meinem kosmischen Geliebten.‹ Und mit flüsternder Stimme fügte mein Guru hinzu: ›In Kürze werde ich wiedergeboren. Eine Zeitlang werde ich mich an der unendlichen Glückseligkeit erfreuen, doch bald schon kehre ich zur Erde zurück, um mich Babaji** anzuschließen. Du wirst demnächst wissen, wann und wo meine Seele in einem neuen Körper inkarniert ist.‹

Dann rief er noch einmal aus: ›Sanandan, jetzt sprenge ich mit dem zweiten *Kriya**** die Hülle!‹

Er blickte auf das unübersehbare Meer der Gesichter vor uns und segnete die Menge. Dann richtete er den Blick nach innen auf das spirituelle Auge, und sein Körper wurde regungslos. Während die Menschen noch glaubten, daß er in tiefer Trance meditierte, hatte er bereits die fleischliche Hülle verlassen und seine Seele in die Unendlichkeit des Kosmos getaucht. Als die Schüler schließlich seinen in Lotusstellung verharrenden Körper berührten, war er schon erkaltet. Zurückgeblieben war nichts als eine erstarrte Hülle; der Bewohner war in die Gefilde der Unsterblichkeit entflohen.«

Ich fragte Sanandan, wo Pranabananda denn nun wiedergeboren würde. »Dies ist ein heiliges Geheimnis«, antwortete er mir, »und ich darf es

---

* D.h. den Körper aufgeben.

** Lahiri Mahasayas Guru (siehe Kapitel 33).

*** Wer die zweite *Kriya*-Stufe, wie sie Lahiri Mahasaya lehrte, beherrscht, kann seinen Körper jederzeit bewußt verlassen und zu ihm zurückkehren. Fortgeschrittene Yogis wenden die Technik des zweiten *Kriya*-Grades an, wenn sie ihren Körper im Tode endgültig verlassen, denn es ist ihnen stets im voraus bekannt, wann dies geschieht.

niemandem verraten. Vielleicht kannst du es auf andere Weise herausbekommen.«

Jahre später erfuhr ich von Swami Keshabananda*, daß Pranabananda wenige Jahre nach seiner Wiedergeburt nach Badrinarayan im Himalaja ging, um sich dort der Gruppe von Heiligen um den großen Babaji anzuschließen.

*   Über meine Begegnung mit Keshabananda wird im Kapitel 42 berichtet.

Kapitel 28

Die Wiedergeburt und Wiederentdeckung von Kashi

Geht bitte nicht ins Wasser! Wir wollen lieber mit Eimern Wasser schöpfen und uns damit waschen«, mahnte ich meine kleinen Schüler aus Ranchi, mit denen ich gerade eine Wanderung zu einem zwölf Kilometer entfernten Hügel unternahm. Obgleich der vor uns liegende Teich zum Baden einlud, gefiel er mir irgendwie nicht. Die meisten Jungen begannen, ihre Eimer zu füllen, nur ein paar von ihnen konnten der Versuchung des kühlen Wassers nicht widerstehen und tauchten hinein. Doch sogleich wurden sie von großen Wasserschlangen umringt, und sie retteten sich Hals über Kopf ans Ufer.

Am Ziel unseres Ausflugs angekommen, ließen wir uns zu einem Picknick nieder. Ich saß inmitten einer Gruppe von Schülern unter einem Baum; sie glaubten wohl, ich sei zum Reden aufgelegt, denn sie bestürmten mich mit unzähligen Fragen. »Sir«, fragte einer der Jungen, »werde ich immer mit Euch auf dem Weg der Entsagung bleiben?«

»O nein«, erwiderte ich. »Du wirst gegen deinen Willen nach Hause gerufen werden und später heiraten.«

Er wollte mir nicht glauben und widersprach aufs heftigste. »Nur tot kann man mich nach Hause bringen!» Wenige Monate später kamen seine Eltern jedoch tatsächlich in den Ashram und nahmen ihn ungeachtet seines tränenreichen Protests mit; einige Jahre später heiratete er.

Nachdem ich viele Fragen beantwortet hatte, wandte sich ein etwa zwölfjähriger Junge namens Kashi an mich. Er war ein ausgezeichneter Schüler und bei allen sehr beliebt. »Sir«, fragte er, »was wird mein Schicksal sein?«

»Du wirst bald sterben.« Mit schier unwiderstehlicher Macht drängten sich mir diese Worte auf.

Die unerwartete Eröffnung schockierte und bekümmerte mich und die anderen zutiefst. Ich war unzufrieden mit mir, daß ich meine Eingebung nicht für mich behalten hatte, und lehnte es ab, irgendwelche weiteren Fragen zu beantworten.

(Links) Kashi, wiedergeboren und wiederentdeckt. (Rechts) Mein Bruder Bishnu; Motilal Mukherji aus Serampore, ein fortgeschrittener Schüler Sri Yukteswars; mein Vater; Mr. Wright; ich selbst; Tulsi Narayan Bose; Swami Satyananda aus Ranchi.

Eine Gruppe Delegierter beim Internationalen freireligiösen Kongreß, der 1920 in Boston abgehalten wurde und auf dem ich meine »Jungfernrede« in Amerika hielt. (Von links nach rechts) Rev. Clay MacCauley, Rev. T. Rhondda Williams, Prof. S. Ushigasaki, Rev. Jabez T. Sunderland, ich selbst, Rev. Chas. W. Wendte, Rev. Samuel A. Eliot, Rev. Basil Martin, Rev. Christopher J. Street, Rev. Samuel M. Crothers.

Nachdem wir zur Schule zurückgekehrt waren, suchte Kashi mich in meinem Zimmer auf.

»Wenn ich sterben muß, werdet Ihr mich dann suchen, sobald ich wiedergeboren werde, und mich erneut auf den spirituellen Weg führen?« bat er schluchzend.

Ich sah mich gezwungen, diese schwere, im Dunkel der Zukunft liegende Verantwortung abzulehnen. Doch Kashi blieb hartnäckig und bedrängte mich wochenlang mit immer der gleichen Bitte. Erst als er schließlich unter der Last seiner Verzweiflung schier zusammenzubrechen drohte, tröstete ich ihn mit folgendem Versprechen:

»Wenn der himmlische Vater mir dabei hilft, werde ich versuchen, dich wiederzufinden.«

Während der Sommerferien unternahm ich eine kurze Reise, konnte Kashi aber leider nicht mit mir nehmen. Ehe ich abfuhr, rief ich ihn zu mir und bat ihn eindringlich, sich unter gar keinen Umständen und ungeachtet aller Überredungsversuche aus dem geistigen Schwingungsbereich der Schule zu entfernen. Irgendwie fühlte ich, daß er dem drohenden Unfall entgehen könnte, wenn er diesmal nicht nach Hause führe. Kurz nach meiner Abreise traf Kashis Vater in Ranchi ein. Fünfzehn Tage lang versuchte er, seinen Sohn zu überreden, mit ihm nach Kalkutta zu kommen; er brauche nur vier Tage zu bleiben, um seine Mutter zu besuchen, und könne dann wieder zurückkehren. Doch Kashi weigerte sich beharrlich. Schließlich drohte der Vater, ihn mit polizeilicher Gewalt nach Hause bringen zu lassen. Diese Drohung machte Kashi angst, zumal er die Schule in keinen öffentlichen Skandal hineinziehen wollte. Und so sah er keinen anderen Ausweg mehr, als mitzufahren.

Einige Tage später kehrte ich nach Ranchi zurück. Als ich erfuhr, wie man Kashi fortgeschafft hatte, nahm ich sofort den nächsten Zug nach Kalkutta; dort mietete ich mir eine Droschke. Eigentümlicherweise waren die ersten Menschen, denen ich nach dem Überqueren der Howrah-Brücke über den Ganges begegnete, Kashis Vater und andere Verwandte, die allesamt Trauerkleidung trugen. Ich befahl dem Kutscher zu halten, sprang vom Wagen herab und warf dem unglücklichen Vater einen vernichtenden Blick zu.

»Mörder!« schrie ich ihn in meiner Erregung an. »Ihr habt meinen Jungen getötet!«

Der Vater hatte bereits erkannt, wie unrecht es von ihm gewesen war, Kashi gegen dessen Willen nach Kalkutta zu bringen. Während der wenigen Tage seines Aufenthaltes hatte er sich durch Essen infizierter Nahrung die Cholera zugezogen und war daran gestorben.

Meine Liebe zu Kashi und mein Gelöbnis, ihn nach seinem Tode zu suchen, ließen mir Tag und Nacht keine Ruhe. Wo ich auch hinging, tauchte sein Gesicht vor mir auf. Und so unternahm ich eine denkwürdige Suchaktion, ähnlich wie vor vielen Jahren, als ich meine Mutter verloren hatte.

Ich fühlte, daß ich alle mir von Gott gegebene Vernunft und meine ganze Kraft zum Einsatz bringen müsse, um die transzendenten Gesetze aufzuspüren, die mir Aufschluß über den astralen Aufenthaltsort des Jungen geben konnten. Seine von unerfülltem Verlangen ruhelose Seele schwebte als ein Licht unter Millionen anderer leuchtender Seelen irgendwo in den astralen Sphären – nur soviel wußte ich. Wie aber konnte ich seine Schwingung unter all den pulsierenden Seelenlichtern aufnehmen?

Mit Hilfe einer geheimen Yoga-Technik sandte ich meine ganze Liebe zu Kashis Seele über das »Mikrofon« meines spirituellen Auges – dem nach innen gerichteten Punkt zwischen den Augenbrauen – in den Kosmos aus. Mit den Armen als Antennen gen Himmel gerichtet, drehte ich mich immer und immer wieder im Kreise, um die Richtung festzustellen, wo er vielleicht als Embryo wiedergeboren worden war. Durch tiefe Konzentration auf das »Radio« meines Herzens hoffte ich, eine Antwort von ihm zu empfangen.*

Intuitiv fühlte ich, daß Kashi bald zur Erde zurückkehren werde und daß seine Seele auf meinen unablässigen Ruf antworten würde. Auch wußte ich, daß ich den leisesten Impuls, der von Kashi ausging, in den Fingern, Händen, Armen, der Wirbelsäule und den Nerven spüren würde.

Etwa sechs Monate lang wandte ich diese Yoga-Technik mit unverminderter Ausdauer an. Als ich eines Morgens mit einigen Freunden durch die belebten Straßen des Bowbazar-Viertels von Kalkutta schlenderte, hob ich meine Hände abermals in der üblichen Weise gen Himmel. Da

---

* Der Wille, der vom Punkt zwischen den Augenbrauen ausgestrahlt wird, gilt bei den Yogis als die Sendestation der Gedanken. Wenn sich das Gefühl still im Herzen sammelt, reagiert es wie eine Art »mentales Radio«, das die Botschaften anderer Menschen von nah und fern empfangen kann. Bei der Telepathie werden die von einem Menschen ausgesandten subtilen Gedankenschwingungen zunächst durch den feineren Astraläther und danach durch den gröberen irdischen Äther übertragen; dabei entstehen elektrische Wellen, die sich ihrerseits im Geist des anderen Menschen zu Gedankenwellen formen.

empfing ich zum ersten Mal eine Antwort: Ein elektrisches Prickeln breitete sich in meinen Fingern und Handflächen aus! Diese Ströme formten sich zu einem einzigen großen Gedanken, der sich aus den tiefsten Tiefen meines Bewußtseins an die Oberfläche drängte: »Ich bin Kashi, ich bin Kashi! Komm zu mir!«

Während ich mich auf das »Radio« meines Herzens konzentrierte, wurde der Gedanke fast hörbar. Immer wieder vernahm ich Kashis Ruf in der für ihn so typischen rauhen Flüsterstimme.* Ich ergriff den Arm eines meiner Begleiter, Prokash Das**, und sagte freudestrahlend:

»Ich glaube, ich habe Kashi soeben gefunden!«

Dann drehte ich mich zur offensichtlichen Belustigung meiner Freunde und der Passanten immer wieder im Kreise. Die elektrischen Impulse waren nur dann in meinen Fingern spürbar, wenn ich mich in eine bestimmte Richtung wandte, wo eine kleine Straße mit dem trefflichen Namen »Serpentine Lane« einmündete. Drehte ich mich weg, verschwanden sie sogleich wieder. »Aha«, rief ich, »Kashis Seele muß in den Schoß einer Mutter eingegangen sein, die in dieser Gasse wohnt!«

Wir gingen näher, und die Schwingungen in meinen erhobenen Händen wurden immer stärker. Wie von einer magnetischen Kraft angezogen, wechselte ich auf die rechte Straßenseite hinüber. Vor dem Tor eines bestimmten Hauses blieb ich plötzlich wie angewurzelt stehen. Aufgeregt klopfte ich an die Haustür. Mir stockte der Atem! Ich fühlte, daß meine lange und ungewöhnliche Suche zu einem erfolgreichen Abschluß gekommen war.

Ein Dienstmädchen öffnete mir und sagte, daß der Hausherr zugegen sei. Bald darauf kam dieser die Treppe vom ersten Stock herab und lächelte mich fragend an. Ich wußte kaum, wie ich mein ungewöhnliches Ansinnen formulieren sollte.

»Stimmt es, Sir, daß Eure Frau seit etwa sechs Monaten ein Kind erwartet?«

»Ja, so ist es.« An meiner traditionellen orangefarbenen Robe erkannte er, daß ich ein Swami war, und so fragte er in aller Höflichkeit:

---

* Jede Seele ist in ihrem reinen Zustand allwissend. Kashis Seele erinnerte sich aller charakteristischen Merkmale des Knaben Kashi und ahmte dessen rauhe Stimme nach, damit ich sie erkennen möge.
** Prokash Das wurde der Direktor unserer Yogoda-Math-Einsiedelei im bengalischen Dakshineswar.

»Würdet Ihr mir bitte verraten, wie Ihr das erfahren habt?« Wie staunte er, als er die Geschichte von Kashi und meinem Versprechen hörte, doch er glaubte mir.

»Euch wird ein Knabe von heller Hautfarbe geboren werden«, erklärte ich ihm. »Er wird ein breites Gesicht haben und eine Locke wird ihm in die Stirn fallen. Und er wird schon früh ein besonderes Interesse für spirituelle Dinge an den Tag legen.« Ich war überzeugt, daß das noch ungeborene Kind dies mit Kashi gemein haben würde.

Später besuchte ich den Jungen. Seine Eltern hatten ihm wiederum den Namen Kashi gegeben. Schon als Baby wies er eine auffallende Ähnlichkeit mit meinem geliebten Schüler aus Ranchi auf. Das Kind begegnete mir vom ersten Augenblick an mit tiefer Zuneigung – die alte Anziehungskraft, die zwischen uns bestand, erwachte nun mit doppelter Intensität.

Jahre später, als Kashi bereits zum Jugendlichen herangewachsen war, erreichte mich in Amerika ein Brief von ihm. Darin berichtete er mir von seinem aufrichtigen Wunsch, den Pfad der Entsagung zu gehen. Ich verwies ihn an einen Meister im Himalaja, der den wiedergeborenen Kashi bis heute auf seinem Weg begleitet.

Kapitel 29

Ein Gespräch mit Rabindranath Tagore über unsere Schulen

Rabindranath Tagore lehrte uns, wie die Vögel zu singen – das Singen also als eine natürliche Ausdrucksform zu betrachten«, erklärte mir Bhola Nath, ein vierzehnjähriger Junge meiner Schule in Ranchi, den ich gerade wegen seines wunderschönen Gesangs gelobt hatte. Ob mit oder ohne besondere Aufforderung, Bhola nahm jede Gelegenheit wahr, um seine melodiöse Stimme erklingen zu lassen. Er hatte zuvor Tagores berühmte Schule *Santiniketan* (Hafen des Friedens) in Bolpur besucht.

»Rabindranaths Lieder sind mir seit frühester Kindheit vertraut«, erzählte ich meinem Schüler. »Alle Bengalen – sogar die ungebildeten Bauern – finden Gefallen an seinen erhabenen Versen.«

Dann sangen Bhola und ich gemeinsam einige Refrains von Tagore, der Tausende von indischen Gedichten – sowohl seine eigenen als auch solche aus uralten Quellen – vertont hat.

»Zum erstenmal bin ich Rabindranath begegnet, kurz nachdem er den Nobelpreis für Literatur erhalten hatte«, sagte ich, als wir unser Lied beendet hatten, und fügte dann schmunzelnd hinzu: »Ich fuhr zu ihm, weil ich unbedingt den Mann kennenlernen wollte, der auf so mutige, wenn auch völlig undiplomatische Weise die Literaturkritiker in ihre Schranken gewiesen hatte.« Bholas Neugier war entfacht, und er bat mich, ihm die Geschichte zu erzählen.

»Die Sprachgelehrten ließen kein gutes Haar an Tagore«, begann ich, »weil er einen neuen Stil in die bengalische Dichtkunst eingeführt hatte. Er verschmolz Worte der Umgangssprache mit klassischen Ausdrucksformen, ohne sich an die vorgeschriebenen Regeln zu halten, die den Pandits doch so sehr am Herzen lagen. In Tagores Liedern werden tiefe philosophische Wahrheiten in einer Sprache zum Ausdruck gebracht, die an das Gefühl appelliert, sich aber wenig an die überlieferten Versmaße hält.

Ein einflußreicher Kritiker bezeichnete Rabindranath einmal verächtlich als einen ›zwitschernden Poeten, der sein Geträller zu Papier bringt und für eine Rupie verkauft‹. Doch Tagore sollte schon bald Genugtuung erhalten. Kurz nachdem er sein Werk *Gitanjali* (musikalisches Opfer) ins Englische übersetzt hatte, lag ihm die ganze literarische Welt des Abendlandes zu Füßen. Daraufhin machte sich eine Schar von Pandits – darunter auch seine einstigen Kritiker – auf den Weg nach *Santiniketan*, um Rabindranath Tagore ihre Glückwünsche zu entbieten.

Dieser aber empfing seine Gäste erst nach einer absichtlich langen Wartezeit und hörte sich ihre Lobpreisungen schweigend an, ohne eine Miene zu verziehen. Dann schlug er seine einstigen Kritiker mit ebenjenen Waffen, die sie zuvor gegen ihn eingesetzt hatten.

›Meine Herren, die süßen Ehrbezeugungen, die Sie mir hier erweisen, passen nicht gut zum üblen Gestank Ihrer früheren Verachtung. Besteht vielleicht irgendeine Beziehung zwischen dem mir kürzlich verliehenen Nobelpreis und der plötzlichen Wertschätzung, die Sie mir zuteil werden lassen? Ich bin noch derselbe Dichter, der Ihnen mißfiel, als er seine ersten bescheidenen Blumen auf dem Altar Bengalens darbot.‹

Mehrere Zeitungen veröffentlichten die kühne Zurechtweisung, die Tagore seinen Kritikern verabreicht hatte. Ich bewunderte die Offenheit dieses Mannes, der sich nicht durch Schmeicheleien blenden ließ«, so fuhr ich fort. »Später lernte ich Rabindranath in Kalkutta persönlich kennen, und zwar durch seinen Sekretär, C. F. Andrews*; dieser war nur mit einem einfachen *Dhoti* bekleidet und nannte Tagore liebevoll seinen *Gurudeva*. Rabindranath empfing mich mit großer Herzlichkeit. Von ihm ging eine besondere Ausstrahlung aus – es war eine Mischung aus Charme, Kultur und Liebenswürdigkeit. Auf meine Frage nach seinem dichterischen Werdegang erzählte mir Tagore, daß die Quelle seiner Inspirationen neben unseren religiösen Epen in erster Linie der klassische Dichter Bidyapati sei.«

Im Gedanken daran stimmte ich Tagores Neufassung eines alten bengalischen Liedes an: »Zünde die Lampe deiner Liebe an.« So schlenderten Bhola und ich singend durch die Anlagen des *Vidyalaya*.

Etwa zwei Jahre nach der Gründung meines Instituts in Ranchi erhielt ich eine Einladung von Rabindranath zur *Santiniketan*-Schule; er war an

---

*   Englischer Schriftsteller und Publizist, der eng mit Mahatma Gandhi befreundet war. Andrews genießt in seiner Wahlheimat Indien große Wertschätzung für die vielen Dienste, die er dem Land erwiesen hat.

einem Gedankenaustausch über unsere Erziehungsideale interessiert. Ich sagte zu und traf den Dichter in seinem Arbeitszimmer. Wie bei unserer ersten Begegnung kam mir auch jetzt wieder der Gedanke, daß er der Inbegriff reifer, männlicher Schönheit war – ein Modell, das jeden Maler begeistert hätte! Sein edel geschnittenes Patriziergesicht war von langem Haar und einem wallenden Bart umrahmt. Er hatte große, ausdrucksvolle Augen, ein engelgleiches Lächeln und eine melodische Stimme, die im wahrsten Sinne des Wortes bezaubern konnte. Obgleich er von hoher und kräftiger Statur war, gingen von ihm dennoch eine fast feminine Zärtlichkeit und eine herzerfrischende, kindliche Ursprünglichkeit aus. Er entsprach in jeder Hinsicht dem Idealbild eines Dichters.

Tagore und ich waren bald in ein angeregtes Gespräch vertieft, in dem wir unsere Schulen verglichen, die beide auf unorthodoxen Bildungskonzepten basierten. Wir entdeckten viele Gemeinsamkeiten: Unterricht im Freien, Einfachheit, weiter Spielraum für die Kreativität der Kinder. Rabindranath legte aber besonders großen Wert auf das Studium von Literatur und Dichtkunst sowie auf den freien Ausdruck in Musik und Gesang, wie ich schon bei Bhola festgestellt hatte. Den Kindern von *Santiniketan* wurden zwar bestimmte Zeiten des Schweigens vorgegeben, doch eine spezielle Unterweisung in Yoga fand nicht statt.

Als ich dem Dichter die *Yogoda*-Methode zum Aufladen des Körpers mit Energie und die Yoga-Konzentrationstechniken beschrieb, die für alle Schüler in Ranchi mit auf dem Lehrplan stehen, hörte er mir aufmerksam zu, so daß ich mich sehr geschmeichelt fühlte.

Daraufhin schilderte er mir, welche Schwierigkeiten er selbst während seiner Schulzeit gehabt hatte. »Ich kehrte bereits nach der fünften Klasse der Schule den Rücken und war froh, ihr entronnen zu sein«, gestand er mir lachend. Ich konnte mir gut vorstellen, wie sich seine poetische, feinfühlige Natur gegen die strenge Disziplin und nüchterne Atmosphäre eines Klassenzimmers gesträubt hatte.

»Schon allein deshalb habe ich *Santiniketan* unter schattigen Bäumen und strahlendem Himmel errichtet«, meinte er und wies mit beredter Geste auf eine kleine Gruppe hin, die in einem malerischen Winkel des Gartens beim Unterricht saß. »Inmitten von Blumen und Singvögeln befindet sich das Kind in seiner natürlichen Umgebung. Nur dort kann es den verborgenen Reichtum seiner Seele voll entfalten. Denn wahre

Bildung wird nicht eingetrichtert oder von außen eingeimpft, sondern bringt den bereits im Innern schlummernden, unendlichen Wissensschatz spontan wieder ans Licht.«*

Ich stimmte ihm zu und sagte: »In den meisten Schulen läßt man die heroischen Gedanken und Ideale verkümmern, weil man den Kindern nichts anderes als Statistiken und chronologische Geschichtsdaten beibringt.«

Mit großer Liebe sprach der Dichter von seinem Vater Devendranath, der ihm bei der Gründung von *Santiniketan* wertvolle Unterstützung geboten hatte.

»Mein Vater hat mir dieses fruchtbare Land geschenkt; er hatte hier bereits ein Gästehaus und einen Tempel errichtet«, erzählte mir Rabindranath. »1901 habe ich hier mein Erziehungsexperiment mit nicht mehr als zehn Knaben gestartet. Die achttausend Pfund, die ich für den Nobelpreis erhielt, wurden ganz in die Erhaltung und Förderung der Schule gesteckt.«

Tagore der Ältere, Devendranath, war – wie aus seiner Autobiographie hervorgeht – ein sehr bedeutender Mann und wurde weit und breit nur *Maharishi* genannt. Als Erwachsener verbrachte er zwei Jahre seines Lebens meditierend im Himalaja. Auch dessen Vater, Dwarkanath Tagore, wurde in ganz Bengalen wegen seiner Großherzigkeit und öffentlichen Wohltaten gepriesen.

Aus diesem erlauchten Stamm ist eine ganze Familie von Genies hervorgegangen. Nicht nur Rabindranath, sondern auch all seine Verwandten haben sich auf künstlerischem Gebiet besonders hervorgetan. Seine Brüder Gogonendra und Abanindra gehören zu den berühmtesten Malern** Indiens. Ein anderer Bruder Rabindranaths, Dwijendra, war ein geistvoller Philosoph, der mit leisem Ruf sogar die Vögel und Tiere des Waldes herbeilockte.

---

  * »Da die Seele oft wiedergeboren wird oder, wie die Hindus sagen ›in Tausenden von Geburten auf dem Weg des Daseins dahinwandert‹ …, gibt es nichts, wovon sie noch keine Kenntnis hätte; ist es daher verwunderlich, daß sie sich an Dinge erinnern kann …, die sie früher bereits wußte? Denn alles Fragen und Lernen ist nichts weiter als Erinnerung.« – *Emerson*.

** Auch Rabindranath begann noch mit über sechzig Jahren, sich ernsthaft mit der Malerei zu beschäftigen. Seine unter dem Einfluß des Futurismus stehenden Arbeiten wurden in mehreren Hauptstädten Europas und in New York ausgestellt.

Rabindranath lud mich ein, über Nacht im Gästehaus zu bleiben. Am Abend saß der Dichter, von seinen Schülern umringt, im Patio des Hauses – ein Bild, das ich nie vergessen werde. Das Rad der Zeit schien sich zurückzudrehen: Die Szene vor mir erinnerte mich an eine Einsiedelei des Altertums – der fröhliche Sänger im Kreise seiner Schüler, alle von einer Aura göttlicher Liebe umgeben. Tagore knüpfte seine freundschaftlichen Bande mit den harmonischen Klängen der Musik. Niemals drängte er sich auf; vielmehr eroberte er die Herzen durch seine unwiderstehliche Anziehungskraft. Die seltenen Blüten der Dichtkunst, die er im Garten des Herrn wachsen und gedeihen ließ, zogen jedermann durch ihren natürlichen Duft an.

Mit seiner melodischen Stimme trug Rabindranath uns einige der kürzlich von ihm verfaßten meisterhaften Gedichte vor. Der größte Teil seiner Lieder und Dramen, die er zur Erbauung seiner Schüler schrieb, ist in *Santiniketan* entstanden.

Für mich liegt die besondere Schönheit seiner Verse darin, daß er sich in fast jeder Strophe zwar an Gott wendet, Seinen heiligen Namen aber nur selten erwähnt. »Trunken von der Glückseligkeit des Singens«, so schrieb er einmal, »vergesse ich mich und nenne Dich Freund, der Du mein Herr bist.«

Am folgenden Tag nach dem Mittagsmahl nahm ich widerstrebend Abschied von dem Dichter. Sehr zu meiner Freude ist aus der kleinen Schule von damals mittlerweile eine internationale Universität geworden – »*Viswa-Bharati*« genannt –, für Studenten aus aller Welt eine ideale Bildungsstätte.

> »Wo der Geist furchtlos ist und man das
>   Haupt erhoben trägt,
> wo das Wissen frei verschenkt wird,
> wo die Welt nicht durch die Begrenzung
>   enger Wände zerstückelt ist,
> wo die Worte dem Quellgrund der
>   Wahrheit entspringen,
> wo die Hände in unermüdlichem Streben
>   nach Vollendung greifen,
> wo der klare Strom der Vernunft nicht
>   im öden Wüstensand toter Gewohnheiten
>   versiegt,

wo Du den Geist zu immer grenzenloserem
Denken und Handeln bewegst:
In diesem Himmel der Freiheit, mein Vater,
lasse mein Land erwachen!«*

Rabindranath Tagore

---

* Aus: *Gitanjali* (Kalkutta, 1910; deutsche Übersetzung Leipzig, 1914 u.a.) In *The Philosophy of Rabindranath Tagore* legt der berühmte Gelehrte Sir S. Radhakrishnan eine fundierte Abhandlung über den Dichter vor (Macmillan, 1918). Das Werk *Buddha and the Gospel of Buddhism* (New York, Putnam's 1916) von dem herausragenden Kenner orientalischer Kunst, Ananda K. Coomaraswamy, zeigt in vielen farbigen Illustrationen Werke von dem Bruder des Dichters, Abanindra Nath Tagore.

Kapitel 30

Das Gesetz der Wunder

Der große Romanschriftsteller Leo Tolstoi schrieb eine köstliche Geschichte mit dem Titel *Die drei Einsiedler*, die sein Freund Nikolaus Roerich* in folgender Kurzfassung wiedergegeben hat:

»Es waren einmal drei alte Einsiedler, die auf einer einsamen Insel lebten. Die waren so einfach, daß sie immer nur dasselbe Gebet sprachen, nämlich: ›Wir sind drei – Du bist drei; erbarme Dich unser!‹ Und dennoch geschahen oft große Wunder aufgrund dieses naiven Gebets.

Als der zuständige Bischof** von diesen drei Einsiedlern und ihrem unorthodoxen Gebet erfuhr, entschloß er sich, sie aufzusuchen, um sie die kanonischen Anrufungen zu lehren. Er landete also auf der Insel, erklärte den Einsiedlern, daß ihr an den Himmel gerichtetes Gebet jeder Würde entbehre, und lehrte sie viele der herkömmlichen Anrufungen. Danach bestieg er wieder sein Schiff und verließ das Eiland. Doch plötzlich bemerkte er ein strahlendes Licht, das dem Schiff nachfolgte. Als es sich näherte, erkannte er die drei Einsiedler, die sich an den Händen hielten und eilig über die Wellen liefen, um das Schiff einzuholen.

›Wir haben die Gebete vergessen, die Ihr uns gelehrt habt‹, riefen sie, als sie den Bischof erreicht hatten. ›Darum sind wir Euch nachgelaufen; könnt Ihr sie uns bitte wiederholen?‹ Doch der Bischof schüttelte ehrfürchtig das Haupt.

›Liebe Brüder‹, erwiderte er demütig, ›sprecht euer altes Gebet weiter!‹«

---

* Der berühmte russische Künstler und Philosoph lebte viele Jahre lang in Indien in der Nähe des Himalaja. »Von den Bergen kommt die Erleuchtung«, so schrieb er. »In den Höhlen und auf den Gipfeln lebten die *Rishis*. Über den schneebedeckten Gebirgsketten des Himalaja brennt eine leuchtende Glut, heller als die Sterne und das fantastische Zucken der Blitze.«

** Diese Geschichte scheint eine historische Grundlage zu haben. In einer Anmerkung des Herausgebers heißt es, der Bischof sei den drei Mönchen während einer Schiffsreise von Archangelsk zum Kloster Slovetzki an der Mündung der Dvina begegnet.

Wie konnten die drei Heiligen über das Wasser laufen? Wie konnte Christus seinen gekreuzigten Leib auferstehen lassen? Wie vollbrachten Lahiri Mahasaya und Sri Yukteswar ihre Wunder? Die moderne Wissenschaft hat bisher noch keine Antwort darauf gefunden, obgleich sich der menschliche Horizont seit der Erfindung der Atombombe und des modernen Radars beträchtlich erweitert hat und das Wort »unmöglich« in unserem Sprachgebrauch immer mehr an Bedeutung verliert.

In den vedischen Schriften heißt es, die physische Welt sei einem grundlegenden Gesetz der *Maya* – dem Prinzip von Relativität und Dualität – unterworfen. Gott, das alleinige Leben, ist absolute Einheit. Er kann nur dann in verschiedenen, voneinander getrennten Formen der Schöpfung in Erscheinung treten, wenn Er sich hinter einem unwirklichen oder trügerischen Schleier verbirgt. Diese kosmische Illusion ist *Maya*. Alle großen wissenschaftlichen Entdeckungen der Neuzeit gelten als Bestätigung dieser einfachen Erklärung der alten *Rishis*.

Newtons Bewegungsgesetz ist ein Gesetz der *Maya*:

»Jede Kraft erzeugt immer eine gleich große, in entgegengesetzter Richtung wirkende Gegenkraft; die beiden Kräfte, die zwei Körper gegenseitig aufeinander ausüben, sind gleich groß und entgegengesetzt gerichtet.« Bewegung und Gegenbewegung entsprechen sich daher genau. »Eine einzelne Kraft gibt es nicht. Alle Kräfte erscheinen paarweise als gleich große, einander entgegengesetzte Kräfte.«

Die in der Natur wirkenden Kräfte verraten allesamt ihren Ursprung in der *Maya*. So basiert zum Beispiel die Elektrizität auf einem Phänomen der Abstoßung und Anziehung, denn Elektronen und Protonen sind entgegengesetzte elektrische Pole. Ein anderes Beispiel: Das Atom, das kleinste Teilchen Materie, ist – wie die Erde selbst – ein Magnet mit einem positiven und einem negativen Pol. Die ganze Welt der Erscheinungen unterliegt der unumstößlichen Macht der Polarität. Es gibt kein physikalisches, chemisches oder anderes wissenschaftliches Gesetz, das nicht in sich selbst das jeweils entgegengesetzte Prinzip bergen würde.

Die Physik kann also keine Gesetze außerhalb von *Maya* formulieren, die ja die Substanz und Struktur des Universums bildet. Denn die Natur selbst ist *Maya*, und so müssen sich die Naturwissenschaften – ob sie wollen oder nicht – mit dieser unumgänglichen Tatsache abfinden. Innerhalb ihrer eigenen Grenzen ist die Natur ewig und unerschöpflich, und so werden die Wissenschaftler auch in Zukunft nicht mehr tun können, als Schritt für Schritt ihre mannigfaltigen Ausdrucksformen zu erforschen. So bleibt die Wissenschaft beständig im Fluß, ohne je ein Endziel erreichen zu können. Sie mag zweifellos in der Lage sein, die Gesetze eines bereits existierenden und funktionierenden Kosmos nachzuvollziehen und niederzuschreiben, doch sie vermag nicht den Gesetzgeber und alleinigen Urheber – Gott – zu erfassen. Die erstaunlichen Wirkungen der Schwerkraft und Elektrizität sind uns bekannt, doch was Schwerkraft und Elektrizität wirklich sind, hat noch kein Sterblicher ergründet.*

Die Propheten aller Zeiten haben die Menschheit dazu aufgerufen, sich über die *Maya* zu erheben. Von jeher galt als höchstes Ziel des Menschen, die Dualität der Schöpfung zu überwinden und die Einheit mit Gott zu erkennen. Wer sich an die kosmische Illusion klammert, muß sich auch ihrem Grundsatz der Polarität unterwerfen. Für ihn gibt es Ebbe und Flut, Aufstieg und Fall, Tag und Nacht, Lust und Schmerz, Gut und Böse, Geburt und Tod. Nach ein paar tausend Inkarnationen bekommt die Monotonie dieses zyklischen Musters für den Menschen etwas Bedrückendes, und so beginnt er, seine Hoffnung auf eine Welt zu richten, die jenseits von *Maya* mit all ihren Zwängen liegt.

Den Schleier von *Maya* zu lüften heißt, das Geheimnis der Schöpfung zu durchdringen. Nur wer das Universum auf diese Weise entschleiert hat, ist ein wahrer Monotheist. Alle anderen beten Götzen an. Solange der Mensch noch den dualistischen Täuschungen der Natur unterliegt, ist *Maya*, die Doppelgesichtige, seine Göttin; der eine wahre Gott aber bleibt ihm verborgen.

Maya, die kosmische Illusion, wird in ihrer individualistischen Form als *Avidya* (wörtlich: »Nichtwissen«; Unwissenheit, Täuschung) bezeichnet. *Maya* und *Avidya* können niemals durch intellektuelle Überzeugung oder verstandesmäßige Analyse durchbrochen werden, sondern einzig und allein durch Erreichung des inneren *Nirbikalpa-Samadhi*. Die Propheten des Alten Testaments und die Seher aller Länder und Zeiten sprachen aus diesem Bewußtseinszustand heraus.

---

* Der große Erfinder Marconi bekannte sich mit folgenden Worten zum Unvermögen der Wissenschaft, je das Absolute zu erreichen: »Die Unfähigkeit der Wissenschaft, das Leben zu ergründen, ist unbestreitbar. Diese Tatsache wäre wahrhaft erschreckend, wenn es nicht den Glauben gäbe. Die schwierigste Aufgabe, die dem menschlichen Geist je gestellt wurde, besteht darin, dem Geheimnis des Lebens auf die Spur zu kommen.«

Von B. K. Mitra aus »Kalyana-Kalpatura«

Ein Guru und sein Schüler
Im alten Indien waren Waldeinsiedeleien die angestammte
Umgebung für die Unterrichtung der Jugend sowohl auf weltlichem
wie auf religiösem Gebiet. Diese Abbildung zeigt einen ehrwürdigen
Guru, der seinen Ellbogen auf einer hölzernen Armstütze ruhen läßt
und seinen Schüler in die tiefen Geheimnisse des Geistes einführt.

Bei Ezechiel heißt es (*Ez.* 43, 1–2): »Dann führte er mich zu einem
der Tore, dem Tor, das im Osten lag. Da sah ich, wie die Herrlichkeit
des Gottes Israels aus dem Osten herankam. Ihr Rauschen war wie
das Rauschen gewaltiger Wassermassen, und die Erde leuchtete auf
von seiner Herrlichkeit.« Durch das göttliche Auge in der Stirn
(Osten) führt der Yogi sein Bewußtsein in die Allgegenwärtigkeit,
wobei er das Wort *OM* vernimmt – den göttlichen Klang der Wassermassen, jene Schwingungen also, die die einzige Realität der Schöpfung
sind.

Unter den Myriaden von kosmischen Geheimnissen ist das Licht das
erstaunlichste. Anders als Schallwellen, die zu ihrer Übertragung der
Luft oder eines anderen stofflichen Mediums bedürfen, breiten sich die
Lichtwellen ungehemmt im Vakuum des interstellaren Raumes aus.
Selbst auf den hypothetischen Äther, der in der Schwingungstheorie als
interplanetarisches Übertragungsmittel des Lichts gilt, sind sie nicht
angewiesen, denn Einstein hat den Nachweis geführt, daß die geometri-
schen Eigenschaften des Raumes die Theorie von der Existenz des
Äthers überflüssig machen. Beide Theorien sind sich jedoch darin einig,
daß das Licht die feinste und von der Materie unabhängigste aller Naturerscheinungen ist.

In Einsteins genialem Ansatz gilt die Lichtgeschwindigkeit (300.000
km/s) als der entscheidende Faktor der ganzen Relativitätstheorie. Der
Gelehrte hat den mathematischen Nachweis erbracht, daß die Lichtgeschwindigkeit – zumindest aus der begrenzten Sichtweise des Menschen
heraus – die einzige *Konstante* in einem sich ständig wandelnden Universum ist. Von diesem einzig absoluten Wert der Lichtgeschwindigkeit
hängen alle menschlichen Vorstellungen von Zeit und Raum ab. Zeit und
Raum sind relativ und begrenzt und gelten nicht mehr, wie vordem
angenommen, als abstrakte Unendlichkeit. Ihre Dimension zu erfassen,
gelingt nur mit Hilfe des Maßstabes der Lichtgeschwindigkeit. Nachdem
sich nun auch die Zeit – ebenso wie der Raum – als relativ erwiesen hat,
mußte sie ihren uralten Anspruch auf Unwandelbarkeit aufgeben. So
sehen wir die Zeit als das, was sie ist – als Inbegriff der Mehrdeutigkeit!
Mit wenigen Gleichungen und Federstrichen hat Einstein jede feststehende Wirklichkeit mit Ausnahme derjenigen des Lichtes aus dem Universum verbannt.

In seiner später entwickelten »einheitlichen Feldtheorie« faßte der große
Physiker die Gesetze der Gravitation und des Elektromagnetismus in

einer mathematischen Formel zusammen. Indem Einstein* auf diese Weise die Struktur des Kosmos auf Variationen ein und desselben grundlegenden Gesetzes reduzierte, schlug er einen Bogen über die Jahrhunderte hinweg zu den *Rishis*, die die Auffassung vertraten, daß das Universum aus einem einzigen Stoff – einer ständig sich wandelnden *Maya* – bestünde.

Mit seiner epochalen Relativitätstheorie schuf Einstein die mathematischen Voraussetzungen zur Erforschung des kleinsten Teilchens, des Atoms. Heutzutage stellen verschiedene bedeutende Wissenschaftler nicht nur die kühne Behauptung auf, daß das Atom seinem innersten Wesen nach Energie und nicht Materie sei, sondern erklären überdies, daß die atomare Energie in Wirklichkeit geistige Substanz sei.

»Das offene Eingeständnis, daß sich die Physik mit einer Welt von Schatten befasse, bedeutet einen gewaltigen Fortschritt«, schreibt Sir A. S. Eddington in *The Nature of the Physical World*. »In der Welt der Physik erleben wir das Drama des alltäglichen Lebens als Schattenspiel-Inszenierung. Der Schatten meines Ellbogens ruht auf dem Schattentisch, während die Schattentinte über das Schattenpapier fließt. Alles ist symbolisch, und beim Symbolischen beläßt es der Physiker. Dann aber kommt der alchimistische Geist, der die Symbole deutet ... Um die Schlußfolgerung drastisch auszudrücken: Der Stoff, aus dem die Welt besteht, ist nichts als reiner Geist ... Die Begriffe von realer Materie und Kraftfeldern, wie sie in früheren physikalischen Theorien vorkommen, sind vollkommen irrelevant, es sei denn, es handele sich dabei um Vorstellungen, die aus der geistigen Substanz selbst hervorgegangen sind ... Die äußere Welt ist so zu einer Schattenwelt geworden. Mit der Zerstörung unserer Illusionen haben wir die Substanz beseitigt, denn wir mußten erkennen, daß die Substanz eine unserer größten Illusionen ist.«

Mit Hilfe der jüngsten Erfindung des Elektronenmikroskops konnte endgültig bewiesen werden, daß das Atom seinem Wesen nach Licht ist und die ganze Natur unter dem unausweichlichen Gesetz der Dualität steht. Die *New York Times* veröffentlichte folgenden Bericht über die

---

* Einen Hinweis auf die geistige Einstellung des genialen Einstein liefert die Tatsache, daß sich dieser sein Leben lang als Anhänger des großen Philosophen Spinoza betrachtete, der unter dem Titel *Ethik, nach geometrischer Methode dargelegt* sein wohl bekanntestes Werk veröffentlichte.

Vorführung des Elektronenmikroskops vor einer Versammlung der Amerikanischen Wissenschaftsgesellschaft im Jahre 1937:

»Die kristalline Struktur des Wolfram, die bisher nur indirekt über Röntgenstrahlen nachgewiesen werden konnte, zeichnete sich deutlich auf einem Leuchtschirm ab und ließ neun Atome in korrekter Anordnung innerhalb des Raumgitters erkennen – einen Würfel, der in jeder Ecke und in der Mitte jeweils ein Atom aufwies. Die Atome im Kristallgitter des Wolframs erschienen auf dem Leuchtschirm als Lichtpunkte, die ein geometrisches Muster bildeten. Die Luftmoleküle, die diesen Kristallwürfel aus Licht bombardierten, sahen aus wie tanzende Lichtpunkte – oder flimmerndes Sonnenlicht auf fließendem Wasser ...

Das Prinzip des Elektronenmikroskops wurde erstmals im Jahre 1927 von zwei Mitarbeitern der New Yorker Firma Bell Telephone Laboratories, Dr. Clinton J. Davisson und Dr. Lester H. Germer, entdeckt. Diese stellten fest, daß das Elektron eine Doppelnatur hat und sowohl die Eigenschaften eines Teilchens als auch die einer Welle besitzt. Die Welleneigenschaft verleiht dem Elektron die charakteristischen Merkmale des Lichtes. So machte man sich auf die Suche nach einem Medium, durch das die Elektronen – ähnlich wie Lichtstrahlen mit Hilfe einer Sammellinse – in einem ›Brennpunkt‹ gebündelt werden können.

Dr. Davisson wurde für die Entdeckung der Jekyll-und-Hyde*-Natur des Elektrons, die die 1924 von dem französischen Physiker und Nobelpreisträger de Broglie gemachten Voraussagen bestätigt und den Nachweis für die Dualität der gesamten materiellen Welt erbringt, mit dem Nobelpreis für Physik ausgezeichnet.«

»Der Strom der Erkenntnis«, so schreibt Sir James Jeans in seinem Werk *The Mysterious Universe*, »bewegt sich auf eine nichtmechanische Wirklichkeit zu. Das Universum mutet zunehmend wie ein großer Gedanke und immer weniger wie eine große Maschine an.« So klingen die Berichte der Wissenschaftler des 20. Jahrhunderts mehr und mehr wie Textpassagen aus den alten Veden.

Wenn es denn so sein soll, kann man sich von der Wissenschaft die philosophische Erkenntnis bestätigen lassen, daß es kein stoffliches Universum gibt. Alles, woraus es gemacht zu sein scheint, ist *Maya* – Illusion. All die Wunder der Realität lösen sich im Nichts auf, wenn man

---

*   Nach Robert Louis Stevensons Roman *The Strange Case of Dr. Jekyll and Mr. Hyde*, dessen Protagonist ein Doppelleben mit extremer Charakterspaltung führt *(Anm. d. Übers.)*.

sie näher analysiert. In dem Maße aber, wie das stützende Gerüst des physischen Kosmos unter uns zusammenbricht, gelangen wir zu der Erkenntnis, daß wir auf falsche Götter vertraut und gesündigt haben gegen das göttliche Gebot »Du sollst keine anderen Götter neben mir haben«.

Mit seiner berühmten Gleichung der Masse-Energie-Äquivalenz hat Einstein bewiesen, daß die jedem Materieteilchen innewohnende Energie gleich seiner mit dem Quadrat der Lichtgeschwindigkeit multiplizierten Masse ist. Die atomare Energie wird durch die Vernichtung der Materieteilchen freigesetzt. So läutete gewissermaßen der »Tod« der Materie die »Geburt« des Atomzeitalters ein.

Die Lichtgeschwindigkeit ist nicht etwa deshalb eine mathematische Konstante, weil 300.000 km/s ein absoluter Wert ist, sondern weil sich kein stofflicher Körper, dessen Masse mit seiner Geschwindigkeit zunimmt, jemals mit Lichtgeschwindigkeit bewegen kann. Mit anderen Worten: nur für einen stofflichen Körper mit unendlicher Masse wäre Lichtgeschwindigkeit erreichbar.

Dieses Prinzip führt uns zu dem Gesetz, das allen Wundern zugrunde liegt.
Ein Meister, der in der Lage ist, seinen eigenen Körper und andere Gegenstände zu materialisieren oder zu dematerialisieren, sich mit Lichtgeschwindigkeit fortzubewegen und sich der schöpferischen Lichtstrahlen zu bedienen, um augenblicklich beliebige physische Manifestationen sichtbar zu machen, erfüllt die Einsteinsche Bedingung: Seine Masse ist unendlich.

Das Bewußtsein eines vollendeten Yogis identifiziert sich mit dem gesamten Universum und nicht mit der Begrenztheit seines Körpers. Die Schwerkraft – ganz gleich, ob man sie aus dem Blickwinkel von Newtons Gravitationsgesetz oder Einsteins Trägheitsgesetz betrachtet – kann einen Meister niemals dazu *zwingen*, das Merkmal von »Gewicht« zu manifestieren, jener Eigenschaft also, die stoffliche Körper unter das Gesetz der Schwerkraft bringt. Wer sich selbst als allgegenwärtigen Geist erkannt hat, unterliegt nicht länger den Beschränkungen eines Körpers in der Begrenztheit von Zeit und Raum. Er hat sich aus deren Fesseln befreit und kann jetzt sagen: »Ich bin Er.«

»Es werde Licht. Und es wurde Licht.« Gottes erster Befehl an Seine Schöpfung (*1. Mose* 1, 3) brachte die einzige atomare Wirklichkeit ins Sein: das Licht. Auf den Strahlen dieses immateriellen Mediums finden alle göttlichen Manifestationen statt. Gläubige aller Zeitalter haben bezeugt, daß Gott ihnen als Flamme und Licht erschienen ist. »Der König der Könige und Herr der Herren, der allein die Unsterblichkeit besitzt, der in unzugänglichem Licht wohnt, den kein Mensch gesehen hat noch je zu sehen vermag.«*

Ein Yogi, dessen Bewußtsein sich in absoluter Versunkenheit mit dem Schöpfer vereinigt hat, nimmt die kosmische Essenz als Licht wahr. Für ihn gibt es keinen Unterschied zwischen Lichtstrahlen, die das Wasser, und Lichtstrahlen, die das Land bilden. Der Meister hat sich von jeglichem materiellen Bewußtsein gelöst und ist frei von den drei Dimensionen des Raumes und von der vierten Dimension der Zeit; so bewegt er seinen Lichtkörper mit gleicher Leichtigkeit über die Lichtstrahlen der Erde, des Wassers, des Feuers und der Luft hinweg. Durch anhaltende Sammlung seiner Sinne auf das befreiende geistige Auge kann der Yogi schließlich alle Täuschungen in bezug auf die Materie und deren Schwere überwinden. Er sieht das Universum so, wie Gott es geschaffen hat: als eine im wesentlichen undifferenzierte Masse von Licht.

»Optische Bilder«, so schreibt Dr. L. T. Troland von der Harvard-Universität, »beruhen auf demselben Prinzip wie gewöhnliche Drucke, das heißt, sie setzen sich aus winzigen Punkten oder Strichen zusammen, die zu klein sind, um vom Auge einzeln wahrgenommen zu werden … Die Netzhaut ist derart empfindlich, daß bereits relativ wenige Quanten geeigneten Lichts eine optische Wahrnehmung erzeugen können.« Das göttliche Wissen um die dem Phänomen Licht zugrundeliegenden Prinzipien verleiht einem Meister die Fähigkeit, die allgegenwärtigen Lichtatome jederzeit so zu projizieren, daß sichtbare Manifestationen entstehen. Die Beschaffenheit dieser Projektionen – ob es sich nun um einen Baum, ein Medikament oder einen menschlichen Körper handelt – wird von der Willens- und Visualisierungskraft des Yogis bestimmt.

Nachts, wenn der Mensch träumt und dem begrenzten, trügerischen Ego entflieht, das ihn tagsüber gefangenhält, erlebt er immer wieder die Allmacht seines Geistes. Denn siehe da: Im Traum erscheinen ihm auf einmal längst verstorbene Freunde, und es steigen Bilder von fernen Kontinenten und vergessenen Kindheitserlebnissen in ihm auf. Es ist dieser freie, ungebundene Bewußtseinszustand, wie ihn jeder Mensch in seinen Träumen erlebt, zu dem der in Gott erwachte Meister ständigen Zugang hat. Ein Yogi, der frei ist von allen selbstsüchtigen Motiven, kann

* *1. Timotheus* 6, 15–16.

kraft seines ihm von Gott gegebenen schöpferischen Willens die Lichtatome des Kosmos neu ordnen, um die aufrichtige Bitte eines Gläubigen
zu erfüllen. Der Mensch und die Schöpfung wurden nur zu einem Zweck
gemacht: daß er Herr werde über *Maya* und sich seiner Macht über den
Kosmos bewußt sei.

»Da sprach Gott: Laßt uns Menschen machen als unser Abbild, uns
ähnlich. Sie sollen herrschen über die Fische des Meeres, über die Vögel
des Himmels, über das Vieh, über die ganze Erde und über alle Kriech-
tiere auf dem Land.«[*]

Im Jahre 1915, kurz nachdem ich dem Swami-Orden beigetreten war,
hatte ich eine Vision, die mir auf erschütternde Weise die Relativität des
menschlichen Bewußtseins vor Augen führte: Ich schaute die All-Einig-
keit des ewigen Lichtes, das hinter der leidvollen Dualität von *Maya* liegt.
Diese Vision überkam mich eines Morgens, als ich wieder einmal in dem
kleinen Mansardenzimmer meines Vaterhauses in der Gurpar Road saß.
Bereits seit Monaten tobte der erste Weltkrieg in Europa, und voll der
Trauer hatte ich darüber nachgedacht, wie viele Menschenleben er
forderte.

Als ich zur Meditation die Augen schloß, verlagerte sich mein Bewußtsein
plötzlich in den Körper eines Kommandanten auf einem Kriegsschiff. Die
Luft erbebte unter dem Geschützdonner der Schiffskanonen und der
gegnerischen Küstenbatterien. Plötzlich schlug eine riesige Granate in
die Munitionskammer ein, und mein Schiff wurde in die Luft gesprengt.
Ich rettete mich mit einigen Matrosen, welche die Explosion überlebt
hatten, ins Wasser. Klopfenden Herzens erreichte ich das sichere Ufer.
Doch da durchbohrte eine verirrte Kugel meine Brust, und ich fiel
stöhnend zu Boden. Mein Körper war wie gelähmt, und dennoch war ich
mir seiner noch bewußt, etwa so, wie man sich eines eingeschlafenen
Beines bewußt ist.

»Es geht mit mir zu Ende«, dachte ich. »Der Tod schleicht sich auf leisen
Sohlen an.« Gerade wollte ich mit einem letzten Seufzer in die Bewußtlo-
sigkeit versinken, als ich mich plötzlich wieder im Lotussitz in meinem
Zimmer in der Gurpar Road wiederfand.

Ich weinte vor Erleichterung und streichelte liebevoll meinen wiederge-
wonnenen Besitz – meinen unversehrten Körper! Ich kniff mich, wiegte
mich hin und her und atmete dabei bewußt ein und aus, um mich zu

---

[*] *Genesis* 1, 26.

vergewissern, daß ich wirklich noch am Leben war. Während ich mich selbst noch beglückwünschte, wurde mein Bewußtsein wiederum in den leblosen Körper des Kommandanten versetzt, der blutverschmiert am Ufer lag. Ich war völlig verwirrt.

»Herr«, betete ich, »bin ich nun tot oder lebendig?«

Da wurde der ganze Horizont in ein gleißendes Licht getaucht, und es erscholl ein sanfter vibrierender Klang, der sich zu folgenden Worten formte:

»Was haben Leben oder Tod mit Licht zu tun? Im Bild Meines Lichtes habe Ich dich erschaffen. Die Relativität von Leben und Tod sind Teil des kosmischen Traumes. Erkenne dein traumloses Wesen! Erwache, mein Kind, erwache!«

Als Stufen in der Erweckung des Menschen läßt Gott die Wissenschaftler zur rechten Zeit und am rechten Ort die Geheimnisse Seiner Schöpfung entdecken. Viele der in jüngster Zeit gemachten Entdeckungen geben dem Menschen zu verstehen, daß der Kosmos vielgestaltiger Ausdruck einer einzigen, göttlich gelenkten Kraft ist – nämlich der des Lichtes. Film, Rundfunk, Fernsehen, Radar, die Photozelle (jenes allsehende »elektrische Auge«), die Atomenergie – alle diese Wunder basieren auf elektromagnetischen Phänomenen des Lichtes.

Im Film läßt sich jedes Wunder darstellen. Es gibt kein übernatürliches Ereignis, das unseren Augen nicht auf eindrucksvolle Weise durch Trickaufnahmen vorgetäuscht werden könnte: Da tritt der durchsichtige Astralkörper eines Menschen aus dem grobstofflichen Körper heraus; da gibt es Menschen, die auf dem Wasser wandeln, und Tote, die wieder auferstehen; wir können den natürlichen Ablauf der Dinge in umgekehrter Richtung betrachten und uns über Zeit und Raum erheben. Der Filmtechniker spielt mit Lichtbildern und gaukelt uns optische Wunder vor, die ein wahrer Meister mit echten Lichtstrahlen vollbringt.

Der Film mit seinen lebensgetreuen Bildern kann uns so manches über die Vorgänge in der Schöpfung lehren. Gott, der kosmische Regisseur, inszeniert Sein eigenes Stück mit einem gewaltigen Ensemble, das auf der Bühne der Jahrhunderte erscheint. Aus dem dunklen Vorführraum der Ewigkeit projiziert Er Seine schöpferischen Strahlen durch die Filme aufeinanderfolgender Zeitalter auf die Leinwand des Raumes. So wie uns ein Film real erscheint, tatsächlich aber nichts anderes ist als eine Kombination von Licht und Schatten, so ist die Vielfalt des Universums ein einziges Trugbild. Die Planetensysteme mit ihren zahlreichen Lebensformen sind nichts anderes als Gestalten in einem kosmischen Film, die in der Wahrnehmung unserer fünf Sinne vorübergehend als wirklich erscheinen, wenn Seine unendlichen schöpferischen Strahlen sie als Szenen auf die Leinwand des menschlichen Bewußtseins werfen.

Blickt der Zuschauer im Kino nach oben, so kann er sehen, daß alle Bilder von einem einzigen bilderlosen Lichtstrahl auf die Leinwand geworfen werden. Auf ganz ähnliche Weise wird das farbenprächtige Szenario des Universums durch das eine weiße Licht erzeugt, daß Seiner kosmischen Quelle entspringt. Mit unvorstellbarem Einfallsreichtum inszeniert Gott für Seine Kinder ein unterhaltsames Stück und läßt uns in Seinem Planetentheater sowohl Schauspieler als auch Zuschauer sein.

Eines Tages ging ich ins Kino, um mir die Wochenschau von den europäischen Kriegsschauplätzen anzusehen. Noch immer wütete der erste Weltkrieg in Europa, und zur Berichterstattung wurden derart realistische Aufnahmen von dem furchtbaren Blutbad gezeigt, daß ich das Kino in tiefer Niedergeschlagenheit verließ.

»Herr, warum läßt Du soviel Leid auf der Welt zu?« fragte ich. Zu meiner großen Überraschung erhielt ich eine sofortige Antwort in Form einer Vision. Die Szenen, die ich jetzt von den europäischen Schlachtfeldern mit ihren zahllosen Verwundeten und Toten zu sehen bekam, waren viel grauenvoller als alles, was ich zuvor in der Wochenschau gesehen hatte.

»Sieh genau hin«, sagte eine sanfte Stimme im Innersten meines Bewußtseins. »Dann wirst du feststellen, daß die Szenen, die sich augenblicklich in Frankreich abspielen, nichts anderes sind als ein Schattenspiel. Sie gehören zum kosmischen Film, der nicht mehr oder minder wirklich als die Wochenschau ist, die du soeben gesehen hast – sie ist nur ein Stück im Stück.«

Doch im Inneren meines Herzens war ich noch nicht getröstet. Da fuhr die göttliche Stimme fort: »Die Schöpfung besteht sowohl aus Licht als auch aus Schatten, denn sonst kämen keine Bilder zustande. In der Welt von *Maya* müssen Gut und Böse stets abwechselnd das Zepter übernehmen. Wie sollte sich der Mensch jemals nach einer anderen Welt sehnen, wenn es in dieser nichts als Freude gäbe? Wenn er nicht leidet, wird er kaum einen Gedanken an seine verlorene ewige Heimat verschwenden. Der Schmerz soll ihn wachrütteln, auf daß er sich erinnern möge. Und die Weisheit zeigt ihm den Ausweg! Die Tragödie des Todes hat keine Wirklichkeit, und wer davor erschaudert, ist wie ein törichter Schauspieler, der vor Angst auf der Bühne stirbt, wenn eine Platzpatrone abgefeuert wird. Meine Söhne sind Kinder des Lichtes; sie werden nicht ewig im Schlaf der Täuschung verweilen.«

Obgleich ich in den Schriften viel über *Maya* gelesen hatte, konnten mir diese nie jene tiefe Einsicht vermitteln, die ich durch meine eigenen Visionen und die sie begleitenden Worte des Trostes erhielt. Haben wir erst einmal erkannt, daß das Universum nichts als ein gigantischer Film ist und seine Wirklichkeit nicht in ihm selbst, sondern jenseits von ihm liegt, so kommt es in uns zu einer tiefgreifenden Wandlung.

Nachdem ich die letzten Zeilen dieses Kapitel geschrieben hatte, ließ ich mich im Lotussitz auf meinem Bett nieder. Zwei abgeschirmte Lampen tauchten das Zimmer in ein mattes Licht. Als ich den Blick nach oben richtete, bemerkte ich, daß die Zimmerdecke mit unzähligen kleinen, senffarbenen Lichtern übersät war, von denen ein sanftes Flimmern ausging ähnlich wie von Radium. Myriaden hauchfeiner Strahlen formten sich zu einem durchsichtigen Lichtregen, der sich lautlos über mich ergoß. Sogleich verlor mein Körper seine grobstoffliche Beschaffenheit und verwandelte sich in eine astrale Substanz. Ich hatte das Gefühl zu schweben, und mein schwereloser Körper, der das Bett nicht mehr berührte, trieb sanft hin und her. Ich blickte im Zimmer umher. Die Möbel und die Wände sahen wie immer aus, doch die Lichtmasse hatte derart an Volumen zugenommen, daß die Decke nicht mehr zu sehen war. Ergriffen bestaunte ich dieses Wunder.

»Was du siehst, ist die Mechanik des kosmischen Projektors«, sprach eine Stimme, die aus dem Licht zu kommen schien. »Er wirft seinen Strahl auf die weiße Leinwand deiner Bettdecke und ruft dadurch das Bild deines Körpers hervor. Siehe, dein Körper ist nichts als Licht!«

Ich betrachtete meine Arme und bewegte sie hin und her, ohne ihr Gewicht zu spüren. Eine ekstatische Freude kam in mir auf. Dieses kosmische Lichtbündel, das sich zu meinem Körper verdichtete, schien eine göttliche Entsprechung ebenjenes Lichtstrahls zu sein, der aus dem Vorführraum des Kinos dringt und sich auf der Leinwand zu Bildern formt.

Lange Zeit hielt dieses filmische Erleben meines Körpers im schwach erleuchteten »Kino« meines eigenen Schlafzimmers an. Wenngleich ich viele Visionen hatte, war doch keine so ungewöhnlich wie diese. Als ich mich von der Täuschung, einen stofflichen Körper zu besitzen, völlig freigemacht hatte und tief in meinem Inneren zu der unumstößlichen Erkenntnis gelangte, daß die Essenz aller Materie Licht ist, sah ich zu der pulsierenden Masse von »Biotronen« empor und bat flehentlich: »O göttliches Licht, laß dieses bescheidene Bild meines Körpers verlöschen und in Dich eingehen, wie dereinst Elija in einem feurigen Wagen zum Himmel emporfuhr!«

Mein Gebet kam wohl allzu unerwartet, denn der Lichtstrahl verschwand. Mein Körper nahm wieder sein normales Gewicht an und sank auf das Bett zurück. Das blendende Lichtermeer an der Decke flackerte noch einmal kurz auf, bevor es verlosch. Meine Zeit, die Erde zu verlassen, war anscheinend noch nicht gekommen.

»Es könnte auch sein«, so philosophierte ich, »daß meine anmaßende Bitte dem Propheten Elija mißfallen hat!«

Kapitel 31

Ein Gespräch mit der ehrwürdigen Mutter

Verehrte Mutter, als kleines Kind hat mich Euer von Gott inspirierter Gemahl getauft. Er war der Guru meiner Eltern und meines eigenen Gurus Sri Yukteswarji. Wollt Ihr mir deshalb die Ehre erweisen, mir aus Eurem heiligen Leben zu erzählen?«

So sprach ich zu Srimati Kashi Moni, der Lebensgefährtin Lahiri Mahasayas. Ich war für kurze Zeit in Benares und nutzte die Gelegenheit, die ehrwürdige Dame aufzusuchen und mir damit einen langgehegten Wunsch zu erfüllen.

Sie empfing mich mit großer Herzlichkeit auf dem alten Familiensitz Lahiris, der im Garudeswar-Mohulla-Bezirk von Benares gelegen war. Ungeachtet ihres hohen Alters wirkte sie auf mich wie eine Lotusblüte, die einen überirdischen Duft ausströmt. Sie war eine Frau von mittlerer Statur mit heller Haut, einem schlanken Hals und großen, leuchtenden Augen.

»Sei mir willkommen, mein Sohn. Komm bitte mit herauf.«

Damit führte mich Kashi Moni in ein winziges Zimmer, in dem sie eine Zeit lang gemeinsam mit ihrem Mann gewohnt hatte. Ich fühlte mich geehrt, diese geheiligten Räume betreten zu dürfen, in denen der unvergleichliche Meister sich herabgelassen hatte, seine Rolle auf der menschlichen Bühne der Ehe zu spielen. Liebenswürdig bat mich meine Gastgeberin, auf einem Kissen neben ihr Platz zu nehmen.

»Es hat viele Jahre gedauert, bis ich das göttliche Wesen meines Mannes erkannte«, begann sie. »Eines Nachts hatte ich in ebendiesem Zimmer einen lebhaften Traum. Engel von glorreicher Gestalt schwebten in unbeschreiblicher Anmut über mir. Die Erscheinung war so realistisch, daß ich sogleich erwachte; voll Verwunderung bemerkte ich, daß der ganze Raum von gleißendem Licht erfüllt war.

Mein Mann schwebte im Lotussitz in der Mitte des Zimmers. Er war von Engeln umgeben, die ihm mit demütig gefalteten Händen huldigten. Ich war über alle Maßen erstaunt und glaubte, noch immer zu träumen.

›Meine liebe Frau‹, sagte Lahiri Mahasaya daraufhin, ›du träumst nicht.

Gib deinen Schlaf für immer und ewig auf!‹ Als er sich langsam auf den Boden niederließ, warf ich mich ihm zu Füßen.

›Meister‹, rief ich, ›Mal um Mal verneige ich mich vor Euch. Könnt Ihr mir vergeben, daß ich Euch jemals als meinen Gemahl betrachtet habe? Ich könnte vor Scham in den Boden sinken, wenn ich daran denke, daß ich im Schlummer der Unwissenheit an der Seite eines in Gott Erwachten gewandelt bin. Von dieser Nacht an seid Ihr nicht länger mein Gemahl, sondern mein Guru. Wollt Ihr mich trotz meiner Unvollkommenheit als Schülerin annehmen?‹*

Der Meister berührte mich sanft und sprach: ›Steh auf, heilige Seele. Du bist bereits angenommen.‹ Und auf die Engel deutend, fuhr er fort: ›Verneige dich bitte nacheinander vor jedem dieser Heiligen.‹

Nachdem ich demütig vor allen niedergekniet war, erhob sich der Chor der Engelstimmen, und ihr Gesang klang wie eine Verheißung aus den heiligen Schriften:

›Gefährtin des Göttlichen, sei gesegnet! Wir grüßen dich!‹ Damit neigten sich die Wesenheiten bis zu meinen Füßen herab und entschwanden; und das Zimmer ward wieder in Dunkelheit gehüllt. Dann bat mich mein Guru, mir die Einweihung in den *Kriya*-Yoga geben zu dürfen, und ich antwortete:

›Von Herzen gern. Ich bedaure, daß mir dieser Segen nicht schon früher zuteil geworden ist.‹.

›Deine Zeit war noch nicht gekommen‹, sprach Lahiri Mahasaya mit tröstendem Lächeln zu mir. ›Ich habe dir im stillen geholfen, einen großen Teil deines Karmas abzutragen. Jetzt bist du willig und bereit.‹

Dann berührte er meine Stirn, und ich erblickte eine gewaltige, wirbelnde Lichtflut, aus der sich allmählich das opalblaue spirituelle Auge herauskristallisierte; es war von einem goldenen Ring umgeben, und in seiner Mitte glänzte ein weißer, fünfzackiger Stern.

›Laß dein Bewußtsein durch den Stern in das Reich der Unendlichkeit dringen!‹ forderte mich mein Guru auf, und seine Stimme war so unsagbar sanft wie eine ferne Musik.

Eine Vision nach der anderen überflutete die Ufer meiner Seele, bis sich das überirdische Panorama mit all seinen Sphären schließlich in einem Meer der Wonne auflöste. Ich aber war in nimmer endender Glückselig-

---

* Dies erinnert uns an die Worte Miltons: »Er allein für Gott – sie für Gott in ihm.«

keit versunken. Als ich Stunden später wieder zum irdischen Bewußtsein zurückkehrte, weihte mich der Meister in die Technik des *Kriya*-Yoga ein.

Von jener Nacht an hat Lahiri Mahasaya nie mehr in meinem Zimmer geschlafen; er schlief überhaupt nicht mehr, sondern hielt sich fast nur noch im vorderen Zimmer des Erdgeschosses auf, wo er Tag und Nacht von seinen Schülern umgeben war.«

Daraufhin versank Kashi Moni in Schweigen. In Anbetracht ihrer einzigartigen Beziehung zu dem erhabenen Yogi wagte ich schließlich, sie zu bitten, mir noch mehr aus ihrem Erinnerungsschatz zu erzählen.

»Du bist unersättlich, mein Sohn. Doch ich will dir noch eine andere Begebenheit schildern.« Und mit schüchternem Lächeln fuhr sie fort: »Ich will dir eine Sünde beichten, die ich gegen meinen Gemahl und Guru beging. Einige Monate nach meiner Einweihung begann ich, mich vernachlässigt und einsam zu fühlen. Als Lahiri Mahasaya eines Morgens in dieses kleine Zimmer kam, um etwas zu holen, folgte ich ihm geschwind. Und ohne zu wissen, was ich tat, richtete ich folgende scharfen Worte an ihn:

›Du beschäftigst dich die ganze Zeit nur mit deinen Schülern. Hast du nicht auch deiner Frau und deinen Kindern gegenüber eine Verantwortung? Vielleicht solltest du dich bemühen, etwas mehr Geld für deine Familie zu verdienen.‹

Einen Augenblick lang blickte mich der Meister an, dann – ganz plötzlich – war er verschwunden! Von Ehrfurcht und Schrecken erfüllt, hörte ich sodann eine Stimme aus jedem Winkel des Raumes widerhallend zu mir sprechen:

›Siehst du denn nicht, daß alles nichts ist? Wie kann ein Nichts wie ich Reichtümer für euch herbeischaffen?‹

›Guruji‹, rief ich aus, ›ich bitte Euch tausendmal um Vergebung. Meine sündigen Augen können Euch nicht mehr sehen. Erscheint mir bitte wieder in Eurer heiligen Gestalt.‹

›Ich bin hier!‹ erscholl seine Antwort über mir. Ich blickte auf und sah, wie der Meister sich in der Luft, hoch oben unter der Zimmerdecke, materialisierte. Seine Augen glichen lodernden Flammen. Nachdem er wieder an meiner Seite war, warf ich mich angstvoll zu seinen Füßen nieder und schluchzte herzergreifend.

›Gute Frau‹, sagte er, ›suche göttlichen Reichtum und nicht den armseligen Flitter dieser Welt. Wenn du dir innere Schätze erworben hast, wirst du bald sehen, daß auch die äußeren Güter nicht ausbleiben.‹ Und er fügte hinzu: ›Einer meiner spirituellen Söhne wird später für dich sorgen.‹ Die Worte meines Gurus haben sich natürlich erfüllt; einer seiner Schüler hinterließ tatsächlich unserer Familie eine beträchtliche Summe.«

Ich dankte Kashi Moni für ihre außergewöhnlichen Schilderungen.* Am darauffolgenden Tag kehrte ich in ihr Haus zurück und führte mit Tincouri und Ducouri Lahiri ein langes, höchst erbauliches Gespräch über philosophische Themen. Diese beiden großen Söhne des unvergleichlichen indischen Yogis folgten ganz und gar dem Vorbild ihres Vaters. Beide waren hellhäutig, bärtig und von hochgewachsener, kräftiger Gestalt; sie hatten sanfte, melodische Stimmen und gewinnende, sehr traditionell anmutende Umgangsformen.

Kashi Moni war nicht die einzige Frau, die Lahiri Mahasaya als Schülerin annahm; es gab Hunderte neben ihr, darunter auch meine Mutter. Eine der *Chelas* bat den Guru einmal um eine Fotografie von ihm. Er gab ihr eine Aufnahme und sagte: »Wenn du es für einen besonderen Schutz hältst, wird es auch so sein; andernfalls ist es nichts als ein Bild.«

Einige Tage später saß diese Frau mit Lahiri Mahasayas Schwiegertochter an einem Tisch, hinter dem die Fotografie des Gurus hing. Sie waren gerade in das Studium der *Bhagavad-Gita* vertieft, als plötzlich ein ungewöhnlich heftiges Gewitter ausbrach.

»Lahiri Mahasaya, bitte beschütze uns!« riefen die Frauen aus und verneigten sich vor dem Bild. Kurz darauf fuhr ein Blitz in das auf dem Tisch liegende Buch, doch die beiden Frauen blieben unversehrt.

»Mir war, als sei ich in ein eiskaltes Tuch gehüllt worden, das die sengende Hitze abhielt«, berichtete die Schülerin.

Lahiri Mahasaya vollbrachte auch zwei Wunder im Zusammenhang mit einer anderen Schülerin namens Abhoya, die gemeinsam mit ihrem Mann, einem Rechtsanwalt aus Kalkutta, eines Tages den Entschluß gefaßt hatte, nach Benares zu fahren, um den Guru zu besuchen. Ihre Droschke wurde jedoch durch den starken Verkehr in der Hauptstadt aufgehalten. Als die beiden dann endlich den Hauptbahnhof erreichten, pfiff der Zug bereits zur Abfahrt. Abhoya blieb dennoch ruhig am Fahrkartenschalter stehen und betete still:

»Lahiri Mahasaya, ich flehe Euch an, den Zug aufzuhalten! Ich kann es nicht ertragen, noch einen Tag länger zu warten, um Euch zu sehen.«

---

* Die ehrwürdige Mutter starb am 25. März 1930 in Benares.

Obwohl die Räder des Zuges nicht aufhörten, sich zu drehen, bewegte sich die schnaufende Lokomotive plötzlich nicht mehr vorwärts. Der Lokomotivführer und die Fahrgäste stiegen aus, um sich dieses seltsame Phänomen vom Bahnsteig aus anzuschauen. Da trat ein englischer Eisenbahnbeamter auf Abhoya und ihren Mann zu und bot ihnen – entgegen jeglichem Brauch – seine Dienste an. »Babu«, sagte er, »gebt mir das Geld, damit ich Euch die Fahrkarten besorge; Ihr könnt inzwischen schon einsteigen.«

Sobald Abhoya und ihr Mann Platz genommen hatten und im Besitz der Fahrkarten waren, setzte sich der Zug langsam in Bewegung. In panischem Schreck stiegen der Lokomotivführer und die Fahrgäste schnell wieder ein, ohne zu wissen, warum der Zug auf einmal weiterfuhr oder was ihn zuvor aufgehalten hatte.

Als Abhoya das Haus Lahiri Mahasayas in Benares betrat, warf sie sich schweigend vor dem Meister nieder, um seine Füße zu berühren.

»Nimm dich zusammen, Abhoya«, bemerkte dieser. »Du hast eine echte Vorliebe dafür, mich immer wieder in Verlegenheit zu bringen! Als ob du nicht mit dem nächsten Zug hättest kommen können!«

Abhoya besuchte Lahiri Mahasaya auch in einer anderen wichtigen Angelegenheit: Diesmal sollte dieser nicht bei der Eisenbahn, sondern beim Klapperstorch vermittelnd eingreifen.

»Gebt mir bitte Euren Segen, damit mein neuntes Kind am Leben bleibt«, bat sie. »Ich habe schon acht Kinder zur Welt gebracht, doch alle sind kurz nach der Geburt gestorben.«

Der Meister lächelte mitfühlend. »Das Kind, das du erwartest, wird am Leben bleiben. Bitte befolge meine Anweisungen genau. Es wird ein Mädchen sein und nachts zur Welt kommen. Achte darauf, daß die Öllampe bis zum Tagesanbruch brennen bleibt. Schlafe nicht ein, sonst könnte das Licht erlöschen!«

Und in der Tat: Abhoya gebar nachts ein Mädchen, genau wie es der allwissende Guru vorausgesagt hatte. Sie befahl der Krankenschwester, die Lampe ständig mit Öl nachzufüllen. Beide Frauen wachten bis in die frühen Morgenstunden, schliefen dann aber doch ein. Das Öl in der Lampe war fast aufgebraucht, und das Licht flackerte nur noch schwach.

Plötzlich wurde der Riegel an der Schlafzimmertür zurückgeschoben, und gleich darauf flog die Tür krachend auf. Die beiden Frauen fuhren erschrocken aus dem Schlaf hoch und erblickten zu ihrem

Erstaunen die Gestalt Lahiri Mahasayas. Er wies auf die Lampe und sprach:

»Abhoya, gib acht, das Licht ist fast erloschen!« Hastig füllte die Krankenschwester Öl nach, und als die Lampe wieder hell brannte, entschwand der Meister auch; die Tür schloß sich, und der Riegel wurde wie von unsichtbarer Hand vorgeschoben.

Abhoyas neuntes Kind blieb am Leben. Als ich mich 1935 nach ihm erkundigte, lebte es noch.

Ein Schüler Lahiri Mahasayas, der ehrenwerte Kali Kumar Roy, erzählte mir mehrere erstaunliche Begebenheiten, die er selbst in seiner Zeit mit dem Meister erlebt hatte.

»Oftmals war ich wochenlang zu Gast in seinem Haus in Benares«, so begann er. »Während jener Zeit habe ich beobachten können, daß viele heilige Gestalten, allesamt *Danda**-Swamis, den Guru in der Stille der Nacht aufsuchten und sich zu seinen Füßen niederließen. Sie unterhielten sich über Meditation und philosophische Fragen, und bei Morgengrauen verabschiedeten sich die illustren Gäste wieder. Besonders aufgefallen ist mir, daß sich Lahiri Mahasaya nicht ein einziges Mal während meines Aufenthaltes zum Schlafen niederlegte.«

»In den Anfängen meiner Verbindung zu Lahiri Mahasaya hatte ich oft große Schwierigkeiten mit meinem Arbeitgeber, denn dieser war ein ausgesprochener Materialist«, fuhr Roy fort. »›Ich möchte keine religiösen Fanatiker unter meinen Angestellten haben‹, pflegte er verächtlich zu sagen. ›Sollte ich Eurem Scharlatan von Guru jemals begegnen, werde ich ihm meine Meinung so deutlich sagen, daß er sein Lebtag daran denkt!‹

Doch selbst diese Drohung vermochte meine regelmäßigen Besuche in keiner Weise zu verhindern. Ich brachte fast jeden Abend bei meinem Guru zu. Eines Tages folgte mein Arbeitgeber mir ohne mein Wissen und stürzte plötzlich unangemeldet in das Empfangszimmer. Zweifellos hatte er die Absicht, seine vernichtenden Worte der Kritik, wie versprochen, an den Mann zu bringen. Kaum hatte er sich niedergelassen, da wandte Lahiri Mahasaya sich an die versammelten Schüler – es mochten etwa zwölf gewesen sein – und fragte:

›Wollt ihr alle ein Bild sehen?‹

---

* Stab zur Versinnbildlichung der menschlichen Wirbelsäule, den die Mitglieder bestimmter Mönchsorden zu rituellen Anlässen bei sich tragen.

Wir nickten, und so bat er uns, den Raum zu verdunkeln. ›Setzt euch hintereinander in einem Kreis‹, sagte er, ›und legt die Hände über die Augen eures jeweiligen Vordermannes.‹ Es überraschte mich nicht, daß mein Arbeitgeber – wenn auch gegen seinen Willen – den Anweisungen des Meisters Folge leistete. Nach einigen Minuten fragte Lahiri Maha-saya uns, was wir gesehen hätten.

›Meister‹, erwiderte ich, ›eine wunderschöne Frau erscheint vor meinen Augen. Sie trägt einen mit einer roten Borte gesäumten Sari und steht neben einer Begonie.‹ Alle anderen Schüler gaben dieselbe Beschrei-bung. Dann wandte sich der Meister an meinen Arbeitgeber: ›Erkennt Ihr diese Frau?‹

›Ja.‹ Der Mann bemühte sich augenscheinlich, eine ihm ungewohnte Gefühlsregung unter Kontrolle zu halten. ›Ich habe törichterweise mein Geld an sie verschwendet, obgleich ich eine gute Frau zu Hause habe. Ich schäme mich für den Grund meines Kommens. Wollt Ihr mir verge-ben und mich als Euren Schüler annehmen?‹

›Wenn Ihr sechs Monate lang ein moralisch einwandfreies Leben führt, will ich Euch annehmen‹, erwiderte der Meister und fügte orakelhaft hinzu: ›Sonst brauche ich Euch nicht mehr einzuweihen.‹

Drei Monate lang widerstand mein Arbeitgeber der Versuchung; dann aber nahm er sein früheres Verhältnis zu der Frau wieder auf, und zwei Monate später starb er. Da verstand ich die verschleierte Prophezeiung meines Gurus.«

Lahiri Mahasaya hatte einen berühmten Freund, Swami Trailanga, der angeblich über 300 Jahre alt sein sollte. Die beiden Yogis kamen oft zusammen, um gemeinsam zu meditieren. Trailangas Ruhm ist so weit verbreitet, daß nur wenige Hindus an der Glaubhaftigkeit der Geschich-ten zweifeln, die man sich über seine erstaunlichen Wundertaten erzählt. Wenn Jesus Christus heute zur Erde zurückkehrte und auf den Straßen von New York seine wundersamen Kräfte zur Schau stellte, könnte er kaum für mehr Aufregung sorgen als Trailanga vor Jahrzehnten in den bevölkerten Straßen von Benares.

Viele Male konnte man den Swami tödliches Gift trinken sehen, ohne daß es ihm den geringsten Schaden zufügte. Tausende von Menschen – und manch einer von ihnen lebt heute noch – haben Trailanga auf den Was-sern des Ganges schweben sehen. Er saß damals oft tagelang auf dem Wasser, oder aber er hielt sich für längere Zeit unter den Wellen verbor-gen. An den Bade-*Ghats* von Benares war der Anblick des Swamis, wie er regungslos auf den glühenden Steinplatten unter der sengenden Sonne Indiens saß, durchaus alltäglich. Mit seinen Wundern wollte Trailanga den Menschen zeigen, daß das Leben eines Yogis weder vom Sauerstoff noch von bestimmten Lebensbedingungen oder Vorsichtsmaßnahmen abhängig ist. Ob sich der große Meister über oder unter Wasser befand oder ob er seinen Körper der sengenden Hitze der Sonne aussetzte – jedesmal bewies er, daß er in einem göttlichen Bewußtseinszustand lebte und daß der Tod ihm nichts anhaben konnte.

Die Größe des Yogis spiegelte sich nicht nur in seiner Spiritualität wider, sondern auch in seinem Körper. Er wog über 300 Pfund: ein Pfund für jedes Lebensjahr! Diese Tatsache erscheint um so mysteriöser, als er nur sehr selten Nahrung zu sich nahm. Doch ein Meister kann sich ohne weiteres über alle Gesundheitsregeln hinwegsetzen, wenn er dies aus einem bestimmten Grunde für nötig hält, den oft nur er alleine kennt. Große Heilige, die aus dem kosmischen Traum der Maya erwacht sind und erkannt haben, daß diese Welt nichts als ein Gedanke Gottes ist, können mit ihrem Körper tun, was sie wollen, denn für sie ist er nur eine manipulierbare Masse verdichteter oder erstarrter Energie. Obgleich auch die Physiker mittlerweile erkannt haben, daß Materie nichts anderes ist als erstarrte Energie, so sind ihnen die erleuchteten Meister immer noch weit voraus, denn sie sind bei der Beherrschung der Materie längst von der Theorie zur Praxis geschritten.

Trailanga war prinzipiell nackt, und so war er ein echtes Sorgenkind für die Polizei von Benares. Der Swami war so natürlich in seinem Wesen, daß er sich – gleich dem biblischen Adam im Garten Eden – seiner Nacktheit überhaupt nicht bewußt war. Die Polizei hingegen war sich ihrer sehr wohl bewußt und verfrachtete den Swami kurzerhand ins Gefängnis. Wie peinlich war es aber, als der massige Körper Trailangas bald in seiner ganzen Fülle auf dem Dach des Gefängnisses erschien! Seine Zelle war noch immer sicher verriegelt und gab keinen Aufschluß darüber, wie er entkommen war.

Die Beamten waren am Rande der Verzweiflung; dennoch brachten sie den Swami erneut hinter Schloß und Riegel und stellten diesmal einen Posten vor der Zellentür auf. Wiederum wich die Macht einem höheren Recht, denn kurz darauf konnte man abermals beobachten, wie der große Meister gemächlich auf dem Dach spazierenging. Die Göttin der Gerechtigkeit hat verbundene Augen – im Falle von Trailanga entschloß sich die Polizei, ihrem Beispiel zu folgen.

Der große Yogi verharrte die meiste Zeit über in Schweigen.* Anders als man beim Anblick seines runden Gesichtes und gewaltigen, faßförmigen Bauches hätte vermuten können, aß Trailanga nur gelegentlich. Wenn er wieder einmal wochenlang nichts zu sich genommen hatte, brach er sein Fasten und trank einige Kannen saurer Milch, die ihm seine Anhänger brachten. Einst versuchte ein Skeptiker, Trailanga als Scharlatan zu entlarven, und ließ einen Eimer voll Kalkwasser, wie es zum Tünchen von Wänden verwendet wird, vor den Swami hinstellen.

»Meister«, sagte der Ungläubige mit geheuchelter Ehrfurcht, »ich habe Euch hier etwas saure Milch gebracht. Wollt Ihr sie nicht trinken?«

Ohne zu zögern, trank Trailanga das ganze Gefäß voll ätzender Kalklösung bis auf den letzten Tropfen aus. Kurz darauf fiel der Bösewicht unter heftigen Krämpfen zu Boden.

»Zu Hilfe, Swami, zu Hilfe!« schrie er. »Ich verbrenne! Vergebt mir meine verabscheuungswürdige Tat!«

Da brach der große Yogi sein übliches Schweigen. »Du Narr!« sagte er, »als du mir das Gift reichtest, wußtest du da nicht, daß mein Leben und das deinige eins sind? Wenn ich nicht das Wissen besäße, daß Gott in jedem Atom der Schöpfung und daher auch in meinem Magen gegenwärtig ist, hätte der Kalk mich getötet. Da du nun das göttliche Bumerang-Prinzip kennst, versuche in Zukunft niemals mehr, anderen übel mitzuspielen!«

Der solchermaßen geläuterte Sünder, der durch Trailangas Worte geheilt worden war, schlich geknickt von dannen.

Die Übertragung des Schmerzes war keineswegs durch die Willenskraft des Meisters bewirkt worden, sondern war eine Folge des unfehlbaren Gesetzes der ausglcichenden Gerechtigkeit, die das ganze Universum bis in seine fernsten Sphären hinein im Gleichgewicht hält. Erleuchtete Meister wie Trailanga, die die hemmenden Gegenströmungen des Egos für immer beseitigt haben, schaffen die Voraussetzungen dafür, daß die göttlichen Gesetze sofort zum Zuge kommen.

Wer an eine höhere, ausgleichende Gerechtigkeit glaubt, die – wie im vorliegenden Falle bei Trailanga und seinem potentiellen Mörder – oft

---

* Er war ein *Muni*, das heißt ein Mönch, der *Mauna* (spirituelles Schweigen) bewahrt. Das Sanskritwort *Muni* ist dem griechischen Wort *monos*, »allein, einsam«, verwandt, von dem auch Worte wie »Mönch, Monismus« und so weiter abgeleitet sind.

auf überraschende und unerwartete Weise für Vergeltung sorgt, braucht sich nicht vorschnell über die Ungerechtigkeit der Menschheit zu beklagen. »Mein ist die Rache, ich werde vergelten, spricht der Herr.«*

Was könnten wir Menschen mit unseren armseligen Mitteln schon ausrichten? Das Universum selbst sorgt für gerechte Vergeltung. Ein stumpfsinniger Geist glaubt nicht an göttliche Gerechtigkeit, Liebe, Allwissenheit und Unsterblichkeit, sondern verwirft diese als »aus der Luft gegriffene Mutmaßungen religiöser Träumer«.

Wer so wenig Gespür hat und nicht an ein göttliches Walten im Kosmos glaubt, setzt in seinem eigenen Leben eine Kette von Ereignissen in Bewegung, die ihn zur Suche nach der Wahrheit und damit letztendlich zum Erwachen zwingt.

Als Jesus seinen triumphalen Einzug in Jerusalem hielt, berief er sich auf die Allmacht des spirituellen Gesetzes. Während seine Jünger und die Menschenmenge noch Freudenrufe ausstießen und jubelten »Im Himmel Friede und Herrlichkeit in der Höhe!«, beklagten sich einige Pharisäer über das unwürdige Schauspiel und meinten vorwurfsvoll: »Meister, bring deine Jünger zum Schweigen!«

Jesus aber erwiderte: »Ich sage euch: Wenn sie schweigen, werden die Steine schreien.«**

Mit diesem Verweis wollte Jesus den Pharisäern bedeuten, daß die göttliche Gerechtigkeit keine bildhafte Abstraktion ist und daß ein friedfertiger Mensch auch dann noch seine Sprache findet, um sich zu verteidigen, wenn man ihm die Zunge herausgerissen hat; sie wird ihm vom Urgrund der Schöpfung, von der göttlichen Weltordnung selbst, gegeben.

»Glaubt ihr etwa«, sagte Jesus, »daß ihr die Friedfertigen zum Schweigen bringen könnt? Ebensogut könntet ihr versuchen, die Stimme Gottes zu ersticken, dessen Herrlichkeit und Allgegenwart sogar die Steine preisen. Wollt ihr den Menschen verbieten, heilige Feste zu feiern und den Frieden des Himmels zu verkünden? Wollt ihr ihnen nur dann erlauben, sich zu versammeln und ihre Einheit zu bekennen, wenn Krieg auf Erden herrscht? Dann macht euch darauf gefaßt, o ihr Pharisäer, daß die Welt in ihren Grundfesten erschüttert wird; denn nicht nur die Friedfertigen, sondern auch Steine, Erde, Wasser, Feuer und Luft werden sich gegen

* *Römer* 12, 19.
** *Lukas* 19, 37–40.

euch erheben, um die göttliche Harmonie im Universum wiederherzustellen.«

Eine besondere Gnade wurde einst meinem *Sajo Mama* (Onkel mütterlicherseits) durch den christusgleichen Yogi Trailanga zuteil. Eines Morgens erblickte dieser den Meister inmitten seiner Anhängerschaft und
Gläubigen an einem *Ghat* in Benares. Es gelang ihm, sich Trailanga zu
nähern und seine Füße demutsvoll zu berühren. Zu seiner Überraschung
wurde mein Onkel daraufhin augenblicklich von einer schmerzhaften
chronischen Krankheit geheilt.*

Die einzige noch lebende Schülerin des großen Yogis ist, soviel ich weiß,
Shankari Mai Jiew. Sie ist die Tochter eines Schülers von Trailanga und
wurde seit frühester Kindheit von dem Swami unterwiesen. Vierzig Jahre
lang lebte sie in mehreren einsamen Höhlen im Himalaja in der Nähe von
Badrinath, Kedarnath, Amarnath und Pasupatinath. Die *Brahmacharini*
(Asketin) wurde 1826 geboren und ist nun schon weit mehr als hundert
Jahre alt. Im Aussehen ist sie jedoch kaum gealtert, denn sie hat noch
immer schwarzes Haar, blendend weiße Zähne und eine erstaunliche
Energie. Alle paar Jahre verläßt sie ihre einsame Behausung, um an den
regelmäßig stattfindenden *Melas* oder religiösen Festen teilzunehmen.

Die heilige Frau besuchte Lahiri Mahasaya häufig. Ihren Berichten
zufolge weilte sie einst in der Gegenwart Lahiri Mahasayas im Barack-
pur-Bezirk von Kalkutta, als der große Guru Babaji still ins Zimmer trat
und sich mit ihnen unterhielt.

Bei einer anderen Gelegenheit brach ihr Meister Trailanga einmal sein
gewohntes Schweigen, um Lahiri Mahasaya in aller Öffentlichkeit zu
ehren. Ein Schüler aus Benares war damit jedoch nicht einverstanden
und fragte:

»Meister, warum erweist Ihr, der Ihr ein Swami und Entsagender seid,
einem Familienvater soviel Ehre?«

»Mein Sohn«, erwiderte daraufhin Trailanga, »Lahiri Mahasaya gleicht
einem göttlichen Kätzchen, das immer dort bleibt, wo die kosmische

---

* Das Leben Trailangas und anderer großer Meister bringt uns folgende Worte
  Jesu in Erinnerung: »Und durch die, die zum Glauben gekommen sind, werden
  folgende Zeichen geschehen: In meinem Namen [dem Christusbewußtsein]
  werden sie Dämonen austreiben; sie werden in neuen Sprachen reden; wenn
  sie Schlangen anfassen oder tödliches Gift trinken, wird es ihnen nicht schaden; und die Kranken, denen sie die Hände auflegen, werden gesund werden«
  (*Markus* 16, 17–18).

Mutter es hingesetzt hat. Indem er pflichtgetreu seine Rolle in der Welt spielt, hat er ebenjenen Grad höchster Selbstverwirklichung erlangt, für den ich sogar auf mein Lendentuch verzichtet habe.«

Kapitel 32

Ramas Auferstehung von den Toten

Ein Mann war krank, Lazarus ... Als Jesus das hörte, sagte er: Diese Krankheit wird nicht zum Tode führen, sondern dient der Verherrlichung Gottes: Durch sie soll der Sohn Gottes verherrlicht werden.«*

Es war an einem sonnigen Morgen, und Sri Yukteswar saß mit uns auf dem Balkon der Einsiedelei von Serampore, um mit uns in der christlichen Bibel zu lesen. Neben einigen anderen Jüngern des Meisters war auch ich mit einer kleinen Gruppe von Schülern aus Ranchi zugegen.

»An dieser Textstelle spricht Jesus von sich selbst als Gottes Sohn. Obgleich er wahrhaft mit Gott vereint war, hat seine Bemerkung in diesem Zusammenhang noch eine tiefere, überpersönliche Bedeutung«, erklärte uns der Guru. »Der Sohn Gottes ist der Christus, das heißt das göttliche Bewußtsein im Menschen. Kein *Sterblicher* kann Gott verherrlichen. Der Mensch kann seinem Schöpfer nur eine einzige Ehre erweisen: Ihn suchen. Man kann nicht etwas Abstraktes verherrlichen, das man nicht kennt. Der ›Glorienschein‹ oder Nimbus um den Kopf eines Heiligen ist das symbolische Zeugnis seiner *Fähigkeit*, dem Göttlichen Ehre zu erweisen.«

Dann fuhr Sri Yukteswar mit der wunderbaren Geschichte von der Auferstehung des Lazarus fort. Nachdem er zum Ende gekommen war, verfiel er in längeres Schweigen; das heilige Buch lag noch immer geöffnet auf seinem Schoß.

»Auch ich durfte einmal ein ähnliches Wunder erleben«, sagte der Guru schließlich in feierlichem Ton. »Lahiri Mahasaya ließ einen meiner Freunde von den Toten auferstehen.«

Die Jungen neben mir horchten interessiert auf. Und auch ich war noch Kind genug, um mich nicht nur an den philosophischen Lehren Sri Yukteswars, sondern auch an jeder Geschichte zu erfreuen, die dieser von den wunderbaren Erlebnissen mit seinem Guru zu erzählen wußte.

---

* *Johannes* 11, 1–4.

»Rama und ich waren unzertrennliche Freunde«, begann der Meister. »Da er sehr schüchtern und in sich gekehrt war, suchte er unseren Meister Lahiri Mahasaya nur zwischen Mitternacht und Morgengrauen auf, wenn alle anderen Schüler fort waren. Mich als seinem besten Freund ließ Rama am ganzen Reichtum seiner spirituellen Wahrnehmungen teilhaben. Er war der ideale Gefährte für mich, und ich empfand ihn als einen unerschöpflichen Quell der Inspiration.«

Das Gesicht des Gurus nahm weichere Züge an, als er von diesen Erinnerungen sprach.

»Plötzlich aber wurde Rama vor eine schwere Prüfung gestellt«, fuhr Sri Yukteswar fort. »Er erkrankte an der asiatischen Cholera. Bei ernsthaften Krankheiten hatte unser Meister niemals etwas gegen ärztliche Hilfe einzuwenden, und so wurden zwei Fachärzte herbeigerufen. Während sie mit allen Mitteln ihrer Kunst versuchten, den Kranken zu retten, betete ich schweigend zu Lahiri Mahasaya, daß er ihm helfen möge. Schließlich eilte ich doch zu ihm nach Hause und berichtete unter Tränen, was sich zugetragen hatte.

›Rama wird von den Ärzten behandelt; er wird wieder gesund werden‹, meinte mein Guru gelassen.

Ich war erleichtert, doch als ich zum Bett meines Freundes zurückkehrte, lag er im Sterben.

›Es kann sich höchstens noch um ein oder zwei Stunden handeln«, gab mir einer der Ärzte mit einer Geste der Hoffnungslosigkeit zu verstehen. Daraufhin eilte ich erneut zu Lahiri Mahasaya. ›Die Ärzte sind sehr gewissenhaft. Ich bin sicher, daß Rama wieder genesen wird‹, meinte der Meister voll der Zuversicht und entließ mich.

Als ich zu Ramas Haus zurückkehrte, waren beide Ärzte gegangen. Einer der beiden hatte mir folgende Nachricht hinterlassen: ›Wir haben unser möglichstes getan, doch der Fall ist hoffnungslos.‹ Mein sterbender Freund bot tatsächlich einen erschreckenden Anblick. Einerseits konnte ich nicht glauben, daß Lahiri Mahasayas Worte nicht der Wahrheit entsprechen sollten; andererseits sah ich mit eigenen Augen, wie Ramas Leben zusehends dahinschwand, und ich sagte mir selbst: ›Gleich ist es mit ihm zu Ende!‹ Solchermaßen hin und her gerissen zwischen Glauben und Zweifel, pflegte ich meinen Freund, so gut ich konnte. Auf einmal richtete er sich auf und rief:

›Yukteswar, laufe schnell zum Meister und sage ihm, ich sei dahingegangen. Und bitte ihn, meinen Körper zu segnen, bevor ihm die letzte Ehre zuteil wird.‹* Nach diesen Worten seufzte Rama noch einmal tief auf und schied dahin.

Eine Stunde lang blieb ich weinend am Bett meines geliebten Freundes sitzen. Er, der schon immer die Stille geliebt hatte, war nun in die endgültige Stille des Todes eingegangen. Schließlich trat ein anderer Schüler ins Zimmer, und ich bat ihn, so lange im Haus zu bleiben, bis ich zurückkehrte. Wie benommen machte ich mich auf den Weg zu meinem Guru.

›Wie geht es Rama?‹ fragte Lahiri Mahasaya lächelnd.

›Meister, bald werdet Ihr sehen, wie es ihm geht!‹ stieß ich hervor, und meine Stimme bebte vor Erregung. ›In einigen Stunden werdet Ihr seinen Körper zum letzten Male sehen, ehe er zur Krematoriumsstätte getragen wird.‹ Dann konnte ich nicht länger an mich halten und begann, laut zu schluchzen.

›Yukteswar, beherrsche dich! Setz dich ruhig hin und meditiere!‹ Mit diesen Worten zog sich mein Guru in den Zustand des *Samadhi* zurück. Wir verbrachten den Nachmittag und die ganze folgende Nacht in ununterbrochenem Schweigen. Ich versuchte vergeblich, mich innerlich zu fassen.

Erst als der Morgen graute, wandte sich Lahiri Mahasaya mir zu und sprach mit tröstender Stimme: ›Wie ich sehe, hast du noch immer keine Ruhe gefunden. Warum hast du mir gestern nicht gesagt, daß du von mir eine sichtbare Hilfe in Form einer Medizin erwartest?‹ Mit diesen Worten wies der Meister auf eine schalenförmige Lampe, die mit einfachem Rizinusöl gefüllt war. ›Gieße etwas von diesem Lampenöl in eine kleine Flasche, und träufle sieben Tropfen davon in Ramas Mund.‹

›Aber Meister‹, wandte ich ein, ›er ist doch schon seit gestern mittag tot. Wie könnte ihm das Öl jetzt noch helfen?‹

›Das soll nicht deine Sorge sein. Tu nur, wie ich dich geheißen habe!‹ Die Gelassenheit meines Gurus war mir absolut unverständlich, denn ich war immer noch völlig am Boden zerstört ob des schmerzlichen Verlustes. Ich füllte eine kleine Menge des Öls ab und machte mich auf den Weg zu Ramas Haus.

Bei meinem Freund war mittlerweile bereits die Totenstarre eingetreten. Ohne mich von seinem Aussehen abschrecken zu lassen, öffnete ich mit

---

* Opfer der Cholera sind oft bis zum Eintritt des Todes geistig klar und bei vollem Bewußtsein.

dem rechten Zeigefinger seine Lippen; in der linken Hand hielt ich den in Öl getränkten Korken des Fläschchens und benetzte damit die zusammengebissenen Zähne des Toten. Als der siebente Tropfen seine erkalteten Lippen berührte, durchfuhr Rama ein Zucken. Er richtete sich auf und blickte verwundert um sich. Am ganzen Leib zitternd rief er: ›Ich habe Lahiri Mahasaya inmitten eines strahlenden Lichtes gesehen! Er leuchtete so hell wie die Sonne. Und er sprach zu mir: Erhebe dich von deinem Schlaf und komm mit Yukteswar zu mir!‹

Ich traute meinen Augen kaum, als Rama aufstand, sich ankleidete und nach dieser tödlichen Krankheit nicht zu schwach war, um mit mir zum Haus unseres Meisters zu gehen. Dort warf er sich mit Tränen der Dankbarkeit vor Lahiri Mahasaya nieder.

Der Meister aber schüttelte sich vor Lachen, und mit einem ironischen Seitenblick sagte er zu mir:

›Yukteswar, in Zukunft wirst du sicher immer ein Fläschchen Rizinusöl in der Tasche haben. Und immer wenn du eine Leiche siehst, brauchst du ihr nur etwas davon einzuflößen. Was könnte Yama* schon gegen sieben Tropfen Lampenöl ausrichten!‹

›Guruji, Ihr macht Euch lustig über mich. Ich verstehe das alles nicht. Erklärt es mir bitte.‹

›Ich habe dir zweimal versichert, daß Rama gesund werden würde, doch du hast mir nicht geglaubt‹, erklärte Lahiri Mahasaya. ›Ich habe nicht behauptet, daß die Ärzte Rama heilen könnten. Ich sagte nur, daß sie ihn behandeln. Diese beiden Äußerungen standen in keiner ursächlichen Beziehung zueinander. Ich wollte den Ärzten nicht in die Quere kommen, denn sie müssen schließlich auch leben.‹ Und voller Zuversicht und Freude fügte er hinzu: ›Vergiß nie, daß der unerschöpfliche Paramatman** jeden heilen kann – ob nun mit oder ohne Arzt!‹

›Ich sehe es jetzt ein‹, bemerkte ich kleinlaut. ›Ich weiß nun, daß ein Wort von Euch genügt, um Euch den ganzen Kosmos untertan zu machen.‹«

Als Sri Yukteswar seine beeindruckende Geschichte beendet hatte, wagte sich einer der Knaben aus Ranchi vor und stellte eine Frage, die vom Standpunkt eines Kindes aus doppelt verständlich war:

---

 * Der Gott des Todes.
** Wörtlich: »höchste Seele«.

»Sir«, fragte er, »warum verordnete Euer Guru ausgerechnet Rizinus-öl?«

»Mein Kind, das Öl selbst hatte nichts zu bedeuten. Da ich aber ein sichtbares Zeichen erwartet hatte, gab mir Lahiri Mahasaya einfach das Öl, weil es gerade zur Hand war. Er wollte mich mit diesem gegenständlichen Symbol zu einem unbeirrbareren Glauben führen. Der Meister ließ Rama nur deshalb sterben, weil ich an seinen Worten gezweifelt hatte. Dennoch hatte der göttliche Guru von Anfang an gesagt, daß sein Schüler genesen würde, und so mußte es zwangsläufig zu einer Heilung kommen, selbst wenn er Rama von den Toten auferwecken mußte.«

Mit diesen Worten entließ Sri Yukteswar die kleine Gruppe und bedeutete mir, auf einer Decke zu seinen Füßen Platz zu nehmen. »Yogananda«, sagte er mit ungewöhnlichem Ernst, »seit deiner Geburt bist du von direkten Schülern Lahiri Mahasayas umgeben gewesen. Der große Meister lebte sehr zurückgezogen und erlaubte seinen Anhängern nicht, eine Organisation zur Verbreitung seiner Lehren aufzubauen. Dennoch machte er eine bedeutsame Prophezeiung:

›Etwa fünfzig Jahre nachdem ich aus dieser Welt gegangen bin‹, so sagte er, ›wird man im Westen so großes Interesse an den Lehren des Yoga zeigen, daß man meine Lebensgeschichte niederschreiben wird. Die Botschaft des Yoga wird sich über die ganze Erde ausdehnen und dazu beitragen, jene echte Brüderlichkeit unter den Menschen zu verbreiten, wie sie auf der unmittelbaren Erfahrung des einen Gottes beruht.‹«

»Yogananda, mein Sohn«, fuhr Sri Yukteswar fort, »jetzt liegt es an dir, diese Botschaft zu verbreiten und die Geschichte dieses ehrwürdigen Lebens niederzuschreiben.«

Lahiri Mahasaya hatte seinen Körper 1895 verlassen, und 1945 – genau fünfzig Jahre danach also – wurde dieses Buch fertiggestellt. Welch erstaunliches Zusammentreffen, daß mit dem Jahr 1945 gleichzeitig eine neue Ära eingeläutet wurde, die uns revolutionäre Erkenntnisse auf dem Gebiet der Atomenergie bringen sollte. Mehr denn je zuvor sind die Fragen des Friedens und der Brüderlichkeit zu einem Thema für jeden denkenden Menschen geworden, denn es setzt sich die Erkenntnis durch, daß mit dem weiteren Einsatz physischer Gewalt letztendlich die gesamte Menschheit mitsamt ihren Problemen dahingerafft wird.

Der Mensch und alles, was er geschaffen hat, wird dereinst spurlos von dieser Erde verschwinden – ganz gleich, ob durch den Zahn der Zeit oder die Explosion von Bomben; die Sonne aber wird weiter ihre Bahn ziehen,

und die Sterne werden unveränderlich Wacht halten. Die kosmischen
Gesetze lassen sich nicht ändern oder aufheben, und der Mensch täte gut
daran, in harmonischem Einklang mit ihnen zu leben. Wenn der Kosmos
keine Gewalt ausübt, wenn die Sonne keinen Krieg gegen die Sterne
führt, sondern sich zur rechten Zeit zurückzieht, damit die Sterne eine
Weile leuchten können, was versprechen wir uns dann von unserer
eisernen Faust? Wie könnte sie uns jemals den Frieden bringen? Nicht
Grausamkeit, sondern Güte und Entgegenkommen sind die Grundfesten
des Kosmos. Eine in friedlichem Miteinander lebende Menschheit wird
die Früchte eines immerwährenden Sieges ernten, die süßer schmecken
als jene, die auf blutdurchtränktem Boden gedeihen.
Der einzig erfolgversprechende Völkerbund ist der natürliche, namenlo-
se Bund menschlicher Herzen. Allumfassendes Mitgefühl und weise
Einsicht, die allein das Leid dieser Welt lindern können, erwachsen nicht
aus einer rein verstandesmäßigen Berücksichtigung menschlicher Ver-
schiedenheiten, sondern aus dem Bewußtsein unserer unauflösbaren
Einheit mit Gott. Möge Yoga – jene Wissenschaft und Lehre, die uns zu
wahrer Gottverbundenheit führt – alle Menschen in allen Ländern erreichen und dazu beitragen, uns zu unserem höchsten Ziel zu führen: zum
Frieden durch Bruderschaft.
Wenngleich die indische Kultur die älteste überhaupt ist, haben nur
wenige Historiker erkannt, daß ihr Fortbestehen kein Zufall ist, sondern
die logische Folge ihrer einzigartigen Hingabe an die ewigen Wahrheiten,
wie sie in Indien von den großen Meistern aller Generationen gelehrt
wurden. Allein durch seine Kontinuität, durch seine Unwandelbarkeit
angesichts der Jahrhunderte – wer von den verstaubten Gelehrten könnte schon sagen, wie viele? – hat Indien mehr als jedes andere Land eine
gültige Antwort auf die Herausforderung der Zeit gegeben. Die biblische
Geschichte,* in der Abraham den Herrn bittet, die Stadt Sodom zu
verschonen, wenn Er nur zehn Gerechte darin fände, worauf Gott antwortet: »Ich werde sie um der zehn willen nicht vernichten«, gewinnt am
Beispiel Indiens neue Bedeutung, denn es wurde nicht wie Babylon,
Ägypten und andere mächtigen Nationen, die zur gleichen Zeit bestanden, der Vernichtung preisgegeben.
Hören wir noch einmal die Worte Gottes – heute, in diesem zwanzigsten
Jahrhundert, das, ehe es die Hälfte überschritten hat, bereits zweimal in

* *Genesis* 18, 23–32.

ein Blutbad verwandelt wurde: Kein Volk, in dem es auch nur zehn Menschen gibt, die vor den Augen des unbestechlichen göttlichen Richters bestehen können, wird je vernichtet werden! Indien, das ganz und gar von dieser Wahrheit durchdrungen ist, hat sich seit je gegen die Tücken der Zeit behaupten können. In jedem Jahrhundert hat es erleuchtete Meister gegeben, die seinen Boden geheiligt haben. Auch in unserer Zeit haben christusgleiche Weise wie Lahiri Mahasaya und Sri Yukteswar ihre mahnende Stimme erhoben und erklärt, daß die Lehren des Yoga sowohl für das Glück des einzelnen als auch für den Fortbestand der Nation wichtiger seien als alle materiellen Fortschritte.

Über das Leben Lahiri Mahasayas und seine universelle Lehre ist bisher nur sehr wenig geschrieben worden. In den letzten drei Jahrzehnten bin ich jedoch in Indien, Amerika und Europa vielen Menschen begegnet, die ein lebhaftes und aufrichtiges Interesse an seiner Botschaft zur Befreiung durch Yoga zeigten. Deshalb ist es nun – genau wie Lahiri Mahasaya vorausgesagt hat – an der Zeit, einen Bericht über sein Leben zu schreiben, und zwar insbesondere für die Länder des Westens, wo man bisher nur wenig über die großen Yogis unserer Tage weiß.

In englischer Sprache sind bisher nur ein oder zwei kleinere Abhandlungen über das Leben des Gurus erschienen. Eine in Bengali verfaßte Biographie mit dem Titel *Sri Sri* Shyama Charan Lahiri Mahasaya* wurde 1941 veröffentlicht. Autor ist mein Schüler Swami Satyananda, der viele Jahre in unserer *Vidyalaya*-Schule in Ranchi als *Acharya* (spiritueller Lehrer) tätig war. Ich habe einige Passagen aus seinem Werk übersetzt und in diesen Teil meines Buches, der Lahiri Mahasaya gewidmet ist, aufgenommen.

Lahiri Mahasaya wurde am 30. September 1828 in Ghurni, einem Dorf im Bezirk Nadia bei Krishnanagar in Bengalen, geboren. Seine Eltern gehörten einer alteingesessenen Familie frommer Brahmanen an. Er war der jüngste Sohn von Muktakashi, der zweiten Frau des ehrwürdigen Gaur Mohan Lahiri. (Seine erste Frau, die ihm drei Söhne geschenkt hatte, hatte auf einer Pilgerfahrt ihr Leben gelassen.) Die Mutter des Jungen starb, als er noch ein Kind war. Wir wissen kaum etwas über sie mit Ausnahme der bemerkenswerten Tatsache, daß sie eine ergebene Ver-

---

*   *Sri* heißt »heilig« und wird (im allgemeinen zwei bis dreimal) den Namen der großen indischen Lehrer als Titel vorangestellt.

ehrerin des Gottes Shiva* war, den die heiligen Schriften als den »König der Yogis« bezeichnen.

Der Knabe, dem man den Namen Shyama Charan gab, verbrachte seine Kindheit im Haus seiner Vorfahren in Nadia. Schon im Alter von drei oder vier Jahren saß er oft, bis auf den Kopf völlig im Sand eingegraben, in einer bestimmten Yoga-Stellung da.

Das Anwesen der Lahiris wurde im Winter 1833 zerstört, als sich der in der Nähe liegende Jalangi-Fluß ein neues Bett suchte und sich mit dem Ganges vereinigte. Einer der von den Lahiris errichteten Shiva-Tempel wurde mitsamt dem Wohnhaus von den reißenden Fluten fortgeschwemmt. Ein frommer Mann rettete das steinerne Bildnis Shivas aus den tosenden Wassern und stellte es in einem neuen Tempel auf, der Ghurni-Shiva-Gedenkstätte, die heute zahlreiche Besucher anzieht.

Gaur Mohan Lahiri brachte seine Familie aus Nadia fort und ließ sich in Benares nieder, wo er sogleich einen neuen Tempel zu Ehren Shivas errichtete. Das Leben der Familie war auf sein Geheiß hin streng nach vedischen Vorschriften geregelt; tägliche Gebete und Andachten, Verrichtungen für wohltätige Zwecke, das Geben von Almosen und das Studium der heiligen Schriften waren fester Bestandteil des Alltags. Sein ausgeprägter Gerechtigkeitssinn und seine geistige Empfänglichkeit machten ihn jedoch aufgeschlossen für nutzbringende moderne Errungenschaften.

In Benares lernte der Knabe Lahiri Hindi und Urdu. Außerdem besuchte er die Schule von Joy Narayan Ghosal, wo er Unterricht in Sanskrit, Bengali, Französisch und Englisch erhielt. Der junge Yogi befaßte sich eingehend mit dem Studium der Veden und folgte mit regem Interesse den Vorträgen gelehrter Brahmanen über die Auslegung der heiligen Schriften. Einer dieser Pandits war ein Weiser namens Nag-Bhatta.

Shyama Charan war ein ausgesprochen liebenswürdiger, freundlicher und mutiger Junge, der sich bei all seinen Spielgefährten großer Beliebtheit erfreute. Er war gut gebaut, gesund und kräftig, war in vielerlei Hinsicht sehr geschickt und konnte besonders gut schwimmen.

---

* Shiva ist Teil der göttlichen Trinität – Brahma, Vishnu, Shiva –, die im Kosmos ihre jeweilige Aufgabe der Erschaffung, Erhaltung bzw. Auflösung und Erneuerung erfüllt. Shiva wird in der Mythologie als der Gott der Entsagenden dargestellt und nimmt in den Visionen seiner Verehrer verschiedene Gestalten an; so erscheint er zum Beispiel als Mahadeva, der Asket mit dem verfilzten Haar, oder als Nataraja, der kosmische Tänzer.

Im Jahre 1846 vermählte sich Shyama Charan Lahiri mit Srimati Kashi Moni, der Tochter von Sri Debnarayan Sanyal. Kashi Moni war eine vorbildliche indische Ehefrau, die ihren traditionellen Pflichten innerhalb der Familie – zu denen auch die Bewirtung von Gästen und die Betreuung von Armen gehört – gewissenhaft nachkam. Aus dieser Ehe gingen zwei große Söhne, Tincouri und Ducouri, hervor.

Im Alter von 23 Jahren trat Lahiri Mahasaya 1851 eine Stelle als Buchhalter im technisch-militärischen Dienst der britischen Regierung an. Während seiner Dienstzeit wurde er des öfteren befördert. So war er nicht nur ein Meister vor Gott, sondern wirkte auch erfolgreich auf der kleinen Bühne des Alltags, auf der er die bescheidene Rolle eines Büroangestellten spielte.

Durch Verlegung seines Arbeitsplatzes wurde Lahiri Mahasaya mehrmals versetzt und arbeitete in Gazipur, Mirjapur, Danapur, Naini Tal, Benares und andernorts. Nach dem Tode des Vaters mußte der junge Mann die Verantwortung für die ganze Familie übernehmen; als Familiensitz erwarb er ein Haus in Benares' ruhigem Viertel Garudeswar Mohulla.

In seinem 33. Lebensjahr erfüllte sich das Schicksal, um dessentwillen er sich auf Erden wiederverkörpert hatte. Die lange in seinem Inneren schwelende Glut brach endlich auf und wurde zur lodernden Flamme. Der göttliche Wille, der jenseits des menschlich Faßbaren wirkt, sorgt auf rätselhafte Weise stets dafür, daß das Richtige zur rechten Zeit geschieht. Und so begegnete Lahiri Mahasaya in der Nähe von Ranikhet seinem großen Guru Babaji, der ihn in die Geheimnisse des *Kriya*-Yoga einweihte.

Diese Begegnung sollte sich nicht nur für Lahiri Mahasaya selbst, sondern für die ganze Menschheit als segenbringend erweisen, denn wie viele von uns durften die erleuchtende Gnade des *Kriya* erfahren! Die verlorengegangene oder lange verschollene hohe Kunst des Yoga sollte durch ihn wieder ans Licht gebracht werden. Viele Männer und Frauen, die nach spiritueller Erleuchtung dürsteten, fanden schließlich Zugang zu den erfrischenden Quellen des *Kriya*-Yoga. So wie in der hinduistischen Legende die Mutter Ganges vom Himmel zur Erde herabfloß, um dem verdurstenden Gläubigen Bhagirath göttliche Labsal zu bringen, so bahnte sich der himmlische Strom des *Kriya*-Yoga aus der verborgenen Festung des Himalaja einen Weg in das ausgedörrte Land der Menschen.

Kapitel 33

Babaji, der Christus-Yogi des neuzeitlichen Indiens

D ie zerklüftete Felsenlandschaft bei Badrinarayan im nördlichen Himalaja ist auch heute noch mit der lebendigen Gegenwart Babajis, des Gurus von Lahiri Mahasaya, gesegnet. Der in der Abgeschiedenheit lebende Meister hat seinen physischen Körper seit Jahrhunderten, wenn nicht gar seit Jahrtausenden beibehalten. Der unsterbliche Babaji ist ein *Avatara*. Dieses Sanskritwort bedeutet soviel wie »herabsteigen« und setzt sich aus den Wurzeln *Ava* = »herab« und *tri* = »gehen« zusammen. In den heiligen Schriften der Hindus bedeutet *Avatara* das Herabsteigen der Gottheit in das Fleisch.

»Babajis spirituelle Vollkommenheit entzieht sich jeder menschlichen Vorstellungskraft«, erklärte mir Sri Yukteswar. »Der gewöhnliche Mensch mit seiner begrenzten Sicht kann diesen transzendenten Stern nicht schauen. Vergeblich der Versuch, sich auch nur ein ungefähres Bild von der geistigen Größe des Avatars zu machen; sie ist eben unvorstellbar.«

In den *Upanishaden* sind die einzelnen Stufen der spirituellen Entwicklung eingehend beschrieben und abgegrenzt. Ein *Siddha* (»vollendetes Wesen«) ist ein ehemaliger *Jivanmukta* (»im jetzigen Leben Befreiter«), der zu einem *Paramukta* (»im höchsten Grade Befreiter« – mit Macht über den Tod) aufgestiegen ist. Letzterer hat sich ganz und gar aus der Knechtschaft der Maya und dem Kreislauf der Wiedergeburt befreit. Daher zieht ein *Paramukta* nur sehr selten wieder in einen physischen Körper ein; tut er es dennoch, ist er ein Avatar – also ein von Gott Gesandter, der der Welt seinen unermeßlichen Segen bringt. Ein Avatar unterliegt nicht mehr den kosmischen Gesetzen; sein reiner, als Lichtgestalt sichtbarer Körper steht nicht mehr in der Schuld der Natur.

Ein unaufmerksamer Beobachter wird an der Erscheinung eines Avatars nichts Außergewöhnliches entdecken, doch bei näherem Hinsehen stellt man fest, daß sie keinen Schatten wirft und keine Fußspuren im Sand hinterläßt. Dies sind die äußeren Zeichen dafür, daß er innerlich frei ist von aller Dunkelheit und jeglichen materiellen Verhaftungen. Nur ein

solcher Gottmensch kennt die Wahrheit, die jenseits der Relativität von
Leben und Tod liegt.

Der vielfach mißverstandene Omar Khayyam hat in seinem unsterblichen
Werk *Rubaiyat* einen solchermaßen befreiten Menschen besungen:

> Du, meiner Seele seliger Mund, kannst nie vergehen,
> den Mond des Himmels seh' ich wieder neu erstehen.
> Wie oft noch mag er aufgehn und vergeblich warten,
> mich unermüdlich suchend in dem gleichen Garten.

Der »selige Mond« ist Gott, der immerwährende Polarstern, der alle
Zeiten überdauert. Der »Mond des Himmels« ist der physische Kosmos,
der an das Gesetz periodischer Wiederkehr gebunden ist. Durch seine
Selbstverwirklichung hat der persische Seher die Ketten des Rades für
immer sprengen können.

»Wie oft noch mag er aufgehn und vergeblich warten …« Wie fieberhaft
sucht das Universum nach etwas, das einst zu ihm gehörte und nun
spurlos verschwunden ist!

Jesus Christus gab seiner Freiheit mit etwas anderen Worten Ausdruck:
»Da kam ein Schriftgelehrter zu ihm und sagte: ›Meister, ich will dir
folgen, wohin du auch gehst.‹ Jesus antwortete ihm: ›Die Füchse haben
ihre Höhlen und die Vögel ihre Nester; der Menschensohn aber hat
keinen Ort, wo er sein Haupt hinlegen kann‹.«*

Wie könnte man dem allgegenwärtigen Christus anders folgen als im
allumfassenden Geist?

Krishna, Rama, Buddha und Patanjali gehören zu den Avataren des alten
Indiens. Auch um Agastya, einen südindischen Avatar, ist eine umfangreiche tamilische Lyrik entstanden. Er hat einige Jahrhunderte vor bzw.
nach Christus durch zahlreiche Wundertaten von sich reden gemacht
und soll bis heute in demselben physischen Körper leben.

Babajis Mission in Indien bestand darin, die Propheten und Seher in ihren
jeweiligen Aufgaben zu unterstützen. Den heiligen Schriften zufolge
gebührt ihm daher der Titel eines *Mahavatar*, das heißt »großer Avatar«.
Er selbst berichtete, daß er Shankara, den altehrwürdigen Gründer des
Swami-Ordens, und Kabir, den berühmten Heiligen des Mittelalters, in
den Yoga eingeweiht habe. Sein bedeutender Schüler im 19. Jahrhundert

---

* *Matthäus* 8, 19–20.

Babaji, der Mahavatar,
Guru von Lahiri Mahasaya.
Ein Künstler hat diese Zeichnung des großen Christus-Yogis des neu-
zeitlichen Indiens nach meinen Angaben angefertigt.

war, wie wir bereits wissen, Lahiri Mahasaya, der die verlorengegangene Kunst des *Kriya* wiederbelebte.

Der *Mahavatar* steht in ständiger Verbindung zu Christus; gemeinsam senden sie der Menschheit ihre rettenden Schwingungen, und sie sind es auch, die den spirituellen Weg zur Erlösung dieses Zeitalters entworfen haben. Das Werk dieser beiden erleuchteten Meister – der eine körperlich sichtbar, der andere körperlos – besteht darin, die Völker der Erde dahingehend zu inspirieren, daß sie sich lossagen von den Geißeln ihrer selbstmörderischen Kriege, der Rassendiskriminierung, des religiösen Sektierertums sowie dem Bumerang des Materialismus. Babaji ist sich des neuen Zeitgeistes, insbesondere des vielschichtigen Einflusses der westlichen Zivilisation, sehr wohl bewußt und hat erkannt, daß die befreiende Botschaft des Yoga nicht nur im Osten, sondern auch im Westen verbreitet werden muß.

Daß es keine historischen Aufzeichnungen über Babajis Leben gibt, sollte uns nicht verwundern. Der große Guru ist in keinem Jahrhundert ans Licht der Öffentlichkeit getreten; in seinen tausendjährigen Plänen ist kein Platz für den zweifelhaften Glanz des Rampenlichtes. Gleich dem Schöpfer – der einzigen, schweigenden Kraft – wirkt auch Babaji demütig im verborgenen.

Große Propheten wie Christus und Krishna kommen auf die Erde, um eine bestimmte, weithin sichtbare Rolle zu spielen; sobald ihre Mission beendet ist, gehen sie von uns. Andere Avatare, wie beispielsweise Babaji, befassen sich mehr mit dem langwierigen Entwicklungsprozeß des Menschen im Laufe der Jahrhunderte und nicht nur mit einem besonderen epochalen Ereignis. Solche Meister entziehen sich stets den neugierigen Blicken der Menge und haben die Macht, sich jederzeit willentlich unsichtbar zu machen. Aus diesen Gründen und auch, weil sie ihre Schüler anweisen, Stillschweigen über ihre Existenz zu bewahren, bleiben einige der ganz großen spirituellen Wesen der Allgemeinheit unbekannt. Ich gebe auf diesen Seiten nur einen kleinen Einblick in Babajis Leben und beschränke mich in meinem Bericht auf einige wenige Tatsachen, deren Veröffentlichung er selbst als nützlich und sinnvoll erachtet hat.

Nähere Angaben zu Babajis Familie oder Geburtsort, an welchen den Chronisten ja soviel gelegen wäre, konnten nie in Erfahrung gebracht werden. Im allgemeinen spricht er Hindi, unterhält sich aber auch fließend in jeder anderen Sprache. Er selbst nennt sich einfach Babaji (verehrter Vater). Andere ehrenbezeugende Titel, wie sie ihm von Lahiri

Mahasayas Schülern verliehen wurden, sind: *Mahamuni Babaji Maharaj* (höchster, ekstatischer Heiliger), *Maha Yogi* (größter Yogi) und *Trambak Baba* oder *Shiva Baba* (Titel der Avatare Shivas). Doch letztendlich ist es wohl einerlei, ob wir den genauen Familiennamen eines von allen irdischen Fesseln befreiten Meisters kennen. »Jedesmal wenn einer den Namen Babajis mit Ehrfurcht ausspricht«, sagt Lahiri Mahasaya, »zieht er augenblicklich seinen Segen auf sich herab.«

Der Körper des unsterblichen Gurus ist von keinerlei Alterserscheinungen gezeichnet; er wirkt wie ein junger Mann von kaum mehr als 25 Jahren. Babaji ist hellhäutig, mittelgroß und wohlgestaltet; von seinem schönen und kräftigen Körper geht ein sichtbares Leuchten aus. Seine dunklen Augen sind ruhig und voller Güte, und er hat langes, glänzendes, kupferfarbenes Haar. Eigenartigerweise besteht eine ziemlich auffallende Ähnlichkeit zwischen Babaji und Lahiri Mahasaya. Diese war so verblüffend, daß man Lahiri Mahasaya in seinen späteren Jahren für den Vater des jugendlich wirkenden Babaji hätte halten können.

Mein Sanskritlehrer, der verehrte Swami Kebalananda, hat einige Zeit seines Lebens mit Babaji im Himalaja verbracht. »Der unvergleichbare Meister zieht mit seinen Anhängern von einer gebirgigen Ortschaft zur anderen«, erzählte mir Kebalananda. »Zu seiner kleinen Schar gehören auch zwei weit auf ihrem Weg fortgeschrittene amerikanische Schüler. Wenn Babaji sich eine Zeitlang in einem Ort aufgehalten hat, sagt er: ›*Dera danda uthao.*‹ (›Laßt uns unsere Zelte abbrechen und den Stab ergreifen.‹) Er trägt zumeist einen *Danda* (Bambusstab) bei sich. Diese Worte sind das Signal dafür, daß die Gruppe sich im gleichen Moment an einem anderen Ort befindet. Doch nicht immer wählt er diese astrale Form des Reisens; manchmal wandert er auch zu Fuß von einem Gipfel zum anderen.

Babaji kann nur dann von anderen gesehen oder erkannt werden, wenn er dies wünscht. Bekanntlich ist er mehreren seiner Anhänger in vielen, leicht unterschiedlichen Gestalten erschienen – manchmal mit Vollbart und manchmal bartlos. Da sein unverweslicher Körper keiner Nahrung bedarf, ißt der Meister nur selten. Aus Höflichkeit seinen Schülern und Besuchern gegenüber nimmt er gelegentlich etwas Obst oder Milchreis mit zerlassener Butter zu sich.

Ich weiß von zwei wundersamen Begebenheiten aus dem Leben Babajis«, fuhr Kebalananda fort. »Eines Nachts saßen seine Schüler um ein loderndes Feuer, das zum Zwecke einer heiligen vedischen Zeremonie angezündet worden war. Plötzlich ergriff der Guru ein brennendes Holzscheit und schlug damit einem der *Chelas*, der dicht beim Feuer saß, leicht auf die bloße Schulter.

›Meister, wie grausam!‹ rief Lahiri Mahasaya, der ebenfalls zugegen war, vorwurfsvoll aus.

›Möchtest du ihn lieber vor deinen Augen zu Asche verbrennen sehen, so wie sein Karma es verlangt?‹

Mit diesen Worten legte Babaji seine heilende Hand auf die verletzte Schulter des Schülers und sprach: ›Ich habe dich heute nacht vor einem qualvollen Tode bewahrt. Dem karmischen Gesetz ist durch den geringfügigen Schmerz, den dir das Feuer soeben zugefügt hat, Genüge getan.‹

Ein andermal wurde der Kreis der Heiligen um Babaji durch die Ankunft eines Fremden gestört. Mit erstaunlicher Geschicklichkeit hatte dieser den schier unüberwindbaren Felsvorsprung erklommen, hinter dem der Guru und seine Schüler ihr Lager aufgeschlagen hatten.

›Herr, Ihr müßt der große Babaji sein!‹ Unbeschreibbare Ehrfurcht leuchtete aus den Augen des Mannes. ›Monatelang habe ich ohne Unterlaß auf diesen gefährlichen Felsen nach Euch gesucht. Ich bitte Euch flehentlich, mich als Euren Schüler anzunehmen.‹

Als der große Guru ihm keine Antwort gab, deutete der Mann auf den gähnenden Abgrund hinter sich. ›Wenn Ihr mich abweist, stürze ich mich von diesem Fels in die Tiefe. Das Leben hat keinen Sinn mehr für mich, wenn Ihr mich nicht auf meinem Weg zu Gott geleitet.‹

›Dann spring‹, sagte Babaji mit unbewegter Miene. ›Ich kann dich in deinem gegenwärtigen Entwicklungsstadium nicht annehmen.‹

Ohne auch nur einen Augenblick zu zögern, stürzte sich der Mann vom Felsen hinab. Da befahl Babaji seinen schockierten Schülern, den Leichnam des Fremden zu bergen. Als sie mit seinem zerschmetterten Körper zurückkehrten, legte der Meister seine Hand auf den Toten – und siehe da! Dieser öffnete die Augen und warf sich sodann demütig vor dem allmächtigen Guru nieder.

›Jetzt bist du soweit, mein Schüler zu werden‹, sagte Babaji und schaute den auferstandenen *Chela* liebevoll an. ›Du hast eine schwierige Prüfung mit Bravour bestanden. Der Tod kann dir jetzt nichts mehr anhaben, und du gehörst nun zu unserer Schar von Unsterblichen.‹ Dann sprach er seine bekannten Worte: ›*Dera danda uthao*‹ zum Zeichen des Aufbruchs, und die ganze Gruppe entschwand.«

Ein Avatar lebt im allgegenwärtigen Geist; das heißt, er lebt jenseits der

Grenzen von Zeit und Raum. Es kann daher nur einen Beweggrund geben, warum Babaji jahrhundertelang in ein- und demselben Körper lebt: Er will der Menschheit ein konkretes Beispiel ihrer eigenen Möglichkeiten geben. Wäre es dem Menschen niemals vergönnt, für kurze Zeit die fleischgewordene Gottheit zu schauen, so wäre er auf immer der Täuschung von Maya ausgeliefert und müßte glauben, daß er den Tod nicht überwinden kann.

Jesus wußte von Anbeginn seiner Existenz auf Erden, wie sein Leben verlaufen würde. Er durchwanderte jedes einzelne Stadium seines irdischen Daseins nicht aus eigenem Interesse oder gar aus karmischem Zwang heraus, sondern einzig und allein mit dem Ziel der geistigen Erhebung und Erbauung aller zum Nachdenken bereiten Menschen. Die vier Evangelisten – Matthäus, Markus, Lukas und Johannes – haben den einzigartigen Lebensweg Jesu zum Wohl künftiger Generationen schriftlich festgehalten.

Auch für Babaji gibt es keine relativen Begriffe wie Vergangenheit, Gegenwart und Zukunft; auch ihm waren von Anfang an alle Phasen seines Lebens bekannt. Um sich aber dem begrenzten Fassungsvermögen des menschlichen Verstandes anzupassen, hat er es so eingerichtet, daß bei vielen Szenen seines göttlichen Lebens ein oder zwei Zeugen zugegen waren. So geschah es auch, daß ein Schüler Lahiri Mahasayas anwesend war, als Babaji die Zeit für gekommen hielt, die Möglichkeit der physischen Unsterblichkeit zu proklamieren. Er tat dies in Gegenwart von Ram Gopal Muzumdar, damit dieser es später anderen Suchenden weitererzählen und sie dadurch inspirieren könne. Wenn die großen Meister reden und im Rahmen des scheinbar natürlichen Ablaufs der Dinge handeln, so tun sie dies ausschließlich um der Menschen willen. So sagte auch Christus: »Vater, ... ich wußte, daß du mich immer erhörst; *aber wegen der Menge, die um mich herum steht, habe ich es gesagt;* denn sie sollen glauben, daß du mich gesandt hast.«*

Als ich seinerzeit Ram Gopal, den »Heiligen ohne Schlaf«**, in Ranbajpur besuchte, erzählte er mir die wundersame Geschichte von seiner ersten Begegnung mit Babaji.

»Von Zeit zu Zeit verließ ich meine einsame Höhle, um Lahiri Mahasaya

---

* *Johannes* 11, 41–42.
** Der allgegenwärtige Yogi, der wußte, daß ich mich nicht vor dem Schrein in Tarakeswar verneigt hatte (siehe Kapitel 13).

in Benares zu besuchen«, sagte Ram Gopal. »Als ich einmal gegen Mitternacht mit mehreren anderen Schülern schweigend zu seinen Füßen meditierte, gab mir der Meister einen überraschenden Auftrag: ›Ram Gopal‹, sprach er, ›begib dich sogleich nach Dasasamedh zum Bade-*Ghat*.‹

Bald schon hatte ich den abgeschiedenen Ort erreicht. Die Nacht war hell vom Mondschein und den glitzernden Sternen am Firmament. Nachdem ich eine Weile still und geduldig dagesessen hatte, wurde meine Aufmerksamkeit auf eine große Steinplatte dicht vor meinen Füßen gelenkt. Diese hob sich langsam in die Höhe und gab den Blick in eine unterirdische Höhle frei. Der Stein wurde auf unerklärliche Weise in der Luft gehalten, und auf einmal entschwebte der darunterliegenden Höhle die verhüllte Gestalt einer jungen, unsagbar lieblichen Frau. Sie war umgeben von einem zarten Glorienschein. Langsam ließ sie sich mir gegenüber nieder. In tiefer Ekstase versunken verharrte sie zunächst regungslos vor mir. Schließlich bewegte sie sich und sprach mit sanfter Stimme:

›Ich bin Mataji*, die Schwester Babajis. Ich habe ihn und auch Lahiri Mahasaya gebeten, heute nacht zu meiner Höhle zu kommen, um mit ihnen über eine höchst wichtige Sache zu sprechen.‹

Gleich darauf erblickte ich ein seltsames, nebelhaftes Licht über dem Ganges, das sich in den dunklen Wassern widerspiegelte. Es kam näher und näher, bis es schließlich gleich einem Blitz neben Mataji niederschoß und sich augenblicklich zur physischen Gestalt Lahiri Mahasayas verdichtete. Demütig berührte dieser die Füße der heiligen Frau.

Noch ehe ich mich von meinem Schrecken erholt hatte, entdeckte ich zu meinem Erstaunen erneut eine geheimnisvolle, kreisende Lichtmasse, die sich am Himmel entlangbewegte. Mit großer Geschwindigkeit kam der leuchtende Flammenwirbel auf unsere Gruppe zu, wo er sich sogleich zu einem schönen, jugendlichen Körper verdichtete. Ich wußte sofort, daß es Babaji war, denn er sah aus wie Lahiri Mahasaya; nur wirkte er viel jünger und hatte langes, helles Haar.

Lahiri Mahasaya, Mataji und ich knieten zu Füßen des Gurus nieder. Ein

---

* »Heilige Mutter«. Auch Mataji lebt seit vielen Jahrhunderten in ein und demselben Körper; sie ist spirituell beinahe ebenso hoch entwickelt wie ihr Bruder. Sie hält sich in einer geheimen, unterirdischen Höhle am Dasasamedh-*Ghat* auf, wo sie in permanenter Ekstase lebt.

ätherischer Schauer der Glückseligkeit durchflutete jede Zelle meines Seins, als ich seinen göttlichen Körper berührte.

›Gesegnete Schwester‹, sprach Babaji, ›ich habe die Absicht, meinen Körper abzulegen und im Strom der Unendlichkeit unterzutauchen.‹

›Ich habe deinen Plan bereits vorausgeahnt, geliebter Meister, und möchte heute mit dir darüber sprechen. Warum möchtest du deinen Körper aufgeben?‹ Mit diesen Worten schaute die Heilige ihn flehentlich an.

›Was ist der Unterschied, ob ich eine sichtbare oder unsichtbare Welle im Meer meines Geistes bin?‹

Da entgegnete Mataji mit großer Schlagfertigkeit: ›Unsterblicher Guru, wenn es kein Unterschied ist, dann gib deinen Körper bitte niemals auf.‹*

›So sei des denn‹, erwiderte Babaji feierlich. ›Ich werde meinen irdischen Körper niemals ablegen. Zumindest für eine kleine Anzahl von Menschen auf dieser Erde soll er immer sichtbar bleiben. Gott der Herr hat Seinen Wunsch über deine Lippen kundgetan.‹

Ehrfurchtsvoll hatte ich dem Gespräch dieser erhabenen Wesenheiten gelauscht, da wandte sich der große Guru mit einer segnenden Geste zu mir und sprach:

›Fürchte dich nicht, Ram Gopal, denn selig bist du, weil du Zeuge dieses immerwährenden Versprechens sein durftest.‹

Dann verklang seine melodiöse Stimme allmählich, und Babajis sowie Lahiri Mahasayas Körper schwebten langsam empor und wieder über den Ganges hinweg. Eine Aura gleißenden Lichts umgab sie, als sie im nächtlichen Himmel entschwanden. Matajis Körper schwebte in die Höhle zurück; die Steinplatte senkte und schloß sich ganz von allein, wie von unsichtbarer Hand gelenkt.

Tief beeindruckt von diesem Erlebnis kehrte ich zum Haus Lahiri Mahasayas zurück. Als ich mich bei Tagesanbruch vor ihm verneigte, schenkte mir der Guru ein verstehendes Lächeln. ›Ich freue mich für dich, Ram Gopal‹, sagte er. ›Dein sehnlicher Wunsch, Babaji und Mataji zu begegnen, ist nun doch auf wundersame Weise in Erfüllung gegangen.‹

Von den anderen Schülern erfuhr ich, daß sich Lahiri Mahasaya seit dem Vorabend nicht von der Stelle gerührt hatte.

---

* Diese Begebenheit erinnert an Thales, den großen griechischen Philosophen, dessen Lehre zufolge es keinen Unterschied zwischen Leben und Tod gibt. »Warum stirbst du dann nicht?« fragte ein Kritiker ihn einmal. »Weil es keinen Unterschied gibt!« war Thales Antwort.

›Nachdem du zum Dasasamedh-*Ghat* aufgebrochen warst, hat der Meister einen höchst bemerkenswerten Vortrag über die Unsterblichkeit gehalten‹, erzählte mir ein *Chela*. Zum ersten Male verstand ich voll und ganz die in den heiligen Schriften offenbarte Wahrheit, daß ein Erleuchteter in zwei oder mehreren Körpern gleichzeitig an verschiedenen Orten erscheinen kann.

Lahiri Mahasaya hat mir im Laufe der Zeit noch viele andere metaphysische Details zu Gottes geheimem Plan für unsere Erde erläutert«, schloß Ram Gopal. »Babaji ist von Gott auserkoren, während des gegenwärtigen Weltenzyklus in seinem Körper weiterzuleben. Epochen werden kommen und gehen, doch der unsterbliche Meister* wird die Geschehnisse der Jahrhunderte im Blickfeld behalten und auf dieser irdischen Bühne gegenwärtig sein.«

---

*   »Amen, amen, ich sage euch: Wenn jemand an meinem Wort festhält [ununterbrochen im Christusbewußtsein lebt], wird er auf ewig den Tod nicht schauen« (*Johannes* 8, 51).

Kapitel 34

Materialisierung eines Palastes im Himalaja

D ie Geschichte von Babajis erster Begegnung mit Lahiri Mahasaya klingt wie ein faszinierendes Abenteuer und gibt uns einen der wenigen tieferen Einblicke in das Wesen dieses unsterblichen Gurus.« Mit diesen einleitenden Worten begann Swami Kebalananda seine wunderbare Erzählung. Schon als ich sie zum ersten Male hörte, übte sie einen eigenartigen Zauber auf mich aus. Und wie viele Male trug mir mein gütiger Sanskritlehrer auf mein beharrliches Bitten hin diese Geschichte vor, die ich später mit fast unverändertem Wortlaut auch von Sri Yukteswar hörte. Beide waren Schüler von Lahiri Mahasaya und hatten den Bericht direkt aus dem Mund ihres Gurus vernommen.

»Als ich Babaji zum erstenmal begegnete, war ich 33 Jahre alt«, so hatte Lahiri Mahasaya erzählt. »Damals, im Herbst 1861, arbeitete ich in Danapur als Buchhalter im technisch-militärischen Dienst der Regierung. Eines Morgens ließ mich der Abteilungsleiter zu sich rufen.

›Lahiri‹, sagte er, ›wie mir soeben telegrafisch von der Zentrale mitgeteilt wurde*, hat man Sie nach Ranikhet versetzt, wo ein neuer Militärstützpunkt aufgebaut werden soll.‹

In Begleitung von nur einem Diener machte ich mich also auf die 800 Kilometer lange Reise. Nachdem wir 30 Tage mit Pferd und Wagen unterwegs gewesen waren, erreichten wir schließlich Ranikhet** im Himalaja.

Meine Büroarbeit nahm mich nicht allzusehr in Anspruch, und so blieb mir genügend Zeit für Ausflüge in die herrliche Gebirgslandschaft. Man hatte mir gesagt, daß in dieser Gegend große Heilige leben sollten, und ich verspürte ein starkes Verlangen, ihnen zu begegnen. Bei einer meiner nachmittäglichen Wanderungen hörte ich zu meiner Verwunderung auf

---

* Um 1861 hatte die britische Regierung in Indien bereits ein erstes, wenn auch bescheidenes Telegrafennetz errichtet.

** Ranikhet im Bezirk Almora der United Provinces liegt am Fuß des Nanda Devi, der mit seinen 7816 m der höchste Himalajagipfel in Britisch-Indien ist.

einmal aus der Ferne meinen Namen rufen. Ich setzte den steilen Aufstieg
über die Hänge des Drongiri-Berges fort, obgleich ich mit leisem Unbehagen daran dachte, daß ich den langen Rückmarsch durch den Dschungel wohl kaum vor Einbruch der Dunkelheit würde schaffen können.

Schließlich kam ich an eine kleine Lichtung, die von zahlreichen Höhlen
umringt war. Auf einem Felsvorsprung stand ein junger Mann, der mir
die Hand zum Willkommensgruß entgegenstreckte. Voller Verwunderung bemerkte ich, daß er bis auf sein kupferfarbenes Haar fast so aussah
wie ich selbst.

›Nun bist du also gekommen, Lahiri!‹ sagte der Heilige auf hindi zu mir
und sah mich liebevoll an. ›Ruh dich hier in dieser Höhle aus. Ich war es,
der dich rief.‹

Ich betrat eine saubere kleine Grotte, in der es mehrere Wolldecken und
einige *Kamandalus* (Bettelschalen) gab.

›Erinnerst du dich noch an diesen Platz, Lahiri?‹ fragte der Yogi und wies
auf eine Ecke, in der eine zusammengefaltete Decke lag.

›Nein, mein Herr‹, sagte ich und fügte dann, ganz verwirrt von dieser
seltsamen Begegnung, hinzu: ›Ich muß jetzt gehen, ehe es dunkel wird,
denn morgen früh muß ich wieder im Büro sein.‹

Da erwiderte der rätselhafte Heilige auf englisch: ›Das Büro wurde um
deinetwillen gemacht, und nicht du um des Büros willen.‹

Ich konnte kaum glauben, daß dieser im Dschungel lebende Asket nicht
nur Englisch sprach, sondern obendrein auch noch die Worte Christi* in
abgewandelter Form zu zitieren wußte.

›Wie ich sehe, hat mein Telegramm seine Wirkung nicht verfehlt.‹ Mit
dieser Bemerkung des Yogis konnte ich nichts anfangen, und so bat ich
ihn um eine Erklärung.

›Ich spreche von dem Telegramm, das dich in diese einsame Gegend
berief. Ich war es, der deinem Vorgesetzten unbemerkt die Idee sugge-
rierte, dich nach Ranikhet zu versetzen. Wenn wir uns erst mit der ganzen
Menschheit eins fühlen, wird unser Geist zu einer Funkstation, mit der
wir nach Belieben senden können.‹ Und mit sanfter Stimme fragte er noch
einmal: ›Lahiri, kommt dir diese Höhle wirklich nicht bekannt vor?‹

Wie ich nun in sprachloser Verwirrung dastand, näherte sich mir der
Heilige und schlug mir leicht auf die Stirn. Mit dieser magnetischen

---

*   »Der Sabbat ist für den Menschen da und nicht der Mensch für den Sabbat«
     (*Markus* 2, 27).

Berührung begann ein wundersamer Strom in meinem Kopf zu fließen, der in mir viele herrliche Erinnerungen an mein vorheriges Leben wachrief.

›Ja, ich entsinne mich!‹ rief ich, und vor Freude traten mir die Tränen in die Augen. ›Ihr seid mein Guru Babaji, der immer zu mir gehörte! Jetzt sehe ich jene längst vergangenen Szenen wieder deutlich vor mir: Hier in dieser Höhle habe ich viele Jahre meiner letzten Inkarnation verbracht.‹ Überwältigt von diesen Erinnerungen, umfaßte ich die Füße meines Meisters.

›Mehr als drei Jahrzehnte lang habe ich auf deine Rückkehr gewartet‹, sagte Babaji, und in seiner Stimme schwang himmlische Liebe. ›Du entschwandest und bist in den stürmischen Wogen des Lebens jenseits des Todes versunken. Als dich der Zauberstab deines Karmas berührte, gingst du dahin. Doch obgleich du mich aus den Augen verlorst, ruhten meine Augen stets auf dir! Ich folgte dir über das leuchtende Astralmeer, wo die himmlischen Engel wohnen. Ich folgte dir durch Licht und Dunkelheit, durch Sturm und Tumult und breitete wie eine Vogelmutter meine Flügel über dir aus. Als du im Mutterleib heranreiftest und als Säugling zur Welt kamst, waren meine Augen immer auf dich gerichtet. Auch wie du dich als kleiner Junge in der Lotusstellung im Sand von Nadia eingrubst, war ich unsichtbar an deiner Seite. Monat um Monat, Jahr um Jahr habe ich geduldig über dir gewacht und auf diesen heutigen Tag gewartet. Nun endlich bist du bei mir! Sieh, hier ist deine Höhle. Ich habe sie stets sauber gehalten, damit sie für dich bereitsteht. Hier ist deine geheiligte *Asana*-Decke, auf der du täglich gesessen hast, um dein dürstendes Herz mit Gott zu erfüllen. Hier ist die Schale, aus der du oft den von mir bereiteten Nektar getrunken hast. Siehst du, wie ich den Messingbecher blank gehalten habe, auf daß du eines Tages wieder daraus trinken mögest? Mein geliebtes Kind, verstehst du nun?‹

›Mein Guru, ich weiß nicht, was ich sagen soll‹, stammelte ich. ›Wer hat je von solch unsterblicher Liebe gehört?‹ In tiefer Freude und Versunkenheit betrachtete ich meinen Guru – meinen unverlierbaren Schatz, der mir im Leben und im Tod zur Seite stand.

›Lahiri, du mußt dich reinigen. Trinke diese Schale Öl, und lege dich ans Ufer des Flusses.‹ Lächelnd erinnerte ich mich, daß Babaji in seiner Weisheit nie die praktischen Dinge des Lebens vergaß.

Ich tat, wie er mich geheißen hatte. Obgleich die hereinbrechende Gebirgsnacht ihre schneidende Kälte verbreitete, fühlte ich, wie eine angenehme Wärme, eine innere Strahlung, jede einzelne Zelle meines Körpers durchdrang. Wie konnte das nur sein? Ob wohl das unbekannte Öl diese kosmische Wärme erzeugte?

Wie ich so in der Dunkelheit dalag, wehte ein bitterkalter Wind über mich hinweg; sein Heulen war wie eine Herausforderung an mich. Ab und zu überspülten die eisigen Wellen des Gogash-Flusses meinen Körper, der ausgestreckt auf dem felsigen Ufer lag. Ganz in der Nähe brüllten Tiger, doch mein Herz war frei von jeder Furcht. Die in meinem Inneren neu erweckte Kraft und Wärme verlieh mir die Gewißheit, daß mir nichts, aber auch gar nichts etwas anhaben könne. Die Stunden vergingen wie im Fluge. Längst verblaßte Erinnerungen aus einem früheren Leben stiegen vor mir auf und verwoben sich mit dem alles überragenden Erlebnis der Wiedervereinigung mit meinem göttlichen Guru.

Plötzlich wurde ich durch das Geräusch herannahender Schritte aus meinen einsamen Gedanken gerissen. Im Dunkeln fühlte ich, wie sich eine Hand nach mir ausstreckte, mir aufhalf und trockene Kleidung reichte.

›Komm, Bruder‹, sagte eine Stimme, ›der Meister erwartet dich.‹ Dann führte mich mein Begleiter durch den Wald. Da wurde die dunkle Nacht plötzlich von einem fernen Leuchten erhellt.

›Geht etwa schon die Sonne auf?‹ fragte ich verwundert. ›Die Nacht kann doch noch nicht vorüber sein?‹

›Es ist jetzt Mitternacht‹, sagte mein Gefährte und lachte leise. ›Das Licht, das du in der Ferne siehst, kommt von einem goldenen Palast, den der unvergleichliche Babaji heute nacht materialisiert hat. Unser Meister erfüllt dir damit einen Wunsch, den du vor langer Zeit einmal ausgesprochen hast, und befreit dich so von den Fesseln deines Karmas.‹* Dann fuhr er fort: ›In diesem herrlichen Palast wirst du heute nacht deine Einweihung in den *Kriya*-Yoga empfangen. All deine Brüder haben sich versammelt, um dich nach langen Jahren des Exils freudig willkommen zu heißen. Sieh, dort drüben!‹

Da erhob sich vor uns ein mächtiger Palast ganz aus schimmerndem Gold, mit unzähligen Juwelen besetzt. Er lag inmitten eines herrlichen Parks und bot einen einzigartigen, majestätischen Anblick. Links und

---

* Das Gesetz des Karmas verlangt, daß jeder menschliche Wunsch seine letztendliche Erfüllung findet. So sind es unsere Wünsche, die uns an das Rad der
   Wiedergeburt ketten.

rechts des Eingangstores, das im rötlichen Glanz zahlloser Rubine schimmerte, hielten Heilige von engelhafter Erscheinung Wacht. Die Torbogen waren kunstvoll mit großen Diamanten, Perlen, Saphiren und Smaragden verziert.

Ich folgte meinem Gefährten in einen geräumigen Empfangssaal. Der Duft von Räucherwerk und Rosen erfüllte die Luft; mattes Lampenlicht verbreitete einen vielfarbigen Glanz. Hier und da saßen kleine Gruppen von hell- und dunkelhäutigen Schülern zusammen und sangen melodiöse Weisen oder waren in schweigende Meditation vertieft. Die ganze Atmosphäre atmete Frieden und Freude.

›Erfreue dich an diesem herrlichen Anblick und an der erlesenen Pracht dieses Palastes, denn er ist nur dir zu Ehren erschaffen worden‹, sagte mein Begleiter und lächelte ob meiner offenkundigen Begeisterung.

›Bruder‹, sagte ich, ›die Schönheit dieses Bauwerks übersteigt die Grenzen der menschlichen Vorstellungskraft. Erkläre mir bitte das Geheimnis seiner Entstehung.‹

›Das will ich gern tun‹, antwortete mein Gefährte, und in seinen dunklen Augen lag tiefe Weisheit, ›denn es gibt wirklich nichts Unerklärliches an dieser Materialisation. Der ganze Kosmos ist ein materialisierter Gedanke des Schöpfers. Und so ist auch dieser unser Erdenball, der im Raume schwebt, nichts als ein Traum Gottes. Er hat alle Dinge aus Seinem Geist heraus erschaffen, ähnlich wie der Mensch im Traum eine Schöpfung mit all ihren Lebewesen entstehen läßt.

Gott erschuf diese Erde zuerst als Idee. Dann belebte Er sie; es entstanden Energieatome. Diese Atome fügte Er zu unserem Planeten zusammen, dessen Moleküle allesamt durch Seinen Willen zusammengehalten werden. Wenn Er Seinen Willen zurückzieht, wird die Erde wieder in Energie zerfallen; die Energie wird wieder in den Geist eingehen, und die Idee der Erde wird sich im Nichts auflösen.

Der Stoff, aus dem die Träume sind, wird durch die unterbewußten Gedanken des Träumenden materialisiert. Wird dieser Gedankenfluß mit seiner Kohäsionskraft beim Erwachen unterbrochen, löst sich der Traum mit allem, was dazugehört, auf. Der Mensch kann also die Augen schließen und eine Traumschöpfung erstehen lassen, die er beim Erwachen mühelos wieder dematerialisiert. Hierin folgt er dem göttlichen Urbild. Auf ähnlich mühelose Weise kann er, wenn er dereinst im kosmischen Bewußtsein erwacht, die Illusionen des kosmischen Traumes dematerialisieren.

Babaji ist ganz im allmächtigen göttlichen Willen aufgegangen und kann so den Elementaratomen befehlen, sich in jeder gewünschten Form zusammenzusetzen und zu manifestieren. Dieser goldene Palast, das Werk eines einzigen Augenblicks, ist ebenso real wie unsere Erde. Babaji hat dieses wunderbare Bauwerk aus seinem Geist heraus erschaffen und hält die Atome kraft seines Willens zusammen, so wie Gott die Erde aus Seinem Geist heraus erschaffen hat und durch Seinen Willen erhält. Und‹, so fuhr er fort, ›wenn das Gebäude seinen Zweck erfüllt hat, wird Babaji es wieder dematerialisieren.‹

Ich verharrte in ehrfürchtigem Schweigen. Da machte mein Begleiter eine weitausladende Geste und sagte:»Dieser prächtige, mit den kostbarsten Edelsteinen verzierte Palast wurde nicht von Menschenhand erbaut; sein Gold und seine Juwelen wurden nicht mühselig aus Bergwerken gewonnen. Und dennoch steht er hier, solide und fest, als monumentale Herausforderung an die Menschheit.* Wer, wie Babaji, sich selbst als Sohn Gottes verwirklicht hat, kann aufgrund der in ihm verborgenen unendlichen Kraft jedes Ziel verwirklichen. Wenn schon ein gewöhnlicher Stein eine kaum vorstellbare Menge an atomarer Energie** in sich trägt, dann trägt auch der geringste aller Sterblichen in sich das Potential eines göttlichen Kraftwerks.‹

Der Weise nahm eine zierliche Vase von einem Tisch, deren Henkel mit funkelnden Diamanten besetzt war. ›Unser großer Guru erschuf diesen Palast, indem er Myriaden von freien kosmischen Strahlen verdichtete‹, fuhr er fort. ›Berühre diese Vase und ihre Diamanten; sie halten jeder Prüfung durch die Sinne stand.‹

Ich untersuchte die Vase und strich mit der Hand über die Wände des Raumes, die dick mit schimmerndem Gold bekleidet waren. Jeder einzelne der Edelsteine, die hier mit verschwenderischer Großzügigkeit verarbeitet worden waren, wäre der Sammlung eines Königs wert gewesen. Ein Gefühl tiefer Befriedigung keimte in mir auf. Ich spürte, wie ein in meinem Unterbewußtsein schlummernder Wunsch aus vergangenen Leben erfüllt und damit gleichzeitig ausgelöscht wurde.

---

* »Was ist ein Wunder? – Es ist ein Vorwurf, es ist eine implizite Satire auf die
     Menschheit.« Aus *Night Thoughts* von Edward Young.
* Die Theorie von der atomaren Struktur der Materie wird in den uralten
     indischen Abhandlungen *Vaisesika* und *Nyaya* dargelegt. »Riesige Welten
     befinden sich in den Hohlräumen eines jeden Atoms, die so zahlreich sind wie
     die Stäubchen in einem Sonnenstrahl« *(Yoga Vasishtha).*

Mein edler Begleiter führte mich nun durch reich verzierte Torbögen und Wandelhallen zu einer Zimmerflucht, die so prunkvoll eingerichtet war wie ein kaiserlicher Palast. Von hier aus gelangten wir in einen großen Saal, in dessen Mitte ein goldener Thronsessel stand, der im Lichte unzähliger Edelsteine funkelte. Auf diesem hatte sich der erhabene Babaji in Lotusstellung niedergelassen. Ich kniete auf dem spiegelnden Boden zu seinen Füßen nieder.

›Lahiri, bist du noch immer voll der Freude über die Erfüllung deines Wunschtraumes von einem goldenen Palast?‹ Die Augen meines Gurus funkelten wie Saphire. ›Erwache! All deine irdischen Wünsche werden gleich auf immer gestillt sein!‹ Dann murmelte er einige mystische Segensworte und sprach: ›Erhebe dich, mein Sohn, um durch *Kriya*-Yoga in das Reich Gottes aufgenommen zu werden.‹

Babaji streckte die Hand aus, und sogleich erschien ein von Früchten und Blumen umrahmtes *Homa*-Feuer (Opferfeuer). Vor diesem flammenden Altar empfing ich meine Einweihung in die befreiende Yoga-Technik des *Kriya*-Yoga.

Das Ritual dauerte bis zum Morgengrauen. In meinem ekstatischen Bewußtseinszustand hatte ich kein Verlangen nach Schlaf, und so schritt ich durch die Räume des Palastes mit all ihren Kostbarkeiten und erlesenen Kunstschätzen. Dann ging ich hinaus in den herrlichen Garten. Bei meinem Spaziergang gelangte ich auch an ebenjene Höhlen und schroffen Felsen, die gestern noch keinerlei Anzeichen des Palastes oder der blumenübersäten Terrassengärten aufgewiesen hatten.

Schließlich kehrte ich in den Palast zurück, der wie verzaubert in der kalten Himalajasonne glänzte, und suchte die Nähe meines Meisters. Er saß noch immer auf seinem Thron, umgeben von schweigenden Schülern.

›Lahiri, du bist hungrig‹, sagte Babaji. ›Schließe die Augen.‹ Als ich sie wieder aufschlug, war der märchenhafte Palast mitsamt seinen Gärten verschwunden. Mein eigener Körper saß nun ebenso wie der von Babaji und seinen Schülern auf dem kahlen Boden, und zwar genau dort, wo der entschwundene Palast gestanden hatte – nicht weit von den sonnenbeschienenen Höhleneingängen entfernt. Da entsann ich mich der Worte meines Gefährten, daß der Palast wieder dematerialisiert werde und die in ihm gebundenen Atome in die Gedankensubstanz zurückkehren würden, aus der sie gekommen waren. Ich war sprachlos vor Staunen, sah aber meinen Guru dennoch vertrauensvoll an. Insgeheim fragte ich mich, was mir an diesem wunderreichen Tag wohl als nächstes widerfahren werde.

›Der Zweck, für den der Palast erschaffen wurde, ist erfüllt‹, erklärte Babaji. Dann hob er ein irdenes Gefäß vom Boden und sprach: ›Greife zu und nimm dir, was du essen möchtest.‹

Ich berührte die leere Schale, und sogleich füllte sie sich mit warmen, mit Butter bestrichenen *Luchis*, Currygerichten und köstlichen Süßspeisen. Während ich aß, bemerkte ich, daß die Schale immer gefüllt blieb. Nach dem Essen sah ich mich nach Wasser um. Da deutete mein Guru auf die Schale vor mir, und siehe da: Die Speisen waren verschwunden, und statt dessen war sie gefüllt mit glasklarem Wasser.

›Nur wenige Sterbliche wissen, daß das Reich Gottes auch das Reich unserer irdischen Wünsche umfaßt‹, bemerkte Babaji. ›Das göttliche Reich schließt das irdische mit ein. Letzteres aber ist nur eine Illusion und kann so niemals die Essenz der Wirklichkeit enthalten.‹

›Geliebter Guru, heute nacht habt Ihr mir die Schönheiten des Himmels und der Erde offenbart‹, sagte ich lächelnd eingedenk der Herrlichkeit des entschwundenen Palastes; kein einfacher Yogi hat wohl je seine Einweihung in die höheren Mysterien des Geistes in einem prunkvolleren Rahmen empfangen. Gelassen nahm ich den krassen Gegensatz zu meiner jetzigen Umgebung wahr. Der kahle Boden, das blaue Himmelsgewölbe und die primitiven Höhlen bildeten einen natürlichen und reizvollen Rahmen für die heiligen Männer, die mich umgaben.

Als ich an jenem Nachmittag auf meiner Decke saß, die bereits durch meine tiefen geistigen Erlebnisse aus einer früheren Inkarnation geheiligt war, trat mein göttlicher Guru zu mir und strich mir mit der Hand über den Kopf. Da wurde ich in den Zustand von *Nirbikalpa-Samadhi* erhoben und verharrte sieben Tage lang ununterbrochen in dieser Glückseligkeit. Ich durchschritt die einzelnen Stadien der Selbsterkenntnis und ging schließlich in die unsterblichen Gefilde der Wahrheit ein. Alle illusorischen Begrenzungen fielen von mir ab, und meine Seele ging voll im kosmischen Geist auf. Am achten Tag warf ich mich vor meinem Guru nieder und bat ihn inständig, mich für immer in dieser heiligen Bergwelt bei sich zu behalten.

›Mein Sohn‹, sagte Babaji und schloß mich in seine Arme, ›in dieser Inkarnation sind deine Aufgaben eher nach außen hin orientiert. Du hast bereits viele Leben damit zugebracht, in tiefer Abgeschiedenheit zu meditieren, und mußt nun unter die Menschen gehen.

Es hat einen tieferen Sinn, daß du mir in diesem Leben erst jetzt begegnen konntest, wo du bereits durch Familie und Beruf gebunden bist. Du mußt den Gedanken aufgeben, dich unserem geheimen Kreis im Himalaja anzuschließen, und statt dessen in die Stadt zu den Menschen zurückkehren; ihnen sollst du dienen und durch dein Beispiel zeigen, daß man auch als Familienvater den Weg des Yoga gehen kann.

Die Rufe der vielen verirrten Menschen sind bei den großen Meistern nicht ungehört verhallt‹, fuhr er fort. ›Du bist dazu auserkoren, vielen, die ernsthaft nach der Wahrheit suchen, durch *Kriya*-Yoga geistige Labsal zu bringen. Millionen von Menschen, die durch familiäre Pflichten und andere weltliche Aufgaben stark in Anspruch genommen sind, werden durch dich, der du ebenfalls eine Familie zu versorgen hast, neuen Auftrieb bekommen. Du mußt sie zu der Erkenntnis führen, daß die höchsten Verwirklichungsstufen des Yoga dem Familienvater nicht verwehrt sind. Ein Yogi muß nicht der Welt entsagen, um den Weg der Erleuchtung zu gehen, wenn er nur seine irdischen Pflichten gewissenhaft erfüllt und sich von allen eigennützigen Beweggründen und persönlichen Bindungen frei macht.

Für dich ist es nicht mehr nötig, dich von der Welt abzukehren, weil du dich innerlich bereits von allen karmischen Banden befreit hast. Wenn du der Welt auch nicht mehr angehörst, so mußt du dennoch in ihr leben und viele Jahre lang gewissenhaft deine familiären, beruflichen, gesellschaftlichen und geistigen Pflichten erfüllen. Ein neuer Funken göttlicher Hoffnung wird die dürstenden Herzen der weltlichen Menschen befruchten, wenn sie am Beispiel deines harmonischen Lebens erkennen, daß es nicht die äußere, sondern die innere Entsagung ist, die zur höchsten Freiheit führt.‹

Wie fern schienen mir meine Familie, das Büro, die Welt, als ich in der Einsamkeit des Himalaja den Worten meines Gurus lauschte. Und doch wußte ich, daß er die unumstößliche Wahrheit sprach. Als ich mich demütig bereit erklärte, diese segensreiche Stätte des Friedens zu verlassen, unterwies mich Babaji in den von alters her überlieferten strengen Regeln, die für die Weitergabe der Geheimnisse des Yoga vom Guru an seine Schüler gelten.

›Gib den *Kriya*-Schlüssel nur an würdige *Chelas* weiter‹, sagte Babaji. ›Nur wer das Gelübde abgelegt hat, auf seiner Suche nach Gott allem anderen zu entsagen, darf in die Kunst der Meditation eingeweiht werden, um Zugang zu den letzten Geheimnissen des Lebens zu erhalten.‹

›Erhabener Guru, Ihr habt der Menschheit durch die Wiederbelebung der verlorengegangenen Kunst des *Kriya* großen Segen gebracht; wollt Ihr ihr nicht noch eine weitere Gunst erweisen und die strengen Bedingungen zur Aufnahme in den Kreis Eurer Schülerschaft etwas mildern?‹ so flehte ich Babaji an. ›Erlaubt mir, *Kriya* all jenen zu vermitteln, die ernsthaft nach der Wahrheit suchen, selbst wenn sie anfangs noch nicht zur völligen Entsagung bereit sind. Die vom dreifachen Leid* geprüften Menschen dieser Welt bedürfen der besonderen Ermutigung. Womöglich werden sie nie den Weg der Befreiung zu gehen suchen, wenn man ihnen die Einweihung in den *Kriya*-Yoga verwehrt.‹

›Es sei, wie du sagst. Gott hat Seinen Willen durch dich kundgetan. Gib *Kriya* allen, die dich demütig um Hilfe bitten‹, erwiderte der barmherzige Guru und fegte mit diesen wenigen Worten die strengen Geheimhaltungsregeln hinweg, die *Kriya* jahrhundertelang vor der Welt verborgen gehalten hatten.

Nach einem kurzen Schweigen fuhr Babaji fort: ›Und verkünde jedem deiner Schüler diese hohe Verheißung aus der *Bhagavad-Gita: Swalpamasya dharmasya, trayata mahato bhoyat.* – Selbst wer sich nur ein wenig in dieser religiösen Praktik übt, wird von großer Furcht und unermeßlichem Leid befreit.‹**

Als ich am nächsten Morgen vor meinem Guru niederkniete, um seinen Abschiedssegen zu empfangen, fühlte er, wie sehr ich mich innerlich sträubte, ihn zu verlassen.

›Für uns gibt es keine Trennung, mein geliebtes Kind‹, sagte er, während er zärtlich meine Schulter berührte. »Wo du auch sein magst, wann immer du mich rufst, bin ich augenblicklich bei dir.‹

Getröstet durch dieses wundersame Versprechen und unendlich bereichert durch mein wiedergewonnenes göttliches Wissen, machte ich mich auf den Rückweg. Im Büro wurde ich mit großer Freude von meinen Kollegen begrüßt, die mich seit zehn Tagen im Dschungel des Himalaja verloren geglaubt hatten. Wenig später traf ein Brief von der Zentrale ein. ›Lahiri soll nach Danapur zurückkehren‹, hieß es darin. ›Seine Versetzung nach Ranikhet war ein Versehen. Ein anderer Mitarbeiter hätte an seiner Stelle den Posten Ranikhet übernehmen sollen.‹

---

* Das körperliche, geistige und seelische Leid, das sich in Krankheiten, Geistesstörungen oder Komplexen sowie Unwissenheit der Seele äußert.
** *Bhagavad-Gita* II, 40.

Ich lächelte beim Gedanken an die geheimen Querverbindungen, die hier am Werk gewesen waren, um mich an diesen abgelegenen Ort Indiens zu führen.

Ehe ich nach Danapur* zurückkehrte, verbrachte ich einige Tage bei einer bengalischen Familie in Moradabad, wo mich ein Kreis von sechs Freunden willkommen hieß. Als ich die Unterhaltung auf geistige Themen lenkte, meinte mein Gastgeber mit düsterer Miene:

›Ach was, heutzutage gibt es in Indien gar keine Heiligen mehr.‹

›Aber Babu‹, wandte ich entrüstet ein, ›natürlich gibt es noch große Meister in diesem Land!‹

Im Überschwang der Gefühle ließ ich mich dazu hinreißen, von meinem wundersamen Erlebnis im Himalaja zu erzählen. Die kleine Runde hörte mir höflich, aber ungläubig zu.

‹Lahiri‹, sagte einer der Männer mitfühlend, ›die dünne Luft im Gebirge war zuviel für deinen Geist. Was du uns da erzählt hast, war nichts als ein Gebilde deiner Fantasie.‹

Da erwiderte ich in meinem Eifer, ohne weiter nachzudenken: ›Wenn ich meinen Guru rufe, wird er uns sogleich hier in diesem Hause erscheinen.‹

Bei diesen Worten blickten alle auf – kein Wunder, daß jeder neugierig darauf war, einen auf solch eigentümliche Weise materialisierten Heiligen zu sehen. Halb widerstrebend bat ich, mich in ein ruhiges Zimmer zu führen und mir zwei neue Wolldecken zu geben.

›Der Meister wird sich aus dem Äther materialisieren‹, sagte ich. ›Wartet still vor der Türe, bis ich euch rufe.‹

Dann versenkte ich mich in einen meditativen Zustand und rief demütig meinen Guru herbei. Schon bald wurde der dunkle Raum von einem milden Glanz erhellt, und die leuchtende Gestalt Babajis erschien.

›Lahiri, warum rufst du mich wegen einer solchen Nichtigkeit‹, fragte er mit strengem Blick. ›Die Wahrheit ist für ernsthafte Gläubige und nicht für solche, die nur eitle Neugier bewegt. Es fällt nicht schwer, an etwas zu glauben, was man sieht, denn dann gibt es nichts, was man bestreiten könnte. Nur wer seine natürliche Skepsis überwindet, verdient es, die übernatürliche Wirklichkeit zu schauen.‹ Und ernst fügte er hinzu: ›Laß mich gehen!‹

Da warf ich mich ihm zu Füßen und flehte ihn an: ›Heiliger Guru, ich sehe meinen schweren Irrtum ein und bitte Euch demütig um Verzeihung. Nur

---

* Stadt in Nähe von Benares.

um in diesen geistig Blinden Glauben zu erwecken, wagte ich es, Euch herbeizurufen. Doch nun, da Ihr so gnädig auf meine Bitte hin erschienen seid, geht bitte nicht fort, ohne meine Freunde gesegnet zu haben. Sie mögen zwar ungläubig sein, doch sie waren zumindest bereit, der Wahrheit meiner seltsamen Behauptung auf den Grund zu gehen.‹

›Nun gut, ich will für kurze Zeit bleiben. Ich möchte nicht, daß du bei deinen Freunden an Glaubwürdigkeit verlierst«, erwiderte Babaji mit sichtlich besänftigter Miene. Doch er fügte hinzu: ›Von nun an, mein Sohn, werde ich nur noch dann kommen, wenn du mich brauchst, und nicht jedesmal, wenn du nach mir rufst.‹*

In gespanntem Schweigen hatte die kleine Gruppe meiner Freunde vor der Tür gewartet. Wie starrten sie nun auf die leuchtende Gestalt, die da auf der Decke am Boden saß! Es war gerade so, als ob sie ihren Sinnen nicht trauten.

›Das ist Massenhypnose!‹ lachte einer der Männer. ›Niemand kann ohne unser Wissen den Raum betreten haben.‹ Da erhob sich Babaji lächelnd und bedeutete den Anwesenden, das warme, feste Fleisch seines Körpers zu berühren. Nun fiel aller Zweifel von meinen Freunden ab, und sie warfen sich, von Ehrfurcht und Reue überwältigt, vor ihm zu Boden.

›Laßt *Halua*** bereiten‹, bat Babaji, und ich wußte, daß er dies tat, um der Gruppe einen weiteren Beweis seiner körperlichen Existenz zu liefern. Während der Brei auf dem Feuer brodelte, unterhielt sich der göttliche Guru liebenswürdig mit allen Anwesenden. Wie erstaunlich war es doch, daß mit einem Mal aus jedem Saulus ein Paulus wurde. Nachdem wir gegessen hatten, gab Babaji jedem von uns seinen Segen. Dann sahen wir ein plötzliches Aufleuchten und wurden Zeuge der augenblicklichen Entstofflichung seines Körpers, dessen Elementarteilchen sich in einem nebelhaften Lichtschein auflösten. Der Meister hatte kraft seines göttlichen Willens die in seinem Körper gebundenen ätherischen Atome wieder freigegeben, woraufhin die Milliarden von winzigen Biotronen in ihre unendliche Quelle zurückkehrten.

›Mit eigenen Augen habe ich den Bezwinger des Todes gesehen‹, sagte

---

* Auf dem Weg zum Unendlichen können selbst erleuchtete Meister wie Lahiri Mahasaya einem Übermaß an Eifer erliegen und deswegen gemaßregelt werden. An vielen Stellen der *Bhagavad-Gita* ist zu lesen, wie der göttliche Meister Krishna seinen großen Schüler Arjuna zurechtwies.
** Ein dicker Grießpudding, der in Butter gebraten und mit Milch gekocht wird.

einer der Anwesenden – er hieß Maitra* – in tiefer Ehrfurcht. Sein Gesichtsausdruck war verklärt durch die Freude seiner erleuchtenden Erfahrung. ›Der erhabene Guru hat mit Zeit und Raum gespielt wie ein Kind mit Seifenblasen. Ich habe einen geschaut, der die Schlüssel zu Himmel und Erde besitzt.‹

Bald darauf kehrte ich nach Danapur zurück«, so schloß Lahiri Mahasaya seinen Bericht. »Nun, da ich fest im Geist verankert war, nahm ich wieder all meine beruflichen und familiären Verpflichtungen wahr.«

Lahiri Mahasaya hatte Swami Kebalananda und Sri Yukteswar noch von einer weiteren Begegnung mit Babaji erzählt, bei der dieser sein Versprechen einlöste, das da lautete: »Wann immer du mich brauchst, werde ich zu dir kommen.«

»Ich war während eines kurzen Urlaubs zum *Kumbha-Mela* nach Allahabad gefahren«, erzählte Lahiri Mahasaya seinen Schülern. »Als ich durch die Menge der Mönche und *Sadhus* schritt, die von weit her gekommen waren, um an dem heiligen Fest teilzunehmen, fiel mein Blick auf einen mit Asche beschmierten Asketen, der eine Bettelschale in der Hand hielt. Sogleich stieg der Gedanke in mir auf, daß es sich bei diesem Mann um einen Heuchler handle. Doch kaum war ich an ihm vorübergegangen, da erblickte ich voll Erstaunen meinen Guru Babaji, der vor einem Sadhu mit verfilztem Haar niederkniete.

›Guruji‹, rief ich und eilte auf ihn zu. ›Was macht Ihr denn hier?‹

›Ich wasche die Füße dieses Asketen und werde anschließend sein Kochgeschirr reinigen‹, antwortete Babaji mit kindlichem Lächeln. Da wußte ich, was er mir zu verstehen geben wollte: Ich sollte niemanden geringschätzen, sondern Gott im Tempel eines jeden Körpers sehen, ganz gleich, wie weit der Mensch auf seinem Entwicklungsweg auch fortgeschritten sein mag. Dann fügte der große Guru hinzu: ›Indem ich weisen und unwissenden *Sadhus* mit der gleichen Bereitwilligkeit diene, lerne ich die höchste aller Tugenden, die Gott mehr als alle anderen schätzt: die Demut.‹«

---

* Jener Maitra, von dem Lahiri Mahasaya hier spricht, sollte später selbst einen hohen Grad an Selbstverwirklichung erlangen. Ich begegnete Maitra kurz nach dem Abschluß der höheren Schule. Er kam als Besucher in die Mahamandal-Einsiedelei in Benares, in der ich damals wohnte, und erzählte mir selbst von der Materialisation Babajis in Moradabad. »Als Folge dieses Wunders«, erklärte er mir, »wurde ich auf immer Schüler von Lahiri Mahasaya.«

Kapitel 35

Das christusgleiche Leben Lahiri Mahasayas

Denn nur so können wir die Gerechtigkeit (die Gott fordert) ganz erfüllen.«*

So sprach Jesus zu Johannes dem Täufer, ehe er sich von ihm taufen ließ, und brachte damit zum Ausdruck, daß er die göttlichen Rechte seines Gurus anerkannte.

Ich habe die Bibel mit dem ihr gebührenden Respekt studiert** und bin aus meiner östlich geprägten Auffassung sowie meiner eigenen intuitiven Wahrnehmung heraus zu der Überzeugung gelangt, daß Johannes der Täufer im früheren Leben der Guru Jesu Christi war. Zahlreiche Stellen in der Bibel deuten darauf hin, daß Johannes in seiner letzten Inkarnation Elija und Jesus sein Jünger Elischa war.

Das Alte Testament endet sogar mit einer Prophezeiung, die die Wiedergeburt von Elija und Elischa verkündet: »Bevor aber der Tag des Herrn kommt, der große und furchtbare Tag, seht, da sende ich zu euch den Propheten Elija.«*** Und so wurde Johannes (Elias) entsandt, »bevor … der Tag des Herrn kommt«, und kurz vor Jesus Christus geboren, um dessen Kommen zu verkünden. Ein Engel erschien seinem Vater Zacharias und offenbarte, daß sein künftiger Sohn Johannes niemand anders als Elija sein würde.

»Der Engel aber sagte zu ihm: Fürchte dich nicht, Zacharias! Dein Gebet ist erhört worden. Deine Frau Elisabeth wird dir einen Sohn gebären: dem sollst du den Namen Johannes geben … Viele Israeliten wird er zum

* *Matthäus* 3, 15.
** Aus mehreren Bibelstellen geht hervor, daß das Gesetz der Wiedergeburt allgemein verstanden und akzeptiert wurde. Die Zyklen der Wiedergeburt bieten eine einleuchtendere Erklärung für die verschiedenen Entwicklungsstufen des Menschen als die abendländische Theorie, der zufolge etwas (das Ich-Bewußtsein) aus dem Nichts entstanden ist, mit mehr oder weniger Lebensfreude dreißig bis neunzig Jahre lang existiert und dann in das ursprüngliche Nichts zurückkehrt. Die Unvorstellbarkeit eines derartigen Nichts ist ein Problem, über das sich schon die mittelalterlichen Scholastiker den Kopf zerbrochen haben.
*** *Maleachi* 3, 23.

Herrn, ihrem Gott, bekehren. Und er wird *mit dem Geist und mit der Kraft des Elija* dem Herrn vorangehen, um das Herz der Väter wieder den Kindern zuzuwenden und die Ungehorsamen zur Gerechtigkeit zu führen, und so das Volk für den Herrn bereitmachen.«[*]

Jesus hat Johannes zweimal klar und eindeutig als Elija identifiziert: »Elija ist schon gekommen, doch sie haben ihn nicht erkannt ... Da verstanden die Jünger, daß er von Johannes dem Täufer sprach.«[**]

Und an anderer Stelle sagte Jesus: »Denn bis hin zu Johannes haben alle Propheten uns das Gesetz (über diese Dinge) geweissagt. Und wenn ihr es gelten lassen wollt: Ja, er ist Elija, der wiederkommen soll.«[***]

Als Johannes bestritt, Elija zu sein[****], wollte er damit zum Ausdruck bringen, daß er im demütigen Gewand des Johannes nicht mehr die erhabene Rolle des großen Gurus Elija spielte. In seiner vorherigen Inkarnation hatte er seinem Jünger Elischa den Mantel seiner Herrlichkeit und seines spirituellen Reichtums gegeben. »Elischa antwortete: Möchten mir doch zwei Anteile deines Geistes zufallen. Elija entgegnete: Du hast etwas Schweres erbeten. Wenn du siehst, wie ich von dir weggenommen werde, wird es dir zuteil werden ... Dann hob er den Mantel auf, der Elija entfallen war ...«[†]

Die Rollen wurden vertauscht, weil Elija-Johannes nicht mehr als der Guru von Elischa-Jesus in Erscheinung zu treten brauchte, nachdem dieser inzwischen zur göttlichen Verwirklichung gelangt war und Vollkommenheit erreicht hatte.

Als Jesus Christus auf dem Berge verklärt wurde[††], da gewahrte er Mose und seinen Guru Elija. Und selbst im Augenblick der höchsten Not am Kreuz rief Jesus den göttlichen Namen an: »*Eli, Eli, lema sabachtani?*, das heißt: Mein Gott, mein Gott, warum hast du mich verlassen? Einige von denen, die dabeistanden und es hörten, sagten: Er ruft nach Elija ... Laß doch, wir wollen sehen, ob Elija kommt und ihm hilft.«[†††]

Jene unauflösliche Bindung, wie sie zwischen Guru und Schüler besteht, gab es sowohl zwischen Johannes und Jesus als auch zwischen Babaji

---

[*] *Lukas* 1, 13; 1, 16–17.
[**] *Matthäus* 17, 12–13.
[***] *Matthäus* 1, 13–14.
[****] *Johannes* 1, 21.
[†] *2. Könige* 2, 9–14.
[††] *Matthäus* 17, 3.
[†††] *Matthäus* 27, 46–49.

und Lahiri Mahasaya. Liebe und Fürsorglichkeit hatten den unsterblichen Guru bewogen, die Wasser der Lethe – jenes Stroms der Vergessenheit, der die letzten beiden Leben seines *Chelas* trennte – zu durch-
schwimmen und alle Schritte des Kindes und später des Mannes Lahiri
Mahasaya zu überwachen. Erst als der Schüler sein 33. Lebensjahr
erreicht hatte, hielt es Babaji für an der Zeit, die eigentlich nie gelöste
Verbindung nach außen hin sichtbar wiederherzustellen. Nach ihrer
kurzen Begegnung in der Nähe von Ranikhet entließ der selbstlose Guru
seinen vielgeliebten Schüler jedoch wieder aus der kleinen Gruppe in den
Bergen und gab ihn für seine große, weltumspannende Mission frei.
»Mein Sohn, wann immer du mich brauchst, werde ich zu dir kommen.«
Welch Sterblicher – und mag seine Liebe auch noch so groß sein – könnte wohl ein Versprechen von solch unendlicher Tragweite abgeben?
Unbemerkt von der Öffentlichkeit wurde in einem unscheinbaren Winkel
von Benares der Grundstein für eine große spirituelle Renaissance gelegt.
Wie aber der Duft einer Blume nicht unterdrückt werden kann, so ließ
sich auch die angeborene Heiligkeit Lahiri Mahasayas nicht lange verbergen, wenngleich dieser nach außen hin das beschauliche Leben eines
vorbildlichen Familienvaters führte. Mit der Zeit strömten – angelockt
vom göttlichen Nektar des befreiten Meisters – aus allen Teilen Indiens
die nach Gott hungernden »Bienen« herbei.
Der englische Vorgesetzte Lahiri Mahasayas war einer der ersten, der
eine seltsame, transzendentale Wandlung an seinem Angestellten beobachtete; liebevoll nannte er ihn seinen »ekstatischen Babu«.
»Sir, Ihr seht so niedergeschlagen aus. Was bedrückt Euch?« fragte Lahiri
Mahasaya eines Morgens seinen Vorgesetzten mitfühlend.
»Meine Frau in England ist schwer krank, und ich mache mir große
Sorgen um sie.«
»Ich werde Euch eine Nachricht von ihr bringen«, sagte Lahiri Mahasaya
und verließ den Raum, um sich für kurze Zeit in die Stille zurückzuziehen.
Als er zurückkam, lächelte er tröstend. »Eurer Frau geht es besser; sie
schreibt Euch gerade einen Brief.«
Und dann zitierte der allwissende Yogi einige Stellen aus dem Schreiben.
»Ekstatischer Babu, ich weiß schon, daß Ihr kein gewöhnlicher Mensch
seid. Aber ich kann mir nicht vorstellen, daß Ihr willentlich Zeit und Raum
überwinden könnt.«
Als der angekündigte Brief schließlich eintraf, stellte Lahiri Mahasayas
Vorgesetzter zu seinem Erstaunen fest, daß er nicht nur, wie verheißen,

die gute Nachricht von der Genesung seiner Frau enthielt, sondern auch genau die Formulierungen, die der Meister ihm Wochen zuvor zitiert hatte.

Einige Monate später traf die Frau selbst in Indien ein. Sie kam in das Büro, wo Lahiri Mahasaya ruhig an seinem Schreibtisch saß.

»Sir«, sagte sie und schaute ehrfurchtsvoll zu ihm auf. »Es war Eure Gestalt, die mir, umgeben von einem strahlenden Licht, vor Monaten erschienen ist, als ich in London schwerkrank daniederlag. Noch im selben Augenblick war ich vollkommen geheilt und konnte bald darauf schon die lange Seereise nach Indien antreten.«

Täglich kamen ein oder zwei neue Schüler zu dem erhabenen Guru, um ihre Einweihung in den *Kriya*-Yoga zu empfangen. Neben seinen spirituellen Aufgaben sowie den beruflichen und familiären Verpflichtungen widmete sich der große Meister intensiv den Problemen von Erziehung und Ausbildung. Er gründete viele Studiengemeinschaften und beteiligte sich aktiv am Bau eines großen Gymnasiums im Bengalitola-Viertel von Benares. Seine regelmäßigen Vorträge zu den heiligen Schriften, die sogenannten »*Gita*-Treffen«, fanden großen Zuspruch bei Wahrheitssuchenden von nah und fern.

Durch diese vielseitige Tätigkeit versuchte Lahiri Mahasaya dem üblichen Einwand zu begegnen, der da lautet: »Wie kann man denn neben all den beruflichen und gesellschaftlichen Verpflichtungen noch Zeit für die Meditation finden?« Er vereinigte auf äußerst harmonische Weise das Leben des Yogis mit dem des Familienvaters und wurde damit zum Musterbeispiel für Tausende von Menschen. Der Meister bezog nur ein bescheidenes Gehalt; er war sparsam, anspruchslos, für jedermann zugänglich und gab sich natürlich und zufrieden auf der Bühne dieser Welt. Er, den Gott bereits auf Seinen Thron erhoben hatte, erwies dennoch allen Menschen – unabhängig von ihren jeweiligen Verdiensten – die größte Hochachtung. Grüßten ihn seine Schüler, so verneigte er sich ebenfalls vor ihnen. In kindlicher Demut berührte der Meister oftmals die Füße anderer, ließ aber nur selten zu, daß man ihm ähnliche Ehre erwies, obgleich es sich hierbei um einen uralten orientalischen Brauch handelt.

Bemerkenswert war die Tatsache, daß Lahiri Mahasaya Menschen aller Religionen in den *Kriya* einweihte. Zum Kreise seiner auserkorenen Schüler zählten nicht nur Hindus, sondern auch Mohammedaner und Christen. Ganz gleich, ob Monist oder Dualist, ob Anhänger einer bestimmten oder keiner Religion – alle wurden unterschiedslos von dem großherzigen Guru empfangen und unterwiesen. Einer seiner weit fortgeschrittenen *Chelas* war ein Mohammedaner namens Abdul Gufoor Khan. Daß Lahiri Mahasaya, der selbst der höchsten Kaste der Brahmanen angehörte, ihn als Schüler angenommen hatte, zeugte von seinem großen persönlichen Engagement, die starren Kastengesetze seiner Zeit mit all ihrer Ungerechtigkeit zu überwinden. Menschen aus allen sozialen Schichten fanden unter den allgegenwärtigen Schwingen des Meisters Schutz. Wie alle anderen göttlich inspirierten Propheten verlieh auch Lahiri Mahasaya den Kastenlosen und Unterdrückten neue Hoffnung.

»Haltet euch immer vor Augen, daß ihr niemandem gehört und daß niemand euch gehört. Bedenkt, daß ihr diese Welt und alles, was sie zu bieten hat, eines Tages ganz plötzlich verlassen müßt; darum versucht, Gott jetzt zu erkennen«, so legte der große Guru seinen Schülern nahe. »Bereitet euch auf den Tod und die große Reise ins Astralreich vor, indem ihr euch täglich mit dem Ballon der göttlichen Wahrnehmung in die Lüfte erhebt. Die Täuschung wird euch immer vorzuspiegeln versuchen, daß ihr nichts seid als ein Bündel Fleisch und Knochen, das euch bestenfalls eine Menge Sorgen* bereitet. Meditiert also unentwegt, bis ihr in euch die unendliche Essenz erkennt, die jenseits aller Leiden und Kümmernisse liegt. Hört auf, Gefangener eures eigenen Körpers zu sein; macht von dem geheimen Schlüssel des *Kriya* Gebrauch, und lernt in den Geist zu entfliehen.«

Der große Guru hielt seine Schüler stets dazu an, die guten traditionellen Regeln ihres jeweiligen Glaubens zu befolgen. Er stellte zwar immer wieder die allumfassende Kraft der Erlösung durch *Kriya*-Yoga heraus, überließ es dann aber seinen *Chelas*, ihr Leben in Einklang mit ihrer Herkunft und dem sozialen Umfeld zu gestalten.

»Ein Mohammedaner sollte fünfmal am Tage sein *Namaj*** verrichten«, erklärte der Meister. »Viermal täglich sollte der Hindu meditieren. Der Christ sollte viermal am Tag niederknien und beten und dann die Bibel lesen.«

---

 * »Wie mancherlei Tode haben wir doch an unserm Leibe! Ist doch an uns Menschen anderes nichts denn der Tod« (aus Martin Luthers *Tischgesprächen*).
** Fünfmal am Tag stattfindender Gebetsgottesdienst der Mohammedaner.

Lahiri Mahasaya,
Schüler von Babaji und Guru von Sri Yukteswar

Mit unfehlbarer Unterscheidungskraft führte Lahiri Mahasaya seine
Schüler je nach Veranlagung auf den Pfad des *Bhakti*-Yoga (Hingabe),
Karma-Yoga (Arbeit), *Jnana*-Yoga (Weisheit) oder *Raja*-Yoga (des könig-
lichen oder vollkommenen Yoga). Äußerte ein Schüler den Wunsch,
Mönch zu werden und den Weg der Entsagung zu gehen, gab der Meister
nicht so leicht seine Zustimmung; er riet vielmehr, sich zunächst den
Entschluß reiflich zu überlegen und sich die Kargheit des Ordenslebens
vor Augen zu führen.

Der große Guru riet seinen Schülern auch, theoretischen Diskussionen
über die heiligen Schriften möglichst aus dem Weg zu gehen. »Nur
derjenige ist weise, der sich bemüht, die alten Offenbarungen zu verwirklichen, und nicht nur, sie zu lesen«, pflegte er zu sagen. »Löst all eure
Probleme durch Meditation.* Belastet euren Geist nicht mit hochtraben-
den Spekulationen, sondern bemüht euch um echte Gottverbundenheit.
Befreit euren Geist von allem dogmatischen und theologischen Ballast,
und laßt die frischen, heilsamen Wasser unmittelbarer göttlicher Wahrnehmung in eure Herzen einströmen. Hört auf die innere Stimme, die
euch führt und immer eine Antwort auf alle Probleme des Lebens bereit-
hält. Der Mensch ist zwar unglaublich geschickt, wenn es darum geht,
sich in Schwierigkeiten zu bringen, aber Gott, unser unendlicher Helfer,
ist nicht weniger einfallsreich.«

Die Allgegenwart des Meisters wurde einmal einem Kreis von Schülern offenbar, die zusammengekommen waren, um seinen Darlegungen zur *Bhagavad-Gita* zu lauschen. Lahiri Mahasaya referierte gerade
über die Bedeutung des die ganze Schöpfung durchdringenden *Kutastha
Chaitanya* oder Christusbewußtseins, als er plötzlich nach Atem rang und
rief:

»Ich ertrinke in den Körpern vieler Seelen vor der japanischen Küste!«

Am nächsten Morgen erfuhren die *Chelas* aus der Zeitung, daß tatsächlich ein Schiff unweit der japanischen Küste gesunken war und daß viele
Menschen dabei den Tod gefunden hatten.

Die Schüler Lahiri Mahasayas, die in anderen Teilen Indiens und der Welt
lebten, waren sich der schützenden Gegenwart ihres Meisters stets

---

*   »Suche die Wahrheit in der Meditation und nicht in vergilbten Büchern. Schau
     zum Himmel, wenn du den Mond sehen willst, und nicht in den Teich«
     (persisches Sprichwort).

bewußt. »Ich bin immer bei denen, die *Kriya* praktizieren«, tröstete er alle *Chelas*, die nicht in seiner unmittelbaren Nähe sein konnten. »Ich werde euch in die kosmische Heimat führen und euch so ein immer tieferes Wahrnehmungsvermögen vermitteln.«

Ein Gläubiger erwähnte Swami Satyananada gegenüber einmal, daß es ihm seinerzeit nicht möglich gewesen war, persönlich nach Benares zu reisen; trotzdem habe er eine genau Einweihung in den *Kriya*-Yoga erhalten, denn Lahiri Mahasaya hatte das Beten seines *Chelas* erhört und war ihm daraufhin im Traum erschienen, um ihn auf mentaler Ebene zu unterrichten.

Kam es dazu, daß ein Schüler einmal seine weltlichen Pflichten vernachlässigte, so pflegte der Meister ihn sanft zurechtzuweisen und an seine Aufgaben zu erinnern.

»Lahiri Mahasayas Worte waren stets milde und heilsam, selbst in Momenten, wo er sich gezwungen sah, einen *Chela* in aller Öffentlichkeit auf einen Fehler aufmerksam zu machen«, erzählte mir Sri Yukteswar einmal und fügte dann wehmütig hinzu: »Kein Schüler brauchte je vor unseres Meisters scharfer Zunge die Flucht zu ergreifen.« Ich mußte unwillkürlich lachen und versicherte Sri Yukteswar, daß eigentlich ein jedes seiner Worte – ganz gleich, ob streng oder milde – wie Musik in meinen Ohren klang. Und das war nicht gelogen!

Lahiri Mahasaya hatte den *Kriya* nach sorgfältiger Überlegung in vier aufeinanderfolgende Einweihungen* aufgeteilt. Die drei höheren Einweihungen gewährte er seinen Schülern erst, wenn diese sich spirituell entsprechend entfaltet hatten. Eines Tages beschwerte sich einer der *Chelas*, weil er glaubte, seine Fortschritte würden nicht genügend anerkannt.

»Meister«, bemerkte er, »ich bin jetzt bestimmt bereit für die zweite Einweihung.«

In diesem Augenblick öffnete sich die Tür, und Brinda Bhagat, ein bescheidener Schüler, trat ein, der in Benares als Briefträger arbeitete.

»Brinda, setz dich zu mir«, sagte der große Guru mit liebevollem Lächeln. »Sag, bist du bereit, den zweiten *Kriya*-Grad zu empfangen?«

---

* *Kriya*-Yoga läßt sich in vielen Stufen vermitteln. Lahiri Mahasaya nahm eine sehr weise Einteilung in vier Grade vor, die zum einen den Kern der Lehre treffen und sich zum anderen in der Praxis als optimal erwiesen.

Da erhob der kleine Briefträger beschwörend die Hände und rief erschrocken: »Gurudeva, bitte keine Einweihungen mehr! Wie kann ich noch höhere Lehren in mich aufnehmen! Ich bin heute zu Euch gekommen, um Euren besonderen Segen zu erbitten, denn der erste Grad des göttlichen *Kriya* hat mich derart berauscht, daß ich meine Briefe nicht mehr austragen kann.«

»Brinda schwimmt bereits im Meer des göttlichen Geistes«, sagte Lahiri Mahasaya. Da senkte der andere Schüler beschämt den Kopf.

»Meister«, bemerkte er, »ich sehe nun ein, daß ich ein schlechter Arbeiter gewesen bin, der seinem Werkzeug die Schuld zuweist.«

Der einfache, ungebildete Briefträger erwarb später durch den *Kriya* ein derart tiefes Wissen, daß ihn manchmal sogar Gelehrte aufsuchten, um sich eine besonders schwierige Textstelle aus den heiligen Schriften erläutern zu lassen. So hat sich also der unbedeutende Brinda, dem Sünde und Syntax in gleicher Weise unbekannt waren, selbst in den Kreisen gelehrter Pandits einen Namen gemacht.

Neben der großen Schar der in Benares lebenden Schüler Lahiri Mahasayas kamen überdies Hunderte aus den entlegensten Provinzen des Landes zu ihm. Er selbst reiste mehrmals nach Bengalen, um die Schwiegerväter seiner beiden Söhne zu besuchen. Auf diese Weise wurde auch Bengalen durch seine Anwesenheit gesegnet, und es fanden sich dort an den verschiedensten Orten kleine *Kriya*-Gruppen zusammen. Besonders in der Gegend von Krishnagar und Bishnupur hatte er eine treue Anhängerschaft, die den unsichtbaren Strom der spirituellen Meditation auch heute noch fließen läßt.

Zu den vielen Heiligen, die den *Kriya* von Lahiri Mahasaya empfingen, zählten unter anderem der berühmte Swami Vhaskarananda Saraswati aus Benares und der ehrwürdige Asket aus Deogarh, Balananda Brahmachari. Eine Zeit lang erteilte Lahiri Mahasaya auch dem Sohn des Maharadschas Iswari Narayan Sinha Bahadur von Benares Privatunterricht. Der Maharadscha hatte die spirituellen Fähigkeiten des Meisters erkannt und gemeinsam mit seinem Sohn um die *Kriya*-Einweihung gebeten; desgleichen der Maharadscha Jotindra Mohan Thakur.

Einige von Lahiri Mahasayas Schülern mit einflußreichen Positionen im weltlichen Leben drangen darauf, den Kreis der *Kriya*-Anhänger durch Werbemaßnahmen zu erweitern. Doch der Guru verweigerte seine Zustimmung. Einer seiner *Chelas*, der Leibarzt des Fürsten von Benares, hatte begonnen, den Meister systematisch als »Kashi Baba« (Erleuchteter von Benares)* bekannt zu machen. Aber auch das verbat sich der Guru.

»Laß die Kriya-Blume ihren Duft auf ganz natürliche Weise verströmen«, sagte er. »Ihre Saat wird in spirituell empfänglichen Herzen aufgehen und dort Wurzeln schlagen.«

Bei der Verkündung seiner Botschaft bediente sich der große Meister weder der modernen Mittel organisatorischer Verbreitung noch des Instrumentariums der Presse, denn er wußte, daß sich die Kraft seiner Worte gleich einer unaufhaltsamen Flut über die Ufer des menschlichen Geistes ergießen würde. Das verwandelte und geläuterte Leben seiner Schüler war Beweis genug für die immerwährende Lebendigkeit des *Kriya*.

Lahiri Mahasaya wurde 1886 pensioniert**; seit seiner Einweihung in Ranikhet waren 25 Jahre vergangen. Nachdem er seinen Schülern jetzt auch tagsüber zur Verfügung stand, suchten sie ihn in immer größerer Anzahl auf. Der große Guru verbrachte von nun an einen Großteil seiner Zeit in stiller Meditation und verharrte unbeweglich im Lotussitz. Nur selten verließ er sein kleines Zimmer, und wenn, dann nur, um einen kurzen Spaziergang zu machen oder sich in andere Räume des Hauses zu begeben. Ein stiller Strom von *Chelas* pilgerte ohne Unterlaß zu seinem Haus, um ein *Darshan* (den heiligen Anblick) des Gurus zu erlangen. Dabei erkannten die Besucher mit ehrfürchtigem Staunen, daß Lahiri Mahasaya fast ständig in einem überbewußten Zustand war, in dem er weder atmete noch schlief, Puls und Herzschlag stillstanden, die Augenlider stundenlang überhaupt keine Regung zeigten und eine Aura tiefen Friedens ihn umgab. Kein Besucher verließ ihn, ohne geistige Erbauung gefunden zu haben; alle wußten, daß sie den stillen Segen eines wahren Gottmenschen empfangen hatten.

In jener Zeit gestattete der Meister seinem Schüler Panchanon Bhattacharya, in Kalkutta ein Yoga-Zentrum unter dem Namen »Arya Mission

---

* Andere Titel, die Lahiri Mahasaya von seinen Schülern verliehen wurden, waren *Yogibar* (größter aller Yogis), *Yogiraj* (König der Yogis) sowie *Munibar* (größter unter den Heiligen), denen ich *Yogavatar* (Inkarnation des Yoga) hinzugefügt habe.

** Er hatte insgesamt 35 Jahre in ein und derselben Abteilung des Staatsdienstes gearbeitet.

Institution« zu gründen. Dort sollten die Lehren des *Kriya*-Yoga verbreitet und bestimmte Yoga-Heilkräuter* angeboten werden.

Einem alten Brauch zufolge verordnete der Meister zur Heilung verschiedener Krankheiten im allgemeinen ein *Neem***-Öl. Trug der Guru einem seiner Schüler auf, das Öl zu destillieren, so gelang diesem die Aufgabe mühelos. Wer es aber ohne entsprechende Aufforderung versuchte, stieß dabei auf seltsame Schwierigkeiten und mußte feststellen, daß das Öl bei der erforderlichen Destillation so gut wie vollständig verdampfte. Offensichtlich war der Segen des Meisters eine unentbehrliche Voraussetzung für den Gewinnungsprozeß.

---

*   In den alten Sanskrit-Texten stößt man auf eine umfangreiche Kräuterkunde. Kräuter aus dem Himalaja wurden im Rahmen einer Verjüngungskur eingesetzt, die 1938 Aufsehen in der ganzen Welt erregte; Pandit Madan Mohan Malaviya, der 77jährige Vizekanzler der Hindu-Universität von Benares, hatte sich dieser Kur unterzogen. Innerhalb von 45 Tagen konnte der hochgeschätzte Gelehrte ein bemerkenswertes Maß seiner Gesundheit, physischen Kraft und Gedächtnisleistungen sowie sein normales Sehvermögen wiederherstellen; Anzeichen von nachwachsenden dritten Zähnen waren erkennbar, und alle Falten am Körper und im Gesicht verschwanden. Die Behandlung mit Kräutern, *Kaya Kalpa* genannt, ist eine von achtzig Verjüngungsmethoden, die die medizinische Wissenschaft des hinduistischen *Ayurveda* kennt. Pandit Malaviya hatte sich der Behandlung Sri Kalpacharya Swami Beshundasjis anvertraut, der seinen eigenen Aussagen zufolge 1766 geboren sein soll. Nach den in seinem Besitz befindlichen Unterlagen ist er über einhundert Jahre alt geworden; die Reporter von Associated Press schätzten ihn dem Aussehen nach auf nicht mehr als vierzig Jahre.

Nach den alten hinduistischen Abhandlungen wird die Medizin in acht Bereiche unterteilt: *Salya* (Chirurgie); *Salakya* (Krankheiten oberhalb des Halses); *Kayachikitsa* (die eigentliche Medizin); *Bhutavidya* (Psychiatrie); *Kaumara* (Pädiatrie); *Agada* (Toxikologie); *Rasayana* (Geriatrie); *Vagikarana* (Rezeptierkunst). Die vedischen Ärzte besaßen hochentwickelte chirurgische Instrumente, kannten die plastische Chirurgie sowie Medikamente und Methoden zur Neutralisierung der Wirkungen von Giftgasen, führten Kaiserschnitte und Gehirnoperationen durch und hatten eine große Fertigkeit in der Herstellung und Dynamisierung von medizinischen Wirkstoffen. Hippokrates, der berühmte Arzt im fünften Jahrhundert v. Chr., bezog einen Großteil seiner medizinischen Kenntnisse und Errungenschaften aus hinduistischen Quellen.

** Ostindischer Zedrach-Baum (eine Fliederart), dessen medizinischer Wert mittlerweile auch im Westen anerkannt wird. Die bittere *Neem*-Rinde wird als Stärkungsmittel benutzt, während das aus den Samen und Früchten gewonnene Öl sich als äußerst wirksam bei der Behandlung von Lepra und anderen Krankheiten erwiesen hat.

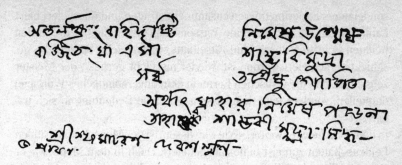

Vorstehend Lahiri Mahasayas Handschrift in Bengali einschließlich seines Namenszugs. Diese Zeilen sind einem Brief an einen *Chela* entnommen; der große Meister erläutert darin einen Sanskritvers folgendermaßen: »Wer jenen Zustand der Stille erreicht hat, in dem die Augenlider nicht mehr blinzeln, der hat wahrhaftig *Sambhabi-Mudra* erlangt.«

Es folgt die Unterschrift:
gez. »*Sri Shyama Charan Deva Sharman*«.

Die »Arya Mission Institution« sorgte für die Veröffentlichung zahlreicher Kommentare des Gurus zu den heiligen Schriften. Wie Jesus und viele andere große Propheten schrieb auch Lahiri Mahasaya selbst keine Bücher, sondern überließ es verschiedenen seiner Schüler, seine tiefgründigen Auslegungen der heiligen Texte niederzuschreiben und für die Nachwelt zu ordnen. Natürlich waren manche dieser freiwilligen »Chronisten« bei der korrekten Wiedergabe der tiefen Weisheiten des Meisters sorgfältiger als andere; doch im großen Ganzen war ihre Arbeit von Erfolg gekrönt. Ihrem Eifer haben wir es zu verdanken, daß der Welt heute Lahiri Mahasayas unvergleichliche Kommentare zu 26 alten Werken zur Verfügung stehen.

Sri Ananda Mohan Lahiri, ein Enkel des Meisters, hat zum Thema *Kriya* ein interessantes Büchlein geschrieben. Darin heißt es: »Wenn wir die *Bhagavad-Gita* und andere Teile des *Mahabharata*-Epos lesen, finden wir darin mehrere ›Knoten‹ *(Vyas-Kutas)*. Solange wir diese ›Knoten‹ nicht hinterfragen, haben wir nichts als mythische Erzählungen vor uns, die recht eigenartig anmuten und leicht mißverstanden werden können. Versäumen wir es, diese ›Knoten‹ zu lösen, verlieren wir eine Wissenschaft, die der Osten mit schier übermenschlicher Geduld durch jahrtau-

sendelanges Experimentieren zusammengetragen und überliefert hat.*
Lahiri Mahasaya hat die reine Wissenschaft der Religion, die in den
heiligen Schriften durch eine rätselhafte, bilderreiche Sprache so geschickt verschleiert worden ist, wieder ins Licht gerückt; der Meister
zeigte uns, daß die vedischen Formeln kein unverständliches Wortspiel
darstellen, sondern eine tiefe wissenschaftliche Bedeutung in sich tragen …«

In dem Text heißt es weiter: »Wie wir wissen, ist der Mensch seinen üblen
Leidenschaften zumeist hilflos ausgeliefert. Doch in dem Maße, wie er
sich mit Hilfe des *Kriya*-Yoga einer höheren und dauerhafteren Glückseligkeit bewußt wird, verlieren diese ihre Macht über ihn, weil er kein
Verlangen mehr nach niederen Dingen verspürt. Hier geht das Aufgeben – also die Negation der niederen Triebe – Hand in Hand mit dem
Aufnehmen – also dem Erleben der Glückseligkeit. Ohne diesen Prozeß
nützen uns alle Moralvorschriften, die letztendlich nichts als Verbote
sind, wenig.

Unser Verlangen und Streben nach weltlichen Aktivitäten hat zur Folge,
daß wir die Ehrfurcht vor geistigen Dingen verlieren. Nur weil die
moderne Wissenschaft uns gelehrt hat, wie wir uns die Naturgewalten
dienstbar machen können, verstehen wir noch lange nicht das ›große
Leben‹, das hinter allen Namen und Formen liegt. Der vertrauliche
Umgang mit der Natur verleitet vielmehr zu einer Geringschätzung und

---

*   »Eine Anzahl von Siegeln, die vor kurzem bei Ausgrabungen im Industal
    entdeckt wurden und Schätzungen zufolge auf das 3. Jahrtausend v. Chr. datiert
    werden können, weisen Abbildungen von Menschen in Meditationshaltung auf.
    Es handelt sich dabei um dieselben Stellungen, die im heutigen Yoga gelehrt
    werden; demzufolge waren die Anfangsgründe des Yoga bereits zu jener Zeit
    bekannt. Hieraus können wir mit Fug und Recht die Schlußfolgerung ziehen,
    daß es in Indien seit 5000 Jahren systematische Methoden der Versenkung
    gibt … In Indien wurden bestimmte religiöse Geisteshaltungen und ethische
    Begriffe von unschätzbarem Wert aus der Wiege gehoben, die in ihrer Art
    einmalig sind, zumindest was die Bandbreite ihrer Anwendbarkeit auf das
    Leben anbelangt. Toleranz in Fragen intellektueller Auffassung ist einer dieser
    Punkte – eine Forderung, mit der sich die Vertreter des Abendlandes beson-
    ders schwertun, denn hier war die Verfolgung Andersgläubiger jahrhunderte-
    lang gang und gäbe, und nur allzuoft kam es zu blutigen Kriegen zwischen
    Völkern und rivalisierenden Sekten.« – Auszug aus einem Artikel von Prof. W.
    Norman Brown in der Ausgabe des *Bulletin of the American Council of Learned
    Societies*, Washington, D.C., vom Mai 1939.

Verachtung ihrer tiefen Geheimnisse; unser Verhältnis zu ihr ist zum praktischen Kalkül degeneriert. Wir reizen die Natur gewissermaßen, um herauszufinden, mit welchen Mitteln wir sie zwingen können, unseren Zwecken dienlich zu sein; wir nutzen ihre Energie, ohne jedoch deren Quelle zu kennen. Das Verhältnis der Wissenschaft zur Natur gleicht dem eines Herren zu seinem Diener. Vom philosophischen Gesichtspunkt aus könnte man die Natur auch mit einem Angeklagten vergleichen, den wir auf die Zeugenbank gesetzt haben. Wir nehmen sie ins Kreuzverhör, fordern sie heraus und bewerten ihre Aussagen peinlich genau nach unseren menschlichen Maßstäben, die ihren verborgenen Wert aber niemals ermessen können. Verbindet sich das Selbst hingegen mit einer höheren Macht, so gehorcht die Natur dem menschlichen Willen ganz von selbst, ohne daß man sie dazu nötigen oder zwingen müßte. Diese mühelose Beherrschung der Natur wird von den unwissenden Materialisten als ›Wunder‹ hingestellt.

Am Beispiel seines eigenen Lebens hat Lahiri Mahasaya die irrige Ansicht widerlegt, daß es sich beim Yoga um undurchschaubare Praktiken handle. Jeder Mensch kann ungeachtet der nüchternen Denkweisen der Naturwissenschaften* durch *Kriya*-Yoga sein ursprüngliches Verhältnis zur Natur wiederherstellen und Ehrfurcht vor den alltäglichen und geheimnisvollen Naturerscheinungen zurückgewinnen. Wir sollten uns immer vor Augen halten, daß viele Dinge, die vor tausend Jahren als unerklärlich galten, heutzutage allgemein verständlich sind und daß wir auch für solche Dinge, die uns heute noch geheimnisvoll erscheinen, in einigen hundert Jahren eine plausible Deutung finden können. Hinter allen Manifestationen steht das Unendliche, das Meer der Kraft.

Das Gesetz des *Kriya*-Yoga ist ewig und ebenso unanfechtbar wie die Mathematik. Wie die einfachen Regeln von Addition und Subtraktion niemals ungültig werden können, so auch nicht das Gesetz des *Kriya*. Selbst wenn alle Bücher über Mathematik zu Asche verbrennen würden, so wird der logisch denkende Mensch diese Wahrheiten doch immer wieder von neuem entdecken. Ebenso ist es mit dem Yoga: Auch wenn

---

* Hier sei an Carlyles Betrachtungen im *Sartor Resartus* erinnert: »Ein Mensch, der sich nicht wundern kann, der sich nicht ständig wundert (und betet) – und wäre er auch der Präsident noch so vieler königlicher Akademien und … hätte er auch die großen Entdeckungen aller Laboratorien und Observatorien in seinem Kopf allein gespeichert –, ist nichts anderes als eine Brille, hinter der es keine Augen gibt.«

alle Bücher über die Yoga-Wissenschaft vernichtet würden, blieben ihre Grundsätze dennoch bestehen. Und kaum erhebt sich wieder ein wahrhaftiger Yogi, der reine Hingabe und daher auch reines Wissen in sich vereint, werden sie von neuem offenbar werden.«

So wie Babaji einer der größten *Avatare*, also ein *Mahavatar*, ist und wie Sri Yukteswar mit Recht ein *Jnanavatar* oder eine Inkarnation der Weisheit genannt werden kann, so verdient Lahiri Mahasaya zu Recht den Titel eines Yogavatar, also einer Inkarnation des Yoga. Sowohl in qualitativer als auch in quantitativer Hinsicht hat der große Meister die Gesellschaft auf ein höheres geistiges Niveau gehoben. Er besaß nicht nur die Fähigkeit, seine engeren Schüler zur christusgleichen Erleuchtung zu führen, sondern verbreitete auch die Wahrheit in alle Schichten des Volkes. So ist er zu einem Erlöser der Menschheit geworden.

Seine Einzigartigkeit als Prophet besteht darin, als erster die Notwendigkeit einer bestimmten praktischen Methode – des *Kriya* – hervorgehoben und dadurch allen Menschen zum ersten Mal durch Yoga das Tor zur Freiheit geöffnet zu haben. Abgesehen von den vielen Wundern, die sich im Leben des *Yogavatars* zutrugen, vollbrachte er das wohl höchste aller Wunder: Er kristallisierte nämlich aus den komplexen, altüberlieferten Lehren des Yoga einige wenige wirksame Methoden heraus, die für jedermann verständlich und nachvollziehbar sind.

Zum Thema Wunder bemerkte Lahiri Mahasaya oftmals: »Über das Wirken geheimnisvoller Gesetze, von denen die meisten Menschen nichts wissen, sollte man nicht ohne vorherige reifliche Überlegung diskutieren oder gar etwas veröffentlichen.« Wenn ich in diesem Buch seine Warnung scheinbar in den Wind geschlagen habe, so nur deshalb, weil er mir innerlich seine Zustimmung dazu gab. Dennoch hielt ich es für ratsam, gewisse wirklich erstaunliche Begebenheiten aus dem Leben Babajis, Lahiri Mahasayas und Sri Yukteswars unerwähnt zu lassen, zumal diese ohne einen umfangreichen philosophischen Kommentar kaum verständlich gemacht werden könnten.

Neue Hoffnung für eine neue Menschheit! »Die Einung mit Gott«, so verkündete der *Yogavatar*, »kann man durch eigenes Bemühen erreichen; sie hängt weder von einer bestimmten Glaubensrichtung noch von der Willkür eines kosmischen Diktators ab.«

Selbst wer nie an die Göttlichkeit irgendeines Menschen glauben könnte, wird durch den Schlüssel des *Kriya* schließlich und letztlich zur Erkenntnis seiner eigenen Göttlichkeit geführt.

Kapitel 36

Babajis Interesse am Westen

Meister, seid Ihr selbst Babaji jemals begegnet?« fragte ich. Es war eine stille Sommernacht, und die großen Sterne des Tropenhimmels funkelten am Firmament über uns. Ich saß neben Sri Yukteswar auf dem Balkon seiner Einsiedelei in Serampore.

»Ja«, erwiderte der Meister und lächelte über meine unvermittelte Frage. Dann aber fuhr er mit ehrfürchtiger Miene fort: »Dreimal wurde mir die Gnade einer Begegnung mit dem unsterblichen Guru zuteil. Das erste Mal sah ich ihn auf einem *Kumbha-Mela* in Allahabad.«

Seit undenklichen Zeiten werden in Indien religiöse Feste – die sogenannten *Kumbha-Melas* – veranstaltet, um der großen Menge der Bevölkerung immer wieder geistige Ziele vor Augen zu halten. Alle sechs Jahre kommen zu diesem Anlaß Millionen frommer Hindus zusammen, um Tausenden von Sadhus, Swamis, Yogis und Asketen zu begegnen. Unter ihnen sind viele Einsiedler, die ihre abgelegenen Behausungen nur während der *Melas* verlassen, um den weltlich orientierten Menschen ihren Segen zu erteilen.

»Als ich Babaji zum ersten Male traf, war ich noch kein Swami«, fuhr Sri Yukteswar fort, »doch ich hatte bereits von Lahiri Mahasaya die *Kriya*-Einweihung empfangen. Die Idee, das im Januar 1894 in Allahabad abgehaltene *Mela* zu besuchen, kam von meinem Guru. Ich hatte noch nie ein solches Treffen mitgemacht, und der Lärm und das Gedränge der Menschen waren mir fast zuviel. Ich sah mich überall um, doch nirgendwo erblickte ich das Antlitz eines erleuchteten Meisters. In der Nähe einer Brücke, die über den Ganges führte, entdeckte ich einen Bekannten, der mit der Bettelschale in der Hand dastand.

›Dieses ganze Fest hat nichts weiter zu bieten als Lärm und Bettler‹, dachte ich enttäuscht. ›Ob nicht letztendlich doch die Wissenschaftler des Westens, die sich in den Dienst der Menschheit stellen, indem sie mit großer Geduld Kenntnisse sammeln, Gott wohlgefälliger sind als diese Müßiggänger, die sich zwar zur Religion bekennen, es aber eigentlich nur auf Almosen abgesehen haben?‹

In diesem Augenblick unterbrach mich die Stimme eines hochgewachsenen *Sannyasis* in meinen sozialkritischen Betrachtungen.

›Sir‹, sagte er, ›ein Heiliger möchte Euch sprechen.‹

›Wer ist es?‹

›Kommt und seht selbst!‹

Zögernd folgte ich diesem lakonischen Rat und ließ mich zu einem Baum
führen, unter dessen schattigen Zweigen ein Guru im Kreise seiner
Schüler saß; es war in der Tat ein anziehendes Bild.

Der Meister – eine ungewöhnlich strahlende Erscheinung mit dunklen,
leuchtenden Augen – erhob sich bei meinem Kommen und umarmte
mich.

›Willkommen, Swamiji!‹ sagte er liebevoll.

›Aber Sir!‹ entgegnete ich. ›Ich bin gar kein Swami!‹

›Wem ich auf göttliches Geheiß hin den Titel eines Swamis verleihe, der
weist dies niemals zurück.‹ Als der Heilige diese schlichten Worte zu mir
sprach, spürte ich, welch tiefe Wahrheit in ihnen lag, und im selben
Augenblick durchflutete mich sein geistiger Segen wie eine Woge. Ich
freute mich über meine unerwartete Erhebung in den altehrwürdigen
Mönchsorden* und verneigte mich vor dieser offensichtlich bedeutenden und erhabenen Wesenheit, die mir diese Gnade hatte zuteil werden
lassen.

Babaji – denn in der Tat war er es gewesen – forderte mich auf, neben
ihm unter dem Baum Platz zu nehmen. Er war jung und kräftig und sah
aus wie Lahiri Mahasaya. Doch dies fiel mir zunächst gar nicht auf,
obgleich ich oft von der außerordentlichen Ähnlichkeit dieser beiden
Meister gehört hatte.

Babaji verfügt über die Fähigkeit, das Aufsteigen eines bestimmten
Gedankens in anderen Menschen zu verhindern. Der große Guru wollte
wohl erreichen, daß ich in seiner Gegenwart vollkommen unbefangen
blieb; denn hätte ich ihn erkannt, hätten mich sicher die Gefühle der
Ehrfurcht völlig übermannt.

›Was hältst du von diesem *Kumbha-Mela*?‹

›Es hat mich ziemlich enttäuscht, Sir‹, sagte ich, fügte aber sogleich hinzu:
›Bis zu dem Augenblick, da ich Euch begegnet bin. Irgendwie passen
Heilige und diese Volksfeststimmung nicht zusammen.‹

---

*   Sri Yukteswar wurde später offiziell vom *Mahant* (dem Klostervorsteher) von
     Buddh Gaya in den Swami-Orden aufgenommen.

›Kind‹, sagte der Meister, obgleich ich augenscheinlich beinahe doppelt so alt war wie er, ›verurteile nicht das Ganze aufgrund der Unvollkommenheiten vieler. Nichts auf Erden ist rein – alles ist wie eine Mischung aus Sand und Zucker. Mach es wie die Ameise, die in ihrer Weisheit nur den Zucker sammelt, den Sand aber liegenläßt. Wenn auch viele der hier anwesenden *Sadhus* die Welt der Täuschung noch nicht hinter sich gelassen haben, so wird das *Mela* dennoch durch die Gegenwart einiger erleuchteter Meister gesegnet.‹

Da ich ja selbst diesem erhabenen Meister hatte begegnen dürfen, fiel es mir nicht schwer, dem zuzustimmen.

›Sir‹, bemerkte ich dann, ›ich habe an die Wissenschaftler des Westens gedacht, die weitaus intelligenter sind als die meisten Menschen, die hier zusammengekommen sind. Sie leben im fernen Europa und Amerika, folgen einem anderen Glauben und haben noch nie etwas von unseren *Melas* und deren wahrer Bedeutung gehört. Sie könnten aus einer Begegnung mit den indischen Meistern viel gewinnen. Doch viele Menschen in der westlichen Welt sind trotz ihrer großen Intelligenz ganz und gar dem Materialismus verfallen. Andere, die sich auf dem Gebiet der Wissenschaft und Philosophie einen Namen gemacht haben, erkennen die grundlegende Einheit hinter allen Religionen nicht an. Ihre Glaubensbekenntnisse bilden eine unüberwindliche Schranke, die sie für immer von uns zu trennen droht.‹

›Ich wußte, daß du an der westlichen Hemisphäre ebenso interessiert bist wie an der östlichen‹, sagte Babaji anerkennend. ›Ich fühlte, wie dein Herz für alle Menschen schlägt, ganz gleich, ob aus Ost oder West. Darum habe ich dich hierhergeholt.‹

›Morgen- und Abendland müssen einen goldenen Mittelweg finden, der Tatkraft und Spiritualität miteinander verbindet‹, fuhr er fort. ›Indien kann im Hinblick auf materielle Errungenschaften viel vom Westen lernen; und als Gegengabe kann Indien dem Westen die Wissenschaft vom Yoga bieten, die dieser braucht, um seine religiösen Anschauungen auf eine fundierte Basis zu stellen.‹

Und er fügte hinzu: ›Du selbst, Swamiji, wirst in dem kommenden harmonischen Austausch zwischen Ost und West eine Rolle zu spielen haben. In einigen Jahren werde ich einen Schüler zu dir senden, den du darauf vorbereiten sollst, die Lehren des Yoga in der westlichen Welt zu verbreiten. Die Schwingungen vieler nach Wahrheit dürstender Seelen kommen von dort wie eine Flutwelle zu mir herüber. Ich weiß, daß es auch in

Amerika und Europa potentielle Heilige gibt, die nur darauf warten, erweckt zu werden.‹«

Als Sri Yukteswar bei diesem Punkt seiner Erzählung angelangt war, schaute er mich bedeutsam an.

»Mein Sohn«, sagte er, während das Mondlicht auf sein lächelndes Antlitz fiel, »du bist jener Schüler, den zu schicken mir Babaji vor so vielen Jahren versprochen hat.«

Ich war glücklich bei dem Gedanken, daß Babaji meine Schritte gelenkt und mich zu Sri Yukteswar geführt hatte, konnte mir aber nur schwer vorstellen, in den fernen Westen zu gehen – weit ab von meinem geliebten Guru und dem friedlichen Leben in der Einsiedelei.

»Babaji sprach dann über die *Bhagavad-Gita*«, fuhr Sri Yukteswar fort. »Zu meiner Überraschung gab er mir durch ein paar Worte des Lobes zu verstehen, daß er von den Kommentaren wußte, die ich über verschiedene Kapitel der *Gita* geschrieben hatte.

›Ich möchte dich bitten, noch eine weitere Aufgabe zu übernehmen, Swamiji‹, sagte der große Meister. ›Schreibe ein kurzes Buch über die grundlegende Übereinstimmung zwischen der christlichen Bibel und den heiligen Schriften der Hindus. Darin sollst du durch eine Gegenüberstellung aufzeigen, daß alle inspirierten Gottessöhne dieselben Wahrheiten verkündet haben, die heute nur durch das Sektierertum der Menschen verschleiert sind.‹

›Maharaj‹*, antwortete ich zaghaft, ›was für eine Aufgabe! Ich weiß nicht, ob ich ihr gewachsen bin!‹

Babaji aber lächelte zuversichtlich und sagte: ›Warum zweifelst du, mein Sohn? Wer ist es denn, der alle Werke vollbringt? Wer ist es, der in Wirklichkeit handelt? Alles, was der Herr mich hat sagen lassen, wird sich unweigerlich erfüllen.‹

Da verstand ich, daß ich mit dem Segen des Heiligen auch die nötige Kraft erhalten würde, und willigte ein, das Buch zu schreiben. Ich fühlte, daß nun der Augenblick des Abschieds gekommen war, und erhob mich widerstrebend von meinem Sitz aus weichen Blättern.

›Kennst du Lahiri?‹** fragte der Meister. ›Er ist eine große Seele, nicht

---

  * »Großer König« – eine respektvolle Anrede.
 ** Wenn ein Guru von seinem Schüler spricht, nennt er ihn in der Regel einfach nur bei seinem Vornamen; Titel läßt er weg. So sagte Babaji »Lahiri« und nicht »Lahiri Mahasaya«.

wahr? Berichte ihm von unserer Begegnung.‹ Dann gab er mir eine Botschaft für Lahiri Mahasaya mit auf den Weg.

Als ich mich zum Abschied demütig vor dem Heiligen verneigt hatte, lächelte dieser mir gütig zu. ›Wenn dein Buch fertig ist, werde ich dich besuchen‹, versprach er. ›Bis dahin, leb wohl!‹

Am folgenden Tag verließ ich Allahabad und fuhr mit dem Zug nach Benares zurück. Dort angekommen, suchte ich sogleich meinen Guru auf und erzählte ihm begeistert von der Begegnung mit dem wunderbaren Heiligen auf dem *Kumbha-Mela*.

›Du hast ihn also nicht erkannt?‹ fragte Lahiri Mahasaya schmunzelnd. ›Ich weiß, daß du es nicht konntest, denn er selbst hat es verhindert. Es war mein unvergleichlicher Guru, der himmlische Babaji, dem du begegnet bist!‹

›Babaji!‹ rief ich, von Ehrfurcht überwältigt. ›Babaji, der Christus-Yogi? Der unsichtbar-sichtbare Erlöser Babaji! Oh, wenn ich nur das Rad der Zeit zurückdrehen, seine Füße berühren und ihm meine ganze Hingabe zeigen könnte!‹

›Sei nicht traurig‹, meinte Lahiri Mahasaya tröstend. ›Er hat ja versprochen, dich wiederzusehen.‹

›Gurudeva, der göttliche Meister bat mich, Euch folgende Botschaft zu überbringen: Sage Lahiri, daß die aufgespeicherte Energie für dieses Leben zur Neige geht; sie ist nahezu erschöpft.‹

Während ich diese geheimnisvollen Worte aussprach, erbebte Lahiri Mahasaya am ganzen Körper wie von einem Blitzstrahl getroffen. Augenblicklich schien alles an ihm zu erstarren, und sein soeben noch lächelndes Antlitz wurde unglaublich ernst. Er saß starr und unbeweglich da wie eine hölzerne Statue, und alles Blut schien aus seinem Körper gewichen. Ich war zutiefst erschrocken und verwirrt. Nie zuvor hatte ich diese heitere Seele soviel Ernst und Strenge zum Ausdruck bringen sehen. Auch die anderen anwesenden Schüler schienen beängstigt.

Drei Stunden vergingen, ohne daß ein einziges Wort gesprochen wurde. Dann wandte sich Lahiri Mahasaya in seiner üblichen unbeschwerten Art an jeden einzelnen seiner *Chelas*. Wir atmeten erleichtert auf.

Die Art, wie mein Meister auf Babajis Botschaft reagiert hatte, nahm ich als unmißverständliches Zeichen dafür, daß Lahiri Mahasaya seinen Körper bald verlassen würde. Sein ehrfurchtgebietendes Schweigen zeigte, daß er sich augenblicklich in seinem Inneren überprüft und die letzten

Bande durchtrennt hatte, die ihn an diese irdische Welt fesselten, um sodann in seine unsterbliche Heimat des Geistes zu entfliehen. Babaji hatte ihm durch seine Botschaft auf seine Art zu verstehen gegeben: ›Ich werde immer bei dir sein.‹

Babaji und Lahiri Mahasaya hatten es in ihrer Allwissenheit eigentlich nicht nötig, sich durch meine oder die Vermittlung eines anderen zu verständigen; dennoch lassen sich die großen Meister oftmals dazu herab, selbst eine Rolle im menschlichen Drama zu spielen. Dann übermitteln sie ihre Prophezeiungen gelegentlich ganz normal durch einen Boten, damit, wenn sich die Weissagung erfüllt, viele Menschen davon erfahren und so in ihrem Glauben bestärkt werden.«

»Bald darauf ging ich von Benares fort, um in Serampore die mir von Babaji übertragene Arbeit in Angriff zu nehmen«, fuhr Sri Yukteswar fort. »Kaum hatte ich mich hingesetzt, da fiel mir ein Gedicht über den unsterblichen Guru ein. Die melodischen Verse flossen mir mühelos aus der Feder, obwohl ich nie zuvor den Versuch gemacht hatte, Gedichte in Sanskrit zu schreiben.

Nacht um Nacht brachte ich damit zu, den Inhalt der Bibel und des *Sanatan Dharma** zu vergleichen und anhand von Jesu eigenen Worten zu beweisen, daß seine Lehre in allen wesentlichen Punkten mit den Offenbarungen der Veden übereinstimmt. Ich konnte das Buch in sehr viel kürzerer Zeit fertigstellen, als ich mir hätte träumen lassen, und erkannte, daß diese Tatsache einzig und allein auf den Segen meines

---

* Wörtlich: »ewige Religion«; Bezeichnung für die gesamten vedischen Lehren. Den Begriff *Hinduismus* als Bezeichnung für das *Sanathan Dharma* verdanken wir den alten Griechen, die die an den Ufern des Indus lebenden Menschen *Indus* oder *Hindus* nannten. Ein *Hindu* ist also im eigentlichen Sinne nichts anderes als ein Anhänger des *Sanatan Dharma*, das heißt des Hinduismus. Das Wort *Inder* hingegen bezeichnet gleichermaßen Hindus, Mohammedaner und andere Bewohner des indischen Subkontinents.
Der alte Name für Indien ist *Aryavarta*, wörtlich: »Stätte der Arier«. Die Sanskritwurzel von *Arya* bedeutet »wertvoll, heilig, edel«. Der spätere ethnologische Mißbrauch des Wortes *arisch* zur Bezeichnung körperlicher anstelle von geistigen Merkmalen führte den großen Orientalisten Max Müller zu folgender Aussage: »Meines Erachtens macht sich ein Ethnologe, der von einer arischen Rasse, arischem Blut, arischer Augen- und Haarfarbe spricht, desselben Vergehens schuldig wie ein Sprachwissenschaftler, der Ausdrücke wie ›langschädeliges Wörterbuch‹ oder ›kurzschädelige Grammatik‹ gebraucht.«

*Param-Gurus-Maharaj** zurückzuführen war. Der Text wurde zunächst kapitelweise in der Zeitschrift *Sadhusambad* veröffentlicht und später von einem meiner Schüler aus Kidderpore in Buchform veröffentlicht.«

»Am Morgen, nachdem ich mein Werk beendet hatte«, fuhr der Meister fort, »ging ich zum *Rai-Ghat* hinunter, um im Ganges zu baden. Das *Ghat* war menschenleer, und ich blieb eine Weile in der Sonne stehen, um den tiefen Frieden zu genießen. Nach einem kurzen Bad in den glitzernden Fluten machte ich mich auf den Heimweg. Alles war still. Nur das Klatschen meines vom Gangeswasser durchtränkten Gewandes war zu hören. Da erblickte ich auf einmal im Schatten eines großen Banyanbaumes den erhabenen Babaji mit einigen seiner Schüler!

›Sei gegrüßt, Swamiji‹, rief er mir mit seiner melodiösen Stimme zu, und da wußte ich, daß ich nicht träumte. ›Ich sehe, daß du dein Buch erfolgreich beendet hast. Wie versprochen, bin ich nun gekommen, um dir zu danken.‹

Klopfenden Herzens warf ich mich vor ihm nieder. ›*Param-Guruji*‹, so bat ich ihn inständig, ›wollt Ihr und Eure *Chelas* mir nicht die Ehre erweisen, mein nahegelegenes Haus durch Eure Anwesenheit zu heiligen?‹

Der Guru wehrte lächelnd ab. ›Nein, Kind‹, sagte er, ›wir gehören zu jenen Menschen, die sich im Schatten eines Baumes am wohlsten fühlen; dieser Platz hier gefällt uns gut.‹

›Dann wartet bitte einen Augenblick, Meister‹, bat ich. ›Ich bin sofort mit einigen Süßspeisen wieder hier.‹

Doch als ich nach wenigen Minuten mit einer Schale besonderer Leckereien zurückkehrte, war der Platz unter dem hohen Banyanbaum verwaist. Ich suchte den ganzen *Ghat* nach ihnen ab, doch im Herzen wußte ich, daß mir die kleine göttliche Schar bereits auf ihren Ätherschwingen entglitten war.

Ich war zutiefst verletzt. ›Selbst wenn wir uns wieder begegnen‹, so sagte ich mir, ›liegt mir nichts mehr daran, mit Babaji zu sprechen. Wie unfreundlich von ihm, mich so urplötzlich zu verlassen!‹ Mein Ärger entsprang natürlich nichts anderem als gekränkter Liebe.

Einige Monate später besuchte ich Lahiri Mahasaya in Benares. Als ich das kleine Empfangszimmer betrat, begrüßte er mich freundlich.

---

* *Param-Guru*, wörtlich »höchster Guru« oder »jenseitiger Guru«, ist eine Bezeichnung für den Guru des eigenen Gurus. So war Babaji, der Guru Lahiri Mahasayas, der *Param-Guru* Sri Yukteswars.

›Willkommen, Yukteswar‹, sagte er. ›Bist du eben an der Tür Babaji begegnet?‹

›Nein, wieso?‹ fragte ich erstaunt.

›Komm her‹, sagte Lahiri Mahasaya und berührte leicht meine Stirn. Da erblickte ich in der Nähe der Tür die lichte Gestalt Babajis, die mich in ihrer vollendeten Schönheit an eine Lotusblume erinnerte.

Sogleich stieg der alte Groll wieder in mir auf, und ich verneigte mich nicht vor ihm. Lahiri Mahasaya warf mir einen erstaunten Blick zu.

Der göttliche Guru sah mich aus unergründlichen Augen fragend an. ›Bist du mir böse?‹

›Sir, wie sollte ich es nicht sein!‹ erwiderte ich. ›Aus der Luft seid Ihr und Eure geheimnisvolle Gruppe herabgestiegen, und in Luft habt Ihr Euch wieder aufgelöst.‹

›Ich hatte versprochen, dich wiederzusehen; doch ich hatte nicht gesagt, wie lange ich bleiben würde‹, entgegnete Babaji lachend. ›Du warst sehr aufgeregt. Glaub mir, es war deine innere Unruhe, die mich regelrecht in den Äther zurückgetrieben hat!‹

Diese wenig schmeichelhafte Erklärung besänftigte mich sofort. Ich kniete zu Füßen des göttlichen Gurus nieder, und dieser klopfte mir liebevoll auf die Schulter.

›Du mußt mehr meditieren, mein Kind‹, sagte er, ›denn dein Blick ist noch nicht fehlerfrei. Du hast mich vorhin nicht gesehen, als ich mich hinter dem Sonnenlicht verbarg.‹ Mit diesen Worten, deren Klang so herrlich war wie von himmlischen Flöten, entschwand Babaji in einem geheimnisvollen Glanz.«

»Dies war einer meiner letzten Besuche bei meinem Guru in Benares«, schloß Sri Yukteswar seinen Bericht. »Wie Babaji auf dem *Kumbha-Mela* vorausgesagt hatte, ging Lahiri Mahasayas Inkarnation als Familienvater zu Ende. Im Sommer 1895 bildete sich auf dem Rücken seines kräftigen Körpers ein kleines Geschwür. Er weigerte sich aber, es aufschneiden zu lassen, denn er wollte am eigenen Leibe das Karma einiger seiner Schüler abtragen. Einige der *Chelas* wollten sich damit nicht zufriedengeben und bedrängten den Meister, doch noch einen ärztlichen Eingriff vornehmen zu lassen; da antwortete dieser mit den rätselhaften Worten:

›Der Körper muß einen Grund haben zu gehen; ich bin mit allem einverstanden, was ihr tun wollt.‹

Kurze Zeit später gab der unvergleichliche Guru seinen Körper in Benares auf. Nun brauche ich ihn nicht mehr in seinem kleinen Empfangszimmer aufzusuchen, denn er ist alle Tage bei mir, um mich zu segnen und zu leiten.«

Jahre später hörte ich von einem auf dem spirituellen Weg weit fortge-schrittenen Schüler, Swami Keshabananda*, viele wunderbare Einzelhei-ten über den Heimgang Lahiri Mahasayas.

»Einige Tage bevor mein Guru seinen Körper aufgab«, so berichtete Keshabananda, »materialisierte er sich vor mir in meiner Einsiedelei in Hardwar.

›Komm sofort nach Benares!‹ sagte er und verschwand.

Ich nahm sogleich den nächsten Zug nach Benares. Im Haus meines Gurus waren viele seiner Schüler versammelt; an jenem Tag** erläuterte der Meister mehrere Stunden lang die *Gita*; dann sagte er in seiner schlichten Art:

›Ich gehe jetzt heim.‹

Viele der Anwesenden brachen ob dieser Nachricht in Tränen aus. ›Seid getrost; ich werde wieder auferstehen!‹ Mit diesen Worten erhob sich Lahiri Mahasaya von seinem Sitz, drehte sich dreimal im Kreise, setzte sich dann mit dem Antlitz nach Norden im Lotussitz nieder und ging glorreich in das endgültige *Maha-Samadhi**** ein.«

»Lahiri Mahasayas edler Körper, der seinen Schülern so teuer gewesen war, wurde nach weltlichem Zeremoniell feierlich am Manikarnika-*Ghat* an den Ufern des heiligen Ganges verbrannt«, fuhr Keshabananda fort. »Am folgenden Morgen um zehn Uhr – ich war noch immer in Benares – erstrahlte mein Zimmer plötzlich in einem überirdischen Licht. Und siehe! Vor mir stand Lahiri Mahasaya in lebendiger Gestalt! Er sah genauso aus wie immer, nur wirkte er jünger und strahlender.

›Keshabananda‹, sagte mein göttlicher Guru, ›ich bin es! Aus den zerfal-lenen Atomen meines verbrannten Körpers habe ich einen neuen Leib erstehen lassen. Meine Aufgabe als Familienvater ist nun beendet; doch

---

    * Mein Besuch in Keshabanandas Ashram wird in Kapitel 42 beschrieben.

   ** Lahiri Mahasaya verließ seinen Körper am 26. September 1895, nur wenige Tage vor seinem 68. Geburtstag.

 *** Die Ausrichtung des Körpers gen Norden und das dreimalige Drehen um die eigene Achse sind Teil eines alten vedischen Ritus, der von Meistern ausge-führt wird, die im voraus wissen, wann ihrem physischen Körper die letzte Stunde geschlagen hat. Die letzte Meditation, bei der der Meister in das kosmische OM eingeht, wird *Maha-Samadhi*, das heißt großes *Samadhi*, genannt.

ich verlasse diese Erde nicht ganz. Von nun an werde ich einige Zeit mit Babaji im Himalaja und im Kosmos verbringen.‹

Dann gab mir der transzendente Meister einige Segensworte mit auf den Weg und entschwand. Eine wundersame Seligkeit erfüllte mein Herz; ich fühlte mich geistig emporgehoben wie die Jünger Christi oder Kabirs*, als sie ihren Meister nach dessen physischen Tod leibhaftig vor sich stehen sahen.«

»Als ich in meine abgelegene Einsiedelei nach Hardwar zurückkehrte«, fuhr Keshabananda fort, »nahm ich etwas von der heiligen Asche meines Gurus mit. Wenn ich auch wußte, daß der ›Vogel der Allgegenwart‹ dem Käfig von Raum und Zeit entflohen war und seine Freiheit wiedererlangt hatte, fand mein Herz dennoch Trost darin, die heilige Asche in einem Schrein aufzubewahren.«

Ein weiterer Schüler, der ebenfalls von dem auferstandenen Guru gesegnet wurde, war der ehrwürdige Panchanon Bhattacharya, der Begründer der Calcutta Arya Mission Institution**.

Als ich ihn in Kalkutta aufsuchte, erzählte er mir zu meiner großen Freude viel über die gemeinsamen Jahre mit seinem Meister und berich-

---

* Kabir war ein großer Heiliger des 16. Jahrhunderts, der sowohl unter den Hindus als auch unter den Mohammedanern eine große Anhängerschaft hatte. Nach dem Tode Kabirs konnten sich seine Schüler nicht über die Art der Bestattung einigen. Da erhob sich der erzürnte Meister aus seinem Schlaf und gab ihnen folgende Anweisungen: »Die eine Hälfte meiner sterblichen Überreste soll nach dem Brauch der Mohammedaner begraben und die andere Hälfte nach dem Brauch der Hindus verbrannt werden.« Damit entschwand er. Als die Schüler das Leichentuch aufhoben, das über seinen Körper gebreitet war, fanden sie darunter nichts als ein Meer goldgelber Champakablüten. Die eine Hälfte davon wurde von den Mohammedanern gehorsam in einem Schrein begraben, der noch heute von vielen Gläubigen verehrt wird.

In jungen Jahren kamen einmal zwei Schüler zu Kabir und baten darum, daß ihnen der Meister den Weg der Mystik in allen Einzelheiten erklären möge. Daraufhin gab ihnen dieser folgende einfache Antwort:

»Ein Weg setzt Entfernung voraus;
ist er aber nahe, bedarf es keines Weges mehr.
Lächeln muß ich fürwahr, wenn ich höre,
ein Fisch im Wasser habe Durst.«

** Panchanon errichtete inmitten eines etwa sieben Hektar großen Gartens in Deogarh, Bihar, einen Shiva-Tempel mit einer steinernen Statue von Lahiri Mahasaya. Eine weitere Statue des großen Meisters wurde von dessen Schülern in dem kleinen Empfangszimmer in seinem Haus in Benares aufgestellt.

tete mir auch über das wohl wunderbarste Erlebnis in seinem ganzen Leben:

»Hier in Kalkutta«, so erzählte Panchanon, »erschien mir Lahiri Mahasaya am Tag nach seiner Feuerbestattung um zehn Uhr morgens in lebendiger, strahlender Gestalt.«

Auch Swami Pranabananda, der »Heilige mit zwei Körpern«, vertraute mir Einzelheiten seiner eigenen übernatürlichen Erfahrung an. Während seines Besuches in meiner Schule in Ranchi berichtete er mir folgendes: »Einige Tage bevor Lahiri Mahasaya seinen Körper verließ, erhielt ich einen Brief von ihm, in dem er mich bat, unverzüglich nach Benares zu kommen. Leider wurde ich aufgehalten und konnte nicht sofort abreisen. Als ich mich gegen zehn Uhr morgens mitten in meinen Reisevorbereitungen befand, erblickte ich plötzlich zu meiner unbeschreiblichen Freude die strahlende Erscheinung des Gurus.

›Warum jetzt noch nach Benares eilen?‹ fragte Lahiri Mahasaya lächelnd. ›Du wirst mich dort nicht mehr antreffen.‹

Als ich den Sinn seiner Worte begriff, brach ich in Tränen der Trauer aus, denn ich glaubte ihn nur in einer Vision zu schauen. Da kam der Meister tröstend auf mich zu. ›Hier, berühre meinen Körper‹, sagte er. ›Ich bin genauso lebendig wie immer. Trauere nicht! Bin ich denn nicht allezeit bei dir?‹«

Aus dem Munde dieser drei großen Schüler durfte die Welt also die Geschichte dieses Wunders vernehmen: Um zehn Uhr morgens, einen Tag nachdem Lahiri Mahasayas Leib den Flammen übergeben worden war, erschien der auferstandene Meister in einem wirklichen, aber verklärten Körper dreien seiner Schüler, von denen ein jeder in einer anderen Stadt wohnte.

»Wenn sich aber dieses Vergängliche mit Unvergänglichkeit bekleidet und dieses Sterbliche mit Unsterblichkeit, dann erfüllt sich das Wort der Schrift: Verschlungen ist der Tod vom Sieg. Tod, wo ist dein Sieg? Tod, wo ist dein Stachel?*«

---

*   *1. Korinther* 15, 54–55.

Kapitel 37

Ich gehe nach Amerika

Amerika! So sehen also Amerikaner aus!« Dies war mein erster Gedanke, als ich in einer panoramischen Vision eine Reihe von Gesichtern mit westlichen Zügen vor meinem inneren Auge erblickte.

Ich saß in tiefer Meditation versunken hinter einem Stapel verstaubter Kisten im Lagerraum der Schule von Ranchi. In jenen Jahren wurde ich pausenlos von den Jungen in Anspruch genommen, so daß es nicht leicht für mich war, ein ungestörtes Plätzchen zum Meditieren zu finden.

Die Vision hielt an. Aus einer unübersehbaren Menschenmenge* sahen mich zahllose Gesichter unverwandt an und zogen Schauspielern gleich auf der Bühne meines Bewußtseins vorüber.

Plötzlich öffnete sich die Tür zum Lagerraum; einer der Jungen hatte wieder einmal mein Versteck gefunden.

»Komm her, Bimal«, rief ich fröhlich. »Ich habe eine Neuigkeit für dich: Der Herr ruft mich nach Amerika!«

»Nach Amerika?« wiederholte der Junge entgeistert, es klang gerade so, als hätte ich gesagt »zum Mond«.

»Ja, ich werde wie einst Kolumbus nach Amerika fahren und es neu entdecken. Kolumbus glaubte damals, Indien gefunden zu haben; es muß irgendein karmisches Band zwischen beiden Ländern bestehen.«

Bimal stürzte aufgeregt von dannen. Bald darauf wußte die ganze Schule dank dieses zweibeinigen Nachrichtensenders Bescheid.**

Ich berief eine Konferenz des Lehrerkollegiums ein und übertrug meinen Vertretern die Leitung der Schule.

»Ich weiß, daß Sie alle Lahiri Mahasayas Erziehungsidealen und Yoga-Methoden immer treu bleiben werden«, sprach ich. »Ich werde Ihnen

---

* Viele dieser Gesichter habe ich seither im Westen gesehen und auch sofort wiedererkannt.

** Der spätere Leiter der *Self-Realization Church of all Religions* in Washington, D.C., Swami Premananda, war zum Zeitpunkt meiner Abreise nach Amerika Schüler an der Schule von Ranchi (er führte damals noch den Namen Brahmachari Jotin).

häufig schreiben, und mit Gottes Hilfe komme ich eines Tages auch wieder nach Indien zurück.«

Mit Tränen in den Augen warf ich einen letzten Blick auf die Schülerschar und das sonnige Schulgelände von Ranchi. Ich wußte, daß in diesem Augenblick ein bedeutender Abschnitt in meinem Leben zu Ende ging und ich fortan in fernen Ländern leben würde. Nur wenige Stunden nach meiner Vision fuhr ich mit dem Zug nach Kalkutta; am folgenden Tag traf dort ein Schreiben für mich ein, in dem man mich einlud, als indischer Delegierter am Internationalen freireligiösen Kongreß in Amerika teilzunehmen. Der Kongreß sollte dieses Jahr in Boston unter der Schirmherrschaft der amerikanischen Unitarier stattfinden.

Alles drehte sich mir im Kopf, und so suchte ich Sri Yukteswar in Serampore auf.

»Guruji, ich bin soeben dazu eingeladen worden, einen Vortrag vor einem religiösen Kongreß in Amerika zu halten. Soll ich hinfahren?«

»Alle Türen stehen dir offen«, antwortete der Meister schlicht. »Jetzt oder nie.«

»Aber Meister«, wandte ich bestürzt ein, »was verstehe ich schon von öffentlichen Ansprachen! Wann habe ich jemals einen Vortrag gehalten? Und dann auch noch auf englisch!«

»Ob auf englisch oder in einer anderen Sprache – deine Worte über Yoga werden im Westen Gehör finden.«

Da mußte ich laut lachen. »Nun, lieber Guruji, ich glaube kaum, daß die Amerikaner Bengali lernen werden. Segnet mich bitte, und helft mir mit einem kräftigen Schwung über die Hürde der englischen Sprache hinweg.«*

Als ich meinem Vater von meinen Reiseplänen berichtete, war er zutiefst erschrocken. Für ihn lag Amerika in unvorstellbarer Ferne, und er befürchtete, mich nie wiederzusehen.

»Wie willst du überhaupt dorthinkommen?« fragte er mit strenger Miene. »Wer soll diese Reise finanzieren?« Da er bisher immer für meine Ausbildung und Lebenshaltung aufgekommen war, hoffte er zweifellos, meine Pläne durch diese peinliche Frage durchkreuzen zu können.

»Gott wird mir sicher die nötigen Mittel beschaffen«, erwiderte ich und erinnerte mich zugleich einer ähnlichen Antwort, die ich vor Jahren meinem Bruder Ananta in Agra gegeben hatte. Und ohne diplomatische

---

* Sri Yukteswarji und ich unterhielten uns gewöhnlich auf bengali miteinander.

Umschweife fügte ich hinzu: »Vater, vielleicht wird Er dir eingeben, mir zu helfen.«

»Nein, niemals!« beteuerte er und sah mich entsetzt an.

Um so erstaunter war ich daher, als Vater mir am nächsten Tag einen Scheck über eine größere Summe aushändigte.

»Ich gebe dir dieses Geld nicht in meiner Eigenschaft als Vater«, sagte er, »sondern als treuer Schüler und Anhänger Lahiri Mahasayas. Geh also in jenes ferne westliche Land, um dort die Lehre des *Kriya*-Yoga, die unabhängig von allen Religionen ist, zu verbreiten.«

Ich war zutiefst gerührt ob der Selbstlosigkeit meines Vaters, der in so kurzer Zeit all seine persönlichen Wünsche zurückgestellt hatte. Über Nacht war er zu der Erkenntnis gelangt, daß meine Reise nichts mit gewöhnlicher Abenteuerlust zu tun hatte.

»Vielleicht werden wir uns in diesem Leben nie mehr wiedersehen«, meinte er traurig. Er war damals 67 Jahre alt.

Eine intuitive Überzeugung ließ mich ihm antworten: »Bestimmt wird Gott uns noch einmal zusammenführen.«

Als ich nun die nötigen Vorbereitungen für die Reise traf, die mich weit weg von meinem Meister und meinem Heimatland an die unbekannten Gestade Amerikas führen würde, fühlte ich eine gewisse Besorgnis aufsteigen. Ich hatte viel von dem »materialistischen Westen« erzählen hören, der so ganz anders war als Indien und dem vor allem die spirituelle Ausrichtung fehlte, die hier seit vielen Jahrtausenden von den großen Heiligen geschaffen worden war.

»Ein östlicher Lehrer, der sich in die westliche Welt wagt«, dachte ich bei mir, »muß viel abgehärteter sein als einer, der in die eisige Kälte des Himalaja zieht.«

Eines Morgens in aller Frühe begann ich zu beten und war fest entschlossen, nicht eher aufzuhören, bis ich die Stimme Gottes hörte, und wenn ich darüber sterben müßte. Ich wollte Seinen Segen und Seine Zusicherung haben, daß ich mich nicht im Nebel des modernen Zweckdenkens verirren und verlieren würde. Innerlich war ich zwar bereit, nach Amerika zu gehen, aber größer noch war mein Verlangen, Gottes Trost und Zustimmung zu erhalten.

Mit unterdrücktem Schluchzen betete ich ohne Unterlaß. Doch keine Antwort kam. Mein Flehen wurde immer inständiger, bis ich mich gegen Mittag so sehr in meinem verzweifelten Rufen gesteigert hatte, daß mir der Kopf von der übergroßen Anstrengung schwindelte. Ich hatte das

Ich halte Yoga-Unterricht vor
tausend Schülern in Washington, D.C.

Gefühl, daß mein Gehirn platzen müßte, wenn ich noch einmal meine ganze Kraft zusammennähme, um Ihn verzweifelt anzuflehen. In diesem Augenblick klopfte es an die Tür des Vorzimmers zu jenem Raum unseres Hauses in der Gurpar Road. Ich öffnete, und vor mir stand ein junger Mann, der mit dem dürftigen Gewand der Asketen gekleidet war. Er trat ein, kam meiner Aufforderung, Platz zu nehmen, jedoch nicht nach; er bedeutete mir vielmehr mit einer Geste, daß er es vorzog, im Stehen mit mir zu reden.

»Das muß Babaji sein«, dachte ich halb benommen, denn der Mann, der da vor mir stand, hatte die Züge des jugendlichen Lahiri Mahasaya.

Er ging sofort auf meine Gedanken ein: »Ja, ich bin Babaji«, sagte er im melodischen Hindi. »Unser himmlischer Vater hat deine Gebete erhört und mir aufgetragen, dir diese Botschaft zu überbringen: Folge dem Geheiß deines Gurus und gehe nach Amerika. Fürchte dich nicht; du bist geschützt.«

Nach einem Augenblick beredten Schweigens fuhr Babaji fort: »Du bist es, den ich auserkoren habe, die Botschaft des *Kriya*-Yoga im Westen zu verbreiten. Vor langer Zeit begegnete ich deinem Guru Yukteswar auf einem *Kumbha Mela* und sagte ihm damals, daß ich dich zur Schulung zu ihm senden würde.«

Ich war sprachlos, von Ehrfurcht und Hingabe überwältigt und zutiefst bewegt, aus dem Munde des unsterblichen Gurus selbst zu erfahren, daß er mich zu Sri Yukteswar geführt hatte. Ich warf mich vor seine Füße. Er richtete mich liebevoll auf und erzählte mir dann verschiedene Dinge über mein Leben. Anschließend gab er mir noch mancherlei persönliche Ratschläge und Hinweise mit auf den Weg und tat mir einige geheime Prophezeiungen kund.

»*Kriya*-Yoga, die wissenschaftlich fundierte Technik der Gottverwirklichung«, erklärte er mir zum Abschluß feierlich, »wird sich letztendlich über die ganze Erde verbreiten und dazu beitragen, daß die Menschen zu einem harmonischen Miteinander zurückfinden, in dem jedem einzelnen seine persönliche und transzendente Schau Gottes, des ewigen Vaters, zuteil wird.«

Dann warf der Meister mir einen Blick zu, in dem seine ganze Kraft und Hoheit zum Ausdruck kam und durch den ich mich für einen Moment des prickelnden Erwachens in sein kosmisches Bewußtsein erhoben fühlte. Kurz darauf wandte sich Babaji zur Tür.

»Versuche nicht, mir zu folgen«, sagte er. »Es wird dir nicht gelingen.«

»Babaji, geht bitte nicht fort!« rief ich mehrmals aus. »Nehmt mich mit!«
Er blickte zurück und erwiderte: »Nicht jetzt; ein andermal.«

Im Überschwang meiner Gefühle schlug ich seine Warnung in den Wind
und versuchte, ihm zu folgen. Da merkte ich, daß meine Füße wie
angewurzelt waren. Von der Tür her warf mir Babaji einen letzten,
liebevollen Blick zu. Sehnsuchtsvoll blickte ich ihm nach, als er seine
Hand zum Segen erhob und dann langsam davonschritt.

Einige Minuten später konnte ich meine Füße wieder frei bewegen. Ich
setzte mich sofort nieder und versank in tiefe Meditation. In einem
inständigen Gebet dankte ich Gott nicht nur dafür, daß Er meine Bitte
erhört, sondern mir obendrein noch eine Begegnung mit Babaji gewährt
hatte. Mein ganzer Körper schien durch die Berührung des ehrwürdigen,
ewig jugendlichen Meisters wie geheiligt. Schon seit langem war es mein
brennendster Wunsch gewesen, ihn zu sehen.

Bis heute habe ich nie etwas über meine Begegnung mit Babaji verlauten
lassen. Dieses heiligste all meiner menschlichen Erlebnisse wollte ich in
meiner Brust verschlossen halten und bewahren. Dann aber kam mir der
Gedanke, daß die Leser meiner Autobiographie sicher eher geneigt sind,
an die Existenz des verborgenen Babaji und sein Interesse an der Welt
zu glauben, wenn ich davon berichte, daß ich ihn mit eigenen Augen
gesehen habe. Ein Künstler hat nach meiner Beschreibung ein lebensge-
treues Bild vom Christus-Yogi des modernen Indiens gezeichnet; es ist
hier in diesem Buch abgebildet.

Den Vorabend meiner Abreise nach den Vereinigten Staaten verbrachte
ich in der heiligen Gegenwart Sri Yukteswars, meines Meisters.

»Vergiß, daß du als Hindu geboren wurdest, nimm aber andererseits
nicht alle Gewohnheiten der Amerikaner an. Mache dir das Beste aus
beiden Nationen zu eigen«, sagte er in seiner ruhigen und weisen Art.
»Bleibe dir selbst und Gott treu. Bemühe dich, die besten Eigenschaften
all deiner Brüder in dir zu vereinigen, ganz gleich, in welchem Teil der
Erde sie leben oder welcher Rasse sie auch angehören.«

Dann segnete er mich mit den folgenden Worten: »Allen, die Gott suchen
und voller Vertrauen zu dir kommen, wird geholfen werden. Mit einem
Blick von dir wirst du einen geistigen Strom in ihr Gehirn senden, der
ihre materiellen Gewohnheiten neutralisiert und Gott wieder in ihr Bewußtsein zurückbringt.« Lächelnd fuhr er fort: »Das Schicksal ist dir hold,
denn überall, wo du hinkommst, wirst du aufrichtige Seelen an dich
binden und selbst in der Wildnis noch Freunde finden.«

Beide Segenswünsche Sri Yukteswars haben sich mehr als erfüllt. Allein und ohne Freunde kam ich nach Amerika und fand dort Tausende, die für die altbewährten Lehren des Yoga bereit waren.

Im August 1920 verließ ich Indien an Bord der »City of Sparta«, des ersten Passagierschiffes, das nach dem Ende des ersten Weltkriegs wieder nach Amerika auslief. Bei der Ausstellung meines Reisepasses gab es unvorhergesehene Probleme, und es grenzte schon fast an ein Wunder, daß es mir trotz aller bürokratischen Hürden gelang, eine Schiffspassage zu buchen.

Während der zweimonatigen Seereise fand einer der Passagiere heraus, daß ich der indische Delegierte für den Bostoner Kongreß war.

»Swami Yogananda«, sagte er mit jenem seltsamen Akzent, der mir später in Amerika so geläufig werden sollte, »wollen Sie uns nicht die Ehre erweisen und am kommenden Donnerstagabend einen Vortrag für Ihre Mitreisenden halten? Wie wäre es mit dem Thema: ›Der tägliche Kampf ums Dasein und wie man ihn bewältigt‹?«

O je! Ich hatte gerade genug mit meinem eigenen Daseinskampf zu tun, so dachte ich am Mittwoch. Nachdem ich zunächst verzweifelte Anstrengungen gemacht hatte, meine Gedanken in englischer Sprache zu formulieren, gab ich schließlich alle Versuche, mich vorzubereiten, auf. Mein Geist erwies sich als ebenso widerspenstig wie ein Fohlen beim Anblick des Sattels, so sehr sträubte er sich gegen die Regeln der englischen Grammatik. Im vollen Vertrauen auf das Versprechen meines Meisters erschien ich dennoch am Donnerstagabend im Salon des Schiffes vor meinem Publikum. Aber ich brachte kein Wort über die Lippen; stumm wie ein Fisch stand ich vor der Versammlung. Nach einer peinlichen Stille von zehn Minuten erkannte das Publikum meine fatale Lage und fing an zu lachen.

Mir selbst erschien die Situation damals weniger komisch, und ich sandte voll Entrüstung ein Stoßgebet an meinen Meister. »Du kannst es! Sprich!« ertönte prompt seine Stimme in meinem Bewußtsein.

Augenblicklich entwickelte ich eine freundliche Beziehung zur englischen Sprache. Eine dreiviertel Stunde später schenkte mir das Publikum noch immer seine ungeteilte Aufmerksamkeit. Aufgrund dieses Vortrages erhielt ich später mehrere Einladungen, weitere Referate vor amerikanischen Gruppen zu halten.

Hinterher konnte ich mich auf kein einziges Wort meiner Rede mehr besinnen. Vorsichtig befragte ich daher die Passagiere und erfuhr folgendes: »Sie haben einen mitreißenden Vortrag in einwandfreiem Englisch gehalten, der uns allen sehr zu Herzen gegangen ist.« Als ich diese erfreuliche Kunde vernahm, dankte ich meinem Guru demütig für seine zeitgerechte Hilfe. Wieder einmal erkannte ich, daß er alle Grenzen von Raum und Zeit überwinden konnte und immer bei mir war.

Während der noch verbleibenden Zeit an Bord dachte ich hin und wieder mit leichtem Unbehagen an die Rede in englischer Sprache, die mir auf dem großen Kongreß in Boston bevorstand.

»Herr, mein Gott«, betete ich voller Inbrunst, »sei Du der Quell meiner Inspiration, und verschone mich vor den Lachsalven des Publikums!«

Ende September lief die »City of Sparta« in Boston ein; und am 6. Oktober hielt ich meine Jungfernrede in Amerika. Sie kam gut beim Publikum an, so daß ich erleichtert aufatmete. In seinem Bericht über den Kongreßverlauf verfaßte der Schriftführer der amerikanischen Unitarier folgenden Kommentar:

»Swami Yogananda, der Delegierte des Brahmacharya-Àshrams im indischen Ranchi, übermittelte dem Kongreß die Grüße seiner Religionsgemeinschaft. In fließendem Englisch stellte er in einem mitreißenden Vortrag Betrachtungen zum philosophischen Thema ›Religion als Wissenschaft‹ an. Um seine Ausführungen einem breiteren Publikum zugänglich zu machen, wurden diese in einer Broschüre veröffentlicht. Seinen Darlegungen zufolge ist die Religion ihrem Wesen nach universell; deshalb gibt es in Wirklichkeit nur eine einzige Religion. Wenn auch gewisse Bräuche und Überlieferungen nicht verallgemeinert werden können, so gelten in den verschiedenen Religionen dennoch allgemeingültige Prinzipien und Regeln, die von allen Menschen auf der Welt gleichermaßen befolgt werden sollten.«

Dank des großzügigen Schecks, den mein Vater mir ausgestellt hatte, konnte ich nach Beendigung des Kongresses meinen Aufenthalt in Amerika noch länger ausdehnen. Drei glückliche Jahre lebte ich in bescheidenen Verhältnissen in Boston, wo ich öffentliche Vorträge hielt, Unterricht erteilte und einen Gedichtband *Songs of the Soul* (Lieder der Seele) verfaßte, zu dem Dr. Frederick B. Robinson, Präsident des College of the City of New York*, das Vorwort schrieb.

Im Sommer 1924 unternahm ich eine Vortragsreise durch den ganzen

---

* Dr. Robinson und seine Frau besuchten Indien im Jahre 1939 und waren Ehrengäste der Schule von Ranchi.

Kontinent und sprach in mehreren großen Städten vor Tausenden von
Zuhörern. Im Anschluß an meine Reise gen Westen verbrachte ich noch
einige Ferientage im schönen nördlichen Alaska.

Dank der Unterstützung durch einige großzügige Anhänger konnte ich
Ende 1925 auf dem Mount-Washington-Gelände in Los Angeles ein ame-
rikanisches Zentrum und Stammhaus gründen. Das Gebäude sieht genauso aus, wie ich es Jahre zuvor in meiner Vision in Kaschmir gesehen
hatte. Sogleich schickte ich Sri Yukteswar einige Bilder von meiner
Tätigkeit im fernen Amerika, und bald darauf antwortete er mir mit einer
Postkarte in Bengali, deren Inhalt nachstehend in der Übersetzung wiedergegeben ist.

> *11. August 1926*
> *Lieber Yogananda, Kind meines Herzens!*
> *Welche Freude Du mir mit den Bildern von Deinem Institut und Dei-*
> *nen Schülern gemacht hast, kann ich mit Worten nicht beschreiben.*
> *Ich bin zutiefst gerührt und entzückt beim Anblick der großen Schar*
> *Deiner Yoga-Anhänger in den verschiedenen Städten des Landes.*
> *Auch für den Bericht über das Rezitieren von Affirmationen, wie Du es*
> *praktizierst, sowie über Deine Arbeit mit Heilschwingungen und göttli-*
> *chen Heilgebeten danke ich Dir von ganzem Herzen.*
> *Wenn ich das schöne Eingangstor des sich den Hügel hinaufschlängeln-*
> *den Weges und die herrliche Landschaft unterhalb des Mount-Washing-*
> *ton-Geländes betrachte, keimt in mir die Sehnsucht, dies alles auch*
> *mit eigenen Augen zu sehen. Hier ist alles in bester Ordnung. Sei im-*
> *merfort gesegnet durch die Gnade Gottes.*
>
> *Sri Yukteswar Giri*

Die Jahre flogen dahin. In allen Teilen meiner Wahlheimat hielt ich
Vorträge und sprach in Hunderten von Vereinen, Hochschulen, Kirchen
und Gemeinschaften aller Art. Zehntausende von Amerikanern wurden
in den Yoga eingeweiht. Ihnen allen widmete ich 1929 ein neues Buch
mit Gebeten und Gedanken – *Whispers From Eternity* –, zu dem Amelita
Galli-Curci* das Vorwort schrieb. Aus dem Buch zitiere ich nachfolgend

---

*   Frau Galli-Curci und ihr Mann, der Pianist Homer Samuels, waren zwanzig
     Jahre lang *Kriya*-Yoga-Schüler. Die mitreißende Geschichte der berühmten
     Primadonna und ihres Lebens für die Musik wurde veröffentlicht in dem Buch
     Galli-Curci's Life of Song von C. E. Le Massena.

ein Gedicht mit der Überschrift »Gott! Gott! Gott!«; die Verse flogen mir eines Abends während einer Vortragsveranstaltung zu.

> Aus den Tiefen meiner Träume
> erklimme ich die Treppen des Erwachens
> und flüstere leis:
> Gott! Gott! Gott!
> Du nährst mich nach langem Fasten
> der Trennung von Dir in der Nacht;
> dann koste ich Dich und spreche im Geiste:
> Gott! Gott! Gott!
> Wohin ich auch gehe, der Scheinwerfer meines Geistes
> ist stets auf Dich gerichtet;
> und im tagtäglichen Getümmel
> bleibt mein stiller Kampfesruf:
> Gott! Gott! Gott!
> All den Stürmen der Versuchung
> und meiner ganzen Sorgenlast
> biet' ich die Stirn und rufe laut:
> Gott! Gott! Gott!
> Wenn mein Geist zu träumen beginnt
> und Fäden der Erinnerung webt,
> erscheint ein Tuch mit magischer Schrift:
> Gott! Gott! Gott!
> Jede Nacht im tiefen Schlaf
> träum' von Freud' und Frieden ich:
> Freude! Freude! Freude!
> Und in meinem Glücke sing' ich dann:
> Gott! Gott! Gott!
> Wachend, essend, arbeitend, träumend,
> schlafend, dienend, meditierend, singend
> und voll Liebe zu Dir, o Herr,
> summt meine Seele ihr stilles Lied:
> Gott! Gott! Gott!

Zuweilen (gewöhnlich am Ersten eines jeden Monats, wenn die Rechnungen für die Unterhaltung des Mount-Washington-Zentrums und anderer Zentren der Self-Realization Fellowship eintrafen) dachte ich sehnsuchts-

voll an die Einfachheit und den Frieden Indiens zurück. Täglich erlebte
ich aber auch, wie der Westen und der Osten einander näherkamen, und
freute mich von ganzem Herzen darüber.

Das große Herz Amerikas spricht auch aus dem wundervollen Gedicht
von Emma Lazarus, das im Sockel der Freiheitsstatue – der Mutter der
Exilanten – eingraviert ist:

> Aus der Fackel in ihrer Hand
> glüht ein Willkommen in alle Welt; ihr sanftes Auge wacht
> über den Hafen mit seinen Brücken, die die
> > gespaltene Stadt zusammenhalten.
> »Behaltet den geschichtlichen Pomp, ihr alten Länder!«
> ruft sie mit stummen Lippen.
> »Bringt mir eure Müden, eure Armen,
> eure geknechteten Massen, die sich nach Freiheit sehnen,
> den elenden Abfall eurer überfüllten Küsten,
> schickt sie mir, die Heimatlosen, vom Sturm Gebeugten.
> Ich erhebe mein Licht neben der goldenen Pforte!«

Kapitel 38

Luther Burbank, ein Heiliger inmitten von Rosen

U m Pflanzen besser gedeihen zu lassen, braucht man nicht nur fundierte Fachkenntnisse, sondern vor allem auch Liebe«, erklärte mir Luther Burbank, als ich mit ihm durch seinen Garten im kalifornischen Santa Rosa wanderte. Wir blieben vor einem Beet mit eßbaren Kakteen stehen.

»Während meiner Versuche, eine Kakteenart ohne Stacheln zu züchten«, fuhr er fort, »sprach ich oft zu den Pflanzen, um Schwingungen der Liebe zu erzeugen. ›Es gibt nichts, wovor ihr euch fürchten müßt‹, sagte ich immer wieder zu ihnen. ›Ihr braucht gar keine Stacheln zu eurer Verteidigung. Denn ich werde euch beschützen.‹ Und mit der Zeit brachte diese nützliche Wüstenpflanze tatsächlich eine Variante ohne Stacheln hervor.«

Dieses Wunder entzückte mich. »Würden Sie mir bitte ein paar Ableger von diesem Kaktus mitgeben, Luther? Ich möchte sie in meinem Garten in Mount Washington pflanzen.«

Ein Arbeiter, der in der Nähe stand, machte sich sogleich daran, einige Blätter abzureißen, doch Burbank hielt ihn zurück.

»Ich möchte sie gern selbst für den Swami pflücken«, sagte er und reichte mir dann drei Blätter, die ich später einpflanzte. Zu meiner Freude wuchsen sie zu stattlichen Kakteen heran.

Der geniale Gärtner erzählte mir, wie er seinen ersten bemerkenswerten Erfolg mit der Züchtung einer besonders großen Kartoffelart hatte, die heute noch seinen Namen trägt. Als Frucht seiner unermüdlichen und hingebungsvollen Arbeit schenkte er der Welt Hunderte gekreuzter Sorten mit verbesserten Eigenschaften; so gibt es unter anderem Burbank-Variationen von Tomaten, Mais, Kürbis, Kirschen, Pflaumen, Nektarinen, Beeren, Mohn, Lilien und Rosen.

Als Luther mich zu dem berühmten Walnußbaum führte, an dessen Beispiel er den Nachweis erbracht hatte, daß sich die natürliche Entwicklung einer Pflanze um ein Vielfaches beschleunigen läßt, zückte ich meine Kamera.

»Bereits nach sechzehn Jahren«, sagte er, »brachte dieser Walnußbaum

eine reiche Ernte. Ohne der Natur nachzuhelfen, hätte dies doppelt
solange gedauert.«

In diesem Augenblick kam Burbanks kleine Adoptivtochter mit ihrem
Hund in den Garten gelaufen.

»Sie ist mein menschliches Pflänzchen«, sagte Luther und winkte ihr
liebevoll zu. »Ich betrachte die ganze heutige Menschheit als eine einzige
große Pflanze, die nichts anderes braucht als Liebe, ein natürliches Leben
in freier Natur sowie intelligente Kreuzung und Auslese, um höchste
Erfüllung zu finden. Ich selbst habe erlebt, welch wunderbare Fortschritte sich in der Pflanzenwelt erzielen lassen, und so bin ich zuversichtlich,
daß wir einer gesünderen und glücklicheren Welt entgegensehen dürfen,
wenn der Mensch erst die Prinzipien einer einfachen, vernünftigen Lebensweise begriffen hat. Wir müssen zur Natur und dem Gott der Natur
zurückkehren.«

»Sie hätten sicherlich Ihre Freude an meiner Schule in Ranchi, Luther,
wo der Unterricht im Freien abgehalten wird und die Atmosphäre von
Fröhlichkeit und Genügsamkeit bestimmt ist.«

Mit diesen Worten hatte ich wohl das Thema angesprochen, das Burbank
und mich am meisten beschäftigte – die Kindererziehung. Er überschüttete mich förmlich mit Fragen und hörte mir aufmerksam und mit leuchtenden Augen zu.

»Swamiji«, sagte er schließlich, »Schulen wie die Ihre sind unsere einzige
Hoffnung für ein künftiges goldenes Zeitalter. Die derzeit praktizierten
modernen Erziehungsmethoden, die sich immer mehr von der Natur
entfernen und jede Individualität im Keime ersticken, lehne ich entschieden ab. Ihre praktischen Erziehungsideale hingegen finden meine unein-
geschränkte Zustimmung.«

Als ich mich von dem sanftmütigen Weisen verabschiedete, schenkte er
mir ein kleines Buch, in das er eine Widmung schrieb.*

»Dies ist mein Buch. Es trägt den Titel *The Training of the Human Plant*«,

---

*   Burbank schenkte mir auch ein mit seinem Namenszug versehenes Foto, das
    mir ebenso wichtig ist wie einst ein Bild Lincolns einem hinduistischen Kauf-
    mann. Dieser Hindu, der sich während des Bürgerkriegs in Amerika aufhielt,
    verehrte Lincoln derart, daß er nicht eher nach Indien zurückkehren wollte,
    bis er ein Porträt des großen Mannes besäße. Tag für Tag wartete er vor
    Lincolns Tür und rührte sich nicht von der Stelle. Der Präsident wußte sich
    schließlich nicht mehr anders zu helfen, als ihm zu gestatten, den berühmten
    New Yorker Maler Daniel Huntington kommen zu lassen. Als das Porträt
    schließlich fertig war, nahm es der Hindu überglücklich mit nach Kalkutta.

Mein geliebter Freund Luther Burbank
mit mir in seinem Garten von Santa Rosa

sagte er. »Wir brauchen neue Erziehungsmethoden, müssen gewagte Experimente machen. Oft haben die kühnsten Versuche die besten Blumen und Früchte hervorgebracht. Auch auf dem Gebiet der Kindererziehung sollte man Mut zu kreativen Neuerungen haben.«

Noch am selben Abend las ich das kleine Buch mit lebhaftem Interesse. Burbank entwirft darin eine großartige Zukunftsvision und schreibt: »Das eigensinnigste Lebewesen auf dieser Erde, welches sich am allerwenigsten zu Veränderungen bewegen läßt, ist eine Pflanze, die sich unbeirrt an ihre einmal festgelegten Gewohnheiten hält ... Man bedenke, daß sich diese Pflanze ihre Individualität über die Jahrtausende hinweg bewahrt hat; ja, womöglich kann man ihre Existenz über die Äonen zurückverfolgen bis zu jener Zeit, da sie noch Stein war, und wird doch feststellen, daß sie sich während dieser gewaltigen Zeiträume kaum verändert hat. Glaubt ihr nicht, daß die Pflanze nach allen diesen Jahrtausenden ständiger Wiederholung einen beispiellos zähen Willen – wenn man es so nennen mag – entwickelt hat? Es gibt tatsächlich Pflanzen, darunter gewisse Palmenarten, die sich hartnäckig allen menschlichen Versuchen, ihre Form zu verändern, widersetzt haben. Der menschliche Wille ist schwach im Vergleich zum Willen einer Pflanze. Doch seht, wie dieser lebenslange Eigensinn der Pflanze gebrochen wird, indem man ihr einfach neues Leben beimischt und durch Kreuzung eine umfassende und bleibende Änderung in ihr bewirkt. Wenn dies geschieht, muß man die neuentstandene Pflanze über mehrere Generationen hinweg geduldig überwachen und durch richtige Auslese festigen; dann schlägt sie schließlich einen neuen Weg ein und kehrt nie mehr zu dem alten zurück. Ihr hartnäckiger Wille ist endlich gebrochen und in neue Bahnen gelenkt worden.

Haben wir es hingegen mit einer empfindsamen und anpassungsfähigen Natur wie der des Kindes zu tun, ist das Problem sehr viel leichter zu lösen.«

Ich fühlte mich magnetisch zu diesem großen Amerikaner hingezogen und besuchte ihn immer wieder. Eines Morgens traf ich gleichzeitig mit dem Briefträger ein, der in Luthers Arbeitszimmer etwa tausend Briefe ablieferte. Botaniker und Gärtner aus aller Welt schrieben ihm.

»Swamiji, Ihr Kommen ist ein willkommener Anlaß, die Arbeit liegenzulassen«, sagte Luther fröhlich. Dann öffnete er eine Schreibtischschublade; darin lagen Hunderte von Reiseprospekten.

»Sehen Sie«, sagte er, »das ist meine Art zu reisen. Oft bin ich durch meine Pflanzen und die umfangreiche Korrespondenz derart gebunden,

daß ich meine Sehnsucht nach fernen Ländern mit diesen Bildern befrie-
dige.«

Ich hatte meinen Wagen vor dem Tor geparkt und fuhr mit Luther durch
die Straßen der kleinen Stadt, aus deren Gärten uns die von ihm gezüch-
teten Santa-Rosa-, Purpur- und Burbank-Rosen in ihrer ganzen Farbenpracht entgegenleuchteten.

»Mein Freund Henry Ford und ich glauben an die altüberlieferte Rein-
karnationstheorie«, erzählte mir Luther. »Sie erklärt bestimmte Aspekte
des Lebens, die andernfalls ein Rätsel wären. Die Erinnerung ist kein
geeignetes Mittel, um ihre Richtigkeit nachzuweisen. Die Tatsache, daß
der Mensch sich an seine früheren Leben nicht erinnern kann, beweist
noch längst nicht, daß er sie nicht durchlebt hat. Er kann sich schließlich
auch an sein Heranreifen im Mutterleib und seine Zeit als Säugling nicht
erinnern; dennoch ist er höchstwahrscheinlich durch diese Phasen gegangen«, bemerkte er ironisch.

Der große Wissenschaftler hatte während eines meiner früheren Besuche die *Kriya*-Einweihung erhalten. »Ich übe die Technik sehr gewissenhaft, Swamiji«, sagte er, und nachdem er mir mehrere wohlüberlegte
Fragen über verschiedene Aspekte des Yoga gestellt hatte, meinte er
nachdenklich: »Der Orient besitzt in der Tat einen ungeheuren Wissensschatz, den der Okzident erst jetzt langsam zu erforschen beginnt.«

Burbanks inniges Verhältnis zur Natur, die ihm viele ihrer sorgsam
gehüteten Geheimnisse offenbarte, hatte in ihm eine grenzenlose Ehrfurcht vor geistigen Dingen wachgerufen.

»Manchmal fühle ich mich dem Unendlichen sehr nahe«, gestand er mir,
und ein versonnenes Lächeln erhellte die sensiblen Züge seines Antlitzes.
»In solchen Momenten kann ich nicht nur meine kränkelnden Pflanzen,
sondern auch Menschen heilen.«

Luther erzählte mir von seiner Mutter, die überzeugte Christin gewesen
war. »Seit ihrem Tode«, so berichtete er, »habe ich sie viele Male in
Visionen geschaut und zu mir sprechen hören.«

Widerstrebend fuhren wir zu seinem Haus zurück, in dem tausend Briefe
darauf warteten, beantwortet zu werden.

»Luther«, sagte ich, »ich plane, im nächsten Monat eine neue Zeitschrift
herauszubringen, die ihren Lesern die großen Wahrheiten des Morgen-
und Abendlandes näherbringen soll. Würden Sie mir bei der Wahl eines
geeigneten Titels helfen?«

Wir wogen das Für und Wider verschiedener Vorschläge ab und einigten uns schließlich auf *East-West*. Als wir wieder in Burbanks Arbeitszimmer traten, überreichte er mir einen Artikel zum Thema »Wissenschaft und Zivilisation«, den er kürzlich geschrieben hatte.

»Dieser Aufsatz wird gleich in der ersten Ausgabe von *East-West* erscheinen«, sagte ich dankbar.

Mit der Zeit vertiefte sich unsere Freundschaft immer weiter, und ich nannte Burbank meinen »amerikanischen Heiligen«. »Siehe da, ein Mensch, in dem keine Falschheit ist«, pflegte ich zu zitieren. Sein Herz war makellos rein, und er hatte sich seit langem in echter Demut, Geduld und Opferbereitschaft geübt. Sein kleines Haus inmitten von Rosen war von spartanischer Schlichtheit. Er hatte die Wertlosigkeit des Luxus und die Freuden des einfachen Lebens erkannt. Die Bescheidenheit, mit der er seinen wissenschaftlichen Ruhm trug, erinnerte an einen Baum, der seine mit reifen Früchten beladenen Zweige tief zum Boden neigt – nur kahle Bäume recken ihre Zweige stolz in die Höhe.

Als mein lieber Freund im Jahre 1926 von uns ging, traten mir die Tränen in die Augen, und ich dachte: »Wie gern würde ich zu Fuß nach Santa Rosa wandern, um ihn nur noch ein einziges Mal zu sehen!« Dann zog ich mich für die nächsten 24 Stunden in mein Zimmer zurück und war weder für Mitarbeiter noch für Besucher zu sprechen.

Am darauffolgenden Tag hielt ich vor einem großen Bild Luthers eine vedische Gedenkfeier ab. Mehrere meiner amerikanischen Schüler hatten die zeremonielle Hindu-Tracht angelegt und sangen alte Hymnen, während wir Opfergaben von Blumen, Wasser und Feuer darbrachten – als Symbol für die körperlichen Elemente und deren Übergabe an die eine unendliche Quelle.

Der Körper Burbanks liegt in Santa Rosa unter einer Libanonzeder begraben, die er viele Jahre zuvor in seinem Garten gepflanzt hatte; seine Seele aber schaut mir aus jeder Blume am Wegrand entgegen. Er, der für einige Zeit in den allumfassenden Geist der Natur zurückgekehrt ist – ist nicht er es, dessen leises Flüstern der Wind zu uns trägt und der uns grüßt mit der Morgendämmerung?

Sein Name ist bereits in den allgemeinen Sprachgebrauch eingegangen. *Webster's New International Dictionary* gibt »burbank« als transitives Verb mit folgender Definition an: »kreuzen oder pfropfen (einer Pflanze); daher im übertragenen Sinne: veredeln (einen Vorgang oder eine Einrichtung), indem man die guten Eigenschaften auswählt und die schlechten ausmerzt oder indem man gute Eigenschaften hinzufügt.«

»Geliebter Burbank«, rief ich, nachdem ich diese Definition zum erstenmal gelesen hatte, »nun ist sogar dein Name ein Synonym für das Gute geworden!«

```
                              LUTHER BURBANK
                    Santa Rosa, Kalifornien
              U.S.A.     22. Dezember 1924

Ich habe das von Swami Yogananda eingeführte
Yogoda-System an mir selbst ausprobiert, und es ist
meines Erachtens eine ideale Methode, um Körper,
Geist und Seele eines Menschen in Harmonie zu
bringen. Der Swami beabsichtigt, überall in der Welt
Schulen für »richtige Lebensführung« zu gründen, in
denen nicht nur intellektuelle Bildung vermittelt,
sondern auch auf die Belange von Körper, Wille und
Gefühlen eingegangen wird.
Das Yogoda-System besteht aus einfachen, wissen-
schaftlich fundierten Konzentrations- und Medita-
tionstechniken, die Körper, Geist und Seele zur
vollen Entfaltung bringen; sie ermöglichen es den
Menschen, auch mit schwierigen Problemen des Lebens
fertig zu werden und in Frieden und Eintracht
miteinander zu leben. Die Erziehungsideale des
Swamis appellieren an den gesunden Menschenver-
stand; sie sind praktisch und frei von allem
Mystizismus. Andernfalls hätten sie nicht meine
Zustimmung.
Ich möchte diese Gelegenheit nutzen und mich von
ganzem Herzen dem Aufruf des Swamis zur Gründung
internationaler Schulen, in denen wahre Lebenskunst
gelehrt wird, anschließen. Schulen dieser Art werden
uns dem »Goldenen Zeitalter« näher bringen als
irgendeine andere mir bekannte Einrichtung.
```

Kapitel 39

Therese Neumann,
die stigmatisierte Katholikin

Komm nach Indien zurück! Fünfzehn Jahre lang habe ich geduldig auf dich gewartet. Ich werde bald meinen Körper verlassen und in das Reich des Lichtes eingehen. Komm zurück, Yogananda!«

So drang es eines Morgens überraschend an mein Ohr, während ich in unserem Mount-Washington-Zentrum meditierte. Es war Sri Yukteswar, der da zu mir sprach. In einem einzigen Augenblick hatte seine Botschaft zehntausend Meilen zurückgelegt, und ich war wie vom Blitz getroffen. Fünfzehn Jahre! Ja, tatsächlich; wir schrieben mittlerweile das Jahr 1935. Fünfzehn Jahre lang hatte ich mich der Aufgabe gewidmet, die Lehren meines Gurus in Amerika zu verbreiten. Und nun rief er mich nach Indien zurück.

Am Nachmittag desselben Tages erzählte ich mein Erlebnis einem Schüler, der durch regelmäßiges Üben von *Kriya*-Yoga derart große spirituelle Fortschritte gemacht hatte, daß ich ihn oft als »Heiligen« bezeichnete. Er erinnerte mich an die Prophezeiung Babajis, daß auch Amerika und die westliche Welt Menschen hervorbringen würden, die auf dem altbewährten Pfad des Yoga zur Verwirklichung in Gott gelangen.

Dieser Schüler sowie eine Anzahl seiner Mitbrüder ließen es sich nicht nehmen, einen Teil meiner Reisekosten zu bestreiten. Damit war die finanzielle Frage gelöst, und ich konnte die nötigen Vorbereitungen treffen, um auf dem Schiffsweg über Europa nach Indien zu fahren. Die letzten Wochen meiner Zeit im Mount-Washington-Zentrum vergingen in hektischer Betriebsamkeit. Im März 1935 ließ ich die »Self-Realization Fellowship« im Staate Kalifornien als gemeinnützige Körperschaft öffentlichen Rechtes eintragen. Dieser zum Zwecke der Ausbildung gegründeten Institution fließen sämtliche Spenden sowie die Einkünfte aus dem Verkauf meiner Bücher, Zeitschriften, Lehrbriefe, meiner Lehrtätigkeit selbst und sonstigen Einnahmequellen zu.

»Ich komme bestimmt wieder«, versprach ich meinen Schülern. »Nie werde ich Amerika vergessen können!«

Während des Abschiedsbanketts, das mir von lieben Freunden in Los

Angeles bereitet wurde, blickte ich lange in die Menge der mir so vertraut gewordenen Gesichter und dachte voller Dankbarkeit: »Herr, wer Dich als einzigen Quell aller Gaben erkannt hat, wird nie des Glückes menschlicher Freundschaft ermangeln.«

Am 9. Juni 1935* verließ ich New York an Bord der »Europa« in Begleitung von zwei Schülern, meinem Sekretär C. Richard Wright und Miss Ettie Bletch, einer älteren Dame aus Cincinnati. Wir genossen die friedlichen Tage auf dem Meer, die eine wohltuende Abwechslung zur Hektik der vergangenen Wochen boten. Doch unsere Ruhepause war leider nur von kurzer Dauer – die Geschwindigkeit der modernen Überseedampfer hat auch ihre Nachteile!

Wie jeder neugierige Tourist machten auch wir eine Erkundungstour durch die alte Weltstadt London. Gleich am Tage nach meiner Ankunft wurde ich gebeten, in der Caxton Hall vor einer großen Menschenmenge zu sprechen, denn Sir Francis Younghusband wollte mich dem Londoner Publikum vorstellen. Anschließend verbrachten wir als Gäste von Sir Harry Lauder einen herrlichen Tag auf dessen Anwesen in Schottland. Wenige Tage später überquerten wir den Ärmelkanal hin zum europäischen Festland, denn ich wollte eine besondere Pilgerfahrt nach Bayern machen. Dies war – so fühlte ich – eine einmalige Chance für mich, die große katholische Mystikerin Therese Neumann von Konnersreuth zu besuchen.

Vor Jahren hatte ich einen erstaunlichen Bericht über sie gelesen, aus dem ich folgende Fakten entnommen hatte:

1. Therese wurde 1898 geboren. Im Alter von zwanzig Jahren hatte sie einen schweren Unfall mit der Folge, daß sie erblindete und gelähmt war.

2. Durch ihre Gebete zur »kleinen heiligen Theresia« gewann sie wie durch ein Wunder ihr Augenlicht wieder. Später wurde sie auf ebenso wundersame Weise von ihrer Lähmung geheilt.

3. Seit 1923 hatte Therese mit Ausnahme einer geweihten Hostie pro Tag keinerlei Nahrung und Getränke zu sich genommen.

4. 1926 erschienen die Stigmata – die heiligen Wundmale Christi – an Thereses Kopf, Brust, Händen und Füßen. Seither durchlebt sie allwöchentlich an jedem Freitag die Passion Christi an ihrem eigenen Leib und durchwandert praktisch alle Stufen der Leidensgeschichte.

---

*   Die ungewöhnliche Angabe eines genauen Datums an dieser Stelle verdanke ich der Umsicht meines Sekretärs, Mr. Wright, der ein Reisetagebuch führte.

5. Sie spricht normalerweise nichts anderes als ihren dörflichen Dialekt, redet jedoch freitags während ihrer tiefen Versunkenheit Sätze in einer fremden Sprache, bei der es sich laut Aussage der Gelehrten um Alt-aramäisch handelt. Zu bestimmten Zeitpunkten in ihrer Vision spricht sie auch Hebräisch oder Griechisch.

6. Mit kirchlicher Erlaubnis hat sich Therese mehrmals eingehenden wissenschaftlichen Untersuchungen unterzogen. Dr. Fritz Gerlich, Herausgeber einer deutschen protestantischen Zeitung, reiste eigens nach Konnersreuth, »um den katholischen Schwindel zu entlarven«; seine Reise endete jedoch damit, daß er eine von großer Ehrfurcht zeugende Biographie über Therese schrieb.*

Heilige hatten mich schon immer fasziniert – ob sie im Morgen- oder Abendland lebten –, und so war ich sehr gespannt, als wir am 16. Juli das verträumte Dorf Konnersreuth erreichten. Die bayrischen Bauern interessierten sich lebhaft für unseren Ford (den wir aus Amerika mitgebracht hatten) und seine sonderbar zusammengewürfelten Insassen: einen jungen Amerikaner, eine ältere Dame und einen Orientalen mit olivbraunem Teint, der seine langen Haare unter dem Mantelkragen versteckt hielt.

Zu unserer großen Enttäuschung war Thereses sauberes und schmuckes Häuschen mit seinem von Geranien umwachsenen alten Brunnen verwaist und verriegelt! Die Nachbarn und selbst der Dorfbriefträger, der gerade vorbeikam, konnten uns keine Auskunft geben. Es begann zu regnen, und meine Begleiter schlugen vor abzufahren.

»Nein«, sagte ich hartnäckig. »Ich bleibe so lange hier, bis ich herausgefunden habe, wo wir Therese finden können.«

Zwei Stunden später saßen wir noch immer in unserem Wagen, während der Regen unaufhörlich herniederprasselte. »Herr«, seufzte ich in stummem Protest, »warum hast Du mich hierhergeführt, wenn sie spurlos verschwunden ist?«

In diesem Augenblick blieb ein Mann neben unserem Wagen stehen; er sprach fließend Englisch und bot uns höflich seine Hilfe an.

»Ich kann nicht mit Bestimmtheit sagen, wo sich Therese zur Zeit aufhält«, meinte er. »Aber sie ist oftmals bei Professor Wurz, der in Eichstätt ein Studienseminar leitet; das ist etwa 130 km von hier entfernt.«

* Weitere Bücher über ihr Leben: *Therese Neumann: A Stigmatist of Our Day* sowie *Further Chronicles of Therese Neumann*, beide von Friedrich Ritter von Lama (Milwaukee: Bruce Pub. Co.).

Am folgenden Morgen machten wir uns auf den Weg nach dem beschaulichen Städtchen Eichstätt mit seinem Gewirr von engen, kopfsteingepflasterten Gassen. Dr. Wurz begrüßte uns aufs herzlichste. »Ja, Therese ist hier«, sagte er und ließ ihr sogleich unseren Besuch melden. Bald darauf kam ein Bote mit ihrer Antwort zurück.

»Obgleich der Bischof mich gebeten hat, ohne seine Erlaubnis mit niemandem zu sprechen, will ich den Gottesfürchtigen aus Indien empfangen.«

Tief berührt von diesen Worten, folgte ich Dr. Wurz in das Empfangszimmer im oberen Stockwerk. Gleich darauf trat Therese ein. Eine Aura von Frieden und Freude umgab sie. Sie trug ein schwarzes Gewand und ein blütenweißes Kopftuch. Obgleich sie damals 37 Jahre alt war, wirkte sie bedeutend jünger; eine bezaubernde kindliche Frische ging von ihr aus. Gesund, gut gewachsen, mit rosigen Wangen und liebenswürdig – so stand sie vor mir, die Heilige, die ohne Essen auskommt!

Therese begrüßte mich mit einem sanften Händedruck. In stillem Einvernehmen lächelten wir uns an; ein jeder gewahrte im anderen die tiefe Verbundenheit zu Gott.

Dr. Wurz bot sich freundlicherweise als Dolmetscher an. Als wir uns setzten, bemerkte ich, wie Therese mich mit naiver Neugier betrachtete; Hindus waren offensichtlich ein seltener Anblick in Bayern.

»Sie essen nie etwas?« Ich wollte die Antwort gern aus ihrem eigenen Munde hören.

»Nichts außer einer geweihten Reismehl-Oblate, die ich jeden Morgen um sechs Uhr zu mir nehme.«

»Wie groß ist diese Oblate?«

»Nicht größer als eine Münze und hauchdünn.« Und erklärend fügte sie hinzu: »Ich empfange sie als Sakrament; wenn sie nicht geweiht ist, kann ich sie nicht herunterschlucken.«

»Sie können aber doch nicht zwölf Jahre lang von nichts anderem gelebt haben?«

»Ich lebe von Gottes Licht.«

Wie einfach ihre Antwort war – und doch: wie weise!

»Wie ich sehe, haben Sie erkannt, daß Sie aus dem Äther, der Luft und den Sonnenstrahlen Energie – also Kraft – für Ihren Körper beziehen können.«

Ein flüchtiges Lächeln huschte über ihr Gesicht. »Ich freue mich so, daß Sie verstehen, wie ich lebe.«

»Durch Ihr heiliges Leben beweisen Sie Tag für Tag die von Christus verkündete Wahrheit: ›Der Mensch lebt nicht nur von Brot, sondern von jedem Wort, das aus Gottes Mund kommt.‹*«

Auch diesmal stießen meine Worte offensichtlich auf Wohlgefallen bei ihr. »So ist es wahrhaftig. Einer der Gründe, warum ich heute hier auf Erden weile, ist der, den Menschen zu zeigen, daß man von Gottes unsichtbarem Licht und nicht nur von Nahrung leben kann.«

»Können Sie andere lehren, wie man ohne Nahrung lebt?«

Diese Frage schien sie etwas aus der Fassung zu bringen. »Das kann ich nicht; Gott will es nicht!«

Als mein Blick auf ihre kräftigen und anmutig geformten Hände fiel, zeigte mir Therese auf beiden Handinnenflächen eine frisch verheilte, viereckige Wunde. Dann ließ sie mich ihre Handrücken anschauen, auf denen sich jeweils eine kleinere, halbmondförmige Wunde abzeichnete, die ebenfalls gerade verheilt war. Beide Wunden gingen durch die ganze Hand hindurch. Dieser Anblick rief mir deutlich die massiven, vierkantigen Eisennägel mit bogenförmiger Spitze in Erinnerung, wie sie noch heute im Orient verbreitet sind; ich erinnere mich jedoch nicht, sie irgendwo im Westen gesehen zu haben.

Die Heilige berichtete mir daraufhin von ihren wöchentlichen Trancen: »Als hilflose Zuschauerin erlebe ich die ganze Leidensgeschichte Chri-

---

* *Matthäus* 4, 4. Die Batterie des menschlichen Körpers wird nicht allein von grobstofflicher Nahrung (Brot) gespeist, sondern auch von den Schwingungen kosmischer Energie (dem »Wort« oder *OM*). Jene unsichtbare Kraft strömt durch das Tor der Medulla oblongata in den menschlichen Körper ein. Dieses sechste Zentrum des Körpers liegt im Nacken oberhalb der fünf *Chakras* (Sanskrit für »Räder« oder Zentren ausstrahlender Lebenskraft) in der Wirbelsäule. Die Medulla ist das große Tor, durch welches die kosmische Lebensenergie *(OM)* zur Versorgung des Körpers einströmt; sie steht in direkter Verbindung zur Willenskraft des Menschen, die im siebten Zentrum – dem Christusbewußtsein *(Kutastha)* – wohnt, dort wo sich das »dritte« Auge zwischen den Augenbrauen befindet. Die kosmische Energie wird dann im darüberliegenden Gehirn als ein Vorrat von unerschöpflichen Möglichkeiten gespeichert; die Veden sprechen hier poetisch vom »tausendblättrigen Lotus des Lichtes«. In der Bibel wird *OM* stets als der »Heilige Geist« bezeichnet – jene unsichtbare Lebenskraft, welche die ganze göttliche Schöpfung aufrechterhält. »Oder wißt ihr nicht, daß euer Leib ein Tempel des Heiligen Geistes ist, der in euch wohnt und den ihr von Gott habt? Ihr gehört nicht euch selbst« (*1. Korinther* 6, 19).

Underwood & Underwood
Therese Neumann.

Die berühmte stigmatisierte Katholikin
aus dem bayerischen Konnersreuth,
zu der ich 1935 eine Pilgerfahrt unternahm.

sti.« Jede Woche öffnen sich am Donnerstag um Mitternacht ihre Wunden und bluten bis Freitag mittag um ein Uhr. Dabei nimmt sie jedesmal zehn Pfund ihres normalen Gewichts von etwa 110 Pfund ab. Obgleich Therese während dieser wöchentlichen Gottesvisionen in ihrem tiefen Mitgefühl immer wieder unsagbar leidet, ergibt sie sich dennoch freudig in ihr Los.

Es war mir sofort klar, daß Gott ihr diese ungewöhnliche Lebensaufgabe übertragen hatte, um allen Christen die historische Wahrheit der Kreuzigung Jesu, so wie sie im Neuen Testament beschrieben wird, immer wieder vor Augen zu führen und auf dramatische Weise zu veranschaulichen, welche ewigen Bande zwischen dem galiläischen Meister und seinen Gläubigen bestehen. Von Professor Wurz erfuhr ich weitere Einzelheiten über die Heilige.

»Oft unternehmen wir mit mehreren Freunden, darunter auch Therese, mehrtägige Besichtigungsreisen, die uns durch ganz Deutschland führen«, erzählte er mir. »Während wir anderen drei Mahlzeiten pro Tag einnehmen, ißt Therese während der ganzen Zeit überhaupt nichts – es ist wirklich erstaunlich! Dabei bleibt sie frisch wie eine Rose und spürt nichts von der Ermüdung, die wir anderen nach langer Fahrt empfinden. Wenn wir alle Hunger haben und nach einem Gasthaus Ausschau halten, lacht sie nur vergnügt.«

Der Professor wies mich auch auf einige interessante physiologische Phänomene hin: »Da Therese keine Nahrung zu sich nimmt, ist ihr Magen geschrumpft. Sie hat keine Ausscheidungen, doch ihre Schweißdrüsen funktionieren normal; ihre Haut ist stets fest und geschmeidig.«

Zum Abschied äußerte ich Therese gegenüber meinen Wunsch, bei ihrer nächsten Vision zugegen sein zu dürfen.

»Ja, gern. Kommen Sie bitte nächsten Freitag nach Konnersreuth«, antwortete sie liebenswürdig. »Der Bischof wird Ihnen die Erlaubnis erteilen. Es war schön, daß Sie mich hier in Eichstätt aufgesucht haben.« Dann schüttelten wir uns lange die Hand, und Therese begleitete uns bis ans Tor. Mr. Wright schaltete das Autoradio an, das die Heilige interessiert begutachtete. Doch bald schon hatte sich eine solch riesige Kinderschar um uns versammelt, daß sich Therese ins Haus zurückzog. Etwas später erschien sie oben am Fenster und winkte uns mit kindlichem Lächeln nach.

Am folgenden Tag besuchten wir zwei Brüder von Therese; beide waren sehr freundlich und zuvorkommend und berichteten uns, daß ihre Schwester nachts nur ein oder zwei Stunden schlafe. Ungeachtet der vielen Wunden an ihrem Körper ist sie voller Energie und Tatendrang. Sie liebt Vögel, kümmert sich selbst um einen Schwarm von Fischen, die sie in einem Aquarium hält, und arbeitet viel in ihrem Garten. Außerdem führt sie eine umfangreiche Korrespondenz, denn viele Anhänger des katholischen Glaubens schreiben ihr und bitten sie um ihren Segen oder ihre Heilgebete; eine große Zahl von Menschen ist durch sie von schweren Krankheiten geheilt worden.

Ihr damals 23 Jahre alter Bruder Ferdinand erzählte von Thereses Fähigkeit, durch Gebete die Krankheiten anderer an ihrem eigenen Körper auszuheilen. Die Nahrungsabstinenz der Heiligen datiert aus einer Zeit, als sie darum betete, daß ihr Gott die Schilddrüsenkrankheit eines jungen Mannes ihrer Gemeinde übertragen solle, der sich gerade auf die Priesterweihe vorbereitete.

Am Donnerstagnachmittag fuhren wir zur bischöflichen Residenz. Der Bischof blickte etwas erstaunt auf mein langes, wallendes Haar, stellte uns aber bereitwillig den Erlaubnisschein aus. Wir brauchten keine Gebühr zu zahlen; die von der Kirche getroffene Regelung diente ausschließlich dem Zweck, Therese vor dem Ansturm neugieriger Touristen zu bewahren, die in den zurückliegenden Jahren jeden Freitag zu Tausenden herbeigeströmt waren.

Wir trafen am Freitag morgen gegen halb zehn in Konnersreuth ein. Mir fiel auf, daß das Dach von Thereses kleinem Häuschen mit einem speziellen Glasausschnitt versehen war, um recht viel Licht einzulassen. Sehr zu unserer Freude fanden wir die Türen nun nicht mehr verschlossen, sondern gastfreundlich geöffnet vor. Wir gesellten uns zu einer Gruppe von etwa zwanzig Besuchern, die alle mit dem entsprechenden Erlaubnisschein in der Hand darauf warteten, vorgelassen zu werden. Viele waren von weit her gekommen, um die mystische Trance mitzuerleben.

Therese hatte meine erste Prüfung im Haus des Professors bestanden, denn sie hatte intuitiv erkannt, daß ich aus einem spirituellen Beweggrund zu ihr gekommen war und nicht, um eine vorübergehende Neugier zu befriedigen.

Für meine zweite Prüfung versetzte ich mich, ehe ich zu ihr hinaufging, in einen Yoga-Trancezustand, um mit ihr einen telepathischen und televisionären Kontakt herzustellen. Dann betrat ich ihr Zimmer, in dem sich die Besucher bereits eingefunden hatten; sie lag in einem weißen Gewand auf ihrem Bett. Ich fand einen Platz unmittelbar an der Tür; Mr. Wright stand dicht hinter mir, und wir beide schauten ehrfurchtsvoll auf das befremdende und furchterregende Schauspiel, das sich uns bot.

Aus Thereses unteren Augenlidern floß unaufhörlich ein dünner, etwa zwei Zentimeter breiter Blutstrom. Ihr Blick war auf das spirituelle Auge in der Stirnmitte gerichtet. Das um ihren Kopf gewickelte Tuch war von den Stigmata der Dornenkrone blutdurchtränkt, und das weiße Gewand wies rote Flecken von der Wunde unter ihrem Herzen auf – genau dort, wo der Körper Jesu Christi einst als letzte Schmähung vom Speer eines Soldaten durchbohrt worden war.

Thereses Hände waren in einer mütterlich anmutenden, flehenden Geste ausgestreckt; in ihrem Antlitz lag ein gequälter und zugleich göttlicher Ausdruck. Sie schien zerbrechlicher und sowohl innerlich als auch äußerlich wie verwandelt. Ab und zu kamen Worte in einer fremden Sprache über ihre bebenden Lippen; sie waren an Personen gerichtet, die sie mit ihrem inneren Auge schaute.

Da ich mich in schwingungsmäßigem Einklang mit ihr befand, begann ich nun auch, die Szenen ihrer Vision zu sehen. Sie beobachtete, wie Jesus inmitten der höhnenden Menge sein Kreuz trug.* Plötzlich hob sie entsetzt den Kopf: Der Herr war unter der Last des Kreuzes zusammengebrochen. Damit war die Vision beendet. Von verzehrendem Mitleid erfüllt, sank Therese erschöpft in ihr Kissen zurück.

In diesem Augenblick hörte ich einen dumpfen Aufprall hinter mir. Ich wandte mich kurz um und sah, wie zwei Männer einen Ohnmächtigen hinaustrugen. Da ich aber soeben erst aus meinem überbewußten Zustand zurückgekehrt war, erkannte ich nicht sofort, wer der Mann war. Wieder richtete ich meine Augen auf Thereses Antlitz, das unter den Blutrinnsalen leichenblaß aussah, nun aber ruhiger schien und unsagbare Reinheit und Heiligkeit ausstrahlte. Später blickte ich mich nochmals um und bemerkte, wie Mr. Wright die Hand gegen seine blutende Wange preßte.

»Dick«, erkundigte ich mich besorgt, »waren Sie es etwa, der eben umgefallen ist?«

---

* Während der Stunden vor meiner Ankunft hatte Therese bereits viele Visionen von Jesu letzten Tagen auf Erden gehabt. Ihre Versenkung in Gott beginnt gewöhnlich mit den Ereignissen nach dem letzten Abendmahl und endet mit Jesu Tod am Kreuz oder auch mit seiner Grablegung.

»Ja, ich bin bei dem furchtbaren Anblick regelrecht ohnmächtig geworden.«

»Nun«, sagte ich ermunternd, »ich finde es jedenfalls ziemlich tapfer von Ihnen, daß Sie trotzdem zurückgekommen sind und sich erneut dem Anblick aussetzen!«

Mit Rücksicht auf die vielen Pilger, die geduldig hinter uns warteten, nahmen wir wortlos Abschied von Therese und verließen die heilige Stätte ihres Daseins.*

Am folgenden Tag fuhren wir in Richtung Süden weiter – froh, nicht von der Eisenbahn abhängig zu sein, sondern mit unserem Ford überall anhalten zu können, wo es uns gerade gefiel. Wir genossen jeden Augenblick unserer Reise durch Deutschland, Holland, Frankreich und die Schweizer Alpen. In Italien machten wir einen Abstecher nach Assisi, um dem Apostel der Demut, dem heiligen Franziskus, die Ehre zu erweisen. Unsere Europareise endete in Griechenland, wo wir die Tempel von Athen besichtigten und auch jenes Gefängnis aufsuchten, in dem der edle Sokrates** einst den Schierlingsbecher trank. Die Kunstfertigkeit, mit der die alten Griechen ihre Fantasiegebilde in Marmor entstehen ließen, ist wirklich bewundernswert.

Dann überquerten wir mit dem Schiff das sonnige Mittelmeer und gingen in Palästina an Land. Mit jedem Tag, den wir im Heiligen Land verbrachten, wurde mir klarer, welchen Wert solche Pilgerfahrten haben. Der Geist Jesu Christi durchdringt ganz Palästina, und so schritt ich ehrfurchtsvoll in Seinem Lichte und an Seiner Seite durch Bethlehem, Gethsemane, zum Golgatha, dem heiligen Ölberg, zum Jordan und an den See Genezareth.

---

* Wie 1945 von amerikanischen Pressestellen in Deutschland bekanntgegeben wurde, überlebte Therese das Nazi-Regime und wohnte weiterhin in Konnersreuth.

** Eusebius' Schriften enthalten folgenden interessanten Bericht über eine Begegnung zwischen Sokrates und einem weisen Hindu: »Aristoxenos, der Musiker, erzählt folgende Geschichte über die Inder. Einer dieser Männer begegnete Sokrates in Athen und fragte ihn, worum es denn in seiner Philosophie gehe. ›Die Erforschung der menschlichen Phänomene‹, erwiderte Sokrates, woraufhin der Inder zu lachen begann und fragte: ›Wie kann ein Mensch die menschlichen Phänomene erforschen, wenn er die göttlichen nicht kennt!‹ Jener Aristoxenos, von dem hier die Rede ist, war ein Schüler von Aristoteles und galt als herausragender Kenner der Harmonik; er lebte um 330 v. Chr.

Wir besuchten auch die Geburtsstätte Jesu, die Werkstatt des Zimmermanns Joseph, das Grab des Lazarus, das Haus von Maria und Martha und den Saal des letzten Abendmahls. Das Altertum wurde wieder lebendig, und vor meinem inneren Auge lief Szene um Szene jenes göttlichen Dramas ab, das Jesus einst für zukünftige Generationen gespielt hatte. Weiter ging es nach Ägypten mit dem modernen Kairo und den alten Pyramiden. Dann gelangten wir per Schiff über den schmalen Streifen des Roten Meeres und weiter durch das große Arabische Meer nach Indien – endlich daheim!

Kapitel 40

Heimkehr nach Indien

Dankbar atmete ich die gesegnete Luft Indiens ein, als unser Schiff, die »Rajputana«, am 22. August 1935 in den riesigen Hafen von Bombay einlief. Schon der erste Tag nach unserer Landung gab uns einen Vorgeschmack von der pausenlosen Betriebsamkeit, die uns in diesem Jahr erwartete. Viele Freunde hatten sich am Kai versammelt, um uns mit Blumengirlanden willkommen zu heißen. Und gleich nach unserer Ankunft im Hotel Taj-Mahal wurden wir von Reportern und Pressefotografen umringt.

Ich war bis dahin noch nie in Bombay gewesen und empfand die Stadt als sehr modern, pulsierend und von westlichen Einflüssen geprägt. Palmen säumen die breiten Alleen, und prächtige Regierungsgebäude konkurrieren mit alten Tempeln um den Titel des sehenswertesten Bauwerks. Es blieb uns jedoch kaum Zeit für Besichtigungen, denn ich wollte schnellstmöglich meinen geliebten Guru, meine Freunde und Verwandten wiedersehen. So bestieg ich mit meinen Begleitern schon bald den Zug gen Osten nach Kalkutta*; unseren Ford hatten wir für die Reise auf einen speziellen Transportwaggon verladen lassen.

An der Howrah-Station hatte sich eine riesige Menschenmenge versammelt, um uns zu begrüßen. Das Gedränge am Bahnsteig war so groß, daß wir zuerst gar nicht aus dem Zug aussteigen konnten. Der junge Maharadscha von Kasimbazar und mein Bruder Bishnu leiteten das Empfangskomitee. Ich war völlig unvorbereitet auf diesen herzlichen, geradezu überwältigenden Empfang.

Miss Bletch, Mr. Wright und ich wurden über und über mit Blumengirlanden bekränzt und unter dem fröhlichen Klang von Trommeln und Tritonshörnern, einem Korso von Automobilen und Motorrädern folgend, langsam zu meinem Elternhaus gefahren.

Mein Vater war sichtlich gealtert; er umarmte mich mit solcher Freude,

---

* Wir unterbrachen unsere Reise, die uns quer durch den indischen Subkontinent führte, auf halbem Wege in den Central Provinces, um Mahatma Gandhi in Wardha zu besuchen. Über diesen Zwischenstopp wird in Kapitel 44 berichtet.

als sei ich von den Toten auferstanden. Lange blickten wir uns in stummer Freude an, ohne ein Wort hervorbringen zu können. Brüder und Schwestern, Onkel und Tanten, Cousins und Cousinen, Schüler und Freunde aus alter Zeit umgaben mich, und wir alle hatten Tränen der Rührung in den Augen. Seit dieser ergreifenden Wiedersehensszene ist nun schon soviel Zeit vergangen, und doch trage ich sie als unauslöschliche Erinnerung in meinem Herzen. Mein Wiedersehen mit Sri Yukteswar kann ich selbst mit Worten nicht beschreiben. Deshalb soll hier die Schilderung meines Sekretärs folgen:

»Von großer Erwartung erfüllt, fuhr ich Yoganandaji heute von Kalkutta nach Serampore«, so lautete Mr. Wrights Eintrag in sein Reisetagebuch. »Wir fuhren an altmodischen Läden vorbei – unter anderem auch an dem Gasthaus, wo Yoganandaji während seiner Studentenzeit oft und gern gesessen hatte – und gelangten schließlich in eine enge, von Mauern gesäumte Gasse. Noch eine scharfe Biegung nach links, und wir waren vor einem schlichten, doch ansprechenden zweigeschossigen Haus mit hervorspringendem Balkon im spanischen Stil angelangt. Dies war der Ashram des Meisters. Eine Atmosphäre des Friedens und der Stille umfing uns.

In demutsvoller, feierlicher Stimmung betrat ich hinter Yogananadaji den von Mauern umgebenen Hof der Einsiedelei. Klopfenden Herzens folgte ich ihm einige alte Zementstufen hinauf, über die zweifellos schon unzählige Wahrheitssuchende vor mir geschritten waren; meine innere Anspannung wuchs mit jedem Augenblick. Und nun erschien am oberen Ende der Treppe der große Meister Swami Sri Yukteswar und erwartete uns in der edlen Haltung eines Weisen.

Mein Herz klopfte wie wild, ob der Ehre, ihn leibhaftig sehen zu dürfen. Mit Tränen in den Augen sah ich zu, wie sich Yoganandaji auf die Knie fallen ließ und durch das Senken seines Hauptes die ganze Dankbarkeit seiner Seele zum Ausdruck brachte; er berührte mit der Hand die Füße seines Gurus und dann, mit demütiger Geste, die eigene Stirn. Danach stand er auf, und Sri Yukteswarji drückte ihn rechts und links an seine Brust.

Die beiden sprachen kein Wort; der Überschwang ihrer Gefühle drückte sich in der beredteren Sprache der Seele aus. Wer vermag das Leuchten in ihren Augen zu beschreiben, als sie sich nach all diesen Jahren wieder gegenüberstanden? Der stille Innenhof war ganz von einer zarten Schwingung erfüllt, und plötzlich brach die Sonne durch die Wolken, um die Szene mit ihrem Glanz zu vergolden.

Nun war ich an der Reihe, den Meister zu begrüßen. Von unaussprechlicher Liebe und Dankbarkeit erfüllt, fiel ich auf die Knie und berührte seine Füße, die durch viele Jahre selbstlosen Dienens schwielig geworden waren. Nachdem ich seinen Segen empfangen hatte, stand ich auf und blickte in seine ausdrucksvollen Augen, die tief nach innen schauten und doch große Freude ausstrahlten. Wir betraten das Empfangszimmer, dessen breiter Balkon mir schon von der Straße her aufgefallen war. Hier ließ sich der Meister auf einer auf dem Zementfußboden ausgebreiteten stoffbezogenen Matratze nieder; mit dem Rücken lehnte er sich gegen ein abgenutztes Sofa. Yoganandaji und ich ließen uns zu Füßen des Gurus auf Strohmatten nieder, hinter denen – sozusagen als Rückenlehne – orangenfarbige Kissen aufgestapelt lagen.

Ich versuchte vergeblich, der bengalischen Unterhaltung der beiden Swamijis zu folgen, denn wie ich feststellen mußte, vergessen sie augenblicklich ihr Englisch, wenn sie zusammen sind (obgleich Swamiji Maharaj, wie der große Guru auch genannt wird, die Sprache gut beherrscht und auch oft spricht). Dennoch konnte ich die Heiligkeit des großen Meisters gefühlsmäßig wahrnehmen, wie ich sein zu Herzen gehendes Lächeln und das Leuchten in seinen Augen gewahrte. Besonders bemerkenswert an seiner heiteren und doch ernsthaften Art zu sprechen ist die Bestimmtheit, mit der er seine Aussagen macht. Sie kennzeichnet den Weisen, der weiß, daß er weiß, weil er Gott kennt. Seine große Weisheit, Kraft und Entschlossenheit sind unverkennbar.

Von Zeit zu Zeit musterte ich ihn mit ehrerbietigem Blick und betrachtete seinen kräftigen, athletischen Körper, der deutliche Spuren eines harten und aufopferungsvollen Lebens der Entsagung aufweist. Seine Haltung ist wahrhaft majestätisch.

Auffälligstes Merkmal seines erhabenen Antlitzes ist die hohe Stirn, die aussieht, als wolle sie den Himmel erstürmen. Seine Nase ist ziemlich groß und unförmig, und in müßigen Augenblicken spielt er mit ihr; dann biegt er sie mal hin und mal her, so wie Kinder es tun. Seine Augen sind durchdringend, dunkel und von ätherisch wirkenden blauen Ringen umrandet. Sein in der Mitte gescheiteltes Haar ist um die Stirn herum weiß und fällt dann in silbergoldenen und silberschwarzen Locken auf seine Schultern herab. Sein Vollbart ist schütter, unterstreicht aber dennoch seine markanten Gesichtszüge. Insgesamt wirkt er tiefgründig und doch heiter.

Sein Lachen kommt aus dem Inneren seiner Brust und ist so fröhlich und ausgelassen, daß es seinen ganzen Körper schüttelt. Sein Antlitz, seine Hände, ja seine ganze Erscheinung verraten Kraft. Sein Gang ist aufrecht und würdevoll.

Er war schlicht gekleidet im üblichen Hemd und *Dhoti*, die beide einmal intensiv ocker eingefärbt gewesen sein müssen, sich jetzt aber nur noch in verwaschenem Orange zeigten. Ein Blick durch das ziemlich verwahrloste Zimmer zeigte mir, daß sein Besitzer keinen großen Wert auf materiellen Komfort legt. Die verwitterten weißen Wände des länglichen Raumes wiesen Streifen von ausgeblichenem blauem Putz auf. An der Wand hing ein Bild von Lahiri Mahasaya, das zum Zeichen liebevoller Hingabe mit einer einfachen Girlande geschmückt war. Auch eine alte Fotografie von Yoganandaji war zu sehen; sie zeigte ihn kurz nach seiner Ankunft in Boston mit anderen Delegierten des Congress of Religions.

Im Raum herrschte ein seltsames Nebeneinander von Altmodischem und Modernem. So stand da zum Beispiel ein wuchtiger, gläserner Armleuchter, der lange nicht benutzt und über und über von Spinnweben bedeckt war – und daneben hing ein bunter, glänzender Kalender mit dem neuesten Datum an der Wand. Von dem ganzen Zimmer gingen Frieden und Stille aus. Jenseits des Balkons ragten hohe Kokospalmen auf, die ihre Wedel schützend über die Einsiedelei ausbreiteten.

Es ist schon interessant zu sehen, wie der Meister nur in die Hände zu klatschen braucht, um einen seiner kleinen Schüler herbeizurufen. Ein schmächtiger Junge namens Prafulla* hat es mir besonders angetan. Sein langes, dunkles Haar reicht ihm bis auf die Schultern, seine kohlrabenschwarzen Augen leuchten, und ein buchstäblich himmlisches Lächeln umspielt seine Lippen. Sobald er die Mundwinkel anhebt, blitzen seine Augen auf – ein Bild, wie wenn man den Sichelmond und zwei Sterne plötzlich in der Abenddämmerung erstrahlen sieht.

Swami Sri Yukteswars Freude über die Heimkehr seines ›Sprößlings‹ ist unverkennbar. (Und irgendwie scheint er auch an mir, dem ›Sprößling seines Sprößlings‹, Interesse zu finden.) In der Natur des großen Mei-

---

*   Prafulla ist jener Junge, der bei Sri Yukteswars Begegnung mit der Kobra
      zugegen war (siehe Kapitel 12).

sters überwiegt jedoch eindeutig der Weisheitsaspekt, und daher ist er sehr zurückhaltend mit Gefühlsäußerungen. Yoganandaji überreichte Sri Yukteswar einige Geschenke, wie es in Indien üblich ist, wenn ein Schüler zu seinem Guru zurückkehrt. Dann nahmen wir ein einfaches, aber schmackhaftes Mahl aus verschiedenen Gemüsen und Reis ein. Sri Yukteswarji freute sich darüber, daß ich mit manchen indischen Bräuchen vertraut war und beispielsweise mit den Fingern aß.

Mehrere Stunden saßen wir so zusammen, während die Unterhaltung in Bengali dahinfloß und manch herzliches Lachen und fröhlicher Blick zwischen uns ausgetauscht wurde. Dann neigten wir uns ehrfürchtig zu Sri Yukteswars Füßen und entboten ihm zum Abschied unser *Pronam**, bevor wir uns, bereichert durch die unvergeßliche Erinnerung an die Begegnung mit diesem Heiligen, auf den Rückweg nach Kalkutta machten. Wenn ich hier auch in erster Linie meine äußeren Eindrücke festgehalten habe, so war ich mir doch allezeit der wahren Größe Sri Yukteswars und seiner ganzen spirituellen Herrlichkeit bewußt. Ich spürte die ungeheure Kraft, die von ihm ausging, und werde den von ihm empfangenen göttlichen Segen stets in meinem Herzen bewahren.«

Ich hatte aus Amerika, Europa und Palästina viele Geschenke für Sri Yukteswar mitgebracht, die er lächelnd, aber wortlos entgegennahm. Für mich selbst hatte ich in Deutschland einen Stockschirm gekauft. In Indien entschloß ich mich aber kurzerhand, ihn doch dem Meister zu schenken. »Über dieses Geschenk freue ich mich wirklich sehr«, sagte mein Guru ganz gegen seine Gewohnheit und warf mir einen verständnisvoll-innigen Blick zu. Von allen meinen Geschenken griff er immer wieder den Stockschirm heraus, um ihn seinen Besuchern zu zeigen.

»Meister, erlaubt mir bitte, einen neuen Teppich für Euer Zimmer zu besorgen«, bat ich eines Tages, denn ich hatte bemerkt, daß Sri Yukteswars Tigerfell auf einem völlig ausgetretenen Läufer lag.

»Meinetwegen, wenn es dir Freude macht«, antwortete mein Guru ohne jede Begeisterung. »Mein Tigerfell ist hübsch und sauber. Hier bin ich König in meinem eigenen kleinen Reich. Jenseits davon beginnt die weite Welt, die nur an äußeren Dingen interessiert ist.«

---

* Wörtlich: »heiliger Name«; ein unter Hindus übliches Grußwort, bei dem gleichzeitig die gefalteten Hände vom Herz zur Stirn geführt werden. In Indien ersetzt das *Pronam* das im Westen übliche Schütteln der Hände.

Bei diesen Worten fühlte ich mich sogleich um Jahre zurückversetzt. Wieder war ich sein demütiger Schüler, der tagtäglich im Feuer der Zurechtweisung geläutert wurde.

Sobald ich mich von Serampore und Kalkutta losreißen konnte, machten Mr. Wright und ich uns auf den Weg nach Ranchi. Welch herzliches Willkommen – welch begeisterter Empfang uns dort erwartete! Mit Tränen in den Augen umarmte ich die Lehrer, die auf selbstlose Weise das Banner der Schule während meiner fünfzehnjährigen Abwesenheit hochgehalten hatten. Die strahlenden Gesichter und das glückliche Lachen der Internats- und Tagesschüler waren Zeugnis genug dafür, daß sie eine optimale vielseitige Ausbildung und Yoga-Schulung erhielten. Leider befand sich das Institut in Ranchi in großen finanziellen Schwierigkeiten. Sir Manindra Chandra Nandy, der uns früher so großzügig unterstützt hatte und dessen Palast in Kasimbazar zum Hauptgebäude der Schule geworden war, lebte nicht mehr. Viele der von der Schule unterhaltenen gemeinnützigen Einrichtungen waren mangels öffentlicher Hilfsmittel ernsthaft gefährdet.

Ich hatte mir jedoch während meines langjährigen Aufenthaltes in Amerika etwas von der praktischen Weisheit jenes Landes und der Unerschrockenheit angesichts schwieriger Situationen angeeignet. Ich blieb eine ganze Woche in Ranchi und suchte nach Lösungen für die anstehenden dringlichen Probleme. Dann sprach ich mit mehreren bekannten Persönlichkeiten und Pädagogen in Kalkutta, führte ein längeres Gespräch mit dem jungen Maharadscha von Kasimbazar, bat meinen Vater um finanzielle Unterstützung – und siehe da, das wacklige Fundament der Schule in Ranchi begann sich wieder zu festigen. Auch erreichten uns gerade zur rechten Zeit viele Spenden – darunter auch ein Scheck über eine erhebliche Summe – von meinen Schülern in Amerika.

Einige Monate nach meiner Ankunft in Indien wurde der Schule in Ranchi zu meiner Freude die staatliche Anerkennung verliehen. Mein lebenslanger Traum einer auf lange Sicht geplanten, nach yogischen Gesichtspunkten ausgerichteten Erziehungs- und Ausbildungsstätte war in Erfüllung gegangen. Mit ebendiesem Ziel vor Augen hatte ich im Jahre 1917 mit nicht mehr als sieben Schülern den bescheidenen Anfang gemacht.

In den zehn Jahren seit 1935 ist das Zentrum in Ranchi erheblich erweitert worden und längst über den Rahmen einer einfachen Knabenschule hinausgewachsen. Die Shyama Charan Lahiri Mahasaya Mission hat umfangreiche humanitäre Aktivitäten entfaltet.

Der Unterricht an der Schule – dem *Yogoda-Satsanga Brahmacharya-Vidyalaya* – schließt alle üblichen Fächer der Grund- und höheren Schule ein und wird vorwiegend im Freien erteilt. Sowohl die Internats- als auch die Tagesschüler erhalten zusätzlich ein gewisses Maß an berufsspezifischer Ausbildung. In autonomen Komitees organisieren die Schüler selbst all ihre Aktivitäten. Schon früh in meiner pädagogischen Laufbahn stellte ich fest, daß dieselben Jungen, die mit geradezu diebischer Freude ihre Lehrer zu hintergehen versuchen, ohne weiteres die von ihren Mitschülern aufgestellten disziplinarischen Regeln akzeptieren. Ich bin selbst nie ein Musterschüler gewesen und hatte so vollstes Verständnis für die Streiche und Probleme der Kinder.

Auch Sport und Spiel sind fester Bestandteil des Programms, und auf den Sportplätzen finden zahlreiche Hockey- und Fußballspiele statt. Oft schon haben die Schüler von Ranchi bei Wettkämpfen für ihre Schule den Siegerpokal erringen können. Die Freiluftsportanlagen sind weit über die Grenzen der Stadt hinaus bekannt. Alle Jungen erlernen die *Yogoda*-Methode, mit deren Hilfe sie ihre Muskeln durch Willenskraft aufladen und auf geistigem Wege Lebensenergie in jeden Teil des Körpers lenken können. Außerdem werden sie in den *Asanas* (Körperstellungen), dem Schwert- und Stock-Spiel sowie in *Jiujitsu* unterwiesen. Die im *Vidyalaya* von Ranchi veranstalteten *Yogoda*-Gesundheitsausstellungen haben immer Tausende von Besuchern angezogen.

Für die Kinder verschiedener Eingeborenenstämme der Provinz (die *Kols, Santals* und *Mundas*) wird Basisunterricht in Hindi angeboten. Mittlerweile wurden in einigen umliegenden Dörfern auch Schulklassen für Mädchen eingerichtet.

Das Einmalige an der Schule in Ranchi ist die Einweihung in den *Kriya*-Yoga. Die Jungen verrichten täglich ihre spirituellen Übungen, rezitieren die *Gita* und werden im Unterricht und durch praktisches Beispiel in den Tugenden der Einfachheit, Opferbereitschaft, Ehrenhaftigkeit und Wahrhaftigkeit unterwiesen. Böses, so lernen sie, ist all das, was Leid verursacht, und Gutes ist, was uns zu wahrem Glück führt. Dabei wird das Böse äußerst treffend mit vergiftetem Honig verglichen, der zwar süß, aber todbringend ist.

Der Einsatz von Konzentrationstechniken zur Überwindung von körperlicher und geistiger Ruhelosigkeit hat zu erstaunlichen Resultaten geführt; so ist es in Ranchi keine Seltenheit, die eindrucksvolle kleine Gestalt eines Kindes von kaum neun oder zehn Jahren eine Stunde oder länger in unbeweglicher Haltung dasitzen zu sehen und zu erleben, wie es den Blick die ganze Zeit unverwandt auf das spirituelle Auge gerichtet hält. Wie oft sah ich das Bild der Schüler von Ranchi vor mir, wenn ich im Ausland in anderen Schulen zu Gast war und miterlebte, wie die Kinder dort kaum eine Stunde stillsitzen können.*

Ranchi liegt 610 m über dem Meeresspiegel und hat ein mildes, ausgewogenes Klima. Das zwölf Hektar große Grundstück am Ufer eines großen Badeteiches beherbergt einen der schönsten Obstgärten ganz Indiens, in dem etwa 500 Obstbäume mit Mangos, Guaven, Litchis, Jackfrüchten und Datteln wachsen.

Für Besucher aus dem Westen steht ein eigenes Gästehaus bereit. Die Bibliothek von Ranchi verfügt über zahlreiche Zeitschriften und etwa tausend Bücher in englischer und bengalischer Sprache – allesamt Geschenke aus östlichen und westlichen Ländern –, darunter auch eine

---

* Mentales Training mit Hilfe verschiedener Konzentrationstechniken hat in Indien zu allen Zeiten Menschen mit geradezu unglaublichem Erinnerungsvermögen hervorgebracht. In der *Hindustan Times* hat Sir T. Vijayaraghavachari die Tests beschrieben, denen sich die modernen professionellen »Gedächtnisspezialisten« von Madras unterzogen haben. »Diese Männer«, so schrieb er, »verfügten über einen außerordentlichen Wissensschatz in bezug auf die Sanskritliteratur. Sie waren mitten im Publikum des großen Saales plaziert, und es gelang ihnen, die simultanen Testaufgaben verschiedener Zuhörer zu beantworten. Die Vorgehensweise war dabei wie folgt: Jemand läutete eine Glocke, und der ›Gedächtnisspezialist‹ mußte die Anzahl der Glockenschläge zählen. Dann diktierte ein Zweiter von einem Blatt Papier eine lange arithmetische Aufgabe mit Additionen, Subtraktionen, Multiplikationen und Divisionen. Ein Dritter las daraufhin eine Serie von Gedichten aus dem *Ramayana* oder dem *Mahabharata* vor, die der Kandidat wiedergeben mußte; ein Vierter stellte anschließend eine Reimaufgabe, bei der es darum ging, zu einem bestimmten Thema Verse im richtigen Versmaß zu bilden, wobei jede Zeile mit einem festgelegten Wort enden mußte. Nun begann ein Fünfter mit einem Sechsten eine theologische Diskussion, deren genauer Wortlaut in unveränderter Reihenfolge wiederzugeben war. Und schließlich drehte ein Siebenter die ganze Zeit über ein Rad, dessen Umdrehungen zu zählen waren. Der ›Gedächtnisspezialist‹ mußte all diese Aufgaben rein mental bewältigen, denn er durfte weder Papier noch Bleistift benutzen. Die mit der Lösung dieser Aufgabe verbundene Anstrengung muß unfaßbar sein. Gewöhnliche Menschen, die solche Leistungen aus unbewußtem Neid heraus gern als eine Übung der niederen Gehirnfunktionen abtun möchten, sind im Unrecht, denn es handelt sich hierbei nicht in erster Linie um eine Gedächtnisleistung. Es kommt hierbei vielmehr auf extreme geistige Konzentration an.«

Sammlung heiliger Schriften aus aller Welt. In einem übersichtlich ange-
legten Museum sind kostbare archäologische, geologische und anthro-
pologische Ausstellungsstücke zu sehen – zum Großteil Andenken, die
ich auf meinen Reisen durch aller Herren Länder zusammengetragen
habe.

Das gemeinnützige Hospital und die Apotheke der Lahiri-Mahasaya-Mission mit ihren vielen Zweigstellen in entlegenen Dörfern hat bereits
150.000 von Indiens Bedürftigen Hilfe gewährt. Die Schüler von Ranchi
werden in Erster Hilfe unterwiesen und konnten bei den tragischen
Überflutungs- und Hungerkatastrophen in der Provinz wertvolle Hilfe
leisten.

Im Obstgarten befindet sich ein Shiva-Tempel mit einer Statue des geseg-
neten Meisters Lahiri Mahasaya; in den Mangohainen werden täglich
gemeinsame Andachten und Unterrichtsstunden in den heiligen Schriften abgehalten.

Inzwischen hat die höhere Schule von Ranchi zwei blühende Filialen
gegründet; sie verfügen ebenfalls über ein Internat und legen denselben
Wert auf den Yoga-Unterricht; diese sind das *Yogoda Sat-Sanga Vidyapith*
(Schule) für Knaben in Lakshmanpur, Bihar, und die *Yogoda Sat-Sanga-
High-School* mit Einsiedelei in Ejmalichak, Midnapore.

Ein ansprechend gestalteter *Yogoda-Math* wurde im Jahre 1938 in Dakshineswar direkt am Ufer des Ganges eröffnet. Die Einsiedelei liegt nur
einige Kilometer nördlich von Kalkutta und bietet den Stadtbewohnern
eine Oase des Friedens. Hier gibt es angemessene Unterkünfte für
westliche Besucher und insbesondere für all jene, die ihr Leben voll und
ganz der spirituellen Verwirklichung gewidmet haben. Zu den Aufgaben
des *Yogoda-Math* in Dakshineswar gehört unter anderem auch der Ver-
sand eines vierzehntäglich erscheinenden Lehrbriefes der Self-Realization Fellowship an Schüler in allen Teilen Indiens.

Die Tätigkeit der Organisation auf erzieherischem und humanitärem
Gebiet wäre natürlich ohne die unermüdliche Einsatzbereitschaft vieler
Lehrer und Hilfskräfte undenkbar gewesen. Ich kann ihre Namen hier
nicht im einzelnen anführen, weil es zu viele von ihnen gibt; doch jedem
einzelnen von ihnen gehört ein Platz in meinem Herzen. Getreu den von
Lahiri Mahasaya vorgegebenen Idealen haben die Lehrer, die an unseren
Instituten tätig sind, auf eine vielversprechende weltliche Karriere ver-
zichtet, um demütig zu dienen und reichlich zu geben.

Mein Sekretär, Mr. Wright, schloß mit vielen der Jungen in Ranchi

Freundschaft; nur in einen schlichten *Dhoti* gehüllt, nahm er eine Zeitlang an ihrem Gemeinschaftsleben teil. Wo er auch war, ob in Ranchi, Kalkutta, Serampore oder andernorts, stets trug er seine Erlebnisse mit der ihm eigenen schriftstellerischen Begabung in sein Reisetagebuch ein. Eines Abends fragte ich ihn:

»Dick, was ist Ihr Eindruck von Indien?«

»Frieden«, sagte er nachdenklich. »Dieses Volk strahlt Frieden aus.«

Kapitel 41

Im idyllischen Südindien

D ick, Sie sind der erste Abendländer, der dieses Heiligtum je betreten durfte. Viele andere haben vergeblich versucht, eingelassen zu werden.«

Mr. Wright schien zunächst etwas überrascht, freute sich dann aber offensichtlich über meine Worte. Wir hatten soeben den herrlichen Chamundi-Tempel oberhalb der Stadt Mysore im südlichen Teil Indiens besichtigt und uns vor den goldenen und silbernen Altären der Göttin Chamundi, der Schutzpatronin des amtierenden Maharadschageschlechts, verneigt.

»Diese Blütenblätter, die der Priester soeben mit geweihtem Rosenwasser besprenkelt hat, werde ich als Erinnerung an diese einzigartige Ehre für immer aufbewahren«, sagte Mr. Wright und steckte vorsichtig einige Rosenblätter ein, die er in der Hand hielt.

Im November 1935 waren mein Begleiter und ich* Gäste des Fürstentums Mysore. Der dortige Maharadscha, Seine Hoheit Sri Krishnaraja Wadiyar IV., war ein vorbildlicher Fürst und kluger Regent seines Landes. Als frommer Hindu hatte er einen Mohammedaner, den fähigen Mirza Ismail, zu seinem *Dewan* oder Premierminister berufen. So sorgte er für eine angemessene Repräsentation der sieben Millionen Muslime sowohl im Parlament als auch im legislativen Rat von Mysore.

Der Thronfolger des Maharadschas, Seine Hoheit der *Yuvaraja*, Sir Sri Krishna Narasingharaj Wadiyar, hatte meinen Sekretär und mich zu einem Besuch in seinem aufgeklärten und fortschrittlichen Land eingeladen. Während der letzten beiden Wochen hatte ich in der Stadthalle von Mysore, dem College sowie im Hörsaal der medizinischen Fakultät vor Tausenden von Zuhörern gesprochen und zudem noch drei Massenversammlungen in der National High School und im Intermediate College in Bangalore sowie in der Stadthalle von Chetty abgehalten; über

---

* Miss Bletch war froh, bei meinen Verwandten in Kalkutta zurückbleiben zu können, denn sie sah sich außerstande, dem von Mr. Wright und mir vorgegebenen Tempo zu folgen.

3000 Menschen hatten sich dort eingefunden. Ob die eifrigen Zuhörer meine begeisterten Schilderungen von Amerika nachvollziehen konnten, vermag ich nicht zu beurteilen; ich weiß nur, daß der Beifall immer dann am stärksten war, wenn ich vom beiderseitigen Nutzen eines Gedankenaustausches zwischen Morgen- und Abendland sprach, bei dem sich jeder die besten Eigenschaften des anderen zu eigen machen könne.

Nach diesen arbeitsamen Tagen konnten Mr. Wright und ich uns endlich etwas Ruhe gönnen und die beschauliche Stille der Tropen genießen. In seinem Reisetagebuch beschreibt mein Sekretär seine Eindrücke von Mysore wie folgt:

»Der leuchtend grüne Teppich der Reisfelder, aufgelockert durch vereinzelte Zuckerrohrpflanzungen, erstreckt sich im Schutze der zerklüfteten Berge – Berge, die das smaragdene Panorama wie eine Krone aus schwarzem Fels überragen. Welch herrliche Farben! Und welch überwältigender Anblick ist es erst, wenn die Sonne sich hinter den erhabenen Bergen zur nächtlichen Ruhe senkt.

Unvergeßlich die Momente, in denen wir gedankenverloren auf das ständig wechselnde Gemälde blickten, das Gott am Firmament geschaffen hat! Nur Er kann Farben von solcher Lebendigkeit und unverfälschten Kraft hervorbringen. Diese natürliche Frische geht verloren, sobald der Mensch versucht, die Farbenpracht mit Hilfe von Pigmenten zu kopieren. Gott dem Herrn steht ein geeigneteres Medium zur Verfügung – er braucht weder Öl noch Pigmente: Er malt mit Licht. Mal wirft er hier einen Lichtstrahl hin, und ein leuchtendes Rot wird reflektiert; dann schwenkt Er Seinen Pinsel abermals, und die Farbe verwischt sich zu Orange und Gold. Ein andermal durchbricht Er die Wolken mit einem purpurnen Streich, und wo die Wolke zerrissen ist, bildet sich ein kleiner, roter Ring oder Streifen. Und dieses Farbenspiel zaubert Er jeden Abend und jeden Morgen aufs neue, und immer ist es anders – immer neu und immer abwechslungsreich. Nichts wiederholt sich, kein Muster und keine Farbe ist genau wie die andere. Der Zauber der indischen Dämmerung – wenn Tag in Nacht und Nacht in Tag übergehen – ist unvergleichlich und einmalig auf der Welt; oft sieht der Himmel so aus, als habe Gott alle Farben Seiner Palette genommen und sie mit einem mächtigen Wurf ans Firmament geschleudert, wo sie in kaleidoskopischer Pracht erstrahlen.

Ich möchte von einem herrlichen Ausflug berichten, den wir in der

Abenddämmerung zum gewaltigen Krishnaraja-Sagar-Damm* unternommen haben. Dieser liegt etwa zwanzig Kilometer außerhalb der Stadtgrenzen von Mysore. Yoganandaji und ich bestiegen einen kleinen Bus, dessen Motor von einem Jungen von Hand angekurbelt werden mußte. Die Sonne ging gerade unter und sank am Horizont wie eine überreife Tomate in sich zusammen, als wir auf der unbefestigten, doch ebenen Straße entlangfuhren.

Unser Weg führte am üblichen Mosaik der Reisfelder, einem schattigen Banyanhain und einer Reihe schlanker, hochaufragender Kokospalmen vorbei. Die Vegetation erinnerte in ihrer Üppigkeit an den Urwald. Als wir die Kuppe des Berges erklommen hatten, sahen wir vor uns einen riesigen Stausee liegen, in dem sich die Sterne und die Kronen der Palmen sowie andere Bäume widerspiegelten, die das Ufer säumten. Rings um den See breiteten sich malerische, terrassenförmige Gärten aus, und oben auf der Staumauer leuchtete eine Kette elektrischer Lichter.

Darunter bot sich uns ein berauschendes Bild von Lichtstrahlen, die in allen erdenklichen Farben auf geysirgleichen Fontänen tanzten. Da gab es tiefblaue Wasserfälle, rote Sturzbäche, grüne und gelbe Gischtnebel – Wasserspiele wie von leuchtend bunter Tinte, die sich zwischen wasserspeienden, steinernen Elefanten in den See ergossen. Was wir da sahen, war wie eine Miniaturausgabe der Weltausstellung in Chicago; ein modernes Meisterwerk in diesem alten Land der Reisfelder und der einfachen Menschen, die uns hier überall so liebevoll aufgenommen haben, daß es wohl einer größeren Kraft als der meinen bedürfen wird, um Yoganandaji wieder nach Amerika zurückzubringen.

*   Dieser Damm ist Teil eines großen Kraftwerks, das die Stadt Mysore mit Strom versorgt. Es liefert Energie an Produktionsbetriebe für Seidenstoffe, Seifen und Sandelholzöl. Die Sandelholz-Souvenirs aus Mysore verströmen einen betörenden Duft, der auch mit der Zeit nicht verfliegt; ein kleiner Nadelstich genügt, und er ist wieder da. Mysore ist der Sitz einiger der größten indischen Pionierunternehmen, wie beispielsweise der Kolar Gold Mines, der Mysore Sugar Factory, des großen Eisen- und Stahlwerks von Bhadravati sowie der Mysore State Railway, die das etwa 80 000 Quadratkilometer große Landesinnere effizient und kostengünstig erschließt.

Der Maharadscha und der *Yuvaraja*, als deren Gäste wir uns 1935 in Mysore aufhielten, sind beide vor kurzem verstorben. Der Sohn des *Yuvaraja*, der jetzige Maharadscha, ist ein Mann mit großen unternehmerischen Ambitionen, der während seiner Amtszeit in Mysore eine große Flugzeugproduktionsstätte angesiedelt hat.

Ein anderes großes Erlebnis, von dem ich gern berichten möchte, war mein erster Ritt auf einem Elefanten. Gestern lud uns der *Yuvaraja* zu einem Besuch in seinen Sommerpalast ein, wo ich auf einem dieser majestätischen Dickhäuter reiten sollte. Es mußte erst eine Leiter angestellt werden, damit ich auf den kastenförmigen, mit seidenen Kissen ausgepolsterten *Howdah* (Sattel) klettern konnte. Und dann ging es los – welch ein Geschaukel! Ich rutschte hin und her, schien mal in der Luft zu fliegen und mal in die Tiefe zu sausen, ich war viel zu begeistert, um an Angst zu denken oder gar zu schreien; dennoch klammerte ich mich fest, so als ginge es um mein Leben.«

Südindien hat einiges an historischen und archäologischen Schätzen zu bieten. Es ist ein Land von einem unbeschreiblichen Charme. Im Norden von Mysore liegt Hyderabad, das größte Fürstentum Indiens, eine malerische Hochebene, die von dem mächtigen Godavarifluß durchschnitten wird. Hier finden wir weite, fruchtbare Ebenen, die herrlichen Nilgiris oder »Blauen Berge« und karge Felslandschaften aus Kalkstein und Granit. Hyderabad blickt auf eine lange und hochinteressante Geschichte zurück, die vor 3000 Jahren zur Zeit der Andhra-Könige begann. Bis zum Jahre 1294 n. Chr. wurde das Land von Hindu-Dynastien regiert und ging dann an eine Reihe mohammedanischer Herrscher über, die bis zum heutigen Tag amtieren.

In den uralten Felsenhöhlen von Ellora und Ajanta in Hyderabad kann man die wohl großartigsten Zeugnisse vergangener Architektur, Bildhauerkunst und Malerei in ganz Indien bewundern. Der Kailasa in Ellora, ein riesiger monolithischer Tempel, trägt gemeißelte Figuren von Göttern, Menschen und Tieren, die in ihrer monumentalen Größe an die Werke Michelangelos erinnern. Ajanta heißt jene berühmte Stätte, wo fünf Kathedralen und 25 Klöster in den Fels gehauen sind. Die Bauwerke ruhen auf kolossalen Säulen, in deren reichem Freskenschmuck viele Maler und Bildhauer ihren Genius verewigt haben.

Die Stadt Hyderabad ist Sitz der renommierten Osmania-Universität; sehenswert ist hier auch die imposante Mekka-Masjid-Moschee, in der sich etwa 10 000 Mohammedaner zum Gebet versammeln können.

Das Fürstentum Mysore liegt etwa tausend Meter über dem Meeresspiegel und bietet eine Vielfalt landschaftlicher Sehenswürdigkeiten: dichte, tropische Wälder mit einem reichen Bestand an freilebenden Elefanten, Büffeln, Bären, Panthern und Tigern. Die beiden wichtigsten Städte,

Meine Begleiter und ich vor dem Traum
in Marmor – dem Taj Mahal in Agra

Bangalore und Mysore, sind sauber und gepflegt und haben viele schöne Parks und öffentliche Anlagen.

Dank des Mäzenatentums der Hindu-Könige erlebten die Hindu-Architektur und -Bildhauerkunst in Mysore vom 11. bis 12. Jahrhundert eine Blütezeit. Der im 11. Jahrhundert vollendete Tempel von Belur – ein Meisterwerk aus der Regierungszeit König Vishnuvardhanas – übertrifft in seiner Detailfreudigkeit und in der Pracht seiner Ornamentik alles bisher Dagewesene auf der Welt.

Im nördlichen Mysore wurden Steinsäulen aus dem 3. Jahrhundert v. Chr., der Zeit König Asokas, entdeckt. Dieser hatte die Thronfolge der damals herrschenden Maurya-Dynastie angetreten, und sein riesiges Reich umfaßte nahezu das ganze Indien der Neuzeit sowie Afghanistan und Belutschistan. Dieser berühmte Herrscher, dessen illustre Persönlichkeit selbst bei abendländischen Historikern auf Bewunderung stößt, hat folgende Weisheit auf einem Gedenkstein einmeißeln lassen:

»Diese religiöse Inschrift wurde in Stein gemeißelt, auf daß unsere Söhne und Enkelsöhne nicht an die Notwendigkeit neuer Eroberungen denken mögen; auf daß sie sich nicht einbilden mögen, daß es Eroberungen mit dem Schwert verdienen, ›Sieg‹ genannt zu werden; auf daß sie nichts als Zerstörung und Gewalt darin erkennen mögen; auf daß sie den Sieg der Religion als einzig wahre Eroberung ansehen mögen. Nur solche Eroberungen sind von bleibendem Wert in dieser und den kommenden Welten.«

Asoka war der Enkel des mächtigen Chandragupta Maurya (bei den Griechen als Sandrocottus bekannt), der in seiner Jugend Alexander dem Großen begegnete. Später vernichtete Chandragupta die in Indien zurückgelassenen mazedonischen Garnisonen und schlug die einbrechende griechische Armee des Seleukos im Punjab. Danach empfing er an seinem Hof in Patna den griechischen Botschafter Megasthenes.

Griechische Geschichtsschreiber und andere, die Alexander auf seiner Expedition nach Indien begleiteten oder ihm später nachfolgten, haben uns interessante und bis ins einzelne gehende Berichte hinterlassen. Die Schilderungen von Arrian, Diodor, Plutarch und dem Geographen Strabo wurden von Dr. J. W. M'Crindle* übersetzt und geben uns eine Vorstel-

* *Ancient India*, sechs Bände, Kalkutta, 1897 und 1927.

lung von dem Leben im alten Indien. Alexanders Invasion war gescheitert, und dennoch nahm er von seinem Feldzug etwas Positives mit; er zeigte nämlich ein bewundernswertes Interesse an der Hindu-Philosophie, den Yogis und heiligen Männern, denen er von Zeit zu Zeit begegnete und deren Gesellschaft er immer wieder suchte. Kurz nachdem der griechische Kriegsherr in das nordindische Taxila eingedrungen war, sandte er Onesikritos, einen Schüler aus der hellenischen Schule des Diogenes, um den großen Sannyasi von Taxila, Dandamis, zu sich zu rufen.

»Heil euch, Lehrer der Brahmanen!« sprach Onesikritos zu Dandamis, nachdem er diesen in seiner Waldhütte ausfindig gemacht hatte. »Der Sohn des mächtigen Gottes Zeus – Alexander, oberster Gebieter aller Menschen –, fordert Euch auf, zu ihm zu kommen. Wenn Ihr seinem Rufe folgt, wird er Euch mit reichen Gaben belohnen; weigert Ihr Euch aber, so wird er Euch den Kopf abschlagen lassen!«

Der Yogi hörte sich diese ziemlich brutale Einladung gelassen an und erhob nicht einmal das Haupt von seinem Blätterlager.

»Auch ich bin ein Sohn des Zeus, wenn Alexander einer ist«, entgegnete er. »Ich begehre nichts von dem, was Alexander gehört, denn ich bin zufrieden mit dem, was ich habe. Er hingegen zieht mit seinen Mannen über Länder und Meere, ohne etwas dabei zu gewinnen und ohne je ans Ziel seiner Wanderschaft zu gelangen.

Geht und berichtet Alexander, daß Gott, der höchste König, niemals Urheber von Unrecht sein kann, sondern der Schöpfer von Licht, Frieden, Leben und Wasser ist – der Schöpfer des menschlichen Körpers und der Seele. Zu Ihm kehren alle Menschen zurück, wenn der Tod sie freimacht; denn Er ist erhaben über alles krankhafte Übel. Er allein ist der Gott, dem ich huldige, denn Er verabscheut das Morden und stiftet keine Kriege an.«

Aus der Stimme des Weisen klang stille Verachtung, als er fortfuhr: »Alexander ist kein Gott, denn auch er muß den Tod erleiden. Wie kann er sich als Herr der Welt hinstellen, wenn er noch nicht einmal Herr im Reich seines Inneren ist? Er hat weder lebendig den Hades betreten, noch kennt er den Lauf der Sonne über den zentralen Regionen dieser Erde, wo doch die Völker an deren Rändern nicht einmal seinen Namen gehört haben.«

Nach dieser zweifellos schärfsten Zurechtweisung, die dem »Herrn der Welt« jemals zu Ohren gelangt sein dürfte, fügte der Weise ironisch hinzu: »Wenn Alexanders derzeitiges Reich noch nicht groß genug ist, seine Habgier zu stillen, so soll er doch den Ganges überqueren; dort wird er Land genug finden, um all seine Mannen zu ernähren, wenn das Gebiet auf dieser Seite für ihn zu eng und begrenzt sein sollte.*

Überdies sind all die Gaben, die Alexander mir verspricht, völlig wertlos für mich«, fuhr Dandamis fort. »Die Dinge, die ich schätze und für wirklich nützlich erachte, sind diese Blätter, die mir als Obdach dienen, diese blühenden Pflanzen, die mir die Nahrung geben, und das Wasser, das meinen Durst stillt. Alle anderen Güter hingegen, die man so mühsam und gierig zusammenrafft, bringen dem Besitzer nur Verderben und sind zumeist Ursache von Kummer und Verdruß, unter denen der armselige Sterbliche in der Regel leidet. Was mich anbetrifft, so ruhe ich auf den Blättern des Waldes, und da ich nichts zu hüten habe, kann ich meine Augen ruhig und getrost schließen; hätte ich aber etwas zu bewachen, so würde mir dadurch der Schlaf geraubt. Die Erde versorgt mich mit allem, was ich brauche – wie eine Mutter ihr Kind mit Milch nährt. Ich wandere überallhin, wo es mir gefällt, und mein Leben ist bar jeglicher Sorge.

Selbst wenn mir Alexander den Kopf abschlagen ließe, könnte er dadurch meine Seele nicht zerstören. Mein Kopf wird dann allein sein, stumm, und meinen Körper gleich einem zerrissenen Gewand auf der Erde zurücklassen, aus der er einst entnommen wurde. Ich aber werde mich in Geist verwandeln und zu meinem Gott aufsteigen, der uns in unsere stofflichen Hüllen kleidete und auf die Erde sandte, um zu prüfen, ob wir Seine Gesetze hier auf Erden befolgen. Und wenn wir von hier scheiden, müssen wir Ihm Rechenschaft über unser Leben geben; denn Er ist der alleinige Richter aller selbstsüchtigen Verfehlungen; auf das Stöhnen der Unterdrückten wird sodann unweigerlich die Bestrafung des Unterdrückers folgen.

Mag Alexander all jene mit seinen Drohungen schrecken, die nach Reichtum trachten und den Tod fürchten; gegen uns sind seine Waffen wirkungslos. Wir Brahmanen lieben weder das Gold, noch fürchten wir den Tod. Geht also und sagt zu Alexander: Dandamis braucht nichts von

---

* Weder Alexander noch irgendeinem seiner Generäle ist es je gelungen, den Ganges zu überqueren. Als die mazedonische Armee im Nordwesten Indiens auf hartnäckigen Widerstand stieß, meuterten die Soldaten und weigerten sich, weiter vorzudringen. So mußte Alexander Indien verlassen und seine Eroberungszüge nach Persien verlagern.

dem, was Euer ist, und wird daher nicht zu Euch kommen. Wenn Ihr dagegen etwas von Dandamis wollt, so kommt zu ihm.«

Alexander hörte aufmerksam zu, als ihm Onesikritos diese Botschaft überbrachte; er »war begieriger denn je, Dandamis zu begegnen, der – wenngleich alt und nackt – der einzige Widersacher war, in dem er – der Sieger über viele Völker – einen überlegenen Gegner gefunden hatte.«

Alexander lud auch einmal mehrere brahmanische Asketen nach Taxila ein, die wegen ihrer tiefgründigen und weisen Art, auf philosophische Fragen zu antworten, weithin bekannt waren. Plutarch berichtet über den geistreichen Wortwechsel, zu dem Alexander selbst die Fragen formuliert hatte.

»Wovon gibt es mehr – von den Lebenden oder den Toten?«

»Von den Lebenden, denn Tote gibt es nicht.«

»Was bringt größere Tiefe hervor, das Meer oder das Land?«

»Das Land, denn das Meer ist nur ein Teil des Landes.«

»Welches ist das klügste unter den Tieren?«

»Das Tier, das der Mensch noch nicht kennt.« (Der Mensch fürchtet das Unbekannte.)

»Was war zuerst da, der Tag oder die Nacht?«

»Der Tag kam um einen Tag früher.« Diese Antwort schien Alexander sichtlich zu verblüffen, woraufhin der Brahmane hinzufügte: »Unmögliche Fragen verlangen unmögliche Antworten.«

»Wie kann ein Mensch die Liebe der anderen erringen?«

»Der Mensch wird dann geliebt, wenn er anderen ungeachtet seiner großen Macht keine Furcht einflößt.«

»Wie kann der Mensch zu einem Gott werden?«*

»Indem er das tut, was kein Mensch tun kann.«

»Was ist stärker, das Leben oder der Tod?«

»Das Leben, weil es soviel Böses erträgt.«

Es gelang Alexander, in Indien einen echten Yoga-Lehrer zu finden, der auf dem Rückweg mit ihm ging. Es war Swami Sphines, von den Griechen »Kalanos« genannt, weil er Gott in der Gestalt von Kali verehrte und jeden grüßte, indem er den Namen der Schutzpatronin aussprach.

Kalanos begleitete Alexander bis nach Persien. An dem von ihm vorausgesagten Tage gab Kalanos in der persischen Stadt Susa seinen gealterten

---

* Aus dieser Frage können wir schließen, daß der »Sohn des Zeus« gelegentlich selbst an seiner Vollkommenheit zweifelte.

Körper auf, indem er vor den Augen der ganzen mazedonischen Armee einen Scheiterhaufen bestieg. Die Geschichtsschreiber berichten von dem Erstaunen der Soldaten, die mit eigenen Augen sahen, daß der Yogi weder den Schmerz noch den Tod fürchtete. Während er von den Flammen verzehrt wurde, blieb er in der einmal eingenommenen Position sitzen, ohne sich auch nur ein einziges Mal zu rühren. Bevor Kalanos zu seiner Verbrennung schritt, hatte er all seine Vertrauten und Freunde umarmt; von Alexander jedoch hatte der Weise keinen Abschied genommen, sondern ihm gegenüber nur bemerkt:

»Wir werden uns bald in Babylon wiedersehen.«

Alexander verließ Persien und starb ein Jahr später in Babylon. Der indische Guru hatte ihm durch seine prophetischen Worte zu verstehen geben wollen, daß er sowohl im Leben als auch im Tod an seiner Seite weilen werde.

Den griechischen Historikern verdanken wir viele lebhafte und eindrucksvolle Schilderungen der indischen Gesellschaft. Die Gesetze der Hindus, so schreibt Arrian, schützen das Volk und »verordnen, daß es niemals Sklaven unter ihnen geben dürfe, sondern daß ein jeder, der selbst in Freiheit lebt, allen anderen Menschen dasselbe Recht zugestehen müsse. Wer gelernt hat, weder andere zu dominieren noch vor anderen zu Kreuze zu kriechen, so glaubte man, würde in seinem Leben am besten mit den Launen des Schicksals fertig werden.«*

»Die Inder«, heißt es in einem anderen Text, »treiben weder Zinswucher, noch sind sie mit dem Ausleihen von Geld vertraut. Es widerspricht ihren Gepflogenheiten, Unrecht zu tun oder zu erleiden. Darum schließen sie keine Verträge ab und verlangen auch keine Bürgschaften.«

Die Heilung von Krankheiten erfolgte durch einfache und natürliche Mittel, so wird berichtet. »Heilung wird vor allem durch Verordnung einer besonderen Diät und weniger durch Medikamente bewirkt. Bevorzugte Heilmittel sind Salben und Pflaster. Alle anderen werden als grundsätzlich schädlich betrachtet.«

Kriegerische Auseinandersetzungen waren den *Kashatriyas* – der Kaste der Krieger – vorbehalten. »Nie würde ein Feind einem Bauern, den er auf seinem Feld arbeiten sieht, irgendein Leid zufügen. Denn die Angehörigen dieses Standes gelten als öffentliche Wohltäter und werden vor

---

*   Alle griechischen Beobachter berichten, daß es keine Sklaven in Indien gab –
     ein absoluter Gegensatz zur Struktur der hellenischen Gesellschaft.

Schaden jeglicher Art bewahrt. Auf diese Weise bleibt das Land unverwüstet und bringt reichen Ertrag, so daß die Bevölkerung mit allem versorgt wird, was sie braucht, um sich des Lebens zu erfreuen.*
Kaiser Chandragupta, der 305 v. Chr. Alexanders General Seleukos geschlagen hatte, entschloß sich sieben Jahre nach dieser entscheidenden Schlacht, seinem Sohn die Regierungsgeschäfte des Landes zu übertragen. Er selbst ging nach Südindien, um dort die letzten zwölf Jahre seines Lebens in völliger Armut als Asket zu verbringen. In einer Felsenhöhle bei Sravanabelagola, die im heutigen Mysore als Heiligtum verehrt wird, suchte er nach Selbstverwirklichung. Unweit der Höhle befindet sich auch das größte Standbild der Welt, das von den Jainas im Jahre 983 n. Chr. zu Ehren des heiligen Comateswara aus einem einzigen riesigen Felsblock gehauen wurde.
Die vielen heiligen Schreine, denen man in Mysore auf Schritt und Tritt begegnet, erinnern uns ständig an die großen Weisen Südindiens. Einer dieser Meister – Thayumanavar – hat uns folgendes Gedicht hinterlassen:

> Du magst wild gewordne Elefanten zähmen,
> des Bären und des Tigers Rachen schließen,
> auf einem Löwen reiten
> und mit einer Kobra spielen;
> du magst durch Alchimie dein Brot erwerben,
> das Universum unerkannt durchwandern,
> die Götter dir zu Sklaven machen,
> ewig jung erscheinen;
> magst übers Wasser wandeln und im Feuer nicht verenden;
> doch besser und weit schwerer ist es,
> die eigenen Gedanken zu beherrschen.

In der schönen und fruchtbaren Landschaft des Staates Travancore im südlichsten Teil Indiens, wo Flüsse und Kanäle als Verkehrswege dienen, muß der regierende Maharadscha jedes Jahr eine Erbverpflichtung erfüllen, um jene Schuld zu sühnen, die das Land durch längst vergangene

---

* In seinem Buch *Creative India* vermittelt Prof. Benoy Kumar Sarkar ein anschauliches Bild von den Errungenschaften des alten und neuzeitlichen Indiens, von seiner Wirtschaft, den politischen Strukturen, der Literatur, Kunst und Sozialphilosophie (Lahore, Motilal Banarsi Dass, 1937).

Kriege und Annexionen kleinerer Länder auf sich geladen hat. Alljährlich besucht der Maharadscha an 56 Tagen dreimal täglich den Tempel, um Hymnen und Rezitationen aus den Veden zu hören; die Sühnezeremonie endet mit dem *Lakshadipam* oder der Illumination des Tempels mit hunderttausend Lichtern.

Der große hinduistische Gesetzgeber Manu* hat die Pflichten eines Königs wie folgt umrissen: »Er sollte wie *Indra* (Herr der Götter) nach allen Seiten segensreiche Gaben verteilen; Steuern auf so gütige und unauffällige Weise eintreiben, wie die Sonne das Wasser verdunsten und den Dampf zu sich aufsteigen läßt; in das Leben seiner Untertanen eingreifen wie der Wind, der überall hinweht; allen gleiche Gerechtigkeit zuteil werden lassen wie *Yama* (Gott des Todes); eine Schlinge um all diejenigen legen, die gegen die Gesetze Gottes verstoßen, wie *Varuna* (vedische Gottheit von Himmel und Wind); er sollte allen zu Gefallen sein wie der Mond, böse Feinde vernichten wie der Gott des Feuers und alle unterstützen wie die göttliche Mutter Erde.

Im Krieg sollte ein König weder mit Gift oder grausamen Waffen kämpfen noch gegen Schwache und Ahnungslose oder gar Wehrlose antreten; auch nicht gegen solche, die sich fürchten und um Schutz flehen oder weglaufen. Krieg sollte wirklich der allerletzte Ausweg aller Dinge sein. Die Früchte einer kriegerischen Auseinandersetzung sind stets zweifelhaft.«

In der Präsidentschaft Madras an der Südostküste Indiens liegt die ausgedehnte, meerumschlungene Stadt Madras und das goldene Conjeeveram, die Residenzstadt der Pallava-Dynastie, deren Könige während der ersten Jahrhunderte der christlichen Ära regierten. Mahatma Gandhis Ideale der Gewaltlosigkeit haben im modernen Leben der Präsidentschaft Madras festen Fuß gefaßt; überall trifft man auf die weißen »Gan-

---

* Manu ist der universale Gesetzgeber – nicht nur für Indien, sondern für die ganze Welt. Alle großen Sozial- und auch Rechtssysteme gehen auf Manu zurück. Nietzsche hat Manus Werk mit folgenden Worten gewürdigt: »Ich kenne kein Buch, in dem Frauen soviel Zartes und Freundliches gesagt wird wie in dem *Gesetzbuch des Manu*; diese alten Graubärte und Heiligen sind den Frauen gegenüber auf eine Art und Weise zuvorkommend, die sich kaum mehr übertreffen läßt … ein unvergleichlich geistvolles und überragendes Werk … voll edler Werte, das Vollkommenheit atmet, uneingeschränkt Ja zum Leben sagt und einem überwältigenden Gefühl der Zufriedenheit mit sich selbst und mit dem Leben Ausdruck verleiht; das ganze Buch ist von der Sonne geküßt.«

dhi-Kappen«. Besonders im Süden hat der Mahatma viele bedeutende Tempelreformen zugunsten der »Unberührbaren« durchgeführt und das Kastensystem insgesamt erneuert.

Das Kastensystem, so wie es ursprünglich von dem großen Gesetzgeber *Manu* eingeführt wurde, war durchaus bewundernswert. *Manu* hatte klar erkannt, daß die Menschen aufgrund ihrer unterschiedlichen natürlichen Entwicklungsstufen in vier große Klassen gegliedert werden können: 1. jene, die durch ihre körperliche Arbeit der Gesellschaft dienen *(Sudras)*; 2. jene, die durch ihren Intellekt, ihre Kunstfertigkeit, durch Landwirtschaft, Handel, Gewerbe und Geschäftätigkeit im allgemeinen der Gesellschaft zu Diensten sind *(Vaisyas)*; 3. jene, die ihre Talente für Zwecke der Verwaltung, der Exekutive sowie des Schutzes zur Verfügung stellen – Herrscher und Krieger *(Kshatriyas)*; 4. jene, die ihrer kontemplativen und spirituellen Ausrichtung folgen – alle geistig Inspirierten und Inspirierenden *(Brahmins)*. »Weder Geburt noch Sakramente, noch Studium, noch Abstammung können bestimmen, ob ein Mensch zweimal geboren – also ein *Brahmin* ist«, heißt es im *Mahabharata*, »einzig der Charakter und der Lebenswandel sind entscheidend.«*

Manu lehrte, daß die Gesellschaft jenen unter ihren Mitgliedern besondere Achtung schuldig sei, die sich durch Weisheit und Tugend auszeichnen, die alt sind oder zum Kreis der Verwandtschaft gehören, sowie

---

* »Die Zugehörigkeit zu einer dieser vier Kasten hing ursprünglich nicht von der Herkunft eines Menschen, sondern von seinen natürlichen Fähigkeiten ab, wie sie am jeweiligen Lebensziel des einzelnen abzulesen waren«, so heißt es in einem Artikel der Zeitschrift *East-West* vom Januar 1935. »Dieses Ziel könnte lauten: 1. *Kama* oder Begierde, also ein Leben unter der Herrschaft der Sinne (*Sudra*-Stand); 2. *Artha* oder Gewinn, also Erfüllung, aber gleichzeitig auch Bezähmung der Wünsche (*Vaisya*-Stand); 3. *Dharma* oder Selbstbeherrschung, also ein Leben in Verantwortung und richtigem Handeln (*Kshatriya*-Stand); 4. *Moksha* oder Befreiung, also ein der Spiritualität und religiösen Unterweisung gewidmetes Leben (*Brahmin*-Stand). Diese vier Kasten dienen der Menschheit 1. durch den Körper, 2. durch den Verstand, 3. durch die Willenskraft und 4. durch den Geist.

Die vier genannten Stände finden ihre Entsprechung in den ewigen *Gunas* oder Grundeigenschaften der Natur: *Tamas, Rajas* und *Sattva*; das heißt Trägheit, Tätigkeit und Ausdehnung – oder Masse, Energie und Intelligenz. Die vier natürlichen Kasten lassen sich als *Gunas* wie folgt klassifizieren: 1. *Tamas* (Unwissenheit), 2. *Tamas-Rajas* (Verbindung von Unwissenheit und Tätigkeit). 3. *Rajas-Sattva* (Verbindung von richtiger Tätigkeit und Erleuchtung) und 4. *Sattva* (Erleuchtung). So hat die Natur jeden Menschen für seine Kaste präde-

zuletzt auch jenen, die es zu Wohlstand gebracht haben. Im vedischen Indien galt Reichtum, der aus selbstsüchtigen Beweggründen heraus zusammengerafft und nicht zu wohltätigen Zwecken zur Verfügung gestellt wurde, als etwas Verachtenswertes. Geizigen Menschen mit großem Besitz kam ein sehr niedriger gesellschaftlicher Rang zu.

Großes Unrecht entstand jedoch, als das Kastensystem im Laufe der Jahrhunderte verkrustete und die Kasten erblich wurden. Sozialreformer wie Gandhi und Mitglieder zahlreicher indischer Organisationen arbeiten langsam, aber sicher darauf hin, die alten Werte des Kastensystems wieder einzuführen, die sich ausschließlich nach den natürlichen Fähigkeiten eines Menschen und nicht nach seiner Abstammung richten. Jedes Volk auf dieser Erde trägt sein eigenes leidverursachendes Karma, mit dem es sich auseinandersetzen muß, um es abzutragen. Auch Indien mit seinem vielseitigen und unverwundbaren Geist wird sich der Herausforderung der Kastenreform als durchaus gewachsen erweisen.

Südindien ist so idyllisch und bezaubernd, daß Mr. Wright und ich unseren Aufenthalt gern verlängert hätten. Doch die Zeit schritt unbarmherzig voran und gewährte uns keinen Aufschub. Ich mußte nach Kalkutta zurück, um auf der Abschlußsitzung des indischen Philosophiekongresses einen Vortrag zu halten. An einem der letzten Tage unseres Aufenthaltes in Mysore hatte ich zu meiner Freude noch Gelegenheit zu

---

stiniert, je nachdem welches *Guna* bzw. welche Verbindung zweier *Gunas* bei ihm vorliegt. Selbstverständlich vereint jeder Mensch alle drei *Gunas* in sich, nur in jeweils unterschiedlicher Zusammensetzung. Ein Guru ist immer in der Lage, einen Menschen der für ihn passenden Kaste oder Entwicklungsstufe zuzuordnen.

Bei allen Rassen und Nationen herrscht praktisch eine Art Kastensystem vor, wenn auch oftmals ohne entsprechende theoretische Verankerung. Wo große Zügellosigkeit oder sogenannte Freiheit herrscht, besonders wenn es zu einer Vermischung der von Natur aus extrem gegensätzlichen Kasten kommt, findet ein Verfall und schließlich das Aussterben eines Volkes statt. Die *Purana Samhita* vergleicht die Nachkommen solcher »Mischehen« mit unfruchtbaren Hybriden, die gleich dem Maultier nicht in der Lage sind, sich fortzupflanzen. Alle künstlichen Spezies sterben letztendlich aus. Die Geschichte bietet genügend Beispiele hierfür, denn von vielen großen Völkern gibt es heute keinen einzigen lebenden Vertreter mehr. Indiens große Denker betrachten das Kastensystem ihres Landes als ein Mittel zur Eindämmung bzw. Vorbeugung gegen jede Art von Zügellosigkeit, das dafür gesorgt hat, daß sich das Volk trotz aller äußeren Einflüsse seit Jahrtausenden rein erhalten hat, während viele anderen alten Völker völlig in Vergessenheit geraten sind.«

einem Gespräch mit dem Präsidenten der indischen Akademie der Wissenschaften, Sir C. V. Raman. Dieser faszinierende hinduistische Physiker hat im Jahre 1930 den Nobelpreis für seine wichtige Entdeckung auf dem Gebiet der Lichtstreuung erhalten, den »Raman-Effekt«, den heute jeder Schüler kennt.

Schweren Herzens machten Mr. Wright und ich uns von Madras aus auf den Weg gen Norden; eine große Menge von Studenten und Freunden hatte uns zum Abschied nachgewinkt. Unterwegs besuchten wir einen kleinen Schrein, der im Gedenken an Sadasiva Brahman* errichtet wurde. Das Leben dieses Heiligen aus dem 18. Jahrhundert ist überreich an Wundern. Der Raja von Pudukkottai ließ einen noch größeren Sadasiva-Schrein in Nerur errichten; hier an diesem Wallfahrtsort fanden viele göttliche Heilungen statt.

Noch heute erzählt man sich in den südindischen Dörfern so manche seltsame Geschichte über den gütigen, erleuchteten Meister Sadasiva. Als dieser eines Tages im *Samadhi* versunken am Ufer des Kaveri-Flusses saß, wurde er Augenzeugenberichten zufolge von einer plötzlich hereinbrechenden Flutwelle fortgerissen. Wochen später fand man ihn tief unter einem Erdhaufen begraben. Als einer der Dorfbewohner beim Graben mit seiner Schaufel auf seinen Körper stieß, erhob sich der Heilige und schritt wortlos von dannen.

Sadasiva sprach nie ein Wort und trug kein Lendentuch. Eines Morgens trat der nackte Yogi ohne Umschweife in das Zelt eines kriegerischen mohammedanischen Stammesoberhauptes. Die Frauen schrien entsetzt auf; da hieb ihm der Krieger mit seinem Schwert den Arm ab. Der Meister wandte sich unbekümmert zum Gehen. Von Reue überwältigt, hob der Mohammedaner den Arm vom Boden auf und folgte Sadasiva. Der Yogi fügte seinen Arm gelassen wieder an den blutenden Stumpf an. Als der Krieger demütig um geistige Unterweisung bat, schrieb Sadasiva mit dem Finger in den Sand:

»Tu nicht, was du willst, dann kannst du tun, was du magst.«

Der in einen höheren Bewußtseinszustand versetzte Mohammedaner

---

*   Sein vollständiger Titel lautete Sri Sadasivendra Saraswati Swami. Der Jagadguru Sri Shankaracharya vom Sringeri-Math, der illustre Nachfolger in der offiziellen Shankara-Linie, hat Sadasiva eine begeisterte Ode gewidmet. Die Zeitschrift *East-West* enthält in ihrer Ausgabe vom Juli 1942 einen Artikel über Sadasivas Leben.

verstand den paradoxen Rat, daß man die Freiheit der Seele durch die Beherrschung des Egos erreicht.

In Sadasivas Gegenwart äußerten einmal mehrere Dorfkinder den Wunsch, das religiöse Fest in dem etwa 240 Kilometer entfernten Ort Madura besuchen zu dürfen. Da bedeutete der Yogi den Kleinen durch eine Geste, daß sie seinen Körper berühren sollten; und siehe da! – Augenblicklich war die ganze Schar nach Madura versetzt! Glücklich wanderten die Kinder unter den Tausenden von Pilgern umher und wurden nach einigen Stunden von dem Yogi auf dieselbe einfache Beförderungsart nach Hause zurückgebracht. Erstaunt hörten sich die Eltern die begeisterten Berichte der Kinder an, wie sie über die Bilderprozession in Madura sprachen und Tüten mit Madura-Konfekt in Händen hielten.

Ein junger Bursche mochte die Geschichte jedoch nicht glauben und machte sich über den Heiligen lustig. Am darauffolgenden Morgen ging er zu Sadasiva und meinte spöttisch:

»Meister, warum bringt Ihr mich nicht auf dieselbe Weise zum Fest, wie Ihr es gestern mit den anderen Kindern getan habt?«

Sadasiva erfüllte ihm den Wunsch, und sogleich fand sich der Junge inmitten der Menschenmenge der fernen Großstadt wieder. Aber o je! – Wo war der Yogi, als der Junge wieder nach Hause wollte? Am Ende blieb ihm nichts anderes übrig, als sich auf einen langen, beschwerlichen Fußmarsch zu machen; völlig erschöpft kam er zu Hause an.

Kapitel 42

Die letzten Tage mit meinem Guru

Guruji, wie bin ich froh, Euch heute morgen allein anzutreffen!«
Gerade war ich nach Serampore zurückgekehrt und hatte für meinen
Guru einen Korb voll duftender Rosen und Früchte mitgebracht. Sri
Yukteswar sah mich liebevoll an.

»Was hast du auf dem Herzen?« fragte er und blickte sich im Zimmer um,
als suche er nach einer Möglichkeit, mir entrinnen zu können.

»Guruji, als ich das erstemal zu Euch kam, war ich noch auf der Schule;
mittlerweile bin ich erwachsen geworden und habe sogar schon einige
graue Haare. Doch obgleich Ihr mich vom ersten Augenblick an mit
Eurer stillen Zuneigung überschüttet habt, so habt Ihr mir doch nur
einmal – nämlich am Tag unserer ersten Begegnung – gesagt: ›Ich liebe
dich.‹« Flehend blickte ich meinen Guru an.

Der Meister schlug die Augen nieder. »Yogananda, soll ich die glühenden
Gefühle in meinem Inneren, die am besten still im Herzen aufgehoben
sind, wirklich in kalte Worte kleiden?«

»Guruji, ich weiß, daß Ihr mich liebt; doch der sterbliche Teil von mir
dürstet danach, es aus Eurem Munde zu hören.«

»Es sei, wie du wünschst. Während meiner Ehejahre habe ich mich oft
nach einem Sohn gesehnt, den ich in die Kunst des Yoga einweihen
könnte. Als du in mein Leben tratst, wurde mir dieser Wunsch erfüllt;
denn in dir habe ich meinen Sohn gefunden.« Sri Yukteswars Augen
füllten sich mit Tränen. »Yogananda, ich werde dich immer lieben.«

»Eure Antwort öffnet mir das Tor zum Himmel«, sagte ich, und mir war,
als sei mir eine schwere Last vom Herzen genommen. Ich hatte mir oft
Gedanken darüber gemacht, daß er so wenig über seine Gefühle sprach.
Zwar wußte ich um Sri Yukteswars zurückhaltende, schweigsame Art,
doch insgeheim hatte ich immer wieder befürchtet, ihn nicht ganz zufrie-
dengestellt zu haben. Er war von solch ungewöhnlicher Wesensart, daß
man ihn nie ganz zu erfassen vermochte; er war still und tiefgründig und
blieb ein Geheimnis für die äußere Welt, deren Maßstäbe er längst hinter
sich gelassen hatte.

Einige Tage später sprach ich vor einer großen Versammlung in der

Albert Hall in Kalkutta. Sri Yukteswar willigte ein, mit mir neben dem
Maharadscha von Santosh und dem Bürgermeister von Kalkutta auf der
Tribüne zu sitzen. Obgleich der Meister mir gegenüber nichts derglei-
chen sagte, hatte ich den Eindruck, daß er zufrieden mit mir war, denn
jedesmal, wenn ich ihn während meiner Rede ansah, blinzelte er mir
freundlich zu.

Kurze Zeit später hielt ich eine Ansprache vor ehemaligen Studenten des
Serampore College. Wie ich so meinen alten Kommilitonen gegenüberstand und sie in mir den »verrückten Mönch« wiedererkannten, waren
wir allesamt zu Tränen gerührt. Dr. Ghoshal, mein scharfzüngiger Philo-
sophieprofessor, trat vor, um mich zu begrüßen; die Zeit hatte all unsere
einstigen Probleme in nichts aufgelöst.

Ende Dezember feierten wir in der Einsiedelei von Serampore die Win-
tersonnenwende. Wie in jedem Jahr reisten auch diesmal Sri Yukteswars
Schüler aus allen Teilen des Landes an. Andächtige *Sankirtans*, der
bezaubernde Sologesang von Kristo-da, ein Festmahl, das von den jüngeren Schülern serviert wurde, die ergreifende Rede des Meisters unter
dem Sternenhimmel im dicht gefüllten Hof des Ashrams: Wie viele
Erinnerungen wurden an diesem Tag in mir wachgerufen! Zahlreiche
fröhliche Feste der Vergangenheit tauchten vor meinem inneren Auge
auf. An jenem Abend jedoch geschah etwas völlig Unerwartetes.

»Yogananda«, sagte der Meister und zwinkerte mir freundlich zu, »halte
jetzt bitte eine Ansprache – auf englisch.« Diese Aufforderung war in
doppelter Hinsicht ungewöhnlich. Ob er wohl an jene inneren Qualen
dachte, die ich ausgestanden hatte, als ich an Bord des Schiffes nach
Amerika meinen ersten englischen Vortrag halten mußte? Ich erzählte
meinen Mitbrüdern von diesem Erlebnis und endete mit einer glühenden
Lobrede auf unseren Guru.

»Nicht nur damals auf dem Ozeandampfer habe ich seine allgegenwärtige
Führung gespürt«, sagte ich abschließend. »Er war bei mir Tag für Tag
während der ganzen fünfzehn Jahre, die ich in dem großen und gast-
freundlichen Amerika verbracht habe.«

Nachdem die letzten Gäste gegangen waren, rief Sri Yukteswar mich in
sein Schlafzimmer; es war derselbe Raum, in dem ich – nur einmal, nach
einem ähnlichen Fest – sein hölzernes Bett hatte mit ihm teilen dürfen.
Heute abend saß mein Guru dort in Schweigen vertieft, umringt von
einigen seiner Schüler, die sich im Halbkreis zu seinen Füßen niedergelassen hatten.

»Yogananda, fährst du jetzt nach Kalkutta zurück? Dann komm bitte morgen wieder. Es gibt einiges, was ich dir sagen muß.«

Am darauffolgenden Nachmittag verlieh mir Sri Yukteswar mit ein paar einfachen Segensworten den religiösen Titel eines *Paramhansa**.

»Dieser Titel ersetzt von nun an deinen früheren Titel eines *Swamis*«, sagte er, als ich vor ihm niederkniete. Ich lachte innerlich bei dem Gedanken daran, wie sich meine amerikanischen Schüler an dem Wort »*Paramhansaji*«** die Zunge zerbrechen würden.

»Mein Werk auf Erden ist nun beendet, und du mußt es weiterführen«, fuhr der Meister dann fort und sah mich dabei ruhig und liebevoll an. Da begann mein Herz heftig zu schlagen.

»Bitte schicke jemanden nach Puri, der dort die Verwaltung des Ashrams übernehmen kann«, fügte Sri Yukteswar hinzu. »Ich lege alles in deine Hände. Du wirst das Schiff deines Lebens und das unserer Organisation sicher zu den göttlichen Ufern steuern.«

Mit Tränen in den Augen fiel ich vor ihm nieder und umklammerte seine Füße. Da erhob er sich und segnete mich liebevoll.

Am folgenden Tag berief ich einen meiner Schüler, Swami Sebananda, aus Ranchi ab und übertrug ihm die Leitung der Einsiedelei in Puri***. Später besprach mein Guru mit mir noch die juristischen Einzelheiten zur Regelung seiner Hinterlassenschaft. Es lag ihm sehr daran zu verhindern, daß seine Verwandten nach seinem Tod einen Prozeß einleiteten, um sich seiner beiden Einsiedeleien und anderer Besitzungen zu bemächtigen, die er ausschließlich karitativen Zwecken zur Verfügung stellen wollte.

»Vor kurzem wollte der Meister nach Kidderpore**** fahren, und wir

* Wörtlich: *Param* = höchster, *Hansa* = Schwan. Der Schwan oder *Hansa* erscheint in der indischen Mythologie als das Vehikel des höchsten Schöpfergottes Brahma. Dem weißen *Hansa* wird die Fähigkeit zugesprochen, aus einer Mischung von Milch und Wasser das wahre *Soma*, den Nektar, herauszuziehen. *Ham-Sa* [sprich *Hang:ßa*] sind heilige Sanskritsilben, deren Schwingungen in der gechanteten Form dem ein- und ausgehenden Atem entsprechen. *Aham-Sa* heißt wörtlich: »Ich bin Er.«

** Sie umgingen diese Schwierigkeit meist, indem sie mich einfach »Sir« nannten.

*** Im Ashram von Puri leitet Swami Sebananda eine kleine, gut funktionierende Knabenschule sowie Meditationsgruppen für Erwachsene. In unregelmäßigen Zeitabständen finden dort auch Zusammenkünfte von Heiligen und Pandits statt.

**** Ein Stadtteil von Kalkutta.

hatten schon alles für die Reise vorbereitet«, so erzählte mir Amulaya Babu, einer meiner Mitbrüder, eines Nachmittags. »Dann aber fuhr er doch nicht.« Bei diesen Worten befiel mich eine bange Vorahnung. Ich versuchte Sri Yukteswar zu einer Erklärung zu bewegen, aber er erwiderte nur: »Ich werde nie mehr nach Kidderpore fahren«; und einen Augenblick lang zitterte er wie ein erschrockenes Kind.

»Die Verhaftung an den menschlichen Körper, die aus dessen eigener Natur (d. h. aus uralten Wurzeln und früheren Todeserfahrungen) entspringt, findet man in geringem Grade sogar bei großen Heiligen«, schrieb Patanjali.* Wenn mein Guru über den Tod sprach, fügte er bei der Erläuterung dieser Textstelle meist noch hinzu: »Auch ein Vogel, der lange in seinem Käfig eingesperrt war und dem man plötzlich die Tür öffnet, zögert zunächst, seine vertraute Umgebung zu verlassen.«

»Guruji«, rief ich schluchzend, »sagt das nicht! Sprecht nie wieder so zu mir!«

Da entspannten sich Sri Yukteswars Züge, und er lächelte friedlich. Obgleich sein 81. Geburtstag kurz bevorstand, wirkte er ausgesprochen gesund und kräftig.

Tag für Tag sonnte ich mich in der stillen, aber um so spürbareren Liebe meines Gurus und versuchte, alle Gedanken an seinen so oft angedeuteten Heimgang aus meinem Bewußtsein zu verbannen.

»Guruji, diesen Monat findet das *Kumbha Mela* in Allahabad statt«, sagte ich und zeigte dem Meister einen bengalischen Almanach mit den Daten des Festes.**

---

* *Yoga-Sutras* II, 9.
** Die religiösen *Melas* werden bereits in dem altindischen *Mahabharata* erwähnt. Der chinesische Reisende Hieuen Tsiang hinterließ uns einen Bericht über ein großes *Kumbha Mela* im Jahre 644 n. Chr. in Allahabad. Das größte Fest wird alle zwölf Jahre gefeiert; alle sechs Jahre wird ein weiteres *Kumbha* (*Ardha Kumbha* oder »halbes Fest«) ausgerichtet. Kleinere *Melas* finden alle drei Jahre statt. Zu ihnen zieht es etwa eine Million Gläubige. Die vier heiligen *Mela*-Städte sind Allahabad, Hardwar, Nasik und Ujjain.

Frühe chinesische Reisende haben uns zahlreiche hochinteressante Einblicke in die altindische Gesellschaft hinterlassen. Der chinesische Priester Fa-Hsien schreibt in seinem Bericht über seinen elfjährigen Aufenthalt in Indien während der Regierungszeit Chandraguptas II. (frühes 4. Jahrhundert): »Im ganzen Land gibt es niemanden, der irgendein Lebewesen umbringen oder Wein trinken würde … Man hält keine Schweine oder Geflügel; es gibt keinen Viehhandel, keine Metzgerläden und keine Schnapsbrennereien. Für ortsan-

»Willst du wirklich hinfahren?«

Ich bemerkte nicht, wie sehr es Sri Yukteswar widerstrebte, mich gehen zu lassen, und so fuhr ich fort: »Einst seid Ihr auf einem *Kumbha* in Allahabad dem großen Babaji begegnet. Vielleicht habe ich dieses Mal das Glück, ihn zu sehen.«

»Ich glaube nicht, daß du ihn dort treffen wirst«, entgegnete mein Guru; dann schwieg er, denn er wollte meine Pläne nicht durchkreuzen.

Als ich mich am folgenden Tag mit einer kleinen Gruppe von Freunden auf den Weg nach Allahabad machte, segnete mich der Meister in seiner üblichen gelassenen Art. Ich war ganz offensichtlich blind für all die warnenden Hinweise, die ich von Sri Yukteswars Verhalten hätte ablesen können – wohl weil mir der Herr es ersparen wollte, hilflos dem Hinscheiden meines Gurus zusehen zu müssen. Er hat es in meinem Leben immer so gnädig eingerichtet, daß ich beim Tode geliebter Menschen weit vom Ort des Geschehens entfernt war.[*]

Ich traf mit meinen Begleitern am 23. Januar 1936 auf dem *Kumbha Mela* ein; es hatten sich fast zwei Millionen Menschen versammelt – ein eindrucksvoller, überwältigender Anblick! Es liegt in der besonderen Wesensart des indischen Volkes, daß selbst der einfachste Bauer eine angeborene Ehrfurcht vor allem Geistigen empfindet und Mönchen und *Sadhus* mit Respekt begegnet, weil sie allen irdischen Bindungen entsagt haben, um ihren Halt allein in Gott zu finden. Natürlich gibt es immer wieder Betrüger und Scheinheilige; doch Indien verehrt alle um der wenigen willen, die das Land mit ihrem segenbringenden Licht erleuchten. Reisenden aus dem Westen, die gekommen waren, um sich das unvergleichliche Schauspiel anzusehen, bot sich eine einzigartige Gelegenheit, den Pulsschlag der Nation zu fühlen – das geistige Feuer, dem Indien trotz aller Katastrophen und Schicksalsschläge seine unvergängliche Vitalität verdankt.

---

sässige und durchreisende Priester werden immer und überall im Lande Zimmer mit Bett und Matratze, Essen und Kleidung bereitgestellt. Die Priester verbringen ihre Tage mit wohltätigen Verrichtungen und der Rezitation von Liturgien; oder sie sitzen da und meditieren.« Fa-Hsien beschreibt die Inder als fröhliche, ehrliche Menschen; die Todesstrafe war unbekannt.

[*] Ich war weder beim Tode meiner Mutter noch meines älteren Bruders Ananta, meiner ältesten Schwester Roma, meines Meisters, meines Vaters und vieler mir nahestehender Schüler zugegen. (Mein Vater verstarb 1942 in Kalkutta im Alter von 89 Jahren.)

Den ersten Tag verbrachten wir nur mit Staunen. Unzählige Pilger bade-
ten im heiligen Ganges, um sich von ihren Sünden zu reinigen; brahmanische Priester zelebrierten religiöse Riten; ein Stückchen weiter des
Weges legten zahlreiche Gläubige ihre Opfergaben vor den staubigen
Füßen eines Heiligen nieder; eine kleine Drehung mit dem Kopf, und wir
sahen eine lange Reihe von Elefanten, geschmückten Pferden und langsam dahinschreitenden Rajputana-Kamelen vorüberziehen; wieder an
anderer Stelle begegnete uns eine merkwürdige Gruppe nackter *Sadhus*,
die goldene und silberne Zepter oder Flaggen und Bänder aus Seidens-
amt schwangen.

Mit nichts als einem Lendentuch bekleidet, saßen Einsiedler schweigend
in kleinen Gruppen beisammen. Sie hatten ihre Körper mit Asche be-
schmiert, um sich vor Hitze und Kälte zu schützen. Auf der Stirn trugen
sie als Symbol für das geistige Auge ein leuchtendes Mal aus Sandelholzpaste. Kahlgeschorene Swamis in ockerfarbenem Gewand mit einem
Bambusstab und einer Bettelschale in der Hand waren zu Tausenden
erschienen. Während sie umhergingen oder philosophische Diskussionen mit Schülern führten, strahlten ihre Gesichter jenen inneren Frieden
aus, der kennzeichnend für ein Leben der Entsagung ist.

Hier und da bot sich uns das malerische Bild einer Gruppe von *Sadhus**,
die unter einem Baum rings um ein riesiges Holzfeuer saßen. Sie trugen
ihr langes, geflochtenes Haar in der für sie typischen Weise auf dem Kopf
zusammengerollt; einige von ihnen hatten lockige Bärte, die ihnen bis
weit über den Bauch reichten und deren unteres Ende zu einem Knoten
geschlungen war. Sie saßen in Meditation versunken oder segneten mit
ausgestreckten Händen die vorüberziehende Menge – Bettler, Maharadschas auf Elefanten, Frauen in farbenfrohen Saris mit klingenden Arm-
und Fußreifen, Fakire, die ihre dünnen Arme grotesk in die Höhe streck-
ten, *Brahmacharis*, die Armstützen für die Meditation trugen, und demü-
tige Weise, deren feierlicher Ausdruck ihre innere Glückseligkeit widerspiegelte. Und über dem Lärm der Menge erklang ununterbrochen das
Läuten der Tempelglocken.

---

*   Die Hunderttausende von indischen *Sadhus* unterstehen der Führung eines
    aus sieben Mitgliedern bestehenden Exekutivausschusses, von denen ein
    jeder jeweils für eine der sieben Hauptprovinzen Indiens zuständig ist. Der
    jetzige *Mahamandaleswar* oder Präsident ist Joyendra Puri, ein extrem zurück-
    haltender heiliger Mann, der seine Rede oft auf ganze drei Worte beschränkt:
    Wahrheit, Liebe, Arbeit! Damit ist alles gesagt!

Die Yogini Shankari Mai Jiew, letzte lebende Schülerin des großen Trailanga Swami. Direkt neben ihr (mit Turban) sitzt Swami Benoyananda, einer der Direktoren unserer Yoga-Schule in Ranchi, Bihar. Das Bild wurde 1938 beim Kumbha Mela in Hardwar aufgenommen; die heilige Frau war damals 112 Jahre alt.

(Links) *Krishnananda 1936 beim Kumbha Mela in Allahabad mit seiner zahmen, an vegetarische Kost gewöhnten Löwin.*
(Rechts) *Unser Eßplatz auf dem Balustradengang im ersten Stock in Sri Yukteswars Einsiedelei in Serampore. Ich sitze (in der Mitte) zu Füßen meines Gurus.*

An unserem zweiten Tag auf dem *Mela* besuchten wir verschiedene Ashrams und provisorische Hütten, um einigen ehrwürdigen Persönlichkeiten unser *Pronam* zu entbieten. Unter anderem begegneten wir auch dem Oberhaupt des *Giri*-Zweiges unseres Swami-Ordens, einem schmalen, asketischen Mönch mit vor Heiterkeit sprühenden Augen. Als nächstes besuchten wir eine Einsiedelei, deren Guru sich in den vergangenen neun Jahren streng an sein Schweigegelübde gehalten und sich ausschließlich von Früchten ernährt hatte. In der Empfangshalle des Ashrams saß auf einem Podium ein blinder *Sadhu* namens Pragla Chakshu, der als hervorragender Kenner der *Shastras* galt und so von Gläubigen aller Richtungen besonders geschätzt wurde.

Nachdem ich eine kurze Ansprache in Hindi über den *Vedanta* gehalten hatte, verließen wir die friedliche Stille der Einsiedelei, um ganz in der Nähe einen Swami namens Krishnananda zu begrüßen. Er war von anziehender Erscheinung mit frischer Gesichtsfarbe und breiten Schultern. Neben ihm lag eine zahme Löwin. Dieses Tier des Dschungels hatte der Mönch kraft seines Geistes – und sicherlich nicht durch körperliche Stärke – dazu gebracht, alle Fleischnahrung zu verweigern und sich ausschließlich von Reis und Milch zu ernähren. Der Swami hatte die Löwin mit ihrem gelbbraunen Fell außerdem gelehrt, in einem tiefen, wohllautenden Brummen den Laut *OM* hervorzubringen – welch fromme Katze!

Als nächstes begegneten wir einem gelehrten jungen Sadhu; unser Gespräch hat Mr. Wright mit trefflichen Worten in seinem Reisetagebuch notiert:

»Auf einer knarrenden Pontonbrücke überquerten wir mit unserem Ford den Ganges, der zu dieser Zeit gerade Niedrigwasser führte; dann schlängelten wir uns im Schneckentempo durch die engen, überfüllten Gassen hindurch. Yoganandaji zeigte mir jene Stelle am Flußufer, wo Sri Yukteswar Babaji begegnet war. Kurz darauf stiegen wir aus dem Wagen aus und gingen ein gutes Stück des Weges zu Fuß. Der Boden war ziemlich schlüpfrig, und von den Lagerfeuern der *Sadhus* stieg ein immer dicker werdender Rauch empor. Schließlich erreichten wir eine Siedlung aus äußerst bescheidenen Lehm- und Strohhütten. Vor einer dieser behelfsmäßigen Wohnhütten, die einen winzigen Eingang ohne Tür hatte, blieben wir stehen. Es war die Unterkunft von Kara Patri, einem jungen, umherwandernden *Sadhu*, der für seine außergewöhnliche Intelligenz bekannt war. Wir fanden ihn mit gekreuzten Beinen auf einem Bündel Stroh sitzen. Sein einziges Gewand – und wohl auch seine einzige Habe – war ein ockerfarbenes Tuch, das er sich um die Schultern geschlungen hatte.

Ein wahrhaft göttliches Antlitz lächelte uns entgegen, als wir auf allen vieren in die Hütte gekrochen waren und ihm zu Füßen unser *Pronam* entboten hatten. Eine flackernde Kerosinlampe am Eingang warf geisterhafte Schatten auf die mit Stroh bekleideten Wände. Vom Antlitz des *Sadhus* – vor allem seinen Augen und seinen makellosen Zähnen – ging ein unverkennbares Leuchten aus. Er sprach Hindi, und so konnte ich seine Worte nicht verstehen; doch seine Ausstrahlung sagte mir mehr als alle Worte. Er war voller Gottesbegeisterung, Liebe und spirituellem Glück.

Man stelle sich vor, welch sorgloses Leben ein Mensch führt, der frei ist von materiellen Bindungen an diese Welt: Er braucht sich keine Gedanken mehr um seine Kleidung zu machen, verlangt nicht nach aufwendigen Speisen, muß nicht betteln, nimmt nur jeden zweiten Tag gekochte Nahrung zu sich, braucht nie eine Bettelschale zu tragen, ist völlig frei von finanziellen Sorgen, ja hat niemals etwas mit Geld zu tun, häuft keine Besitztümer an und vertraut stets auf Gott; er macht sich keine Gedanken über Verkehrsverbindungen, steigt niemals in ein Fahrzeug ein, sondern wandert stets am Ufer heiliger Flüsse entlang und bleibt nie länger als eine Woche an einem Ort, um jede innere Bindung zu vermeiden.

Welch anspruchslose Seele! Dabei kennt er sich außerordentlich gut in den Veden aus und trägt den Titel eines M.A. sowie eines *Shastri* (eines Meisters der heiligen Schriften) der Universität von Benares. Ein erhabenes Gefühl überkam mich, als ich mich zu seinen Füßen niederließ. Mir war, als würde hier mein Wunsch, das wahre, alte Indien kennenzulernen, in Erfüllung gehen; denn er ist ein würdiger Vertreter dieses Landes der Heiligen und geistigen Größen.«

Ich befragte Kara Patri nach seinem Wanderleben. »Habt Ihr keine besondere Kleidung für den Winter?«

»Nein, das hier ist genug.«

»Besitzt Ihr keine Bücher?«

»Nein, wer etwas von mir lernen will, den unterweise ich aus dem Gedächtnis.«

»Und was tut Ihr sonst?«

»Ich wandere am Ganges entlang.«

Bei diesen schlichten Worten überkam mich eine unaussprechliche Sehnsucht, selbst ein so einfaches Leben zu führen; ich dachte an Amerika und an die große Verantwortung, die auf meinen Schultern lastete.

»Nein, Yogananda«, sagte ich mir selbst nach kurzem Nachdenken, »in diesem Leben ist es dir nicht beschieden, deine Tage an den Ufern des Ganges zu verbringen.«

Nachdem mir der *Sadhu* von verschiedenen seiner spirituellen Erkenntnisse berichtet hatte, stellte ich ihm unvermittelt eine weitere Frage:

»Bezieht Ihr Eure Lehren aus den heiligen Schriften oder aus innerer Erfahrung?«

»Zum einen Teil aus Büchern und zum anderen Teil aus Erfahrung«, erwiderte er mit aufrichtigem Lächeln.

Wir saßen noch eine Weile in meditativer Stille beisammen. Als wir Abschied von dem Heiligen genommen hatten, sagte ich zu Mr. Wright: »Er ist ein König auf einem Thron aus goldenem Stroh.«

An jenem Abend nahmen wir unser Nachtmahl auf dem Gelände des *Mela* unter dem freien Sternenhimmel ein; das Essen wurde auf Blättertellern serviert, die mit Stöckchen zusammengeheftet waren. Das Geschirrspülen wird in Indien auf ein Minimum beschränkt!

Noch zwei weitere Tage verbrachten wir auf dem faszinierenden *Mela*; dann ging es in nordwestlicher Richtung am Ufer des Jumna entlang nach Agra. Erneut blickte ich auf das Taj Mahal, und im Geiste stand Jitendra neben mir, wie damals, als er voll Staunen dieses Traumgebilde aus Marmor betrachtet hatte. Dann fuhren wir weiter nach Brindaban zum Ashram Swami Keshabanandas.

Mein Besuch bei Keshabananda war mit der Entstehung dieses Buches verknüpft. Ich hatte nie Sri Yukteswars Auftrag vergessen, das Leben Lahiri Mahasayas niederzuschreiben. Während meines Aufenthaltes in Indien nahm ich daher jede Gelegenheit wahr, die direkten Schüler und Familienangehörigen des *Yogavatars* aufzusuchen; ich machte mir genaue Aufzeichnungen über alles, was ich erfuhr, prüfte die genannten Daten und Fakten und sammelte Fotos, alte Briefe und Dokumente. Die Mappe mit den Unterlagen über Lahiri Mahasaya wurde immer dicker. Mit einiger Besorgnis erkannte ich auch, welch mühselige Arbeit mir als Autor bevorstand, und so betete ich darum, meiner Aufgabe als Biograph dieses erhabenen Gurus gewachsen zu sein. Einige der Schüler Lahiri Mahasayas hatten nämlich die Befürchtung geäußert, daß die schriftliche Darstellung der wahren Größe ihres Meisters niemals gerecht würde und daß daraus Mißverständnisse erwachsen könnten.

»Das Leben einer göttlichen Inkarnation läßt sich mit nüchternen Worten nur schwer beschreiben«, hatte Panchanon Bhattacharya einmal zu mir gesagt.

Auch andere große Schüler des *Yogavatars* zogen es vor, ihre Erinnerungen an den unsterblichen Guru in ihrem Herzen verschlossen zu halten. Eingedenk der Prophezeiung, die Lahiri Mahasaya selbst in bezug auf seine Biographie geäußert hatte, scheute ich dennoch keine Mühe, Fakten über sein irdisches Leben zusammenzutragen und das gesammelte Material zu überprüfen und zu vervollständigen.

Swami Keshabananda hieß uns in seinem *Katayani-Peith-Ashram* in Brindaban herzlich willkommen. Die Einsiedelei war in einem imposanten Backsteingebäude mit massiven schwarzen Säulen untergebracht, das inmitten eines wunderschönen Gartens lag. Der Swami führte uns sogleich in sein Empfangszimmer, in dem eine große Abbildung von Lahiri Mahasaya an der Wand hing. Obwohl der Swami fast neunzig Jahre alt war, strahlte sein muskulöser Körper Kraft und Gesundheit aus. Mit seinem langen Haar, dem schneeweißen Bart und seinen vor Freude sprühenden Augen sah er genauso aus, wie man sich einen Patriarchen vorstellt. Ich sprach mit ihm über mein Vorhaben, ein Buch über die indischen Meister zu schreiben, in dem ich auch ihn erwähnen wollte.

»Erzählt mir bitte etwas aus Eurem Leben«, bat ich mit beschwörendem Lächeln, denn große Yogis sind oft wenig mitteilsam.

»An äußeren Geschehnissen gibt es nicht viel zu berichten«, erwiderte Keshabananda mit bescheidener Geste.

»Ich habe praktisch mein ganzes Leben in der Einsamkeit des Himalaja verbracht und bin zu Fuß von einer stillen Höhle zur nächsten gewandert. Eine Zeitlang unterhielt ich einen kleinen Ashram in der Nähe von Hardwar, inmitten eines dichten Waldes. Es war ein friedlicher Ort, der nur von wenigen Reisenden besucht wurde – wohl wegen der vielen Kobras, die es dort gab.« Swami Keshabananda lachte. »Dann trat der Ganges über die Ufer und schwemmte die Einsiedelei mitsamt den Kobras fort. Daraufhin errichtete ich mit Hilfe meiner Schüler diesen Ashram hier in Brindaban.«

Einer meiner Begleiter fragte den Swami, wie er sich im Himalaja vor den Tigern geschützt habe.*

Keshabananda schüttelte den Kopf. »In jenen spirituellen Gefilden«, so entgegnete er, »werden Yogis kaum von Raubtieren behelligt. Einmal sah ich mich im Dschungel ganz unvermutet einem Tiger gegenüber. Überrascht schrie ich auf, und da blieb das Tier wie versteinert stehen.« Der Swami lachte in Erinnerung an dieses Erlebnis.

»Gelegentlich verließ ich auch die Abgeschiedenheit, um meinen Guru in Benares zu besuchen. Er neckte mich häufig ob meiner unentwegten Wanderungen durch die Einsamkeit des Himalaja.

›Dir liegt die Wanderlust im Blut‹, sagte er einmal zu mir. ›Ich bin nur froh, daß der Himalaja dir ausreichend Platz für diese Zwecke bietet.‹

Vor und nach seinem Heimgang«, so fuhr Keshabananda fort, »ist mir Lahiri Mahasaya viele Male körperlich erschienen. Für ihn ist kein Berg im Himalaja zu hoch, als daß er ihn nicht erklimmen könnte.«

Zwei Stunden später führte uns der Swami in den Innenhof der Einsiedelei, wo eine Mahlzeit auf uns wartete. Ich seufzte in schweigendem Entsetzen: Schon wieder ein Gericht mit fünfzehn Gängen! In nicht einmal einem Jahr indischer Gastfreundschaft hatte ich fünfzig Pfund zugenommen. Doch es wäre im höchsten Grade unhöflich gewesen, die sorgfältig zubereiteten Speisen zurückzuweisen, die man mir zu Ehren auf den endlosen Banketts servierte. Glücklicherweise gilt in Indien (leider nirgendwo sonst!) ein wohlgenährter Swami als besonders erfreulicher Anblick.**

Nach dem Essen nahm Keshabananda mich beiseite. »Dein Besuch kommt mir nicht unerwartet«, sagte er. »Ich habe eine Botschaft für dich.«

---

  * Anscheinend gibt es viele Methoden, einen Tiger zu überlisten. So berichtet der australische Entdeckungsreisende Francis Birtles, der indische Dschungel sei für ihn »abwechslungsreich, herrlich und ungefährlich« gewesen. Um sich zu schützen, schwor er auf Fliegenpapier. »Jede Nacht breitete ich etliche Bogen davon rings um mein Zelt aus und wurde nie belästigt«, erklärte er. »Der Grund ist rein psychologisch: Der Tiger ist nämlich ein ganz besonders auf seine Würde bedachtes Tier. Er streift frei umher und fordert den Menschen heraus – bis er mit dem Fliegenpapier in Berührung kommt; dann schleicht er davon. Kein stolzer Tiger würde es wagen, einem Menschen gegenüberzutreten, nachdem er auf klebriges Fliegenpapier getreten ist!«
 ** Nach meiner Rückkehr in die Vereinigten Staaten nahm ich sechzig Pfund ab.

Mr. Wright, ich selbst und Miss Bletch in Ägypten

(Links) *Rabindranath Tagore, der begnadete Dichter Bengalens und Nobelpreisträger für Literatur.* (Rechts) *Mr. Wright und ich mit dem ehrwürdigen Swami Keshabananda und einem Schüler in der Einsiedelei in Brindaban.*

Ich war erstaunt, denn ich hatte niemandem etwas über meinen geplanten Besuch bei Keshabananda erzählt.

»Als ich im vergangenen Jahr im Norden des Himalaja in der Nähe von Badrinarayan umherzog«, fuhr der Swami fort, »verlor ich auf einmal die Orientierung. Schließlich fand ich eine geräumige Höhle, die mir Unterschlupf bot. Sie war leer, doch die Reste eines Feuers glimmten noch in einem Loch des felsigen Bodens. Ich fragte mich, wer wohl der Bewohner dieser einsamen Behausung sein könnte; dann setzte ich mich ans Feuer und blickte auf den sonnenbeschienenen Eingang der Höhle.

›Keshabananda, ich freue mich, daß du gekommen bist‹, sagte plötzlich eine Stimme hinter mir. Erstaunt wandte ich mich um. Ich konnte es kaum fassen, doch da stand wahrhaftig der große Guru Babaji vor mir! Er hatte sich in einem Winkel der Höhle materialisiert. Außer mir vor Freude, ihn nach so vielen Jahren wiederzusehen, warf ich mich ihm zu Füßen.

›Ich war es, der deine Schritte hierhergelenkt hat‹, fuhr Babaji fort. ›Darum hast du dich verlaufen und bist in diese Höhle geführt worden, die mir vorübergehend als Bleibe dient. Lange Zeit ist seit unserer letzten Begegnung vergangen, und ich freue mich, dich wiederzusehen.‹

Der unsterbliche Meister segnete mich mit einigen spirituellen Worten und fuhr dann fort: ›Ich gebe dir eine Botschaft für Yogananda mit. Er wird dich aufsuchen, wenn er nach Indien zurückkehrt. Yogananda ist von vielen Angelegenheiten im Zusammenhang mit seinem Guru und den noch lebenden Schülern von Lahiri stark in Anspruch genommen. Sage ihm daher, daß ich ihn diesmal nicht treffen werde, wie er es sich so sehr erhofft, ihn aber bei anderer Gelegenheit aufsuchen werde.‹«

Ich war tief bewegt, aus Keshabanandas Mund dieses tröstende Versprechen von Babaji entgegenzunehmen. Ich war nun nicht mehr traurig, obwohl sich Sri Yukteswars Voraussage, ich würde Babaji nicht auf dem *Kumbha Mela* treffen, als richtig erwiesen hatte.

Wir blieben über Nacht als Gäste im Ashram und machten uns am folgenden Nachmittag auf den Weg nach Kalkutta. Als wir den Jumnafluß überquerten, bot sich uns ein herrlicher Blick auf Brindaban. Es war um die Zeit des Sonnenuntergangs, und der Himmel erstrahlte in einem wahren Feuerwerk von Farben, die sich in den stillen Wassern unter uns widerspiegelten.

Die Ufer des Jumna bergen viele heilige Erinnerungen an die Kindertage Krishnas. Hier vollführte er in kindlicher Unschuld *Lilas* (Spiele) mit den

Gopis (Mädchen) und offenbarte so jene himmlische Liebe, wie sie zwischen göttlichen Inkarnationen und ihren Anhängern besteht. Das Leben Krishnas ist im Westen vielfach mißverstanden worden, denn die allegorische Sprache der heiligen Schriften ist für prosaische Geister oftmals verwirrend. Ein gutes Beispiel hierfür bietet ein geradezu grotesker Übersetzungsfehler, den ich an dieser Stelle zur Erläuterung anführen will. In der betreffenden Textpassage geht es um einen inspirierten Heiligen des Mittelalters, den Schuster Ravidas, der die Herrlichkeit des allen Menschen innewohnenden Geistes in der einfachen Sprache seines Standes zum Ausdruck brachte:

> Unter dem weiten, blauen Himmelsgewölbe
> lebt die in Haut gehüllte Gottheit.

Man kann sich des Schmunzelns nicht erwehren, wenn man liest, auf welch stümperhafte Weise ein abendländischer Übersetzer Ravidas' Vers überträgt: »Danach baute er eine Hütte, stellte darin ein Götzenbild auf, das er aus Tierhaut angefertigt hatte, und betete es an.«

Ravidas war ein Mitbruder des großen Kabir. Zu Ravidas fortgeschrittenen *Chelas* gehörte auch die *Rani* (Fürstin) von Chitor. Sie lud einmal eine große Schar von Brahmanen zu einem Festessen zu Ehren ihres Meisters ein; doch die Brahmanen weigerten sich, mit einem einfachen Schuster an einem Tisch zu sitzen. Als sie sich im vollen Bewußtsein ihrer Würde abseits von ihm niedersetzten, um ihr Mahl »frei von Verunreinigungen« einzunehmen, da saß auf einmal neben jedem Brahmanen die Gestalt des Ravidas. Diese Massenvision war Anlaß für eine umfassende spirituelle Erneuerung in Chitor.

Einige Tage später traf ich mit meinen Begleitern in Kalkutta ein. Ich konnte es kaum abwarten, Sri Yukteswar zu sehen, und war daher sehr enttäuscht zu hören, daß er Serampore verlassen hätte und sich zur Zeit in dem etwa 500 Kilometer südlich gelegenen Puri aufhielt.

»Komm sofort zum Ashram nach Puri«, so lautete ein Telegramm, das Atul Chandra Roy Chowdhry, einer der *Chelas* des Meisters in Kalkutta, am 8. März von einem Mitbruder aus Puri erhalten hatte. Als ich von dieser Nachricht erfuhr, war ich zutiefst beunruhigt. Ich fiel auf die Knie und bat Gott flehentlich, das Leben meines Gurus zu schonen. Als ich gerade das Haus meines Vaters verlassen wollte, um zum Bahnhof zu gehen, hörte ich eine göttliche Stimme zu mir sprechen:

»Fahre heute abend nicht nach Puri. Dein Gebet kann nicht erhört werden.«

»Herr«, sagte ich in tiefem Schmerz, »Du willst also nicht, daß ich in Puri um das Leben meines Meisters kämpfe, weil Du meine nimmerendenden Gebete nicht erhören kannst. Muß er denn auf Dein Geheiß hin scheiden, um höhere Pflichten zu übernehmen?«

Dem inneren Befehl folgend, fuhr ich in jener Nacht nicht nach Puri. Am folgenden Abend aber machte ich mich auf den Weg zum Bahnhof. Um sieben Uhr wurde der Himmel plötzlich von einer schwarzen astralen Wolke verdunkelt.* Später, als ich im Zug nach Puri saß, erschien mir Sri Yukteswar in einer Vision. Er saß mit ernster Miene da; rechts und links neben ihm brannte eine Kerze.

»Ist alles vorüber?« fragte ich und erhob meine Arme flehentlich gen Himmel. Er nickte und entschwand dann langsam vor meinen Augen.

Als ich am folgenden Morgen auf dem Bahnsteig von Puri stand und immer noch hoffte, obschon es keine Hoffnung mehr gab, trat ein mir unbekannter Mann auf mich zu.

»Habt Ihr gehört, daß Euer Meister heimgegangen ist?« fragte er und verließ mich dann, ohne ein weiteres Wort zu sagen. Ich habe nie erfahren, wer er war oder wie er mich gefunden hatte.

Wie betäubt lehnte ich mich gegen die Bahnhofsmauer. Ich wußte, daß mein Guru auf verschiedene Art und Weise versucht hatte, mir die erschütternde Nachricht mitzuteilen. In meiner Seele tobte ein verzweifelter Aufruhr! Als ich schließlich bei der Einsiedelei von Puri ankam, war ich dem Zusammenbruch nahe. Meine innere Stimme sagte immer wieder ganz sanft zu mir: »Fasse dich. Bleibe ruhig!«

Ich betrat das Empfangszimmer des Ashrams, wo der Körper des Meisters auf unglaublich lebendig wirkende Weise im Lotussitz verharrte – ein Bild von Gesundheit und Anmut. Kurze Zeit vor seinem Heimgang war mein Guru von einem leichten Fieber befallen worden, hatte sich jedoch am Tage vor seinem Aufstieg in das Reich der Unendlichkeit vollkommen davon erholt. Sooft ich seine liebe, vertraute Gestalt auch anblickte, ich konnte einfach nicht fassen, daß alles Leben aus ihr gewichen war. Seine Haut war glatt und weich, und auf seinem Antlitz lag ein Ausdruck seligen Friedens. Er hatte seinen Körper in der Stunde seiner mystischen Abberufung bei vollem Bewußtsein verlassen.

*   Mein Guru ging um ebendiese Stunde – am 9. März 1936 um 19 Uhr – von uns.

»Der Löwe von Bengalen ist von uns gegangen«, rief ich in meinem Schmerz. Am 10. März führte ich die heiligen Riten aus. Sri Yukteswar wurde nach altem Brauch der Swamis im Garten seines Ashrams von Puri begraben.* Später fanden sich zur Frühjahrs-Tagundnachtgleiche seine Schüler aus nah und fern ein, um eine Gedächtnisfeier zu Ehren ihres Gurus abzuhalten. Die führende Tageszeitung Kalkuttas veröffentlichte ein Bild des Meisters und widmete ihm folgenden Nachruf:

»Am 21. März fand in Puri die *Bhandara*-Zeremonie für Srimat Swami Sri Yukteswar Giri Maharaj statt, der im Alter von 81 Jahren von uns gegangen ist. Viele seiner Schüler fanden sich an diesem Tage in der Stadt ein, um dem feierlichen Akt beizuwohnen.

Swami Maharaj war einer der hervorragendsten Kenner der *Bhagavad-Gita* und ein großer Schüler des Yogiraj Sri Shyama Charan Lahiri Mahasaya von Benares. Swami Maharaj hat in Indien mehrere Yogoda-Sat-Sanga-Zentren (Self-Realization Fellowship) gegründet und war die treibende Kraft in der Yoga-Bewegung, die sein bedeutendster Schüler, Swami Yogananda, in den Westen trug. Sri Yukteswarjis prophetische Kraft und tiefe Einsicht inspirierten Swami Yogananda dazu, über die großen Meere nach Amerika zu fahren und dort die Botschaft der indischen Meister zu verbreiten.

Sri Yukteswarjis Auslegungen der *Bhagavad-Gita* und anderer heiliger Schriften zeugen von einem tiefen Verständnis der östlichen und westlichen Philosophie und sind ein bleibendes Mahnmal für die Einheit zwischen Ost und West. Sri Yukteswar Maharaj war von der Übereinstimmung aller Religionen tief überzeugt und gründete in Zusammenarbeit mit den Leitern verschiedener Glaubensbewegungen die *Sadhu-Sabha* (Gemeinschaft der Heiligen), deren Ziel es ist, den Geist der Wissenschaft in die Religion einziehen zu lassen. Kurz vor seinem Ableben ernannte er Swami Yogananda zu seinem Nachfolger und zum Präsidenten der *Sadhu-Sabha*.

Indien ist durch den Heimgang dieses großen Mannes um ein Stück

---

* Nach hinduistischem Brauch werden weltlich orientierte Menschen nach ihrem Tode verbrannt. Swamis und Mönche anderer Orden hingegen werden nicht eingeäschert, sondern begraben (gelegentlich gibt es auch Ausnahmen von dieser Regel). Der Körper eines Mönchs wurde nämlich – symbolisch gesehen – bereits im Feuer der Weisheit geläutert, als dieser das Ordensgelübde ablegte.

seines Reichtums beraubt worden. Mögen all jene, die das Glück hatten, ihn zu kennen, von dem wahren Geist der indischen Kultur und des *Sadhana* erfüllt werden, den er so vorbildlich verkörperte.«

Als ich nach Kalkutta zurückkehrte, wagte ich es zunächst nicht, mich zur Einsiedelei in Serampore mit all ihren seligen Erinnerungen zu begeben. Daher rief ich Prafulla, Sri Yukteswars kleinen Schüler, aus Serampore zu mir und traf alle notwendigen Vorbereitungen für seine Aufnahme in die Schule von Ranchi.

»An jenem Morgen, als Ihr zum *Mela* nach Allahabad gefahren seid«, so berichtete mir Prafulla, »sank der Meister betrübt auf das Sofa nieder. ›Yogananda ist fort!‹ rief er. ›Yogananda ist fort!‹ Und dann meinte er geheimnisvoll: ›Ich muß es ihm also auf andere Weise sagen!‹ Daraufhin saß er stundenlang in tiefem Schweigen da.«

Meine Tage waren restlos ausgefüllt mit Vorträgen, Unterricht, Interviews und Begegnungen mit alten Freunden. Doch hinter meinem gezwungenen Lächeln und meiner pausenlosen Tätigkeit verbarg sich ein grübelnder Geist. Der innere Strom der Glückseligkeit, der mich so viele Jahre lang erfüllt hatte, war getrübt worden.

»Wo ist der göttliche Weise hingegangen?« rief meine gequälte Seele aus. Doch ich erhielt keine Antwort.

»Wie gut, daß der Meister jetzt mit dem kosmischen Geliebten vereint ist«, sagte mir mein Verstand. »Sein Stern wird ewig am Firmament der Unsterblichkeit erstrahlen.«

»Nie mehr wirst du ihn im alten Haus von Serampore wiedersehen«, klagte mein Herz. »Nie mehr wirst du deine Freunde zu ihm bringen und voller Stolz sagen können: ›Seht, da sitzt Indiens *Jnanavatar*!‹«

Mr. Wright hatte alle Vorkehrungen für unsere Rückreise getroffen, und unser Schiff sollte Anfang Juni von Bombay auslaufen. Die letzten vierzehn Tage des Monats Mai vergingen mit Abschiedsbanketts und diversen Ansprachen in Kalkutta; dann machte ich mich in Begleitung von Miss Bletch und Mr. Wright mit dem Ford auf den Weg nach Bombay. Bei unserer Ankunft bat uns die Reederei jedoch, die Überfahrt zu verschieben, da es keinen Platz für unseren Ford gab, auf den wir in Europa wieder angewiesen sein würden.

»Es ist mir recht so«, sagte ich traurig zu Mr. Wright. »Ich möchte wieder nach Puri zurück.« Und in Gedanken fügte ich hinzu: »Meine Tränen sollen noch einmal das Grab meines Gurus benetzen.«

Kapitel 43

Sri Yukteswars Auferstehung

O h, Krishna!«, rief ich überrascht, als mir auf einmal die strahlende Gestalt des Avatars, in eine schimmernde Aura gehüllt, erschien. Ich saß am offenen Fenster meines Zimmers im dritten Stock des Regent-Hotels in Bombay, als sich die wunderbare Vision plötzlich über dem Dach des Gebäudes zeigte, das auf der gegenüberliegenden Straßenseite hoch aufragte.

Die göttliche Gestalt winkte mir lächelnd einen Gruß zu. Ohne daß ich den Sinn von Krishnas Botschaft richtig verstanden hatte, war er auch schon wieder mit einer segnenden Geste entschwunden. Auf wunderbare Weise fühlte ich mich erhoben und ahnte zugleich, daß mir ein besonderes spirituelles Erlebnis bevorstand.

Meine Reise in den Westen war vorläufig zurückgestellt; ich sollte mehrere öffentliche Vorträge in Bombay halten und dann noch einmal nach Bengalen fahren.

Eine Woche nach meiner Krishna-Vision saß ich abermals auf dem Bett meines Hotelzimmers in Bombay und meditierte. Es war am 19. Juni 1936 gegen drei Uhr nachmittags, als ich plötzlich ein himmlisches Licht gewahrte. Ich öffnete die Augen und sah voll Verwunderung zu, wie sich der ganze Raum zu einer fremdartigen Welt wandelte und das Sonnenlicht einem überirdischen Glanz wich.

Da stand auf einmal Sri Yukteswar leibhaftig vor mir. Meine unermeßliche Freude läßt sich kaum in Worte kleiden!

»Mein Sohn!« sagte der Meister liebevoll und schaute mich mit verklärtem Lächeln an.

Zum ersten Mal in meinem Leben kniete ich nicht zu seinen Füßen nieder, sondern ging sofort auf ihn zu, um ihn ungestüm in meine Arme zu schließen – so sehr hatte ich mich nach ihm gesehnt! Welch unvergeßlicher Augenblick! Überwältigende Glückseligkeit überflutete mich und wog allen Schmerz der vergangenen Monate auf.

»Meister, mein geliebter Meister, warum habt Ihr mich verlassen?« Im Überschwang der Freude gelang es mir kaum, meine Gedanken zu ordnen.

»Warum habt Ihr mich zum *Kumbha Mela* gehen lassen? Was für bittere Vorwürfe habe ich mir gemacht, Euch allein gelassen zu haben.«

»Ich wollte dir die Freude nicht nehmen, endlich den Pilgerort zu sehen, wo ich Babaji zum ersten Male begegnet bin. Außerdem habe ich dich ja nur für eine kurze Weile verlassen; bin ich etwa nicht wieder bei dir?«

»Aber seid Ihr es wirklich, Meister – derselbe göttliche Löwe? Ist dieser Körper genau wie jener, den ich in den unbarmherzigen Sand von Puri gebettet habe?«

»Ja, mein Lieber, ich bin derselbe. Dieser Körper ist aus Fleisch und Blut. Obgleich ich selbst ihn als ätherische Substanz sehe, erscheint er deinen Augen in physischer Form. Ich habe aus den Atomen des Kosmos einen völlig neuen Körper gebildet, der genau dem physischen Leib aus dem kosmischen Traum gleicht, den du im Traumsand von Puri begraben hast. Ich bin wahrhaftig auferstanden, doch nicht auf Erden, sondern auf einem Astralplaneten, dessen Bewohner meinen hohen Anforderungen besser genügen als die Erdenmenschen. Dorthin wirst auch du dereinst zusammen mit den Erleuchteten unter deinen geliebten Schülern gehen.«

»Unsterblicher Guru, bitte erzählt mir mehr darüber!«

»Liebes Kind, kannst du mich vielleicht etwas weniger fest umarmen?« meinte der Meister zunächst einmal lachend.

»Ja, aber nur ein wenig«, erwiderte ich, denn ich hielt ihn tatsächlich wie eine Krake umschlungen. Es ging derselbe zarte, natürliche Duft von ihm aus, der auch früher für ihn so charakteristisch war. Und immer, wenn ich mir diese herrlichen Stunden vergegenwärtige, fühle ich wieder das beseligende Prickeln an den Innenseiten meiner Arme und Hände wie damals, als ich seinen göttlichen Körper berührte.

»Ähnlich wie Propheten auf die Erde gesandt werden, um den Menschen zu helfen, ihr irdisches Karma abzutragen, bin ich von Gott beauftragt worden, als Erlöser auf einem Astralplaneten zu wirken«, erklärte Sri Yukteswar. »Dieser trägt den Namen *Hiranyaloka*, was soviel wie ›erleuchteter Astralplanet‹ bedeutet. Dort helfe ich den fortgeschrittenen Wesen, ihr astrales Karma abzutragen und sich aus dem Rad der astralen Wiedergeburt zu befreien. Die Bewohner von *Hiranyaloka* stehen bereits auf einer hohen spirituellen Entwicklungsstufe; sie alle haben während ihrer letzten irdischen Inkarnation durch Meditation die Fähigkeit erlangt, ihren physischen Körper im Tode bewußt zu verlassen. Nur wer auf Erden den Zustand jenseits von *Sabikalpa Samadhi* erreichen konnte

Von B. K. Mitra
aus »Kalyana-Kalpataru«
Der altindische Prophet Krishna.
Moderne Darstellung des göttlichen Lehrers, dessen spirituelle Rat-
schläge in der Baghavad-Gita zur hinduistischen Bibel wurden.
Krishna wird in der hinduistischen Kunst mit einer Pfauenfeder im
Haar – Symbol von Gottes Lila (Spiel oder Kreativität) – und einer
Flöte dargestellt, deren bezaubernder Klang die Gläubigen nach und
nach aus ihrem Maya-Schlaf, ihrer kosmischen Illusion, erweckt.

und somit in den höheren Zustand des *Nirbikalpa Samadhi** eingegangen ist, darf *Hiranyaloka* betreten.

Die Bewohner von *Hiranyaloka* haben die normalen Astralsphären bereits hinter sich gelassen, in die fast alle Erdenmenschen nach ihrem Tod eingehen; dort haben sie den größten Teil ihres Karmas aus den astralen Welten abgetragen. Es ist jedoch nur fortgeschrittenen Wesen möglich, ein solches Erlösungswerk in den Astralwelten wirksam zu vollbringen. Nach dem kosmischen Gesetz werden solche Wesen dann in einem neuen Astralkörper auf *Hiranyaloka* – der Astralsonne oder dem Astralhimmel – wiedergeboren, damit sich ihre Seelen dort von den letzten Spuren des Karmas befreien, das an ihrem astralen Leib haftet. Ich bin auf *Hiranyaloka* wieder auferstanden, um ihnen dabei zu helfen. Überdies leben auch nahezu vollkommene Wesen auf *Hiranyaloka*, die aus der höheren, subtileren Kausalwelt kommen.«

Ich befand mich jetzt in solch vollkommenem Einklang mit meinem Guru, daß er mir seine Worte und Bilder teils mündlich, teils durch Gedankenübertragung vermittelte. Auf diese Weise konnte ich das Mosaik seiner Vorstellungen und Gedanken im Nu erfassen.

»Du hast in den heiligen Schriften gelesen«, fuhr der Meister fort, »daß Gott die menschliche Seele nacheinander in drei Körper einschloß: den Ideen- oder Kausalkörper, den feinstofflichen Astralkörper als Sitz des Verstandes und des Gefühls und den grobstofflichen physischen Körper. Auf der Erde ist der Mensch mit seinen irdischen Sinnen ausgestattet. Die Astralwesen agieren aus dem Bewußtsein und dem Gefühl heraus und durch einen Körper aus Biotronen**. Ein Kausalwesen hingegen lebt

---

* Im *Sabikalpa Samadhi* ist der Gläubige spirituell so weit fortgeschritten, daß er in den Zustand der göttlichen Einung gelangt, aber das kosmische Bewußtsein bleibt nur im reglosen Trancezustand erhalten. Durch anhaltende Meditation geht er schließlich in den höheren Zustand des *Nirbikalpa Samadhi* ein, in dem er seine Einung mit Gott auch dann nicht verliert, wenn er sich frei in der Welt bewegt und seinen täglichen Pflichten nachkommt.

** Sri Yukteswar gebrauchte hier das Sanskritwort *Prana*. Ich habe es mit »Biotronen« übersetzt. Die heiligen Schriften der Hindus sprechen nicht nur von *Anu*, dem »Atom«, von *Paramanu*, »dem, was jenseits des Atoms liegt«, das heißt den feineren elektronischen Energien, sondern auch von *Prana*, der »schöpferischen biotronischen Lebenskraft«. Atome und Elektronen sind blinde Kräfte, während *Prana* von Natur aus intelligent ist. So steuern die pranischen Biotrone im Sperma und in der Eizelle beispielsweise das Wachstum des Embryos nach einem festgelegten karmischen Plan.

nur noch in den seligen Gefilden der Gedanken und Vorstellungen. Meine Aufgabe besteht darin, jenen Astralwesen zu helfen, die sich darauf vorbereiten, in die Kausalwelt einzugehen.«

»Geliebter Meister, erzählt mir bitte mehr über den astralen Kosmos!« Auf Sri Yukteswars Bitte hin hatte ich zwar meine Umarmung etwas gelockert, hielt ihn – meinen kostbarsten Besitz, meinen Guru, der dem Tod ins Gesicht gelacht hatte, um zu mir zurückzukehren – immer noch fest umschlungen.

»Es gibt viele Astralplaneten, die von astralen Wesen bewohnt werden«, begann der Meister. »Die dortigen Bewohner bedienen sich astraler Flugkörper oder gebündelten Lichtes, womit sie schneller als die Elektrizität oder radioaktive Energien von einem Planeten zum anderen reisen. Das astrale Universum besteht aus feinen Licht- und Farbschwingungen und ist vielhundertmal größer als der physische Kosmos. Die ganze grobstoffliche Schöpfung hängt wie eine kleine massive Gondel unter dem riesigen, leuchtenden Ballon der Astralsphäre. Ebenso wie es viele physische Sonnen und Sterne gibt, die im Weltraum treiben, so gibt es auch zahllose astrale Sonnen- und Sternensysteme mit Planeten und deren astralen Sonnen und Monden, die viel prächtiger sind als die im physischen Kosmos. Man kann sie mit dem Nordlicht vergleichen, doch das astrale Nordlicht ist viel strahlender als das milde Nordlicht der Erde – sie sind so verschieden wie Sonne und Mond. Tag und Nacht sind in der Astralwelt viel länger als auf Erden.

Die astrale Welt ist unvorstellbar schön, sauber, rein und geordnet. Dort gibt es keine unbelebten Planeten und kein verödetes Land. Auch irdische Plagen wie Unkraut, Bakterien, Insekten und Schlangen existieren dort nicht. Während es auf Erden unterschiedliche Klimata und Jahreszeiten gibt, herrschen in den Astralsphären die gleichbleibenden Temperaturen eines ewigen Frühlings mit gelegentlichem, glänzend weißem Schneefall und vielfarbigem Lichtregen. Die Astralplaneten sind reich an schillernden Seen, leuchtenden Meeren und regenbogenfarbenen Flüssen.

Das gewöhnliche astrale Universum – nicht der subtilere Astralhimmel von *Hiranyaloka* – ist von Millionen Astralwesen bevölkert, die vor kurzem von der Erde gekommen sind, sowie von Myriaden Feen, Wassernixen, Fischen, Tieren, Kobolden, Gnomen, Halbgöttern und Geistern; sie alle leben auf unterschiedlichen Astralplaneten entsprechend ihrem karmischen Entwicklungszustand. Gute und böse Geister wohnen in getrennten Sphären oder Schwingungsebenen. Während sich die guten frei bewegen können, dürfen die bösen Geister die ihnen zugewiesenen Zonen nicht verlassen. Genauso wie die Menschen an der Erdoberfläche, die Würmer im Boden, die Fische im Wasser und die Vögel in der Luft leben, so leben auch die Astralwesen je nach ihrem Entwicklungszustand in einem Bereich, der ihrer natürlichen Schwingung entspricht.

Die gefallenen Engel der Dunkelheit, die aus anderen Astralwelten ausgestoßen wurden, bekämpfen und bekriegen sich mit biotronischen Bomben und pulsierenden mantrischen* Strahlen. Diese Wesen leben in den finstern Regionen des niederen Astralkosmos, wo sie ihr negatives Karma abtragen.

In den weiten Sphären oberhalb des dunklen Astralkerkers ist alles leuchtend und schön. Der astrale Kosmos ist von Natur aus feinfühliger für den göttlichen Willen und Plan der Vollkommenheit als die Erde. Jeder astrale Gegenstand wird in erster Linie durch Gottes Willen, zum Teil aber auch durch den willentlichen Ruf eines Astralwesens manifest. Es hat die Macht, jeden von Gott erschaffenen Gegenstand formmäßig zu modifizieren oder zu verschönern. Gott der Herr hat Seinen Astralkindern das Vorrecht eingeräumt, die Astralwelt nach Wunsch zu verändern. Auf Erden kann eine feste Substanz nur durch einen natürlichen oder chemischen Prozeß in einen flüssigen oder anderen Aggregatzustand verwandelt werden; die Bewohner der Astralwelten hingegen können die festen Astralformen allein durch ihren Willen augenblicklich in astrale Flüssigkeiten, Gase oder in Energie verwandeln.

Auf der Erde herrscht Finsternis, denn es gibt Mord und Kriege zu Wasser, zu Lande und in der Luft«, fuhr mein Guru fort. »In den astralen Gefilden hingegen kennt man einzig und allein beglückende Harmonie und Ausgewogenheit. Die astralen Wesen dematerialisieren und materialisieren ihre Gestalt nach Belieben. Selbst die Blumen, Fische und Tiere können sich vorübergehend in astrale Menschen verwandeln. Allen Astralwesen steht es frei, jedwede Gestalt anzunehmen. Sie können sich

---

*   *Mantren* sind gesungene Laute, die bei tiefer Konzentration wie geistige Geschosse wirken können. Die *Puranas* (die alten *Shastras* oder Abhandlungen) beschreiben diese mantrischen Kriege zwischen den *Devas* und *Asuras* (Göttern und Dämonen). Ein *Asura* versuchte einst, einen *Deva* mit einem machtvollen Mantra zu schlagen; da er aber eine falsche Betonung hineinlegte, wurde die geistige Bombe zu einem Bumerang, der den Dämon selbst tötete.

mühelos miteinander verständigen; kein unabänderliches Naturgesetz schränkt sie ein. So kann beispielsweise jeder astrale Baum auf Wunsch dazu gebracht werden, astrale Mangos oder andere beliebige Früchte, Blüten oder gar völlig andere Dinge hervorzubringen. Zwar unterliegt die Astralwelt immer noch gewissen karmischen Begrenzungen; in bezug auf die Formen jedoch herrscht völlige Wertfreiheit. Das schöpferische Licht Gottes pulsiert in allen Dingen.

Niemand wird von einer Frau geboren. Die Astralwesen können ihre Nachkommen kraft ihres kosmischen Willens materialisieren und ihnen bestimmte astral verdichtete Formen geben. Die Neuankömmlinge, die ihren physischen Körper erst vor kurzem aufgegeben haben, werden von der Astralfamilie, die ihren geistigen und spirituellen Neigungen entspricht, aufgenommen.

Der Astralkörper ist weder Hitze noch Kälte noch anderen Natureinflüssen ausgeliefert. Anatomisch gesehen besteht er aus einem astralen Gehirn, oder dem tausendblättrigen Lotus des Lichts, und den sechs erwachten Zentren entlang der *Sushumna*, das heißt der astralen Gehirn-Rückenmarks-Achse. Das Herz bezieht aus dem astralen Gehirn Licht und kosmische Energie und leitet diese an die astralen Nerven und Körperzellen oder Biotronen weiter. Astralwesen können durch die Kraft dieser Biotrone und durch mantrische Schwingungen verändernd auf ihren Körper einwirken.

Der Astralkörper ist ein exaktes Abbild des letzten physischen Körpers. Astralwesen sehen so aus wie während der Jugendzeit bei ihrer letzten irdischen Verkörperung. Gelegentlich jedoch zieht ein Astralwesen, wie beispielsweise ich, seinen gealterten Körper als Erscheinungsform vor.« Bei diesen Worten lachte der Meister, der vor Jugendlichkeit förmlich sprühte.

»Während die dreidimensionale physische Welt nur über die fünf Sinne des Menschen erfahren wird, nimmt man die astralen Sphären mit dem allumfassenden sechsten Sinn – der Intuition – wahr«, fuhr Sri Yukteswar fort. »Astralwesen sehen, hören, riechen, schmecken und fühlen nur durch Intuition. Sie haben drei Augen, von denen zwei halb geschlossen sind. Das dritte und hauptsächliche Astralauge befindet sich senkrecht auf der Stirn und ist immerzu geöffnet. Astralmenschen besitzen alle äußeren Sinnesorgane wie Ohren, Augen, Nase, Zunge und Haut, nehmen aber die verschiedenen körperlichen Empfindungen nur mit ihrem sechsten Sinn über jedes beliebige Organ auf. So können sie beispielsweise mit den Ohren, der Nase oder der Haut sehen, mit den Augen oder der Zunge hören, mit den Ohren oder der Haut schmecken usw.*

Der physische Körper des Menschen ist zahlreichen Gefahren ausgesetzt und kann leicht verletzt oder verstümmelt werden; auch der ätherische Astralkörper kann sich zuweilen Verletzungen zuziehen, doch diese werden sofort durch reine Willenskraft wieder geheilt.«

»Gurudeva, sind alle Astralwesen schön?«

»Schönheit ist in der Astralwelt vor allem eine geistige Eigenschaft und keine äußere Konvention«, erwiderte Sri Yukteswar. »Aus diesem Grunde legen die Astralwesen auch kein großes Gewicht auf ihr Aussehen. Sie haben jedoch das Vorrecht, sich jederzeit mit neuen, farbenprächtigen Astralkörpern bekleiden zu können, die sie selbst materialisieren. Ebenso wie sich die Menschen auf der Erde bei besonderen Anlässen in festliche Roben hüllen, so wählen auch die Astralwesen bei besonderen Anlässen eine ganz bestimmte Gestalt.

Auf den höheren Astralplaneten wie *Hiranyaloka* finden immer dann große Freudenfeste statt, wenn sich ein Wesen geistig so hoch entwickelt hat, daß es sich aus der Astralwelt lösen und in den Himmel der Kausalwelt eingehen kann. Bei solchen Gelegenheiten materialisieren sich der unsichtbare himmlische Vater und die in Ihm vereinten Heiligen in Körpern Ihrer Wahl, um an den Festlichkeiten teilzunehmen. Gott kann jede gewünschte Form annehmen, um Seinen geliebten Kindern Freude zu bereiten. Gläubige auf dem Pfad der Hingabe beten Gott in der Form der göttlichen Mutter an. Jesus sah Gott vor allem in Seinem väterlichen Aspekt. Die Individualität, die der Schöpfer jedem Seiner Geschöpfe verliehen hat, stellt Ihn vor alle erdenklichen und unerdenklichen Ansprüche an Seine Vielseitigkeit!« Bei diesen Worten mußten wir beide herzhaft lachen.

»Freunde aus früheren Leben erkennen sich in der Astralwelt problemlos wieder«, fuhr Sri Yukteswar mit seiner sonoren Stimme fort. »Dort erfreuen sie sich jener ewigen Liebe und Freundschaft, an der sie auf Erden und besonders in schmerzlichen Stunden des scheinbar endgültigen Abschiednehmens so oft zweifelten.

Die Intuition erlaubt es den astralen Wesen, den Schleier, der sie von der

---

*   An Beispielen für solche Fähigkeiten mangelt es selbst auf Erden nicht; man denke nur an den Fall Helen Kellers und anderer außergewöhnlichen Menschen.

irdischen Welt trennt, zu heben und das Treiben der Menschen auf Erden zu beobachten; die Menschen aber können nicht in die astralen Sphären schauen, solange ihr sechster Sinn nicht einigermaßen entfaltet ist. Es gibt Tausende von Erdenbewohnern, die für kurze Augenblicke ein Astralwesen oder eine der Astralwelten geschaut haben.

Während der langen astralen Tage und Nächte befinden sich die Bewohner von *Hiranyaloka* zumeist im Wachzustand der Ekstase und helfen bei der Lösung schwieriger Probleme im Zusammenhang mit der Regierung des Kosmos und der Befreiung ›verlorener Söhne‹, das heißt erdgebundener Seelen. Wenn die Wesen auf *Hiranyaloka* schlafen, haben sie gelegentlich traumartige astrale Visionen. Ihr Geist ruht gewöhnlich in der Glückseligkeit des höchsten *Nirbikalpa*-Bewußtseinszustandes.

Alle Bewohner der astralen Welten sind jedoch noch geistigen Qualen unterworfen. So verursacht es den auf *Hiranyaloka* oder ähnlichen Planeten lebenden, hochstehenden Wesen beispielsweise tiefen Schmerz, wenn sie sich einmal nicht richtig verhalten haben oder mit ihren Wahrnehmungen nicht bis auf den Grund der Dinge vorgedrungen sind. Es handelt sich hier um in ihrer Entfaltung sehr weit fortgeschrittene Wesen, die bemüht sind, all ihr Denken und Handeln in Einklang mit den spirituellen Gesetzen zu bringen.

Die Kommunikation zwischen den Bewohnern der Astralwelten erfolgt ausschließlich durch astrale Telepathie und Television. Es gibt keine Konfusionen und Mißverständnisse, wie sie auf Erden durch das gesprochene und geschriebene Wort entstehen. Wie sich die Darsteller auf einer Filmleinwand durch den Effekt der Abfolge einzelner Lichtbilder zu bewegen und zu agieren scheinen, ohne wirklich lebendig zu sein und zu atmen, so handeln und wandeln die Astralwesen wie intelligent gelenkte und koordinierte Lichtbilder, ohne dabei allerdings Sauerstoff zum Leben zu brauchen. Erdenbewohner brauchen zum Leben feste, flüssige und gasförmige Stoffe sowie Energie; die Astralbewohner hingegen leben hauptsächlich vom kosmischen Licht.«

»Geliebter Meister, essen die Astralwesen überhaupt etwas?« fragte ich, nachdem ich seine unglaublichen Ausführungen mit Herz, Geist und Seele in mich aufgesogen hatte. Anders als die flüchtigen Sinneseindrücke, die nur von vorübergehender, relativer Wirklichkeit sind und darum in unserer Erinnerung bald auch wieder verblassen, sind überbewußte Wahrnehmungen ewig wahr und unveränderlich. Die Worte meines Gurus prägten sich meiner Seele so unauslöschlich ein, daß ich mir diese göttliche Erfahrung jederzeit, wenn ich in den überbewußten Zustand eingehe, in allen Einzelheiten wieder vergegenwärtigen kann.

»Der astrale Boden trägt eine reiche Ernte an leuchtenden, strahlenartigen Pflanzen«, erwiderte er. »Die Astralbewohner essen Gemüse und trinken einen Nektar, der sich aus schimmernden Lichtquellen und astralen Bächen oder Strömen ergießt. So wie auf Erden die unsichtbaren Bilder entfernter Menschen aus dem Äther herbeigeholt und durch den Fernsehapparat sichtbar gemacht werden, um sich später wieder im Raum aufzulösen, so können die Astralbewohner die unsichtbar im Äther schwebenden astralen Kopien der von Gott geschaffenen Pflanzen durch ihren Willen auf ihren Astralplaneten herabziehen. Auf gleiche Weise können sie allein durch ihre grenzenlose Fantasie herrliche Gärten mit wohlriechenden Blumen materialisieren, die sich später wieder im unsichtbaren Äther verlieren. Die Bewohner von himmlischen Sphären wie *Hiranyaloka* brauchen so gut wie keine Nahrung; noch unabhängiger allerdings sind die nahezu vollkommenen Wesen in der Kausalwelt, die sich ausschließlich von dem Manna der Glückseligkeit nähren.

Ein vom irdischen Dasein erlöstes Astralwesen begegnet zahllosen Angehörigen und Verwandten aus früheren Inkarnationen: Vätern, Müttern, Ehefrauen, Ehemännern sowie Freunden, die im Laufe der Zeit die verschiedenen Ebenen der Astralsphären durchwandern.* Wen es am meisten lieben soll, kann es daher nicht mehr unterscheiden, und so lernt es, allen die gleiche göttliche Liebe zu schenken und sie als individuelle Ausdrucksformen Gottes – als Seine Kinder – zu sehen. Die äußere Erscheinung früherer Angehöriger und Freunde mag sich zwar aufgrund neuerworbener Charakterzüge und Fähigkeiten im letzten Leben mehr oder weniger verändert haben; dennoch erkennt ein Astralwesen mit untrüglicher Intuition all jene wieder, die ihm einst auf einer anderen Daseinsebene nahestanden, und heißt sie in ihrer neuen astralen Heimat willkommen. Weil jedes Atom der Schöpfung mit unauslöschlichen Individualitätsmerkmalen** ausgestattet ist, können die Astralwesen ihre

---

* Buddha wurde einst gefragt, warum man alle Menschen gleich lieben solle. »Weil jedes Wesen einem jeden von uns irgendwann einmal in irgendeiner der vielen höchst unterschiedlichen Lebensspannen schon nahegestanden hat«, so lautete die Antwort des großen Meisters.

** Die acht Elementarkräfte als wesentliche Bestandteile allen Lebens – vom Atom angefangen bis hin zum Menschen – sind: Erde, Wasser, Feuer, Luft, Äther, Bewegung, Verstand und Individualität (*Bhagavad-Gita* VII, 4).

Lieben stets erkennen, ganz gleich, in welchem Gewand diese auch erscheinen mögen – ebenso wie man auf Erden bei genauerem Hinsehen einen Schauspieler in all seinen unterschiedlichen Rollen wiedererkennt. Die Lebensspanne in der Astralwelt ist viel länger als auf Erden. Ein normal entfaltetes Astralwesen verbringt nach irdischem Zeitmaß etwa 500 bis 1000 Jahre in der Astralwelt. Aber ebenso wie gewisse Mammutbäume andere Bäume um Jahrtausende überleben und wie einige Yogis mehrere hundert Jahre alt werden, während die meisten Menschen noch vor Vollendung ihres sechzigsten Lebensjahres sterben, halten sich einige Astralwesen sehr viel länger als gewöhnlich in den Astralsphären auf. Besucher der Astralwelt bleiben dort für kürzere oder längere Zeit, je nach der Bürde ihres irdischen Karmas, das sie innerhalb einer bestimmten Zeit wieder auf die Erde zurückzieht.

Ein Astralwesen muß nicht qualvoll mit dem Tode ringen, wenn die Zeit gekommen ist, seinen Lichtkörper abzulegen. Dennoch werden manche bei dem Gedanken, ihre Astralform gegen die noch subtilere Kausalform einzutauschen, von einer gewissen Unruhe befallen. In der Astralwelt kennt man weder den unfreiwilligen Tod noch Krankheit oder Alter. Diese drei Geißeln liegen wie ein Fluch über der Erde, wo der Mensch seinem Bewußtsein gestattet hat, sich ganz und gar mit einem gebrechlichen, physischen Leib zu identifizieren, dessen Existenz immerfort von Luft, Nahrung und Schlaf abhängig ist.

Beim physischen Tod setzt die Atmung aus, und alle fleischlichen Zellen fangen an, sich zu zersetzen. Beim astralen Tod hingegen kommt es zu einer Zerstreuung der Biotronen – jener manifesten Energieeinheiten, die das Leben eines Astralwesens ausmachen. Beim physischen Tod legt der Mensch seine bewußtseinsmäßige Bindung an die fleischliche Hülle ab und gewahrt statt dessen seinen feinstofflichen Körper in der Astralwelt. Zu gegebener Zeit macht das Astralwesen die Erfahrung des astralen Todes, es durchläuft bewußt seine Geburt und seinen Tod in der Astralwelt und dann wieder seine Geburt und den Tod auf der Erde. Dieser sich ständig wiederholende Kreislauf astraler und irdischer Verkörperungen ist das unentrinnbare Schicksal aller nichterleuchteten Wesen. Was wir in den heiligen Schriften über Himmel und Hölle lesen, wühlt oft Erinnerungen auf, die in noch tieferen Schichten als denen des Unterbewußtseins schlummern – Erinnerungen an Erlebnisse aus den seligen Astralsphären und der leidvollen irdischen Welt.«

»Geliebter Meister«, bat ich, »erläutert mir bitte genauer den Unterschied zwischen der Wiedergeburt auf Erden und der Wiedergeburt in den astralen bzw. kausalen Sphären.«

»Der Mensch ist als Individualseele im wesentlichen eine Kausalverkörperung«, erklärte mein Guru. »Diese ist der Ausdruck der 35 *Ideen* Gottes – jener grundlegenden oder kausalen Gedankenkräfte, aus denen er später den feinstofflichen Astralkörper mit seinen 19 und den grobstofflichen irdischen Körper mit seinen 16 Elementen schuf.

Die 19 Elemente des Astralkörpers sind mentaler, emotionaler und biotronischer Art und umfassen: Intelligenz, Ego, Gefühl, Geist (Sinnesbewußtsein); fünf Werkzeuge der *Erkenntnis* – die feinstofflichen Entsprechungen der fünf Sinne: Sehen, Hören, Riechen, Schmecken und Fühlen; fünf Werkzeuge der *Tat* – die mentalen Entsprechungen für die aktiven Fähigkeiten des Körpers: Fortpflanzung, Ausscheidung, Sprechen, Gehen und Verrichtung manueller Arbeiten; und fünf Werkzeuge der *Lebenskraft*, welche für die Prozesse der Kristallisation, Assimilation und Absonderung sowie die Stoffwechsel- und Kreislauffunktionen im Körper verantwortlich sind.

Diese feinstoffliche astrale Hülle der 19 Elemente überlebt den Tod des physischen Körpers, der aus 16 grobstofflichen, metallischen und nichtmetallischen Elementen besteht.

Gott brachte verschiedene Ideen aus sich selbst hervor und projizierte sie dann als Träume. So entstand die kosmische Traumwelt, die sich – gleich einer schönen Frau – über und über mit dem prunkvollen Schmuck der Relativität behängt hat.

In die 35 Gedankenkategorien des Kausalkörpers hat Gott die ganze Komplexität der 19 astralen und 16 physischen Elemente des Menschen hineingelegt. Durch Verdichtung der erst feinstofflichen, dann grobstofflichen Schwingungskräfte erschuf Er zunächst den Astralkörper und dann den physischen Leib. So, wie es das Gesetz der Relativität fordert, das aus der ursprünglichen göttlichen Einheit eine verwirrende Vielfalt entstehen ließ, unterscheiden sich der kausale Kosmos und der Kausalkörper vom astralen Kosmos und dem Astralkörper; und auch der physische Kosmos sowie der physische Körper haben ihre ureigenen Merkmale, die sie von den anderen Formen der Schöpfung unterscheiden.

Der fleischliche Körper wurde aus den festgelegten, objektivierten Träumen des Schöpfers geschaffen. Auf der Erde finden wir die allgegenwärtige Dualität von Gesundheit und Krankheit, Lust und Schmerz, Gewinn und Verlust. Überall in der dreidimensionalen Welt stoßen die Menschen auf Begrenzungen und Widerstände. Wird der Lebenswille des Menschen durch Krankheit oder andere Ursachen gebrochen, tritt der Tod ein, und das schwere Gewand des Fleisches wird vorübergehend abgeworfen. Die Seele bleibt aber weiterhin in der Hülle ihres Astral- bzw. Kausalkörpers* eingeschlossen. Die Kohäsionskraft, die die drei Körper zusammenhält, ist die Begierde; die Knechtschaft des Menschen beruht also letztendlich nur auf der Macht all seiner unerfüllten Wünsche und Triebe.

Körperliche Begierden nehmen ihren Ursprung im Egoismus und in der Sinnesfreude. Der Zwang, den die Sinne ausüben, und die sinnesbezogenen Verlockungen sind stärker als das Verlangen nach astralen Bindungen oder Wahrnehmungen auf kausaler Ebene. Astrale Begierden konzentrieren sich auf solche Freuden, die schwingungsmäßig erfahrbar sind. So lauschen die astralen Wesen beispielsweise der ätherischen Musik der Sphären und berauschen sich am Anblick der Schöpfung, die sich ihnen in ständig wechselnden Lichtspielen offenbart. Astralwesen können das Licht auch riechen, schmecken und fühlen. So hängen die astralen Begierden also mit der Fähigkeit der Astralwesen zusammen, alle Gegenstände und Erfahrungen unmittelbar aus Lichtgebilden oder verdichteten Gedanken bzw. Träumen entstehen zu lassen.

Kausale Begierden werden nur durch Wahrnehmung erfüllt. Die nahezu freien Wesen, die nur noch in der Kausalhülle eingeschlossen sind, betrachten das ganze Universum als eine Verwirklichung der Traumgedanken Gottes; durch bloße Gedanken können sie alles und jedes materialisieren. Daher empfindet ihre sensible Seele physische Sinnesfreuden oder astrale Vergnügungen als grob und beklemmend. Von ihren Begierden befreien sich Kausalwesen, indem sie diese auf der Stelle materialisieren.** Wer von nichts als dem feinen Schleier des Kausalkörpers umgeben ist, kann, wie der Schöpfer selbst, ganze Universen manifest werden lassen. Die gesamte Schöpfung entspringt dem kosmischen Traumgewebe, und so birgt die nur noch mit einem hauchfeinen Kausalkörper bekleidete Seele ein ungeheures Verwirklichungspotential in sich.

---

 * Unter Körper versteht man jede grob- oder feinstoffliche Hülle, in die die Seele eingeschlossen ist. Die drei Körper sind die Käfige des »Paradiesvogels«.
** So half Babaji zum Beispiel Lahiri Mahasaya, sich von seiner im Unterbewußtsein schlummernden Begierde nach einem Palast, der aus einem früheren Leben stammte, zu befreien, wie im Kapitel 34 beschrieben.

Die Seele ist von Natur aus unsichtbar und kann nur dann wahrgenommen werden, wenn sie sich mit einem oder mehreren Körpern umhüllt. Das bloße Vorhandensein eines Körpers bedeutet also, daß dieser aufgrund unerfüllter Begierden entstanden ist.*

Solange die menschliche Seele in ein, zwei oder drei körperliche Gefäße eingeschlossen ist, die durch Unwissenheit und Begierden wie mit einem Korken verschlossen sind, kann sie nicht mit dem Meer des Geistes verschmelzen. Wenn das grobstoffliche, körperliche Gefäß im Tode zerschlagen wird, bleiben noch die beiden anderen Behälter – der astrale und der kausale – bestehen und hindern die Seele daran, sich bewußt mit dem allgegenwärtigen Leben zu vereinigen. Erst wer durch Weisheit zur Begierdelosigkeit gefunden hat, löst die beiden anderen Gefäße auf. Dann endlich ist die kleine Menschenseele frei und wird eins mit der unermeßlichen Unendlichkeit.«

Ich bat meinen göttlichen Guru, mir noch mehr über die erhabene und geheimnisvolle Kausalsphäre zu berichten.

»Die Kausalwelt ist von unbeschreiblicher Feinheit«, fuhr dieser fort. »Um sie zu verstehen, müßte man über ein so außerordentliches Konzentrationsvermögen verfügen, daß man bei geschlossenen Augen die unermeßlichen Weiten des Astralkosmos sowie des physischen Kosmos – den leuchtenden Ballon mit seiner festen Gondel – als reines Ideengebilde visualisieren kann. Wenn es einem durch eine solch übermenschliche Konzentration gelänge, die beiden Welten in ihrer ganzen verwirrenden Mannigfaltigkeit in reine Ideen zu verwandeln bzw. aufzulösen, könnte man in die Kausalwelt eintreten; dann würde man an der Grenze zwischen Geist und Materie stehen. Dort nimmt man alle erschaffenen Dinge – feste, flüssige und gasförmige Stoffe, Elektrizität, Energie – und alle Lebewesen – Götter, Menschen, Tiere, Pflanzen und Bakterien – nur noch als Bewußtseinsformen wahr, ähnlich wie wir bei geschlossenen Augen noch wissen, daß wir existieren, obgleich wir unseren Körper nicht mehr sehen können, weil dieser in uns als Vorstellung gegenwärtig ist. Was der Mensch in seiner Fantasie bewerkstelligen kann, das kann ein Kausalwesen in Wirklichkeit tun. Ganz besonders intelligente Menschen

---

*   »Er antwortete: ›Wo ein Aas ist, da sammeln sich auch die Geier‹« (*Lukas* 17, 37). Wann immer die Seele in einem physischen, astralen oder kausalen Körper eingeschlossen ist, versammeln sich auch die Geier der Wünsche und Begierden. Sie nähren sich von den menschlichen Schwächen oder von Bindungen an die Astral- bzw. Kausalwelt und halten die Seele gefangen.

mit einer ausgesprochen lebhaften Vorstellungskraft können sich in Gedanken zwischen den Extremen bewegen, können von einem Planeten zum anderen springen oder sich in den endlosen Abgrund der Ewigkeit stürzen; sie können gleich einer Rakete in den sternübersäten Himmel emporsteigen und wie ein Scheinwerfer über die Milchstraßen und Sternensysteme des Weltraums gleiten. Die Wesen in der Kausalwelt haben einen noch weitaus größeren Freiheitsspielraum: Sie können ihre Gedanken ohne jegliche stofflichen oder astralen Widerstände und karmischen Begrenzungen augenblicklich materialisieren.

Die Kausalwesen erkennen, daß der physische Kosmos nicht in erster Linie aus Elektronen und der astrale Kosmos nicht im wesentlichen aus Biotronen besteht, sondern daß beide in Wirklichkeit aus unendlich kleinen Teilchen göttlichen Gedankenguts geschaffen sind, das durch *Maya* – das Gesetz der Relativität, das das göttliche Sein dem Anschein nach von Seinen Phänomenen trennt – aufgespalten und zerteilt ist.

Seelen in der Kausalwelt nehmen einander als individualisierte Punkte des glückseligen Geistes wahr. Die einzigen ›Dinge‹, mit denen sie sich umgeben, sind ihre Gedankenobjekte. Für ein Kausalwesen besteht der Unterschied zwischen Körper und Gedanken nur in der Vorstellung. Ein Mensch kann mit geschlossenen Augen ein weißes Licht oder einen bläulichen Nebel visualisieren; ebenso können Kausalwesen allein durch ihre Gedanken sehen, hören, riechen, schmecken und fühlen. Kraft ihres kosmischen Geistes erschaffen sie alles und lösen es wieder auf.

In der Kausalwelt vollziehen sich Geburt und Tod nur in Gedanken. Kausalwesen nähren sich einzig und allein von der Ambrosia ewig neuer Erkenntnis. Sie trinken aus dem Quell des Friedens, schweben über dem unberührten Boden der Wahrnehmung und treiben im endlosen Meer der Glückseligkeit dahin. Sieh, wie ihre leuchtenden Gedankenkörper vorübergleiten an Millionen und Abermillionen aus Geiststoff erschaffenen Planeten, an neu entstehenden Universen, an Weisheitssternen und Traumgebilden aus goldenen Spiralnebeln, die alle im himmelblauen Schoß der Unendlichkeit ruhen!

Viele Wesen bleiben Tausende von Jahren im Kausalkosmos. Durch immer tiefere ekstatische Versenkung befreit sich die Seele schließlich von ihrem kleinen Kausalkörper und geht in die unermeßlichen Weiten des Kausalkosmos ein. Alle einzelnen Gedankenwellen – Macht, Liebe, Wille, Freude, Frieden, Intuition, Stille, Selbstbeherrschung und Konzentration – ergießen sich dann ins unerschöpfliche Meer der Glückseligkeit.

Die Seele muß nicht länger ihr Glück in einer individuellen Bewußtseins-
welle suchen; sie geht ein in das eine große kosmische Meer, das alle
Wellen in sich vereint – ewige Freude, ewiges Lachen, ewiges Leben!
Wenn sich die Seele aus dem Kokon der drei Körper befreit hat, entrinnt
sie auf immer dem Gesetz der Relativität und wird zum namenlosen,
immerwährenden Sein.* Schau den Schmetterling der Allgegenwärtigkeit, in dessen Flügel Sonnen, Monde und Sterne eingeprägt sind! Die
Seele, die zu Geist geworden ist, bleibt allein in der Sphäre des lichtlosen
Lichtes, des dunkellosen Dunkels, des gedankenlosen Gedankens und
berauscht sich in ekstatischer Freude an Gottes kosmischem Schöp-
fungstraum.«

»Eine freie Seele!« rief ich ehrfürchtig aus.

»Wenn sich die Seele endlich aus den drei körperlichen Gefäßen der
Täuschung befreit hat«, fuhr der Meister fort, »wird sie eins mit dem
Unendlichen, ohne etwas von ihrer Individualität einzubüßen. Christus
hatte diese endgültige Freiheit schon lange, bevor er als Jesus geboren
wurde, erlangt. In drei früheren Entwicklungsstufen – die in seinem
letzten Erdenleben durch die drei Tage vom Tod bis zur Auferstehung
versinnbildlicht wurden – hatte er schließlich die Kräfte gewonnen, voll
und ganz zum Geist aufzusteigen.

Der nicht entfaltete Mensch muß zahlreiche irdische, astrale und kausale
Inkarnationen durchleben, um aus seinen drei Körpern herauszukom-
men. Ein Meister, der seine endgültige Freiheit gefunden hat, kann
wählen, ob er als Prophet zur Erde zurückkehren und andere Menschen
auf den Weg zu Gott führen will oder ob er – wie ich beispielsweise – im
Astralkosmos leben und den dortigen Bewohnern einen Teil ihres Karmas abnehmen möchte;** dadurch hilft er ihnen, den Kreislauf der

---

* »Wer siegt, den werde ich zu einer Säule im Tempel meines Gottes machen,
   und er wird immer darin bleiben (das heißt, er soll sich nicht mehr wiederver-
   körpern) … Wer siegt, der darf mit mir auf meinem Thron sitzen, so wie auch
   ich gesiegt habe und mich mit meinem Vater auf seinen Thron gesetzt habe«
   (*Offenbarung* 3, 12; 21).

** Hier wird deutlich, daß Sri Yukteswar genauso wie in seiner irdischen Inkarnation, wo er gelegentlich die Krankheit eines Schülers auf sich genommen
   hatte, um dessen karmische Last zu verringern, auch als Erlöser in der Astralwelt die Fähigkeit hat, den Bewohnern auf *Hiranyaloka* einen Teil ihres astralen
   Karmas abzunehmen; auf diese Weise beschleunigt er ihre Entfaltung und
   bereitet sie für die höhere Kausalwelt vor.

Wiedergeburten im astralen Kosmos zu beenden und für immer in die Kausalsphäre einzugehen. Eine befreite Seele kann auch in der Kausalwelt bleiben und den dortigen Wesen helfen, die Phase ihrer kausalen Verkörperung zu verkürzen, um die endgültige Freiheit der Seele zu erlangen.«

»Auferstandener Meister, bitte erzähl mir noch mehr über das Karma, das die Seele zur Rückkehr in die drei Welten zwingt.« Ich hätte meinem allwissenden Meister ewig zuhören können. Niemals hatte ich während seines Erdenlebens in so kurzer Zeit soviel von seiner Weisheit in mich aufnehmen dürfen. Zum erstenmal gewann ich nun einen klaren und tiefen Einblick in die geheimnisvollen Zwischenbereiche auf dem Schachbrett von Leben und Tod.

»Das physische Karma – das heißt die irdischen Wünsche und Begierden des Menschen – muß völlig abgearbeitet sein, bevor dieser für immer in der Astralwelt verweilen darf«, erläuterte mir mein Guru auf seine fesselnde Art. »In den Astralsphären gibt es zwei Arten von Wesen: jene, die noch irdisches Karma zu tilgen haben und daher wieder in einen grobstofflichen Körper zurückkehren müssen; sie gelten nach ihrem körperlichen Tod als zeitweilige Besucher der Astralwelt und nicht als ständige Bewohner.

Wesen mit ungesühntem irdischem Karma dürfen nach ihrem astralen Tod nicht in die höhere Kausalsphäre der kosmischen Ideen eingehen, sondern müssen zwischen der physischen und astralen Welt hin und her pendeln; dabei sind sie sich abwechselnd ihres irdischen Körpers, bestehend aus den 16 grobstofflichen Elementen, bzw. ihres Astralkörpers aus den 19 feinstofflichen Elementen, bewußt. Der nicht entfaltete Mensch fällt nach dem Verlust seines physischen Körpers allerdings zumeist in einen tiefen, dumpfen Todesschlaf und nimmt die herrliche Astralsphäre überhaupt nicht wahr. Nach solch einer astralen Ruhepause kehrt er wieder auf die materielle Ebene zurück, um dort weitere Lernschritte zu tun. Durch seine wiederholten Besuche gewöhnt er sich allmählich an die feinstoffliche, astrale Welt.

Die ständigen Bewohner des astralen Universums hingegen sind frei von allen materiellen Begierden und brauchen daher nicht mehr in die grobe Schwingungssphäre der Erde zurückzukehren. Solche Wesen müssen nur noch ihr astrales und kausales Karma abtragen. Nach ihrem astralen Tod gehen sie in die unendlich feinere Kausalwelt ein, um ihren Kausalkörper in seiner erdachten Form nach einer vom kosmischen Gesetz bestimmten Zeitspanne wieder abzulegen und erneut nach *Hiranyaloka* oder einem ähnlich hochstehenden Astralplaneten zurückzukehren; dort werden sie in einem neuen Astralkörper wiedergeboren, um das noch verbleibende, ungesühnte astrale Karma zu tilgen.

Mein Sohn«, fuhr Sri Yukteswar fort, »nun dürftest du besser verstehen, daß ich auf göttliches Geheiß auferstanden bin, um jene Seelen zu erlösen, die nach ihrer Rückkehr von der Kausalsphäre in der Astralwelt wiedergeboren werden, anstatt mich mit solchen Astralwesen zu befassen, die von der Erde kommen; denn weil diese noch Spuren irdischen Karmas in sich tragen, ist es ihnen verwehrt, sich zu den sehr hochentwickelten Astralplaneten wie *Hiranyaloka* zu erheben.

Wie die meisten Menschen auf dieser Erde noch nicht gelernt haben, sich die höheren Freuden der Astralwelt visuell durch Meditation zu erschließen und sich daher nach ihrem Tode nur nach den unvollkommenen irdischen Freuden zurücksehnen, so können sich auch viele Astralwesen bei der natürlichen Auflösung ihres Astralkörpers noch nicht den erhabenen Zustand spiritueller Freude vorstellen, wie er die Kausalwelt durchdringt. Ihre Gedanken sind an die gröberen und spektakuläreren Astralfreuden gebunden, und sie sehnen sich nach dem Astralparadies zurück. Solche Menschen haben noch schweres astrales Karma zu sühnen, ehe sie nach ihrem astralen Tod für immer in der kausalen Welt der Gedanken bleiben dürfen, wo sie nur noch ein ganz dünner Schleier von ihrem Schöpfer trennt.

Nur wer kein weiteres Verlangen nach Erlebnissen in dem für das Auge so verführerischen Astralkosmos hat und nicht der Versuchung erliegt, zu ihm zurückzukehren, darf in der Kausalwelt bleiben. Dort sühnt die gefangene Seele ihr noch verbleibendes kausales Karma bzw. die Spuren vergangener Begierden und entfernt somit den letzten der drei ›Korken‹ der Unwissenheit. Dann endlich kommt sie frei aus ihrem allerletzten Gefäß – dem Kausalkörper –, um mit dem Ewigen zu verschmelzen.

Verstehst du nun?« fragte der Meister mit bezauberndem Lächeln.

»Ja, durch Eure Gnade! Meine Freude und Dankbarkeit läßt sich kaum in Worte kleiden!«

Kein Gesang und kein Buch hatten mir je ein derart tiefes Wissen vermitteln können. Die heiligen Schriften der Hindus erwähnen zwar die Kausal- und Astralwelten sowie die drei Körper des Menschen, doch die gedruckten Worte schienen mir im Vergleich zu dem lebendigen Zeugnis meines auferstandenen Meisters fad und nichtssagend! Für ihn gab es kein »unbekanntes Land, von dessen Ufern kein Wanderer wiederkehrt«!

»Das wechselseitige Durchdringen der drei Körper spiegelt sich auch deutlich in der dreifachen Natur des Menschen wider«, fuhr mein großer Guru fort. »Im Wachzustand ist sich der Mensch mehr oder weniger aller drei Gefäße bewußt. Sind seine Sinne mit Schmecken, Riechen, Fühlen, Hören oder Sehen beschäftigt, so wirkt er vor allem durch seinen physischen Körper. Wendet er seine Willens- oder Vorstellungskraft an, dann wirkt er in erster Linie durch seinen Astralkörper. Sein Kausalkörper ist hauptsächlich dann am Zuge, wenn er nachdenkt und tiefe Innenschau oder Meditation übt. Ein Genie empfängt seine kosmischen Ideen dadurch, daß es die meiste Zeit über mit seinem Kausalkörper in Kontakt steht. In diesem Sinne kann man also den Menschen grob als ein ›physisches‹, ›energetisches‹ und ›geistiges‹ Wesen einstufen.

Mit seinem physischen Vehikel identifiziert sich der Mensch täglich etwa sechzehn Stunden lang. In der übrigen Zeit schläft er. Wenn er träumt, wohnt er in seinem Astralkörper und kann mit der Mühelosigkeit eines Astralwesens beliebige Dinge erschaffen. Im tiefen und traumlosen Schlaf aber versetzt er sein Bewußtsein oder Gefühl des ›Ich-bin‹ für einige Stunden in den Kausalkörper; solch ein Schlaf ist erholsam und erquickend. Solange der Mensch träumt, ist er mit seinem astralen und nicht mit seinem kausalen Körper verbunden; nach dem Schlaf fühlt er sich dann nicht ganz so erfrischt.«

Ich hatte Sri Yukteswar die ganze Zeit über liebevoll betrachtet. »Erhabener Guru«, bemerkte ich, »Euer Körper sieht genauso aus wie damals in Puri, als ich ihn dort im Ashram beweinte.«

»Nun ja, mein neuer Körper ist eine perfekte Kopie des alten. Ich materialisiere und dematerialisiere diese Gestalt nach Wunsch, und zwar jetzt viel häufiger, als ich es während meines Erdendaseins tat. Durch augenblickliche Dematerialisation kann ich per ›Lichtexpreß‹ von einem Planeten zum anderen oder auch vom astralen zum kausalen bzw. physischen Kosmos reisen.« Lächelnd fügte mein göttlicher Guru hinzu: »Obgleich du in diesen Tagen soviel herumgekommen bist, war es nicht schwer für mich, dich hier in Bombay zu finden!«

»O mein Meister, wie sehr habe ich über Euren Tod getrauert!«

»Hm, inwiefern bin ich denn tot? Ist diese Behauptung nicht etwas widersinnig?« fragte Sri Yukteswar, und der Schalk blitzte aus seinen Augen.

»Auf Erden hast du nur geträumt und sahst auf dieser Erde nur meinen Traumkörper«, fuhr er fort. »Dann hast du das Traumbild begraben. Und jetzt ist mein feinerer fleischlicher Leib, wie du ihn vor dir siehst und im Augenblick sogar recht fest umarmst, auf einem feineren Traumplaneten Gottes auferstanden. Eines Tages wird auch dieser feinere Traumkörper mitsamt dem feineren Traumplaneten wieder vergehen; denn auch sie existieren nicht ewig. Alle Traumschöpfungen sind wie Seifenblasen und müssen letztendlich bei der Berührung des Erwachens zerplatzen. Lerne den Traum von der Wirklichkeit zu unterscheiden, mein lieber Sohn Yogananda!«

Diese aus dem Vedanta* stammende Vorstellung von der Auferstehung beeindruckte mich zutiefst, und ich schämte mich, den leblosen Körper des Meisters in Puri so sehr betrauert zu haben. Endlich verstand ich, daß mein Guru schon immer in Gott erwacht gewesen war und sein Leben, seinen Tod und seine jetzige Auferstehung nur als relative göttliche Ideen im kosmischen Traumspiel betrachtete.

»Ich habe dir nun alles über mein Leben, meinen Tod und meine Auferstehung gesagt, lieber Yogananda. Trauere nicht um mich, sondern verbreite überall die Kunde von meiner Auferstehung. Berichte allen, daß ich von dieser von Gott erträumten Erde zu einem von Gott erträumten Astralplaneten aufgefahren bin, wo in Astralhüllen gekleidete Seelen wohnen. Neue Hoffnung wird dann in die Herzen der von Kummer und Todesfurcht erfüllten Träumer dieser Welt einkehren.«

»Ja, Meister!« Ich war nur zu bereit, meine Freude über seine Auferstehung mit anderen zu teilen!

»Meine Anforderungen auf der Erde waren so hoch, daß die meisten Menschen sie als unbequem empfanden. Oft habe ich dich mehr als nötig gerügt. Doch du hast all meine Prüfungen bestanden; deine Liebe leuchtete durch alle Wolken des Tadels hindurch.« Und zärtlich fügte er hinzu: »Ich bin heute auch deshalb zu dir gekommen, um dir zu sagen: Nie mehr werde ich dich mit strengem, tadelndem Blick ansehen. Nie mehr werde ich dich rügen.«

---

* Leben und Tod sind nichts anderes als relative Vorstellungen. Der *Vedanta* lehrt, daß Gott die einzige Wirklichkeit ist, daß die ganze Schöpfung und jede individuelle Existenz *Maya*, also Illusion, sei. Diese Philosophie des Monismus kommt in Shankaras Kommentaren zu den Upanishaden am trefflichsten zum Ausdruck.

Doch wie sehr hatte ich die Zurechtweisungen meines großen Gurus vermißt! Jede von ihnen war mir wie ein Schutzengel gewesen. »Liebster Meister, tadelt mich vieltausendmal – rügt mich in diesem Augenblick!« »Ich werde es nie mehr tun.« Seine göttliche Stimme klang ernst, dennoch war ein unterschwelliges Lachen in ihr. »Wir werden gemeinsam lachen und fröhlich sein, solange sich unsere beiden Formen noch im *Maya*-Traum Gottes voneinander unterscheiden. Einst aber werden wir beide mit dem kosmischen Geliebten verschmelzen. Dann wird unser Lächeln zu Seinem Lächeln werden, und unser vereinter Freudengesang wird in der Ewigkeit widerhallen und alle mit Gott verbundenen Seelen erreichen.«

Nun erläuterte mir Sri Yukteswar noch verschiedene Dinge, die ich an dieser Stelle nicht offenlegen kann. Während der zwei Stunden, die er in meinem Hotelzimmer in Bombay zubrachte, beantwortete er all meine Fragen. Mehrere Prophezeiungen von weltumspannender Bedeutung, die er an jenem Junitag des Jahres 1936 machte, haben sich mittlerweile erfüllt.

»Ich verlasse dich nun, mein vielgeliebtes Kind!« Bei diesen Worten spürte ich, wie sich der Meister aus meinen Armen löste. »Mein Kind«, sagte er mit einer Stimme, die bis auf den Grund meiner Seele drang, »jedesmal, wenn du in den *Nirbikalpa Samadhi* eingehst und mich rufst, werde ich leibhaftig zu dir kommen, so wie ich es heute tat.«

Mit diesem himmlischen Versprechen entschwand Sri Yukteswar vor meinen Augen. Dann erscholl es wie ein melodischer Donner aus den Wolken: »Sage es allen: Wer im Zustand des *Nirbikalpa* zu der Erkenntnis gelangt, daß diese Erde nichts ist als ein Traum Gottes, der kann zu dem feinstofflichen Traumplaneten *Hiranyaloka* aufsteigen und mich dort in einem auferstandenen Körper antreffen, der genau meinem irdischen gleicht. Yogananda, sag es bitte allen!«

Vorüber war der Trennungsschmerz. Der Kummer über seinen Tod, der mir solange meinen inneren Frieden geraubt hatte, ergriff beschämt die Flucht. Unbeschreibliche Glückseligkeit durchflutete mich, und der reißende Strom meiner Freude spülte die seit langem verstopften Poren meiner Seele frei und machte sie weit und rein. Im Licht von Sri Yukteswars göttlichem Besuch ließ ich unterbewußte Gedanken und Gefühle aus meinen früheren Inkarnationen los und machte mich von deren karmischen Einflüssen frei.

In diesem Kapitel meiner Autobiographie folge ich dem Geheiß meines

Gurus und verbreite die frohe Botschaft von seiner Auferstehung, selbst wenn eine neue Generation gleichgültiger Menschen womöglich nichts mit ihr anzufangen weiß. Der Mensch kann sich gut in seinen Kummer verkriechen; Verzweiflung ist ihm auch nicht fremd. Dennoch sind dies Verkehrungen, die nichts mit seiner wahren Bestimmung zu tun haben. Wenn er sich erst einmal ernsthaft entschlossen hat, befindet er sich bereits auf dem Weg in die Freiheit. Zu lange hat er sich von seinen pessimistischen Ratgebern einreden lassen: »Staub bist du«, anstatt sich auf seine unsterbliche Seele zu besinnen.

Ich war nicht der einzige, dem das Vorrecht zuteil wurde, den auferstandenen Guru zu sehen.

Eine von Sri Yukteswars *Chelas*, eine alte Frau, die von allen liebevoll *Ma* (Mutter) genannt wurde, hatte ein ähnliches Erlebnis. Sie wohnte in der Nähe der Einsiedelei von Puri, und so war der Meister oft während seines Morgenspaziergangs vor ihrer Haustür stehengeblieben, um ein wenig mit ihr zu plaudern. Am Abend des 16. März 1936 kam Ma zum Ashram und verlangte, ihren Guru zu sehen.

»Der Meister ist doch vor einer Woche gestorben!« entgegnete Swami Sebananda, der inzwischen die Leitung der Einsiedelei übernommen hatte, und aus seinen Worten sprach tiefe Trauer.

»Das ist unmöglich!« widersprach sie lächelnd. »Vielleicht versucht Ihr nur, dem Guru allzu aufdringliche Besucher vom Leibe zu halten.«

»Leider nicht«, sagte Sebananda und erzählte ihr dann in allen Einzelheiten von den Beisetzungsfeierlichkeiten. »Kommt«, sagte er, »ich will Euch in den Vorgarten führen und Euch Sri Yukteswars Grabstätte zeigen.«

Doch Ma schüttelte den Kopf. »Für ihn gibt es kein Grab! Heute morgen um zehn Uhr kam er, wie gewöhnlich, auf seinem Spaziergang an meinem Haus vorbei und blieb vor meiner Tür stehen. Ich unterhielt mich mehrere Minuten lang mit ihm im hellen Tageslicht.

›Geh heute abend zum Ashram‹, so sagte er mir.

Und hier bin ich also! Gesegnet sei dieses weise, graue Haupt. Ich sollte wohl verstehen, daß der unsterbliche Guru mich heute morgen in einem transzendenten Körper aufgesucht hat.«

Da kniete Sebananda ergriffen vor ihr nieder und sprach: »Ma, Ihr habt mir eine schwere Last vom Herzen genommen. Nun weiß ich, daß er wahrhaftig auferstanden ist!«

Kapitel 44

Bei Mahatma Gandhi in Wardha

Willkommen in Wardha!« mit diesen herzlichen Worten begrüßte uns Mahatma Gandhis Sekretär Mahadev Desai, während er uns Kränze aus *Khaddar* (selbstgesponnener Baumwolle) umhängte. Es war ein Morgen im August. Miss Bletch, Mr. Wright und ich waren soeben auf dem Bahnhof von Wardha eingetroffen, froh, der Hitze des staubigen Zuges entronnen zu sein. Nachdem wir unser Gepäck auf einem Ochsenkarren verstaut hatten, bestiegen wir das bereitstehende Kabriolett und machten uns gemeinsam mit Mr. Desai und seinen Begleitern, Bahasaheb Deshmukh und Dr. Pingale, auf den Weg. Noch eine kurze Strecke auf schmutzigen Landstraßen, und wir waren in *Maganvadi*, dem Ashram des heiligen indischen Staatsmannes.

Mr. Desai führte uns sogleich in das Arbeitszimmer, wo Mahatma Gandhi mit gekreuzten Beinen auf dem Boden saß; in der einen Hand hielt er einen Federhalter und in der anderen ein Stück Papier. Ein gewinnendes, warmherziges Lächeln lag auf seinem Gesicht.

»Willkommen!« kritzelte er in Hindi auf das Papier, denn es war Montag – sein wöchentlicher Schweigetag.

Obgleich dies unsere erste Begegnung war, verband uns vom ersten Augenblick an große Zuneigung. Mahatma Gandhi hatte im Jahre 1925 die Schule in Ranchi besucht und sich mit einer anerkennenden Widmung in das dortige Gästebuch eingetragen.

Der heilige Mann strahlte ungeachtet seiner schmächtigen Gestalt – er wog kaum einhundert Pfund – körperliches, geistiges und seelisches Wohlbefinden aus. Das Leuchten in seinen sanften, braunen Augen verriet Klugheit, Aufrichtigkeit und Unterscheidungskraft. Als Staatsmann hat sich Mahatma Gandhi mit vielen hochrangigen Persönlichkeiten gemessen und ist aus zahlreichen rechtlichen, sozialen und politischen Kämpfen als Sieger hervorgegangen. Kein anderer Führer der Welt hat mit solcher Sicherheit den Weg zum Herzen seines Volkes gefunden wie Gandhi; ihm schlagen die Herzen von Millionen indischer Analphabeten entgegen. Sie waren es, die ihm in spontaner Anerkennung den berühmten Titel *Mahatma* (»große Seele«)* verliehen. Und ihnen zuliebe hat Gandhi seine Kleidung auf das so oft bespöttelte Lendentuch reduziert – als Zeichen seiner Verbundenheit mit den unterdrückten Massen, die sich etwas anderes nicht leisten konnten.

»Die Ashrambewohner stehen ganz zu Eurer Verfügung«, schrieb der Mahatma eilig auf einen Zettel, den er mir mit der ihm eigenen Höflichkeit überreichte. Dann führte uns Mr. Desai aus dem Arbeitszimmer zum Gästehaus hinüber.

Unser Weg führte uns durch Obstgärten und blühende Felder; schließlich kamen wir zu einem Backsteingebäude mit vergitterten Fenstern. Im Vorhof gab es einen Brunnen mit etwa sieben Metern Durchmesser, der – wie Mr. Desai erklärte – als Tränke diente. Ganz in der Nähe wurde gerade mit einem drehbaren Zementrad Reis gedroschen. Das Mobiliar unserer kleinen Schlafzimmer war auf das Allernotwendigste reduziert: Es gab darin nichts außer einem Bett aus geflochtenem Sisal. Die Ausstattung der weißgetünchten Küche bestand aus einem Wasserhahn in einer Ecke des Raumes und einem Feuerloch zum Kochen in der anderen. Allerhand ländliche Laute drangen an unser Ohr: das Lärmen der Krähen und Spatzen, das Brüllen des Viehs und das Geräusch der Meißel, mit denen Steine behauen wurden.

Als Mr. Desai das Reisetagebuch von Mr. Wright entdeckte, schlug er es auf und trug die verschiedenen *Satyagraha***-Grundsätze ein, denen die aufrichtigen Anhänger Mahatma Gandhis (die *Satyagrahis*) folgen:

> »Gewaltlosigkeit, Wahrheit, Nicht-Stehlen, Keuschheit, Besitzlosigkeit, körperliche Arbeit, Verzicht auf Gaumenfreuden, Furchtlosigkeit, gleiche Achtung vor allen Religionen, *Swadeshi* (Gebrauch der im eigenen Lande hergestellten Produkte), Aufhebung der Unberührbarkeit. Zu diesen elf Grundsätzen sollte sich ein jeder in Demut bekennen.« (Gandhi setzte am folgenden Tag eigenhändig seinen Namenszug unter diesen Eintrag und fügte das Datum, den 27. August 1935, hinzu.)

---

*   Sein eigentlicher Name lautet Mohandas Karamchand Gandhi. Er selbst bezeichnete sich nie als »Mahatma«.

** Die wörtliche Übersetzung aus dem Sanskrit lautet: »Festhalten an der Wahrheit«. *Satyagraha* ist der Name von Gandhis berühmter Bewegung der Gewaltlosigkeit.

Mahatma Gandhi.
Ich genieße ein ruhiges Mittagsmahl mit Indiens politischem
Heiligen in dessen Einsiedelei in Wardha im August 1935.

Zwei Stunden nach unserer Ankunft wurden meine Begleiter und ich zum Mittagessen gebeten. Der Mahatma saß bereits unter den Arkaden vor dem Haus an der seinem Arbeitszimmer gegenüberliegenden Hofseite. Er befand sich im Kreise von etwa 25 barfüßigen *Satyagrahis*, die allesamt vor ihren Messingbechern und -tellern am Boden hockten. Nach einem gemeinsam gesprochenen Gebet wurde die Mahlzeit aus großen Messingtöpfen serviert: mit *Ghi* bestrichene *Chapatis* (ungesäuertes Vollkorn-Weizenbrot), *Talsari* (in Würfel geschnittenes und gekochtes Gemüse) und Zitronenmarmelade. Der Mahatma aß *Chapatis*, gekochte rote Bete, etwas rohes Gemüse und Apfelsinen. Auf der einen Seite seines Tellers befand sich eine große Portion feingehackter *Neem*-Blätter – ein außerordentlich bitter schmeckendes Gemisch, das als Blutreinigungsmittel bekannt ist. Er nahm etwas davon mit seinem Löffel und legte es mir auf den Teller. Ich schluckte es schnell mit Wasser hinunter und fühlte mich in meine Kindheit zurückversetzt, wo mir meine Mutter regelmäßig eine Dosis dieses übelschmeckenden Gemisches verabreicht hatte. Gandhi jedoch kaute den bitteren Brei so genüßlich, als ob es sich dabei um eine köstliche Süßspeise handelte.

Dieser kleine Vorfall zeigte mir, daß der Mahatma die Wahrnehmungen seiner Sinne willentlich abschalten konnte. Ich erinnerte mich in diesem Zusammenhang auch wieder an die Blinddarmoperation, der er sich vor mehreren Jahren hatte unterziehen müssen. Er hatte damals jede Art von Betäubung abgelehnt und sich während der ganzen Operation mit seinen Anhängern unterhalten; dabei lachte er immer wieder in der für ihn so typischen ausgelassenen Art und zeigte damit, daß er tatsächlich keinerlei Schmerzen empfand.

Am Nachmittag hatte ich Gelegenheit, mit Madeleine Slade zu sprechen, jener englischen Admiralstochter, die Schülerin Gandhis wurde und jetzt den Namen Mirabai* führt. Ihr kraftvolles, ruhiges Antlitz strahlte vor

---

* Die unlängst von übelmeinenden Quellen in die Welt gesetzten Gerüchte, Miss Slade habe sich von Gandhi getrennt und ihr Gelübde gebrochen, entbehren jeder Grundlage. Miss Slade, die dem Mahatma seit zwanzig Jahren als *Satyagraha*-Schülerin treu ergeben ist, gab am 29. Dezember 1945 gegenüber der *United Press* eine Erklärung ab, in der sie verschiedene Gerüchte dementierte, die entstanden sind, nachdem sie im vollen Einvernehmen mit Gandhi in einen kleinen Ort im Nordosten Indiens unweit des Himalaja reiste, um dort ihren mittlerweile gut funktionierenden *Kisan-Ashram* (ein Zentrum zur medizinischen Versorgung und landwirtschaftlichen Beratung der ländlichen Be-

Begeisterung, als sie mir in fließendem Hindi von ihrer täglichen Arbeit berichtete.

»Die Aufbauarbeit auf dem Lande ist eine so dankbare Aufgabe! Jeden Morgen um fünf Uhr gehen mehrere von uns in das benachbarte Dorf, um den Menschen dort zur Hand zu gehen und ihnen die Grundregeln der Hygiene zu vermitteln. Dabei legen wir besonderen Wert darauf, bei der Sauberhaltung der Latrinen und Lehmhütten mit Hand anzulegen. Die Dorfbewohner sind Analphabeten, und so können wir sie nur durch unser Beispiel erziehen!« Dabei lachte sie fröhlich.

Ich bewunderte diese aus vornehmen Kreisen stammende Engländerin, die in echter christlicher Demut selbst vor den schmutzigsten Arbeiten nicht zurückscheute, die gewöhnlich nur von »Unberührbaren« ausgeführt werden.

»Ich bin 1925 nach Indien gekommen«, so erzählte Miss Slade, »und hatte sofort das Gefühl, hier zu Hause zu sein. Ich könnte nie wieder zu meinem früheren Leben und meinen früheren Interessen zurückkehren.«

Dann unterhielten wir uns über Amerika. »Ich freue mich immer wieder zu sehen, wie sehr sich die vielen Amerikaner, die nach Indien kommen, für spirituelle Themen interessieren«, sagte sie.*

Gleich darauf setzte sie sich an das *Charka* (Spinnrad), das in keinem Raum des Ashrams fehlte und dank der Bemühungen des Mahatma mittlerweile wieder überall in den ländlichen Gegenden Indiens in Betrieb ist.

Gandhi bringt triftige wirtschaftliche und kulturelle Beweggründe für die Wiederbelebung der traditionellen Baumwollindustrie vor, ist aber andererseits kein fanatischer Gegner des modernen Fortschritts. Maschinen, Eisenbahnen, das Automobil und der Fernschreiber haben in seinem eigenen Leben eine wichtige Rolle gespielt. Fünfzig Jahre Arbeit im

---

völkerung) einzurichten. Mahatma Gandhi plant, sich den neuen Ashram im Laufe des Jahres 1946 persönlich anzusehen.

* Miss Slade erinnert mich an eine andere außergewöhnliche Frau aus dem Westen, Margaret Woodrow Wilson, die älteste Tochter des bedeutenden amerikanischen Präsidenten. Ich begegnete ihr in New York, und sie zeigte großes Interesse an Indien. Später zog sie nach Pondicherry, wo sie die letzten fünf Jahre ihres Lebens bei Sri Aurobindo Ghosh verbrachte, um den Pfad strenger Übung zu gehen. Sri Aurobindo Ghosh ist ein Heiliger, der niemals spricht. Es gibt nur drei bestimmte Anlässe im Jahr, wo er seine Schüler wortlos begrüßt.

Dienst der Allgemeinheit, die er zum Teil im Gefängnis verbrachte, und die tägliche Auseinandersetzung mit all den vielen praktischen Details und harten Realitäten des politischen Lebens haben sein inneres Gleichgewicht, seine geistige Aufgeschlossenheit, seinen gesunden Menschenverstand und seine humorvolle Betrachtung des oft wundersamen menschlichen Dramas nur noch verstärkt.

Um sechs Uhr waren wir bei Babasaheb Deshmukh zum Abendessen eingeladen; und um sieben Uhr, zur abendlichen Gebetsstunde, fanden wir uns wieder im *Maganvadi*-Ashram ein und kletterten auf die Dachterrasse, wo sich bereits dreißig *Satyagrahis* im Halbkreis um Gandhi versammelt hatten. Der Mahatma saß auf einer Strohmatte; vor ihm stand eine altmodische Taschenuhr. Die untergehende Sonne warf ihre letzten Strahlen auf die Palmen und Banyanbäume, und ringsum begannen die Grillen ihr nächtliches Konzert. Diese friedlich-heitere Atmosphäre übte einen eigenartigen Zauber auf mich aus.

Mr. Desai stimmte einen feierlichen Gesang an, in den die anderen gelegentlich mit einstimmten. Danach wurde ein Abschnitt aus der *Gita* verlesen, und dann bedeutete der Mahatma mir, das Schlußgebet zu sprechen. Welch göttliche Harmonie von Denken und Streben! Diese Meditation auf dem Dach in Wardha unter dem abendlichen Sternenhimmel wird mir immer in Erinnerung bleiben.

Pünktlich um acht Uhr abends brach Gandhi sein Schweigen. Das gewaltige Arbeitspensum, das er täglich zu bewältigen hat, zwingt ihn dazu, seine Zeit genau einzuteilen.

»Willkommen, Swamiji!« begrüßte mich der Mahatma, diesmal nicht nur auf dem Papier. Dann führte er mich in sein Arbeitszimmer, dessen einfaches Mobiliar aus viereckigen Matten (anstelle von Stühlen) und einem niedrigen Pult bestand; hier lagen Bücher, Papiere und ein paar einfache Federhalter (keine modernen Füllfederhalter). In einer Ecke des Raumes tickte eine schlichte Uhr. Alles war von einer Atmosphäre des Friedens und der Andacht erfüllt. Gandhis Gesicht war eingefallen, sein Mund fast zahnlos – dennoch war das Lächeln, das er mir schenkte, unwiderstehlich.

»Vor Jahren begann ich damit, jede Woche einen Schweigetag einzulegen«, erklärte er mir, »um Zeit für meine Korrespondenz zu finden. Jetzt aber sind diese 24 Stunden eine geistige Notwendigkeit für mich geworden. Regelmäßige Schweigezeiten sind keine Qual, sondern ein wahrer Segen.«

Ich stimmte ihm von ganzem Herzen zu.* Dann stellte der Mahatma einige Fragen über Amerika und Europa, und anschließend sprachen wir über Indien und die allgemeine weltpolitische Lage.

»Mahadev«, sagte Gandhi, als Mr. Desai ins Zimmer trat, »triff bitte die nötigen Vorbereitungen, damit der Swamiji morgen abend in der Stadthalle einen Vortrag über Yoga halten kann.«

Als ich dem Mahatma gute Nacht wünschte, reichte er mir vorsorglich eine Flasche mit Zitronellöl.

»Die Moskitos in Wardha haben leider nicht die geringste Ahnung von *Ahimsa***, Swamiji«, sagte er lachend.

Am folgenden Morgen wurde uns zum Frühstück ein wohlschmeckender Brei aus Weizengries, Melasse und Milch serviert. Und um halb elf Uhr wurden wir zum Mittagessen gebeten, das wir gemeinsam mit Gandhi und den *Satyagrahis* auf der Terrasse des Ashrams einnahmen. Diesmal gab es Vollreis sowie verschiedene Gemüse mit Kardamom.

Nach dem Essen schlenderte ich über das Gelände des Ashrams bis zu einer Weide, wo einige Kühe ungestört grasten. Kühe zu schützen ist etwas, das Gandhi sehr am Herzen liegt.

»Für mich versinnbildlicht die Kuh die gesamte höhere Tierwelt; sie bietet dem Menschen Gelegenheit, sein Mitgefühl nicht nur seiner eigenen Spezies gegenüber, sondern artenübergreifend zum Ausdruck zu bringen«, so sagte der Mahatma einmal. »Durch die Kuh fühlt sich der Mensch mit allem, was da lebt, verbunden; warum die ehrwürdigen *Rishis* ausgerechnet die Kuh zum Gegenstand der Verehrung wählten, kann ich gut verstehen. Für den Inder gibt es kein besseres Sinnbild, denn die Kuh war stets großzügig im Geben. Sie gibt nicht nur Milch – ohne sie wäre auch die Landwirtschaft in ihrer heutigen Form undenkbar. Die Kuh ist die Verkörperung des Mitgefühls; Mitgefühl steht ihr in den Augen geschrieben. Für Millionen von Kindern ist die Kuh eine Art zweite Mutter. Wer der Kuh Schutz gewährt, schützt alle stummen Geschöpfe

---

* Ich selbst hatte in Amerika jahrelang Schweigezeiten eingehalten – sehr zum Leidwesen meiner Besucher und Sekretäre.

** Harmlosigkeit, Gewaltlosigkeit: das Fundament von Gandhis Lehre. Er ist in einer Familie strenger *Jainas* großgeworden, bei denen *Ahimsa* als die Quelle aller Tugenden gilt. Der Jainismus ist eine Sekte des Hinduismus, die im 6. Jahrhundert v. Chr. durch Mahavira, einen Zeitgenossen Buddhas, gegründet wurde. Möge Mahavira (»der große Held«) über die Jahrhunderte hinweg auf seinen heldenhaften Sohn Gandhi herabblicken!

Gottes. Der Hilferuf der Tiere ist gerade deshalb so ergreifend, weil er wortlos ist.«

Orthodoxe Hindus vollziehen dreimal am Tag bestimmte Riten. Dazu gehört auch *Bhuta-Yajna*, die Darbietung eines Nahrungsopfers an das Tierreich. Durch diese Zeremonie wird symbolisch bezeugt, daß sich der Mensch seiner Pflicht gegenüber den niederen Formen der Schöpfung bewußt ist, Formen, die durch ihre Instinkte – ebenso wie der Mensch – körpergebunden sind, die jedoch der befreienden Vernunft entbehren, über die nur der Mensch verfügt. *Bhuta-Yajna* stärkt also die Bereitschaft des Menschen, die schwächeren Geschöpfe zu schützen, so wie er seinerseits von unzähligen unsichtbaren, höheren Wesenheiten beschützt wird. Darüber hinaus ist er der Natur verpflichtet, denn Erde, Himmel und Meer überschütten ihn täglich mit ihren lebensspendenden Gaben. Dieser wortlose Ritus der Liebe trägt dazu bei, die natürlichen Verständigungsprobleme zwischen Natur, Tieren, Menschen und astralen Engeln zu überwinden.

Zwei weitere täglich zu verrichtende *Yajnas* sind *Pitri* und *Nri*. *Pitri-Yajna* ist eine rituelle Opfergabe an die Ahnen – eine symbolische Handlung, mit der der Gläubige seine Dankbarkeit gegenüber seinen Vorfahren zum Ausdruck bringt, deren Weisheit die Menschheit noch heute erleuchtet. *Nri-Yajna* ist ein Nahrungsopfer an Fremde und Bedürftige und soll den Menschen an seine Pflicht gemahnen, Nächstenliebe gegenüber seinen Mitmenschen zu üben.

Am frühen Nachmittag besuchte ich den von Gandhi gegründeten Ashram für junge Mädchen, um dort mein *Nri-Yajna* darzubringen. Mr. Wright begleitete mich auf der etwa zehnminütigen Fahrt. Die in bunte *Saris* gekleideten Mädchen, die uns da erwartungsvoll entgegenblickten, wirkten anmutig wie Blumenkinder. Nachdem ich draußen im Freien eine kurze Rede in Hindi* gehalten hatte, öffnete der Himmel seine Schleusen, und es goß in Strömen. Lachend kletterten Mr. Wright und ich in den Wagen, und kehrten durch spritzende Silberfontänen nach *Maganvadi* zurück. Was für ein tropischer Wolkenbruch!

---

* Hindi dient in ganz Indien als Verkehrssprache. Es ist indogermanischen Ursprungs und basiert hauptsächlich auf Sanskritwurzeln; gesprochen wird es vor allem im Norden Indiens. Der Hauptdialekt des westlichen Hindi ist Hindustani, das sowohl in den Schriftzeichen des *Devanagari* (Sanskrit) als auch in arabischen Buchstaben geschrieben wird. Der ihm verwandte Dialekt Urdu wird von den Moslems gesprochen.

Als ich wieder ins Gästehaus trat, sprang mir von neuem die spartanische Einfachheit und die bewußte Beschränkung auf das Wesentliche ins Auge, die überall zu spüren sind. Gandhi legte schon am Anfang seiner Ehe das Gelübde der Armut ab. Er kehrte seiner gutgehenden Rechtsanwaltskanzlei den Rücken, die ihm ein Jahreseinkommen von über 20 000 Dollar eingebracht hatte, und verteilte seinen ganzen Besitz unter die Armen.

Sri Yukteswar spöttelte oft über die allgemein verbreitete, jedoch völlig unzulängliche Vorstellung von dem, was man unter Entsagung zu verstehen habe.

»Ein Bettler kann keinen Reichtümern entsagen«, so sagte er. »Wenn einer klagt: ›Ich habe Bankrott gemacht, und meine Frau ist mir davongelaufen; darum will ich allem entsagen und ins Kloster gehen!‹ – von welchem Opfer spricht er dann? Er hat weder auf Reichtum noch auf Liebe verzichtet; beide haben auf ihn verzichtet.«

Heilige wie Gandhi dagegen haben nicht nur beachtliche materielle Opfer gebracht, sondern haben auch – was weitaus schwieriger ist – allen selbstsüchtigen Motiven und allem persönlichen Ehrgeiz entsagt, um mit ihrem ganzen Wesen im Strom der Menschheit aufzugehen.

Die Frau des Mahatmas, Kasturabai, war selbst eine bemerkenswerte Persönlichkeit; sie war damit einverstanden, daß nichts von seinem Vermögen für sie und die Kinder zurückgelegt wurde. Gandhi und seine Frau, die früh geheiratet hatten, legten nach der Geburt mehrerer Söhne das Gelübde der Keuschheit ab.*

---

*   Gandhi hat in seinem Buch *The Story of My Experiments with Truth* (»Die Geschichte meiner Experimente mit der Wahrheit« – Ahmedabad: Navajivan Press, 1927–1929, in 2 Bänden) sein Leben mit schonungsloser Offenheit geschildert. Diese Autobiographie wurde von C. F. Andrews in dem Buch *Mahatma Gandhi, His Own Story* (»Mahatma Gandhi, sein Leben aus eigener Sicht« – New York: Macmillan Co., 1930) zusammengefaßt und mit einer Einführung von J. H. Holmes ergänzt.

    Es gibt viele Autobiographien mit einer Fülle berühmter Namen und interessanter Daten, doch sie sagen uns so gut wie gar nichts über Momente der Besinnung oder Phasen des inneren Wachstums. So legt man diese Bücher immer irgendwie unbefriedigt aus der Hand und sagt sich: »Das ist ein Mensch, der zwar viele berühmte Personen, nicht aber sich selbst kannte.« Dieser Gedanke kann beim Lesen der Autobiographie Gandhis kaum aufkommen, denn er beschreibt seine Fehler und Schwächen mit einer derart unpersönlichen Liebe zur Wahrheit, wie sie in kaum einem anderen Buch zu finden ist.

Kasturabai hat als stumme Heldin das Schicksal ihres Mannes geteilt; sie ist ihm ins Gefängnis gefolgt, hat mit ihm drei Wochen lang gefastet und unermüdlich ihren Anteil an seiner schweren Aufgabe getragen. Ihre Verehrung für Gandhi bringt sie in folgenden Worten zum Ausdruck:

»Ich danke Dir für das Vorrecht, daß ich mein Leben mit Dir habe teilen und Dir habe zur Seite stehen dürfen. Ich danke Dir für die vollkommenste Ehe der Welt, die auf *Brahmacharya* (Selbstbeherrschung) und nicht auf Sinnlichkeit beruht. Ich danke Dir, daß Du mich in Deinem Lebenswerk für Indien als ebenbürtige Partnerin betrachtet hast. Ich danke Dir, daß Du nicht zu jenen Ehemännern gehörst, die ihre Zeit mit Glücksspiel, Rennsport, Frauen, Wein und Gesang verbringen und ihrer Frau und ihrer Kinder nach kurzer Zeit überdrüssig werden, so wie ein kleiner Junge sein Spielzeug schon bald langweilig findet. Ich danke Dir, daß Du keiner jener Ehemänner bist, die ihr ganzes Leben damit zubringen, Reichtümer anzusammeln und die Arbeitskraft anderer Menschen auszubeuten.

Wie dankbar bin ich, daß Gott und Dein Vaterland Dir mehr bedeuten als Bestechungsgelder, daß Du mutig für Deine Überzeugungen eintrittst und daß Du ein unerschütterliches Vertrauen in Gott hast. Wie dankbar bin ich, einen Mann zu haben, dem Gott und sein Vaterland wichtiger sind als ich. Ich danke Dir für die Nachsicht, mit der Du meinen jugendlichen Schwächen begegnet bist, als ich nörgelte und mich auflehnte gegen die Änderungen, die Du in unserem Leben vornahmst, gegen den Übergang von Wohlstand zu Armut.

Schon als Kind kam ich ins Haus Deiner Eltern. Deine Mutter war eine wunderbare und gütige Frau; sie erzog mich und lehrte mich, wie ich eine tapfere, unerschrockene Ehefrau werden und mir die Liebe und Achtung ihres Sohnes – meines künftigen Ehemannes – erhalten könne. Als Du mit den Jahren der geliebte Führer Indiens wurdest, hatte ich keinen Augenblick Angst davor, beiseite geschoben zu werden, wie viele Frauen in anderen Ländern, deren Männer auf dem Gipfel des Ruhms angelangt sind. Ich wußte, daß wir bis in den Tod als Mann und Frau vereint bleiben würden.«

Jahrelang war Kasturabai mit der Verwaltung der öffentlichen Gelder betraut, die der Mahatma bei seinen Millionen von Anhängern zusammentragen konnte. In indischen Familien erzählt man sich manch humorvolle Geschichte darüber, daß Ehemänner nervös werden, wenn ihre Frauen während einer Gandhi-Versammlung irgendwelchen Schmuck tragen; denn wenn der Mahatma um Hilfe für die Unterdrückten bittet, bewirkt die Zauberkraft seiner Worte, daß die goldenen Armreifen und diamantbesetzten Kolliers vom Arm und Hals der Reichen direkt in den Sammelkorb gleiten!

Einmal konnte Kasturabai, die Schatzmeisterin, keine Rechenschaft über die Ausgabe von vier Rupien ablegen. Gandhi veröffentlichte daraufhin ordnungsgemäß einen Bericht, in dem er den von seiner Frau verursachten Fehlbetrag von vier Rupien schonungslos bekanntgab.

Ich habe diese Geschichte öfters während meiner Yoga-Kurse in Amerika erzählt. Eines Abends geriet eine Zuhörerin darüber in helle Empörung. »Mahatma oder kein Mahatma«, rief sie, »wenn er mein Mann gewesen wäre, hätte ich ihm für diese unnötige öffentliche Beleidigung ein blaues Auge geschlagen.«

Nach einem kurzen, spaßhaften Wortgeplänkel über den Unterschied zwischen amerikanischen und indischen Frauen entschloß ich mich, das Ganze näher zu erläutern.

»Gandhis Frau betrachtet den Mahatma nicht als ihren Ehemann, sondern als ihren Guru, der das Recht hat, sie wegen des geringsten Fehlers zu rügen«, sagte ich. »Kurze Zeit nachdem Kasturabai öffentlich getadelt worden war, wurde Gandhi aus politischen Gründen zu einer Gefängnisstrafe verurteilt. Als er sich still von seiner Frau verabschiedete, fiel sie ihm zu Füßen. ›Meister‹, sagte sie demütig, ›sollte ich Dich je gekränkt haben, so vergib mir bitte.‹«[*]

Doch zurück nach Wardha. An jenem Nachmittag begab ich mich, wie vereinbart, gegen drei Uhr in das Arbeitszimmer dieses Heiligen, der das seltene Wunder vollbracht hatte, seine eigene Frau zu einer ergebenen Schülerin zu machen. Gandhi blickte mit seinem einzigartigen Lächeln auf.

---

[*] Als Kasturabai Gandhi im Gefängnis in Poona am 22. Februar 1944 starb, weinte selbst der für gewöhnlich so emotionslose Gandhi. Nachdem ihre Anhänger vorgeschlagen hatten, zu ihren Ehren einen Gedächtnisfonds einzurichten, trafen Spenden in Höhe von 125 *Lakh* Rupien (annähernd vier Millionen Dollar) aus allen Teilen Indiens ein. Gandhi hat dafür gesorgt, daß die Gelder des Fonds im Rahmen dörflicher Wohlfahrtsarbeit für die Unterstützung von Frauen und Kindern verwendet werden. Ein entsprechender Tätigkeitsbericht wird regelmäßig in der englischen Wochenzeitung *Harijan* veröffentlicht.

»Mahatmaji«, fragte ich, während ich mich neben ihm auf einer harten Matte niedersetzte, »was genau versteht Ihr unter *Ahimsa*?«

»Daß man vermeidet, irgendeinem Lebewesen in Gedanken oder Taten Leid anzutun.«

»Ein hohes Ideal! Aber die Menschen in der Welt werden immer fragen: Darf man nicht einmal eine Kobra töten, um einem Kind oder sich selbst das Leben zu retten?«

»Ich könnte keine Kobra töten, ohne zwei meiner Gelübde zu brechen: Furchtlosigkeit und Nicht-Töten. Ich würde eher versuchen, die Schlange durch Schwingungen der Liebe zu besänftigen; denn ich kann unmöglich meine ethischen Normen senken, um sie den Umständen anzupassen.« Und mit der für ihn typischen entwaffnenden Aufrichtigkeit fügte er hinzu: »Ich muß gestehen, daß ich nicht so unbekümmert darüber sprechen könnte, wenn ich mich gerade einer Kobra gegenübersähe.«

Ich machte eine Bemerkung zu einigen erst kurz zuvor erschienenen Diätbüchern westlicher Herkunft, die auf seinem Schreibtisch lagen.

»Ja, die Ernährung spielt, wie überall sonst, auch in der *Satyagraha*-Bewegung eine wichtige Rolle«, sagte er lachend. »Da ich von den *Satyagrahis* völlige Enthaltsamkeit verlange, bin ich stets auf der Suche nach der optimalen Verpflegung für keusch lebende Menschen. Wer den Fortpflanzungstrieb beherrschen will, muß zuerst den Gaumen beherrschen können. Hungerkuren und einseitige Ernährung sind keine Lösung. Wenn der *Satyagrahi* erst einmal die innere Gier nach Nahrung überwunden hat, muß er eine vernünftige, vegetarische Kost mit allen lebensnotwendigen Vitaminen, Mineralsalzen, Kalorien und so weiter zu sich nehmen. Durch innere Einsicht und vernünftige Ernährung läßt sich die Samenflüssigkeit des *Satyagrahis* leicht in Lebensenergie verwandeln, die dem ganzen Körper zugute kommt.«

Wir tauschten dann unsere Erfahrungen in bezug auf Lebensmittel aus, die als Alternative zu Fleisch dienen können. »Avocados sind hervorragend geeignet«, sagte ich. »In der Nähe meines Zentrums in Kalifornien gibt es viele Avocadohaine.«

Gandhi zeigte lebhaftes Interesse. »Ob Avodados wohl auch in Wardha gedeihen würden? Die *Satyagrahis* würden sich bestimmt über eine Abwechslung auf ihrem Speiseplan freuen.«

»Ich werde Euch auf jeden Fall einige Avocadopflanzen aus Los Angeles

schicken«*, sagte ich und fügte hinzu: »Auch Eier sind eine gute Eiweiß-
quelle. Ist es den *Satyagrahis* gestattet, Eier zu essen?«

»Unbefruchtete Eier, ja.« Dann lachte der Mahatma bei dem Gedanken
an folgendes Erlebnis: »Jahrelang duldete ich keine Eier bei uns, und ich
selbst esse sie auch heute noch nicht. Dann aber wurde eine meiner
Schwiegertöchter schwer krank; sie war unterernährt und lag im Sterben.
Der Arzt meinte, daß sie unbedingt Eier essen solle. Ich aber wollte meine
Einwilligung nicht geben und schlug vor, irgendeinen Ei-Ersatz zu beschaffen.

›Aber Gandhiji‹, sagte der Doktor da, ›unbefruchtete Eier enthalten doch
gar keine Lebenskeime; wenn man sie ißt, wird kein Leben vernichtet.‹

Daraufhin erlaubte ich meiner Schwiegertochter natürlich, Eier zu essen;
und schon bald darauf wurde sie gesund.«

Am Abend zuvor hatte Gandhi den Wunsch geäußert, in Lahiri Mahasayas *Kriya*-Yoga eingeweiht zu werden. Die geistige Aufgeschlossenheit
und Wißbegierde des Mahatmas rührten mich zutiefst. In seiner göttlichen Suche zeigte er jene reine Empfänglichkeit, wie sie Jesus mit den
Worten pries: »… denn ihnen gehört das Himmelreich.«

Als die vereinbarte Zeit für die Einweihung gekommen war, betraten
mehrere *Satyagrahis* – Mr. Desai, Dr. Pingale und einige andere, die
ebenfalls die *Kriya*-Technik empfangen wollten – den Raum.

Zuerst zeigte ich den Anwesenden die körperlichen *Yogoda*-Übungen.
Dabei stellt man sich den Körper in zwanzig Teilbereiche aufgeteilt vor
und lädt jeden einzelnen dieser Körperteile kraft seines Willens mit
Energie auf. Bald vibrierten alle in der Gruppe wie »menschliche Moto-
ren«. Bei Gandhi konnte man deutlich die wellenartigen Bewegungen
erkennen, wie sie sich über seinen ganzen fast unbekleideten Körper
ausbreiteten. Obgleich er sehr dünn ist, ist er durchaus nicht unansehn-
lich; denn seine Haut ist glatt und ohne Falten.

Später weihte ich die Gruppe in die befreiende Technik des *Kriya*-Yoga
ein.

Der Mahatma hat sich ehrfurchtsvoll mit allen großen Weltreligionen
auseinandergesetzt. Die wichtigsten Anregungen, die ihn zu einem über-
zeugten Vertreter der Gewaltlosigkeit machten, empfing er aus den

---

* Kurz nach meiner Rückkehr nach Amerika löste ich mein Versprechen ein,
 doch leider überstanden die Pflanzen die lange Überfahrt nicht.

heiligen Schriften der Jainas, dem Neuen Testament und den soziologi-
schen Werken Tolstois.* Sein Glaubensbekenntnis lautet wie folgt:
»Ich glaube, daß die Bibel, der Koran und die *Zend-Avesta*** ihre Entstehung derselben göttlichen Inspiration verdanken wie die *Veden*. Ich
glaube an die Institution der Gurus; in diesem Zeitalter jedoch müssen
Millionen von Menschen ohne Guru auskommen, weil es nur sehr wenige
gibt, die höchste Reinheit und höchstes Wissen in sich vereinigen. Dennoch braucht man nicht den Mut zu verlieren und zu denken, daß man
niemals die Wahrheit der Religion erfahren könne, denn die Grundsätze
des Hinduismus sind – wie die jeder anderen großen Religion – zeitlos
und leichtverständlich.

Ich glaube, wie jeder Hindu, an den einen unteilbaren Gott, an Wiedergeburt und Erlösung ... Ich kann mein Gefühl für den Hinduismus ebensowenig beschreiben wie das Gefühl für meine Frau. Sie bewegt mich, wie
keine andere Frau in der Welt es vermag. Das soll nicht heißen, daß sie
keine Fehler hat; wahrscheinlich hat sie viel mehr Fehler, als ich selbst
sie benennen könnte. Dennoch besteht zwischen uns das Gefühl einer
unauflöslichen Verbundenheit. Und ebendieses Gefühl habe ich für den
Hinduismus trotz all seiner Schwächen und Grenzen. Nichts entzückt
mich so sehr wie die melodische Sprache der *Gita* oder des *Ramayana*
von Tulsidas. Als ich dachte, meine letzte Stunde sei gekommen, war die
Gita mein Trost.

Der Hinduismus ist keine exklusive Religion. Er bietet Raum für alle
großen Propheten der Welt.*** Er treibt keine Mission im eigentlichen
Sinne. Zweifellos hat auch er viele Volksstämme bekehrt und unter
seinem Namen vereinigt; doch dies geschah stets im Rahmen eines
langsamen, kaum merklichen Evolutionsprozesses. Der Hinduismus
lehrt, daß jeder Mensch Gott nach seinem eigenen Glauben oder *Dhar-*

---

   * Thoreau, Ruskin und Mazzini sind drei andere westliche Schriftsteller, mit
     deren sozialkritischen Werken sich Gandhi eingehend beschäftigt hat.
  ** Die heilige Schrift der Perser, die 1000 v. Chr. von Zarathustra verfaßt wurde.
*** Im Unterschied zu allen anderen Weltreligionen ist der Hinduismus nicht von
     einer großen Persönlichkeit gegründet worden, sondern beruht auf den an-
     onymen vedischen Schriften. Aus diesem Grunde kann der Hinduismus die
     Propheten aller Länder und aller Zeiten verehren und in sich aufnehmen. Die
     vedischen Schriften enthalten nicht nur Vorschriften für die Religionsaus-
     übung, sondern regeln auch das Gemeinschaftsleben, um dem Menschen zu
     helfen, all seine Handlungen mit dem göttlichen Gesetz in Einklang zu brin-
     gen.

*ma** anbeten soll, und lebt daher mit allen anderen Religionen in friedlicher Koexistenz.«

Über Christus hat Gandhi geschrieben: »Wenn er heute unter den Menschen lebte, würde er sicherlich viele Menschen segnen, die womöglich noch nie seinen Namen gehört haben – gleichwie geschrieben steht: ›… nicht jeder, der zu mir sagt: Herr! Herr!, … sondern nur, wer den Willen meines Vaters im Himmel erfüllt.‹** Mit seinem Leben gab Jesus der Menschheit ein unvergleichliches Beispiel und wies ihr den Weg, der zum einzig erstrebenswerten Ziel führt. Ich glaube, daß er nicht nur der Christenheit, sondern der ganzen Welt, allen Ländern und allen Rassen, gehört.«

An meinem letzten Abend in Wardha sprach ich vor einer Versammlung, die von Mr. Desai in der Stadthalle einberufen worden war. Der Raum war einschließlich der Fensterbretter dicht besetzt; etwa 400 Menschen waren erschienen, um meinen Vortrag über Yoga zu hören. Ich hielt ihn zuerst in Hindi, dann auf englisch. Als wir zum Ashram zurückkehrten, hatten wir noch Gelegenheit, Gandhi gute Nacht zu wünschen, der zu dieser späten Stunde mit seiner Korrespondenz beschäftigt war.

Als ich am nächsten Morgen gegen fünf Uhr aufstand, war es noch dunkel. Doch das Leben im Dorf begann bereits zu erwachen. Zuerst rollte ein Ochsenkarren am Tor des Ashrams vorbei; dann zog ein Bauer vorüber, der vorsichtig eine große Last auf seinem Kopf balancierte. Nach dem Frühstück begaben wir drei uns zu Gandhi, um ihm zum Abschied unser *Pronam* zu entbieten. Der Heilige steht jeden Morgen um vier Uhr auf, um seine Morgenandacht zu halten.

»Auf Wiedersehen, Mahatmaji!« Ich kniete nieder, um seine Füße zu berühren. »Bei Euch ist Indien in guten Händen.«

Jahre sind seit jenen idyllischen Tagen in Wardha vergangen. Erde, Himmel und Meer wurden durch eine vom Krieg zerrissene Welt verdunkelt. Als einziger unter den Großen dieser Welt hat Gandhi anstelle von Waffengewalt die praktische Alternative der Gewaltlosigkeit ausgewählt. Die Beseitigung von sozialen Ungerechtigkeiten und politischem Un-

---

*   Ein umfassendes Sanskritwort für Gesetz, Gesetzestreue bzw. natürliche Rechtschaffenheit oder die Pflichten des Menschen, wie sie sich aus den jeweiligen Umständen ergeben. Den heiligen Schriften zufolge bedeutet *Dharma* »natürliche, allgemeingültige Gesetze, die der Mensch befolgen muß, um sich Leid und Erniedrigung zu ersparen«.
*   *Matthäus* 7, 21.

recht setzte er immer wieder erfolgreich mit gewaltlosen Mitteln durch. Er selbst faßt seine Lehre in folgende Worte:

»Ich habe festgestellt, daß Leben auch inmitten von Zerstörung weitergeht. Es muß also ein höheres Gesetz als das der Zerstörung geben. Nur unter einem solchen Gesetz kann eine wohlgeordnete Gesellschaft sinnvoll bestehen – kann das Leben lebenswert sein.

Wenn dieses Gesetz für unser Leben maßgebend ist, müssen wir es auch täglich befolgen. Wann immer Kriege geführt werden, wo immer wir einem Gegner gegenüberstehen – wir müssen durch Liebe siegen. In meinem eigenen Leben hat das unfehlbare Gesetz der Liebe Dinge bewirkt, die das Gesetz der Zerstörung nicht hat vollbringen können.

Indien hat bereits in größtmöglichem Umfang den sichtbaren Beweis für die Wirksamkeit dieses Gesetzes geliefert. Ich will nicht behaupten, daß alle 360 Millionen Inder bereits von der Idee der Gewaltlosigkeit durchdrungen sind, aber ich behaupte, daß sie in unglaublich kurzer Zeit fester als irgendeine andere Lehre Fuß gefaßt hat.

Es bedarf einer strengen Schulung, um den Bewußtseinszustand der Gewaltlosigkeit zu erlangen. Wer ihn erreichen will, muß ein auf militärische Weise diszipliniertes Leben führen. Er stellt sich erst dann ein, wenn Gedanken, Handlungen und Worte in völligem Einklang miteinander stehen. Jedes Problem ließe sich lösen, wenn wir uns nur dazu entschließen könnten, das Gesetz der Wahrheit und der Gewaltlosigkeit zum Gesetz unseres Lebens zu machen.

Genau wie der Wissenschaftler durch die Anwendung verschiedener Naturgesetze wahre Wunder vollbringt, kann ein Mensch, der das Gesetz der Liebe anwendet, mit wissenschaftlicher Präzision noch viel größere Wunder vollbringen. Die Gewaltlosigkeit ist unendlich schöner und subtiler als Naturkräfte wie beispielsweise die Elektrizität. Das Gesetz der Liebe ist eine wesentlich bedeutendere Wissenschaft als jede moderne wissenschaftliche Lehre.«

Ein Blick auf die Geschichte der Menschheit zeigt, daß es dem Menschen noch nie gelungen ist, seine Probleme durch den Einsatz brutaler Gewalt zu lösen. Der erste Weltkrieg brachte einen Schneeball grauenhaften Karmas ins Rollen, der zur Lawine des zweiten Weltkrieges anschwoll. Nur die Wärme menschlicher Brüderlichkeit kann jetzt die gewaltigen Schneemassen des todbringenden Karmas schmelzen, die sich sonst unweigerlich zu einem dritten Weltkrieg zusammenballen werden. Und die Atombomben mit ihrer verheerenden Vernichtungskraft werden dafür sorgen, daß diese unheilige Trinität keinen vierten Weltkrieg mehr nach sich ziehen kann. Versucht man, den Streit unter den Menschen nicht mit Vernunft, sondern durch das Gesetz des Dschungels zu lösen, wird unsere Erde wieder zum Dschungel werden. Können wir nicht Brüder im Leben sein, so müssen wir Brüder im gewaltsamen Tod sein!

Kriege und Verbrechen zahlen sich niemals aus. Die Milliarden von Dollar, die im Schall und Rauch sinnloser Explosionen aufgingen, hätten genügt, um eine neue Welt zu schaffen, in der es kaum noch Krankheit und überhaupt keine Armut mehr gibt – eine Welt, in der nicht Furcht und Chaos, Hungersnot, Seuchen und der Totentanz das Dasein bestimmen, sondern in der Frieden, Wohlstand und das Streben nach Wissen regieren.

Gandhis Stimme der Gewaltlosigkeit richtet sich an das Gewissen der ganzen Menschheit. Mögen sich die Völker nicht länger mit dem Tod, sondern mit dem Leben, nicht mit der Zerstörung, sondern mit dem Aufbau, nicht mit dem Vernichter aller Dinge, sondern mit dem Schöpfer verbünden!

»Wir sollten vergeben, ganz gleich, welches Leid man uns auch zugefügt hat«, so heißt es im *Mahabharata*. »Es steht geschrieben, daß der Fortbestand der Spezies auf der menschlichen Fähigkeit zu vergeben beruht. Vergebung ist Heiligkeit. Vergebung hält das Universum zusammen. Vergebung ist die Macht der Mächtigen; Vergebung ist Opfer; Vergebung ist Ruhe des Geistes. Vergebung und Sanftmut sind die Eigenschaften derer, die Selbstbeherrschung üben. Sie verkörpern die ewige Tugend.«

Gewaltlosigkeit ist eine natürliche Folge des Prinzips der Liebe und Vergebung. »Wenn in einem gerechten Kampf Menschenleben geopfert werden müssen«, so die Botschaft Gandhis, »sollte man, wie Jesus, bereit sein, sein eigenes – nicht aber das Blut anderer – zu vergießen. Dann wird es letztendlich weniger Blutvergießen auf dieser Welt geben.«

Dereinst wird man die indischen *Satyagrahis*, die Haß mit Liebe und Gewalt mit Gewaltlosigkeit begegneten, die sich lieber erbarmungslos niederknüppeln ließen, als selbst zu den Waffen zu greifen, in der Dichtkunst verewigen. Es hat bereits Fälle gegeben, wo die Gegner ihre Gewehre fortwarfen und flohen, weil sie der Anblick dieser Menschen, die das Leben anderer über ihr eigenes stellten, zutiefst erschütterte und beschämte.

»Lieber würde ich, wenn es sein muß, jahrhundertelang warten«, sagte Gandhi, »als die Freiheit meines Landes mit Blut zu erkaufen.« Der Mahatma hat nie die warnenden Worte der Bibel aus den Augen verloren: »Denn alle, die zum Schwert greifen, werden durch das Schwert umkommen.«* Er schreibt:

»Ich halte mich für einen Patrioten, doch mein Patriotismus ist so umfassend wie das Universum. Er schließt alle Nationen der Erde ein.** Mein Patriotismus erstrebt das Wohlergehen der ganzen Welt. Ich will nicht, daß sich mein Indien aus der Asche anderer Nationen erhebt. Ich will nicht, daß Indien auch nur ein einziges menschliches Wesen ausbeutet. Ich will, daß Indien stark ist, damit es andere Nationen durch seine Kraft stützen kann. Keine einzige europäische Nation kann dies heute von sich behaupten; keine von ihnen teilt ihre Stärke mit anderen.

Präsident Wilson hat einen wunderschönen Vierzehn-Punkte-Plan aufgestellt, doch dann sagte er: ›Sollten unsere Bemühungen um den Frieden fehlschlagen, so können wir immer noch auf unsere Waffen zurückgreifen.‹ Ich möchte diese Aussage umkehren und sagen: ›Unsere Waffen haben bereits versagt. Laßt uns nun nach etwas Neuem suchen; laßt uns die Kraft der Liebe, die Kraft Gottes anwenden, in der allein die Wahrheit liegt.‹ Wenn uns das gelingt, werden wir nichts anderes mehr wollen.«

Indem er Tausende von ergebenen *Satyagrahis* (Menschen also, die sich zu den zuvor erwähnten elf strengen Grundsätzen bekennen) ausbildete, die ihrerseits seine Botschaft weitertragen; indem er die indischen Massen immer wieder geduldig aufklärte und ihnen die geistigen und schließlich auch materiellen Vorteile der Gewaltlosigkeit vor Augen führte; indem er sein Volk mit »Waffen« der Gewaltlosigkeit aufrüstete – passiver Widerstand und williges Ertragen von Schmähungen, Gefängnisstrafen und selbst des Todes anstelle des Einsatzes von Waffengewalt; indem er die Aufmerksamkeit der Weltöffentlichkeit auf die unzähligen Beispiele heroischen Märtyrertums unter seinen *Satyagrahis* lenkte und so das

---

 * *Matthäus* 26, 52.
 ** »Rühmet euch nicht eurer Liebe zum Vaterland; rühmet euch vielmehr eurer Liebe zur Menschheit.«
    Persisches Sprichwort

Mitgefühl aller erweckte; indem er all dies tat, hat Gandhi den praktischen Wert der Gewaltlosigkeit bewiesen und gezeigt, auf welch würdevolle Weise sich damit Auseinandersetzungen auf friedlichem Wege lösen lassen.

Gandhi hat mit den Mitteln der Gewaltlosigkeit bereits mehr politische Zugeständnisse für sein Land erwirkt als manch anderer Führer mit Waffengewalt. Doch die Methoden der Gewaltlosigkeit haben sich nicht nur bei der Beseitigung von Mißständen und Übeln auf der politischen Bühne als außerordentlich erfolgreich erwiesen, sondern auch in der heiklen und komplexen Frage der indischen Sozialreform. Gandhi und seinen Anhängern ist es gelungen, viele der seit Generationen bestehenden Fehden zwischen Hindus und Moslems zu beenden. Hunderttausende von Moslems betrachten den Mahatma als ihren Führer. Die Unberührbaren sehen in ihm ihren furchtlosen und erfolgreichen Fürsprecher. »Wenn mir eine Wiedergeburt bevorsteht«, schrieb Gandhi einmal, »so möchte ich als *Pariah* unter *Pariahs* geboren werden, denn dann könnte ich ihnen besser helfen.«

Der Mahatma ist in der Tat eine »große Seele«; dennoch waren es die Millionen Analphabeten, die so klug waren, ihm diesen Titel zu verleihen. Dieser sanfte Prophet wird selbst in seinem eigenen Land verehrt. Auch der einfache Bauer ist imstande, Gandhis hohen Anforderungen gerecht zu werden. Der Mahatma glaubt von ganzem Herzen an das Edle im Menschen. Die unvermeidlichen Fehlschläge konnten ihn nie von dieser Überzeugung abbringen. »Selbst wenn der *Satyagrahi* zwanzigmal von einem Gegner hintergangen worden ist«, so hat er geschrieben, »ist er bereit, ihm zum einundzwanzigsten Mal zu vertrauen, denn das grenzenlose Vertrauen in die Natur des Menschen ist die Quintessenz seines Glaubens.«*

»Mahatmaji, Ihr seid ein bemerkenswerter Mensch. Ihr könnt kaum erwarten, daß die Welt genauso handelt wie Ihr«, bemerkte einmal ein Kritiker.

»Es ist schon eigenartig, wie wir uns vormachen, nur der Körper könne veredelt werden, daß es aber unmöglich sei, die schlummernden Kräfte der Seele zu erwecken«, erwiderte Gandhi. »Es geht mir darum zu zeigen,

---

*   »Da trat Petrus zu ihm und fragte: Herr, wie oft muß ich meinem Bruder vergeben, wenn er sich gegen mich versündigt? Siebenmal? Jesus sagte zu ihm: Nicht siebenmal, sondern siebenundsiebzigmal« (*Matthäus* 18, 21–22).

daß ich – sofern ich über einige dieser Kräfte verfüge – dennoch genauso schwach bin wie jeder andere Sterbliche und daß es zu keiner Zeit etwas Außergewöhnliches an mir gab oder im Augenblick gibt. Ich bin ein einfacher Mensch, der sich wie jeder andere irren kann. Ich gebe allerdings zu, daß ich genug Demut besitze, meine Fehler einzugestehen und von vorne zu beginnen. Ich gebe zu, daß ich einen unerschütterlichen Glauben an Gott und Seine Güte besitze und ein unstillbares Verlangen nach Liebe und Wahrheit. Doch schlummert dies nicht in jedem Menschen? Wenn wir Fortschritt wollen, so dürfen wir nicht die Geschichte wiederholen, sondern müssen neue Geschichte machen. Wir müssen das Erbe unserer Vorfahren mehren. Wir machen ständig neue Entdeckungen und Erfindungen auf dem Gebiet der Naturwissenschaften; müssen wir deshalb auf geistigem Gebiet versagen? Ist es denn unmöglich, die Zahl der Ausnahmen zu vermehren, bis sie zur Regel werden? Muß der Mensch denn immer zuerst Bestie und – wenn überhaupt – erst in zweiter Linie Mensch sein?«*

Die Amerikaner können stolz sein auf ihren großen Landsmann William Penn, der im 17. Jahrhundert auf völlig gewaltfreiem Wege die Kolonie Pennsylvanien gründete. Da gab es »weder Forts noch Soldaten, noch Miliz, ja noch nicht einmal Waffen«. Inmitten der grausamen Grenzkriege und des Gemetzels, das zwischen den neuen Ansiedlern und den Indianern stattfand, blieben einzig und allein die Quäker von Pennsylvanien unbehelligt. »Andere wurden erschlagen; andere wurden niedergemetzelt, sie aber waren in Sicherheit. Nicht eine Quäkerfrau wurde vergewal-

---

*   Dem bekannten Elektroingenieur Charles Steinmetz wurde einmal von Roger
     W. Babson folgende Frage gestellt: »Auf welchem Forschungsgebiet wird man
     in den nächsten fünfzig Jahren die größten Fortschritte machen?« »Ich glaube,
     daß man die größten Entdeckungen auf geistigem Gebiet machen wird«,
     erwiderte Steinmetz. »Die Geschichte hat uns eindeutig gelehrt, daß die Kraft
     des Geistes stets die Triebfeder für die Entwicklung der Menschheit war.
     Dennoch haben wir bisher nur mit ihr gespielt und sie niemals ernsthaft
     erforscht wie die physischen Kräfte. Eines Tages aber wird der Mensch
     erkennen, daß materielle Dinge ihm kein Glück bringen und nur wenig dazu
     beitragen, ihm Kreativität und Macht zu verleihen. Dann werden die Wissen-
     schaftler der Welt ihre Laboratorien für die Erforschung Gottes, für das
     Studium des Gebets und der spirituellen Kräfte zur Verfügung stellen – ein
     Gebiet, mit dem sie sich bisher kaum befaßt haben. Wenn dieser Tag gekom-
     men ist, werden der Welt in einer Generation größere Fortschritte beschieden
     sein als in den letzten vier Generationen zusammengenommen.«

tigt, nicht ein Quäkerkind ermordet, nicht ein Quäkermann gefoltert.« Als die Quäker schließlich gezwungen wurden, die Regierung ihres Staates niederzulegen, »brach Krieg aus, und einige Pennsylvanier verloren ihr Leben. Doch unter ihnen waren nur drei Quäker – alle drei hatten sich so weit von ihrem Glauben entfernt, daß sie zu ihrer Verteidigung Waffen bei sich trugen.«

»Die Anwendung von Gewalt im ersten Weltkrieg hat die Weltlage keineswegs entspannt«, bemerkte Franklin D. Roosevelt. »Sieger und Besiegte haben gleichermaßen unter den Folgen des Krieges zu leiden. Hieraus müßte die Welt eine Lehre ziehen.«

»Je mehr Waffen, um so größer das Elend der Menschen«, lehrte Laotse, »der Triumph der Gewalt endet stets mit einer Trauerfeier.«

»Ich kämpfe um kein geringeres Ziel als um den Weltfrieden«, so hat Gandhi erklärt. »Wenn die indische *Satyagraha*-Bewegung Erfolg hat, wird sie dem Patriotismus und – wenn ich in aller Bescheidenheit so sagen darf – dem Leben selbst einen neuen Sinn geben.«

Ehe der Westen das Programm Gandhis als Lehre eines wirklichkeitsfremden Träumers verwirft, sollte er sich auf die Worte des Meisters von Galiläa besinnen, der den Begriff *Satyagraha* in folgende Worte kleidete: »Ihr habt gehört, daß da gesagt ist: Auge um Auge und Zahn um Zahn. Ich aber sage euch: Leistet dem, der euch etwas Böses antut, keinen Widerstand, sondern wenn dich einer auf die rechte Wange schlägt, dann halt ihm auch die andere hin.«*

Gandhis Epoche fällt mit erstaunlicher kosmischer Präzision in ein Jahrhundert, das bereits durch die verheerenden Folgen zweier Weltkriege erschüttert worden ist. Auf der Granitwand seines Lebens erscheint eine göttliche Schrift – eine Warnung vor weiterem Blutvergießen unter Brüdern!

---

* *Matthäus* 5, 38–39. Das heißt, du sollst Böses nicht mit Bösem vergelten.

Mahatma Gandhis Handschrift in Hindi

इस सत्याग्रही में सर्वप्रकार से उभनियाइना हु इससंबंधा
का मेरे भनपर अच्छा पइहे. परप्रेकीप्रवृत्तिमें मैं अगाu
ज्ञान औ ५ अप्साली आशा रखना हु

आप २०   मोहदासगांधी

*Bei seinem Besuch in meiner höheren Schule mit Yoga-Unterricht
in Ranchi trug sich Mahatma Gandhi mit obigen Zeilen in das
Gästebuch ein. Die Übersetzung lautet:*
*»Dieses Institut hat mich tief beeindruckt. Ich hege große Hoffnung,
daß diese Schule den praktischen Gebrauch des Spinnrades fördern
und unterstützen wird.«*

17. September 1925   (gezeichnet) Mohandas Gandhi

*Im Jahre 1921 entwarf Gandhi eine neue indische Nationalflagge.
In der Mitte auf den gelb-weiß-grünen Streifen prangt ein
dunkelblaues Charka (Spinnrad).*

*»Das Charka ist ein Symbol für Energie«, schrieb er einmal, »und
es erinnert uns daran, daß in den vergangenen Phasen des Wohl-
standes in der indischen Geschichte die Handspinnerei und
andere häusliche Gewerbeformen eine vorrangige Rolle spielten.«*

Kapitel 45

Die »freudetrunkene Mutter« von Bengalen

Sir, Ihr solltet Indien nicht verlassen, ohne Nirmala Devi begegnet zu sein. Große Heiligkeit geht von ihr aus; weit und breit ist sie nur unter dem Namen Ananda Moyi Ma bekannt, was soviel wie ›freudetrunkene Mutter‹ bedeutet.« Mit diesen Worten blickte mich meine Nichte Amiyo Bose erwartungsvoll an.

»Gern!« antwortete ich. »Natürlich möchte ich diese heilige Frau kennenlernen, denn ich habe bereits vom hohen Stand ihrer Gottverwirklichung gelesen. Vor Jahren ist in der Zeitschrift *East-West* ein Artikel über sie erschienen«, fügte ich hinzu.

»Ich habe sie erst vor kurzem getroffen, als sie in unser Städtchen Jamshedpur kam«, fuhr Amiyo fort. »Auf die flehentliche Bitte eines ihrer Schüler war sie ans Lager eines Sterbenden geeilt. In dem Augenblick, als sie an dessen Bett trat und ihm die Hand auf die Stirn legte, hörte das Todesröcheln auf. Die Krankheit verschwand augenblicklich, und der Mann war wieder gesund. Welch eine Freude!«

Einige Tage später hörte ich, daß sich die segensreiche Mutter bei einem Schüler im Bhowanipur-Viertel von Kalkutta aufhielt. Ich machte mich sogleich gemeinsam mit Mr. Wright vom Haus meines Vaters aus auf den Weg. Als wir mit unserem Ford in die uns angegebene Straße in Bhowanipur einbogen, bot sich uns ein ungewöhnliches Bild.

Ananda Moyi Ma stand in einem offenen Automobil und segnete eine Schar von etwa hundert Schülern. Sie war offensichtlich gerade im Begriff wegzufahren. Mr. Wright parkte den Ford in einiger Entfernung, und wir gingen dann zu Fuß zu der schweigend versammelten Menge hinüber. Als die heilige Frau uns erblickte, stieg sie aus dem Wagen und kam auf uns zu.

»Vater, Ihr seid gekommen!« Mit diesen herzlichen Worten auf bengali legte sie ihre Arme um meinen Nacken und ließ ihren Kopf an meiner Schulter ruhen. Eben hatte ich Mr. Wright erklärt, daß ich die Heilige noch nicht persönlich kennengelernt hatte, und er freute sich ungemein über diese so unerwartet liebevolle Begrüßung. Auch die zahlreichen *Chelas* staunten beim Anblick dieser rührenden Szene.

Ich hatte sofort erkannt, daß sich die Heilige im höheren Bewußtseinszustand des *Samadhi* befand. Sie empfand sich nicht mehr als Frau, sondern nur als unwandelbare Seele. Und von dieser Ebene her begrüßte sie
freudig ein anderes Kind Gottes. Dann nahm sie meine Hand und führte
mich zu ihrem Wagen.

»Ananda Moyi Ma, ich will Euch nicht weiter aufhalten«, wandte ich ein.

»Vater, heute begegne ich Euch zum ersten Mal in diesem Leben – nach
so ewig langer Zeit«, sagte sie. »Geht bitte noch nicht fort.«

Wir nahmen im Fond des Wagens Platz, und die freudetrunkene Mutter
versank bald darauf in den regungslosen Zustand der Ekstase. Ihre
schönen Augen waren himmelwärts gerichtet und blickten unter halbgeschlossenen Lidern unverwandt in das nahe und zugleich ferne Elysium.
Währenddessen huben die Schüler leise an zu singen: »Heil der göttlichen Mutter.« Ich war in Indien bereits vielen Menschen mit einem
hohen Grad an Gottverwirklichung begegnet; doch nie zuvor hatte ich
eine solch erhabene heilige Frau gesehen. Aus ihrem liebevollen Antlitz
strahlte unbeschreibbare Freude – jene Freude, die ihr den Namen
»freudetrunkene Mutter« eingebracht hatte. Von ihrem unverschleierten
Haupt fiel ihr geflochtenes schwarzes Haar lose auf ihre Schultern herab.
Ihre Stirn war mit einem roten Mal aus Sandelholzpaste gezeichnet, als
Symbol des geistigen Auges, das immerfort in ihr geöffnet war. Ihr zartes
Gesicht und ihre zierlichen Hände und Füße standen in auffallendem
Gegensatz zu ihrer geistigen Größe.

Ich richtete einige Fragen an eine ihrer Schülerinnen, während Ananda
Moyi Ma in ihrer Trance verharrte.

»Die freudetrunkene Mutter reist überall in Indien umher; vielerorts hat
sie Hunderte von Schülern«, erzählte mir die *Chela*. »Ihrem mutigen
Einsatz haben wir es zu verdanken, daß schon viele wichtige soziale
Reformen durchgesetzt werden konnten. Obgleich die Heilige Brahma-
nin ist, setzt sie sich über die Kastenunterschiede* hinweg. Einige von
uns begleiten sie ständig auf ihren Reisen, um sie zu versorgen. Wir
müssen uns um sie kümmern, weil sie selbst ihren Körper völlig unbe-

---

* In der Zeitschrift *East-West* habe ich weitere Daten zu Ananda Moyi Mas Leben
gefunden. Die Heilige wurde 1893 in Dacca in Zentralbengalen geboren. Sie
ist Analphabetin und hat doch die Intellektuellen immer wieder durch ihre
große Weisheit in Staunen versetzt. Ihre in Sanskrit verfaßten Verse haben bei
den Gelehrten weite Beachtung gefunden. Sie spendete Leidenden Trost und
vollbrachte wundersame Heilungen – allein durch ihre Anwesenheit.

achtet läßt. Wenn keiner ihr zu essen gäbe, würde sie nie etwas zu sich nehmen und auch nie nach Nahrung verlangen. Selbst wenn man etwas zu essen vor sie hinstellt, rührt sie es nicht an. Damit sie aber nicht der Erde entschwindet, füttern wir sie von eigener Hand. Oft verharrt sie tagelang im göttlichen Zustand der Versunkenheit; dann atmet sie kaum, und ihre Augen bewegen sich nicht. Einer ihrer bedeutendsten Schüler ist ihr eigener Ehemann. Vor vielen Jahren, kurz nach ihrer Vermählung, legte er das Schweigegelübde ab.«

Mit diesen Worten wies die *Chela* auf einen breitschultrigen Mann mit edlen Gesichtszügen, langem Haar und grauem Bart. Er stand schweigend inmitten der Menge und hatte die Hände in der Ergebenheit eines Schülers ehrfurchtsvoll gefaltet.

Erfrischt von ihrem Bad in den Fluten der Unendlichkeit, richtete Ananda Moyi Ma ihr Bewußtsein nun wieder auf die Außenwelt.

»Vater, sagt mir bitte: Wo haltet Ihr Euch auf?« fragte sie mit glockenklarer Stimme.

»Zur Zeit in Kalkutta oder in Ranchi; bald aber werde ich wieder nach Amerika zurückfahren.«

»Nach Amerika?«

»Ja! Wollt Ihr nicht mit mir kommen? Die spirituell Suchenden dort würden eine indische Heilige ganz bestimmt mit offenen Armen empfangen.«

»Wenn der Vater mich mitnimmt, so komme ich gern.«

Diese Antwort löste bei ihren Anhängern große Bestürzung aus.

»Mindestens zwanzig von uns begleiten die freudetrunkene Mutter auf all ihren Wegen«, meinte einer von ihnen mit fester Stimme. »Wo sie hingeht, müssen auch wir hingehen.«

Angesichts dieses sprungartigen Zuwachses an Personen wurde mein Plan praktisch undurchführbar, und so gab ich ihn mit Bedauern auf.

»Dann kommt aber wenigstens mit Euren Schülern nach Ranchi«, bat ich die Heilige beim Abschied. »Ihr werdet viel Freude an den Kindern in meiner Schule haben, denn Ihr seid selbst ein Kind Gottes.«

»Wenn der Vater mich hinführt, komme ich gern.«

Schon kurze Zeit später standen die Schüler des *Vidyalaya* in Ranchi in festlicher Kleidung Spalier, um die Heilige zu empfangen. Die Jungen freuen sich über jeden Anlaß zum Feiern: kein Unterricht, viel Musik und als Höhepunkt auch noch ein Festessen!

»Heil! Ananda Moyi Ma, *ki jai*!« erscholl der vielstimmige Chor der begeisterten Kinderschar, als die Heilige mit ihren Begleitern durch das Eingangstor schritt. Ein wahrer Regen von Ringelblumen fiel auf sie hernieder; fröhlich erklangen die Zymbeln und Muschelhörner, und die *Mridanga*-Trommeln schlugen den Takt dazu! Lächelnd schritt die freudetrunkene Mutter über das sonnendurchflutete Gelände des *Vidyalaya*; wahrhaftig, sie trug das Paradies immerdar in ihrem eigenen Herzen!

»Wie schön es hier ist«, bemerkte Ananda Moyi Ma, als ich sie in das Hauptgebäude führte; dann ließ sie sich mit kindlichem Lächeln an meiner Seite nieder. In ihrer Gegenwart fühlt man sich wie ihr vertrautester Freund, und doch umgibt sie stets eine Aura der Entrücktheit – die paradoxe Einsamkeit der Allgegenwart.

»Bitte erzählt mir etwas aus Eurem Leben!«

»Der Vater weiß alles darüber, warum soll ich es also wiederholen?« Anscheinend war sie der Ansicht, daß die Ereignisse einer kurzen Lebensspanne nicht erwähnenswert seien.

Ich lachte und brachte dann meine Bitte ein zweites Mal vor.

»Da gibt es wenig zu berichten, Vater«, sagte sie mit einer verlegenen Geste ihrer anmutigen Hände. »Mein Bewußtsein hat sich niemals mit diesem vergänglichen Körper identifiziert. Ehe ich auf diese Erde kam, Vater, war ich eins. Als kleines Mädchen war ich eins. Ich wuchs zur Frau heran und war immer noch eins. Als die Familie, in die ich hineingeboren wurde, Vorbereitungen zur Vermählung dieses Körpers traf, war ich eins. Und als mein Mann sich mir trunken vor Leidenschaft näherte und mir betörende Worte zuflüsterte und dabei sanft meinen Körper berührte, wurde er von einem Schlag wie vom Blitz getroffen, denn sogar da war ich immer noch eins.

Da kniete mein Mann vor mir nieder und bat mich mit gefalteten Händen um Vergebung.

›Mutter‹, sagte er, ›ich habe Euren körperlichen Tempel entweiht, als ich ihn voll lüsterner Gedanken berührte – nicht wissend, daß darin nicht meine angetraute Frau, sondern die göttliche Mutter wohnt. Doch nun lege ich diesen feierlichen Schwur ab: Ich werde Euer Schüler sein, ein enthaltsamer Anhänger, der immer für Euch sorgt, schweigend und ohne Worte für diese Welt bis ans Ende meines Lebens. Möge ich auf diese Weise für die Sünde Abbuße leisten, die ich heute gegen Euch begangen habe, mein Guru.‹

Auch als ich dieses Gelübde meines Ehemanns still entgegennahm, war ich eins. Und jetzt vor Euch, Vater, bin ich eins, und in alle Ewigkeit werde ich eins sein, wenn auch der Tanz der Schöpfung in den Hallen der Ewigkeit immer wechselnde Bilder um mich herum erzeugt.«

Dann versank Ananda Moyi Ma in tiefe Meditation, und ihr Körper wurde regungslos wie eine Statue. Sie war in ihr inneres Reich entflohen, das sie stets aufs neue zurücklockte. Die dunklen Spiegel ihrer Augen erschienen leblos und verklärt, ein Ausdruck, wie man ihn oft bei Heiligen beobachtet, wenn sie ihr Bewußtsein vom physischen Körper zurückziehen und dieser nichts als ein unbeseelter Klumpen Erde ist. Wir verbrachten eine Stunde in gemeinsamer ekstatischer Trance. Dann kehrte sie mit einem kurzen, unbekümmerten Lachen in diese Welt zurück.

»Ananda Moyi Ma«, sagte ich, »kommt bitte mit mir in den Garten, da kann Mr. Wright ein paar Fotos machen.«

»Gern, Vater. Euer Wunsch ist auch mein Wunsch.« Während all der vielen Aufnahmen, die von ihr gemacht wurden, behielten ihre wunderbaren Augen stets denselben göttlichen Glanz.

Nun konnte das Festmahl beginnen! Ananda Moyi Ma ließ sich auf ihrer Decke nieder, und eine Schülerin setzte sich neben sie, um sie zu füttern. Wie ein Kleinkind schluckte die Heilige gehorsam hinunter, was ihr die *Chela* zum Munde führte. Es war offensichtlich, daß die freudetrunkene Mutter überhaupt keinen Unterschied zwischen Curry und Süßspeisen schmeckte.

Bei Einbruch der Dämmerung verließ uns die Heilige wieder; Rosenblätter regneten von allen Seiten auf sie herab. Segnend breitete sie zum Abschied die Hände über die Kinder. Aus deren Gesichtern strahlte die zärtliche Liebe wider, die sie so mühelos in ihnen entfacht hatte.

»Darum sollst du den Herrn, deinen Gott, lieben mit ganzem Herzen und ganzer Seele, mit all deinen Gedanken und all deiner Kraft«, hat Jesus Christus verkündet. »Dies ist das erste Gebot.«*

Ananda Moyi Ma ist frei von allen niederen Bindungen und fühlt sich allein an Gott gebunden. Nicht durch die Haarspalterei von Gelehrten, sondern durch die untrügliche Logik des Glaubens hat diese kindliche Heilige die einzige Aufgabe gelöst, die das Leben uns stellt: die Einung der Seele mit Gott. Der Menschheit ist diese einfache Wahrheit verlorengegangen; sie liegt hinter zahllosen Argumenten verschleiert. Völker, die den Schöpfer nicht als einzigen Gott lieben, bemänteln ihre Untreue, indem sie auf übertriebene Art ihren äußeren Verpflichtungen im wohl-

---

* *Markus* 12, 30.

tätigen Bereich nachkommen. Humanitäre Gesten sind zwar lobenswert, weil sie die Aufmerksamkeit des Menschen für kurze Zeit von seinem kleinen Ich ablenken; sie entbinden ihn aber keinesfalls von seiner höchsten Pflicht, von der Jesus im ersten Gebot sprach. Die hehre Verpflichtung, Gott zu lieben, übernimmt der Mensch mit dem ersten Atemzug, denn er atmet die Luft, die Er, sein einziger Wohltäter, ihm so großzügig zuteil werden läßt.

Nach Ananda Moyi Mas Besuch in Ranchi ergab sich noch ein weiteres Mal Gelegenheit zu einer Begegnung. Die heilige Frau stand inmitten einer Gruppe von Schülern auf dem Bahnsteig in Serampore und wartete auf ihren Zug.

»Ich fahre zum Himalaja, Vater«, teilte sie mir mit. »Einige großzügige Schüler haben mir in Dehra Dun eine Einsiedelei errichtet.«

Als sie den Zug bestieg, stellte ich abermals mit Verwunderung fest, daß ihre Augen stets in Gott ruhten – ganz gleich, ob sie sich inmitten einer Menschenmenge, in der Eisenbahn, bei einem Festessen oder in tiefer Meditation befand. Noch immer hallt ihre Stimme wie ein unendlich liebliches Echo in mir wider:

»Sehet, jetzt und immer bin ich eins mit dem Ewigen – ich bin auf immer eins!«

Kapitel 46

Die Yogini, die niemals ißt

W o geht es heute morgen hin, Sir?« Mr. Wright, der am Steuer des Ford saß, wandte seine Augen von der Straße ab und sah mich erwartungsvoll an. Er wußte nur selten im voraus, was der folgende Tag an Überraschungen bringen und welchem unerforschten Teil Bengalens er wohl als nächstes begegnen würde.

»So Gott will«, erwiderte ich, »befinden wir uns auf dem Wege zu einem achten Weltwunder – einer Heiligen, die sich allein von der dünnen Luft ernährt.«

»Wieder ein Wunder!? Und das nach Therese Neumann!« meinte Mr. Wright, zeigte sich aber dennoch voller Vorfreude und trat sogar ein bißchen stärker aufs Gaspedal. Er versprach sich wohl neuen Stoff für sein Reisetagebuch, das in der Tat nicht mit dem eines gewöhnlichen Touristen zu vergleichen war!

Wir waren bereits vor Sonnenaufgang aufgestanden und hatten soeben die Schule in Ranchi verlassen. Außer meinem Sekretär und mir saßen noch drei bengalische Freunde im Wagen. In tiefen Zügen sogen wir die berauschende Morgenluft ein. Mühsam schlängelte sich unser Wagen zwischen Bauern und zweirädrigen Ochsenkarren hindurch, die bereits um diese frühe Stunde unterwegs waren. Sie bewegten sich in aller Gemächlichkeit vorwärts und schienen die Straße nur ungern mit einem hupenden Eindringling teilen zu wollen.

»Erzählen Sie uns doch ein wenig mehr über die fastende Heilige, Sir!«

»Sie heißt Giri Bala«, erzählte ich meinen Begleitern. »Ich erfuhr von ihr erstmals vor vielen Jahren über Sthiti Lal Nundy, einen Gelehrten, der öfter zu uns in die Gurpar Road kam, um meinen Bruder Bishnu zu unterrichten.

›Ich kenne Giri Bala sehr gut‹, erzählte mir Sthiti Babu. ›Sie arbeitet mit einer bestimmten Yoga-Technik, die es ihr ermöglicht, ohne Nahrung auszukommen. Als ich noch in Nawabganj bei Ichapur* lebte, wohnte ich ganz in ihrer Nähe. Ich beobachtete sie genau, und doch habe ich nie die

---

*   In Nordbengalen.

Spur eines Beweises dafür finden können, daß sie etwas aß oder trank. Schließlich machte sie mich so neugierig, daß ich mich an den Maharadscha von Burdwan* wandte und ihn bat, eine Untersuchung vornehmen zu lassen. Die Geschichte interessierte ihn, und so bat er die Yogini** zu sich in den Palast. Sie war mit einem Test einverstanden und lebte zwei Monate lang in einem kleinen Teil des Gebäudes hinter Schloß und Riegel. Danach kehrte sie noch einmal für zwanzig Tage und ein weiteres Mal zu einer dritten Prüfung von fünfzehn Tagen in seinen Palast zurück. Wie der Maharadscha mir versicherte, hegte er nach diesen drei rigorosen Tests nicht mehr den geringsten Zweifel daran, daß die Yogini tatsächlich ohne Nahrung auskommt.‹«

»Diese Erzählung Sthiti Babus ist mir nie aus dem Kopf gegangen, wenngleich seitdem mehr als 25 Jahre vergangen sind«, so schloß ich meinen Bericht. »In Amerika habe ich mich manchmal gefragt, ob der Strom der Zeit die Yogini nicht zu den jenseitigen Ufern tragen würde, bevor ich Gelegenheit finden könnte, ihr zu begegnen. Sie muß inzwischen sehr alt sein. Ich weiß nicht einmal, ob sie noch lebt und wenn ja, wo genau sie sich aufhält. Aber in ein paar Stunden sind wir in Purulia; dort wohnt ihr Bruder.«

Gegen halb elf Uhr hatten wir unser Ziel erreicht und standen dem Bruder der Yogini, Lambadar Dey, gegenüber, der in Purulia als Rechtsanwalt tätig ist.

»Ja«, meinte dieser, »meine Schwester lebt noch und besucht mich hier ab und zu; derzeit aber ist sie in unserem Elternhaus in Biur.« Dann blickte er etwas skeptisch auf unseren Ford. »Ich glaube kaum, Swamiji, daß es jemals ein Automobil ins Landesinnere bis nach Biur geschafft hat. Es wäre besser, wenn Ihr Euch dem guten alten Ochsenkarren anvertrauen würdet.«

Wir aber entschieden uns einstimmig, dem Stolz von Detroit die Stange zu halten. »Der Ford kommt aus Amerika«, erklärte ich dem Rechtsanwalt. »Es wäre schade, ihm die Gelegenheit vorzuenthalten, ins Herz Bengalens vorzudringen.«

»Möge Ganesh*** Euch geleiten!« lachte Lambadar Babu. Dann fügte er

---

* Seine Hoheit, der mittlerweile verstorbene Sri Bijay Chand Mahtab. Seine Familie ist sicherlich noch im Besitz der Unterlagen über die drei Prüfungen, denen sich Giri Bala auf Wunsch des Maharadschas unterzog.

** Bezeichnung für einen weiblichen Yogi.

*** Der Gott des Glücks, der alle Hindernisse aus dem Weg räumt.

Giri Bala.
Diese große Yogini hat seit 1880 weder Essen noch Trinken zu sich
genommen. Ich bin hier mit ihr 1936 in ihrem Haus in dem abge-
schiedenen bengalischen Dörfchen Biur abgebildet. Daß sie tatsäch-
lich ohne Nahrung lebt, wurde vom Maharadscha von Burdwan
nach einer eingehenden Untersuchung bestätigt. Sie wendet eine ge-
wisse Yoga-Technik an, um ihren Körper mit kosmischer Energie
aus dem Äther, der Sonne und der Luft aufzuladen.

freundlich hinzu: »Wenn Ihr wirklich dort hingelangen solltet, wird Giri Bala sich bestimmt über Euren Besuch freuen. Sie geht bald auf die Siebzig zu, erfreut sich aber noch immer bester Gesundheit.«

»Sagt mir bitte, Sir: Stimmt es denn wirklich, daß sie nichts ißt?« Ich sah Lambadar Babu direkt in die Augen, jenen aufschlußreichen Spiegel der Seele.

»Ja, das stimmt.« Sein Blick war offen und ehrlich. »Seit mehr als fünf Jahrzehnten habe ich sie nicht das kleinste Bißchen essen sehen. Wenn die Welt plötzlich unterginge, würde mich das nicht mehr wundern, als wenn ich meine Schwester essen sähe.« Wir lachten gemeinsam über die Unwahrscheinlichkeit dieser beiden kosmischen Ereignisse.

»Giri Bala hat sich niemals in die Einsamkeit zurückgezogen, um ihre Yoga-Übungen zu machen«, fuhr Lambadar Babu fort. »Sie hat ihr ganzes Leben im Kreise ihrer Familie und Freunde verbracht, die sich inzwischen alle an ihre etwas seltsame Daseinsform gewöhnt haben. Wir alle würden unseren Augen nicht trauen, wenn wir Giri Bala plötzlich essen sähen. Meine Schwester lebt zwar heute zurückgezogen, wie es sich für eine hinduistische Witwe geziemt; doch unser kleiner Kreis in Purulia und Biur weiß, daß sie im wahrsten Sinne des Wortes eine ›außergewöhnliche‹ Frau ist.«

Daß Giri Balas Bruder die Wahrheit sprach, war unverkennbar. Wir dankten ihm herzlich und machten uns dann auf den Weg nach Biur. Unterwegs hielten wir kurz an einer kleinen Imbißbude, um Curry und *Luchis* zu essen. Dabei umringte uns eine Schar von Dorfkindern, die mit großen Augen zusahen, wie Mr. Wright nach indischer Sitte mit den Fingern aß.* Unser guter Appetit sorgte dafür, daß wir reichlich zugriffen und uns so für den bevorstehenden Nachmittag stärkten, der sich – was wir im Augenblick noch nicht wußten – als recht anstrengend erweisen sollte.

Der Weg führte uns von nun an ostwärts an sonnendurchglühten Reisfeldern vorbei in den bengalischen Bezirk Burdwan. Dichte Vegetation säumte die Straßen; aus den riesigen Bäumen mit ihren weit ausladenden Zweigen war der Gesang der Mynahs und der Bülbüls mit ihrem auffällig

---

*   Sri Yukteswar pflegte zu sagen: »Der Herr hat uns die Früchte der guten Erde gegeben. Darum möchten wir unsere Nahrung sehen, riechen und schmecken; der Hindu möchte sie außerdem noch fühlen.« Und – vorausgesetzt, man ist allein – darf man sie ruhig auch *hören*.

gestreiften Kehlgefieder zu hören. Ab und zu überholten wir einen Ochsenkarren mit eisenbeschlagenen Rädern, der sich ächzend und quietschend fortbewegte und so ganz anders klang als die Automobile, die mit singenden Reifen über die prächtigen Asphaltstraßen unserer Städte gleiten.

»Dick, halt an!« Auf meinen unvermittelten Ausruf hin kam der Ford ruckartig zum Stehen. »Seht, wieviel Früchte dieser Mangobaum da drüben trägt! Der schreit uns ja förmlich eine Einladung zu!« Und so stürzten wir fünf uns wie die Kinder auf die unzähligen Mangos, die auf dem Boden verstreut lagen; der Baum war so gütig gewesen, uns seine reifen Früchte direkt vor die Füße fallen zu lassen.

»Manch eine Mango ward geboren, um ungesehen zu verderben«, zitierte ich, »und ihre ganze Süße auf stein'gem Boden zu verschwenden.«

»So etwas gibt es in Amerika wohl nicht, Swamiji?« fragte lachend Sailesh Mazumdar, einer meiner bengalischen Schüler.

»Nein«, gab ich zu, während ich mich an den saftigen Mangos labte. »Wie sehr ich diese Frucht im Westen vermißt habe! Für einen Hindu ist ein Himmel ohne Mangos unvorstellbar.«

Dann hob ich einen Stein auf, zielte, warf und holte eine besonders prächtige Frucht vom obersten Ast herab.

»Dick«, fragte ich und biß genüßlich in die tropische, sonnengewärmte Ambrosia, »sind alle Kameras im Wagen?«

»Ja, Sir. Im Kofferraum.«

»Wenn Giri Bala wirklich eine Heilige ist, werde ich im Westen von ihr berichten. Eine hinduistische Yogini mit solch außergewöhnlichen Fähigkeiten darf nicht unbekannt leben und sterben wie viele dieser Mangos hier.«

Eine halbe Stunde später hatte ich mich noch immer nicht aus der herrlichen Umgebung losreißen können.

»Sir«, bemerkte Mr. Wright, »wir sollten möglichst noch vor Sonnenuntergang bei Giri Bala sein, denn sonst haben wir nicht mehr genug Licht zum Fotografieren.« Und schmunzelnd fügte er hinzu: »Im Westen sind die Menschen skeptisch; wir können nicht von ihnen erwarten, daß sie uns die Geschichte von dieser Frau abnehmen, wenn wir nicht einmal Bilder von ihr vorweisen können.«

Die Wahrheit seiner Worte war unbestreitbar; und so kehrte ich der Versuchung den Rücken und stieg in den Wagen.

»Sie haben recht, Dick«, seufzte ich, als wir weiterfuhren. »Ich opfere das

Mangoparadies auf dem Altar des westlichen Realismus. Ohne Fotos geht es nicht!«

Die Straße wurde immer schlechter: Tief eingegrabene Wagenspuren, Risse im harten Lehm und andere Alterserscheinungen erschwerten das Fortkommen. Bisweilen mußten wir aussteigen, damit Mr. Wright den Ford leichter manövrieren konnte, während wir von hinten schoben.

»Lambadar Babu hat recht gehabt«, meinte Sailesh, »der Wagen trägt nicht uns, sondern wir tragen ihn.«

Das ermüdende Einerlei des fortwährenden Ein- und Aussteigens wurde ab und zu unterbrochen, wenn wir an einem der am Wegesrand liegenden Dörfchen vorbeikamen, die in ihrer Schlichtheit so wirkten, als sei hier das Leben stehengeblieben.

»Der Weg schlängelte sich an Palmenhainen und uralten, von den Erscheinungen der Zivilisation unberührten Dörfern vorbei, die im Schatten des Waldes eingebettet lagen«, so schrieb Mr. Wright am 5. Mai 1936 in sein Reisetagebuch. »Diese Siedlungen mit ihren strohgedeckten Lehmhütten, deren Eingänge mit dem Namen eines Gottes verziert sind, haben etwas Faszinierendes an sich. Ringsum wimmelt es von nackten Kindern, die in aller Unschuld spielen; beim Anblick des großen, schwarzen, ochsenlosen Gefährts, das da an ihnen vorbeiprescht, bleiben sie stehen und starren uns an oder ergreifen panikartig die Flucht. Die Frauen blicken nur aus dem Schutze des Schattens herüber, während die Männer müßig am Wegesrand unter den Bäumen liegen und ihre Neugier hinter gespielter Gleichgültigkeit verbergen. In einem Ort nahmen die Dorfleute gerade ein Bad in einem Weiher. (Sie waren dabei völlig bekleidet; nach dem Baden wickelten sie sich in ein trockenes Tuch ein und ließen das nasse darunter zu Boden gleiten.) Die Frauen trugen in riesigen Messingkrügen Wasser in ihre Hütten.

Die holprige Straße glich einer fröhlichen Berg-und-Tal-Bahn. Wir wurden hin und her gerüttelt, fuhren durch kleine Bäche, mußten Umwege machen, weil die Straße auf einmal nicht weiterging, überquerten mit rutschenden Reifen ausgetrocknete sandige Flußbetten, und gegen fünf Uhr nachmittags waren wir schließlich dicht vor unserem Zielort Biur. Dieses winzige Dörfchen im Inneren des Bezirks Bankura ist von dichtem Wald umgeben und in der Regenzeit für Reisende unzugänglich, wenn sich Rinnsale in tosende Wildbäche verwandeln und die Straßen zu gefährlichen, schlammspeienden Schlangen werden.

Als wir unterwegs eine Gruppe von Menschen anhielten, die gerade vom Tempelgottesdienst (auf freiem Felde) heimkehrten, und um einen Führer baten, wurden wir sogleich von einem Dutzend spärlich bekleideter Jungen umlagert, die kurzerhand auf die Trittbretter des Wagens kletterten und uns allesamt den Weg zu Giri Bala zeigen wollten.

Die Straße führte auf einen Dattelhain zu, in dessen Schatten eine Gruppe von Lehmhütten stand. Bevor wir dort ankamen, geriet der Ford auf dem holprigen Weg plötzlich in eine gefährliche Schräglage, schwankte ein wenig und fiel dann wieder auf die Räder zurück. Der enge, von Bäumen gesäumte Pfad führte um einen Teich herum, über Steigungen hinweg und durch tiefe Löcher und Fahrrinnen hindurch. Einmal blieb der Wagen im Gebüsch stecken, dann saß er auf einem Sandhaufen auf und mußte freigeschaufelt werden. Langsam und vorsichtig fuhren wir weiter. Plötzlich wurde uns der Weg von Astwerk versperrt, das quer über die Fahrspur reichte; um auszuweichen, mußten wir einen Umweg machen, der uns zuerst einen steilen Abhang hinunter und dann durch einen ausgetrockneten Teich führte, aus dem wir nur mühsam und nach viel Scharren, Graben und Schaufeln wieder herauskamen. Immer wieder schien der Weg unpassierbar, doch wir gaben nicht auf, denn die Pilgerfahrt mußte weitergehen. Und so holten ein paar hilfsbereite Jungen Schaufeln herbei, um Hindernisse (die Schatten von Ganesh!) aus dem Weg zu räumen, während Hunderte von Kindern und Eltern gaffend um uns herumstanden.

Bald konnten wir unseren Weg entlang der zwei ausgefahrenen Spurrinnen fortsetzen. Die Frauen sahen vom Eingang ihrer Hütten aus mit großen Augen zu, wie wir – gleich einer Prozession –, gefolgt von Männern und angeführt von unzähligen Kindern, vorüberzogen. Dies war wahrscheinlich das erstemal, daß je ein Automobil über diese Strecke fuhr, die offensichtlich noch ganz fest in den Händen der »Ochsenkarren-Gewerkschaft« ist. Man stelle sich vor, welches Aufsehen unsere Gruppe erregte, die mit ihrem von einem Amerikaner gesteuerten, ratternden Wagen ins Herz der dörflichen Festung vordrang und deren heilige Abgeschiedenheit störte!

Schließlich hielten wir in einer engen Gasse; von hier aus waren es nur noch ein paar Schritte zu Giri Balas Haus. Nach der langen, mühsamen Fahrt über kaum ausgebaute Wege mit den vielen Hindernissen, die wir besonders auf dem letzten Stück der Strecke hatten überwinden müssen, genossen wir nun das triumphierende Gefühl, es geschafft zu haben.

Langsam näherten wir uns dem großen, zweigeschossigen Backsteingebäude, das inmitten mehrerer aus luftgetrockneten Ziegeln erbauter
Hütten aufragte. Wie an dem in tropischen Gegenden üblichen Bambus-
gerüst zu erkennen war, wurde das Haus gerade renoviert.

In gespannter Erwartung standen wir vor der geöffneten Tür des Hauses
jener heiligen Frau, die Gott für immer vom Hunger befreit hatte. Längst
waren wir von einer neugierigen Schar von Dorfbewohnern umringt;
egal, ob jung oder alt, nackt oder bekleidet – alle wollten uns sehen. Die
Frauen zeigten sich bei allem Interesse etwas zurückhaltender, während
die Männer und Jungen uns ungeniert folgten, um nur ja nichts von
diesem einmaligen Schauspiel zu verpassen.

Bald darauf erschien eine kleine Gestalt am Eingang – Giri Bala! Sie war
in ein Tuch aus goldfarbener Seide gehüllt. In der bescheidenen Art der
Inderinnen trat sie zögernd vor; sie hatte ihr *Swadeshi*-Kopftuch weit ins
Gesicht gezogen und blickte schüchtern hinter dessen Falten hervor. Im
Schatten des Tuches leuchteten ihre Augen wie glühende Kohlen. Wir
waren entzückt, als wir ihr gütiges Antlitz erblickten – ein Antlitz, das von
Selbstverwirklichung, Verständnis und Weltentrücktheit zeugte.

Sie trat schüchtern näher und ließ uns schweigend gewähren, als wir sie
baten, sie fotografieren und filmen zu dürfen.* Geduldig und mit großer
Sanftmut ließ sie alle technisch bedingten Vorbereitungsarbeiten wie das
Ausprobieren der richtigen Stellung sowie der Beleuchtung über sich
ergehen. Schließlich hatten wir viele Bilder von der einzigen Frau der
Welt, die bekanntermaßen seit über fünfzig Jahren ohne Essen und
Trinken auskommt, für die Nachwelt festgehalten. (Therese Neumann
fastet immerhin auch seit 1923.) Wie Giri Bala so vor uns stand, wirkte
sie im höchsten Grade mütterlich; sie war völlig in ein lose herabfallendes
Tuch eingehüllt, so daß man nur ihr Gesicht mit den niedergeschlagenen
Augen, ihre Hände und winzigen Füße sehen konnte. Ihr Antlitz war von
seltenem Frieden und unschuldiger Würde geprägt – darin ein breiter,
kindlicher Mund mit bebenden Lippen, eine zierliche Nase, schmale,
leuchtende Augen und ein versonnenes Lächeln.«

Mr. Wrights Beschreibung gibt trefflich auch meinen Eindruck von Giri
Bala wieder. Ihre Spiritualität umgab sie wie ein leuchtender Schleier. Sie

---

*   Mr. Wright machte während der letzten Wintersonnwendfeier in Serampore
      auch Filmaufnahmen von Sri Yukteswar.

grüßte mich mit dem traditionellen *Pronam*, wie es sich für weltliche Menschen einem Mönch gegenüber ziemt. Ihre natürliche Anmut und das stille Lächeln, mit dem sie uns willkommen hieß, bedeuteten uns mehr als alle Worte. Im Nu war unsere beschwerliche Reise vergessen. Die kleine Heilige setzte sich mit gekreuzten Beinen auf der Veranda nieder. Obgleich man ihr das Alter anmerkte, wirkte sie nicht ausgezehrt. Ihr olivfarbener Teint war rein und frisch geblieben.

»Mutter«, sagte ich auf bengali, »über 25 Jahre habe ich mich auf diese Pilgerfahrt gefreut. Sthiti Lal Nandy Babu hat mir von Eurem heiligen Leben erzählt.«

Sie nickte. »Ja, er war mir in Nawabganj ein guter Nachbar.«

»In der Zwischenzeit bin ich quer über die großen Ozeane gereist; doch mein Vorhaben, Euch eines Tages zu besuchen, habe ich nie vergessen. Das erhabene Leben, das Ihr hier im verborgenen führt, soll einer Welt nicht vorenthalten bleiben, die seit langem ihre innere, göttliche Nahrung vergessen hat.«

Die Heilige blickte kurz auf und lächelte mit verhaltenem Interesse.

»Baba (der verehrte Vater) weiß es am besten«, antwortete sie demütig. Ich war erleichtert, daß sie mir mein Ansinnen nicht verübelte. Man weiß nie, wie große Yogis und Yoginis reagieren, wenn man etwas über sie veröffentlichen will. Gewöhnlich scheuen sie davor zurück und bleiben lieber unerkannt, um sich in aller Stille der Erforschung ihrer Seele zu widmen. Eine innere Stimme sagt ihnen, wann die Zeit gekommen ist, an die Öffentlichkeit zu treten, um jenen zu helfen, die auf der spirituellen Suche sind.

»Mutter«, fuhr ich fort, »vergebt mir, wenn ich Euch deshalb viele Fragen stelle. Antwortet bitte nur, wenn Ihr es für richtig haltet. Ich werde auch Verständnis für Euer Schweigen haben.«

Da breitete sie in anmutiger Geste ihre Hände aus. »Ich will gerne antworten, wenn eine unbedeutende Person wie ich zufriedenstellende Antworten geben kann.«

»Ihr seid durchaus nicht unbedeutend«, widersprach ich. »Ihr seid eine große Seele.«

»Ich bin die bescheidene Dienerin aller«, entgegnete sie. »Ich liebe es, für andere zu kochen und ihnen das Essen zu servieren.«

Ein seltsames Vergnügen für eine fastende Heilige, dachte ich.

»Sagt mir, Mutter, ob es stimmt, daß Ihr ganz ohne Nahrung lebt? Ich möchte es gern aus Eurem eigenen Munde hören.«

»Ja, das stimmt.« Sie schwieg einen Augenblick lang, wohl um in Gedanken nachzurechnen, denn dann fuhr sie fort. »Seit ich zwölf Jahre und vier Monate alt war, bis zu meinem jetzigen 68. Lebensjahr – also seit über 56 Jahren – habe ich weder gegessen noch getrunken.«

»Kommt Ihr nie in Versuchung zu essen?«

»Wenn ich Hunger hätte, müßte ich auch essen.« Mit welch einfacher und doch königlicher Würde sie diese aphoristische Wahrheit aussprach, die einer Welt, in der sich alles um drei tägliche Mahlzeiten dreht, nur allzugut bekannt ist!

»Aber irgend etwas müßt Ihr doch zu Euch nehmen!« wandte ich ein.

»Natürlich«, sagte sie lächelnd, denn sie hatte mich sofort verstanden. »Ihr bezieht Eure Nahrung aus den feineren Energien der Luft und des Sonnenlichts* und aus der kosmischen Kraft, die durch das verlängerte Rückenmark, die Medulla oblongata, in Euren Körper einströmt.«

---

* »Alles, was wir essen, ist Strahlung; unsere Nahrung stellt eine gewisse Menge an Energie dar«, so sagte Dr. George W. Crile aus Cleveland am 17. Mai 1933 in einem Vortrag vor einer Gruppe von Medizinern in Memphis. »Diese überaus wichtige Strahlung, welche die für den elektrischen Stromkreislauf des Körpers – das heißt für das Nervensystem – notwendigen elektrischen Ströme freisetzt, wird der Nahrung durch die Sonnenstrahlen zugeführt. Atome«, so führte Dr. Crile aus, »sind Sonnensysteme. Sie sind Energieträger, in denen die Sonnenstrahlung wie mit unzähligen gespannten Federn aufgespeichert ist. Diese zahllosen, in den Atomen gespeicherten Energieströme nehmen wir über die Nahrung auf. Wenn sie dem menschlichen Körper einverleibt werden, geben die Atome – diese prall gefüllten Behälter – ihre Ladung in das körperliche Protoplasma ab, wo die Strahlung neue chemische Energie, das heißt neue elektrische Ströme erzeugt. Unser Körper setzt sich aus diesen Atomen zusammen«, sagte Dr. Crile. »Sie bilden unsere Muskeln, unser Gehirn und unsere Sinnesorgane wie Augen und Ohren.«

Eines Tages wird die Wissenschaft Methoden finden, die es dem Menschen ermöglichen, direkt von Sonnenenergie zu leben. »Chlorophyll ist der einzige uns bekannte Stoff in der Natur, der aus irgendeinem Grunde die Fähigkeit besitzt, als ›Sonnenlichtspeicher‹ zu fungieren«, schrieb William L. Laurence in der *New York Times*. »Es fängt die Energie des Sonnenlichtes ein und speichert sie in der Pflanze. Ohne diesen Vorgang könnte überhaupt kein Leben existieren. Wir erhalten die lebensnotwendige Energie von der Sonnenenergie, die in der pflanzlichen Nahrung gespeichert ist, oder aus dem Fleisch von pflanzenfressenden Tieren. Die Energie, die wir aus der Kohle und dem Öl gewinnen, ist Sonnenenergie, die das Chlorophyll vor Millionen von Jahren in Pflanzen eingefangen hat. Wir leben über den Mittler ›Chlorophyll‹ von der Sonne.«

»Baba weiß es.« Wiederum stimmte sie mir in ihrer sanften, unaufdring-lichen Art zu.

»Mutter, erzählt mir bitte etwas aus Eurem Leben. Wir in Indien und sogar unsere Brüder und Schwestern jenseits des Ozeans würden gern mehr darüber erfahren.«

Da legte Giri Bala ihre übliche Zurückhaltung ab und fing an zu erzählen. »So sei es«, sagte sie mit leiser, aber fester Stimme. »Ich wurde hier in dieser waldigen Gegend geboren. Über meine Kindheit gibt es nichts Bemerkenswertes zu berichten, wenn man einmal von der Tatsache absieht, daß ich einen schier unstillbaren Appetit hatte. Schon in sehr jungen Jahren wurde ich verlobt.

›Kind‹, warnte mich meine Mutter des öfteren, ›versuche, deine Eßgier im Zaum zu halten. Später wirst du in der Familie deines Mannes unter Fremden leben müssen; was wird man dort von dir denken, wenn du den ganzen Tag nichts anderes tust als essen?‹

Und sie sollte recht behalten: Ich war erst zwölf Jahre alt, als ich zu der Familie meines Mannes nach Nawabganj zog, und meine Schwiegermut-ter schalt mich morgens, mittags und abends wegen meiner Eßgier. Ihre Rügen waren jedoch ein verborgener Segen, denn sie riefen die in mir schlummernden geistigen Neigungen wach. Eines Morgens machte sie sich erbarmungslos über mich lustig.

›Ich werde dir bald beweisen, daß ich überhaupt keine Nahrung mehr brauche, solange ich lebe‹, sagte ich zutiefst betroffen.

Meine Schwiegermutter lachte spöttisch. ›So!‹ rief sie aus, ›wie willst du wohl leben, ohne überhaupt etwas zu essen, wenn du jetzt schon kein Maß und Ziel kennst beim Essen?‹

Darauf konnte ich ihr keine Antwort geben. Doch ich faßte einen eisernen Entschluß. Ich zog mich an einen einsamen Ort zurück, um zu meinem himmlischen Vater zu beten.

›Herr‹, flehte ich ohne Unterlaß, ›sende mir bitte einen Guru, der mich lehren kann, von Deinem Licht anstelle von Essen zu leben.‹

Da fiel ich plötzlich in den Zustand göttlicher Ekstase. Von einer inneren Stimme geführt, machte ich mich in seliger Stimmung auf den Weg zum Nawabganj-*Ghat* am Ganges. Unterwegs begegnete ich dem Priester der Familie meines Mannes.

›Ehrwürdiger Herr‹, redete ich ihn voller Vertrauen an, ›sagt mir bitte, was ich tun muß, um ohne Essen leben zu können.‹

Er starrte mich wortlos an. Schließlich sagte er tröstend: ›Komm heute abend zum Tempel, Kind. Ich will eine besondere vedische Zeremonie für dich halten.‹

Diese ausweichende Antwort war ganz und gar nicht das, was ich erwartet hatte. Und so setzte ich meinen Weg zum *Ghat* fort. Die Morgensonne warf bereits ihr glitzerndes Licht auf die Fluten. Ich stieg in den Ganges, um mich wie vor einer heiligen Einweihung zu reinigen. Während ich in meinem nassen Gewand das Flußufer verließ, materialisierte sich mein Meister im hellen Tageslicht vor mir!

›Liebes Kind‹, sagte er voller Liebe und Mitgefühl, ›ich bin der Guru, der dir von Gott gesandt wurde, um deine flehentliche Bitte zu erfüllen. Sie ist sehr ungewöhnlich und hat Ihn tief bewegt. Von heute an sollst du nur noch vom astralen Licht leben, das die Atome deines Körpers mit seinem nimmer versiegenden Strom speisen wird.‹«

Giri Bala verfiel in Schweigen. Ich nahm Mr. Wrights Notizblock und Bleistift zur Hand und übersetzte ihm einiges von dem, was sie erzählt hatte.

Da nahm die Heilige mit kaum hörbarer Stimme den Faden ihrer Erzählung wieder auf.

»Der *Ghat* war menschenleer; dennoch breitete mein Guru eine Aura schützenden Lichts um uns aus, damit uns später kein vereinzelter Badender stören konnte. Dann weihte er mich in eine *Kria*-Technik ein, die den Körper unabhängig von der für den sterblichen Menschen so wichtigen grobstofflichen Nahrung macht. Zu dieser Technik gehört ein bestimmtes *Mantra** und eine Atemübung, die jedoch so schwierig ist, daß der Durchschnittsmensch sie nicht ausführen kann. Es bedarf keiner Droge und keiner Magie – nichts anderes ist im Spiel als *Kria*.«

In der Art amerikanischer Zeitungsreporter, von denen ich einiges gelernt hatte, stellte ich mehrere Fragen an Giri Bala, die meiner Meinung nach von allgemeinem Interesse für die Welt sein würden. So konnte ich folgende Antworten zusammentragen:

»Ich habe nie Kinder gehabt; ich bin seit vielen Jahren Witwe. Ich schlafe

---

*   Ein Wort, das bei der Rezitation machtvolle Schwingungen aussendet. Wörtlich übersetzt, bedeutet das Sanskritwort *Mantra* »Gedankeninstrument«; man versteht darunter jene vollkommenen, unhörbaren Laute, die eine Ausdrucksform der Schöpfung sind. Wird ein *Mantra* in Form von Silben vokalisiert, wird es zu einer universellen Sprache. Die grenzenlose Macht des Klanges hat ihren Ursprung in *OM*, dem »Wort« oder der schöpferischen Schwingung des kosmischen Motors.

sehr wenig, weil Schlafen und Wachen für mich ein und dasselbe sind. Nachts meditiere ich, und am Tag mache ich meine Hausarbeit. Ich spüre nur in geringem Maße die Auswirkungen der klimatischen Veränderungen, wie sie sich mit dem Wechsel der Jahreszeiten einstellen. Krank bin ich niemals gewesen. Ich empfinde nur wenig Schmerz, wenn ich mich einmal verletze. Ich habe keine körperlichen Ausscheidungen. Ich kann meinen Herzschlag und Atem regulieren. Ich habe oft Visionen, in denen mir mein Guru und andere große Seelen erscheinen.«

»Mutter«, fragte ich, »warum gebt Ihr Eure Methode, ohne Nahrung auszukommen, nicht an andere Menschen weiter?«

Doch meine Hoffnung für die hungernden Millionen wurde sogleich zunichte gemacht.

»Nein«, sagte sie und schüttelte den Kopf. »Mein Guru hat es mir strengstens untersagt, das Geheimnis preiszugeben. Es liegt ihm fern, in die Schöpfung Gottes einzugreifen. Die Bauern würden es mir nicht danken, wenn ich viele Menschen lehren würde, ohne Nahrung zu leben; denn das würde bedeuten, daß die köstlichen Früchte am Boden liegenbleiben und verderben müßten. Elend, Hunger und Krankheit sind, so scheint es, die Geißeln unseres Karmas, die uns letzten Endes dazu führen, uns auf die Suche nach dem wahren Sinn des Lebens zu begeben.«

»Aber Mutter«, fragte ich nachdenklich, »wozu soll es gut sein, als einzelner Mensch auserkoren zu sein, ohne Essen auszukommen?«

»Um zu beweisen, daß der Mensch Geist ist«, sagte sie, und göttliche Weisheit leuchtete aus ihrem Antlitz. »Um zu beweisen, daß man durch geistigen Fortschritt allmählich lernen kann, nicht mehr vom Essen, sondern vom ewigen Licht zu leben.«

Dann versank die Heilige in tiefe Meditation; sie richtete ihren Blick nach innen, und ihre sanften, stillen Augen wurden ausdruckslos. Ein kleiner Seufzer kündigte die ekstatische, atemlose Trance an; dann war sie für einige Zeit in jenes Reich entflohen, in dem es keine Fragen mehr gibt – in den Himmel der inneren Freude.

Die tropische Nacht war hereingebrochen, und eine kleine Kerosinlampe warf ihr flackerndes Licht auf die Gesichter der Dorfbewohner, die schweigend im Dunkel kauerten. Tanzende Glühwürmchen und die Öllaternen, die aus der Ferne von den Hütten herüberleuchteten, hellten die samtweiche Nacht mit gespenstischen Mustern auf. Die schmerzliche Stunde des Abschieds war gekommen; eine lange und beschwerliche Rückreise lag vor uns.

»Giri Bala«, sagte ich, als die Heilige die Augen öffnete, »gebt mir bitte ein Andenken mit – einen Streifen von einem Eurer *Saris*.«

Bald darauf kehrte sie mit einem Stück Benaresseide in der Hand zurück. Dann warf sie sich plötzlich vor mir nieder.

»Mutter«, sagte ich ehrfurchtsvoll, »laßt mich lieber Eure heiligen Füße berühren!«

Kapitel 47

Rückkehr
in den Westen

Sowohl in Indien als auch in Amerika habe ich schon viele Vorträge über Yoga gehalten. Ich muß allerdings gestehen, daß es mir als Hindu besonders große Freude bereitet, vor einem britischen Publikum zu sprechen.«

Meine Londoner Zuhörer lachten amüsiert über diesen Scherz; denn politische Spannungen hatten noch nie unseren Yoga-Frieden trüben können.

Indien war mittlerweile nichts weiter als eine liebe Erinnerung für mich. Wir schrieben das Jahr 1936, und ich war nach England gekommen, um ein vor sechzehn Monaten gegebenes Versprechen einzulösen, noch einmal Vorträge in London zu halten.

Auch England war empfänglich für die zeitlose Botschaft des Yoga. Meine Wohnung im Grosvenor House wurde von Wochenschaureportern und Kameraleuten umlagert. Am 29. September organisierte der »Britische Rat der Weltreligionen« in der Whitefield Congregational Church eine Veranstaltung, bei der ich einen Vortrag zum Thema »Gemeinsam praktizierter Glaube als Rettung unserer Zivilisation« halten sollte. An zwei aufeinanderfolgenden Abenden referierte ich jeweils um 20.00 Uhr in der Caxton Hall; es fanden sich so viele Zuhörer ein, daß all jene, die keinen Platz mehr gefunden hatten, im Saal vom Windsor House auf mich warteten, wo ich den Vortrag um 21.30 Uhr wiederholte. In den darauffolgenden Wochen meldeten sich so viele Teilnehmer zum Yoga-Unterricht an, daß Mr. Wright einen größeren Saal anmieten mußte.

Die Beharrlichkeit der Engländer ist besonders auf spirituellem Gebiet bewundernswert. Nach meiner Abreise gründeten meine treuen Londoner Yoga-Schüler ein Zentrum der Self-Realization Fellowship, wo sie auch während der schweren Kriegsjahre wöchentlich ihre Gruppenmeditationen abhielten.

Wir verbrachten unvergeßliche Wochen in England, besichtigten London und unternahmen mehrere Fahrten in die herrliche Landschaft der Umgebung. Mr. Wright und ich fuhren mit dem unverwüstlichen Ford zu den Geburts- und Grabstätten vieler großer Dichter und Helden der britischen Geschichte.

Ende Oktober ging ich mit meinen Begleitern in Southampton an Bord der »Bremen«, die uns nach Amerika zurückbrachte. Als die majestätische Freiheitsstatue im Hafen von New York sichtbar wurde, konnten nicht nur Miss Bletch und Mr. Wright, sondern auch ich selbst unsere Freude kaum mehr unterdrücken. Unser Ford war zwar von den beschwerlichen Reisen durch geschichtsträchtige Lande etwas mitgenommen, doch immer noch zuverlässig genug, um uns ohne Zwischenfälle quer über den Kontinent bis nach Kalifornien zu bringen. Gegen Ende des Jahres 1936 trafen wir wohlbehalten wieder in unserem Hauptsitz Mount Washington ein – endlich! Die Feierlichkeiten zur Jahreswende werden hier in Los Angeles jeweils mit einer am 24. Dezember stattfindenden achtstündigen Meditation (der spirituellen Weihnacht) eingeleitet; am nächsten Tag folgt ein Bankett (die »gesellschaftliche« Weihnacht). In diesem Jahr wurden die Festtage durch die Anwesenheit vieler lieber Freunde und Schüler bereichert, die aus weiter Ferne herbeigeströmt waren, um uns drei Weltreisende willkommen zu heißen.

Bei dem großen Essen am Weihnachtstag wurden Leckerbissen serviert, die viele tausend Kilometer zurückgelegt hatten: *Gucchi*-Pilze aus Kaschmir, eingemachtes *Rasagulla*, Mangomark und *Papar*-Gebäck; als Nachtisch wurde Eis gereicht, das mit einem aus der indischen *Keora*-Blume gewonnenen aromatischen Öl zubereitet worden war. Am Abend versammelten wir uns alle um einen gigantischen, glitzernden Weihnachtsbaum, während im Kamin duftende Zypressenholzscheite knisterten.

Dann ging es ans Auspacken der Geschenke: Gaben aus vielen fernen Ländern kamen zum Vorschein – aus Palästina, Ägypten, Indien, England, Frankreich, Italien. Sorgfältig hatte Mr. Wright unsere Schrankkoffer bei jedem Grenzübergang gezählt, damit keine unbefugte Hand sich der Schätze bemächtigte, die wir für unsere Lieben in Amerika zusammengetragen hatten! Stücke von dem berühmten Ölbaum aus dem Heiligen Land, zarte Spitzen und Stickereien aus Belgien und Holland, Perserteppiche, fein gewebte Kaschmirschals, ewig duftende Sandelholztabletts aus Mysore, Shivas »Stieraugen«-Steine aus den indischen Central Provinces, alte indische Münzen aus längst versunkenen Dynastien, mit Edelsteinen verzierte Vasen und Becher, Miniaturgemälde, Wandteppiche, Tempelräucherwerk und Parfüms, bedruckte *Swadeshi*-Baumwolltuche, Lackwerk, Elfenbeinschnitzereien aus Mysore, persische Pantoffeln mit ihrem vorwitzigen langen Zeh, originelle, alte Manuskripte spirituellen Inhalts, Samt, Brokat, Gandhi-Kappen, Tonwaren, Kacheln, Messingarbeiten, Gebetsteppiche – unsere Beute aus drei Kontinenten!

Ich verteilte nacheinander die vielen buntverpackten Pakete, die unter dem Baum aufgestapelt lagen.

»Schwester Gyanamata!« Mit diesen Worten überreichte ich meiner amerikanischen Schülerin, deren gütiges Antlitz von tiefer Verwirklichung zeugte und die während meiner Abwesenheit die Zentrale von Mount Washington verwaltet hatte, eine längliche Schachtel. Darin lag ein in Seidenpapier eingehüllter Sari aus goldener Benaresseide.

»Vielen Dank, Sir. Dieser Sari führt mir die ganze Fülle und Pracht Indiens vor Augen.«

»Mr. Dickinson!« Das nächste Päckchen enthielt ein Geschenk, das ich in einem Basar von Kalkutta gekauft hatte. »Das ist genau das Richtige für Mr. Dickinson!« – so kam mir bei dessen Anblick sofort in den Sinn. Seit der Gründung unseres Stammhauses von Mount Washington im Jahre 1925 hatte mein lieber Schüler Dickinson an all unseren Weihnachtsfeiern teilgenommen. So stand er auch an diesem elften Weihnachtsfest vor mir und löste das Band von dem kleinen viereckigen Paket.

»Der Silberbecher!« rief er aus und konnte kaum seine Rührung verbergen. So als wollte er seinen Augen nicht trauen, starrte er auf das Geschenk – einen hohen Trinkbecher – und setzte sich offensichtlich tief bewegt in einigem Abstand nieder. Ich lächelte ihm liebevoll zu und nahm dann meine Rolle als Weihnachtsmann wieder auf.

Der Abend, der so viele Überraschungen gebracht hatte, endete mit einem Gebet an den Geber aller Gaben und einem gemeinsamen Singen von Weihnachtsliedern.

Einige Tage später traf ich Mr. Dickinson wieder. »Sir«, sagte er, »ich möchte mich noch für den Silberbecher bedanken. Am Weihnachtsabend hatte es mir die Sprache verschlagen.«

»Ich habe dieses Geschenk ganz speziell für Sie ausgesucht!«

»43 Jahre lang habe ich auf diesen Silberbecher gewartet. Das ist eine lange Geschichte, die ich bisher noch niemandem erzählt habe.« Mr. Dickinson zögerte und fuhr dann fort. »Alles begann ziemlich dramatisch damals in einer kleinen Stadt in Nebraska. Mein älterer Bruder hatte mich aus Spaß in einen fünf Meter tiefen Teich gestoßen, doch ich konnte nicht schwimmen und drohte zu ertrinken. Ich war erst fünf Jahre alt. In

meinem Überlebenskampf tauchte ich auf und dann wieder unter; da sah
ich plötzlich ein blendendes, vielfarbenes Licht, das den gesamten Raum
um mich erfüllte. In der Mitte erschien die Gestalt eines Mannes, dessen
Augen Ruhe und Gelassenheit ausstrahlten. Er warf mir ein tröstendes
Lächeln zu. Wieder ging ich unter, als ein Freund meines Bruders eine
lange Weidenrute so tief ins Wasser tauchte, daß ich sie mit verzweifeltem
Griff zu fassen bekam. Dann zogen die Jungen mich ans Ufer und holten
mich mit ihren Erste-Hilfe-Maßnahmen ins Leben zurück.

Zwölf Jahre später besuchte ich – mittlerweile siebzehn Jahre alt – mit
meiner Mutter Chicago. Wir schrieben das Jahr 1893, und das große
Weltparlament der Religionen tagte gerade. Meine Mutter und ich
schlenderten eine der Hauptstraßen entlang, als ich wiederum das blendende Licht gewahrte. Derselbe Mann, den ich Jahre zuvor in meiner
Vision gesehen hatte, ging nur wenige Schritte vor uns her. Er begab sich
zu einer der Konferenzhallen und verschwand hinter der Tür.

›Mutter!‹ rief ich, ›das ist genau derselbe Mann, den ich damals gesehen
habe, als ich fast ertrunken wäre.‹

Wir folgten ihm sogleich in das Gebäude und sahen ihn etwas später auf
der Rednertribüne sitzen. Bald erfuhren wir, daß es sich um Swami
Vivekananda[*] aus Indien handelte. Nach seinem bewegenden Vortrag
ging ich nach vorn, um mit ihm zu sprechen. Er lächelte mich so vertrauensvoll an, als seien wir alte Freunde. Ich war noch sehr jung und wußte
nicht recht, wie ich meinen Gefühlen Ausdruck verleihen sollte. Insgeheim aber hoffte ich, daß er mir anbieten würde, mein Lehrer zu werden.
Er las meine Gedanken.

›Nein, mein Sohn, ich bin nicht dein Guru‹, bemerkte er und blickte mich
dabei mit seinen schönen, durchdringenden Augen unverwandt an. ›Dein
Lehrer wird später kommen; er wird dir einen silbernen Becher schenken.‹ Und nach einer kurzen Pause fügte er lächelnd hinzu: ›Er wird dich
mit mehr Segen überschütten, als du jetzt ertragen könntest.‹«

»Einige Tage darauf verließ ich Chicago«, fuhr Mr. Dickinson fort, »und
sah den großen Vivekananda nie wieder. Aber jedes seiner Worte hat sich
meiner Seele unauslöschlich eingeprägt. Jahre vergingen, doch kein
Lehrer zeigte sich mir! Eines Nachts im Jahre 1925 betete ich flehentlich,
daß der Herr mir doch meinen Guru senden möge. Ein paar Stunden
später wurde ich von einer sanften Musik aus dem Schlaf geweckt, und

---

[*]   Der bedeutendste Schüler des christusgleichen Meisters Sri Ramakrishna.

Schülergruppe und Lehrer aus Ranchi posieren mit dem ehrwürdigen Maharadscha von Kasimbazar (in der Mitte, in Weiß). 1918 übergab er uns seinen Palast von Kasimbazar und zehn Hektar Land in Ranchi als permanenten Sitz für meine Yoga-Schule.

Mr. E. E. Dickinson aus Los Angeles; er wartete auf einen Silberbecher.

Sri Yukteswar und ich 1935 in Kalkutta. Mein Meister trägt den Stockschirm, den ich ihm als Geschenk mitgebracht habe.

vor meinen Augen erschien eine Schar himmlischer Wesen mit Flöten und anderen Instrumenten. Als der Raum ganz und gar mit wunderbaren Klängen erfüllt war, verschwand die Vision langsam vor meinen Augen. Am nächsten Abend besuchte ich dann zum ersten Mal einen Ihrer Vorträge in Los Angeles und wußte, daß mein Gebet erhört worden war.« Eine Weile verharrten wir in gemeinsamem Schweigen; dann fuhr Mr. Dickinson fort:

»Seit elf Jahren bin ich nun Ihr *Kriya*-Yoga-Schüler. Immer wieder habe ich an den Silberbecher gedacht und mir schließlich gesagt, daß die Worte Vivekanandas sicher nur symbolisch gemeint waren. An diesem Weihnachtsabend aber, als Sie mir die Schachtel unter dem Baum überreichten, sah ich zum dritten Mal in meinem Leben dasselbe blendende Licht. Und im nächsten Augenblick schaute ich auf das Geschenk meines Gurus, das Vivekananda mir vor 43 Jahren angekündigt hatte: den Silberbecher!«

Kapitel 48

Im kalifornischen Encinitas

Im kalifornischen Encinitas – Blick über den Pazifik. Hauptgebäude und Teil des Anwesens der Self-Realization Fellowship.

Eine Überraschung, Sir! Während Ihrer Abwesenheit haben wir die Einsiedelei in Encinitas bauen lassen – gewissermaßen als Begrüßungsgeschenk für Sie!« Schwester Gyanamata führte mich freudestrahlend durch das Eingangstor und einen von Bäumen beschatteten Weg entlang.

Vor mir erhob sich ein Gebäude wie ein großer, weißer Ozeandampfer aus dem blauen Meer. Zuerst war ich sprachlos, brachte meine Begeisterung dann in vielen Oh- und Ah-Rufen zum Ausdruck und versuchte schließlich, meine Dankbarkeit und Freude in jene unzulänglichen Worten zu fassen, die dem Menschen für solche Anlässe zur Verfügung stehen. Sogleich besichtigte ich den Ashram mit seinen sechzehn ungewöhnlich großen Räumen, die allesamt geschmackvoll ausgestattet waren.

Der imposante Saal im mittleren Teil des Gebäudes hat hohe, bis an die Decke reichende Fenster; von dort aus hat man einen Blick auf einen Altar aus Rasen, Himmel und Meer – eine Farbensymphonie in Smaragd,

Opal und Saphir. Auf dem Sims über dem riesigen Kamin steht ein Bildnis von Lahiri Mahasaya, der mit seinem lächelnden Antlitz diesen Hafen des Friedens jenseits des Pazifiks segnet.

Direkt unterhalb des Saales wurden zwei Meditationsgrotten direkt in den Felsen der Steilküste gehauen; von dort aus sieht man nichts als die unendliche Weite des Meeres und des Himmels. Veranden, geschützte Stellen, die zum Sonnenbaden einladen, ein riesiger Obstgarten, ein Eukalyptushain, gepflasterte Gehwege, die zwischen Lilien und Rosen zu verschwiegenen Plätzen unter schattigen Bäumen führen, eine lange Treppe, über die man zu einem einsamen Strand am Ufer des weiten Meeres gelangt ... Hätte sich je ein Traum auf konkretere Weise realisieren können?

»Möge der gute, heldenhafte und großzügige Geist der Heiligen hier Einzug halten«, so lautet das »Gebet für eine Wohnstätte« aus dem *Zend-Avesta*, das auf einer Tafel an einer der Türen der Einsiedelei angebracht ist. »Mögen sie uns auf all unseren Wegen begleiten, uns ihr Heil und ihren Segen zuteil werden lassen und uns ihre Gaben schenken, die so weit wie die Erde, so fern wie die Flüsse und so hoch wie die Sonne sind, auf daß die Menschen sich bessern und in Wohlstand und Herrlichkeit leben mögen! Laß in diesem Haus Gehorsamkeit an die Stelle von Ungehorsam treten; laß Frieden anstelle von Streit, großzügiges Geben anstelle von Geiz, Aufrichtigkeit anstelle von Betrug, Respekt anstelle von Verachtung einkehren. Laß auch unseren Körper sich in seiner ganzen Herrlichkeit entfalten, auf daß unser Geist sich erfreue und unsere Seele sich erhebe. Und – o göttliches Licht – mach, daß wir Dich sehen, auf Dich zugehen und Dich umfangen dürfen, um ganz in Deiner Gegenwart aufzugehen.«

Der Bau des Ashrams der Self-Realization Fellowship wurde durch die Großzügigkeit mehrerer amerikanischer Geschäftsleute ermöglicht, die ungeachtet ihrer höchst anstrengenden beruflichen Verpflichtungen immer Zeit für das tägliche Praktizieren von *Kriya*-Yoga finden. Während meiner Reise durch Europa und Indien war nicht ein Wort über den Bau des Ashrams zu mir vorgedrungen. Um so größer war nun mein Staunen und Entzücken!

Bei meinem ersten Aufenthalt in Amerika hatte ich die ganze kalifornische Küste abgefahren, um einen geeigneten Platz für einen Ashram am Meer zu finden. Doch jedesmal, wenn mir eine Stelle geeignet erschien, kam irgend etwas dazwischen, was meine Pläne durchkreuzte. Als ich

nun meinen Blick über die Weiten des Grundstücks von Encinitas*
schweifen ließ, erkannte ich voller Demut, mit welcher Leichtigkeit Sri
Yukteswars Prophezeiung nach so langer Zeit in Erfüllung gegangen war:
»Eine Einsiedelei am Meer«.

Einige Monate später, zu Ostern 1937, leitete ich den ersten von vielen
Gottesdiensten zum Sonnenaufgang auf dem gepflegten Rasen vor dem
neuen Ashram. Gleich den Weisen des Altertums schauten mehrere
hundert Schüler ehrfürchtig auf das tägliche Feuerwerk des Sonnenauf-
gangs am östlichen Himmel. Im Westen lag der Pazifische Ozean, und
sein Rauschen war wie ein feierlicher Lobgesang; in der Ferne war ein
winziges Segelboot zu sehen, und eine einsame Möwe zog vorbei. »Christus, Du bist auferstanden!« – nicht nur in der Frühlingssonne, sondern
in der ewigen Morgenröte des Geistes.

Viele glückliche Monate folgten. In der völligen Ruhe dieser herrlichen
Umgebung konnte ich endlich mein seit langem geplantes Werk *Cosmic
Chants* (Kosmische Lieder) vollenden. Ich verfaßte den englischen Text
zu ungefähr vierzig Liedern und komponierte die Musik dazu teils in
meiner Originalfassung, teils als eigene Adaptionen anhand von alten
Melodien. In der Sammlung befinden sich unter anderen das Lied Shankaras »Nicht Tod, nicht Geburt«, die beiden Lieblingslieder Sri Yukteswars »Erwache, so erwache, o Heiliger!« und »Begierde, mein großer
Feind«, der feierliche Sanskrit-Lobgesang »Hymne an Brahma«, alte
bengalische Lieder wie »Welch Blitzen und Leuchten!« und »Sie haben
Deinen Namen vernommen«, Tagores »Wer ist in meinem Tempel?« und
eine Reihe meiner eigenen Kompositionen: »Ich will auf immer Dein
eigen sein«, »Im Land jenseits der Träume«, »Komm aus dem stummen
Himmelszelt«, »Lausche meinem Seelenlied«, »Im Tempel der Stille« und
»Du bist mein Leben«.

Im Vorwort des Buches berichtete ich davon, wie ich zum erstenmal
selbst erfahren durfte, mit welch bemerkenswerter Sensibilität die Menschen im Westen auf die spirituell inspirierten Weisen des Ostens reagieren. Die Gelegenheit dazu bot sich mir während eines öffentlichen Vortrags, den ich am 18. April 1926 in der Carnegie Hall in New York hielt.
Am Tag zuvor zog ich einen meiner amerikanischen Schüler, Mr. Hun-

---

* Encinitas ist eine kleine Stadt 100 Meilen südlich von Los Angeles und 25 Meilen nördlich von San Diego am Coast Highway 101 an der kalifornischen
  Pazifikküste.

sicker, ins Vertrauen: »Ich will morgen die Zuhörer bitten, ein altes
Hindu-Lied – ›Gott, so wunderbar‹ – mit mir zu singen.«
»Aber Sir«, protestierte Mr. Hunsicker, »die Lieder des Ostens sind den
Amerikanern völlig fremd. Wir sollten es nicht riskieren, daß jemand
überreife Tomaten wirft und Ihrem Vortrag damit ein jähes Ende setzt!«
»Musik ist eine universelle Sprache«, widersprach ich lachend. »Auch ein
Amerikaner wird das seelische Verlangen spüren, das in diesem erhabe-
nen Lied zum Ausdruck kommt.«*
Während des gesamten Vortrags saß Mr. Hunsicker hinter mir auf der
Tribüne – er machte sich wohl Sorgen um meine Sicherheit. Doch seine
Bedenken erwiesen sich als grundlos. Es wurden keine Tomaten gewor-
fen. Dafür erscholl eine Stunde und 25 Minuten lang aus dreitausend
Kehlen der feierliche Gesang »Gott, so wunderbar«. Meine lieben New
Yorker! Ihr, denen man Hochmut nachsagt, habt von ganzem Herzen in
diesen einfachen, freudigen Triumphgesang eingestimmt! An jenem
Abend fanden unter den Anwesenden, die mit tiefer Hingabe den Namen
Gottes sangen, mehrere göttliche Heilungen statt.
Doch das zurückgezogene Leben eines Literaten sollte mir nicht für lange
beschieden sein. Schon bald hielt ich mich abwechselnd jeweils zwei
Wochen lang in Los Angeles und dann in Encinitas auf. Meine Tage waren
mehr als gefüllt mit Sonntagsgottesdiensten, Unterricht, Vorträgen vor
verschiedenen Gesellschaften, Vereinigungen und College-Gremien, Gesprächen mit Studenten, Bergen von Korrespondenz, dem Schreiben von
Artikeln für die Zeitschrift *East-West* sowie der Organisation diverser
Aktivitäten in Indien und in vielen kleinen Zentren in Amerika. Darüber
hinaus widmete ich mich intensiv der Aufgabe, *Kriya* und andere Lehren
der Self-Realization Fellowship in einer Serie von Lehrbriefen zusammen-
zufassen, um sie so entfernt lebenden Yoga-Schülern nahebringen zu
können, die in ihrem Eifer räumliche Distanz nicht als Hindernis sehen.
Im Jahre 1938 wurde mir die große Freude zuteil, in Washington, D.C.,
die »Self-Realization Church of All Religions« einzuweihen. Das imposante Kirchengebäude erhebt sich inmitten eines Parks in einem Stadtviertel

---

*   Hier die Übersetzung des Liedtextes, der von Guru Nanak stammt:
    Gott, so wunderbar! Gott, so wunderbar!/In den Wäldern bist Du grün,/in den
    Bergen bist Du hoch,/in den Flüssen bist Du rastlos,/in den Meeren bist Du
    tief!/Für den Dienenden bist Du Dienst,/für den Liebenden bist Du Liebe,/für
    den Leidenden bist Du Mitleid,/für den Yogi bist Du Seligkeit./Gott, so
    wunderbar! Gott, so wunderbar!/Dir zu Füßen neig’ ich mich.

mit dem treffenden Namen »Friendship Heights« (Hügel der Freundschaft). Seit 1928 steht das Washingtoner Zentrum der Self-Realization
Fellowship unter der Leitung von Swami Premananda, einem Absolventen der Schule von Ranchi und der Universität von Kalkutta.

»Premananda«, sagte ich einmal zu ihm während eines Besuches in
seiner neuen Kirche, »dieses Zentrum hier an der Ostküste ist ein stei-
nernes Mal zur Erinnerung an deinen unermüdlichen Enthusiasmus. Du
hast das Licht der Ideale Lahiri Mahasayas in der Hauptstadt der Vereinigten Staaten für alle sichtbar hochgehalten.«

Premananda begleitete mich von Washington aus zu einem kurzen Besuch des Bostoner Zentrums. Welche Freude war es, die alte Gruppe von
Anhängern des *Kriya*-Yoga in seit 1920 unveränderter Zusammensetzung
wiederzusehen. Dr. M. W. Lewis, der Leiter des Zentrums, brachte
meinen Begleiter und mich in einer geschmackvoll und modern eingerichteten Suite unter.

»Sir«, sagte Dr. Lewis lächelnd, »während Ihrer ersten Jahre in Amerika
haben Sie in einem einfachen Zimmer ohne Bad wohnen müssen. Ich
wollte Ihnen nun zeigen, daß Boston auch luxuriösere Unterkünfte zu
bieten hat.«

Der nahende Krieg warf seine drohenden Schatten auf die Welt; sensible
Ohren konnten schon das grauenvolle Trommeln hören. In Tausenden
von Gesprächen, die ich in Kalifornien führte, und durch meine Korrespondenz mit Menschen aus aller Welt wußte ich, wie viele sich nach
innen wandten und angesichts des tragischen Verlustes von äußerer
Sicherheit in ihren Herzen nach ewigen Werten suchten.

»Wir haben in der Tat den Wert der Meditation schätzen gelernt«, schrieb
mir der Leiter des Londoner Zentrums im Jahre 1942, »und wir wissen,
daß unser innerer Friede durch nichts gestört werden kann. In den letzten
Wochen hörten wir während unserer Zusammenkünfte immer wieder
das Heulen der Luftschutzsirenen und die Explosionen von Sprengbom-
ben, doch unsere Mitglieder finden sich nach wie vor ein und erfreuen
sich an unseren herrlichen Gottesdiensten.«

Ein weiterer Brief aus dem kriegszerrütteten England erreichte mich,
kurz bevor Amerika in den Krieg eintrat. Dr. L. C. Byng, Herausgeber
der *Wisdom of the East Series*, schrieb mir folgende ergreifenden Zeilen:

»Wenn ich die Zeitschrift *East-West* lese, kommt mir jedesmal zum Bewußtsein, wie weit voneinander wir zu sein schienen – offensichtlich in

zwei verschiedenen Welten lebend. Schönheit, Ordnung, Ruhe und Frieden kommen aus Los Angeles zu mir herüber, gleich einem Schiff, das einer belagerten Stadt den Segen und Trost des Heiligen Grals bringt.

Wie im Traum sehe ich Ihren Palmenhain und den Tempel in Encinitas mit dem Blick auf das weite Meer und die Berge und vor allem die Bruderschaft geistig orientierter Männer und Frauen – eine harmonische Gemeinschaft, die in ihre schöpferische Arbeit vertieft ist und ihre Kraft aus der Kontemplation gewinnt. Dies ist die Welt meiner eigenen Vision, zu deren Entstehung ich selbst meinen geringen Beitrag leisten wollte, und nun …

Vielleicht werde ich in diesem Leben nie Ihre goldenen Ufer erreichen und in Ihrem Tempel beten können. Doch es bedeutet mir viel – wenn nicht gar mehr –, diese Vision geschaut zu haben und zu wissen, daß es inmitten des Krieges in Ihren Häfen und zwischen Ihren Hügeln immer noch einen Ort des Friedens gibt. Der ganzen Gemeinschaft herzliche Grüße von einem einfachen Soldaten, der auf einsamem Posten dem Morgengrauen entgegensieht.«

Die Kriegsjahre brachten eine Woge des spirituellen Erwachens unter Menschen, die sich nie zuvor mit dem Neuen Testament befaßt hatten. Welch süßer Saft ward da aus dem bitteren Kraut des Krieges gewonnen! Um dem wachsenden Bedarf gerecht zu werden, wurde in Hollywood eine weitere kleine Kirche der Self-Realization Fellowship errichtet und 1942 ihrer Bestimmung übergeben. Sie liegt auf einem Gelände mit Blick auf Olive Hill und die ferne Kuppel des Planetariums von Los Angeles. Die Kirche mit ihrer blau-weiß-goldenen Fassade spiegelt sich in den Wassern eines großen Teiches, in dem unzählige Wasserhyazinthen blühen. Der Garten mit seiner bleiverglasten Pergola ist ein einziges Blumenmeer; beim Spazierengehen springt einem ab und zu ein verschreckter Hirsch über den Weg. Es gibt hier auch einen altmodisch anmutenden Wunschbrunnen, an den schon so mancher neben all den Münzen und bunt durcheinandergewürfelten Wünschen sein reines Streben nach dem einzigartigen Schatz des Geistes übergeben hat. Ausgehend von den vielen kleinen Nischen, in denen Statuen von Lahiri Mahasaya und Sri Yukteswar, von Krishna, Buddha, Konfuzius, dem heiligen Franziskus sowie ein herrliches Perlmuttrelief des letzten Abendmahles Christi stehen, breitet sich über dem Ganzen ein Fluidum universaler Güte aus.

Eine weitere Kirche der Self-Realization Fellowship wurde 1943 in San Diego erbaut. Sie liegt auf einer beschaulichen Anhöhe mit Blick auf ein Tal voller Eukalyptusbäume. In der Ferne glitzern die Wasser der Bucht von San Diego. Wie ich eines Abends in diesem Hafen der Ruhe dasaß, überkam mich der Wunsch, meinen Gefühlen in einem Lied Ausdruck zu verleihen. Und so glitten meine Hände über die Tasten der Kirchenorgel, und über meine Lippen floß die wehmütige Klage eines bengalischen Gläubigen, der vor langer, langer Zeit nach immerwährendem Trost suchte:

> In dieser Welt, Mutter, kann mich niemand lieben;
> denn hier weiß keiner, was göttliche Liebe ist.
> Wo gibt es hier die wahre Liebe?
> Wo ist der Ort, wo man Dich wirklich liebt?
> Denn dort zu sein, wünscht sich mein Herz.

Dr. Lloyd Kennel, der Leiter unseres Zentrums in San Diego, hatte mich in die Kirche begleitet und lächelte, als er mich dies singen hörte.

»Sagen Sie mir ganz offen, Paramhansaji, hat es sich gelohnt?« Aufrichtiges Interesse sprach aus seinen Augen. Ich verstand, was er eigentlich hatte fragen wollen: »Waren Sie glücklich in Amerika? Was war mit all den Enttäuschungen, Sorgen, all den Zentrumsleitern, die ihrer Aufgabe nicht gewachsen waren, all den Schülern, die sich nicht lehren ließen?«

»Gesegnet sei der, den der Herr prüft, Doktor! Er hat sich von Zeit zu Zeit an mich erinnert und mir eine Last aufgebürdet!« Dann dachte ich an all jene, die mir so treu zur Seite gestanden haben, an die Liebe und Hingabe und an das Verständnis, das man mir in Amerika entgegengebracht hatte. Und nachdrücklich fügte ich hinzu: »Doch meine Antwort lautet: ja und immer wieder ja. Es hat sich gelohnt. Es war mir ein ständiger Ansporn zu sehen, wie sich West und Ost vereinten und die einzig dauerhafte – die spirituelle – Verbindung entstand. Dies ist mehr, als ich mir je in meinen kühnsten Träumen erhofft habe.«

Und im stillen betete ich: »Mögen Babaji und Sri Yukteswarji fühlen, daß ich meinen Teil beigetragen und ihre hohen Hoffnungen nicht enttäuscht habe, mit denen sie mich auf den Weg geschickt haben.«

Und so wandte ich mich wieder der Orgel zu und sang, diesmal mit Kampfeslust in der Stimme:

Das unbarmherz'ge Rad der Zeit
hat viele Leben von Mond und Stern
und so manch herrlichen Morgen ruiniert,
doch meine Seele, die marschiert!

Dunkelheit, Tod und Niederlagen
versuchten, sich mir in den Weg zu stellen,
mit der Natur hab' ich manch harten Kampf geführt,
doch meine Seele, die marschiert!

In der Neujahrswoche des Jahres 1945 saß ich in meinem Arbeitszimmer in Encinitas und war mit Korrekturarbeiten am Manuskript dieses Buches beschäftigt.

»Paramhansaji, bitte kommen Sie doch zu mir heraus.« Dr. Lewis, der zu einem Besuch aus Boston angereist war, stand vor meinem Fenster und sah mich bittend an. Schon bald darauf gingen wir im Sonnenschein spazieren. Mein Begleiter wies auf die neuen Türme, die gerade am Rand des Geländes der Fellowship an der Küstenstraße gebaut wurden.

»Wie ich sehe, sind seit meinem letzten Besuch einige Veränderungen vorgenommen worden«, meinte Dr. Lewis, der zweimal im Jahr von Boston nach Encinitas kommt.

»O ja, Doktor, ein Projekt, das mir schon lange am Herzen liegt, nimmt langsam Form an. In dieser herrlichen Umgebung soll eine kleine Weltkolonie entstehen. Brüderlichkeit ist eines jener Ideale, die man besser am Beispiel als in der Theorie verstehen kann. Hier soll eine kleine Gruppe von Menschen in völliger Harmonie leben und damit anderen idealen Lebensgemeinschaften an anderen Orten der Welt als Inspiration dienen.«

»Was für eine wunderbare Idee, Sir! Die Kolonie wird sicher ein Erfolg werden, wenn jeder seinen Beitrag leistet!«

»Von einer Weltkolonie zu sprechen ist sicher sehr weit gefaßt, doch der Mensch muß sein nationales Zugehörigkeitsgefühl ausdehnen und dazu kommen, sich als Weltbürger zu betrachten«, so fuhr ich fort. »Wer wahrhaftig sagen kann: ›Die ganze Welt ist meine Heimat; dies ist mein Amerika, mein Indien, meine Philippinen, mein England, mein Afrika‹, dem wird es nie an Raum für ein sinnerfülltes, glückliches Leben fehlen. Sein natürlicher Nationalstolz wird sich ins Grenzenlose ausdehnen, und er wird mit dem kreativen universalen Strom in Verbindung treten.«

Redner beim »Treffen der Rassen« in San Francisco im Rahmen der Friedenskonferenz von 1945 (von links nach rechts): *Dr. Maneck Anklesaria, John Cohee, ich selbst, Hugh E. MacBeth, Vince M. Townsend Jr., Richard B. Moore.*

(Links) *Die Self-Realization Church of All Religions in Washington, D.C., deren Leiter, Swami Premananda, hier mit mir abgebildet ist.* (Rechts) *Mein hochverehrter Vater im meditativen Lotussitz, 1936 in Kalkutta.*

Dr. Lewis und ich blieben am Lotusteich neben dem Ashram stehen. Unter uns lag der grenzenlose Pazifik.

»Die Wellen dieses Meeres brechen sich gleichermaßen an den Küsten des Westens und des Ostens, in Kalifornien und in China.« Mein Begleiter warf einen kleinen Stein. Er landete in der ersten der insgesamt siebzig Millionen Quadratmeilen dieses Ozeans. »Encinitas ist ein symbolträchtiger Ort für eine Weltkolonie.«

»Das finde ich auch, Doktor. Wir werden hier viele Religionskonferenzen und -kongresse abhalten und Delegierte aus aller Herren Länder einladen. Die Flaggen aller Nationen sollen unsere Hallen zieren. Überall auf dem Gelände werden kleine Tempel zu Ehren der Hauptreligionen dieser Welt entstehen.«

»Ich möchte hier in möglichst kurzer Zeit ein Yoga-Institut entstehen lassen«, fuhr ich fort. »Der *Kriya*-Yoga hat sein segensreiches Wirken im Westen gerade erst angefangen. Mögen alle Menschen zu dem Wissen gelangen, daß es eine klar definierte, fundierte Technik der Selbstverwirklichung gibt, mit der sich alles menschliche Leid überwinden läßt.«

Bis spät in die Nacht hinein sprachen mein lieber Freund – der erste *Kriya*-Yogi in Amerika – und ich über die Notwendigkeit, spirituell ausgerichtete Weltkolonien zu gründen. Die Mißstände, die man einem anthropomorphen Gebilde, der sogenannten »Gesellschaft«, vorwirft, sind eigentlich das Werk von uns einzelnen. Utopia muß erst in unseren Herzen entstehen, bevor daraus eine allgemeine Tugend entstehen kann. Der Mensch ist eine Seele, keine Institution; nur wenn er sich in seinem Inneren ändert, kann es zu dauerhaften Veränderungen in seinem Äußeren kommen. Eine Kolonie, die uns Brüderlichkeit unter allen Menschen vorlebt, indem sie spirituelle Werte und Selbstverwirklichung in den Vordergrund stellt, wird inspirierende Schwingungen aussenden, die weit über die Landesgrenzen hinaus wirken.

15. August 1945: Der zweite Weltkrieg ist vorüber! Das Ende einer Welt und die Geburtsstunde eines fragwürdigen Atomzeitalters! Die Bewohner des Ashrams trafen sich in der Versammlungshalle zu einem Dankgebet. »Vater im Himmel, möge so etwas nie wieder geschehen! Laß Deine Kinder fortan Brüder sein!«

Die gespannte Stimmung der Kriegsjahre war vorüber; unser Geist sonnte sich im Licht des neuerrungenen Friedens. Voll Freude blickte ich auf meine amerikanischen Freunde: »Herr«, dachte ich dankbar, »was hast Du mir Mönch für eine große Familie geschenkt!«